# ECONOMICS
## 經濟學 精簡本
### 第8版

謝振環 著

東華書局

國家圖書館出版品預行編目資料

```
經濟學 / 謝振環著. -- 8 版. -- 臺北市：臺灣東華書
   局股份有限公司, 2021.01
   452 面；19x26 公分.
   精簡本
   ISBN 978-986-5522-31-5（平裝）

   1. 經濟學

550                                    109019295
```

## 經濟學（精簡本）

| | |
|---|---|
| 著　　者 | 謝振環 |
| 執行編輯 | 余欣怡 |
| 發 行 人 | 蔡彥卿 |
| 出 版 者 | 臺灣東華書局股份有限公司 |
| 地　　址 | 臺北市重慶南路一段一四七號四樓 |
| 電　　話 | (02) 2311-4027 |
| 傳　　眞 | (02) 2311-6615 |
| 劃撥帳號 | 00064813 |
| 網　　址 | www.tunghua.com.tw |
| 讀者服務 | service@tunghua.com.tw |
| 出版日期 | 2025 年 8 月 8 版 3 刷 |

ISBN　　978-986-5522-31-5

版權所有・翻印必究

# 序　言

　　"經濟"一詞源自希臘,是指管理家庭的人。十九世紀傑出經濟學家馬歇爾定義,經濟是研究人類商業生活的行為。這兩種定義似乎大不相同,但其實家庭與經濟社會有許多相同之處。

　　家庭面臨許多決策:星期六早上誰該去買菜?誰煮晚飯?誰該上班賺錢?換句話說,家庭必須依據家庭成員的能力與慾望,來分配稀少的資源。同樣地,經濟社會也面臨許多決策:廠商要選擇生產何種商品或在何處生產最有利?消費者必須決定中午吃什麼?政府面臨是否該提振景氣或制訂六歲以下小孩由國家養育的政策?

　　經濟學是一門如何管理稀少性資源的學問。在大多數的國家,資源分配是透過數以萬計的家庭、廠商、政府與國外部門間的互動完成。經濟學的目的是研究人們如何做決策、人們之間如何互動,以及整體經濟如何運作。

　　經濟學通常給人一種理論的感覺,本書的寫作儘量從使讀者瞭解的角度出發,每一章的緒論都以生活化或社會真實的經濟事件切入,希望能讓本書的讀者體認到現實生活與經濟的關聯。

　　其次,本書儘量不用數學,而以圖形、文字和統計圖表來解說經濟理論。儘管數學是最容易表達經濟學概念的方式,卻不是最好的方式。

　　第三,本書各章節之間安排一些練習題,以淺顯易懂的方式,協助讀者迅速瞭解所學。最後,筆者用了一些周遭國家的例子或發生在臺灣的經濟事件,企圖彌補理論與現實之間的鴻溝。這個目的並不容易達成,但筆者衷心期望,讀者可透過本書學習到以下的概念:

1. 協助你瞭解生活周遭的世界。為什麼油價會跌破超過 40 美元?為什麼近幾年的失業率節節高漲,但在過去卻僅有 2%?為什麼湯姆‧克魯斯片酬達千萬美元?為什麼世界上有些國家生活水準如此之低,有些國家(如新加坡和澳門)能夠脫離貧窮深淵?英國脫歐對亞洲,甚至全球經濟體系的衝擊為何?經濟學這門課可以提供一些答案。

2. 讓你成為更敏銳的經濟參與者。身為一位經濟社會參與者，你必須做許多決策。譬如，經濟學教導我們誘因的觀念。因為日本職棒提供更優渥的薪水與更競爭的環境，使得陳偉殷投入千葉羅德海洋隊。
3. 讓你更瞭解經濟政策的效果與限制。四年的總統大選可以讓你檢驗執政當局的經濟成績單。針對觀光業補貼，真能幫助其渡過寒冬嗎？風力發電合乎經濟效益嗎？政府如何籌措財源，因應龐大預算赤字？這些問題經常出現在每日的報紙上，也常常存在執政者的心中。

　　經濟學原理可以運用到許多日常生活事務中。當你每日上網、翻閱報章雜誌或看電視時，你會發現能以經濟學角度思考的全新視野。

　　本書有以下幾點特色：首先，以漫畫呈現每一章最主要的經濟概念，希望能讓經濟學更接近現實生活。其次，本書以彩色方式勾勒出每一章的重點，並以圖片說明主題。第三，習題部分也略作增刪調整，包括基本題、進階題和上網題三種，希望能夠幫助讀者的學習更上一層樓。第四，考古題、統計電子書、基本題和練習題答案請至東華書局網站下載。當然，這些更動背後的最大功臣是我的同事陳正亮老師，因為他的投入，本書得以順利付印，在此特別獻上感謝。

　　本書的完成，必須感謝許多人的鼓勵與協助，特別是東華書局董事卓媽媽及陳董事長錦煌的照顧與愛護；陳森煌先生提供許多思考的方式；楊精松老師、薛富井校長、倪仁禧主任及其他同事的鼓勵；東華書局編輯群的耐心編排及校對。最後謹以本書獻給我的家人——貞宇、迦恩、迦齊和迦樞。本書若有任何疏漏之處，完全是筆者的粗心，敬請讀者不吝指教。

謝振環<br>
2020 年 11 月

# 目 次

## 第 1 章　緒　論　　1
- 1-1　經濟學的定義　　2
- 1-2　循環流程圖　　4
- 1-3　經濟學的分類　　8
- 1-4　經濟學的思考　　9
- 1-5　結　語　　13
- 習　題　　14

## 第 2 章　需求與供給　　17
- 2-1　需　求　　18
- 2-2　供　給　　24
- 2-3　需求、供給與市場　　29
- 2-4　結　語　　36
- 習　題　　36

## 第 3 章　彈　性　　39
- 3-1　需求價格彈性　　40
- 3-2　需求價格彈性與總收入　　44
- 3-3　需求價格彈性的決定因素　　47
- 3-4　其他種類的需求彈性　　49
- 3-5　供給價格彈性　　51
- 3-6　供給彈性的決定因素　　54
- 3-7　供需彈性的應用　　55
- 3-8　結　語　　58
- 習　題　　59

## 第 4 章　消費者選擇與需求　　61

- 4-1　效用分析　　62
- 4-2　需求曲線與消費者均衡　　69
- 4-3　消費者剩餘　　71
- 4-4　結　語　　75
- 習　題　　76

## 第 5 章　廠商的生產與成本　　79

- 5-1　廠商的目標：利潤最大　　80
- 5-2　廠商的生產　　83
- 5-3　廠商的生產成本　　88
- 5-4　結　語　　97
- 習　題　　98

## 第 6 章　完全競爭　　101

- 6-1　市場結構的分類　　102
- 6-2　完全競爭的特性　　103
- 6-3　短期利潤極大化　　105
- 6-4　長期利潤極大化與長期均衡　　112
- 6-5　完全競爭與效率　　117
- 6-6　結　語　　120
- 習　題　　121

## 第 7 章　不完全競爭　　125

- 7-1　獨占的特色：進入障礙　　126
- 7-2　獨占的利潤極大化與長期均衡　　128

| | | |
|---|---|---|
| 7-3 | 差別訂價 | 136 |
| 7-4 | 壟斷性競爭的特色：產品差異性 | 140 |
| 7-5 | 壟斷性競爭的短期利潤極大化與長期均衡 | 141 |
| 7-6 | 壟斷性競爭與效率 | 144 |
| 7-7 | 寡占市場的特性 | 146 |
| 7-8 | 寡占的兩個模型 | 147 |
| 7-9 | 結　語 | 155 |
| 習　題 | | 156 |

## 第 8 章　外部性、共同資源與公共財　161

| | | |
|---|---|---|
| 8-1 | 經濟效率與外部性 | 162 |
| 8-2 | 政府政策與外部性 | 165 |
| 8-3 | 寇斯定理 | 167 |
| 8-4 | 商品的分類 | 169 |
| 8-5 | 共同資源 | 171 |
| 8-6 | 公共財 | 174 |
| 8-7 | 結　語 | 177 |
| 習　題 | | 178 |

## 第 9 章　資訊經濟學　181

| | | |
|---|---|---|
| 9-1 | 搜尋模型 | 182 |
| 9-2 | 資訊經濟學的幾個模型 | 185 |
| 9-3 | 誘因問題 | 191 |
| 9-4 | 結　語 | 194 |
| 習　題 | | 195 |

## 第 10 章　國民所得的衡量　　199

　10-1　臺灣經濟的歷史表現　　200
　10-2　國內生產毛額的定義　　204
　10-3　循環流程圖、所得與支出　　206
　10-4　臺灣 GDP 的衡量　　208
　10-5　名目 GDP 與實質 GDP　　213
　10-6　實質 GDP 與生活水準　　216
　10-7　結　語　　219
　習　題　　220

## 第 11 章　失業與物價指數　　225

　11-1　失　業　　226
　11-2　物價指數　　234
　11-3　結　語　　241
　習　題　　242

## 第 12 章　經濟成長　　245

　12-1　世界各國經濟成長　　246
　12-2　臺灣經濟成長的經驗　　250
　12-3　經濟成長的來源　　256
　12-4　結　語　　264
　習　題　　264

## 第 13 章　商品市場與簡單凱因斯模型　　267

　13-1　短期經濟波動理論　　268
　13-2　簡單凱因斯模型　　270

| | | |
|---|---|---|
| 13-3 | 均衡所得 | 276 |
| 13-4 | 乘　數 | 279 |
| 13-5 | 簡單凱因斯模型的延伸：加入政府部門 | 282 |
| 13-6 | 乘數效果：財政政策 | 286 |
| 13-7 | 自動穩定因子 | 290 |
| 13-8 | 結　語 | 293 |
| 習　題 | | 294 |

## 第 14 章　貨幣市場、中央銀行與貨幣政策　297

| | | |
|---|---|---|
| 14-1 | 金融體系 | 298 |
| 14-2 | 貨　幣 | 302 |
| 14-3 | 貨幣供給的衡量 | 305 |
| 14-4 | 貨幣的創造 | 306 |
| 14-5 | 中央銀行的功能 | 311 |
| 14-6 | 貨幣需求 | 314 |
| 14-7 | 貨幣供給 | 316 |
| 14-8 | 貨幣市場均衡 | 318 |
| 14-9 | 結　語 | 321 |
| 習　題 | | 322 |

## 第 15 章　總需求與總供給　325

| | | |
|---|---|---|
| 15-1 | 總需求曲線 | 326 |
| 15-2 | 總供給曲線 | 330 |
| 15-3 | 總體經濟均衡 | 337 |
| 15-4 | AS-AD 模型與景氣循環 | 338 |
| 15-5 | 結　語 | 347 |
| 習　題 | | 348 |

## 第 16 章　通貨膨脹與菲力浦曲線　353

16-1　通貨膨脹　354
16-2　菲力浦曲線　363
16-3　結　語　373
習　題　373

## 第 17 章　國際貿易　377

17-1　臺灣的國際貿易　378
17-2　國際貿易的利益　380
17-3　國際貿易理論　387
17-4　貿易障礙：關稅與進口配額　393
17-5　貿易管制的論點　398
17-6　結　語　402
習　題　403

## 第 18 章　國際金融　407

18-1　國際收支　408
18-2　匯率與外匯市場　413
18-3　匯率制度　422
18-4　結　語　430
習　題　431

索　引　435

# Chapter 1 緒論

　　**電**影《星際爭霸戰》中的地球資源取之不盡、用之不竭，氣候變遷不再是問題。義大利人不會吃不到義大利麵、臺灣人逢年過節都能夠吃到香噴噴的烏魚子。地球的面貌真是如此嗎？當然不是。

　　地球上的資源是有限的。由美國和加拿大科學家聯合發表的報告中提出警告，過度濫捕和污染，將導致海洋魚類生態在 2048 年瓦解，可能三十年後就吃不到海鮮了。

　　如果地球資源有限，人類的慾望呢？在學生時代，偶爾到五星級飯店吃一頓自助餐是難得的享受。畢業後，有了工作收入，到餐廳享受美食，恐怕就變成常態。然而，每一個人都可以享受到他們想要的東西嗎？答案是：不可能。如何在有限資源下，滿足人類無窮的慾望，正是經濟學嘗試回答的問題。

　　多數人並不瞭解經濟學比教科書所描寫得更為生動。經濟學是一門如何做選擇的學科，而且我們每天都會面臨選擇——是要專心唸書或是邊讀書、邊打工？中午要帶便當或是吃大麥克？

　　廠商也面臨許多決策——面對麥當勞的 1＋1＝$50，漢堡王要如何因應？為什麼鴻海要選在中國而不在寮國設廠？經濟學除了研究個人或廠商的經濟行為外，還分析經濟整體的表現，包括人均所得、通貨膨脹和失業等。

　　經濟現象錯綜複雜，經由報紙、雜誌、網路和電視，每天都可接觸許多經濟問題：能源價格、氣候變遷、英國脫歐、美中貿易戰等。要回答這些問題，似乎漫無頭緒。然而，這些看似千頭萬緒的事件都有其基本原則存在。經濟學家藉著觀察社會現象、蒐集統計資料、運用演繹或歸納的邏輯分析，整理出一些基本的經濟理論。這些基本的經濟學原理足以打開經濟的潘朵拉盒子。本書的目的即為介紹基本經濟理論。

## 1-1 經濟學的定義

> 經濟學 是一門研究人們如何利用稀少性資源，來生產、消費和分配不同的商品與服務，以滿足人類無窮慾望的學科。

　　*經濟學* (economics) 是一門研究人們如何利用稀少性資源，來生產、消費和分配不同的商品與服務，以滿足人類無窮慾望的學科。計程車司機運用駕駛技巧、汽車、時間和親切的服務態度來賺取所得。所得可以用來購買食物、衣服、房子或到國外旅遊，以滿足計程車司機及其家人的慾望。在此，讓我們說明上述經濟學定義中的某些術語，以更清楚瞭解經濟學。

　　*資源* (resources) 是指用來生產商品與服務的*生產因素或投入* (factors of production or inputs)。經濟學將資源分成四大類：勞動、資本、土地與管理才能。*勞動* (labor) 是一種時間投入，包括勞力和腦力兩種。譬如，工人油漆房子或電腦軟體程式設計師等。*資本* (capital) 是指用來生產商品與服務的廠房、設備和機器等。資本包括物質資本和人力資本兩種。*物質資本* (physical capital) 是指用來生產

商品與服務的工廠、機器和設備。**人力資本** (human capital) 是指勞工從教育、經驗及在職訓練所學習到的知識和工作技能。人力資本的例子：外科醫生對人體構造的知識，或計程車司機對大街小巷的認識；物質資本則包括手術刀和計程車等。

**土地** (land) 泛指可用來生產商品與服務的土地和蘊藏的天然資源，如森林、石油、銅、鐵和煤礦等。**管理才能** (entrepreneurial ability) 是指組織及管理企業的技能。一個管理者必須為公司找尋獲利機會並承擔營運風險。賈伯斯 (Steve Jobs) 讓蘋果公司起死回生就是一個良好管理者的例子。

> 土地 泛指可用來生產商品與服務的土地和蘊藏的天然資源。
>
> 管理才能 組織及管理企業的技能。

**商品** (goods) 是指可以滿足人類慾望的有形物品，如大麥克、iPhone、衣服等。**服務** (services) 是指可以滿足人類慾望的無形商品，如音樂、高鐵、網路等。至於消費、生產及分配是指經濟體系中不同部門之間的經濟活動。譬如，2009 年 10 月 8 日史上首次 NBA 熱身賽在臺北小巨蛋舉行，5,000 張預售票開放網路預購不到一個小時就被掃光。在這個例子裡，網路擔負起分配的功能，買票的人是消費者，而賣票的則為廠商。因此，**市場** (market) 是買賣雙方交易的場所。在第 1-2 節，我們將以簡單的循環流程圖說明經濟學的定義，以及經濟體系的運作。

> 商品 可滿足人類慾望的有形物品。
>
> 服務 可滿足人類慾望的無形商品。

家計單位、廠商及政府部門面對資源的稀少性，每天必須做出不同的決策，而這些決策試圖回答三個經濟問題 (3W 問題)：

- 生產什麼？(What to produce?)
- 如何生產？(How to produce?)
- 為誰生產？(For whom to produce?)

**生產什麼？** 什麼樣的商品與服務值得生產？廠商應該生產多少數量？機器人或智慧型手錶要生產多少才不會過多或不足？要雇用多少工讀生、空服員和餐廳廚師才能滿足顧客的要求？

**如何生產？** 商品與服務要如何被生產出來？八方雲集鍋貼連鎖店有中央廚房為其準備鍋貼皮及內餡，而菜市場的鍋貼店是自己擀皮和拌內餡。為什麼裕隆汽車使用機器生產汽車，而勞斯萊斯卻偏好手工生產？

**為誰生產？** 商品與服務是為誰製造的？假設今年的情人節流行送紫色玫瑰，結果花農卻種了粉紅色玫瑰，這意味著花農為情人節生產了錯誤顏色的玫瑰，造成資源浪費。因此，為誰生產牽涉到商品與服務的分配。

經濟學將協助我們回答這些問題。它將讓我們瞭解家計單位、廠商與政府部門如何做選擇，並檢視各個經濟部門間的互動情形。接著，我們以經濟活動的循環流程圖來說明 3W 問題，並勾勒出經濟學的定義。

---

### 練習題 1-1

下列有關經濟學的敘述，何者錯誤？
(a) 研究選擇行為的科學
(b) 主要著重於規範性 (normative) 的討論
(c) 探討稀少性資源之最適配置
(d) 一般認為現代經濟學之奠基者為亞當·斯密 (Adam Smith)　　　　(108 年初等考試)

類似問題：基本題 1。

---

##  1-2　循環流程圖

經濟體系是由許許多多從事經濟活動的人所構成。這些活動包括生產、消費、分配、工作、研究和發展等。要瞭解經濟學的意義，讓我們用一個簡單的模型——循環流程圖，來說明經濟體系如何運作，以及各個參與者之間是如何互動。

**循環流程圖** (circular flow diagram) 是一個顯示決策者選擇所產生的支出與所得的流向，以及這些選擇間的互動，並決定生產什麼、為誰生產，以及如何生產商品與服務的模型。圖 1-1 是一個簡化的經濟體系循環流程圖：兩部門決策者 (家計單位和廠商)，以及兩種市場 (商品與服務市場和生產因素市場)。

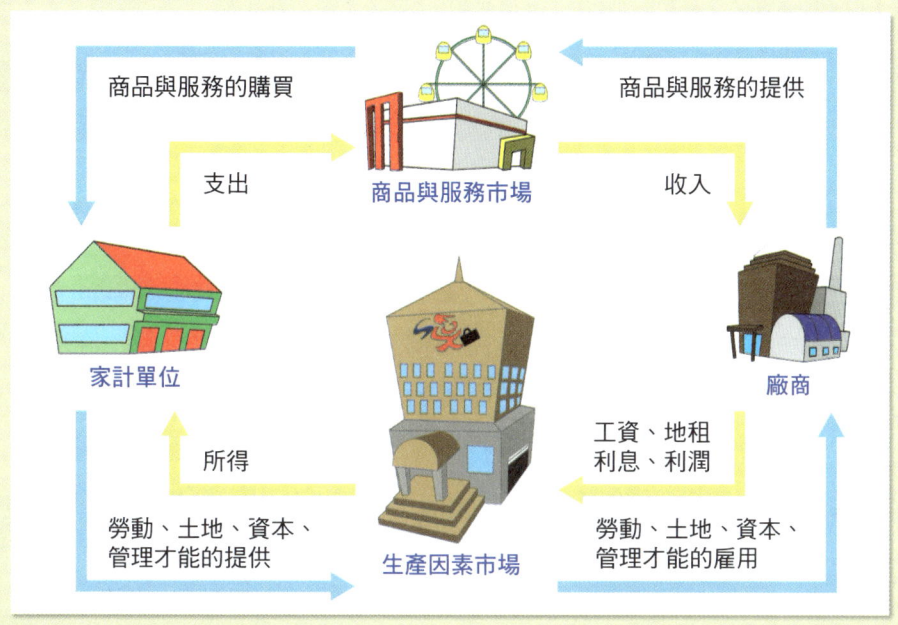

圖 1-1　循環流程圖

黃色線代表金錢的流向，用以交換商品與服務和生產因素。藍色線代表生產因素的流向 (從家計單位透過生產因素市場流向廠商)，以及商品與服務的流向 (從廠商透過商品與服務市場流向家計單位)。這些商品與服務和生產因素的選擇，決定生產什麼、為誰生產及如何生產這 3W 問題。

## 1-2-1　家計單位與廠商

家計單位 (households) 是指個人或一群人居住在一起且共同制訂決策。譬如，你的家裡有爸爸、媽媽、爺爺、奶奶和你。爸爸是公務員，媽媽在麥當勞當店長，爺爺有一塊土地租給張忠謀建晶圓廠，奶奶有一筆錢借給達美樂購買烤箱。在這個例子裡，家計單位包括你及家人共五人。你的父母外出工作、爺爺租借土地和奶奶出資，他們都是生產因素供給者。家計單位"選擇"資源的數量給廠商使用。另一方面，你早上到巷口的美而美買奶茶和漢堡蛋當早餐，這代表家計單位"選擇"商品與服務的購買數量。

廠商 (firms) 是組織商品與服務生產的機構。在上面的例子裡，美而美是一"家"廠商。美而美選擇需要買進多少製作漢堡蛋和奶茶的原料，同時評估需雇用多少"位"工讀生。因此，廠商"選擇"生產因素的雇用數量及商品與服務的供給數量。

## 1-2-2　市　場

家計單位"選擇"提供何種生產因素及廠商"選擇"生產何種商品與服務。這些為數眾多的經濟活動是如何協調的？答案很簡單：透過市場。

市場是指將買方與賣方安排在一起，且讓彼此雙方交易的一個場所。譬如，每年的農曆年前，臺北市的年貨大街就會熱鬧開賣。你可以到年貨大街購買過年所需的糖果和瓜子等南北雜貨。在商品與服務市場中，你是購買者，而年貨大街的商家是銷售者。另一方面，你在寒假可以到年貨大街打工，幫忙賣年貨。在這個例子裡，你是生產因素的供給者，而年貨大街的商家則是生產因素的需求者。

## 1-2-3　實質流向與金錢流向

圖 1-1 中的外圈代表商品與服務和生產因素的流向。家計單位選擇在生產因素市場提供土地、勞動、資本和管理才能的數量。廠商選擇在生產因素市場雇用這些生產性資源來生產商品與服務，然後透過商品與服務市場，銷售給家計單位。

循環流程圖的內圈代表金錢的流向。當家計單位提供勞動、資本、土地和管理才能時，它們可從廠商手中得到報酬——工資、利息、地租和利潤。家計單位收到 *所得* (income)，可以用來購買所需的商品或服務。廠商銷售商品所得到的金錢，叫做 *收入* (revenue)。廠商可用一部分的收入去支付生產因素的報酬，譬如，支付房租或發放股利。讓我們用下面的例子來說明循環流程圖。

假設你早上出門時，媽媽給你零用錢 500 元。中午你經過麥當勞買了一份超值全餐。當你的 127 元進入麥當勞的收銀機時，這 127 元便成為廠商的收入。麥當勞使用這 127 元來支付製作漢堡原料的成本或是員工的薪水。在任何一種情形下，這 127 元變成家計單位的所得，而進入別人的口袋裡。當別人，譬如子瑜，拿這筆錢去星巴克咖啡購買一杯拿鐵，經濟體系的循環流程又會再度展開。

在實質流向與金錢流向背後所隱藏的是數以萬計的如何生產、為誰生產，以及生產什麼的決策。這些為數眾多的決策，在商品與服務市場中，導致廠商的銷售計畫與家計單位的購買計畫；而在生產因素市場中，導致家計單位的銷售計畫與廠商的購買計畫。當所有的計畫在市場上實現時，就決定了人們支付的價格和賺取的所得。同時，也決定了為誰生產這些商品與服務。

圖 1-1 的循環流程圖，是一個簡化的經濟模型。它忽略了其他決策者——政府和國外部門——的經濟活動，也忽略了儲蓄與投資的可能性，省去金融市場與外匯市場的討論。然而，圖 1-1 提供經濟體系的基本架構，讓我們瞭解經濟參與者的生產和消費活動、市場如何進行分配，以及價格機能扮演如何生產、為誰生產和生產什麼的重要角色。其簡化的程度有如地圖上的街道，並未考慮複雜的街道景觀。

簡單地說，循環流程圖的結論為：

1. 家計單位同時扮演兩種角色：商品與服務的需求者和生產因素的供給者。
2. 廠商同時扮演兩種角色：商品與服務的供給者和生產因素的需求者。
3. 廠商的收入等於消費者的支出。
4. 商品與服務市場的供給與需求共同決定：商品與服務的價格。生產因素市場的供給與需求共同決定：生產因素的價格。

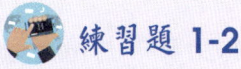

**練習題 1-2**

在一循環流程圖中，請畫出下列各項的流向：
(a) 台積電付 1 萬元股利給阿亮
(b) 書豪向華碩電腦買進筆記型電腦一部，價格 3 萬元
(c) 敬騰在漢來海港自助餐廳打工，時薪 100 元

類似問題：基本題 6。

## 1-3 經濟學的分類

在經濟學的定義中，有四個部門參與經濟活動：家計單位、廠商、政府和國外部門。家計單位的決策與政府並不相同。譬如，NBA 紐奧良鵜鶘隊選秀狀元威廉森 (Zion Williamson)，考慮是為 Nike 或 Adidas 代言可以獲得較多的報酬；為鼓勵生育，政府是否應提供父親或母親全薪在家帶小孩一整年——這兩個議題的討論層次並不相同。

傳統上，經濟學分成兩個領域：個體經濟學與總體經濟學。**個體經濟學** (microeconomics) 是一門研究廠商與家計單位如何做決策，及其之間如何互動的學科。個體經濟學檢視影響個別經濟單位決策的因素，以及市場如何協調不同決策者間的行為。譬如，瑤瑤領到通告費後，會決定要消費與儲蓄的金額。7-Eleven 必須決定端午節要賣什麼口味的粽子？賓士汽車進口商面臨奢侈稅的開徵，必須決定適當的售價等，都屬於個體經濟學的範疇。

**總體經濟學** (macroeconomics) 是一門研究整體經濟行為的學科。總體經濟學者研究所有家計單位和所有廠商的總生產量、總就業水準及總支出的行為。譬如，央行升息如何影響所有消費者的支出；政府大型公共投資 (如亞洲矽谷推動方案) 對總就業水準的影響；或是在面對股市低迷，政府應該取消證交稅嗎？

經濟學家經常嘗試對經濟現象提出解釋。有時，他們不但關心經濟體系如何運作，也關心應該如何運作。舉例來說，你可能聽過以下的說法：

- 主計總處公布 2020 年 9 月份臺灣地區失業率為 3.83%。
- 政府應該設法降低失業率。

第一項陳述稱為**實證經濟敘述** (positive economic statement)。實證經濟學描述經濟事實及經濟體系如何運作，不做任何價值的判斷。有關實證經濟敘述的例子有：行政院主計總處公布 2020 年 5 月受雇員工總薪資平均為 49,609 元，受雇員工總工時平均為 163.5 小時。如果政府決定課徵證所稅，對經濟體系的衝擊為何？實證經濟

---

個體經濟學　一門研究廠商和家計單位如何做決策，及其之間如何互動的學科。

總體經濟學　一門研究整體經濟行為的學科。

實證經濟敘述　描述經濟事實及經濟體系如何運作。

學的重點在瞭解經濟現象的因果關係。

第二項陳述稱為規範經濟敘述 (normative economic statement)。規範經濟學是討論經濟體系應該如何的陳述。它是分析經濟行為的結果、評估政策結果的好壞，以及是否滿足公平或效率的準則。譬如，面對緩慢的經濟復甦，政府是否要下猛藥刺激內需？為了追求公平正義，政府應實施房地產實價課稅？政府是否應該升息來對抗通膨？規範經濟學牽涉到價值判斷的議題。

> **規範經濟敘述** 討論經濟體系應該如何的陳述。

### 練習題 1-3

下列有關 "實證經濟學" (positive economics) 的敘述，何者正確？
(a) 針對經濟現象或經濟政策效果進行客觀分析
(b) 著重 "應該如何" 的討論
(c) 所獲致之結論無法驗證
(d) 以主觀的價值判斷，探討經濟議題

(105 年初等考試)

類似問題：基本題 7。

## 1-4 經濟學的思考

實證經濟學嘗試瞭解經濟體系的行為及運作，而不會去判斷結果的好壞。它是描述現存的事實，並解釋經濟體系如何運作。實證經濟學可分成描述經濟學和經濟理論兩種。

描述經濟學 (descriptive economics) 是指以實際資料的彙編來描述經濟現象。這類資料經常出現在行政院主計總處出版的統計刊物中。舉例來說，國民所得統計摘要是描述臺灣地區的國民所得、物價統計月報描述通貨膨脹率，以及人力資源調查統計衡量臺灣的失業率等。目前這些統計數據可從行政院主計總處網站 (https://www.dgbas.gov.tw/) 中取得。

> **描述經濟學** 以實際資料的彙編來描述經濟現象。

經濟理論 (economic theory) 是指一些經濟現象因果關係的陳述。它嘗試釐清統計資料的因果關係，並解釋它們是如何發生的。在第 2 章，我們將看到一個熟悉的經濟理論──需求法則，它是由

> **經濟理論** 一些經濟現象因果關係的陳述。

馬歇爾 (Alfred Marshall) 在 1890 年所提出。需求法則說明，商品價格下跌，人們的購買數量增加。譬如，原價 999 元的哈根達斯冰淇淋迷你杯 12 入組，如果因為週年慶降價為 499 元，一定會吸引搶購者擠爆門市。

### 1-4-1 理論與模型

小孩透過模型汽車和模型火車來明瞭真實世界的事物。譬如，小孩會將火車引擎、車廂及鐵軌架設起來，經過不同的地形，火車可以在其間奔馳。這些模型並不完全真實，但模型建造者卻可從中學習許多事物。模型是將想要模仿事物的精華做一番說明。

經濟學家也利用模型來認識世界。但經濟學家的模型不是使用小火車或塑膠製作，而是以圖形或方程式建構而成，模型是理論的正式陳述。經濟模型 (economic model) 是有關經濟議題用邏輯思考的方式來描述。它通常是以文字、圖形或數學符號來說明兩個或兩個以上變數間的關係。

> 經濟模型 有關經濟議題用邏輯思考的方式描述。

模型可以幫助我們明瞭經濟體系如何運作，圖 1-2 顯示經濟模型的結構。模型有兩種變數：內生變數與外生變數。內生變數 (endogenous variable) 是模型想要解釋的變數；外生變數 (exogenous variable) 是模型以外給定的變數。經濟模型的目的是想要說明外生變數的變動如何影響內生變數的數值。

> 內生變數 模型想要解釋的變數。
> 外生變數 模型以外給定的變數。

在圖 1-2 裡，外生變數來自經濟模型以外，並做為模型的投入，是模型必須接受的給定變數。內生變數是由經濟模型內部決定，且為模型的產出。在本書中，我們會遇到許許多多的經濟模型，譬如，供給與需求模型、簡單凱因斯模型、總供給與總需求模

**圖 1-2　經濟模型**

模型是理論的正式陳述，說明外生變數的變動如何影響內生變數的數值。

型,以及費雪方程式等。

　　經濟模型就像一張地圖,地圖將複雜的地形地物 (商店、住家、停車場、小巷道及其他),精簡成必要元素。為了說明如何從臺北開車到新竹北埔,地圖忽略豐富內涵 (如沿線城鎮的迷人景色),所看到的是高速公路及主要省道與休息站的位置。經濟模型也具相同特色。譬如,目前全世界最主要的兩個咖啡豆生產國家為巴西和越南。想要瞭解巴西發生乾旱,會如何影響臺灣的咖啡價格,經濟模型必須忽略咖啡產業的豐富內涵,包括產業歷史或咖啡農莊傳統文化特質。這些特質或許能夠成為報章雜誌上引人入勝的專欄,但卻無法幫助我們瞭解咖啡價格的決定因素。

## 1-4-2　經濟模型：供給與需求模型

　　為了讓前述的觀念具體化,讓我們用一個例子——供給與需求模型來說明經濟體系中的商品價格如何決定。假設經濟學家對星巴克咖啡店的咖啡價格與數量頗感興趣。他們想要建構一個經濟模型來描述星巴克咖啡店的生產行為、咖啡購買者的消費行為,以及兩者之間的互動關係。

　　經濟學家假設消費者對咖啡的需求量 ($Q^d$),受咖啡價格 ($P$) 與消費者所得 ($I$) 的影響。這個關係可以下列函數表示：

$$Q^d = D(P, I)$$

其中 $Q^d$ 為咖啡需求量,而 $D(P, I)$ 代表需求函數。同樣地,假設星巴克咖啡的供給量受咖啡價格 ($P$) 及原料價格 ($P_m$) (如咖啡豆價格) 的影響。這個關係為：

$$Q^s = S(P, P_m)$$

其中 $Q^s$ 為咖啡供給量,而 $S(P, P_m)$ 代表供給函數。最後,經濟學家假設咖啡價格可自由調整,而使需求量與供給量相等：

$$Q^d = Q^s$$

經濟學家以供給與需求函數來說明經濟模型。我們也可以用第 1-2

節的循環流程圖來說明這個例子。需求函數代表家計單位對星巴克咖啡的需求量與價格、消費者所得之間的關係。消費者利用薪資所得去星巴克消費拿鐵咖啡。因此，家計單位是商品 (咖啡) 的需求者與生產因素 (勞動) 的供給者。另一方面，星巴克雇用員工、購買咖啡豆來生產拿鐵咖啡供你我消費。因此，廠商是生產因素 (勞動、咖啡豆) 的需求者與商品 (咖啡) 的供給者。

在這個咖啡市場模型裡，有兩個內生變數和兩個外生變數。內生變數是咖啡價格與咖啡數量，它們是模型想要解釋的變數。外生變數是消費者所得與原料價格，模型並未解釋它們，而是接受其為既定數值。經濟模型可以用來顯示其中一個外生變數的變動，如何影響兩個內生變數的數值。譬如，若巴西發生乾旱，咖啡豆的生產成本提高，咖啡豆供給量減少，導致咖啡價格上升和咖啡需求量的減少。

### 1-4-3　模型的元素

從第 1-4-2 節供需模型的討論中，我們知道模型是由兩個重要的元素組成：

- 假設
- 結論

**假設**　每一個經濟模型都需要對人們的行為做出假設。譬如，中午下課後，仲基決定到校外吃午餐。假如仲基的口袋裡有 200 元，他就可以享受一份麥當勞超值全餐或一客涮涮鍋。政府部門的經濟行為也牽涉到假設的部分。譬如，中央銀行的通貨膨脹目標訂在每年不得超過 3%。假如超過此一目標，央行可緊縮銀根，以抑制物價的上漲。

**結論**　經濟學家透過觀察與衡量經濟體系的運作，藉著模型的假設得到合乎邏輯的結論。模型通常是以 "若……，則……" 的敘述形式出現。譬如，若臺灣遭遇颱風侵襲，則菜價會應聲上漲；或是，若新臺幣相對美元升值，則臺灣對美國的出口將會減少。這些結論是模型的預測。[1]

以下我們列舉兩個範例說明經濟模型的建構因素。

> 香港局勢動盪，國際評級機構惠譽將香港信貸評級由 AA 下調至 AA⁻，前景展望為負面。惠譽認為，受示威抗議活動，加上新冠肺炎疫情的影響，預測 2020 年香港 GDP 將會衰退 5%。[2]

在這個例子裡，模型假設為示威活動與新冠肺炎，而模型的預測是 2020 年 GDP 衰退 5%。

> 越南推動數位經濟，2030 年 5G 網路覆蓋率達 100%，而數位經濟規模占國內生產毛額 (GDP) 比重達 30%，為達成上述目標，越共政治局要求，重視基本基礎設施、人力資源、優先科技發展。[3]

在這個例子裡，模型的假設是重視基本基礎設施等，預測是數位經濟規模在 2030 年占 GDP 30%。

## 1-5 結 語

你現在應該對經濟學有了初步的概念。經濟學是一門管理稀少性資源的學科。如何在資源稀少的情況下滿足人類無窮的慾望，就產生了 3W 問題：生產什麼、如何生產及為誰生產。本書之後的章節將逐步發展許多經濟模型，以瞭解經濟體系如何運作。

本書的章節內容可以分成兩個部分：個體經濟學與總體經濟學。前半部是個體經濟學，探討家計單位、廠商的決策及它們之間的互動，包括消費、生產、市場及資訊經濟學等；後半部是總體經濟學，是研究整體經濟的行為，包括一些基本經濟指標、短期經濟波動、通膨與國際金融等議題。

---

1　模型產生的預測，有時稱為假說 (hypothesis)。
2　資料來源：鉅亨網，2020 年 4 月 20 日。
3　資料來源：《中時電子報》，2019 年 9 月 30 日。

## 摘要

- 資源的稀少性與慾望的無窮是構成經濟問題的主要原因。
- 資源，又稱為生產因素，可分成勞動、資本、土地及管理才能。
- 循環流程圖是一種經濟模型，描述家計單位和廠商在面臨資源稀少的情形下，如何進行選擇。
- 三個基本的經濟問題：生產什麼？如何生產？為誰生產？
- 個體經濟學是研究家計單位與廠商如何制訂決策，以及在市場中如何相互影響的一門學科。總體經濟學是研究整體經濟的行為，包括國民所得、通貨膨脹、失業與經濟成長等。
- 實證經濟學為陳述事實，闡明經濟問題的因果關係，研究"是怎樣"的一門經濟學。規範經濟學為討論經濟現象"應該如何"的問題，涉及主觀價值判斷的一門經濟學。
- 為了瞭解經濟體系如何運作，經濟學家利用模型——簡化現實，目的是顯示外生變數的變動如何透過模型來影響內生變數的數值。

## 習題

### 基本題

1. 請翻閱最近的報紙，列出五個與經濟有關的議題。請問其中是否與匯率有關？是否與物價有關？是否與利率有關？
2. 下列各項屬於哪一種資源？
   (a) 電腦軟體
   (b) 森林
   (c) 心理輔導 1 小時
   (d) 內湖科學園區
3. 下列何者不是資本？
   (a) 土地
   (b) 台積電的晶圓廠
   (c) 三立電視臺的 SNG 車
   (d) 八方雲集鍋貼店的收銀機
4. 下列哪一項不是最終商品或服務？
   (a) 家庭主婦買回家吃的蛋糕
   (b) 家庭主夫剛買的國產新車
   (c) 學生買回家做報告的筆記型電腦
   (d) 農夫買回去施肥的肥料

   (105 年關務特考)

5. 人們在資源稀少的限制下，通常會進行取捨。請描述下列例子裡所面臨的取捨。
   (a) 台積電正決定是否到中國設廠
   (b) 立法院決定是否要為莫拉克風災編列"災後重建特別預算"
6. 在要素市場中，家計部門為＿＿①＿＿，廠商為＿＿②＿＿。前述文字①②應分別填入：
   (a) 需求者，供給者
   (b) 供給者，需求者
   (c) 供給者，供給者
   (d) 需求者，需求者 　　(107 年原民特考)
7. 請畫出一張循環流程圖，指出模型中商品與服務的流向，以及對應的金錢流向。
   (a) 哈利波特以 1 英鎊買 1 張 9 ½ 月臺的車票
   (b) 技安在麥當勞打工，每小時賺 158 元新臺幣
   (c) 阿亮持有大立光的股票，並從中獲利 100 萬元
8. 下列哪些是"實證性敘述"？

(a) 環境保護優於經濟發展
(b) 國家尊嚴優於經濟利益
(c) 政府應促進經濟發展
(d) 貿易保護使消費者受損
(98 年中華關務)

9. 下列各項是屬於個體經濟學或總體經濟學的議題？
(a) 台啤投資 46 億元，在江蘇興建首座生產基地
(b) 取消軍公教免稅政策的衝擊
(c) 企業決定每週工作或休閒時數
(d) 2019 年 9 月，丹麥推出全球第一個負利率房貸

10. 個體經濟學最主要是討論哪兩個經濟變數？ (100 年銘傳)

### 進階題

1. 為什麼陳偉殷不選擇留在臺灣職棒，而要離鄉背井到日本千葉羅德海洋隊打棒球？

2. 下列描述何者正確？
(a) 廠商與家計單位都是生產因素供給者
(b) 廠商與家計單位都是商品市場需求者
(c) 廠商是生產因素市場供給者，而家計單位是生產因素市場需求者
(d) 廠商是生產因素市場需求者，而家計單位是生產因素市場供給者 (96 年二技)

3. 假設臺北飛臺東班機 200 個機位成本為 20 萬元，平均成本為 1,000 元。若飛機起飛前還有 10 個空位，但有一位候補旅客願意以 800 元買一張機票，請問航空公司是否應販售這個座位？

4. 人們透過市場交易，是否可以讓人人過得更好？

5. 下列何者為規範經濟敘述？何者為實證經濟敘述？
(a) 若大學提供免費停車是否會有更多學生開車到學校？
(b) 大學是否應調降學費來提升報到率？
(c) 若大學提高學費，班級數是否減少？
(d) 若大學提供更多助學貸款，是否更多學生受惠？ (100 年臺科大管理)

6. 下列敘述何者不屬於實證經濟學？
(a) 政府徵稅將帶來社會損失
(b) 天下沒有白吃的午餐
(c) 政府應該管制污染
(d) 政府增加公共設施有助經濟發展
(87 年普考)

7. 資源有限、慾望無窮，產生了取捨的問題。每一個取捨問題的背後，均有相對應的有限資源。請分別指出下列的決策問題中，有限的資源是指什麼？
(a) 選擇晚場看哪一部電影
(b) 只能挑一個對象結婚
(c) 用餐時，只能選擇部分的菜色，無法選擇所有的菜色
(d) 政府挑選策略性產業進行補貼及獎勵
(96 年政大金融)

8. "看不見的手" 主要是透過下列哪一個管道來提升社會整體的福利？
(a) 利他
(b) 自利
(c) 上天的安排
(d) 政府的干預 (107 年關務特考)

9. "市場失靈" (market failure) 指的是：
(a) 市場無法達成有效率的資源分配
(b) 廠商無法承受損失退出市場
(c) 行銷失利，產品需求下降
(d) 廠商間的惡性競爭

### 上網題

1. 請至行政院主計總處網站，下載人力資源調查結果分析項下，最近一個月的新聞稿。請簡單說明勞動力狀況、就業狀況、失業狀況及非勞動力。

2. 請至中央銀行網站，下載當月金融情況。請問最近的外匯存底是多少？最近的貨幣總計數是多少？

Chapter

# 2

# 需求與供給

臺灣每年夏季颱風侵襲前後,蔬菜價格就會飛漲。當蘋果公司推出新產品時,總會宣布將現有產品,如 iPhone 的價格調降,而三星也順勢調降其產品售價。上面的例子都提到商品的售價,價格的高低不僅讓消費者關心,生產者也是步步為營。在經濟學領域裡,商品或服務價格的高低,是由市場供給與需求間的互動來決定。

需求與供給是經濟學裡最重要的兩種工具。這兩種工具共同決定廠商生產何種商品、數量多少及價格的高低,它們能使市場經濟順利運作。讓我們以下面的例子說明市場經濟如何運作。

誰能餵飽臺北市?早餐店總是有份量足夠的豆漿、蛋餅。每天早上市民總是能夠在菜市場買到新鮮的水果。很難想像,臺北市並沒有一個單位專門負責協調、指揮食物的運送分配,但每位臺北市民每天卻能夠買到所需的食物。透過市場供給與需求的調整,有一隻看不見的手讓如此複雜的市場運作得以井然有序,我們的生活水準也不斷地獲得改善。

## 2-1 需求

當你中午下課去吃自助餐,而預算只有 80 元時,你會選擇點兩道菜:一份蔬菜加一隻炸雞腿,還是三道菜:蔬菜、麻婆豆腐,再加紅燒魚?如果麥當勞的勁辣雞腿堡一個 75 元,一個月你會吃幾個?如果一個 60 元,你又會吃幾個?

需求 (demand) 是指在一段期間內,消費者面對不同的價格,所願意且能夠購買的商品數量。一段期間通常指一天、一星期、一個月、一季或一年等。在定義中的"能夠"是指消費者客觀的購買能力。另外,"願意"是指消費者主觀的喜好程度。當皇阿瑪在晶華飯店享受一頓下午茶時,意味著皇阿瑪"客觀"上,口袋裡有錢;"主觀"上,喜歡悠閒,才會"需求"下午茶。

> **需求** 假設其他條件不變,消費者於一段期間內,在不同價格下,願意且能夠購買的商品數量。

### 2-1-1 需求表與需求曲線

為了方便說明,我們以阿亮消費勁辣雞腿堡的例子描述價格與需求量之間的關係。假設阿亮非常熱愛麥當勞,每個月都必須上麥當勞報到,尤其是勁辣雞腿堡,更是抓住了他的胃。

圖 2-1 的 需求表 (demand schedule),列出在不同價格下,阿亮每個月購買勁辣雞腿堡的數量。若勁辣雞腿堡價格訂在 105 元,阿亮每個月會買 4 個;價格降為 90 元,阿亮會買 8 個。價格持續下降,阿亮購買的勁辣雞腿堡數量也會愈來愈多。

圖 2-1 是將需求表的資料以圖形繪製出來。勁辣雞腿堡的價格在縱軸，而勁辣雞腿堡的數量在橫軸。a、b、c、d、e 五個點分別對應表中的五個價格與數量組合。這五個點以直線連接可得到阿亮對勁辣雞腿堡的**需求曲線** (demand curve)。

圖 2-1 中，假設其他條件不變，價格與需求量呈反向變動，稱為**需求法則** (law of demand)。需求法則是指在其他條件不變下，商品價格上漲時，購買數量下跌；商品價格下跌時，購買數量增加。

為什麼商品價格下跌，需求量會增加？細究其背後原因，是因為替代效果和所得效果的緣故。當勁辣雞腿堡價格下跌，而其他商品價格維持固定時，勁辣雞腿堡相對便宜；阿亮比較願意以勁辣雞腿堡來代替披薩的消費，勁辣雞腿堡的需求量因而提高。這種因為價格下跌，引起消費數量的相對變動 (多購買勁辣雞腿堡，少消費披薩)，稱為**替代效果** (substitution effect)。

其次，當勁辣雞腿堡價格下跌時，阿亮的實質所得提高。**實質所得** (real income) 是以商品數量衡量的所得。譬如，阿亮每月所得是 45,000 元，而一個勁辣雞腿堡售價是 75 元，若將全部所得用來買勁辣雞腿堡，可以買 600 個。換句話說，阿亮的實質所得是 600 個勁辣雞腿堡。

如果麥當勞因為慶祝 50 週年，而將勁辣雞腿堡的價格降至 60 元，同樣的 45,000 元，現在可以買 750 個勁辣雞腿堡。阿亮的實

> **需求曲線** 假設其他條件不變，在固定期間內，描繪價格與需求量之間關係的曲線。
>
> **需求法則** 在其他條件不變下，價格下跌，購買數量增加；價格上漲，購買數量減少。
>
> **替代效果** 當 X 商品價格相對 Y 商品便宜時，消費者會減少 Y 的消費，增加 X 的消費。
>
> **實質所得** 以商品數量衡量的所得。

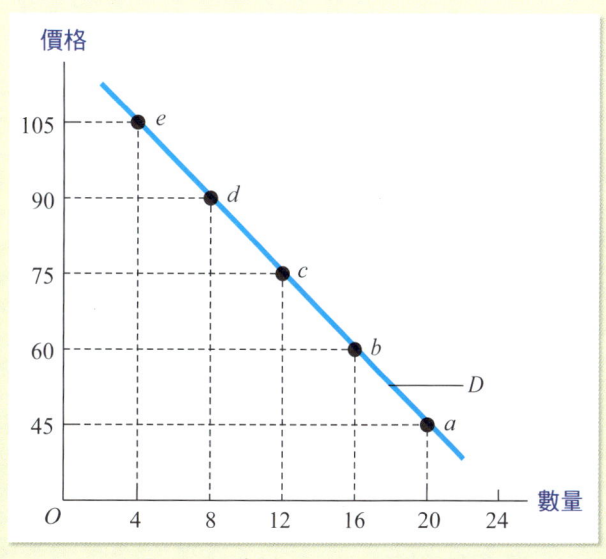

|   | 價　格 | 需求量 |
|---|---|---|
| a | 45 | 20 |
| b | 60 | 16 |
| c | 75 | 12 |
| d | 90 | 8 |
| e | 105 | 4 |

**圖 2-1 阿亮的勁辣雞腿堡需求曲線**
需求曲線是由上表的資料所繪成。當價格下跌時，購買數量增加。譬如，當一個勁辣雞腿堡由 75 元跌至 60 元時，阿亮購買數量由 12 個增加到 16 個。

質購買力由 600 個增加至 750 個，也就是阿亮的實質所得增加。當勁辣雞腿堡價格下跌時，阿亮本來只能買 600 個，現在除了能夠買 700 個外，還多出 3,000 元可以購買可樂。這種因價格下跌而使實質所得提高，商品需求量增加的現象，稱為 所得效果 (income effect)。簡單地說，價格下跌 (上漲) 引起需求量增加 (減少) 的總效果是替代效果與所得效果的加總。

> **所得效果** 當 X 商品價格下跌時，消費者實質所得提高，X 商品消費數量增加。

### 2-1-2　影響需求變動的因素

需求法則是描述價格變動引起需求量的改變。除了本身商品價格外，影響商品需求變動的因素有以下四項：(1) 所得；(2) 相關商品的價格；(3) 預期；(4) 偏好。以下讓我們逐一陳述各項因素如何影響需求。

**所得**　想像日本新冠肺炎疫情嚴峻，重創北海道觀光業。專攻日本線的導遊麻衣收入銳減。她對勁辣雞腿堡的消費"能力"下降。譬如，從每個月 12 個變成每個月 4 個。以圖 2-2 來看，需求減少代表需求曲線平行向左移動。如果所得減少，商品需求量跟著減少，我們稱此商品是 正常財 (normal goods)。

並不是所有商品都是正常財。如果所得提高，需求量反而減少，我們稱此商品為 劣等財 (inferior goods)。劣等財的例子有米、速

> **正常財** 在其他條件不變下，所得增加引起需求量增加的商品。
>
> **劣等財** 在其他條件不變下，所得增加引起需求量減少的商品。

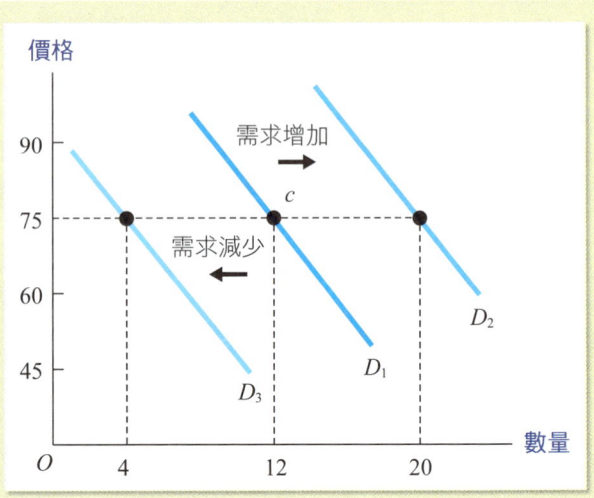

**圖 2-2　需求曲線的移動**

在既定價格下，任何引起購買數量增加的變動均將使需求線向右移動；相反地，在既定價格下，任何引起購買數量下跌的變動，均將使需求線向左移動。

食麵、含過高脂肪的肉類，以及搭公車次數等。同理，若所得減少使商品需求量增加，此商品也是劣等財。

**相關商品的價格**　商品與商品之間的關係，有些是搭配一起使用，有些則可以相互替代。譬如，咖啡與奶精搭配使用，會使咖啡味道更加香醇，我們稱咖啡與奶精是**互補品** (complements)。當某一商品價格下跌時，另一商品需求量增加，這兩種商品是互補品。除了咖啡與奶精外，電腦硬體與軟體、汽車與輪胎、iPhone 手機與 iPhone 的 App 等，都是互補品的例子。若以圖 2-2 說明，當咖啡價格上漲時，根據需求法則，咖啡的需求量降低，連帶地對奶精的需求量也會減少，奶精的需求曲線整條向左移動。

> **互補品**　如果某一商品價格下跌，引起另一商品需求量提高，則此兩商品為互補品。

　　當某一商品價格上漲時，另一商品的需求量增加，這兩個商品互為**替代品** (substitutes)。譬如，咖啡與紅茶、百事可樂與可口可樂、橘子與柳橙等。當咖啡價格上漲時，根據需求法則，咖啡需求量降低。由於咖啡與紅茶均含咖啡因，屬刺激性飲料。因此，有些人以紅茶替代咖啡，紅茶需求量因而增加，紅茶的需求曲線向右移。

> **替代品**　如果某一商品價格下跌，引起另一商品需求量減少，則此兩商品互為替代品。

**預期**　勁辣雞腿堡的消費不僅受現在所得與現在價格的影響，也受未來價格與未來所得的影響。譬如，你在下個月將有一份月薪 6 萬元的工作，這個月可能就會用儲蓄金購買一些東西，包括新衣服、新皮鞋，以及多消費勁辣雞腿堡等。因此，預期未來所得提高，現在的商品需求增加，需求曲線向右移動。如果中油宣布明天調升油價 3 元，今天加油站就會出現大排長龍的景象。因此，當預期未來商品價格上漲時，現在消費數量提高，需求曲線向右移動。

**偏好 (preference)**　消費者如果喜歡某種商品，商品的需求量增加，需求曲線向右移動。廠商經常運用廣告來改變消費者的偏好。舉例來說，金牌台灣啤酒曾六度找蔡依林代言，有別於一般啤酒廣告表現歡樂時光，蔡依林說："做自己，你就是金牌。"蔡依林的代言讓金牌台灣啤酒銷售量與銷售額一路長紅。

### 實例與應用　　　　　價格無所不在

偏好是影響需求非常重要的因素之一。以紅酒為主題的日本漫畫《神之雫》在全球掀起品酒熱。《神之雫》描述知名品酒家去世後，留給兒子及養子一連串謎題，兩人必須依照其遺囑找出化身 "12 使徒" 的紅酒，以及稱為 "神之雫" 的終極夢幻紅酒，獲勝者可繼承遺產。

英國《衛報》報導，漫畫中點名的紅酒無不聲名大噪，銷售量激增。法國波爾多頂級酒莊：拉斐、歐比翁、瑪歌、拉圖、慕桐及羅曼尼康帝的酒價，甚至超過次貸風暴前的水準。由《神之雫》漫畫改編的日劇，完

結篇將法國波爾多的 "Chateau le Puy 2003" 訂為 "神之雫"。這支產地只有幾百元的廉價紅酒暴紅，在香港曾炒到新臺幣 3,000 元，甚至有日本酒迷專程到法國指名要買這支酒。

### 2-1-3　市場需求

> 市場需求　個別需求的水平加總。

圖 2-1 討論的是阿亮個人對勁辣雞腿堡的需求。但是，我們知道麥當勞不僅滿足個人需求，它面對的是整個市場需求 (market demand)。勁辣雞腿堡的市場需求可由每個人對勁辣雞腿堡的需求數量加總而得。

以圖 2-3 的表格為例，假設市場只有兩個人：阿亮與阿牛。當價格是 75 元時，阿亮每個月買 12 個勁辣雞腿堡，而阿牛每個月買 8 個勁辣雞腿堡。市場需求量等於 20 個 (＝ 12 ＋ 8)。當價格上漲至 105 元時，阿亮購買 4 個勁辣雞腿堡，而阿牛購買 6 個，市場需求量是 10 個 (＝ 4 ＋ 6)。

圖 2-3 的圖形分別列出阿亮、阿牛及市場對勁辣雞腿堡的需求曲線。(c) 圖的市場需求曲線得自 (a) 圖阿亮需求和 (b) 圖阿牛需求之水平加總。勁辣雞腿堡一個賣 75 元時，(a) 圖的 c 點代表阿亮每月消費 12 個；(b) 圖的 c 點代表阿牛每月消費 8 個；(c) 圖的 c 點是 20 個，等於 (a) 圖的 12 個加上 (b) 圖的 8 個。

由於市場需求是個別需求的水平加總，任何影響個人需求的因素均會影響市場需求。因此，影響市場需求的因素有五項：(1) 所得；(2) 相關商品的價格；(3) 預期；(4) 偏好；(5) 消費者人數。第

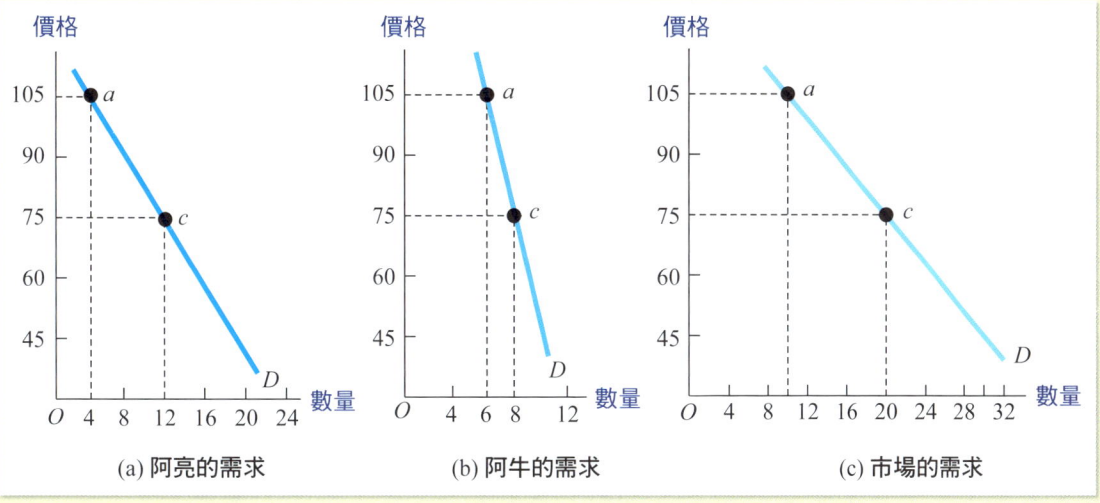

**圖 2-3　市場需求**
市場需求是個別需求的水平加總。當勁辣雞腿堡價格等於 105 元，市場需求量是 10 個，等於阿亮的需求量 (4 個) 加上阿牛的需求量 (6 個)。

五項因素，消費者人數不會影響個別需求，但會影響市場需求。一個地區突然湧入大量人口，某些商品的市場需求將因而增加。譬如，內湖科學園區吸引大批高科技人才進駐，造成當地房地產價格從一坪 20 萬元漲至 80 萬元以上。

## 2-1-4　其他條件不變

不管是個人需求、市場需求或需求法則，都說明了在其他條件不變 (all else constant) 下，價格與需求量間的反向關係。

"其他條件" 是指除了商品本身價格外，其他影響需求的因素，包括所得、偏好、預期、消費者人數及相關商品價格等。舉例來說，假設研究發現雞腿含有過多抗生素對身體不好時，大家就會少吃雞腿，勁辣雞腿堡的需求減少，如圖 2-4 的 a 點至 b 點所示。

> 其他條件不變　是指除了正在討論的變數外，假設其他影響變數數值固定。

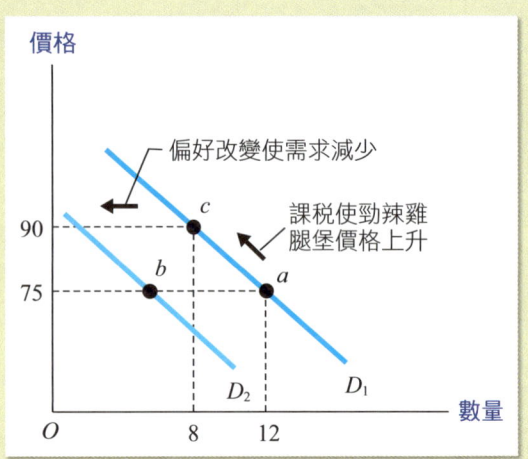

📢 圖 2-4 需求的變動與需求量的變動
若研究發現食用雞腿有害身體時，需求曲線向左移動，如 a 點至 b 點所示。另一方面，政府針對速食課稅使需求量下降，如 a 點至 c 點所示。

這種需求曲線從 $D_1$ 移至 $D_2$，稱為 需求的變動 (changes in demand)。

相反地，若政府針對速食課徵消費稅，使得勁辣雞腿堡價格從 75 元上升至 90 元，需求量將從 12 個減至 8 個。如圖 2-4 的 a 點至 c 點所示。這種需求沿著同一條曲線的移動稱為 需求量的變動 (changes in quantity demanded)。

---

### 練習題 2-1

下列何者不會造成衛生紙市場中需求線的移動？
(a) 面紙的價格下跌
(b) 免治馬桶 (可節省衛生紙的馬桶) 的普及
(c) 濕式衛生紙的崛起
(d) 衛生紙價格提高

(107 年關務特考)

類似問題：基本題 1。

---

##  2-2 供　給

> 供給　假設其他條件不變，生產者於一段期間內，在不同價格下，願意且能夠生產的商品數量。

上一節我們提到商品市場的需求，本節將討論商品市場的另一個部分：供給。供給 (supply) 是指在一段期間內，假設其他條件不變，生產者願意且能夠提供的商品數量。譬如，麥當勞、蘋果公司、士林夜市的豪大大雞排等都是供給者的例子。

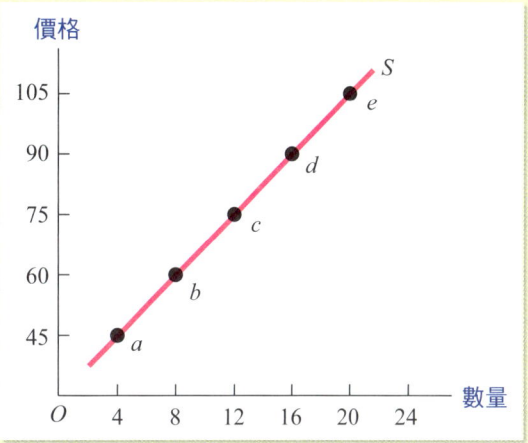

**圖 2-5　麥當勞勁辣雞腿堡的供給曲線**
a、b、c、d、e 五個點分別對應上表中五個不同價格與供給量的組合。當價格上升時，廠商願意且能夠生產的數量會提高。

## 2-2-1　供給表與供給曲線

為了方便說明，我們以麥當勞生產勁辣雞腿堡的例子來說明價格與供給量間的關係。圖 2-5 的表格是麥當勞在不同價格下，願意且能夠生產的數量。當價格等於 45 元，麥當勞願意生產 4 個勁辣雞腿堡；當價格上漲至 60 元，麥當勞願意生產 8 個勁辣雞腿堡。

圖 2-5 的圖形說明**供給法則** (law of supply)——供給量與價格間的正向關係。而連結表格中勁辣雞腿堡價格與供給量的圖形稱為供給曲線。**供給曲線** (supply curve) 描繪在其他條件不變下，生產者在不同價格下，願意且能夠生產的商品數量。

為什麼價格上升，商品供給量會增加？讓我們舉一個例子說明。如果臺灣漁民知道日本地震重創原本漁獲量豐碩的仙台和青森，在鮪魚嚴重缺貨的情況下，鮪魚價格勢必急劇上揚。漁夫發覺鮪魚比其他魚類更值錢，就會投入更多時間工作，採買更昂貴的設備，盡可能捕獲更多數量的鮪魚銷往日本。

> **供給法則**　其他條件不變下，價格上漲，生產數量增加；價格下跌，生產數量減少。
>
> **供給曲線**　在其他條件不變時，描繪價格與供給量之間的關係。

## 2-2-2　影響供給變動的因素

供給法則是描述價格變動引起供給量的改變。除了商品本身價格外，影響商品供給量變動的因素有以下四項：(1) 技術；(2) 生產因素 (或投入) 價格；(3) 相關商品的價格；(4) 預期。以下讓我們逐一陳述各項因素如何影響供給的變動。

**技術** 如果麥當勞研發出大量生產勁辣雞腿堡的機器 (技術進步)，就可減少對員工的雇用，生產成本隨之降低。因此，麥當勞較有能力與意願生產較多的勁辣雞腿堡，供給曲線向右移動。相反地，如果一個新的生產流程的實施，造成產品不良率提高，廠商生產成本增加，供給因而減少，供給曲線會向左移動。

**生產因素 (或投入) 價格** 2011 年初昆士蘭的洪災造成小麥、蔗糖、煉煤 (煉鋼專用) 全球供應吃緊。全球小麥價格飆漲 45%，勁辣雞腿堡的製作成本提高，麥當勞的銷售利潤減少。所以，在每一個價格下，勁辣雞腿堡的供給量減少，供給曲線向左移動。

**相關商品的價格** 某些商品的生產過程，會用到有替代性的生產因素。譬如，漢堡王的華堡與麥當勞的豬肉滿福堡。當華堡價格上漲時，農夫比較願意牧養牛隻，而不願飼養豬隻，豬肉供給將會減少，豬肉滿福堡的供給量跟著降低，供給曲線向左移動，這意味著豬與牛為**生產上替代** (substitutes in production)。另一方面，鑽油井過程中，原油與天然氣會被共同開採。當原油價格上漲時，更多的油井會被探勘，更多的天然氣隨之生產，天然氣的供給曲線向右移動，這意味著石油與天然氣為**生產上互補** (complements in production)。

**預期** 假如麥當勞宣布，下週起勁辣雞腿堡的價格將調漲，而將製作原料暫存倉庫。因此，本週勁辣雞腿堡的供給量減少，供給曲線向左移動。另一個例子是，報載 2019 年非洲豬瘟疫情使中國養殖豬隻數大減三分之一。為了滿足需求，中國開始進口肉品，帶動全球包含雞、豬、牛、羊的肉品價格上漲。

### 2-2-3 市場供給

正如同市場需求是個別消費者需求的水平加總，**市場供給** (market supply) 是個別廠商供給的水平加總。假設市場只有兩家麥當勞：民生店和松山機場店。圖 2-6 的表格是兩家店在不同的勁辣雞腿堡價格下所提供的數量。當價格是 60 元時，民生店提供 8 個，而

> **市場供給** 是個別廠商供給的水平加總。

松山機場店提供 7 個，所以市場供給是 15 個勁辣雞腿堡；當價格上漲為 75 元，民生店提供 12 個，而松山機場店提供 8 個，市場供給是 20 個勁辣雞腿堡。

圖 2-6 的圖形分別繪出麥當勞分店及市場的供給曲線。以 c 點為例，當勁辣雞腿堡一個賣 75 元時，(c) 圖的市場供給 20 個，是 (a) 圖的民生店供給 12 個，與 (b) 圖的松山機場店供給 8 個的水平加總。

因為市場供給是個別廠商供給的水平加總，任何影響個別廠商供給的因素，均會影響市場供給。因此，影響市場供給變動的因素有以下五項：(1) 技術；(2) 生產因素價格；(3) 相關商品的價格；(4) 預期；(5) 生產者人數。如果麥當勞決定在民生東路附近開一家分店：長春店，市場會有三家麥當勞提供勁辣雞腿堡。在每一個價格下，勁辣雞腿堡的供給量會增加，市場供給曲線向右移動。

| 價　格 | 麥當勞民生店的供給量 | 麥當勞松山機場店的供給量 | 市場的供給量 |
|---|---|---|---|
| 45 | 4 | 6 | 10 |
| 60 | 8 | 7 | 15 |
| 75 | 12 | 8 | 20 |
| 90 | 16 | 9 | 25 |
| 105 | 20 | 10 | 30 |

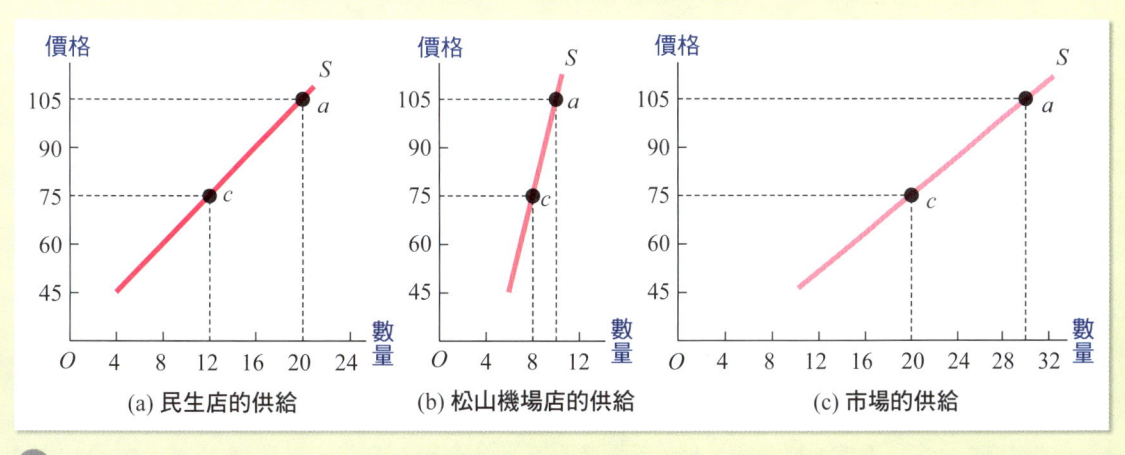

(a) 民生店的供給　　(b) 松山機場店的供給　　(c) 市場的供給

**圖 2-6　市場供給**
市場供給是個別廠商供給的水平加總。當價格等於 105 元時，市場供給是 30 個勁辣雞腿堡，等於民生店的 20 個加上松山機場店的 10 個。

### 2-2-4　其他條件不變

不管是個別供給、市場供給或供給法則，都在說明其他條件不變下，價格與供給量之間呈正向關係。

"其他條件"是指除商品本身價格外，影響供給的其他因素，包括技術、生產因素價格、預期、相關商品的價格和生產者人數。舉例來說，日本強震重創各企業廠房和核電廠，造成電力短缺，豐田各大汽車廠產量銳減。由於臺灣日系品牌的引擎、變速箱和行車電腦都得靠日本進口，零組件的供給不足，勢必造成生產成本劇增。如圖 2-7 的 $a$ 點至 $b$ 點所示。這種整條供給曲線的移動，我們稱為供給的變動 (change in supply)。

如果是政府調降汽車貨物稅、汽車售價降低，公司的利潤變得較薄，供給量隨之減少。供給量減少，如圖 2-7 的 $a$ 點至 $c$ 點所示。這供給沿著同一條線的移動，稱為供給量的變動 (change in quantity supplied)。

**圖 2-7　供給的變動與供給量的變動**
當價格下跌時，供給量從 $a$ 點沿著供給曲線減少至 $c$ 點，是供給量變動。"其他條件"的變動，導致整條供給曲線右移或左移。從 $a$ 點到 $b$ 點，是供給的變動。

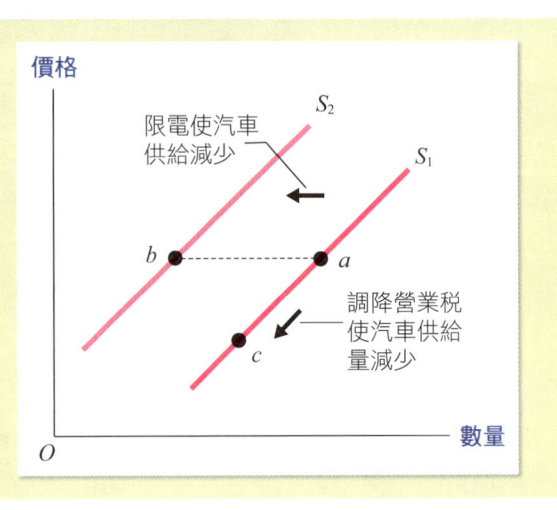

### 練習題 2-2

假設其他條件不變，個別廠商供給量是指在不同價格下，其：
(a) 願意生產的數量
(b) 能夠生產的數量
(c) 願意且能夠生產的數量

(d) 願意、能夠且實際生產的數量　　　　　　　　　　　　(107 年初等考試)
　　類似問題：基本題 3。

## 2-3　需求、供給與市場

　　第 2-1 節的需求是指在不同價格下，消費者願意且能夠購買的商品數量。第 2-2 節的供給是指在不同價格下，廠商願意且能夠提供的商品數量。在勁辣雞腿堡的例子中，阿亮是需求者，麥當勞是供給者，而勁辣雞腿堡是商品。藉著消費勁辣雞腿堡，阿亮可以滿足口腹之慾，麥當勞可以創造利潤。因此，市場的存在使買賣雙方的意願能夠相互配合，進而讓雙方都能滿足。

### 2-3-1　市場均衡

　　讓我們以圖 2-8 來說明市場均衡的意義。圖 2-8 的表格是麥當勞每個月勁辣雞腿堡在不同價格下的需求量與供給量。當勁辣雞腿堡一個賣 45 元時，消費者每個月購買 20,000 個，而麥當勞只願意提供 4,000 個。當價格很低時，消費者願意購買的數量超過生產者願意生產的數量，市場發生*超額需求* (excess demand) 或稱*短缺* (shortage)。解決供不應求 (超額需求＝16,000 個) 的方法很簡單：漲價。價格上升將使得需求減少和供給增加，直至想買的人都買得到為止。

**短缺**　需求量超過供給量的狀態，又稱超額需求。

| 價　格 | 需求量 | 供給量 | 超額需求 |
|---|---|---|---|
| 45 | 20,000 | 4,000 | 16,000 |
| 60 | 16,000 | 8,000 | 8,000 |
| 75 | 12,000 | 12,000 | 0 |
| 90 | 8,000 | 16,000 | −8,000 |
| 105 | 4,000 | 20,000 | −16,000 |

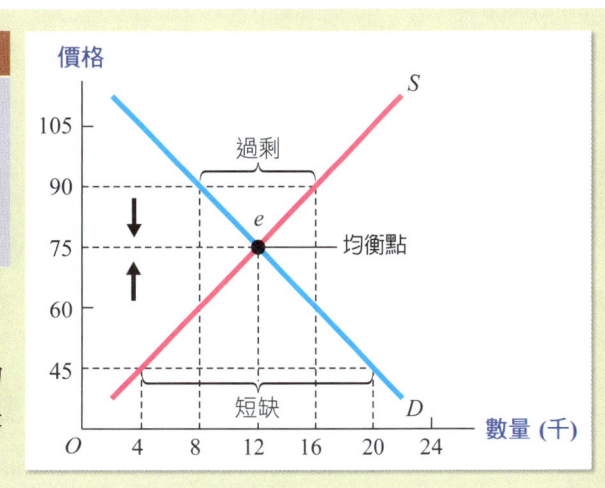

**圖 2-8　市場均衡**
當供給與需求相等時，市場達到均衡。勁辣雞腿堡的均衡價格是 75 元，均衡數量是 12,000 個。

> **過剩** 供給量超過需求量的狀態,又稱超額供給。

相反地,若價格訂得太高,譬如,一個勁辣雞腿堡賣 90 元,麥當勞願意提供的數量遠遠超過消費者願意購買的數量,市場發生**超額供給** (excess supply) 或稱為**過剩** (surplus)。在 90 元時,勁辣雞腿堡的需求量為 8,000 個,而供給量為 16,000 個,有 8,000 個的超額供給,勁辣雞腿堡價格將下跌。麥當勞生產過多的勁辣雞腿堡,解決之道就是降價。其實我們在日常生活上常常看到:當商品出現庫存過多時,廠商會削價求售;反之,庫存不足時,該商品價格就會上漲。

> **均衡** 市場供給等於需求的狀態。
> 
> **均衡價格** 當供給量與需求量相等時的市場價格。
> 
> **均衡數量** 當供給價格與需求價格一致的市場數量。
> 
> **價格機能** 當市場發生生產過剩或短缺現象時,只要價格可以自由調整,市場就會恢復到均衡狀態。

以圖 2-8 來看,供給與需求曲線的交點 e,我們稱為**均衡** (equilibrium)。均衡所決定的價格稱為**均衡價格** (equilibrium price),數量稱為**均衡數量** (equilibrium quantity)。圖中勁辣雞腿堡的均衡價格為 75 元,在此價格下,麥當勞願意提供的數量與消費者願意購買的數量恰好相等,均衡數量為 12,000 個。同時,麥當勞願意提供的價格與消費者願意支付的價格也剛好一致,為 75 元。價格,就如同一隻"看不見的手",讓市場不致發生生產過剩或短缺,資源浪費或配置錯誤的情況也不會出現。任何過剩或短缺均是一種短暫現象,只要價格可以自由調整,供給與需求最終會達到均衡。這種調整過程,稱為**價格機能** (price mechanism) 或市場機制。

---

### 練習題 2-3

假設 A、B 兩產品互為替代品,若衛生福利部發現 A 產品可能含有對人體的致癌物,則此項訊息的公布,對 B 產品市場有何影響?

(a) 均衡價格下降,均衡產量下降
(b) 均衡價格下降,均衡產量上升
(c) 均衡價格上升,均衡產量上升
(d) 均衡價格上升,均衡產量下降

類似問題:基本題 6。

---

## 2-3-2 均衡的變動

均衡價格的高低和均衡數量的多寡取決於供需曲線的相對位置。譬如,文藝復興藝術大師達文西 (Leonardo da Vinci) 在 1500 年的作品《救世主》(*Salvator Mundi*)，於 2017 年 11 月 15 日紐約的佳士得拍賣會上，以 4.5 億美元 (約新臺幣 135 億元) 的天價售出，成為史上拍賣價格最高的畫作。

若以供需曲線分析達文西畫作的價格，首先，必須決定供需曲線的形狀。由於達文西的《救世主》在世界上僅有一幅，因此供給曲線是垂直的。其次，市場價格決定於供給與需求曲線的交點。因為供給曲線垂直，均衡價格的高低完全視需求曲線的位置而定。競標過程長達二十分鐘，由一名透過電話出價的匿名買家以 4.5 億美元得標，遠遠超越底價 1 億美元。加上拍賣公司佣金後，最終成交價為 450,312,500 美元。強烈的偏好使需求與供給曲線相交於高價格的位置，如圖 2-9 所示。

均衡價格與數量會因外在事件的發生而改變。某些情況是需求曲線的變動，某些情況是供給曲線的變動，某些情況則是供給與需求曲線同時變動。

如果要分析外在事件對均衡價格與數量的影響，可依下列三個步驟進行：(1) 首先，確認是需求變動、供給變動，還是兩者同時變動；(2) 其次，決定供需曲線移動的方向，是左移還是右移；(3) 最後，比較新舊均衡，決定均衡價格與均衡數量是增加或減少。以下列舉幾則例子，說明如何運用這三個步驟進行經濟分析。

*需求的變動* 臺灣菸酒公司邀請天后蔡依林拍攝廣告，促銷金牌台灣啤酒。廣告對金牌台灣啤酒的價格與數量有何影響？讓我們以三

**圖 2-9 垂直的供給曲線**
達文西的《救世主》真跡僅有一幅，所以供給曲線是垂直的。市場價格由需求曲線的位置決定。當需求強烈時，需求曲線位置較高，因此，《救世主》的市價高達 450,312,500 美元。

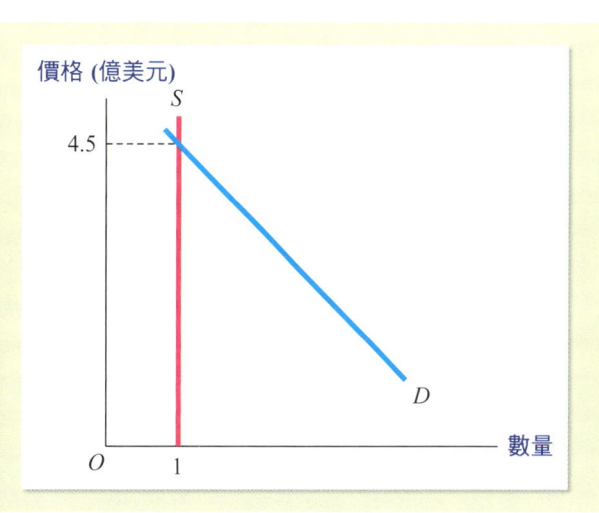

### 圖 2-10　需求增加

臺灣菸酒公司請蔡依林廣告促銷金牌台灣啤酒，偏好的改變使需求曲線右移，均衡價格由 40 元上漲至 45 元，均衡數量由 12,000 罐上升至 16,000 罐。

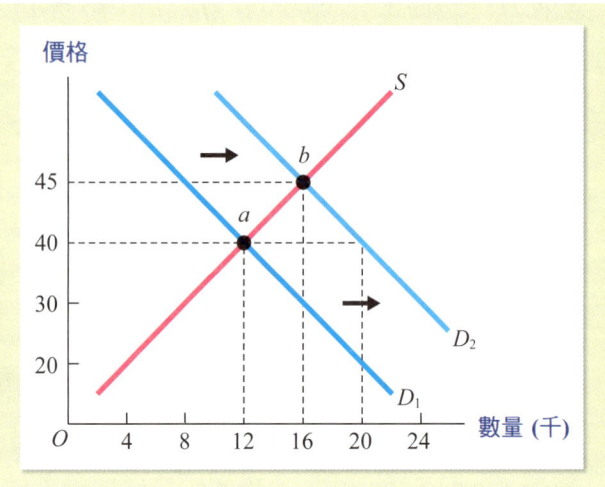

個步驟來進行分析：

**步驟 1：** 在蔡依林的廣告強調"做自己，你就是金牌"的品牌精神。廣告主要是想改變人們的偏好。偏好的改變會影響消費者的購買意願，但不會影響廠商的生產。因此，廣告造成需求的變動。

**步驟 2：** 因為蔡依林動感的形象加上做自己的感覺，大家會選擇多消費金牌台灣啤酒，少消費其他品牌啤酒。金牌台灣啤酒的需求增加，需求曲線向右移動，如圖 2-10 的 $D_1$ 移至 $D_2$ 所示。

**步驟 3：** 在舊均衡 $a$ 點，每罐啤酒售價 40 元。廣告使需求量增加至 20,000 罐，但供給量只有 12,000 罐。供給低於需求，市場發生供不應求，啤酒價格因此上漲。在新均衡 $b$ 點，金牌台灣啤酒每罐 45 元，均衡數量是 16,000 罐。比較新舊均衡發現，啤酒價格與數量同時增加。

**供給的變動**　目前全世界最主要的兩個咖啡豆生產國家為巴西與越南。假設因為全球暖化，造成氣候極端現象頻繁。巴西發生乾旱，導致許多咖啡樹枯死。咖啡豆歉收對星巴克咖啡的銷售數量與價格有何影響？我們仍以三個步驟進行分析。

**步驟 1：** 咖啡豆歉收影響星巴克咖啡的供給。乾旱使咖啡豆產量減少，咖啡原豆價格上漲。咖啡豆是星巴克咖啡的生產因素。

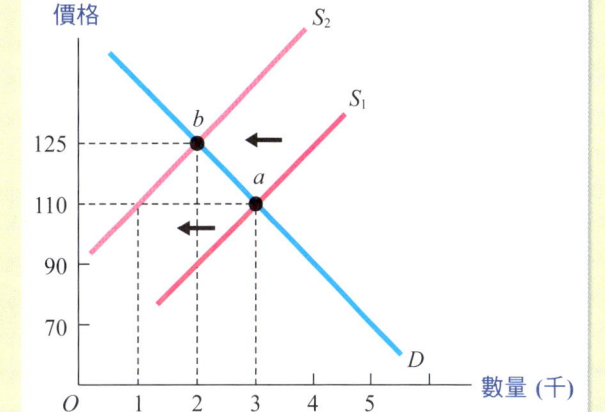

### 圖 2-11 供給的減少

星巴克咖啡一杯原本售價 110 元，由於原料價格上漲，使得生產成本提高，供給曲線向左移，均衡價格由 110 元上升至 125 元，均衡數量由 3,000 杯減少至 2,000 杯。

生產因素價格變動會影響供給，但不會影響需求。

步驟 2：咖啡豆價格上漲，使得星巴克生產成本提高，研磨咖啡的供給曲線向左移動。如圖 2-11 的 $S_1$ 左移至 $S_2$ 所示。

步驟 3：比較新舊均衡，在咖啡豆尚未漲價前，研磨咖啡一杯賣 110 元。因為產地咖啡豆歉收，造成星巴克咖啡的供給曲線左移，新的均衡價格上漲為每杯 125 元。價格上漲使需求量減少，新的均衡數量是 2,000 杯，比價格上漲前的數量少 1,000 杯。

---

#### 練習題 2-4

大發百貨公司舉辦服飾類商品的換季促銷，所有過季的服飾一律打三折，但是購買的人反而減少，這是因為：

(a) 需求線右移
(b) 需求線左移
(c) 供給線右移
(d) 供給線左移

(106 年初等考試)

類似問題：基本題 8。

---

**供給與需求同時變動** 在現實生活中，許多事件會同時發生，而引起供給與需求同時變動。舉例來說，臺灣曾創造了被譽為經濟

奇蹟的榮景。在 1970 年，人均所得不到 400 美元，到 2019 年升至 25,893 美元。另一方面，科技的進步使電腦的中央處理器運算速度愈來愈快。所得提高與電腦生產技術的進步，對筆記型電腦的價格與數量有何影響？同樣地，我們以三個步驟來進行經濟分析。

**步驟 1**：所得變動會影響消費者的購買能力，造成需求曲線移動。技術變動使得廠商生產成本改變，導致供給曲線移動。

**步驟 2**：供需曲線同時向右移動。如果筆記型電腦是正常財，所得提高會增加筆記型電腦的需求，需求曲線向右移動。另一方面，電腦生產技術進步，造成生產成本降低，利潤提高，廠商願意生產更多的筆記型電腦。因此，供給曲線也向右移動，如圖 2-12 所示。

**步驟 3**：當供給與需求同時增加時，均衡數量增加，但均衡價格有可能上漲、下跌或不變。圖 2-12(a) 畫出臺灣的筆記型電腦市場的供需情況。因為臺灣是代工王國，電腦技術移轉

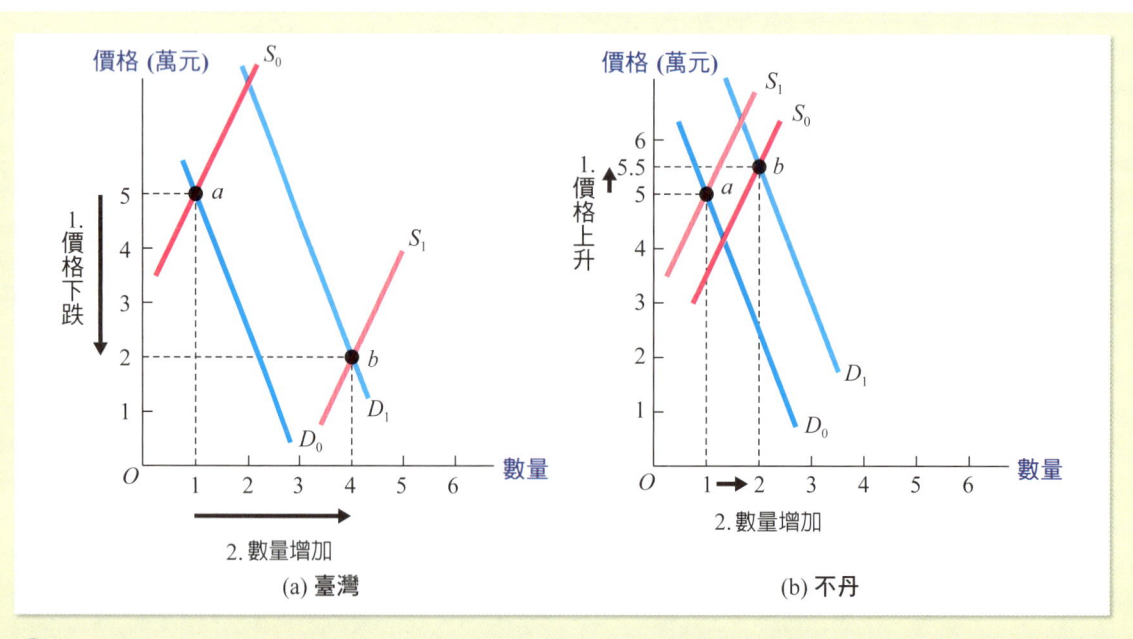

(a) 臺灣

(b) 不丹

**圖 2-12　供需同時增加**

當供給與需求同時增加時，數量會增加，但價格可能上漲，也可能下跌。(a) 圖：臺灣接受電腦技術進步較快，供給曲線移動幅度大於需求曲線移動幅度，造成均衡價格下跌。(b) 圖：不丹接受電腦技術進步較慢，需求曲線移動幅度大於供給曲線移動幅度，造成均衡價格上漲。

的更新速度很快。所以供給曲線向右移動幅度超過需求曲線向右移動幅度，結果是電腦價格下跌，由 5 萬元下跌至 2 萬元，同時電腦數量增加。圖 2-12(b) 繪出不丹的筆記型電腦市場的供需情形。由於不丹地處偏遠，接受電腦技術進步較為緩慢。所以需求曲線向右移動幅度超過供給曲線向右移動幅度。結果是電腦價格上漲，由 5 萬元上升至 5.5 萬元，以及電腦數量增加。但若需求增加的幅度與供給增加幅度相同時，均衡價格不變，均衡交易量則是增加。

表 2-1 整理出供給與需求同時變動的九種情況。當供給與需求同時增加 (減少) 時，均衡數量將增加 (減少)。均衡價格的變動，須視供給與需求變動的幅度而定。當供給與需求呈反方向變動時，均衡價格的變動與需求變動同方向：需求增加，均衡價格上漲；需求減少，均衡價格下跌。至於均衡數量的變動，要看需求與供給變動的幅度而定。

### 表 2-1 供給與需求同時變動

|      | $D$ 不變 | $D$ 增加 | $D$ 減少 |
|---|---|---|---|
| $S$ 不變 | $P$ 不變<br>$Q$ 不變 | $P \uparrow$<br>$Q \uparrow$ | $P \downarrow$<br>$Q \downarrow$ |
| $S$ 增加 | $P \downarrow$<br>$Q \uparrow$ | $P\ ?$<br>$Q \uparrow$ | $P \downarrow$<br>$Q\ ?$ |
| $S$ 減少 | $P \uparrow$<br>$Q \downarrow$ | $P \uparrow$<br>$Q\ ?$ | $P\ ?$<br>$Q \downarrow$ |

### 練習題 2-5

假設其他條件不變，若個人平板電腦生產技術大幅進步之同時，平板使用功能又有突破式創新，深受消費者喜愛，請問平板電腦均衡價格與數量如何變動？　　(105 年經建行政)

類似問題：基本題 10。

## 2-4 結語

價格，是一隻看不見的手，主導著稀少性資源的分配。價格提供買賣雙方所需的資訊。廠商知道該生產何種商品，知道何處可找到最適生產技術及最廉價資源。消費者知道在哪裡可以買到想要的東西，在哪裡可以用價廉物美得到最大滿足。價格使消費者購買的數量恰好等於生產者提供的數量。供給與需求這兩項基本工具，能夠幫助我們解釋許多經濟現象。

### 摘要

- 需求是指在其他條件不變時，消費者於固定期間內，在各種不同價格下，願意且能夠購買的數量。
- 需求法則是指當價格上升時，需求量減少；當價格下跌時，需求量增加。
- 除了價格外，所得、相關商品價格、預期及偏好都會影響個人需求。市場需求是個別消費者需求的水平加總。
- 供給是指在其他條件不變時，生產者於固定期間內，在各種不同價格下，願意且能夠生產的數量。
- 供給法則是指價格上升，供給量增加；價格下跌，供給量減少。
- 除了價格以外，技術、生產因素價格、相關商品價格及預期都會影響個人需求。市場供給等於個別廠商供給的水平加總。
- 供給等於需求決定市場均衡。交點的價格稱為均衡價格，數量稱為均衡數量。
- 當價格高於均衡價格時，市場有超額供給，稱為過剩；當價格低於均衡價格時，市場有超額需求，稱為短缺。

### 習題

**基本題**

1. 對消費者而言，下列何者為互補品？
   (a) 牛肉與豬肉
   (b) 咖啡與茶
   (c) 蘋果和梨子
   (d) 汽車和汽油　　　(108 年初等考試)

2. 若三星手機與 iPhone 互為替代品。在其他條件不變下，這代表當三星手機價格上升時，iPhone 需求量會增加或減少？
   (100 年政大財政)

3. 請問下列事件，對運動休旅車 (SUV) 的供給量或供給造成什麼影響？
   (a) 轎車的價格上升
   (b) 運動休旅車的價格預期明年將上升
   (c) 運動休旅車的引擎出現瑕疵，製造商將全面回收

4. 在其他條件不變下，下列何者會使汽油市場的供給曲線向右移動？
   (a) 大眾運輸票價大幅下降
   (b) 私家車售價上揚

(c) 汽油價格下跌
(d) 發現新油田　　　（105 年外交特考）

5. 發生911自殺式飛機撞毀紐約世貿中心後，你預期紐約房地產價格如何變動？若美國決定重建世貿中心，二十年後紐約市房地產價格如何變動？

6. 早餐中的燒餅和油條，兩者是互補品。如果麵粉價格下跌，對燒餅價格有何影響？對油條價格有何影響？對油條均衡數量有何影響？對燒餅均衡數量有何影響？

7. 假設咖啡與糖為互補品。若天氣嚴寒導致咖啡豆減產，咖啡供給曲線左移，糖的價格與數量有何變動？　　（93 年嘉義大學）

8. 下列各因素的變動對熱狗價格與數量的影響為何？
   (a) 漢堡價格上升
   (b) 熱狗麵包價格上升
   (c) 熱狗供給增加
   (d) 若熱狗為正常財，消費者所得上升
   (e) 賣熱狗的勞工工資上升，且番茄醬及芥末價格下跌？　　（100 年中興企管）

9. 蘋果電腦價格上漲對一般個人電腦有何影響？對視窗作業系統 Windows 10 有何影響？對打字機的需求與供給有何影響？

10. 在個人電腦的生產技術進步之同時，消費者所得大幅增加，則在其他條件不變下，個人電腦的均衡數量 ($Q$) 及均衡價格 ($P$) 會如何變動？　　（108 年關務特考）

11. 下圖中，$D$ 為桌上型電腦的需求線，則會使 $D$ 線由 $a$ 點位置右移至 $b$ 點位置的可能原因為何？

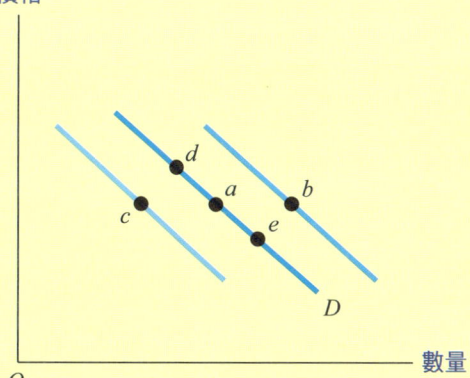

(a) 筆記型電腦價格下降
(b) 筆記型電腦價格上升
(c) 桌上型電腦價格下降
(d) 桌上型電腦價格上升

## 進階題

1. 假設美國職籃 NBA 決定在 10 月下旬季賽前，在臺北舉行一場星光大賽。現役 NBA 球員如湖人隊詹姆斯、勇士隊柯瑞及籃網隊杜蘭特均將參加表演賽。假設價格、供給與需求量如下：

| 價　格 | 供給量 | 需求量 |
|---|---|---|
| 100 | 20,000 | 50,000 |
| 300 | 20,000 | 35,000 |
| 500 | 20,000 | 20,000 |
| 1,000 | 20,000 | 10,000 |
| 2,000 | 20,000 | 5,000 |

(a) 請畫出供給曲線。此供給曲線有何特殊意義？
(b) 門票的價格與數量為何？

2. 假設供給法則成立，下列哪一個香蕉價格 ($P$) 和數量 ($Q$) 的組合與其他三項組合不會在同一條供給曲線上？
   (a) $(P, Q) = (7, 5)$
   (b) $(P, Q) = (9, 7)$
   (c) $(P, Q) = (12, 4)$
   (d) $(P, Q) = (15, 10)$

3. 考慮網咖店市場。下列因素是影響網咖的需求還是供給？供給、需求變動方向為何？均衡價格與數量如何變化？
   (a) 青少年人口的增加
   (b) 納莉颱風使臺北市淹水、停水又停電
   (c) 911 事件使英特爾中央處理器 (CPU) 的供應數量減少
   (d) 漫畫店租書價格上漲
   (e) 政府明文規定兒童必須由家長陪同，才能進入網咖

4. 假設下表為牛奶的價格、需求量和供給量資料。

| 價　格 | 供給量 | 需求量 |
|---|---|---|
| 50 | 90 | 45 |
| 40 | 80 | 50 |
| 30 | 70 | 70 |
| 20 | 60 | 80 |
| 10 | 50 | 90 |

(a) 請畫出需求曲線和供給曲線
(b) 請找出均衡價格和數量
(c) 如果政府規定價格上限 $P=20$，市場發生何種情形？

5. 請利用供給與需求圖形，說明下列事件對臺灣稻米市場的影響。
   (a) 加入世界貿易組織
   (b) 莫拉克颱風重創中南部
   (c) 政府實施保證價格政策
   (d) 小麥價格下跌

6. 市場上有兩位供給者，供給函數分別為 $Q_1^s = P-1$ 與 $Q_2^s = P-4$，市場需求函數為 $Q^d = 10-P$，則：
   (a) 市場均衡數量為 5
   (b) 市場均衡數量為 9
   (c) 市場均衡價格為 2.5
   (d) 市場均衡價格為 7　　(108 年關務特考)

7. 假設市場上僅有兩位消費者阿呆和阿瓜，阿呆需求函數為 $P = 30-Q$，阿瓜需求函數為 $P = 40 - \frac{1}{2}Q$，當 $P = 20$ 時，市場需求量為何？　　(105 年外交特考)

8. 美國政府 1999 年編列 180 億美元來降低海洛英、大麻等毒品的供給，請以供需圖形分析。大多數經濟學家認為反毒經費最好著重在需求面，請以供需圖形分析兩者有何差異。

9. 假設其他條件不變，當舒跑的需求函數為 $Q_X = 100 - 4P_X - 0.05M + 0.5P_Y$，其中 $Q_X$ 與 $P_X$ 為舒跑的需求量與價格，$M$ 為所得，$P_Y$ 為寶礦力價格，請問舒跑為正常財或劣等財？舒跑與寶礦力關係為何？
　　(105 年經建行政)

10. 深田與恭子的需求函數分別為 $Q = 10 - P$ 與 $Q = 13 - 2P$，市場價格為 3。今因供給面因素造成價格變動，何人受影響較大？
　　(94 年輔大金融二)

11. 假設一項研究發現喝牛奶可以防止癌症，但不幸地，口蹄疫奪走許多乳牛的生命。請以供需圖形分析牛奶價格與數量的變動情形。

## 上網題

1. 請至聯合新聞網或中時電子報下載一篇供給或需求的文章，並利用所學進行分析。

# Chapter 3 彈 性

中美貿易戰造成全球經濟成長步調緩慢,臺灣經濟成長率僅能保住1%。平均國人財富縮水逾9萬元,菜鳥上班族三個月的薪水全沒了。

設想自己是天母家樂福的店長,該如何突破這種經濟困境,進而提升營業額呢?面對千百種商品,到底應該選擇何種商品進行折扣?是洋酒、牛奶,還是面紙?打折後,顧客人數是增加或減少?即使顧客人數增加,營業額是否能提高,這些都是未知數。

第2章的需求法則說明勁辣雞腿堡降價促銷,銷售量會大增。但需求法則無法告訴我們,勁辣雞腿堡價格下跌40%,銷售量可以增加多少百分點。供需法則的分析,僅能提供價格與數量的變動方向,至於價格與數量的變動幅度,就必須依賴另一個工具:彈性。

彈性 (elasticity) 是衡量消費者或生產者面對價格等因素的變動,其數量的反應程度。彈性概念的應用範圍很廣,譬如,對奢侈品課稅,真能增加政府稅收嗎?石油輸出國家組織 (Organization of Petroleum Exporting Countries, OPEC) 以聯合方式減產原油,為何始終無法維持高油價?非洲豬瘟疫情蔓延,造成全球豬肉供應吃緊,臺灣豬肉進口商收入是增加還是減少?限時大搶購真的有用嗎?

## 3-1 需求價格彈性

需求價格彈性　衡量需求量對價格變動的反應程度。定義成需求量變動百分比除以價格變動百分比。

　　需求價格彈性 (price elasticity of demand) 是衡量價格變動 1% 時，需求量變動的百分比。讓我們用圖 3-1 來說明需求價格彈性的意義，先從 a 點開始，燦坤 3C 賣的羅技鼠 (滑鼠) 一個 100 元，每天的需求量是 500 個。假設羅技鼠價格上漲至 120 元，(a) 圖的羅技鼠需求量減至 450 個，而 (b) 圖的需求量減至 250 個。價格同樣上漲 20%，(a) 圖的需求曲線較陡，數量變動較小；(b) 圖的需求曲線較平坦，數量變動較大。換句話說，(b) 圖的數量變化對價格上漲反應比較強烈，而 (a) 圖的數量變化對價格上漲反應比較緩和。這種以數字來衡量這種反應強弱程度，即是需求價格彈性。

### 3-1-1　計算需求價格彈性

　　需求價格彈性，簡稱需求彈性，其計算公式為需求量變動百分比除以價格變動百分比；也就是：

$$需求價格彈性 = \frac{需求量變動百分比}{價格變動百分比}$$

或是

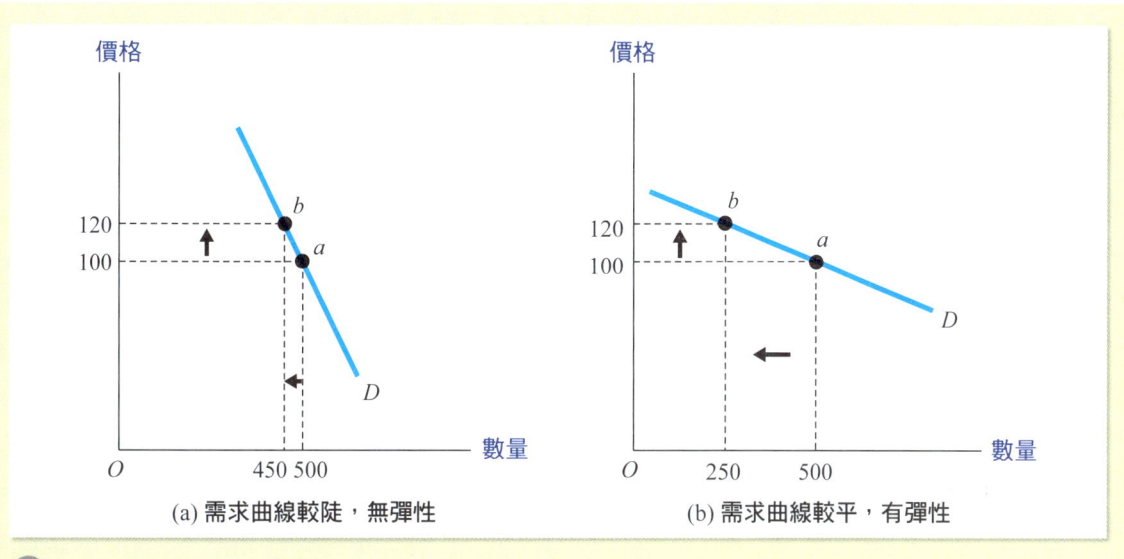

## 圖 3-1　不同斜率的需求曲線有不同的需求價格彈性

價格的上漲幅度相同，需求曲線愈平坦，需求量減少愈多。(a) 圖：價格上升 20%，導致需求數量減少 10%。(b) 圖：價格上升 20%，導致需求數量減少 50%。

$$\varepsilon_d = \frac{\Delta Q/Q}{\Delta P/P} = \frac{\Delta Q}{\Delta P} \times \frac{P}{Q} \tag{3-1}$$

需求法則告訴我們，數量變動 ($\Delta Q$) 與價格變動 ($\Delta P$) 呈反向移動；亦即，需求價格彈性為負值。為了簡化並易於比較，一般均將負號去掉，也就是習慣上，計算需求價格彈性時都會加上絕對值。利用圖 3-1 的資料，首先計算 (a) 圖的需求價格彈性 $\varepsilon_d$：

$$\frac{需求量變動百分比}{} = \frac{\Delta Q}{Q} = \frac{Q_1 - Q_0}{Q_0} = \frac{450 - 500}{500} = -10\%$$

$$\frac{價格變動百分比}{} = \frac{\Delta P}{P} = \frac{P_1 - P_0}{P_0} = \frac{120 - 100}{100} = 20\%$$

$$\varepsilon_d = \frac{\Delta Q/Q}{\Delta P/P} = \frac{-10\%}{20\%} = -\frac{1}{2}$$

若將 $\varepsilon_d$ 加上絕對值，彈性值變成 1/2；同樣地，(b) 圖的需求價格彈性為：

$$\varepsilon_d = \left|\frac{\Delta Q/Q}{\Delta P/P}\right| = \left|\frac{-250/500}{20/100}\right| = 2.5$$

(b) 圖中需求量對價格上漲的反應顯然要高於 (a) 圖中需求量對價格上漲的反應。由於彈性公式的分子與分母均為百分比，價格與數量的單位不再重要。譬如，荔枝不論以臺斤、公斤或英磅衡量，數量變動百分比的結果都相同；汽車價格以歐元、美元或新臺幣報價，價格變動百分比也會相同。

式 (3-1) 的需求價格彈性是點彈性 (point elasticity) 的計算方法。在 (a) 圖，從 a 點出發的需求價格彈性是 1/2；若從 b 點出發，需求價格彈性則為 2/3。為了避免混淆，可利用中點公式 (midpoint formula) 來解決此問題。點彈性與中點公式不同的地方在於：點彈性變動百分比的計算基準，是除以變動前的數值；而中點公式變動百分比的計算基準，是除以變動前後數值的平均值。以中點公式計算需求價格彈性的公式如下：

$$\frac{\text{需　求}}{\text{價格彈性}} = \frac{(Q_1 - Q_0)/[(Q_1 + Q_0)/2]}{(P_1 - P_0)/[(P_1 + P_0)/2]} \tag{3-2}$$

有些經濟學家稱這種需求價格彈性為弧彈性 (arc elasticity)。

### 3-1-2　需求價格彈性的種類

記得在第 2 章，需求曲線的斜率是 ($\Delta P/\Delta Q$)。式 (3-1) 可以改寫成：

$$\varepsilon_d = \frac{\Delta Q}{\Delta P} \times \frac{P}{Q} = \frac{1}{\Delta P/\Delta Q} \times \frac{P}{Q} = \frac{1}{\text{斜率}} \times \frac{P}{Q} \tag{3-3}$$

式 (3-3) 中，可以看出價格彈性與斜率互為倒數。如果需求曲線愈平坦，斜率愈小，需求價格彈性就愈大；相反地，如果需求曲線愈陡峭，斜率愈大，需求價格彈性就愈小。

圖 3-2 有五條形狀不同的需求曲線。在 (a) 圖，價格由 100 元上升至 120 元時，需求量沒有任何變動 ($\Delta Q/Q = 0$)。此時，需求是完全無彈性 (perfectly inelastic)，$\varepsilon_d = 0$，需求曲線是垂直的。(e) 圖

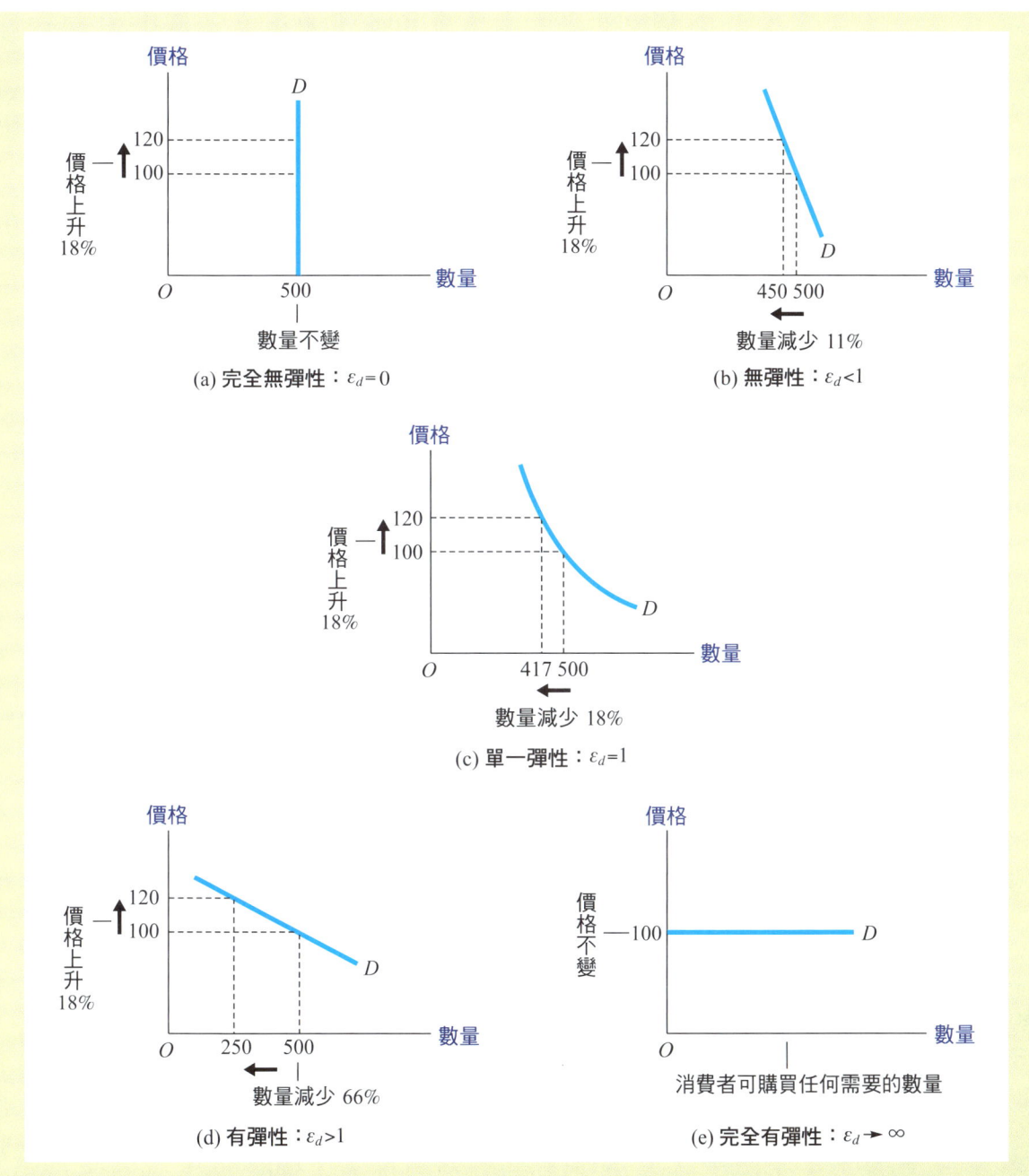

### 圖 3-2 不同種類的需求價格彈性

不同斜率的需求曲線，其需求價格彈性也不相同。需求曲線愈陡，彈性愈小；需求曲線愈平坦，彈性愈大。請注意，本圖的彈性均以中點公式計算。

(a) 完全無彈性：$\varepsilon_d=0$
(b) 無彈性：$\varepsilon_d<1$
(c) 單一彈性：$\varepsilon_d=1$
(d) 有彈性：$\varepsilon_d>1$
(e) 完全有彈性：$\varepsilon_d \to \infty$

是另一個極端，不管需求量如何變動，價格始終維持在 100 元 ($\Delta P/P=0$)，表示價格微幅變化導致需求量巨幅改變。此時，需求為**完全有彈性** (perfectly elastic)，$\varepsilon_d \to \infty$，需求曲線是水平的。

介於兩個極端之間，如果需求曲線接近水平，如 (d) 圖所示，價格變動 (上升 18%) 導致需求量大幅變動 (下降 66%)，需求為**有彈性** (elastic)，$\varepsilon_d > 1$。如果需求曲線接近垂直，如 (b) 圖所示，價格變動 (上升 18%)，需求量僅小幅變動 (下跌 11%)，需求為**無彈性** (inelastic)，$\varepsilon_d < 1$。(c) 圖為一特殊情況，需求曲線上任何一點的彈性值皆為 1，即價格變動幅度等於需求量變動幅度，需求為**單一彈性** (unit elastic)，$\varepsilon_d = 1$，需求曲線為雙曲線的一部分。

### 練習題 3-1

假設價格 10 元時的需求量為 100，當價格下跌至 8 元，需求量上升至 130。請問此時需求的弧彈性為何？

(105 年關務特考)

類似問題：基本題 1。

## 3-2 需求價格彈性與總收入

本章一開始家樂福店長的例子告訴我們，廠商面對外來衝擊，必須調整商品價格時，希望能對銷售額有正面的幫助。需求價格彈性正好透露顧客的反應程度。事實上，家樂福的銷售收入就是消費者去店裡買東西的支出；亦即，產品單價 ($P$) 乘以購買數量 ($Q$)，以數學式子表示可寫成 $TR = P \times Q$，其中 $TR$ 為廠商的**總收入** (total revenue)。

> **總收入** 銷售數量乘以產品單價。

我們可以用圖 3-3 的需求曲線來說明總收入。假設 2020 年 NBA 的臺北熱身賽在小巨蛋舉行，若門票價格訂在 4,000 元，銷售量是 5,000 張，那麼主辦單位的總收入就是 $TR = 2,000$ 萬元，如圖 3-3 的藍色面積所示。

若主辦單位想要調整門票售價，總收入增加還是減少？這可分成兩種情況討論。首先，如果需求缺乏價格彈性，如圖 3-4 所示，提高門票價格，總收入會增加。從 (a) 圖至 (b) 圖門票價格從 4,000 元提高至 5,000 元，需求量僅由 5,000 張微幅減至 4,800 張。總收入從 2,000 萬元增至 2,400 萬元。

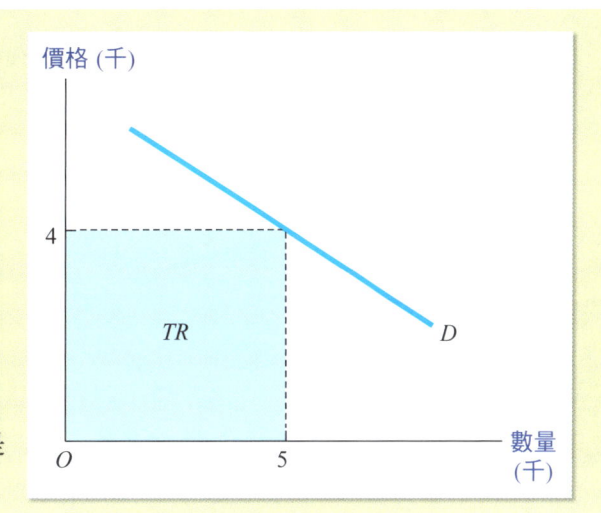

### 圖 3-3 總收入與消費者支出

廠商總收入等於消費者支出。$TR = P \times Q$，即需求曲線下的藍色面積。在此，總收入是 2,000 萬元。

其次，如果需求具價格彈性，結果則恰好相反：價格上漲，總收入會減少。從圖 3-5(a) 至圖 3-5(b)，價格從 4,000 元漲至 5,000 元，購買數量從 5,000 張減至 2,000 張，而總收入則由 2,000 萬元減至 1,000 萬元。由於觀眾以學生居多，需求較有彈性，需求量下跌的幅度大於價格上升幅度，以致總收入不增反減。

圖 3-4 與圖 3-5 不但適用於價格調漲，也適用於價格調降。若主辦單位調降門票售價，如圖 3-4(b) 至圖 3-4(a)，由於價格下跌百

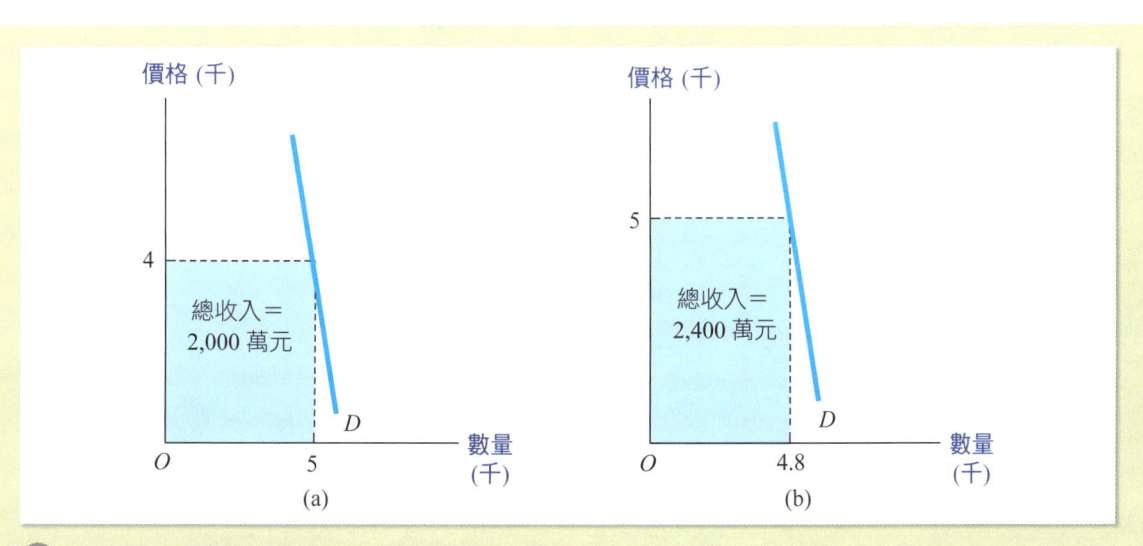

### 圖 3-4 價格變動與總收入變動：需求為無彈性

當需求曲線較陡，需求彈性較小時，價格上漲導致總收入增加。當價格由 4,000 元漲至 5,000 元時，數量會由 5,000 張減至 4,800 張，但總收入從 2,000 萬元增至 2,400 萬元。

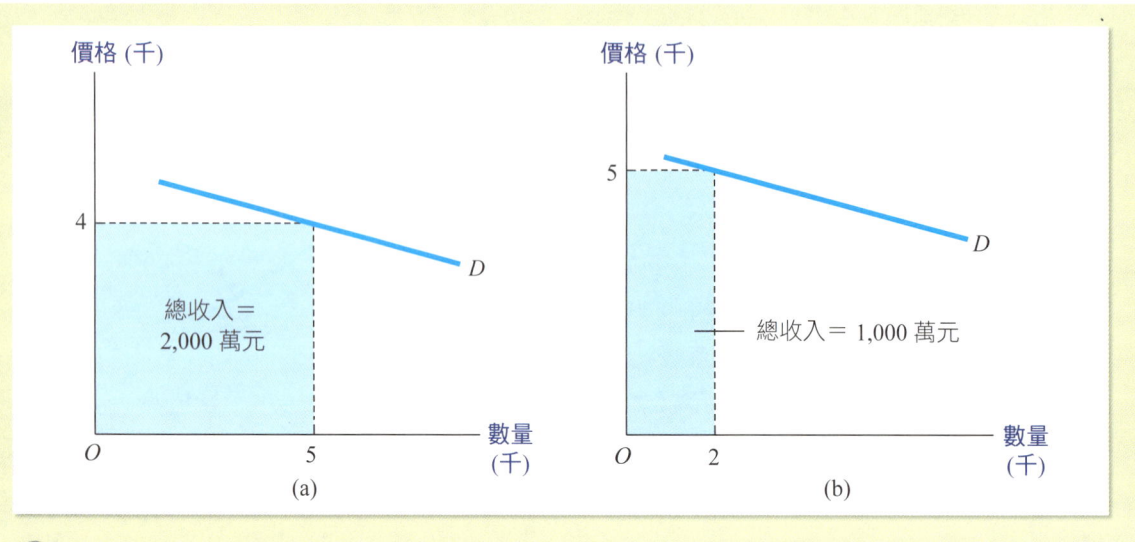

### 圖 3-5　價格變動與總收入變動：需求為有彈性

當需求曲線較平坦，需求彈性較大時，價格上漲導致總收入減少。價格由 4,000 元漲至 5,000 元，總收入由 2,000 萬元減少至 1,000 萬元。

---

**實例與應用　　　　百貨週年慶會虧錢嗎？**

百貨公司週年慶會虧錢嗎？看看下面一則新聞就可知端倪。根據《經濟日報》2020 年 1 月 5 日的報導，微風百貨 2019 年業績飆破紀錄，創下 45 億元的史上最高成績，主要是精品、珠寶與香氛等業績灌注，較去年成長 21%。

百貨公司創佳績的原因即在於，降價使得銷售量大幅成長，營收數字亮麗無比。什麼樣的策略讓週年慶如此神奇？答案很簡單：百貨公司挑選需求價格彈性很大的產品來減價。譬如，獨家代理的保養品、化妝品、MAKE UP FOREVER 活潤底妝組，原價 4,050 元，週年慶只要 2,900 元；卸妝組原價 2,980 元，特價 999 元，限量 50 組。

如果降價促銷如此神奇，為什麼家樂福或網路電商只推限時搶購，而不天天打折呢？這是因為不同消費者有不同的需求價格彈性，有些人喜歡貨比三家，有些人卻覺得時間就是金錢。對廠商而言，想要賺更多錢，就是利用"時間"來區分客戶。針對那些時間成本較高的客群，她們寧可多花錢，也不願早起去排隊和大家擠破頭搶打折商品。

相對地，特定時段降價會吸引那些時間成本較低的客群，如學生或家庭主婦(夫)，願意掏錢消費。廠商的這種策略能夠剝削兩種不同類型的顧客，而達到更大利潤的目的。

### 表 3-1　需求價格彈性與總收入

| 彈性係數 | 價　格 | 總收入 | 價格與總收入間的關係 |
|---|---|---|---|
| $\varepsilon_d < 1$ | 上漲 | 增加 | 價格與總收入呈同向變動 |
|  | 下跌 | 減少 |  |
| $\varepsilon_d > 1$ | 上漲 | 減少 | 價格與總收入呈反向變動 |
|  | 下跌 | 增加 |  |
| $\varepsilon_d = 1$ | 上漲 | 不變 | 無論價格上漲或下跌，總收入固定不變 |
|  | 下跌 | 不變 |  |

分比遠超過購買量增加百分比，總收入減少；同樣地，從圖 3-5(b) 至圖 3-5(a)，主辦單位調降售價，由於價格下跌百分比遠低於購買量上升百分比，總收入增加。

最後，如果價格下降 10%，銷售量增加 10%，增減相互抵銷，此時需求價格彈性為 1，總收入維持不變。我們將需求價格彈性與總收入間的關係，綜合整理於表 3-1。

> **練習題 3-2**
>
> 中華職棒估計球迷觀賞總冠軍賽需求的價格彈性為 1.35 (絕對值)。當主辦單位提高門票價格時，將對球賽門票收入與球迷購票支出造成何種影響？　　　　(107 年關務特考)
>
> 類似問題：基本題 4。

## 3-3　需求價格彈性的決定因素

在第 2 章，我們知道商品需求除了受本身價格高低影響外，還受偏好、預期、所得等因素影響；同樣地，商品需求有無彈性，也受許多因素影響。我們將需求價格彈性大小的決定因素歸納成四點：(1) 替代品的多寡；(2) 商品支出占消費者總支出的比重；(3) 奢侈品與必需品；(4) 時間長短。

**替代品的多寡**　一商品有愈多的替代品或消費者愈容易找到替代品，需求彈性就愈大。譬如，勁辣雞腿堡漲價，你可以改吃大麥克或咔啦雞腿堡。由於勁辣雞腿堡並非唯一的速食產品，價格上漲，購買的人應該會減少很多，其需求價格彈性頗高；相反地，周杰倫的歌並無很多近似替代品。因此，周杰倫 CD 的需求價格彈性顯然小於勁辣雞腿堡的需求價格彈性。

　　替代品的種類與近似程度和商品的範圍有關。商品定義範圍愈寬廣，愈不容易找到近似替代品，需求價格彈性就愈小。以鞋子為例，用比較寬廣的定義，其需求價格彈性就相當低：你無法找到任何商品 (衣服、襪子) 可以替代鞋子；相對地，慢跑鞋的替代品種類就比較多、彈性也比較大，因為越野慢跑鞋和路跑鞋都可以是慢跑鞋的替代品。因此，商品定義的範圍愈狹窄，需求價格彈性愈大；商品定義的範圍愈寬廣，需求價格彈性就愈小。

*商品支出占消費者總支出的比重*　　一商品支出占消費者預算的比重愈高，其他條件不變時，消費者愈有可能去尋找其他替代品，需求價格彈性就愈大；相反地，比重愈低，需求價格彈性就愈小。

　　如果紙杯由 1 元漲至 2 元，而你一年只用 50 個紙杯，一年總支出不過由 50 元增加至 100 元。由於 100 元占生活支出的比例極小，即使價格漲了 1 倍，購買量下跌應該有限。因此，商品支出占生活支出比重愈低，愈沒有誘因尋找替代品，需求彈性也愈低。

*奢侈品與必需品*　　通常奢侈品的需求價格彈性大於 1，必需品的需求價格彈性小於 1。若健保局調漲掛號費 50 元，並不會大幅減少國人看醫生的次數，理由是對大部分國人而言，醫療服務是必需品，很少能找到近似替代品；相反地，房價由 1,000 萬元漲至 2,000 萬元，很多想買房子的人就會縮手；如果政府針對豪宅買賣課徵增值稅，就會嚇跑一堆投資客，有錢人會轉而購買其他不用課稅的奢侈品，如珠寶、古董或遊艇等。

*時間長短*　　時間愈短，消費者短期內愈不容易找到替代品，需求價格彈性愈小；反之，時間愈長，替代品愈容易取得，需求價格彈性也愈大。譬如，第一次石油危機時，汽油價格上升 45%，但加油數量僅減少 8%。然而，隨著時間經過，消費者選擇購買省油小車、電動車、搭乘大眾運輸工具或搬至距離工作地點較近的地方。由於替代選擇增多，汽車需求量在長期的減少勢必比短期來得多。

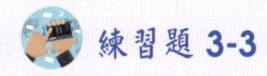

> **練習題 3-3**
>
> 對商品的定義範圍不同,其替代品數量也會有所不同。以"荔枝"和"玉荷包荔枝"為例,何者需求彈性較大? (100 年淡江商管二)
>
> 類似問題:基本題 4。

## 3-4 其他種類的需求彈性

影響需求量的因素除了自身價格外,尚有所得、其他相關商品價格等。因此,需求彈性除了需求的價格彈性外,尚有需求所得彈性和需求交叉價格彈性兩種。

### 3-4-1 需求所得彈性

**需求所得彈性** (income elasticity of demand) 衡量在商品價格不變時,需求量對消費者所得增減的反應程度,簡稱所得彈性。所得彈性的公式為:

$$所得彈性 = \frac{需求量變動百分比}{所得變動百分比}$$

或

$$\varepsilon_I = \frac{\Delta Q/Q}{\Delta I/I} = \frac{\Delta Q}{\Delta I} \times \frac{I}{Q} \quad (3\text{-}4)$$

> 需求所得彈性 衡量需求量對所得變動的反應程度。定義成需求量變動百分比除以所得變動百分比。

式 (3-4) 的 $Q$ 為商品需求量,而 $I$ 為消費者所得。在第 2 章討論需求時曾提及,某些商品需求量隨所得提高而減少,譬如,搭公車次數、泡麵或路邊攤食物,這些商品稱為劣等財。由於需求量變動 ($\Delta Q$) 與所得變動 ($\Delta I$) 呈反向移動,劣等財的所得彈性小於零 ($\varepsilon_I < 0$)。

大多數商品的需求會隨著所得提高而增加,這些商品稱為正常財。正常財的所得變動與需求量變動呈同向移動,其所得彈性大於零 ($\varepsilon_I > 0$)。

眾多正常財中,有些商品隨著所得提高,需求量僅微幅增加,譬如，食物、衣服、咖啡和就醫等，這些商品是必需品，所得彈性介於 0 與 1 之間。有些商品隨著所得提高，需求量大幅增加，譬如，名牌服飾、跑車或售價昂貴的餐廳等，這些商品是奢侈品，所得彈性大於 1。

### 3-4-2 需求交叉價格彈性

> 需求交叉價格彈性衡量一商品需求量對另一商品價格變動的反應程度。定義成一商品需求量變動百分比除以另一商品價格變動百分比。

**需求交叉價格彈性** (cross-price elasticity of demand) 衡量一商品價格變動 1% 時，對另一商品需求量變動的反應程度，簡稱交叉彈性，定義成：

$$交叉彈性 = \frac{Y 商品需求量變動百分比}{X 商品價格變動百分比}$$

或

$$\varepsilon_{XY} = \frac{\Delta Q_Y / Q_Y}{\Delta P_X / P_X} = \frac{\Delta Q_Y}{\Delta P_X} \times \frac{P_Y}{Q_Y} \tag{3-5}$$

交叉彈性可以是正值或負值。如果 X 商品與 Y 商品，兩者互為**替代品** (substitutes)，也就是 X 價格上漲，消費者會以 Y 替代 X，導致 Y 商品的需求量增加，譬如，星巴克咖啡與西雅圖極品咖啡、百事可樂與可口可樂等。由於 X 商品價格變動 ($\Delta P_X$) 與 Y 商品需求量變動 ($\Delta Q_Y$) 是呈同向變動，所以替代品的交叉彈性大於零 ($\varepsilon_{XY} > 0$)。

如果 X 商品與 Y 商品，兩者為**互補品** (complements)，也就是 X 價格上漲，導致 Y 需求量減少。譬如，手機與手機 App、電腦軟體與硬體。由於 X 價格變動 ($\Delta P_X$) 與 Y 需求量變動 ($\Delta Q_Y$) 是呈反向變動，所以互補品的交叉彈性小於零 ($\varepsilon_{XY} < 0$)。

---

#### 練習題 3-4

若 iPhone 手機價格下跌 5%，引起三星手機需求量減少 2%。此兩商品為互補品或替代品？其交叉彈性為何？ (100 年成大會計)

類似問題：基本題 5。

## 3-5 供給價格彈性

**供給價格彈性** (price elasticity of supply) 是衡量價格變動 1% 時，供給量變動的百分比。在第 3-1 節，我們知道需求價格彈性是衡量消費者對價格變動的反應程度，而本節的供給價格彈性則是衡量生產者對價格變動的反應程度。

> 供給價格彈性　衡量供給量對價格變動的反應程度。定義成供給量變動百分比除以價格變動百分比。

### 3-5-1 計算供給價格彈性

供給價格彈性，簡稱供給彈性，計算公式是供給量變動百分比除以價格變動百分比；也就是：

$$\text{供給價格彈性} = \frac{\text{供給量變動百分比}}{\text{價格變動百分比}}$$

或

$$\varepsilon_s = \frac{\Delta Q/Q}{\Delta P/P} = \frac{\Delta Q}{\Delta P} \times \frac{P}{Q} \tag{3-6}$$

供給法則告訴我們，供給量變動 ($\Delta Q$) 與價格變動 ($\Delta P$) 呈同向變動。因此，供給彈性為正值。

讓我們舉一個例子來說明如何計算供給彈性。假設 Apple Watch 價格由 8,000 元 ($P_0$ = 8,000 元) 漲至 10,000 元 ($P_1$ = 10,000 元)，而生產數量由每月 2,000 支 ($Q_0$ = 2,000) 增至 3,000 支 ($Q_1$ = 3,000)。如果用點彈性公式計算，供給量變動百分比與價格變動百分比分別為：

$$\text{供給量變動百分比} = \frac{\Delta Q}{Q} = \frac{Q_1 - Q_0}{Q_0} = \frac{3,000 - 2,000}{2,000} = 50\%$$

$$\text{價格變動百分比} = \frac{\Delta P}{P} = \frac{P_1 - P_0}{P_0} = \frac{10,000 - 8,000}{8,000} = 25\%$$

$$\text{供給價格彈性} = \frac{50\%}{25\%} = 2$$

供給彈性等於 2，代表供給量變動的幅度是價格變動幅度的 2 倍。如果利用中點公式計算弧彈性，則為：

$$\text{供給量變動百分比} = \frac{\Delta Q}{(Q_0+Q_1)/2} = \frac{3{,}000-2{,}000}{(3{,}000+2{,}000)/2} = 40\%$$

$$\text{價格變動百分比} = \frac{\Delta P}{(P_0+P_1)/2} = \frac{10{,}000-8{,}000}{(10{,}000+8{,}000)/2} \fallingdotseq 22\%$$

$$\text{供給價格彈性} = \frac{40\%}{22\%} \fallingdotseq 1.8$$

供給的價格彈性約等於 1.8，代表供給量變動的幅度大約是價格變動幅度的 1.8 倍。

### 3-5-2　供給彈性的種類

式 (3-6) 的供給彈性，可改寫成：

$$\varepsilon_s = \frac{\Delta Q}{\Delta P} \times \frac{P}{Q} = \frac{1}{\Delta P/\Delta Q} \times \frac{P}{Q} = \frac{1}{\text{斜率}} \times \frac{P}{Q} \tag{3-7}$$

從式 (3-7) 中，可以看到彈性與斜率互為倒數。供給曲線愈平坦，斜率愈小，供給彈性愈大；相反地，供給曲線愈陡峭，斜率愈大，彈性愈小。

圖 3-6 有五條不同形狀的供給曲線。在 (a) 圖，供給曲線是垂直的，斜率無窮大，彈性等於零。譬如，超現實主義畫家達利 (Salvador Dali) 在 1931 年所畫的《記憶的永恆》(*La persistencia de la memoria*)，由於只有一幅，無論價格是高或低，供給量始終是固定的。(e) 圖是另一個極端，不管供給量如何變動，價格始終維持在 100 元 ($\Delta P/P = 0$)，意味著價格微幅變動，導致供給量巨幅變動。此時，供給價格彈性無窮大 ($\varepsilon_s \to \infty$)，供給曲線的斜率等於零，供給為完全有彈性。

介於兩個極端之間，如果供給曲線接近水平，如 (d) 圖所示，數量變動幅度 (66%) 超過價格變動幅度 (18%)，數量對價格變動反應靈敏，供給為有彈性 ($\varepsilon_s > 1$)。(c) 圖供給為一從原點出發的直線，價格變動幅度與數量變動幅度相等，供給彈性等於 1 ($\varepsilon_s = 1$)。如果供給曲線接近垂直，如 (b) 圖所示，數量變動幅度 (11%) 小於價

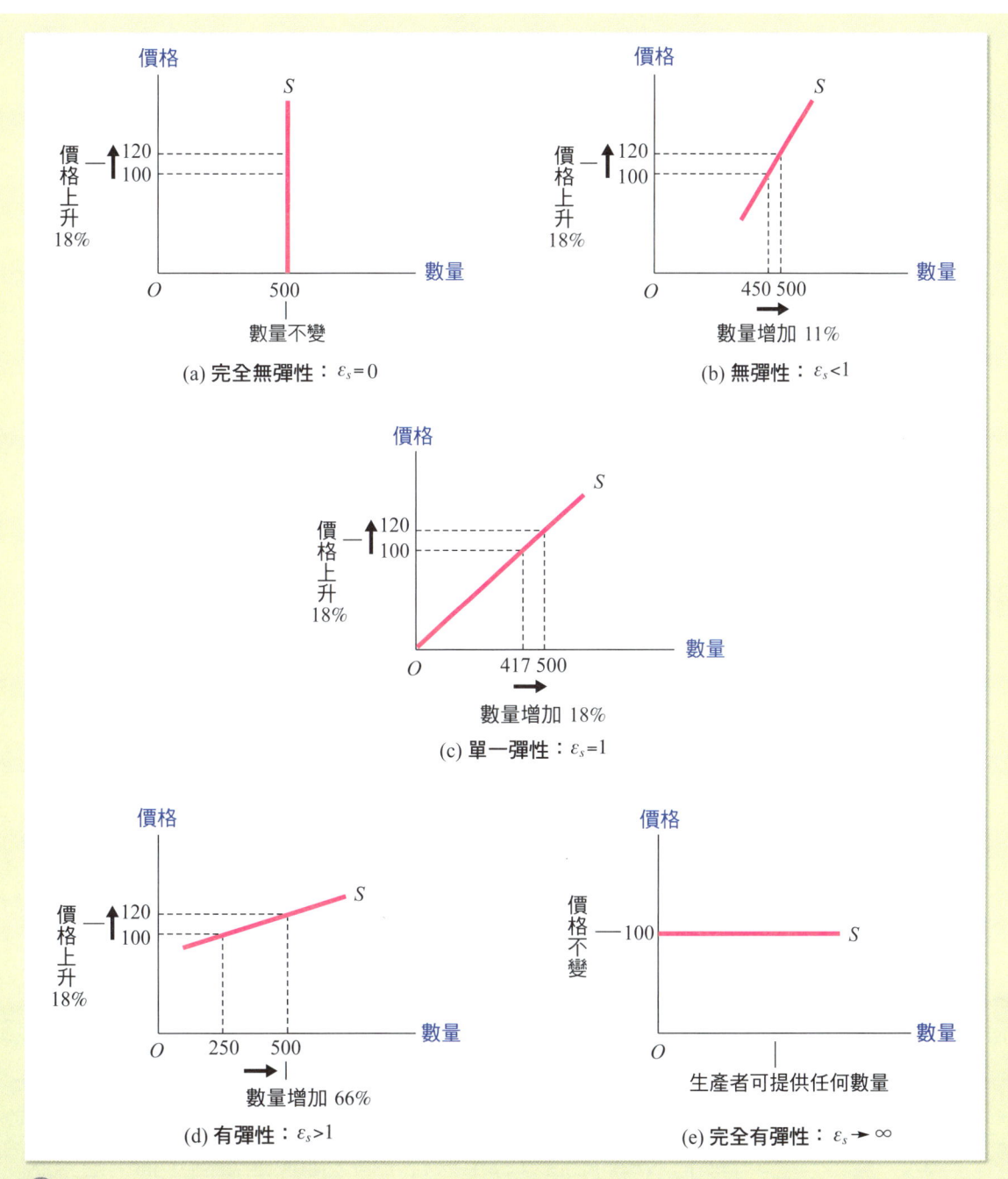

**圖 3-6　不同種類的供給價格彈性**

不同形狀的供給曲線，其供給彈性也不相同。供給曲線愈陡峭，彈性愈小；供給曲線愈平坦，彈性愈大。請注意，本圖的彈性均以中點公式計算。

(a) 完全無彈性：$\varepsilon_s = 0$
(b) 無彈性：$\varepsilon_s < 1$
(c) 單一彈性：$\varepsilon_s = 1$
(d) 有彈性：$\varepsilon_s > 1$
(e) 完全有彈性：$\varepsilon_s \to \infty$

格變動幅度 (18%)，表示數量對價格變動反應遲鈍，供給是無彈性 ($\varepsilon_s < 1$)。

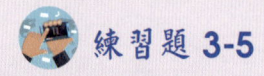

> **練習題 3-5**
>
> 若已知供給價格彈性 (price elasticity of supply) 為 1.5，且知價格的增加導致供給量增加 3%，則價格增加的幅度為何？　　　　　　　　　　　　　　　　(107 年關務特考)
>
> 類似問題：基本題 8。

## 3-6 供給彈性的決定因素

　　日本料理店能否提供份量剛好的生魚片，通常取決於漁貨的供應是否無虞。因此，供給彈性也會受生產因素取得難易程度的影響。經過歸納整理，我們將供給彈性大小的決定因素分成兩點：(1) 產量供應的難易程度；(2) 時間長短。

**產量供應的難易程度**　　生產者面對產品價格上漲時，如果愈容易取得生產因素或改變生產規模來提供產量，供給彈性就愈大；反之，面對產品價格上漲，產量愈無法即時供應，供給彈性就愈小。

　　譬如，臺北市信義區的土地面積是固定的，無論價格如何上漲，供給量都無法改變，所以供給彈性為零。另外，隨著手機使用的普及，業者不斷推陳出新，手機相關配件如手機外殼、皮套等，在夜市隨處可見。當配件價格上漲時，由於製造容易，所以供給彈性相當大。

**時間長短**　　供給彈性在長期比短期更有彈性。短期間，廠商無法增加資本設備、擴大生產規模或採用新的生產技術，產量無法迅速擴充。因此，在短期，生產數量無法快速反映市場價格的變化。

　　譬如，NBA 總冠軍每年只有一個，即使連續兩年抽中選秀狀元，也無法在短期內拿到總冠軍。理由是總冠軍需要默契良好、身心健康的球員及足智多謀的教練等多項因素配合，才有辦法經歷季後賽的嚴酷考驗。

> **練習題 3-6**
>
> 若供給線為直線,則:
> (a) 供給線上每一點之價格彈性均相同
> (b) 在同一點上,供給線愈陡者,價格彈性愈大
> (c) 供給線通過原點者,表示價格彈性等於 1
> (d) 供給線通過原點之右邊,表示價格彈性大於 1
>
> (93 年關務特考)
>
> 類似問題:基本題 9。

## 3-7 供需彈性的應用

透過前面幾節對供需彈性的介紹,我們可以發現,在現實生活中,有很多經濟現象可以利用彈性的概念加以解釋說明。下面舉兩個例子,其餘的請你自行發掘嘗試。

### 3-7-1 穀賤傷農,穀貴傷民

古人言:"穀賤傷農,穀貴傷民。"翻譯成白話文是,稻米的價格下跌,農民 (生產者) 受害;而稻米的價格上漲,人民 (消費者) 受害。米是東方人 (亞洲人) 的主食,為民生必需品,其需求彈性小 ($\varepsilon_d < 1$)。圖 3-7 顯示稻米的供給與需求,由於需求彈性小,所以需

**圖 3-7 穀賤傷農,穀貴傷民**
原先稻米的供需均衡為 $e$ 點,其總收入 (或總支出) 為面積 $\square OPeQ$。當稻米豐收,供給曲線右移至 $S'$,新的均衡為點 $e'$,其總收入面積 $\square OP'e'Q'$ 變小了——"穀賤傷農"。如果稻米歉收,供給曲線左移至 $S^*$,新的均衡為點 $e^*$,其總支出面積 $\square OP^*e^*Q^*$ 變大了——"穀貴傷民"。

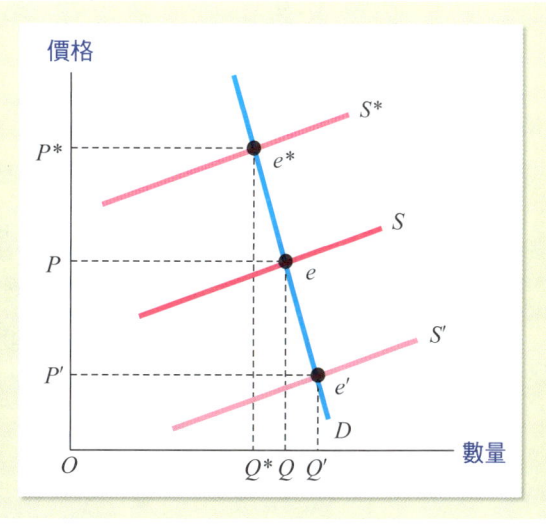

求曲線較陡。假設稻米的最初供 (S) 需 (D) 均衡為 e 點，此時農民的總收入 (或消費者支出) 為四邊形面積 $P \times Q = \Box OPeQ$。

由於農作物 (米、蔬菜、水果等) 大多是室外種植，看天吃飯，受天氣影響很大。假設稻米因天氣好而豐收，在需求不變下，供給曲線從 S 增加至 S'。此時，新的均衡為 e' 點，均衡價格下跌至 P'，均衡交易量增加至 Q'，其總收入為 $P' \times Q' = \Box OP'e'Q'$，比原先的總收入 $\Box OPeQ$ 小。由於 $\varepsilon_d < 1$，總收入因 P 下跌而減少——"穀賤傷農"。在現實社會中，常看到蔬菜或瓜果這些農作物因豐收而使農民血本無歸 (非賺大錢)。譬如，2015 年 8 月，檸檬 1 公斤 12 元，一顆檸檬賣不到 1 元，連付工人採果的工資都不夠。

如果稻米歉收，供給曲線從 S 減少至 S*，新的均衡為 e* 點，均衡價格上升至 P*，均衡交易量增加至 Q*，人民的總支出為 $\Box OP*e*Q*$ 比原先的總支出 $\Box OPeQ$ 大。由於 $\varepsilon_d < 1$，總收入因 P 上升而增加支出——"穀貴傷民"。2016 年臺灣的九層塔，因幾次颱風的侵襲，導致每公斤飆漲至 650 元的高價位；同樣地，颱風侵襲每每造成青蔥價格飆漲，宜蘭三星鄉的蔥農，因青蔥價格在這幾年常居高不下，不少農民蓋了透天厝 (表示有賺到錢)。

另一個例子發生在 2009 年 2 月的美國，由於飼料價格升高，外出吃飯的消費者愈來愈少，牛奶價格低到農場主人無力飼養乳牛的地步 (一加侖牛奶只賣 80 美分，而成本為 1.65 美元)。美國全國超過 150 萬頭乳牛即將變成漢堡內的牛肉。美國聯邦家畜報告，自 2008 年 9 月以來，乳牛屠宰量增多 30%，而肉牛屠宰卻下降 14%，這是一個奶賤傷農的例子。

### 3-7-2　毒品的管制

大家都知道毒品對人類與社會的危害，所以大部分的國家都會立法加以限制其買賣，很多國家甚至對生產與販賣者處以死刑或無期徒刑之重刑。但經濟學家卻認為這種方法不好！為什麼？我們可用圖 3-8 來說明。因為吸食毒品會上癮，所以毒品需求是無彈性，$\varepsilon_d < 1$，其需求曲線很陡。

在 (a) 圖，若政府對毒品的生產與販賣加以限制，此會造成毒品的供給由 $S$ 減少至 $S'$，均衡由 $e$ 點移至 $e'$ 點，價格由 $P$ 上升至 $P'$，交易量由 $Q$ 減少至 $Q'$。生產或販售毒品的總收入由 $P \times Q = \Box OPeQ$ 增加至 $P' \times Q' = \Box OP'e'Q'$ (四邊形面積變大)。政府對毒品的管制造成毒品供給減少，價格上升。由於毒品的 $\varepsilon_d < 1$，所以生產或販賣毒品者的總收入增加，毒品的相關犯罪案件也因而增加。

在 (b) 圖，經濟學家認為應教育人民瞭解吸毒對人體的傷害很大，這會造成大眾對毒品的需求從 $D$ 減少至 $D^*$，價格下跌至 $P^*$，交易量減少至 $Q^*$。生產或販賣毒品的總收入由 $P \times Q = \Box OPeQ$ 減少至 $P^* \times Q^* = \Box OP^*e^*Q^*$。毒品需求的減少，導致價格下跌，由於 $\varepsilon_d < 1$，總收入隨之減少。因此，經濟學家認為對毒品加以限制的效果小於給予教育的效果。

在現實社會中，像吸菸、嚼檳榔都是類似的例子。透過廣告與教育讓人們瞭解這兩種東西若上癮會有許多害處，但效果上，嚼檳

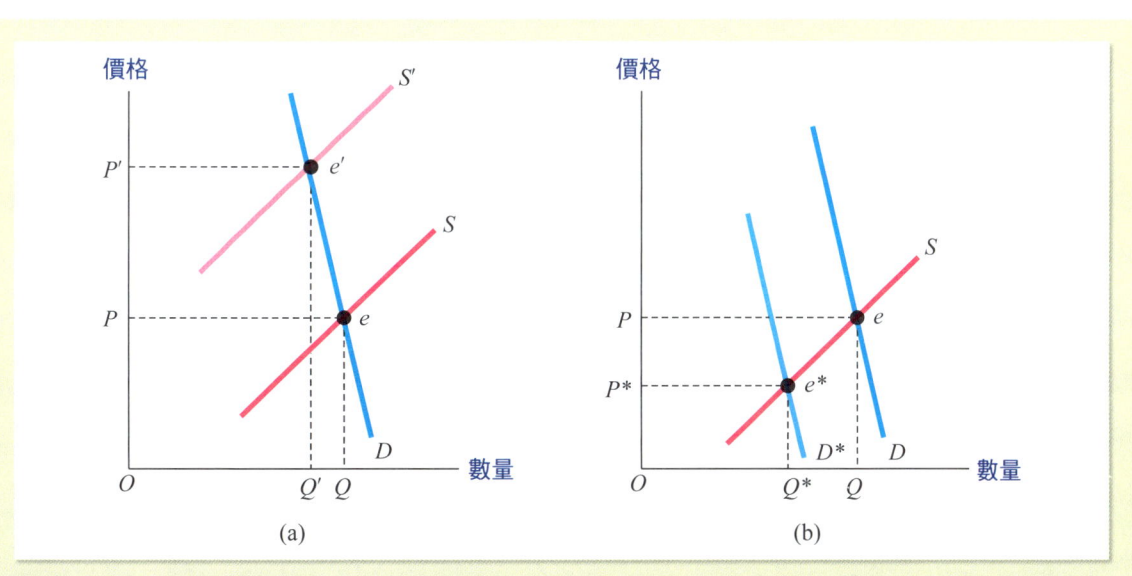

**圖 3-8　毒品的管制**

(a) 圖：對毒品加以管制，只會造成其供給減少，但販售或生產毒品者，其總收入反而增加 (管制前總收入為 $P \times Q = \Box OPeQ <$ 管制後總收入 $P' \times Q' = \Box OP'e'Q'$)。(b) 圖：如果教育讓人民瞭解毒品對人體的傷害很大，則毒品的需求從 $D$ 減少至 $D^*$，生產或毒品販售者，其總收入因而減少 (教育前總收入為 $P \times Q = \Box OPeQ <$ 教育後總收入 $P^* \times Q^* = \Box OP^*e^*Q^*$)。

榔人數比例的減少多於吸菸人數的減少。為何會如此？又是另一個值得我們思考的現象。

## 3-8 結 語

本章衡量外在因素改變，如何影響消費者與生產者行為的改變。譬如，身為家樂福店長應該針對店內商品的彈性予以分類：需求價格彈性較大的商品，店長可以週年慶名義酌予減價；需求價格彈性小的商品，店長可以放心反映成本，予以適度漲價。兩者皆可以達到增加營業額的目的。

政府如果想抑制青少年抽菸，可以估計國產菸與進口菸的需求彈性，對彈性較大者課以較高稅率，一方面稅收可望增加，另一方面香菸價格提高可抑制消費，並減少抽菸引起的疾病問題。

### 摘要

- 需求價格彈性衡量需求量對價格變動的反應程度。
- 需求彈性大於1，需求有彈性；需求彈性小於1，需求無彈性；需求彈性等於1，需求單一彈性。
- 需求無彈性，價格上漲(下跌)，總收入增加(減少)。需求有彈性，價格上漲(下跌)，總收入減少(增加)。需求單一彈性，價格上漲(下跌)，總收入不變。
- 所得彈性是衡量需求量對所得變動的反應程度。如果彈性大於0，該商品為正常財；彈性小於0，是劣等財；彈性介於0與1之間，是必需品；彈性大於1，是奢侈品。
- 交叉彈性是衡量一商品需求量對另一商品價格變動的反應程度。如果彈性大於0，此兩商品是替代品；彈性小於0，此兩商品是互補品。
- 供給價格彈性衡量供給量對價格變動的反應程度。
- 供給彈性大於1，供給有彈性；供給彈性小於1，供給無彈性；供給彈性等於1，供給是單一彈性。
- 供給有彈性，如果：(1)產品愈容易生產；(2)時間愈長。
- 需求有彈性，如果：(1)商品的替代品愈多；(2)商品定義範圍愈窄；(3)商品支出占總支出比例愈高；(4)奢侈品。
- 供給減少，農民收入增加；供給增加，農民收入減少。
- 針對毒品問題，政府以降低需求方式比以減少供給方式要佳。

# 習 題

## 基本題

1. 若礦泉水價格由 30 元降為 20 元，市場需求量由 3,000 瓶增加為 5,000 瓶，則礦泉水需求價格點彈性是多少？(105 年關務特考)

2. 如果海尼根公司的顧客對它們去年推出的夏季飲料幾乎沒有品牌忠誠度，這種現象表示消費者對這個品牌之需求曲線具有何種特性？(105 年關務特考)

3. ＿＿＿＿ 需求比 ＿＿＿＿ 需求較有彈性。
   (a) 口香糖；汽車
   (b) 汽油；法律諮詢
   (c) 所有的軟性飲料；烏龍茶
   (d) 汽車；食物 (94 年元智企管)

4. 商場上常聽到"薄利多銷"，薄利一定是"多銷"嗎？為什麼？請說明之。

5. 假設漢堡從一個 2.00 元下跌至 1.75 元，漢堡消費數量從 200 個增至 400 個。同時，可樂的需求量從 50 罐增至 300 罐，而披薩消費數量從 400 個減至 200 個。
   (a) 請計算可樂對漢堡的交叉彈性
   (b) 請計算披薩對漢堡的交叉彈性
   (c) 請問可樂與漢堡的關係為何？

6. 若亞培奶粉價格下跌 20%，導致亞培奶粉需求上升 15%，則需求的價格彈性為何？此時，奶粉廠商亞培的收入增加或減少？ (100 年嘉義財金)

7. 假設日本石油全部來自於進口。當國際原油價格變動時，日本國內油價大幅波動，但國內石油市場的均衡量幾乎沒什麼改變，請問需求彈性為有彈性或無彈性？ (105 年經建行政)

8. 假設由於國內機票價格調降，使得澎湖旅館住宿人次增加 15%，旅館的住宿價格上漲 24%，請問供給的點彈性是多少？ (105 年原民特考)

9. 請計算下列各項之供給彈性，並指出其供給為有彈性、無彈性或單一彈性。
   (a) 價格從 1.75 元上升至 2.25 元，數量從 466.67 上升至 600
   (b) 價格從 1.75 元上升至 2.25 元，數量從 400 上升至 600

10. 假設下表列出不同商品的所得彈性，請指出何者是正常財、劣等財或奢侈品。

| 商　品 | 所得彈性 |
|---|---|
| 麵粉 | −0.36 |
| 牛奶 | 0.5 |
| 蘋果 | 1.36 |
| 橘子 | 0.83 |

## 進階題

1. 若汽水需求曲線為符合需求法則的直線，在其他條件不變下，銷售汽水的總收益最大會發生在汽水需求曲線的哪裡？ (105 年關務特考)

2. 若星巴克對阿拉比卡 (Arabica) 咖啡豆的需求函數為 $P=10-3Q$，而西雅圖咖啡對阿拉比卡咖啡豆的需求函數為 $P=8-2Q$。請問在每磅咖啡豆價格 4 元下，星巴克之需求價格彈性為何？在每磅價格為 8.5 元下，市場需求彈性為何？ (94 年政大財政)

3. 若黑鮪魚的需求價格點彈性為 −4，黑鮪魚之需求曲線為 $Q=120-P$。請問黑鮪魚價格為何？ (100 年逢甲)

4. 假設有兩個商品 $X$ 和 $Y$，其資料如下：

| 所　得 | 商品 $X$ | 商品 $Y$ |
|---|---|---|
| $30,000 | 2 | 20 |
| 50,000 | 5 | 10 |

   (a) 請以中點公式計算商品 $Y$ 的所得彈性？
   (b) 商品 $X$ 是正常財或劣等財？
   (c) 商品 $Y$ 是正常財或劣等財？

5. 假設縱軸為價格、橫軸為數量，且小王對稻米的需求曲線為一條符合需求法則的直

線。若稻米價格下降,則:
(a) 需求曲線斜率絕對值降低,且需求價格點彈性絕對值亦降低
(b) 需求曲線斜率絕對值上升,且需求價格點彈性絕對值亦上升
(c) 需求曲線斜率絕對值不變,但需求價格點彈性絕對值上升
(d) 需求曲線斜率絕對值不變,但需求價格點彈性絕對值降低　　（108 年關務特考）

6. 王先生的香菸需求曲線函數為 $Q_D = a - bP$,$a, b > 0$,其中 $Q_D$ 為香菸的需求數量,而 $P$ 為香菸價格。當價格愈高時,其需求價格點彈性 (絕對值) _____。

7. 假設其他條件不變,王先生對陽春麵的需求函數為
$$Q = 0.1M/P$$
其中 $Q$ 與 $M$ 為王先生的陽春麵需求量與所得,$P$ 為陽春麵的單價。若王先生所得為 800 元,且陽春麵單價由 40 元降為 20 元,請以中點公式求算需求價格彈性 (絕對值) 是多少?　　（105 年初等考試）

8. 若政府對三星手機進行數量管制,結果使得走私者可以賺到極大價差,紛紛鋌而走險,此現象說明三星手機的供需是什麼情況?　　（102 年初等考試）

9. 假設其他條件不變,若某財貨的市場需求函數為 $Q_d = 100 - 0.5P$,則在該需求曲線上某一點的需求價格點彈性 $\varepsilon_d = -1$ 時,其對應的:
(a) 需求量 = 50,價格 = 100
(b) 需求量 = 100,價格 = 50
(c) 需求量 = 100,價格 = 0
(d) 需求量 = 0,價格 = 200
　　（107 年初等考試）

10. 假設其他條件不變,若老王不論香菸價格為何,他每個月對香菸的支出始終維持為其所得的 30%,則老王的所得彈性與需求價格彈性為何?　　（105 年經建行政）

11. 假設消費者的麵包需求函數為 $P = 20 - Q$,消費者需求價格點彈性為 $\frac{1}{3}$,則價格與數量分別是多少?　　（105 年金融保險普考）

12. 假設其他條件不變,關於需求價格彈性,下列敘述何者錯誤?
(a) 不管汽油價格如何變動,你每次加油的金額都一樣,則你對汽油的需求價格彈性是單位彈性
(b) 不管汽油價格如何變動,你每次加油的公升數都一樣,則你對汽油的需求價格彈性是單位彈性
(c) 不管汽油價格如何變動,你每次加油的公升數都一樣,則你對汽油的需求價格彈性是完全無彈性
(d) 只要汽油價格些微上漲,你就立刻停止加油,則你對汽油的需求價格彈性是完全有彈性　　（107 年初等考試）

13. 假設其他條件不變,關於價格點彈性,下列敘述何者錯誤?
(a) 如果供給曲線是正斜率直線,且與橫軸交於原點左側,則線上每一點的供給價格彈性大於 1
(b) 如果供給曲線是通過原點的正斜率直線,則線上每一點的供給價格彈性等於 1
(c) 如果需求曲線是一條負斜率的直線,則價格愈高時,其需求價格彈性愈高
(d) 如果需求曲線是一條負斜率的直線,其線上價格愈高時,其線上每一點的需求價格彈性相等　　（108 年初等考試）

**上網題**

1. 網路書店博客來網站 https://www.books.com.tw/ 或金石堂網站 https://www.kingstone.com.tw/,經常有促銷書籍在首頁中出現。請比較兩個網站促銷書籍的異同點,並指出促銷是否會增加網站收入。

# Chapter 4
# 消費者選擇與需求

在周杰倫曾拍攝的"雪碧"廣告中,周杰倫談到對"雪碧"的感覺:"比如說你在很熱的情況之下,或者是運動之後喝一口雪碧,你就會知道那種感覺。那種感覺是一觸即發的。我很喜歡打籃球,運動完之後一定非常口渴,那時候馬上拿一罐雪碧出來喝,頓時全身舒暢。"

請名人代言,在現今的廣告中經常可見。譬如,Nike 與小皇帝詹姆斯 (LeBron James) 簽署了 Nike 品牌歷史中第一個終身代言合約,據估計,每年至少 6,000 萬美元。為什麼廠商要請周杰倫和詹姆斯代言?答案很明顯,廠商希望能夠增加產品的銷售量。但是為什麼消費者會喜歡購買名人代言的產品?

在本章中,我們將檢視消費者如何做購買決策。廠商必須瞭解消費者行為,以決定哪一種策略可以達成預期目標。我們將從效用分析角度來說明需求法則,並利用消費者剩餘來解釋水與鑽石的矛盾。

## 4-1 效用分析

假設中午下課後，莎莎打算花費 150 元吃午餐。午餐可以有很多選擇，譬如，麥當勞超值全餐、牛肉麵、自助餐或到早午餐餐廳 (Brunch) 吃外酥內香的古巴三明治。如果莎莎選擇早午餐餐廳，必定是古巴三明治帶給莎莎的滿足程度高於其他的選擇；換句話說，就是錢要花在刀口上。一項研究發現，聰明花錢可以常保快樂。譬如，與其辛辛苦苦攢錢六個月去吃米其林三星餐廳，不如經常去吃你最愛的夜市小吃。

### 4-1-1 效用的定義

> 效用 衡量商品消費滿足與愉悅的程度。

**效用** (utility) 衡量滿足愉悅的程度，是一種消費者主觀的偏好。**偏好** (preference) 是指消費某一商品或服務的態度與喜好。同樣是珍珠奶茶，有些人喜歡迷客夏，有些人喜歡五十嵐；音樂方面，有些人極度喜歡周杰倫的音樂，有些人卻只能接受古典音樂。

雖然效用是主觀的，但十九世紀英國經濟學家邊沁 (Jeremy Bentham) 卻提出**效用測量計** (utilometer) 的概念，它是以**單位** (utils) 來計算不同商品的滿足程度，如同溫度計來衡量天氣冷熱一般。譬如，攝氏 0 度 (華氏 32 度) 代表天氣寒冷，攝氏 40 度或華氏 110 度代表天氣酷熱。因此，我們可以假設，吃一枝義美紅豆冰棒是 1 個

### 實例與應用　　　　　"幸福存摺"幸福嗎？

聯邦銀行推出專屬小朋友的"幸福存摺"，存款真的可以換幸福嗎？英國《金融時報》報導，在英國每增加 1,000 英鎊收入，可提升 0.0007 點幸福；好友相聚，可提升 0.161 點幸福感。換句話說，與好友吃頓飯比加薪千萬更幸福 (23 萬英鎊約為新臺幣 875 萬元)。

已故的 NBA 球員布萊恩 (Kobe Bryant) 在洛杉磯湖人隊 2010 年至 2011 年的薪資是 24,806,250 美元。例行賽總計 82 場、3,936 分鐘 (不計延長賽)，他每分鐘能賺 6,302.4 美元。這意味著布萊恩在開幕戰中打完上半場，就已經突破賺錢的幸福標準。不過，這項研究也指出，一旦超過標準，情感、健康狀況不會進一步改善，只會感覺到物質生活上的改善而已。另外，由性格與社會心理協會進行的分析調查指出，認為時間比金錢更有價值的人，以心理學的標準來看會更加快樂。

效用單位，吃一球雙聖冰淇淋是 10 個效用單位。莎莎到早午餐餐廳享用古巴三明治是 30 個效用單位，而麥當勞超值午餐只有 20 個效用單位。經過這番比較，可知莎莎比較喜歡到早午餐餐廳，而比較不喜歡去麥當勞解決午餐。

### 4-1-2　總效用與邊際效用

現在讓我們來說明總效用與邊際效用的概念。假設書豪在大太陽底下與朋友打了 4 個鐘頭的籃球。打完球後，當他喝第 1 杯水時，最能解渴，感覺最棒；第 2 杯水也能止渴，但是感覺可能沒有第 1 杯好；第 3 杯水感覺或許還好，但第 4 杯水可已經有點腹脹，而到第 5 杯水開始覺得不舒服。

圖 4-1 的表格整理出書豪打完 4 個鐘頭籃球後，喝水的效用測量。第 1 欄是書豪喝水的杯數；第 2 欄是總效用 (total utility, $TU$)，代表消費一定數量商品所獲得的總滿足程度；第 3 欄是邊際效用 (marginal utility, $MU$)，代表增加一單位商品消費所增加的總效用。譬如，消費 2 杯水的滿足程度是 75 個效用單位，這是喝 2 杯水的總效用。消費第 2 杯水的滿足程度是 25 個效用單位，這是喝第 2 杯水

> **總效用**　消費某一商品，在一定數量下，所獲得滿足程度的總和。
>
> **邊際效用**　增加一單位消費所增加的總效用。定義成總效用變動除以消費數量變動。

的邊際效用。

邊際效用可定義成：

$$邊際效用 = \frac{總效用的變動}{消費數量的變動}$$

或

$$MU = \frac{\Delta TU}{\Delta Q} = \frac{TU_1 - TU_0}{Q_1 - Q_0} \tag{4-1}$$

上式的分母是變動後商品數量 ($Q_1$) 減去變動前商品數量 ($Q_0$)。分子是變動後商品消費總效用 ($TU_1$) 減去變動前商品消費總效用 ($TU_0$)。譬如，第 3 杯水的邊際效用為 $MU = (87-75)/(3-2) = 12$。

一般來說，經濟學家假設消費者進行消費時，滿足程度愈大愈

| 水的消費數量（杯） | 總效用（效用單位） | 邊際效用（效用單位） |
|---|---|---|
| 0 | 0 | — |
| 1 | 50 | 50 |
| 2 | 75 | 25 |
| 3 | 87 | 12 |
| 4 | 93 | 6 |
| 5 | 93 | 0 |
| 6 | 88 | −5 |

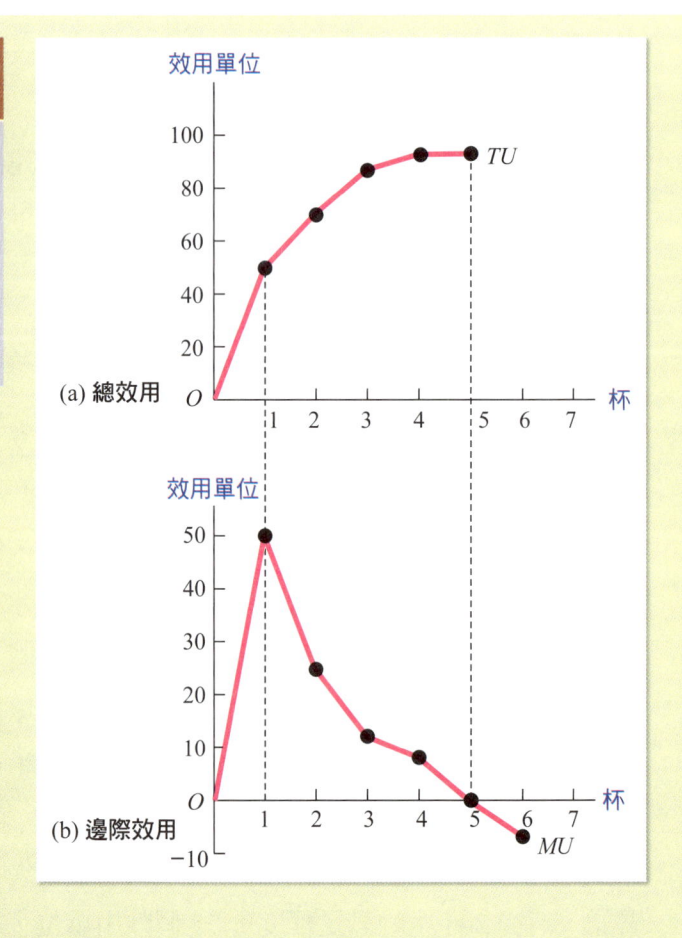

**圖 4-1　喝水的總效用與邊際效用**
邊際效用等於總效用變動除以消費數量變動。因此，邊際效用是總效用曲線的斜率。當總效用曲線下彎時，斜率為負，此時邊際效用小於零。

好。以效用分析概念來說，消費者的目標是追求 效用極大化 (utility maximization)。圖 4-1 中，書豪到底會喝幾杯水？倘若水的價格為零，只要每喝一杯水能夠解渴，書豪就會繼續喝下去。由於第 6 杯水的邊際效用為負值，代表第 6 杯水已引起書豪身體不適，總效用開始遞減。因此，書豪只會喝 5 杯水。

圖 4-1 是書豪打完球後喝水的效用分析圖形。(a) 圖是總效用曲線。隨著書豪喝水杯數的增加，滿足程度愈來愈高，總效用一直遞增。直到喝完 5 杯水後，總效用開始遞減，此時邊際效用為負值。因此，若一商品為免費，只要邊際效用為正，則該商品的消費數量會持續增加。當該商品的邊際效用為零時，消費才會停止，因為此時的總效用為極大化。

追求效用極大化是否意味著郭台銘捐款 10 億日圓協助日本救災顛覆了經濟學觀點？當然不是，這不過表示他能從捐款獲得更多的效用，是花錢買豪宅或郵輪旅遊無法比擬的。

## 4-1-3　邊際效用遞減法則

邊際效用遞減法則 (law of diminishing utility) 是指在一段期間內，某一商品消費數量愈多，在其他條件不變下，所獲得總效用增加量呈現遞減現象；也就是說，額外增加一單位商品消費的邊際效用會遞減，圖 4-1(b) 說明此現象。第 1 杯水的邊際效用是 50，帶給書豪極大的滿足感；第 2 杯水的邊際效用是 25，雖然也能止渴，但是感覺不若第 1 杯；第 3 杯水的邊際效用是 12，第 4 杯水的邊際效用是 6。隨著喝水杯數的增加，邊際效用逐漸遞減，所以邊際效用遞減法則是指 $MU$ 曲線負斜率的部分。

> 邊際效用遞減法則在一段期間內，消費數量愈多，在其他條件不變下，總效用增加量呈現遞減現象。

邊際效用遞減法則在現實生活中經常出現。譬如，臺北橋附近的朝代戲院放映二輪電影，它分 A、B 兩廳。如果你上午 11 點買票進場，一次可以看兩部電影。假設你有多餘時間，決定再看兩部電影，那麼第 4 部電影所帶來的愉悅效果不會比第 1 部或第 2 部電影的效果大。日常生活中，某些商品的消費，邊際效用可能遞減得很迅速。譬如，今天的《蘋果日報》，購買第 2 份的邊際效用可能是零。

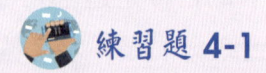

> **練習題 4-1**
>
> 臺灣菸酒公司的竹南啤酒廠產品推廣中心提供免費啤酒暢飲。嗜好啤酒的張三豐將會暢飲啤酒至何種情況為止？　　　　　　　　　　　　　　　　　　　(107 年關務特考)
>
> 類似問題：基本題 1。

### 4-1-4　效用極大化

現實生活中少有不花錢 (如陽光、空氣等自由財) 即可取得的商品。因為資源稀少性，廠商所製造的商品與服務透過市場分配，消費者必須以市場價格才能獲得。另一方面，消費者不可能毫無限制地消費，他 (她) 必須受到其收入 (所得) 的限制。

消費者目標可以修正成：在所得有限與商品價格大於零的情形下，消費者追求商品消費總效用的極大化。現在，我們以表 4-1 來說明消費者目標。假設書豪打算花 200 元來消費兩種商品：珍珠奶茶 ($X$) 與洋芋片 ($Y$)。假設珍珠奶茶 (珍奶) 一杯是 40 元 ($P_X = 40$)，而一包洋芋片要 20 元 ($P_Y = 20$)。書豪面臨的問題是：在 200 元的預算限制下，如何在珍奶與洋芋片數量之間進行選擇，以滿足效用的極大化？

**表 4-1　書豪喝珍奶和吃洋芋片的總效用與邊際效用**

| 珍奶的消費數量 ($X$) | 珍奶的總效用 ($TU_X$) | 珍奶的邊際效用 ($MU_X$) | 每元花費在珍奶的邊際效用 ($MU_X/P_X$) | 洋芋片的消費數量 ($Y$) | 洋芋片的總效用 ($TU_Y$) | 洋芋片的邊際效用 ($MU_Y$) | 每元花費在洋芋片的邊際效用 ($MU_Y/P_Y$) |
|---|---|---|---|---|---|---|---|
| 0 | 0 | — | — | 0 | 0 | — | — |
| 1 | 56 | 56 | 1.4 | 1 | 40 | 40 | 2 |
| 2 | 88 | 32 | 0.8 | 2 | 68 | 28 | 1.4 |
| 3 | 112 | 24 | 0.6 | 3 | 88 | 20 | 1 |
| 4 | 130 | 18 | 0.45 | 4 | 100 | 12 | 0.6 |
| 5 | 142 | 12 | 0.3 | 5 | 108 | 8 | 0.4 |
| 6 | 150 | 8 | 0.2 | 6 | 114 | 6 | 0.3 |
| 7 | 154 | 4 | 0.1 | 7 | 116 | 2 | 0.1 |

假設書豪一開始將 200 元全部花在喝珍奶上，他可喝 5 杯珍奶，獲得 142 個單位的總效用。如果書豪少喝 1 杯珍奶，省下的 40 元可以吃 2 包洋芋片，總效用是否會增加？表 4-1 顯示，放棄第 5 杯珍奶的邊際效用是 12，而吃 2 包洋芋片的邊際效用加起來是 68 (＝40＋28)；亦即，總效用由 142 增至 198 (＝142－12＋68)。

如果書豪每週只喝 3 杯珍奶，放棄第 4 杯珍奶的邊際效用是 18，省下的錢可以吃第 3 包及第 4 包洋芋片。每週的邊際效用增加 32 (＝20＋12)，而總效用再次由 198 增至 212。如果書豪只喝 2 杯珍奶，放棄的第 3 杯珍奶邊際效用是 24，而得到第 5 包及第 6 包洋芋片的邊際效用是 14 (＝8＋6)，此時總效用不增反減。因此，書豪效用極大化的商品組合是每週喝 3 杯珍奶和吃 4 包洋芋片，總效用是 212 個效用單位。珍奶的消費支出是 120 元，而洋芋片的消費支出是 80 元。這個效用極大化的商品組合是一個**均衡商品組合** (equilibrium combination)，因為任何的改變都會讓總效用降低。

## 4-1-5 效用極大化條件與消費者均衡

前面提到，書豪消費最大效用的商品組合是 3 杯珍奶與 4 包洋芋片，而所得 200 元也全部花完。若將商品價格、效用與所得一起考慮，我們可以說，效用極大化的條件是：在均衡時，花費在每一種商品上最後一元所得到的邊際效用都相同。

講得詳細一點，當預算全部花完後，消費者對每一商品最後一單位的購買，其邊際效用除以該商品價格均應相等。此時，總效用將會達到極大化。若以數學式子表示，可寫成：

$$\frac{MU_X}{P_X}=\frac{MU_Y}{P_Y} \quad (4\text{-}2)$$

$MU_X$ 是喝珍奶 ($X$) 的邊際效用，$MU_Y$ 是吃洋芋片 ($Y$) 的邊際效用。$P_X$ 和 $P_Y$ 分別是珍奶與洋芋片的價格。書豪喝第 3 杯珍奶的 $MU_X/P_X$ ＝24/40＝0.6。他吃第 4 包洋芋片的 $MU_Y/P_Y$＝12/20＝0.6。$MU_X/P_X$ 等於 $MU_Y/P_Y$，對應的 3 杯珍奶與 4 包洋芋片，正是總效用極大化的商品組合。

如果 $MU_X/P_X$ 不等於 $MU_Y/P_Y$，譬如，$MU_X/P_X < MU_Y/P_Y$，表示最後一元花在 Y 商品所增加的效用大於最後一元花在 X 商品所增加的效用。如表 4-1 所示，$X=4$ 與 $Y=2$ 的情況：$MU_X/P_X = 0.45 < MU_Y/P_Y = 1.4$。此時，若變動商品消費組合，減少消費 1 單位 X，而增加消費 1 單位 Y，總效用即可提高。

同樣地，如果 $MU_X/P_X > MU_Y/P_Y$，表示最後一元花在 X 商品所增加的效用大於最後一元花在 Y 商品所增加的效用。就像表 4-1，$X=2$ 與 $Y=6$ 的情況：$MU_X/P_X = 0.8 > MU_Y/P_Y = 0.3$，此時總效用等於 202，並非極大化。若將 2 單位 Y 的錢移轉至多消費 1 單位 X，消費者的總效用將會增加。

因此，若 $MU_X/P_X > MU_Y/P_Y$，消費者會多消費 X 與少消費 Y。當 X 的消費數量增加時，X 商品的邊際效用遞減，直到 $MU_X/P_X = MU_Y/P_Y$ 時才會停止消費組合的變動。同理，若 $MU_X/P_X < MU_Y/P_Y$，則會多消費 Y 與少消費 X，直至 $MU_X/P_X = MU_Y/P_Y$ 為止。

我們的結論是：書豪用一定的預算 (每週 200 元)，當花在 X 與 Y 商品最後一元的邊際效用都相等時，總效用達到極大化。這種情況稱為*消費者均衡* (consumer equilibrium)，式 (4-2) 就是消費者均衡的條件。當消費者購買多種商品 (n 種) 時，消費者均衡可以寫成：

$$\frac{MU_1}{P_1} = \frac{MU_2}{P_2} = \cdots = \frac{MU_n}{P_n}$$

當然，消費者均衡並不代表你去家樂福購買商品的邊際效用價格比都相等，你才會掏錢買東西。經濟學家只是認為消費者進行商品購買，其消費行為會是讓他們的滿足程度達到最大。

這個概念說明一個很重要的經濟學概念：取捨。如果你買了 iPad，就表示決定不把錢花在別的地方 (如香港旅遊、澎湖吃海鮮等)。

> **消費者均衡** 當消費者所得全部用盡，且最後一元花在每一商品的邊際效用均相等時，總效用達到極大化。

### 練習題 4-2

李四將購買水果的預算全部支出於香蕉與橘子，每條香蕉的價格為 10 元，每個橘子的價格為 20 元。假設兩種水果的邊際效用遞減，而香蕉的邊際效用為 12，橘子的邊際效用為 20。下列何者正確？

(a) 李四的消費組合已經達到效用極大化
(b) 李四增加購買香蕉，減少購買橘子，將可提高效用
(c) 李四增加購買橘子，減少購買香蕉，將可提高效用
(d) 由於邊際效用遞減，李四同時減少購買兩種水果，總效用反而增加　(107 年關務特考改編)

類似問題：基本題 6。

## 4-2 需求曲線與消費者均衡

若以需求概念觀察表 4-1，我們知道當珍奶價格等於 40 元時，書豪有 3 杯珍奶的需要。這個結論背後的假設為：所得是 200 元與洋芋片價格是 20 元，且書豪對兩種商品的偏好固定不變。

現在假設五十嵐面臨迷客夏買一送一的促銷壓力，珍奶一杯由 40 元降價為 30 元，在其他條件 (所得、偏好與洋芋片價格) 不變時，書豪的珍奶消費數量會做何變動？

表 4-2 顯示珍奶價格下跌後的總效用與邊際效用。表 4-2 與表 4-1 十分類似，唯一的變動是將珍奶每杯的價格改為 30 元，每元花費在珍奶的邊際效用值，$MU_X/P_X$，隨之改變。如果書豪消費原來

**表 4-2** 書豪喝珍奶與吃洋芋片的總效用和邊際效用 (珍奶由 40 元降價為 30 元)

| 珍奶的消費數量 ($X$) | 珍奶的總效用 ($TU_X$) | 珍奶的邊際效用 ($MU_X$) | 每元花費在珍奶的邊際效用 ($MU_X/P_X$) | 洋芋片的消費數量 ($Y$) | 洋芋片的總效用 ($TU_Y$) | 洋芋片的邊際效用 ($MU_Y$) | 每元花費在洋芋片的邊際效用 ($MU_Y/P_Y$) |
|---|---|---|---|---|---|---|---|
| 0 | 0 | — | — | 0 | 0 | — | — |
| 1 | 56 | 56 | $1\frac{13}{15}$ | 1 | 40 | 40 | 2 |
| 2 | 88 | 32 | $1\frac{1}{15}$ | 2 | 68 | 28 | 1.4 |
| 3 | 112 | 24 | 0.8 | 3 | 88 | 20 | 1 |
| 4 | 130 | 18 | 0.6 | 4 | 100 | 12 | 0.6 |
| 5 | 142 | 12 | 0.4 | 5 | 108 | 8 | 0.4 |
| 6 | 150 | 8 | $\frac{8}{15}$ | 6 | 114 | 6 | 0.3 |
| 7 | 154 | 4 | $\frac{4}{15}$ | 7 | 116 | 2 | 0.1 |

的商品組合：3 杯珍奶與 4 包洋芋片，他只花費 170 元。

根據消費者均衡條件，書豪每週可多喝一杯珍奶，這樣所得剛好用盡，而最後一元花在每一種商品的邊際效用也恰好相等，$MU_X/P_X = 0.6 = MU_Y/P_Y$。洋芋片每週消費數量仍維持在 4 包。而 $P_X$ 由 40 元跌至 30 元，$MU_X$ 必須等於 18，$MU_X/P_X$ 才會等於 0.6。此時，均衡珍奶消費數量由 3 杯增加至 4 杯，總效用多增加 18，成為 230。換句話說，某件商品價格下跌時，它的吸引力就會跟著提升 (消費者總效用提高)。因此，週年慶吸引消費者瘋狂搶購折扣商品，一元促銷造成大排長龍的現象也就不難理解了。

消費者均衡告訴我們，當商品 X 的價格下跌時，在其他條件不變下，為了讓最後一元花在每一種商品的邊際效用相等，X 的消費數量會增加。因此，當珍奶一杯價格是 40 元 ($P_X = 40$) 時，書豪會喝 3 杯珍奶 ($X = 3$)。若珍奶價格由 40 元跌至 30 元 ($P_X = 30$)，珍奶的消費數量將變成 4 杯 ($X = 4$)。現在，我們將上述價格 ($P_X$) 與商品消費數量 ($X$) 間的變動關係繪於圖 4-2。

在圖 4-2，負斜率的直線正是需求曲線。負斜率的經濟意義即為需求法則：在其他條件 ($P_Y$、所得與偏好) 不變下，$P_X$ 下跌，X 的需求量增加。需求曲線上的任何一點 (如 a 點和 b 點) 都代表消費者均衡；也就是說，消費者在預算限制下，面對不同的商品價格，所**願意** (willingness) 且**能夠** (ability) 購買的商品數量。願意反映消費者主

**圖 4-2　珍奶的需求曲線**

當 $P_X = 40$ 時，書豪消費 3 杯珍奶 ($X = 3$)，可達到消費者均衡 (a 點)。當 $P_X = 30$，書豪消費 4 杯珍奶 ($X = 4$)，可達到消費者均衡 (b 點)。a 點和 b 點都在需求曲線上。

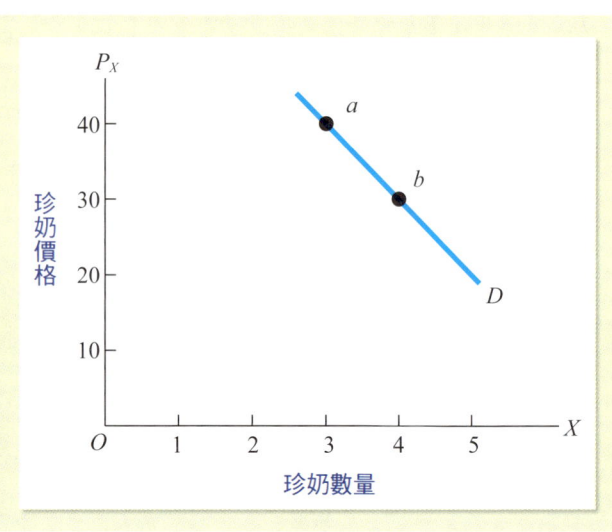

觀的偏好(效用)，能夠反映消費者客觀的所得(預算限制)。

## 4-3 消費者剩餘

上一節提到，珍奶從 40 元調降至 30 元，總效用從 212 增加至 230。商品價格下跌，吸引力隨之而來，消費者滿足程度提高。我們可以說成消費者的福利水準增加。本節利用消費者剩餘 (consumer surplus) 的概念來說明需求曲線、消費者福利與市場價格之間的關係。說得更仔細一些，是利用消費者剩餘的觀念來區分價值與價格之間的不同。

> 消費者剩餘　消費者對某一種商品所願意支付的價格與實際支付價格之間的差額。

假設吳遵、亞綸、東城和亦儒是搖滾樂團五月天的歌迷。唱片公司最近推出一張五月天的限量珍藏版 DVD，收錄了五月天早期創作與成名曲，並附贈一張五月天的 MV。由於是限量發行，市面上不容易買到。以下是四位歌迷願意支付購買限量珍藏版的價格：吳遵願意付 1,000 元購買、亞綸願意付 900 元購買、東城願意付 800 元購買，而亦儒願意用 700 元購買。圖 4-3 利用需求曲線來說明這個例子。

在圖 4-3，如果 DVD 的價格高過 1,000 元，沒有人願意購買五

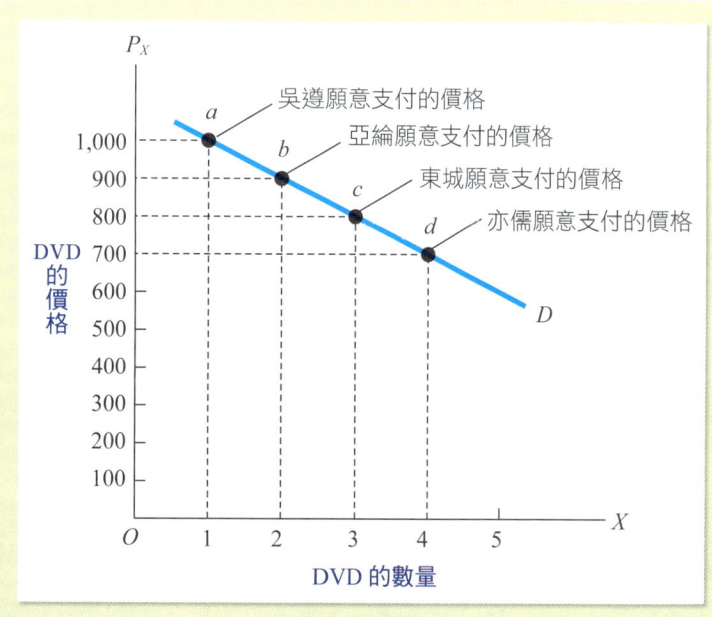

**圖 4-3　五月天 DVD 的需求曲線**
需求曲線上的 $a$、$b$、$c$、$d$ 四點分別代表吳遵、亞綸、東城和亦儒所願意支付的價格。

月天的 DVD，市場需求量等於零；價格介於 900 元與 1,000 元間，只有吳遵願意購買，市場需求量等於 1；價格介於 800 元至 900 元間，市場需求量等於 2，因為有吳遵及亞綸願意收藏；價格介於 700 元至 800 元間，市場需求量等於 3，因為有吳遵、亞綸及東城三人願意購買；價格介於 600 元至 700 元間，市場需求量等於 4，因為吳遵、亞綸、東城及亦儒都會購買。從上面的討論，我們可以知道，需求曲線縱軸的高度，代表消費者<u>願意支付的價格</u> (willingness to pay)。

> **願意支付的價格**
> 消費者購買一種商品所願意支付的最高價格。

消費者剩餘定義成消費者對某一種商品所願意支付價格與實際支付價格之間的差額。消費者<u>實際支付的價格</u> (actually pays) 就是市場價格，由市場的供需決定。譬如，到 7-Eleven 買一份《蘋果日報》，15 元就是實際支付的價格。如果五月天限量珍藏版 DVD 的市價是 900 元，如圖 4-4(a) 所示，消費者剩餘就等於 100 元。理由是吳遵願意付 1,000 元購買五月天 DVD，但只需付 900 元；多餘的 100 元是吳遵不用付的，可視為吳遵的福利。

當 DVD 價格等於 700 元時，有四個人願意購買，吳遵的消費者剩餘是 300 元 (= 1,000 元 − 700 元)，亞綸的消費者剩餘是 200 元 (= 900 元 − 700 元)，東城的消費者剩餘是 100 元 (= 800 元 − 700 元)，

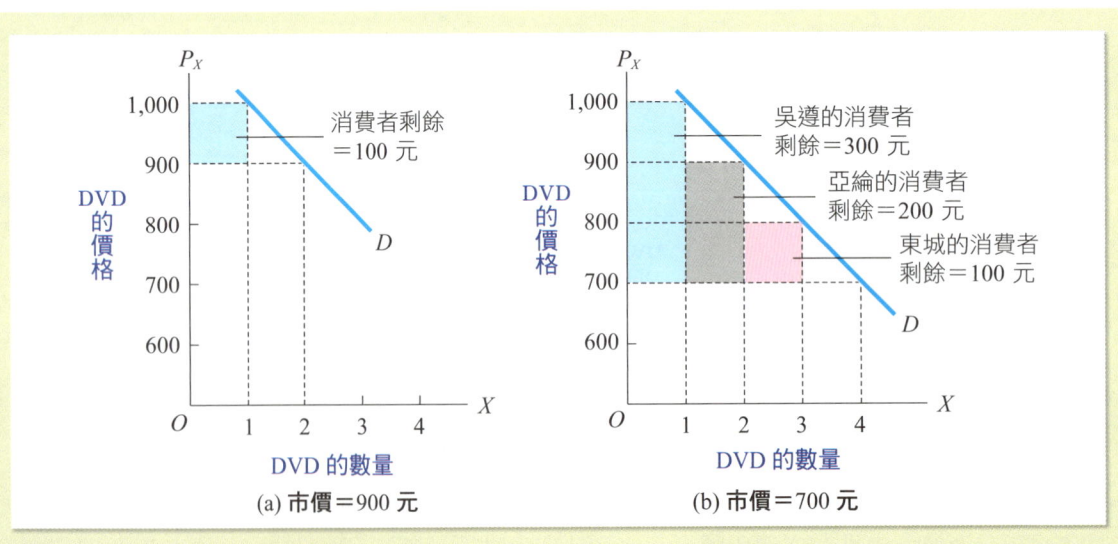

**圖 4-4　消費者剩餘的計算**

(a) 圖：市價是 900 元，消費者剩餘等於 100 元。(b) 圖：市價是 700 元，消費者剩餘等於 600 元。

而亦儒的消費者剩餘等於零 (= 700 元 － 700 元)。整體消費者剩餘為 300 元 + 200 元 + 100 元 = 600 元，如圖 4-4(b) 所示。

若以圖形來說明消費者剩餘，消費者剩餘就是需求曲線以下與市場價格以上所圍成的面積。如果商品的消費數量可以細分，消費者剩餘可用三角形面積來衡量。假設雙聖的抹茶冰淇淋一球是 60 元，市場的需求量是 6 球，如圖 4-5(a) 所示，消費者剩餘等於 (120 － 60)×6/2 = 180 元。假設雙聖冰淇淋為了慶祝在臺灣成立 100 家分店，冰淇淋一球由 60 元降為 40 元，引起消費者的熱烈回響，市場購買數量增為 8 球。此時消費者剩餘等於 (120 － 40)×8/2 = 320 元，如圖 4-5(b) 所示。

因此，市場價格下跌，消費者剩餘會增加，也可說是消費者福利提高。市場價格上升，消費者福利就會下降。另一方面，消費者剩餘是消費者參與市場交易後所得到的利益。因為有吳邁、亞綸、東城、亦儒四位消費者的需求，以及唱片公司發行五月天 DVD 的供給，市場價格才能決定，吳邁才能以更便宜的價格，享受更好的搖滾樂。這正是一種**交易利益** (gains from trade)。

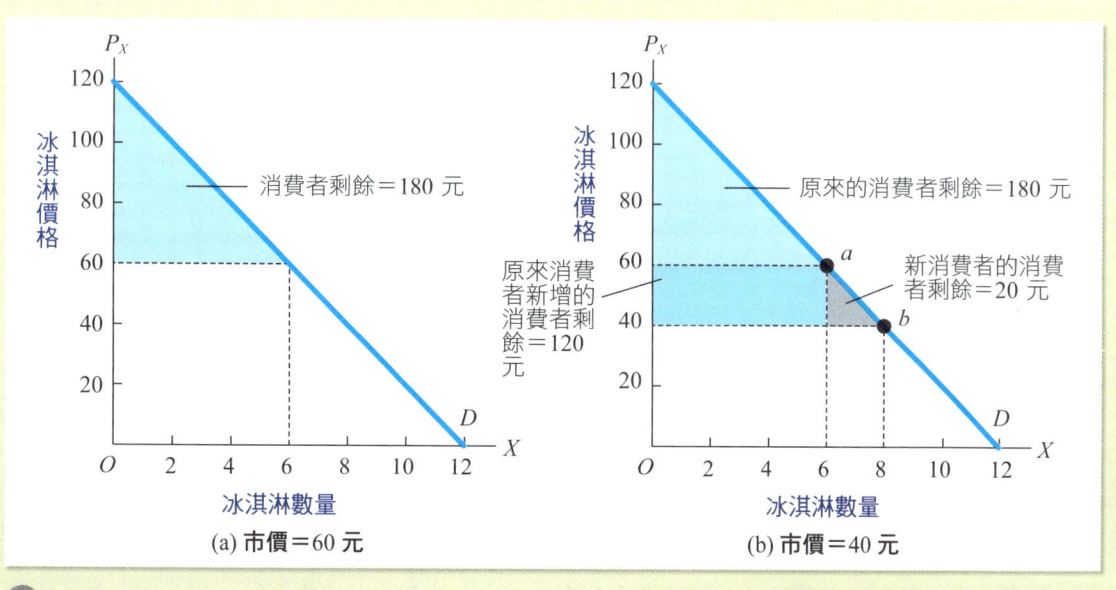

**圖 4-5　冰淇淋的消費者剩餘**
(a) 圖：冰淇淋價格 1 球 60 元時，消費者剩餘是 180 元。(b) 圖：當 1 球冰淇淋降價為 40 元時，消費者剩餘是 320 元。

## 從臺灣看全球

### 鑽石與水的矛盾 (paradox of water and diamond)

鑽石與水的相對價格不成比例，鑽石是如此的昂貴，水卻非常便宜。另一方面，水的用途廣泛，是生命的必要元素，而鑽石的用途卻是裝飾品。為何水的價格低，效用卻很高，而鑽石價格高，效用卻較低？效用與價格為何不成正比？我們可以利用效用與消費者剩餘的概念，來解開這個矛盾。

水是生存所需，因此水的總效用超過鑽石的總效用。但是商品的價格是由市場的供給與需求共同決定，需求曲線上任何一點，是衡量消費者增加 1 單位商品的消費，所願意且能夠支付的價格。計算方式不是從總效用衡量，而是邊際效用除以價格，在任何商品間皆相等。水的供應充裕，市場價格很低。為了符合效用極大化的條件，式 (4-2) 的 $MU_x/P_x = MU_y/P_y$，水的邊際效用必定也很低。鑽石的供應有限，市場售價甚高，如果要滿足式 (4-2)，鑽石會有高的邊際效用。

圖 4-6 分別繪出鑽石與水兩個市場的供需情況。(a) 圖是鑽石的市場供給與需求。鑽石對大多數人而言是奢侈品，需求具有彈性，因此需求曲線的斜率平緩。另一方面，鑽石供給有限，因此市場售價高，邊際效用很高，但消費者剩餘卻很小。(b) 圖是水的市場供給與需求。水是民生必需品，需求缺乏彈性，因此需求曲線的斜率陡峭。另一方面，水的供應一般不虞匱乏，所以供給曲線會在圖形的較右邊，供給與需求決定的市場價格甚低，邊際效用也很低，但消費者剩餘卻很大。所以，鑽石的總效用與價值很低，但是價格與邊際效用卻很高。水的總效用與價值很高，但是價格與邊際效用卻很低。價格由市場供需決定，而價值則由消費者剩餘決定。

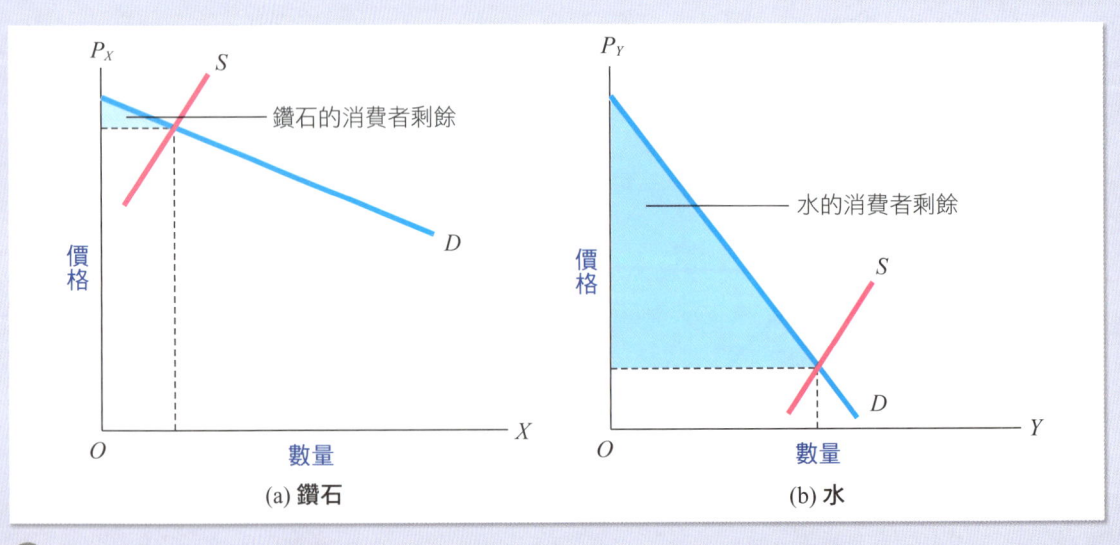

**圖 4-6　鑽石與水的價格和消費者剩餘**

鑽石的售價高，邊際效用也高，但消費者剩餘很小；水的售價低，邊際效用也低，但消費者剩餘很大。

消費者剩餘的觀念可以用來說明為何臺大醫院 VIP 景福門診收費 1,360 元，而一般門診只要收 100 元掛號費的差異。對醫院來說，掛號費的高低與病人願意支付的金額有關。對某些人而言，譬如，林百里或郭台銘，治好感冒的價值是數千元，而醫院也明白"治好感冒"對一般病人和名人的價值。只要場地 OK，醫師有空，自然會當仁不讓，索取較高的掛號費。

---

**練習題 4-3**

假設小花以 500 元購買一張江蕙的 CD，且產生 300 元的消費者剩餘。則小花的願付價格為何？
(108 年初等考試)

類似問題：基本題 9。

---

## 4-4 結 語

本章發展是以效用分析為基礎的消費者選擇理論。消費者可以從商品或服務的消費中得到效用。消費者最終目標，是在預算限制下追求總效用的極大化。消費者均衡是指最後一元花在任何商品的邊際效用必須相等。當然，消費者從事消費行為時，並不會將效用極大化條件拿出來比較而錙銖必較。經濟學家認為消費者進行消費時，會以追求效用極大化為其終極目標。

---

**摘要**

- 效用是衡量商品消費的滿足程度。總效用是消費某一種商品所獲得的總滿足程度。邊際效用是增加一單位商品的消費所增加的總效用。
- 邊際效用遞減法則是指在一段期間內，消費數量愈多，其他條件不變下，總效用的增加量會呈現遞減現象。
- 消費者的目標是在所得限制下，追求總效用的極大化。如果商品價格為零，商品消費數量會一直增加，直到最後一單位的邊際效用等於零為止。如果商品價格為正，商品消費會一直增加，直到最後一元花在每一種商品的邊際效用皆相等為止。
- 需求曲線上的每一點都是消費者均衡。需求曲線縱軸的高度，衡量消費者對該商品的重視程度，也就是願意支付的價格。
- 消費者剩餘是願意支付的價格減去實際支付的價格之間的差額。實際支付的價格就是市價，由市場供需決定。消費者剩餘可用以衡量消費者福利。

# 習 題

## 基本題

1. 臺灣有許多吃到飽 (任食) 的餐廳，譬如，漢來海港餐廳或饗食天堂等。請以效用分析解釋此一消費現象。餐廳可做任何限制來提高利潤嗎？

2. 假設憶蓮消費各種三明治數量的邊際效用均為正值，且隨著三明治消費數量增加，邊際效用增加，憶蓮消費三明治的總效用會隨著三明治消費量增加而如何變動？
(105 年經建行政)

3. 假設下表是森煌打保齡球的局數和效用水準。

| 保齡球局數 | 總效用 |
|---|---|
| 0 | 0 |
| 1 | 100 |
| 2 | 200 |
| 3 | 275 |
| 4 | 325 |
| 5 | 350 |
| 6 | 360 |
| 7 | 360 |

(a) 請算出邊際效用
(b) 如果打一局保齡球是 50 元，森煌最有可能打多少局的保齡球？

4. 8 片披薩和 4 片披薩，何者帶給你的總效用較大？為什麼？

5. 如果朝香喜歡吃漢堡和披薩，下表列出兩種食物的效用和數量。

| 漢 堡 || 披 薩 ||
|---|---|---|---|
| 數 量 | 總效用 | 數 量 | 總效用 |
| 0 | 0 | 0 | 0 |
| 1 | 14 | 1 | 100 |
| 2 | 24 | 2 | 120 |
| 3 | 32 | 3 | 134 |
| 4 | 38 | 4 | 144 |

(a) 請算出朝香消費第 2 個披薩的邊際效用
(b) 假如 1 個披薩是 4 元，請計算朝香消費 2 個披薩，每 1 元的邊際效用是多少？
(c) 請算出朝香消費第 2 個漢堡的邊際效用
(d) 當漢堡每個 2 元，若消費 2 個漢堡，每 1 元的邊際效用是多少？
(e) 如果朝香打算花 12 元消費這兩種食物，消費者均衡是多少？

6. 小齊追求效用極大化，且將所有預算用來消費 A 與 B 兩種商品。若在某時點，他從 A 與 B 所得到的邊際效用分別為 4 與 3，而 A 與 B 的價格分別為 5 與 2，則接下來他如何調整其消費行為？(105 年關務特考改編)

7. 若大麥克的邊際效用為 120，其價格為 60 元；勁辣雞腿堡的邊際效用為 210，其價格為 70 元；雙層牛肉吉事堡的邊際效用為 100，其價格為 40 元。當你去麥當勞時，會先吃哪一種漢堡？

8. 若阿土伯購買衣服與鞋子的邊際效用分別為 12 和 3，而衣服與鞋子的價格分別為 8 與 2。請問阿土伯是否買太多的衣服和太少的鞋子？
(98 年淡江商管二)

9. 假設宇多田在 7-Eleven 總共買了 60 個御飯糰，實際支出金額為 12,000 日圓，其消費者剩餘為 3,000 日圓。請問宇多田願意支付的最高價格是多少？

10. 書豪買一球聖代的價格是 20 元。就第 1 杯聖代而言，書豪願意支付 40 元，第 2 杯願意支付 30 元，第 3 杯願意付 2 元，第 4 杯則願付 10 元。請問書豪的消費者剩餘是多少？
(100 年成大經濟)

## 進階題

1. 請判斷下列各項敘述，為序列效用分析或計數效用分析。
(a) 茉樹代比較喜歡 2 杯飲料加 1 個漢堡，而比較不喜歡 1 杯飲料加 1 個漢堡

(b) 島谷瞳說："打棒球的滿足程度是踢足球的 10 倍。"

2. 假設 X 財貨價格為 1 元，而 Y 財貨價格為 0.5 元。如果此時某消費者對 X 財貨的邊際效用是 8 單位，對 Y 財貨的邊際效用是 5 單位，則在追求效用極大化下，該消費者應：
(a) 多購買 X 財貨及多購買 Y 財貨
(b) 少購買 X 財貨及少購買 Y 財貨
(c) 多購買 X 財貨及少購買 Y 財貨
(d) 少購買 X 財貨及多購買 Y 財貨
(108 年關務特考改編)

3. 琪琪發覺英文家教每多教一小時，其邊際效用遞減。若琪琪在總效用達到最大時，為其每個月最多的家教時數。請問其邊際效用為何？ (100 年政大財政)

4. 假設某一消費者利用其全部所得購買 X 與 Y 兩種產品，X 產品每單位價格為 6 元，Y 產品每單位價格為 5 元，兩種產品消費的總效用 (total utility) 表如：

| 單 位 | 1 | 2 | 3 | 4 | 5 |
|---|---|---|---|---|---|
| 產品 X | 120 | 216 | 288 | 336 | 360 |
| 產品 Y | 90 | 160 | 220 | 270 | 305 |

請問消費者最適 (均衡) 消費組合為何？

5. 小張對橘子在不同價格下的需求量如下表所示。假設現在的市場價格是 12，則他享受到的消費者剩餘有多少？

| 價格(元) | 23 | 20 | 17 | 15 | 11 | 8 |
|---|---|---|---|---|---|---|
| 需求量(個) | 1 | 2 | 3 | 4 | 5 | 6 |

(108 年關務特考)

6. 假設市場需求線為 $P=100-2Q$。當市場均衡價格為 50 時，消費者剩餘為何？
(107 年初等考試)

7. 下表列出三個消費者：阿基師、詹姆士與郭主義願意購買林書豪球衣的價格。

| 消費者 | 願意支付的價格 |
|---|---|
| 阿基師 | $40 |
| 詹姆士 | $30 |
| 郭主義 | $25 |

若球衣售價從 28 元跌至 20 元。請問消費者剩餘增加多少？ (100 年元智企管)

8. 一部二手的賓士 550 訂價 200 萬元，杰倫看車後，心想這是一部好車，但若超過 195 萬元就不買。在經過一番議價後，杰倫以 192 萬 5,000 元買進賓士 550。請問杰倫的消費者剩餘為何？ (100 年成大會計)

9. 假設供需法則成立，在其他條件不變下，蘋果的市場供給減少會使消費者剩餘：
(a) 增加
(b) 不變
(c) 減少
(d) 資訊不足，無法判斷 (106 年初等考試)

10. 淡水阿給的需求函數為 $Q^d=100-2P$，而價格函數為 $Q^s=-20+P$。請求出消費者剩餘？ (100 年淡江商管二)

11. 假設可口可樂對追求效用最大的宜靜而言是季芬財。在其他條件不變下，當宜靜的所得增加時，可口可樂消費數量變動為何？
(105 年國際經濟商務人員特考)

12. 假設俊傑選擇消費金額及休閒時數以達到滿足程度最大，且消費金額及休閒對俊傑均為正常財，假設俊傑每小時工資由 110 元上升為 120 元。在其他條件不變下，俊傑的替代效果為何？ (105 年經建行政)

13. 假設供需法則成立，在其他條件不變下，若種植香蕉所需的肥料價格上揚，則消費者總剩餘會：
(a) 增加
(b) 不變
(c) 減少
(d) 資訊不足，無法判斷 (107 年初等考試)

14. 張先生購買第一張貝多芬 CD 的願付價格為 300 元，第二張 CD 的願付價格為 200 元。假設一張貝多芬 CD 的市價為 250 元。

張先生會購買幾張貝多芬 CD ?
(a) 0 張
(b) 1 張
(c) 2 張
(d) 3 張 (108 年初等考試)

**上網題**

1. 國內第一家以泰式海鮮料理為主題的自助餐廳泰市場 (Spice Market) 已於誠品信義店六樓開幕,請上網搜尋此餐廳的售價及國外相關售價。

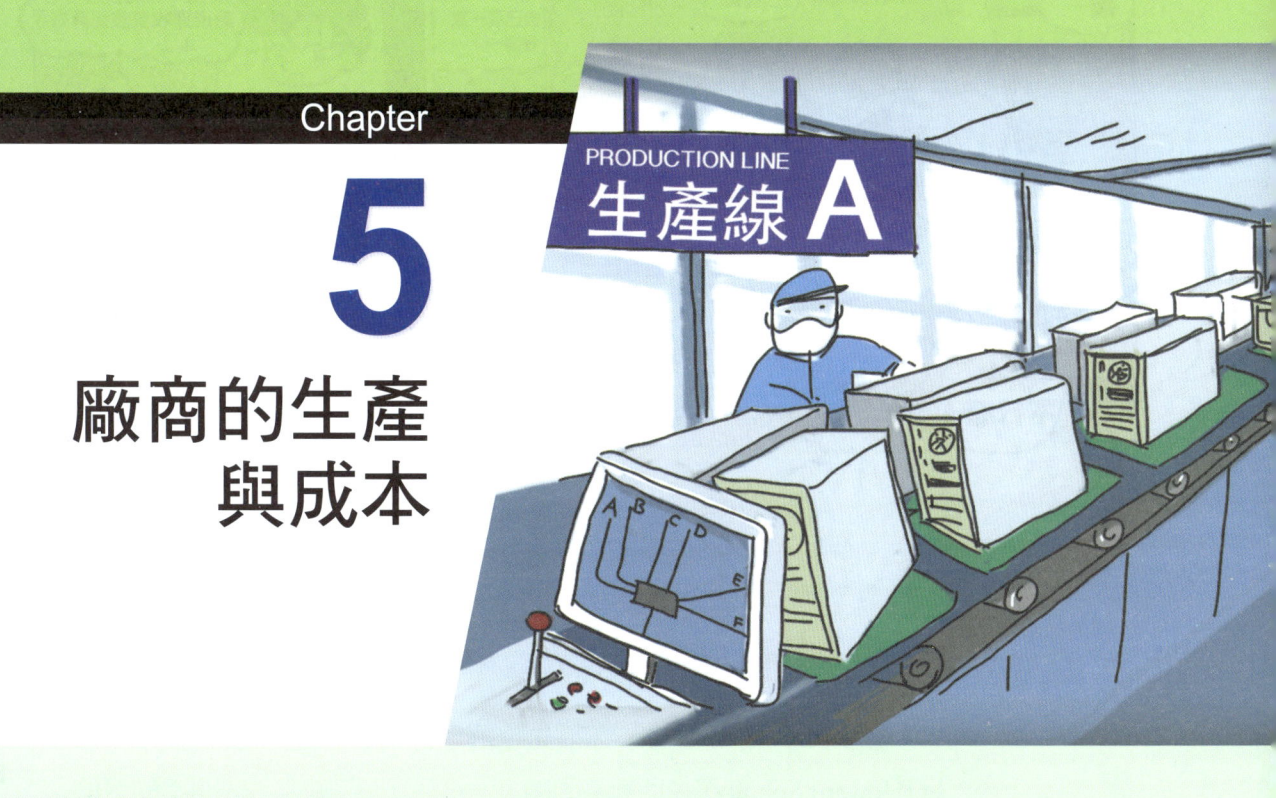

# Chapter 5
## 廠商的生產與成本

**賠**本賣機票，廉價航空公司"瑞安航空"(Ryanair) 也能榮登歐洲最賺錢航空的寶座，它是如何辦到的？答案其實很簡單：精簡成本及創造最大營收。

瑞安航空的成本比歐洲航空業平均成本低 30%，每英里每座位成本只有 11 美分 (法國航空是 16 美分)。在精簡成本方面，首先是一般航空公司配有五位空服員，瑞安航空只有兩位；其次為只降落次級機場 (每位乘客機場費用是 1.5 美元，而大機場為 22 美元)；再者為要求乘客將自己的雜誌及三明治包裝紙都帶走，以及透過公司網站而不透過旅行社代售等。不斷翻新的摳門手法，瑞安航空執行長歐利里 (Michael O'Leary) 甚至提出以空服員替代副機師駕駛的節流新招。

除了節流以外，瑞安航空的開源也是一絕。從倫敦到巴塞隆納的成本大約 70 美元，但每張機票含稅卻只賣 20 美元，剩下的成本要如何彌補？答案就是透過多到記不完的規費，譬如，比票價貴上五成的行李託運費，加上飲料費、優先登機費、如廁費、廣告收入等積少成多，如此才能成為《經濟學人》筆下最賺錢的航空公司，難怪中華航空會在 2019 年 10 月推出"優選喜好座位"，旅客支付 10 美元至 120 美元，可選擇舒適座位。

瑞安航空的開源節流措施使得其利潤率超過 20%，遠高於歐洲其他航空公司的平均利潤率 (6%)。開源即創造營收，節流即成本控制，而這正是本章的重點：探討供給曲線背後的廠商行為，包括廠商的生產與成本。

79

## 5-1 廠商的目標：利潤最大

想要分析廠商行為，必須先瞭解廠商的目標是什麼。霍華‧蕭茲 (Howard Schultz) 在西雅圖創立第一家星巴克咖啡。一開始的目的可能是想提升美國人喝咖啡的品味，從重視選豆、烘焙、煮咖啡時間的掌握，以及店面裝潢開始，希望能擺脫美國人匆匆忙忙在公車站喝一杯咖啡的印象；也可能是希望美國人能在城市的某個角落，有著濃郁咖啡香，再配上精緻點心，享受午後悠閒的陽光。當然最終是希望公司能永續經營。經濟學家認為企業想要永續發展，廠商的經營目標必須是追求利潤最大。

經濟學之父——亞當‧斯密於 1776 年在《國富論》(The Wealth of Nations) 裡提及：

> 我們的晚餐並不是因為屠宰商、釀酒商或烘焙業者的仁心善舉，而是因為他們關心自己的利益。我們所指出的重點並非人性的光輝，而是他們自利的心。這些業者不會關心我們的需要，他們只關心自身的利益。

企業的利益即是利潤，而利潤 (profit) 定義成：

$$利潤＝總收入－總成本$$

總收入 (total revenue, TR) 即來自於廠商銷售商品的全部收入，定義

---

**利潤** 總收入減總成本。

**總收入** 廠商銷售一定數量商品的全部收入。等於價格乘以產品數量。

成廠商生產商品的數量 (Q) 乘以商品的銷售價格 (P)，$TR = P \times Q$。**總成本** (total cost, TC) 是廠商生產商品所需原料、機器設備、員工等生產因素的花費。經濟學談到的成本與會計學談到的成本，衡量的概念並不相同。

> **總成本** 廠商生產商品所需生產因素的全部花費。

## 5-1-1　外顯成本與隱含成本

會計師的工作是記載企業資金的流出與流入。資產負債表與損益表裡提到的成本是廠商雇用所有生產因素的支出金額，包括工資、地租、利息及保險費等；這些會計帳上的成本是**外顯成本** (explicit cost)，也稱為**會計成本** (accounting cost)。一般來說，經濟學家關心的是廠商如何根據市場資訊來決定購買多少生產因素、生產何種商品與如何制訂價格策略。

> **外顯成本** 廠商雇用所有生產因素所需支付的金額。

經濟學家認為廠商面臨的成本包括廠商使用所有生產因素 (勞動、土地、資本等) 的機會成本；這些**經濟成本** (economic cost) 是外顯成本與隱含成本的加總。**隱含成本** (implicit cost) 是廠商使用自己擁有的生產因素投入生產過程，卻沒有實際現金支付給自己的報酬。簡單做一個整理：

> **經濟成本** 外顯成本與隱含成本的加總。
> 
> **隱含成本** 廠商投入自己所擁有生產因素的機會成本。

經濟成本＝外顯成本＋隱含成本

會計成本＝外顯成本

舉例來說，補習班經濟學名師阿亮擁有 101 大樓 30 坪的店面，如果租給其他商店，市價 1 坪租金 1 萬元，租金每月收入共是 30 萬元。如果阿亮決定自己經營冰淇淋店，就必須放棄 30 萬元的租金收入，這 30 萬元就屬於隱含成本。

此外，阿亮在補習班教授經濟學，月入 20 萬元。如果阿亮自己投入經營冰淇淋店而無法去補習班授課，就必須放棄 20 萬元的薪水收入，這 20 萬元也是屬於隱含成本。最後，如果阿亮投入自己的積蓄 500 萬元購買冰淇淋店所需裝潢與相關設備，本來這 500 萬元放在銀行，一年可以有 25 萬元利息收入 (假設年利率為 5%)，這放棄的利息收入也是隱含成本的一種。

## 5-1-2 經濟利潤與會計利潤

經濟學定義利潤是總收入減去生產商品與服務的機會成本。所以，*經濟利潤* (economic profit) 可以定義成：

經濟利潤＝總收入－外顯成本－隱含成本

> 經濟利潤 總收入減經濟成本。

會計學定義利潤是總收入減去雇用生產因素的實際支出金額。所以，*會計利潤* (accounting profit) 可以定義成：

會計利潤＝總收入－外顯成本

> 會計利潤 總收入減外顯成本。

讓我們舉一個例子說明，經濟利潤與會計利潤的不同。延續前面冰淇淋店的例子。假設阿亮向哈根達斯進貨冰淇淋，冰淇淋成本 15 萬元，並雇用一位店長負責經營管理，還有幾位工讀生，每月人事費用加起來是 15 萬元。其他飲料、食物等雜費支出，每月是 5 萬元。由於冰淇淋店位處精華地段、裝潢新穎，開幕不久，每月營收有 100 萬元。

在本例中，外顯成本是人事費用、冰淇淋成本加雜費，每月是 35 萬元，一年就是 420 萬元。隱含成本包括阿亮每月放棄的薪水 20 萬元、每月放棄的房租收入 30 萬元，和一年放棄的利息收入 25 萬元。因此，一年的隱含成本等於 625 萬元。一年的營業總收入是 1,200 萬元。依據上面的資料，會計利潤是 1,200 萬元－420 萬元＝780 萬元，而經濟利潤是 1,200 萬元－420 萬元－625 萬元＝155 萬元。我們以表 5-1 做一整理。

表 5-1 會計利潤與經濟利潤　　　　　　　　　　　　　　　　　(單位：萬元)

| | |
|---|---:|
| 總收入 | 1,200 |
| 　減外顯成本： | |
| 　　人事費用 | －180 |
| 　　冰淇淋進貨支出 | －180 |
| 　　雜費 | －60 |
| 會計利潤 | 780 |
| 　減隱含成本： | |
| 　　阿亮放棄的薪水 | －240 |
| 　　放棄房租收入 | －360 |
| 　　放棄利息收入 | －25 |
| 經濟利潤 | 155 |

會計利潤與經濟利潤的差距，稱為正常利潤 (normal profit)。當經濟利潤為零時，正常利潤等於隱含成本。如果阿亮的經濟利潤等於零，表示阿亮自己當老闆與受雇他人的報酬相同。而上例中，經濟利潤每年 155 萬元，意味著阿亮個人每年有正的超額利潤。

> 正常利潤 會計利潤與經濟利潤的差距，亦即為隱含成本。

### 練習題 5-1

(1) 阿呆在速食店工作時薪 100 元，為了與女友共度情人節，阿呆向店長請假 3 小時，花 200 元買了一束玫瑰花，並請女友吃法式西餐用掉 1,000 元，阿呆過情人節的經濟成本是多少？
(105 年國際經濟商務人員特考)

類似問題：基本題 2。

(2) 某獨資企業老闆決定自己不領薪水，則該企業的：
(a) 經濟利潤大於會計利潤
(b) 經濟利潤等於會計利潤
(c) 經濟利潤小於會計利潤
(d) 經濟利潤等於總收益
(107 年關務特考)

## 5-2 廠商的生產

廠商結合許多生產因素，經過一連串生產過程，才成為一個消費者可接受的商品。譬如，麥當勞結合碎牛肉、生菜、起司、番茄及漢堡麵包等，經過一番調理而做成大麥克。本節首先介紹生產函數，生產函數 (production function) 是描繪商品數量與生產因素數量間的生產關係。接著，我們再討論生產過程與總成本之間的關係。

> 生產函數 描繪商品數量與生產因素數量間的生產關係。

### 5-2-1 生產函數

臺灣地區國民所得逐年提高，國人開始注重休閒及生活品味。身為商界聞人的小鄺察覺到這股趨勢，決定針對國人喜歡喝下午茶的特性，開設蘇格蘭茶點的點心坊。蘇格蘭茶點以蜜棗核桃蛋糕 (dates loaf) 聞名於世，它的製作需要麵粉、蘇打粉、蜜棗、核桃、蛋和橘子汁等原料。小鄺還買了攪拌器、烤盤、烤箱等器具，並雇用員工製作茶點。萬事俱備後，他選擇在天母地區的士東路開設點心坊。

我們以蘇格蘭點心坊的例子來說明生產函數。為了簡化分析，假設點心坊的面積是固定的，唯一改變茶點數量的生產因素是員工人數，在此忽略其他生產因素，如麵粉、核桃等原料。

生產因素，如點心坊面積無法在短期間內變動，稱為**固定投入** (fixed input) 或**固定生產因素** (fixed factor of production)。在短期間可自由變動的生產因素，如員工人數，稱為**變動投入** (variable input) 或**變動生產因素** (variable factor of production)。經濟學家根據生產因素數量變動的時間長短，來區分生產過程的短期與長期。**短期** (short run) 是指至少有一種生產因素數量是固定不變的一段期間；**長期** (long run) 是指所有生產因素數量都可以變動調整的期間。以蘇格蘭點心坊為例，如果點心坊面積在一年租約到期後予以擴大，則一年以上是點心坊的長期，一年以下是短期。

由於廚房面積固定，生產函數為**短期生產函數** (short-run production function)。表 5-2 說明員工人數與茶點數量間的關係：第 1 欄是員工雇用人數，第 2 欄是每日生產的茶點數量，即**總產量（出）** (total product, *TP*)，*TP* 即商品數量 *Q* ($Q = TP$)。當小鄭未雇用任何員工時，沒有蘇格蘭茶點會被生產，$Q = 0$；當小鄭雇用 1 位員工時，每天可生產 20 個茶點；當雇用 2 位員工時，每天可生產 50 個

> **固定生產因素** 一段期間內，廠商無法改變生產因素數量的生產因素。
>
> **變動生產因素** 隨著產量調整，生產因素數量也隨之變動的生產因素。
>
> **短期** 至少有一種生產因素數量是固定的一段期間。
>
> **長期** 所有生產因素數量都可以變動調整的期間。

### 表 5-2 蘇格蘭點心坊每日生產的茶點數量

| 員工人數 (L) | 總產量 (TP) | 邊際產量 ($MP_L$) | 平均產量 ($AP_L$) |
|---|---|---|---|
| 0 | 0 | — | — |
| 1 | 20 | 20 | 20 |
| 2 | 50 | 30 | 25 |
| 3 | 90 | 40 | 30 |
| 4 | 120 | 30 | 30 |
| 5 | 140 | 20 | 28 |
| 6 | 150 | 10 | 25 |
| 7 | 150 | 0 | $21\frac{3}{7}$ |
| 8 | 140 | −10 | 17.5 |

茶點,以此類推。

　　第 3 欄是每位員工的**邊際產量(出)**(marginal product of labor, $MP_L$),定義成多雇用 1 位勞工,在其他生產因素數量固定不變下,每日額外增加的茶點數量。譬如,第 2 位員工可使茶點增加 30 個 [$MP_L = (50－20)/(2－1) = 30$]。最後 1 欄是平均每位員工每日生產的茶點數量,即勞動的**平均產量(出)**(average product of labor, $AP_L$)。如果小鄭只雇用 2 位員工,每人平均可以生產 25 個茶點 ($AP_L = 50/2 = 25$)。若以數學式子表示,可得:

> **邊際產量** 每增加一單位生產因素的雇用,總產量額外增加的數量。
>
> **平均產量** 平均每一單位生產因素所能生產的商品數量。

$$\frac{勞\ 動\ 的}{邊際產量} = \frac{總產量的變動}{員工人數的變動} \quad 或 \quad MP_L = \frac{\Delta TP}{\Delta L}$$

$$\frac{勞\ 動\ 的}{平均產量} = \frac{總產量}{員工人數} \quad 或 \quad AP_L = \frac{TP}{L}$$

　　圖 5-1(a) 與圖 5-1(b) 是利用表 5-2 的資料分別繪出總產量、邊際產量、平均產量及員工人數之間的關係。圖 5-1(a) 的縱軸是每日生產的茶點數量,橫軸是員工人數。這種由生產因素數量與茶點數量之間關係所描繪的曲線,稱為總產量曲線。如果用數學式子表示,就是生產函數:

$$Q = F(K, L),\ K = K_0 \tag{5-1}$$

式 (5-1) 中的 $Q$ 就是總產量;$K$ 是資本設備,代表烤箱與點心坊面積;$K = K_0$ 表示點心坊面積與烤箱數目是固定的;$L$ 是勞動數量,代表小鄭雇用的員工人數。在此,資本是固定投入,而勞動是變動投入,所以式 (5-1) 是一短期生產函數,此式也可寫成:

$$Q = F(L)$$

　　圖 5-1(b) 繪出邊際產量、平均產量與勞動數量之間的關係。當雇用 1 位員工時,邊際產量是 20 個茶點。如果只有 1 位員工,他必須準備原料、製作茶點、照顧烤箱及門市生意;當雇用第 2 位員工時,兩人可以分開作業,一人準備原料,另一人照顧烤箱及門市,第 2 位員工的邊際產量是 30 個茶點;當雇用第 3 位員工

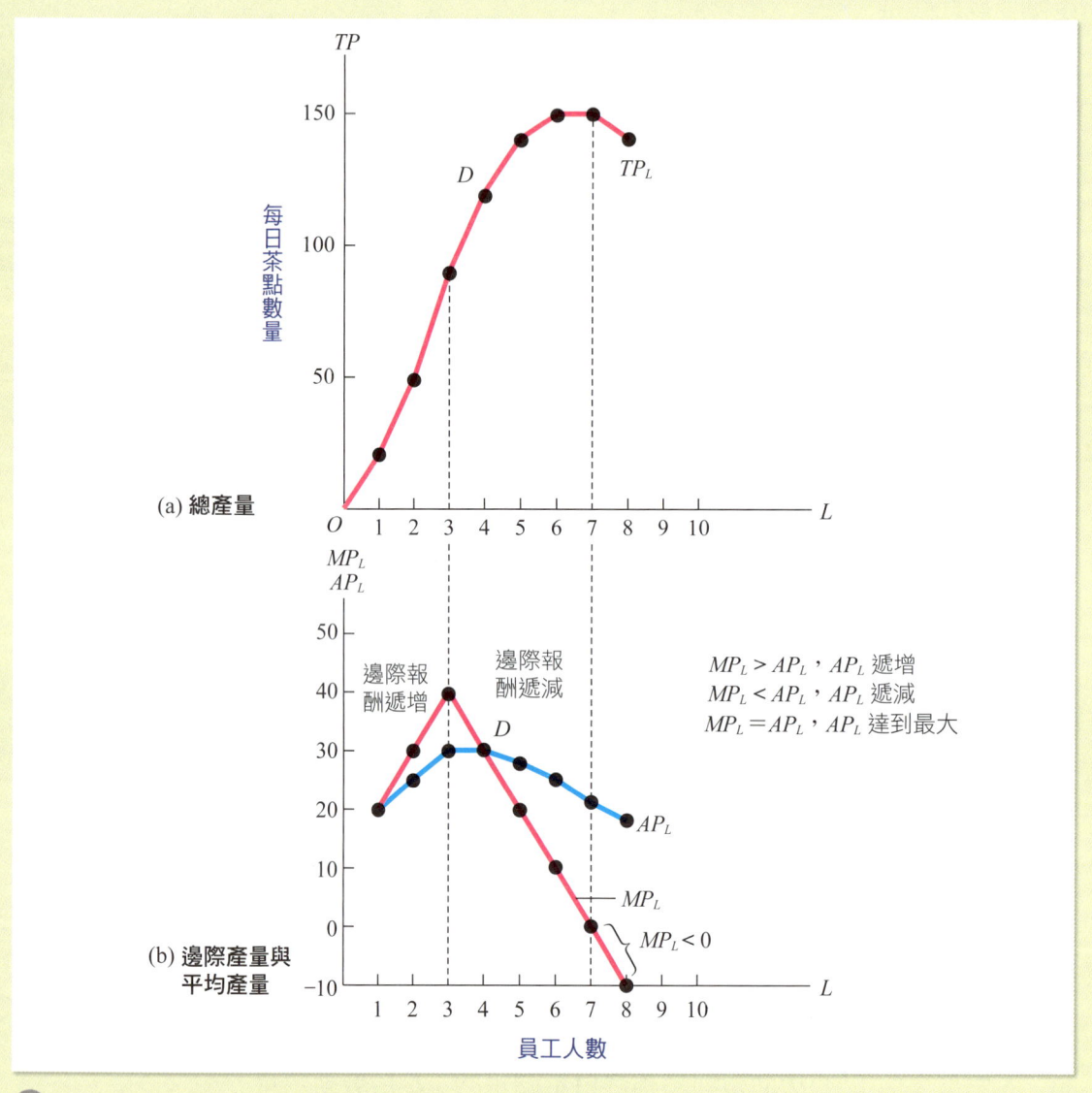

**圖 5-1　總產量、邊際產量與平均產量**

邊際產量是總產量曲線的斜率。當邊際產量遞增時，總產量以遞增速度增加；當邊際產量遞減時，總產量以遞減速度增加；當邊際產量等於零時，總產量達到最大。

時，分工可以更有效率，原料、烤箱、門市各司其職，第 3 位員工的邊際產量是 40 個茶點。隨著勞動雇用人數增加，邊際產量跟著增加的現象，稱為邊際報酬遞增 (increasing marginal return)。在圖 5-1(b)，邊際產量曲線正斜率的部分，即為邊際報酬遞增。這個現象是因為專業分工及更有效率使用固定投入 (廚房與門市) 的緣故。

當雇用第 4 位員工時，廚房已略顯擁擠，第 4 位員工的邊際產

> **邊際報酬遞增**　其他條件不變下，當廠商多雇用一單位生產因素時，邊際產量增加的現象。

量不若第 3 位員工多，只有 30 個茶點。雇用愈來愈多的員工導致邊際生產力愈來愈低，大家必須擠在空間有限的廚房，搶有限的設備來使用，所以邊際產量愈來愈少。隨著勞動雇用人數增加，邊際產量逐漸遞減的現象，稱為 邊際報酬遞減 (diminishing marginal return)。邊際報酬遞減法則的出現是因為存在著固定生產因素 (廚房面積) 的緣故，所以是短期生產函數的特徵。在圖 5-1(b)，邊際產量曲線負斜率的部分，即為邊際報酬遞減。

> 邊際報酬遞減　當愈來愈多生產因素聯合固定生產因素使用時，產量增加的速度愈來愈慢。

當小鄭雇用第 8 位員工時，不但無法增加點心的總產量，反而礙手礙腳，阻礙整個生產流程。此時，邊際產量等於 $-10$，對應的總產量曲線往下彎而呈現負斜率。在圖 5-1(b)，負的邊際報酬就是邊際產量小於零的部分。

### 5-2-2　邊際產量與平均產量間的關係

邊際產量是總產量的變動除以勞動人數的變動，其實就是總產量曲線上任何一點的斜率。平均產量是總產量除以勞動人數，是總產量曲線上任何一點與原點連線的斜率。圖 5-1(a) 中，從原點連至 D 點的斜率恰好是通過 D 點切線的斜率。因此，在 D 點，平均產量等於邊際產量，$AP_L = MP_L$；在 D 點的左邊，切線的斜率大於原點連至任何一點的斜率，所以 $MP_L > AP_L$；而在 D 點的右邊，切線的斜率小於原點連至任何一點的斜率，所以 $MP_L < AP_L$。

以圖 5-1(b) 來看，平均產量與邊際產量之間的關係，可整理如下：(1) D 點的左邊，當 $MP_L > AP_L$ 時，$AP_L$ 遞增；(2) D 點的右邊，當 $MP_L < AP_L$ 時，$AP_L$ 遞減；(3) 在 D 點，當 $MP_L = AP_L$ 時，$AP_L$ 達到最大。

平均產量與邊際產量的關係可舉一例說明。平均產量就像班上同學的平均身高，假設是 170 公分。到了二年級，班上有轉學生插班進來，如果新同學身高 180 公分，現在班上同學的平均身高一定會大於 170 公分；也就是說，當新加入數值 (邊際產量) 大於原來平均值 (平均產量)，新的平均值會上升。如果新同學只有 160 公分，現在班上同學的平均身高一定會下降；換言之，當新加入數值 (邊際產量) 小於原來平均值 (平均產量)，新的平均值就會下降。

### 練習題 5-2

下表為某公司的員工生產資料，下列敘述何者正確？

| 員工人數 | 總產量（每日） |
|---|---|
| 0 | 0 |
| 1 | 12 |
| 2 | 26 |
| 3 | 44 |
| 4 | 64 |
| 5 | 86 |
| 6 | 110 |
| 7 | 122 |
| 8 | 125 |
| 9 | 127 |
| 10 | 128 |

(a) 雇用 5 位員工的每日總產量為 22
(b) 可生產最高邊際產出的是第 6 位員工
(c) 雇用第 8 位員工時，邊際產出大於平均產出
(d) 生產一開始就有邊際報酬遞減現象

(108 年初等考試)

類似問題：基本題 5。

## 5-3 廠商的生產成本

　　第 5-2 節討論廠商利潤式子中的第一項，總產量與生產因素間的關係。本節要討論利潤式子中的第二項，廠商生產成本與總產量間的關係。經濟學家在討論廠商生產行為 (函數) 時，會有長短期之分。因此，廠商的成本決策亦有短期與長期的區別。

### 5-3-1 短期成本

　　面對生產因素部分是固定與部分是變動的情況，廠商制訂的決策是短期生產決策。因此，廠商所支付的成本也分為兩類：**固定成本**

> **固定成本** 與產出數量多寡無關的成本，廠商支付固定生產因素的金額。

(fixed cost, FC) 與變動成本 (variable cost, VC)。固定成本是廠商雇用固定生產因素的支出，其支付的金額為固定，不會隨著產量變動而變動。變動成本是廠商雇用變動生產因素的支出，它會隨著產量增減而增減。廠商的短期生產總成本 (TC)，以數學式子表示，可以寫成：

$$短期總成本＝固定成本＋變動成本$$

或

$$TC = FC + VC$$

假設小鄺雇用 1 名員工，每日的人事支出是 1,000 元。表 5-3 列出蘇格蘭點心坊每日生產的茶點數量與成本支出。第 1 欄與第 2 欄分別是每日茶點總產量和雇用員工人數，這些數值與表 5-2 相同；第 3 欄是固定成本，無論產量是多或少，固定成本始終維持在 10,000 元。這個例子的固定成本是指，即使小鄺不生產任何茶點，每個月還是必須支付房屋租金、保險費和機器維修費用等。

第 4 欄變動成本，是雇用員工的成本。譬如，生產 120 個茶點，每日需要 4 位員工，變動成本等於 4×1,000 元＝4,000 元；第 5 欄總成本是固定成本 (第 3 欄) 與變動成本 (第 4 欄) 的加總；第 6 欄是邊際成本 (marginal cost, MC)，定義成每增加一單位產出，總成本額外增加的金額。以數學式子表示，可得：

> **變動成本**　與產出數量多寡有關的成本，廠商支付變動生產因素的金額。

> **邊際成本**　每增加一單位產出，總成本額外增加的金額。

### 表 5-3　蘇格蘭點心坊的短期生產成本

| 總產量 (Q) | 雇用員工人數 (L) | 固定成本 (FC) | 變動成本 (VC) | 總成本 (TC) | 邊際成本 (MC) | 平均變動成本 (AVC) | 平均固定成本 (AFC) | 平均總成本 (ATC) |
|---|---|---|---|---|---|---|---|---|
| 0 | 0 | 10,000 | 0 | 10,000 | — | — | — | — |
| 20 | 1 | 10,000 | 1,000 | 11,000 | 50 | 50 | 500 | 550 |
| 50 | 2 | 10,000 | 2,000 | 12,000 | 33.33 | 40 | 200 | 240 |
| 90 | 3 | 10,000 | 3,000 | 13,000 | 25 | 33.33 | 111.11 | 144.44 |
| 120 | 4 | 10,000 | 4,000 | 14,000 | 33.33 | 33.33 | 83.33 | 116.66 |
| 140 | 5 | 10,000 | 5,000 | 15,000 | 50 | 35.71 | 71.42 | 107.13 |
| 150 | 6 | 10,000 | 6,000 | 16,000 | 100 | 40 | 66.66 | 106.66 |

### 實例與應用　　87 元的電影票價，划得來嗎？

乍看之下，邊際成本讓人丈二金剛摸不著頭腦，其實在日常生活中，邊際成本的應用經常見到。

新光影城曾在 2011 年 1 月 21 日推出 699 元包月，可觀賞商業與藝術電影最多 6 部至 8 部，平均一部只要 87 元。如果不加入此方案，單次的電影票價是 200 元。看 8 部電影就要多花 901 元。為什麼新光影城該賺不賺？個中奧妙是新光影城瞭解多一位觀眾所增加的只是清潔成本 (不到 10 元)，其所增加的收入 (87 元) 絕對讓影城穩賺不賠。但是，若不推優惠方案，消費者沒有動機去新光影城看電影，業者也就賺不到錢。同樣的想法，2019 年，Netflix 在臺灣也推出只要 270 元包月看強檔院線片的方案。

$$MC = \frac{\Delta TC}{\Delta Q}$$

當小鄭雇用第 1 位員工時，每日生產茶點數量由 0 增至 20 個，總成本由 10,000 元增至 11,000 元。邊際成本是總成本的變動金額 1,000 元 ($\Delta TC = 11,000 - 10,000$) 除以點心的變動數量 20 個 ($\Delta Q = 20 - 0$)，也就是 $MC = 50$ ($= 1,000/20$)。

### 5-3-2　其他的短期成本

> 平均變動成本　平均每一單位產出的變動成本。
>
> 平均固定成本　平均每一單位產出的固定成本。
>
> 平均總成本　平均每一單位產出的成本總和。

第 7 欄是平均變動成本 (average variable cost, AVC)，定義成平均每一單位產出的變動成本，為變動成本除以總產量；第 8 欄是平均固定成本 (average fixed cost, AFC)，定義成平均每一單位產出的固定成本，為固定成本除以總產量。平均固定成本隨著產出增加而逐漸減少；最後 1 欄是平均總成本 (average total cost, ATC)，平均每一單位產出的成本總和，為總成本除以總產量，定義成平均變動成本 (第 7 欄) 與平均固定成本 (第 8 欄) 的加總。若以數學式子來表示，可得：

$$\text{平均總成本} = \frac{\text{總成本}}{\text{總產量}}$$

或

$$ATC = \frac{TC}{Q} = \frac{FC+VC}{Q} = \frac{FC}{Q} + \frac{VC}{Q} = AFC + AVC$$

$$\text{平均固定成本} = \frac{\text{固定成本}}{\text{總產量}} \text{ 或 } AFC = \frac{FC}{Q}$$

$$\text{平均變動成本} = \frac{\text{變動成本}}{\text{總產量}} \text{ 或 } AVC = \frac{VC}{Q}$$

另外，邊際成本也可定義成變動成本變動量除以總產量變動量，亦即：

$$MC = \frac{\Delta TC}{\Delta Q} = \frac{\Delta(FC+VC)}{\Delta Q} = \frac{\Delta FC + \Delta VC}{\Delta Q} = \frac{\Delta VC}{\Delta Q}$$

將表 5-3 的資料以圖形表示，可獲得不同形狀的成本曲線。如果將總成本 ($TC$) 放在縱軸，總產量 ($Q$) 放在橫軸，可得到圖 5-2(a) 的總成本曲線。總成本與變動成本之間的差額是固定成本。固定成本不會隨著產量增減而變動，固定成本為一條水平線。圖 5-2(b) 則分別畫出平均總成本、平均變動成本及邊際成本三條曲線。

邊際成本是總成本曲線的斜率，也是變動成本曲線的斜率。當蘇格蘭點心坊開始量產時，會經歷邊際報酬遞增，總成本一開始增加得較為緩慢，總成本曲線的斜率是遞減的，所以邊際成本一開始處在下降階段。過了 $D$ 點之後，點心坊開始呈現邊際報酬遞減現象，總成本增加速度顯得迅速，總成本曲線的斜率開始遞增，所以邊際成本呈現上升趨勢。

### 練習題 5-3

假設鴻海生產 50 單位之總成本為 650 元，總變動成本為 500 元，鴻海公司生產 20 單位產量之平均固定成本是多少？　　　　　　　　　　　　　　(105 年經建行政)

類似問題：基本題 7。

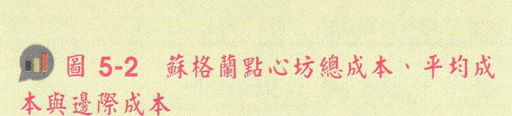

### 圖 5-2 蘇格蘭點心坊總成本、平均成本與邊際成本

(a) 圖是總成本、變動成本與固定成本。固定成本是水平線，與產量水準無關。(b) 圖平均成本與平均變動成本均為 U 型。邊際成本 MC 會通過平均變動成本與平均總成本的最低點。

MC < AVC (ATC)，AVC (ATC) 下降
MC > AVC (ATC)，AVC (ATC) 上升
MC = AVC (ATC)，AVC (ATC) 最低

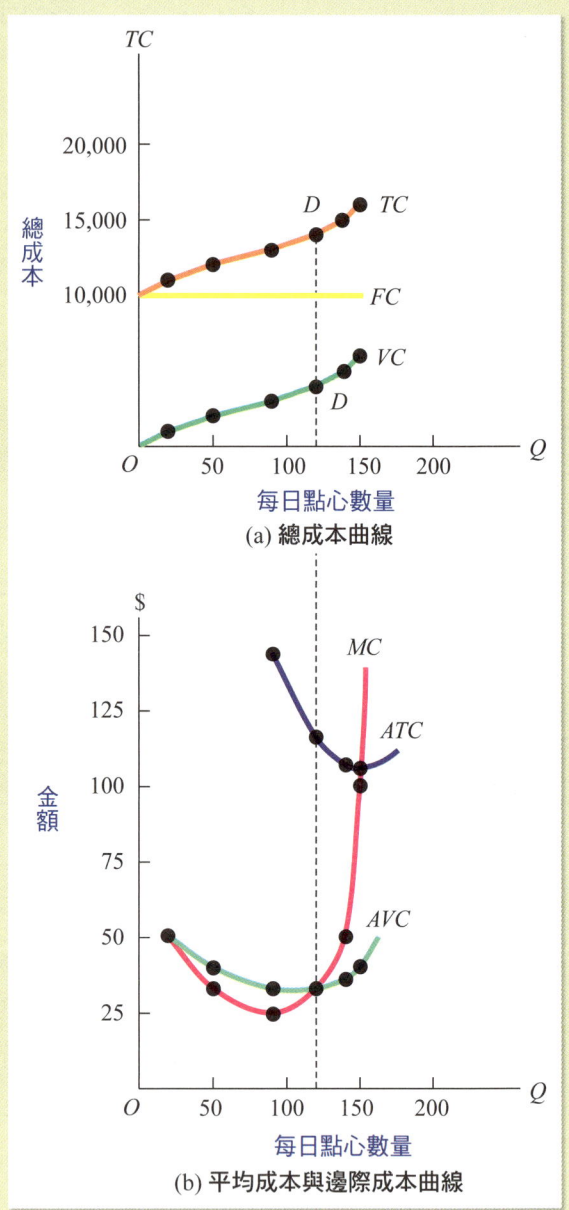

## 5-3-3 平均總成本與邊際成本的關係

圖 5-2(b) 中，當邊際成本小於平均總成本時，平均總成本下降；當邊際成本高於平均總成本時，平均總成本上升；當邊際成本等於平均總成本時，平均總成本達到最低。兩者間的關係與前面討論平均產量和邊際產量間的關係相同。如果大一下學期，莊孝維的平均成績是 80 分 (平均值)。到了大二上學期，由於參加社團的緣

故，成績稍微下降至 77 分 (邊際值)。因此，莊孝維累積至大二上學期的總平均會低於 80 分 (平均值)；相反地，如果莊孝維在大二上學期參加讀書會，成績突飛猛進至 85 分，大二上學期結束的總平均一定會高於 80 分。

邊際成本曲線的上升與下降，是因為蘇格蘭點心坊有固定投入，而經歷邊際報酬遞增與遞減的緣故。從上面的討論，我們知道 U 型的邊際成本曲線決定了平均總成本曲線的形狀也會是 U 型。此外，邊際成本與平均變動成本相交於平均變動成本的最低點。當邊際成本小於平均變動成本時，平均變動成本下降；當邊際成本大於平均變動成本時，平均變動成本上升。因此，平均變動成本曲線的形狀也是 U 型。

---

**練習題 5-4**

**(1)** 下列有關平均成本 (average cost) 和邊際成本 (marginal cost) 的敘述，何者正確？
(a) 平均成本一定會大於邊際成本
(b) 邊際成本一定會大於平均成本
(c) 平均成本曲線一定會通過邊際成本曲線的最低點
(d) 邊際成本曲線一定會通過平均成本曲線的最低點 (107 年高考三級)

類似問題：基本題 7。

**(2)** 如果鴻海生產 iPad 的固定成本提高 50%，將會如何影響邊際成本？(102 年初等考試)

類似問題：基本題 7。

---

## 5-3-4 長期成本

廠商無法在短期調整固定生產因素數量，即使市場需求倍增，也不能在短期間內擴充規模來滿足客戶需求。譬如，臺北的人氣排隊名店一蘭拉麵或善導寺站的阜杭豆漿，店門口總是大排長龍，有人甚至等上數小時才能吃到。即使廠商有利可圖，也無法在短期內買入機器來提高產量。店面和機器都是固定生產因素；相反地，經過一年，廠商可以增購機器或以併購等方式來積極擴充產能。因此，在長期，所有的生產因素數量都可進行調整，廠商可以尋求最低成本方式進行生產。

圖 5-3 說明短期成本曲線與長期成本曲線間的關係。假設寶成企業有三條短期平均總成本曲線 $ATC_1$、$ATC_2$ 及 $ATC_3$ 來代工生產 Nike 球鞋，這三條短期平均總成本分別代表三個不同的生產規模。$ATC_3$ 的工廠規模最大，其次是 $ATC_2$，而 $ATC_1$ 的工廠規模最小。

當寶成企業決定每日生產 1,000 雙球鞋時，會選擇最小工廠規模 $ATC_1$ 生產，理由是平均成本在 $ATC_1$ 是 200 元，而在 $ATC_2$ 是 300 元。因此，當球鞋生產數量小於 $Q_A$ 時，寶成企業會選擇最小生產規模 ($ATC_1$)；當球鞋產量介於 $Q_A$ 與 $Q_B$ 之間時，中間生產規模 ($ATC_2$) 的成本較為適當；當球鞋產量超過 $Q_B$ 時，寶成企業會選擇最大工廠規模 ($ATC_3$) 來生產。**長期平均成本** (long-run average cost, $LAC$) 曲線是對應每一產量的最低短期平均總成本曲線所有軌跡連結，如圖 5-3 藍色曲線所示。

如果寶成企業有很多生產規模可供選擇時，長期平均成本曲

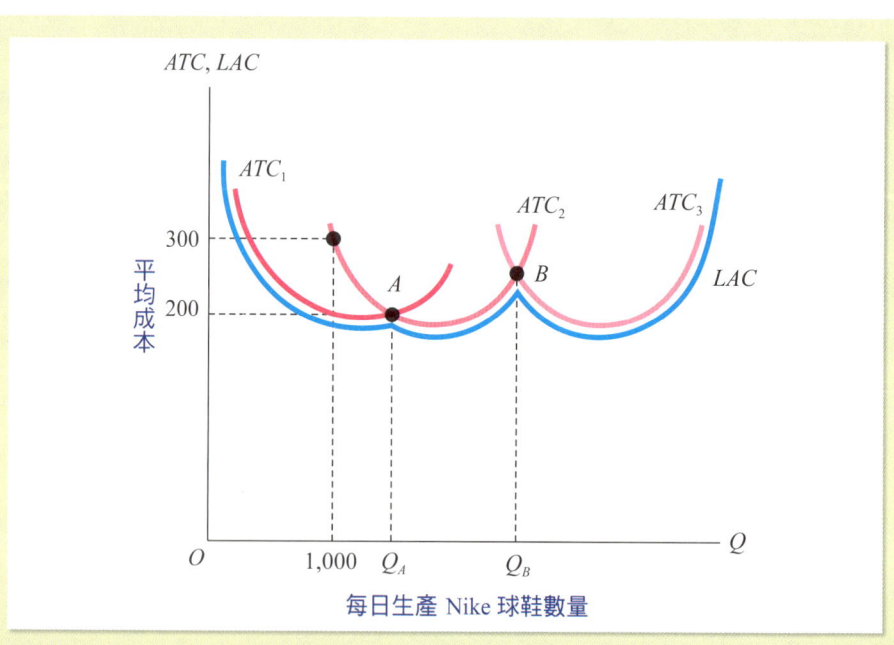

> **長期平均成本** 當廠商可以自由選擇生產規模時，對應每一生產數量的最低平均成本的軌跡連線。

### 圖 5-3　短期成本與長期成本

在長期，廠商可以自由調整生產因素數量，選擇最適規模生產；在短期，廠商只能侷限於過去的選擇來生產。長期平均成本曲線位於短期平均總成本曲線的下方。

第 5 章　廠商的生產與成本　95

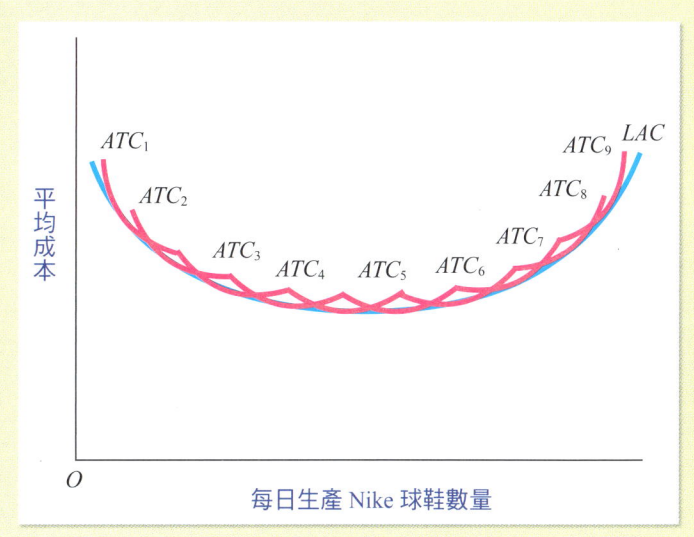

**圖 5-4　更多生產規模下的長期平均成本曲線**

如果寶成企業有許多工廠，長期平均成本是平滑的 U 型曲線。

線的形狀是 U 型，而且曲線相當平滑，如圖 5-4 所示。長期平均成本會與每一條短期平均成本曲線相切，LAC 在每一個 ATC 的下方。經濟學家認為長期平均成本是短期平均成本的 包絡線 (envelope curve)。

### 練習題 5-5

**(1)** 生產決策區分為長期與短期，有關長期與短期之區分，下列敘述何者正確？
(a) 長期至少 1 年以上
(b) 短期是指 1 個月以內
(c) 當所有要素數量皆可調整時，才稱為長期
(d) 當所有要素數量皆固定時，才稱為短期　　　　　　　　　　　(108 年關務特考)
　　類似問題：基本題 9。

**(2)** 有關長期成本和短期成本關係之敘述，下列何者正確？
(a) 長期平均成本線是短期平均成本線的最低組合
(b) 長期平均成本線一定不高於短期平均成本線
(c) 長期邊際成本線是短期邊際成本線的最低組合
(d) 長期邊際成本線一定低於短期邊際成本線　　　　　　　　　　(105 年關務特考)
　　類似問題：基本題 9。

## 5-3-5 規模經濟與規模不經濟

長期平均成本曲線與短期平均總成本曲線都呈 U 型，但形成的原因並不相同。U 型的短期平均總成本曲線是邊際報酬遞增與邊際報酬遞減所造成；U 型的長期平均成本曲線是規模經濟、固定規模報酬及規模不經濟所造成。

**規模經濟** (economies of scale) 是指長期平均成本隨產量增加而下降的階段。大規模生產可以讓廠商有能力引進更有效率和更專業化的機器。另一方面，大規模生產也可使分工更為精細，平均成本隨產量的增加而降低。譬如，四海遊龍連鎖鍋貼專賣店與巷口鍋貼小店就不一樣。四海遊龍在新北市中和區的中央廚房，有大型絞肉和拌肉機器，從絞肉、調味、攪拌、擀皮、包餡都採取一貫作業，加上大批採購，可使鍋貼的平均成本低於少量製作的巷口小店。

**規模不經濟** (diseconomies of scale) 是指長期平均成本隨產量增加而增加的現象。當企業規模極大，員工人數暴增，組織層級愈來愈多，甚至疊床架屋時，組織內部溝通協調問題叢生。如果上令無法下達，缺乏適當監督機制，或溝通管道不良，都會增加管理成本，甚至造成生產沒有效率。譬如，過去的省營台汽客運公司，員工人數高達數千人，長期平均成本處於上升階段，公司連年虧損，因而在 2001 年 6 月走入歷史。

如果長期平均成本不隨產量變動而改變，就稱為**固定規模報酬** (constant returns to scale, *CRTS*)。圖 5-5 繪出長期平均成本的三個不同階段。當長期平均成本到達 *A* 點時，這是長期平均成本最低點，稱為**最小效率規模** (minimum efficient scale, *MES*)。歐洲共同市場與 2010 年東協加三正式上路，就是為了去除貿易障礙，整合歐洲各國成單一市場，擴大市場規模，以利廠商達到最小效率規模。

---

**規模經濟**　當商品數量增加時，長期平均成本處於下降的現象。

**規模不經濟**　當商品數量增加時，長期平均成本呈現上升的現象。

**固定規模報酬**　當商品數量增加時，長期平均成本固定不變。產量增加的比例等於所有生產因素增加的比例。

**最小效率規模**　廠商完全利用規模經濟後，所達到長期平均成本最低產量水準下之生產規模。

第 5 章　廠商的生產與成本　　97

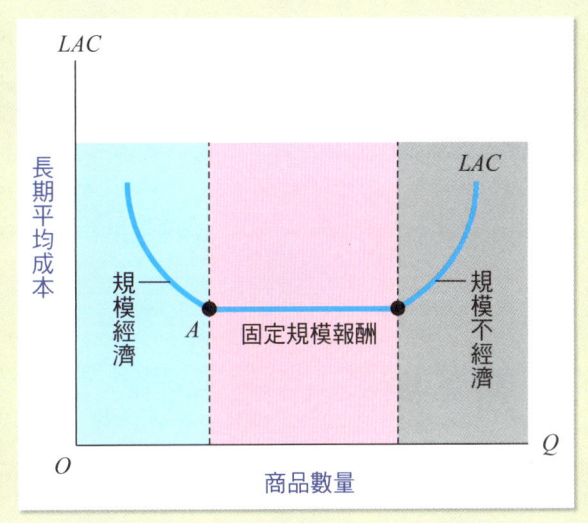

**圖 5-5　規模經濟與規模不經濟**

當 LAC 斜率為負，廠商有規模經濟；當 LAC 呈現水平，廠商有固定規模報酬；當 LAC 斜率為正，廠商有規模不經濟。

## 5-4　結　語

　　根據 Techinsights 的拆解報告指出，iPhone Pro Max 512G 的直接材料成本約為 490.5 美元，此價格還不到臺灣 iPhone Pro Max 512G 訂價 (52,400 元) 的三分之一，僅占 28.08% 的成本。若只看物料成本，蘋果公司等於賣一支賺兩支，毛利率達到 65% 以上。蘋果公司結合生產因素，創造令人羨慕的獲利。悲哀的是，儘管消費者知道 iPhone Pro Max 512G 的真實成本，還是有人苦等 50 小時，只為搶先買到這款智慧型手機。就是因為公司不斷地創新，生產人們想要購買的商品，人類的生活水準才得以不斷提升。

### 摘要

- 廠商的目標是追求利潤最大。利潤等於總收入減總成本。總收入是商品單價乘以銷售數量。
- 經濟成本是生產的機會成本，包括外顯成本和隱含成本兩種。外顯成本是廠商雇用他人生產因素所需支付的金額。隱含成本是廠商投入自己所擁有生產因素的機會成本。經濟利潤等於總收入減經濟成本。會計利潤等於總收入減會計成本 (外顯成本)。
- 生產函數是描繪商品數量與生產因素 (投入) 間的生產關係。總產量曲線會經歷邊際報酬遞增與邊際報酬遞減。
- 至少有一種生產因素數量是固定一段期間的稱為短期，否則就是長期。
- 廠商的總成本就時間長短來分，可分短期成本與長期成本兩種。

- 短期成本有固定成本與變動成本兩種：當邊際成本小於平均成本時，平均成本下降；當邊際成本大於平均成本時，平均成本上升；當邊際成本等於平均成本時，平均成本達到最小。
- 短期平均成本曲線位於長期平均成本曲線之上。長期平均成本曲線是短期平均成本曲線的包絡線。
- 因為有規模經濟、固定規模報酬和規模不經濟，長期平均成本曲線的形狀呈 U 型。

## 習題

### 基本題

1. 有句成語說"覆水難收"是指何種成本的概念？　　　　　　　　(102 年初等考試)
2. 藥劑師文蔚計畫自己執業。目前她每年工作收入是 50,000 元，她預計租金及電費每年是 6,000 元，而人事成本是 25,000 元。請問文蔚的隱含成本是多少？
(100 年成大交管)
3. "單身漢金凱瑞原本是計程車司機，一個月的淨收入是 40,000 元。金凱瑞決定改行開 85 度 C。開張後扣除所有的有形花費及成本後，淨賺 45,000 元。金凱瑞的 85 度 C 經濟利潤為 45,000 元。"請評論之。
(96 年政大金融)
4. 黃小虎決定自創事業，辭掉月薪 2 萬 7 千元的 pub 駐唱，找了一間月租 1 萬 5 千元的店面開設石二鍋。每個月水電費平均為 1 萬 2 千元。涮涮鍋的各項進貨成本平均為 2 萬元。同時，黃先生也辭去原本月薪 2 萬元工作去店裡幫忙。請問黃小虎開店之外顯成本及隱含成本各為何？
(102 年初等考試)
5. 假設泡沫紅茶店的生產函數如下，總產量是每日泡沫紅茶的杯數。

| 勞　動 | 1 | 2 | 3 | 4 | 5 | 6 |
|---|---|---|---|---|---|---|
| 總產量 | 8 | 20 | 30 | 34 | 34 | 30 |

   (a) 請繪出平均產量和邊際產量曲線
   (b) 請求出平均產量 ($AP_L$) 和邊際產量 ($MP_L$)
6. 廠商有兩台機器，雇用一位師傅生產菠蘿麵包，每天工作 8 小時，每天製作 200 個。近日因為菠蘿麵包節比賽得獎，銷售量大增，因此每天加班 1 小時，每天可生產 225 個，勞動邊際產量為何？(107 年外交特考)
7. 歌林公司生產 5 臺電視的總成本為 600 元，總固定成本為 100 元。假如歌林追加生產 2 臺電視所增加的成本為 100 元，則生產 7 臺電視的平均成本為何？平均變動成本為何？　　　　　(97 年輔大企管)
8. 假設御茶園的產量是 50，平均總成本與平均變動成本分別是 12 與 4，則生產御茶園的固定成本為何？　　(92 年淡江商管二)
9. 長期平均成本曲線 (LAC) 是短期平均成本曲線 (ATC) 之包絡線，且兩者均呈 U 型。請問是否 LAC 曲線上的任何一點，均為 ATC 曲線最低點所組成？
10. 長期平均成本曲線下降時，短期平均成本曲線與長期平均成本曲線相切在長期平均成本曲線最低點的右方或左方？
(94 年臺北大學商管二)
11. 當短期生產要素只有勞動可調整下，有關總產量、邊際產量與平均產量的關係，下列敘述何者正確？
   (a) 平均產量必大於邊際產量

(b) 邊際產量必為正
(c) 總產量達到極大值時，平均產量為 0
(d) 邊際產量為負時，表示總產量處在遞減階段 　　(108 年關務特考)

12. 為何在吃到飽的餐廳吃飯，食量通常比去一般餐廳吃飯來得大？因為吃到飽的餐廳：
(a) 多吃邊際成本下降
(b) 食物較多成本較低
(c) 多吃沒有邊際成本
(d) 比一般餐廳便宜 　　(108 年高考三級)

## 進階題

1. 阿妹開了一家花店，她租了一個店面，年租金 9,000 元，為了買必要設備，阿妹從自己的帳戶提領 10,000 元，而存款利率是 3%。在第一年，阿妹的水電費是 4,000 元，而花材費用是 12,000 元。花店的年收入是 55,000 元，而年底的設備市價為 8,000 元。若阿妹未自行創業，去別家花店工作的薪水是 30,000 元，在第一年的營運中，其經濟利潤為何？　　(100 年嘉義財金)

2. 老王在學校當老師，一個月的薪水為 50,000 元。上個月老王辭職，開了一家麵店賣麵。一個月下來麵店的總收入為 60,000 元，總支出為 33,000 元。請問老王麵店的會計利潤和經濟利潤是多少？　　(94 年二技)

3. 查理放棄其在臺東航空站塔臺員的工作，年收入 60,000 元，而成為全職的牧場主人。他放棄每個月出租其牧場的收入 1,000 元，而選擇自己經營。同時，他必須支付水電費、稅與保險費，每個月 200 元。請問查理經營牧場一年的會計成本為何？
　　(93 年政大金融)

4. 若家樂福的邊際成本為 2,000 元，且固定成本是 20,000 元，請計算：
(a) 平均變動成本和平均總成本
(b) 若廠商希望在平均總成本最低點生產，請問此時的產量會很大或很小？

5. 下表為宏達電每生產 100 支 New HTC one 可選擇的生產方式。如果員工時薪 100 元，機器設備每套使用費用 200 元。若要生產 100 支手機，何種方式成本最低？
　　(102 年初等考試)

| 生產方式 | 機器設備(套) | 員工(小時) |
| --- | --- | --- |
| A | 35 | 10 |
| B | 25 | 25 |
| C | 60 | 10 |
| D | 20 | 30 |

6. 如果長期總成本曲線是一條從原點出發的直線，此時生產函數是報酬遞減、固定還是遞增？請繪出長期邊際成本曲線和長期平均成本曲線。

7. 50 嵐賣 40 杯珍珠奶茶的 $ATC - AVC = 3$。請問 50 嵐生產 80 杯珍珠奶茶時的 $ATC - AVC$ 等於多少？　　(100 年文化國企)

8. 下列敘述何者正確？
(a) 規模報酬是一長期的概念
(b) 邊際報酬遞減是一短期的概念
(c) 規模報酬遞減與邊際生產力遞減並不相關

9. 下表為 4 種不同生產規模的平均成本，在長期，當廠商規劃產量介於哪一個範圍之間時，應該選擇規模二？

| 產量 | 平均成本 ||||
| --- | --- | --- | --- | --- |
|  | 規模一 | 規模二 | 規模三 | 規模四 |
| 1,500 | 10 | 15 | 20 | 30 |
| 2,000 | 8 | 12 | 17 | 25 |
| 2,500 | 9 | 10 | 15 | 20 |
| 3,000 | 12 | 8 | 13 | 18 |
| 3,500 | 15 | 6 | 11 | 16 |
| 4,000 | 18 | 10 | 9 | 14 |
| 4,500 | 20 | 12 | 7 | 12 |
| 5,000 | 24 | 15 | 11 | 10 |
| 5,500 | 29 | 19 | 13 | 8 |
| 6,000 | 35 | 25 | 15 | 9 |

(a) 低於 3,000
(b) 3,000 到 4,000
(c) 4,000 到 5,000
(d) 5,000 到 6,000　　　(107 年初等考試)

10. 廠商補貼員工積極參與在職進修，大幅提升其專業技術水準，此舉對其長期平均成本曲線影響為何？
    (a) 平均成本曲線出現遞增型態
    (b) 平均成本曲線出現遞減型態
    (c) 平均成本曲線向下移動
    (d) 平均成本曲線向上移動
    　　　　　　　　　　(107 年關務特考)

## 上網題

1. 二十年前的電影院，如臺北國賓戲院，只有一個放映廳。現在的電影院，如威秀，則具有多個放映廳，我們稱為規模經濟。請問在你住家附近的電影院屬於何種形式？請上網至 https://www.amctheatres.com/index.html 及威秀影城網站，找出各家的平均放映廳數。

Chapter

# 6 完全競爭

自從政府開放固網執照以來,各家業者如中華電信、台灣固網都推出各式各樣的促銷大餐,希望能搶占市場大餅。阿亮經過一番比較後,決定選擇中華電信的光世代。正好家中電腦老舊,可以趁此機會汰舊換新。於是阿亮決定到電腦賣場逛逛,他發現目前筆記型電腦的款式竟多到無法選擇,譬如,華碩、戴爾、宏碁及聯想等;他也發現每家廠商對同性質商品的報價幾乎相同。這種現象也發生在其他產品上,以美國旅遊為例,不管到台新銀行或是到桃園國際機場的臺灣銀行,美元兌換新臺幣的匯率都是一樣的。

究竟是什麼原因讓筆電廠商不敢提高價格,增加毛利?又為什麼像中國石油公司這種國營企業沒有達到年度盈餘目標,就可以輕易調漲油價?如果針對每一種產品都進行分析,不但會遭遇商品種類太多、分析不完的窘境,還有可能因為某些商品性質相近,發生重複分析的資源浪費情形。由於廠商的決策是受市場結構的影響,因此經濟學家依據市場結構特性,將所有產品分成幾大類市場予以分析。

**市場結構** (market structure) 是描述市場的一些重要特性,包括:(1) 廠商數目的多寡。某些市場只有一個廠商時,像自來水公司,絕對可以影響市場價格。某些市場有少數廠商時,譬如,油品市場的中油與台塑石化,就必須考慮對手的價格策略;(2) 產品品質是否相同。股票是**同質的** (homogeneous),在臺北買的台積電股票和在臺東買的台積電股票,兩者的品質毫無差別。音樂是**異質的** (heterogeneous),譬如,周杰倫與蕭敬騰的歌路不盡相同；(3) 進出市場難易程度。微軟公司的視窗作業系統已有專利權的保護，別家廠商無法製作相同軟體。

## 6-1　市場結構的分類

市場依據廠商數目、產品品質與進出難易程度可以分為四種市場：完全競爭 (perfect competition)、獨占 (monopoly)、寡占 (oligopoly) 及壟斷性競爭 (monopolistic competition)。完全競爭有為數眾多的買方與賣方，廠商生產同質的產品。譬如，農產品市場中的小麥、稻米、玉米或牛奶等品質近乎一致。

獨占只有一家廠商。獨占廠商的產品很難找到近似替代品 (close substitutes)。譬如，對專利權和商標的法律保護，iPhone 上的蘋果圖案即是一例。政府特許也會造成獨占，臺灣自來水公司與郵局就是最佳例子。此外，成本優勢也會造成獨占，譬如，電話公司投入大量金錢及時間來鋪設電話線路。

寡占只有少數幾家廠商。每家廠商生產的產品可能有少許的差異，但對市場價格卻具有相當的影響力。譬如，速食連鎖店的麥當勞、漢堡王、肯德基、摩斯漢堡等廠商在決定自家產品的價格時，也相當注意競爭對手的策略。

---

**市場結構**　一個市場的重要特性，包括廠商數目、產品品質、進出市場難易程度。

**完全競爭**　當一個市場擁有為數眾多的買賣雙方，廠商生產同質產品、完全資訊及自由進出市場時，可稱為完全競爭。

壟斷性競爭存在很多廠商。每家廠商生產的產品有少許的差異，但差異並不大，所以比較容易找到替代品，廠商仍然對價格有些許影響力。譬如，音樂、便利商店、連鎖咖啡店及藥局等。

表 6-1 整理出四種不同市場結構的特性及例子。

### 表 6-1 四種不同市場結構

|  | 完全競爭 | 獨占 | 寡占 | 壟斷性競爭 |
|---|---|---|---|---|
| 廠商數目 | 眾多 | 一家 | 少數 | 許多 |
| 產品品質 | 同質 | 同質 | 異質/同質 | 少許差異 |
| 進入難易 | 自由進出 | 難以進入 | 有進入障礙 | 自由進出 |
| 例子 | 小麥、稻米、股票、債券、外匯 | 自來水公司、微軟、高鐵、台電 | 連鎖速食店、汽車業、油品、電器產品 | 音樂CD、電影、餐廳、地攤、藥局 |

### 練習題 6-1

臺灣的早餐店市場結構為：
(a) 獨占市場
(b) 完全競爭市場
(c) 寡占市場
(d) 壟斷性競爭市場

(105 年金融保險普考)

類似問題：基本題 1。

## 6-2　完全競爭的特性

從某些方面觀察，完全競爭是相當基本的市場結構。它有四個基本特性，分別是：

1. 市場有很多的廠商與消費者，以致於他們的交易量僅占市場極微小的比例。
2. 廠商銷售同質或標準化商品，這些商品之間是**完全替代** (perfect substitutes)，譬如，外匯 (美元、歐元)、公債、稻米。

3. 買賣雙方充分瞭解價格,買賣雙方對商品與生產因素市場具有**完全資訊** (perfect information)。
4. 廠商可以自由進出市場,不會遭遇任何進入障礙。當有利潤可圖時,新廠商加入市場;當發生虧損時,原有廠商退出市場。

若一市場能符合前三項條件,廠商即對價格完全沒有控制能力。條件 1 是指任何一個廠商的規模相對市場而言都很小,以致於廠商即使盡力生產,也無法撼動市場供應量。條件 2 與條件 3 隱含當商品完全替代時,任一廠商如果提高售價,消費者藉著資訊的完全流通,可以轉向其他同質且售價較低的商品來購買。

在完全競爭市場下,商品價格是由市場供給與需求共同決定,每一個廠商和消費者都必須接受這個價格,否則就得離開市場。因此,他們都是**價格接受者** (price takers)。完全競爭廠商根據這個市場價格來制訂生產決策以追求利潤最大。對個別廠商 (農夫) 而言,他們面對的商品 (稻米) 需求曲線是一條水平直線,如圖 6-1(b) 所示。水平需求曲線代表廠商是價格接受者。

> **價格接受者** 價格由市場供需決定。個別廠商對價格毫無影響力。

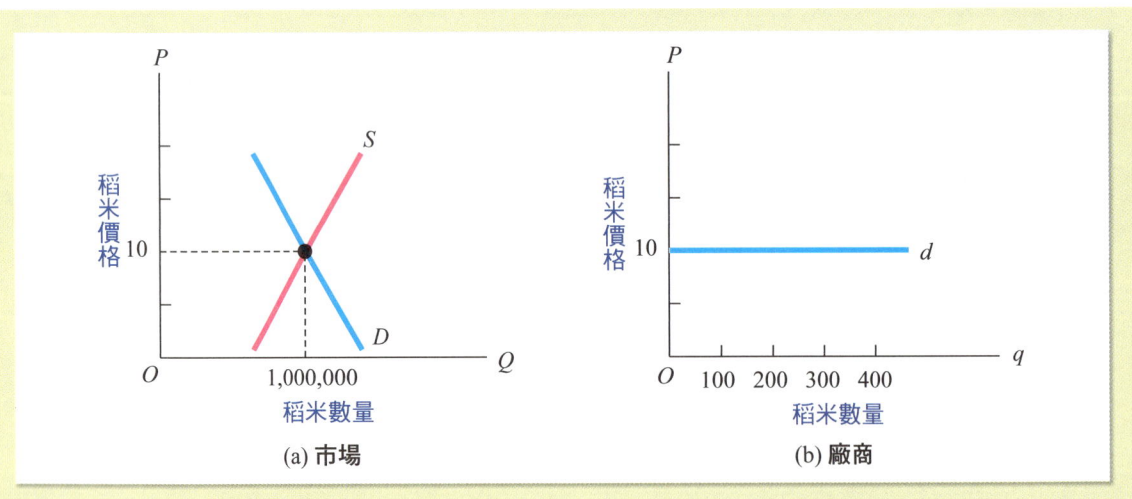

**圖 6-1　市場價格與個別廠商需求曲線**
(a) 圖:市場供給與需求決定稻米價格每公斤 10 元。任何一家競爭廠商可以在這個價格下,銷售任何想要銷售的數量。(b) 圖:廠商面對商品 (稻米) 需求曲線是水平的直線 $d$。

## 練習題 6-2

下列有關完全競爭市場的敘述，何者正確？
(a) 市場需求曲線為一水平線
(b) 個別廠商可以影響價格
(c) 在長期，廠商的經濟利潤為零
(d) 在短期，廠商一旦有虧損，一定會退出市場

(108 年初等考試)

類似問題：基本題 2。

## 6-3 短期利潤極大化

在短期，當廠商追求利潤最大時，必須考慮固定成本的因素。另一方面，廠商既是價格接受者，價格固定使其最適選擇只需侷限於產出數量，就能夠決定最大利潤。

### 6-3-1 總收入與總成本

表 6-2 列出稻米價格、產量、總收入與總成本的資料。第 1 欄是農夫阿土伯每日的稻米生產數量；第 2 欄是稻米的市場價格，每公斤 10 元。由於阿土伯是價格接受者，所以價格固定，而與產量高低無關；第 3 欄是總收入，等於第 1 欄的數量 ($q$) 乘以第 2 欄的價格 ($P$)；第 4 欄平均收入 (average revenue, $AR$)，是阿土伯賣出 1

> 平均收入　平均每一單位產品的收入。

### 表 6-2　完全競爭廠商短期總收入和總成本

| 產量 ($q$) | 價格 ($P$) | 總收入 ($TR$) | 平均收入 ($AR$) | 邊際收入 ($MR$) | 總成本 ($TC$) | 邊際成本 ($MC$) | 平均成本 ($ATC$) | 利潤 (Profit) |
|---|---|---|---|---|---|---|---|---|
| 0 | 10 | 0 | 10 | 10 | 12 | — | — | −12 |
| 1 | 10 | 10 | 10 | 10 | 14 | 2 | 14 | −4 |
| 2 | 10 | 20 | 10 | 10 | 15 | 1 | 7.5 | 5 |
| 3 | 10 | 30 | 10 | 10 | 17 | 2 | 5.66 | 13 |
| 4 | 10 | 40 | 10 | 10 | 20 | 3 | 5 | 20 |
| 5 | 10 | 50 | 10 | 10 | 25 | 5 | 5 | 25 |
| 6 | 10 | 60 | 10 | 10 | 35 | 10 | 5.83 | 25 |
| 7 | 10 | 70 | 10 | 10 | 50 | 15 | 7.14 | 20 |
| 8 | 10 | 80 | 10 | 10 | 81 | 31 | 10.01 | −1 |

> 邊際收入　廠商每增加一單位產品的銷售，總收入增加的金額。

公斤稻米平均收到的金額，等於總收入除以銷售量；第 5 欄 邊際收入 (marginal revenue, *MR*)，是阿土伯每賣出 1 公斤稻米，額外增加的總收入。若以數學式子來表示平均收入與邊際收入，可得：

$$AR = \frac{TR}{q} = \frac{P \times q}{q} = P$$

與

$$MR = \frac{\Delta TR}{\Delta q} = \frac{\Delta(P \times q)}{\Delta q} = \frac{P \times \Delta q}{\Delta q} = P$$

在上式，平均收入等於價格。因為稻米價格固定，所以平均收入始終固定為 10 元。而邊際收入則是多賣出一單位產量所額外增加的總收入金額。譬如，第 2 單位的邊際收入等於 (20－10)/(2－1) = 10，邊際收入也等於價格。

第 6 欄是阿土伯每日生產稻米的總成本；第 7 欄與第 8 欄分別是邊際成本與平均成本；最後一欄的利潤是第 3 欄的總收入減去第 6 欄的總成本。產量低於 2 公斤或高於 7 公斤，阿土伯都會有損失。以圖 6-2(a) 來看，就是總成本曲線位於總收入曲線上方的部分。

利潤最大，表示總收入減總成本的差距最大。當產量等於 5 或 6 時，總收入曲線與總成本曲線的垂直距離最大，此時的利潤是 25。

### 6-3-2　邊際收入與邊際成本

利潤極大化也能從邊際的觀點來探討。完全競爭廠商的邊際收入等於平均收入，也等於價格。第 7 欄是邊際成本。阿土伯生產第 1 公斤稻米的邊際收入是 10 元，而邊際成本是 2 元，因此，第 1 單位可增加利潤 8 元。只要邊際收入超過邊際成本，提高產量就可增加總利潤。如果阿土伯追求最大利潤，他會選擇生產稻米 6 公斤。此時，邊際收入等於邊際成本，*MR* = *MC*，此為 利潤極大化的黃金法則 (golden rule of profit maximization)。

> 利潤極大化的黃金法則　廠商追求利潤最大或損失最小，必須在邊際收入 (*MR*) 等於邊際成本 (*MC*) 處生產。

在香港，每年到了 10 月和 11 月是曬陳皮的季節，只見市場將廣東新會運來的橘子皮剝下，而果肉丟棄。只要你願意，那一陣子就有免費的橘子吃。顯然，賣橘子的邊際收益低於邊際成本，才會

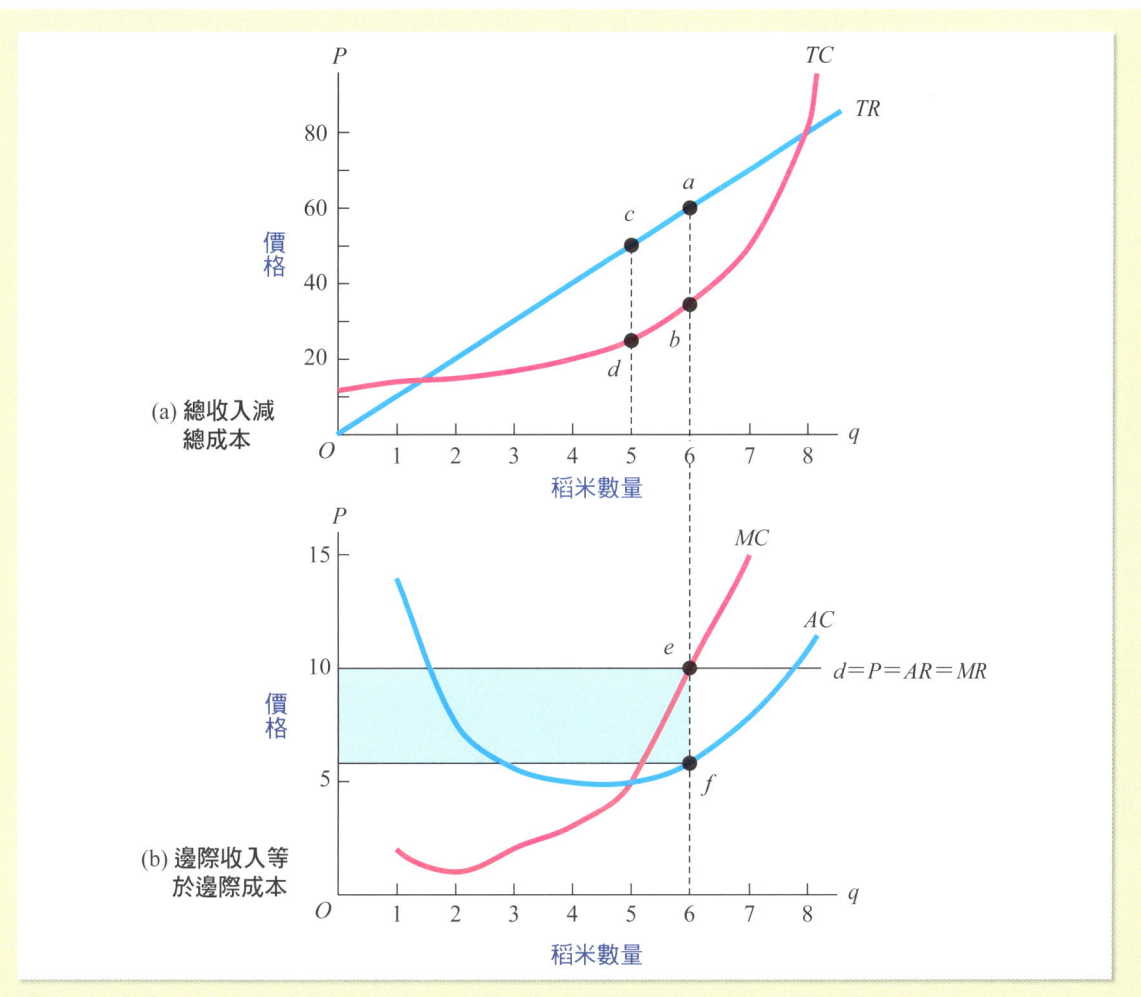

### 圖 6-2 利潤最大化

(a) 圖：利潤最大發生在總收入與總成本垂直距離差額最大處。此時總收入曲線的斜率與總成本曲線的斜率平行。(b) 圖：當邊際收入等於邊際成本時，利潤達到最大。

有如此暴殄天物的現象。

## 6-3-3 短期利潤極大化的三種情況

完全競爭廠商追求短期利潤極大化，總共有三種情況。

### 情況 1：$P = MC$，$P > ATC$，利潤為正

完全競爭廠商追求利潤極大化的黃金法則，可以寫成：

$$P = AR = MR = MC$$

以圖 6-2(b) 來看，為什麼 $P = MC$ 是利潤最大的生產點？首先，當

$P=MC$ 時，阿土伯在 $e$ 點生產，產量是 6 公斤稻米。其次，當生產的稻米數量低於 6 公斤時，只要多增加一單位稻米的生產，利潤就會增加；相反地，當稻米的生產量高於 6 公斤時，只要減少一單位稻米的生產，就可節省成本支出。

在決定最適產量 6 公斤 ($e$ 點) 後，即可找到平均成本為 5.83 元 ($f$ 點)。阿土伯的利潤就是價格減去平均成本的差額，再乘以最適產量。在這個例子裡，利潤是 25 元。以數學式子表示，可寫成：

$$利潤 = 總收入 - 總成本 = TR - TC = \left(\frac{TR}{q} - \frac{TC}{q}\right) \times q$$

$$= (AR - ATC) \times q = (P - ATC) \times q$$

### 情況 2：$P = MC$，$AVC < P < ATC$，有損失，但繼續生產

假設稻種研發突破技術瓶頸，導致稻米大豐收，市場供給遽增，價格滑落至每公斤 4 元。從表 6-3 來看，在任何一個產量下，價格都會低於平均成本。第 5 欄的利潤都是負值。阿土伯若停止生產，每日損失是固定成本 12 元。若稻米生產量介於 1 公斤至 6 公斤間，每日損失都會低於 12 元。最小損失 4 元，發生在產量等於 4 公斤的地方。阿土伯賣出 4 公斤稻米可獲得 16 元的收入。16 元支付變動成本 8 元後還剩下 8 元，其可用來支付一部分的固定成本。

表 6-3　短期最小損失

| 產量 ($q$) | 價格 ($P$) | 總收入 ($TR$) | 總成本 ($TC$) | 利潤 ($TR-TC$) | 平均成本 ($ATC$) | 平均變動成本 ($AVC$) | 平均固定成本 ($AFC$) | 邊際成本 ($MC$) |
|---|---|---|---|---|---|---|---|---|
| 0 | 4 | 0 | 12 | −12 | − | − | − | − |
| 1 | 4 | 4 | 14 | −10 | 14 | 2 | 12 | 2 |
| 2 | 4 | 8 | 15 | −7 | 7.5 | 1.5 | 6 | 1 |
| 3 | 4 | 12 | 17 | −5 | 5.67 | 1.67 | 4 | 2 |
| 4 | 4 | 16 | 20 | −4 | 5 | 2 | 3 | 3 |
| 5 | 4 | 20 | 25 | −5 | 5 | 2.6 | 2.4 | 5 |
| 6 | 4 | 24 | 35 | −11 | 5.83 | 3.89 | 2 | 10 |
| 7 | 4 | 28 | 50 | −22 | 7.14 | 5.43 | $\frac{12}{7}$ | 15 |
| 8 | 4 | 32 | 81 | −59 | 10.01 | 8.625 | 1.5 | 31 |

圖 6-3 是從邊際收入和邊際成本角度加以說明。利潤極大化的黃金法則，促使阿土伯選擇在 e 點生產。

由於價格 4 元超過平均變動成本 2 元，剩下的 2 元可以彌補平均固定成本 3 元的一部分。因此，每一單位損失 1 元，總損失是 4 元 [= (4−5)×4]。圖中的 f 點是每日稻米產量 4 公斤的平均成本，g 點是平均變動成本。只要市場價格介於 f 點與 g 點之間，短期即使面臨損失，阿土伯仍會選擇繼續生產。在圖 6-3，藍色面積為阿土伯生產稻米的損失。

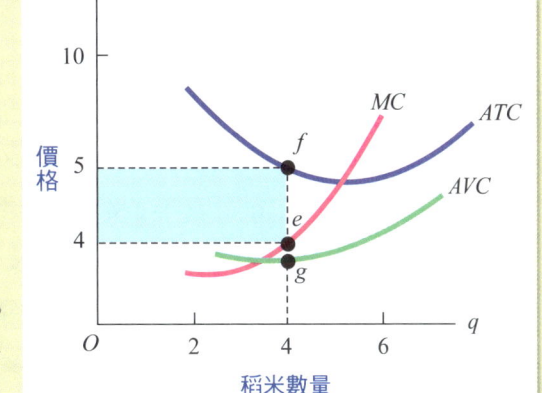

**圖 6-3　短期最小損失**
廠商追求利潤最大是在 $P = MC$，此時若 $P$ 在 $AVC$ 和 $ATC$ 之間，廠商遭受損失，仍會選擇繼續生產。

## 實例與應用　　週一至週五的海景餐廳應該開門嗎？

難道利潤最大化的條件 ($MR = MC$) 只是令人昏昏欲睡的經濟學教條嗎？想想看，中午到附近餐廳用餐，發現幾乎門可羅雀，你可能閃過一絲念頭："好險！我不是老闆，不然一定會虧死。" 在決定是否開門做生意時，餐廳老闆必須能分辨固定成本與變動成本。固定成本包括租金、鍋碗瓢盆及桌椅等。這些錢都已投入且無法回收，只有變動成本——員工薪資及餐點成本是攸關的。因此，只要收入超過變動成本，即使客人只有小貓兩三隻，老闆就會開門做生意。這種分析也可適用於遊樂園或冬天的海水浴場。

## 練習題 6-3

**(1)** 右圖顯示在短期之下，某完全競爭廠商的平均成本曲線 (AC)、平均變動成本曲線 (AVC)，以及邊際成本曲線 (MC)。若此時市場價格為 10，則該廠商的利潤為多少？

**(2)** 承上題，哪一個價格是在短期廠商會歇業 (shutdown) 的臨界值？　　(106 年初等考試)

類似問題：基本題 3、4。

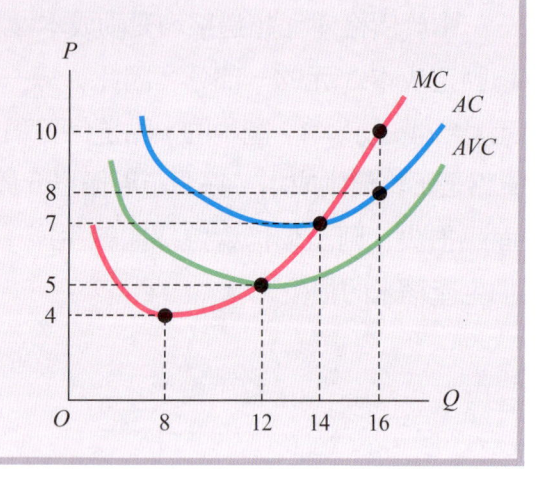

### 情況 3：$P = MC$，$P < AVC$，暫時歇業

　　如果價格低於平均變動成本，如圖 6-4 所示，廠商的收入不但無法支付固定成本金額，連變動成本也只能支付其中一部分；也就是說，廠商不但要自掏腰包支付全部的固定成本外，尚要再支付部分的變動成本，此時廠商只得選擇歇業 (shutdown)。歇業並不表示廠商會即刻離開市場。在歇業期間，廠商僅須支付固定生產成本，只要等到景氣回春，市場需求增加，價格上揚，即可恢復生產；如果景氣持續低迷，需求疲弱，廠商在長期會選擇退出市場。

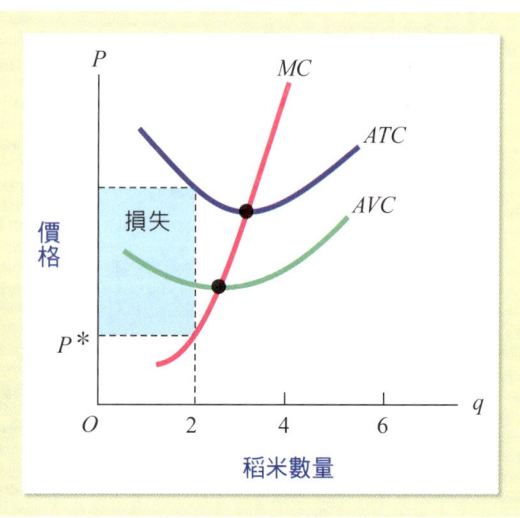

**圖 6-4　暫時歇業**
當 $P < AVC$ 時，廠商收入無法彌補固定成本，因此選擇暫時歇業。

## 6-3-4 廠商與產業的短期供給曲線

短期內,完全競爭廠商的生產取決於價格與平均變動成本。當價格等於平均變動成本的最低點時,稱為歇業點 (shutdown point)。如圖 6-5 的 $s$ 點,廠商可以選擇生產或歇業。當市場價格是 $P_1$,廠商會生產 $q_1$,以使損失達到最小;當市場價格是 $P_2$,廠商會生產 $q_2$,此時經濟利潤等於零;當市場價格等於 $P_3$,廠商會生產 $q_3$,此時有超額利潤。

因此,只要價格高於平均變動成本,完全競爭廠商願意在 $P = MC$ 處生產;亦即,價格與數量有一對一的關係,而這正是供給曲線的定義。所以,完全競爭廠商的短期供給曲線是在 $s$ 點 (AVC 最低點) 以上的邊際成本曲線。

至於產業 (市場) 的短期供給曲線是個別廠商短期供給曲線的水平加總。譬如,假設市場有 1,000 位稻農,每位稻農的成本結構完全相同。如果每一位農夫的供給曲線為 $MC = S$,如圖 6-6(a) 所示。當稻米每公斤市價是 10 元時,稻農每日生產 12 公斤。整個產業 (市場) 的供給量等於 12,000 公斤 ($= 12 \times 1,000$)。在圖 6-6(b),產業供給曲線是廠商短期供給曲線的水平加總 ($S = \sum_{i=1}^{1,000} MC_i$)。

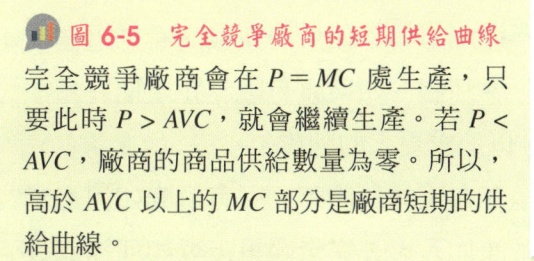

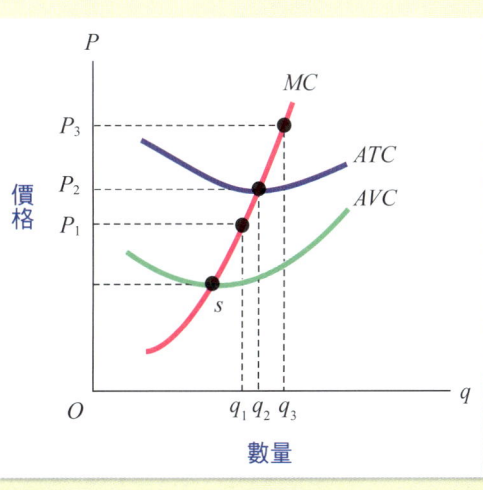

**圖 6-5 完全競爭廠商的短期供給曲線**
完全競爭廠商會在 $P = MC$ 處生產,只要此時 $P > AVC$,就會繼續生產。若 $P < AVC$,廠商的商品供給數量為零。所以,高於 AVC 以上的 MC 部分是廠商短期的供給曲線。

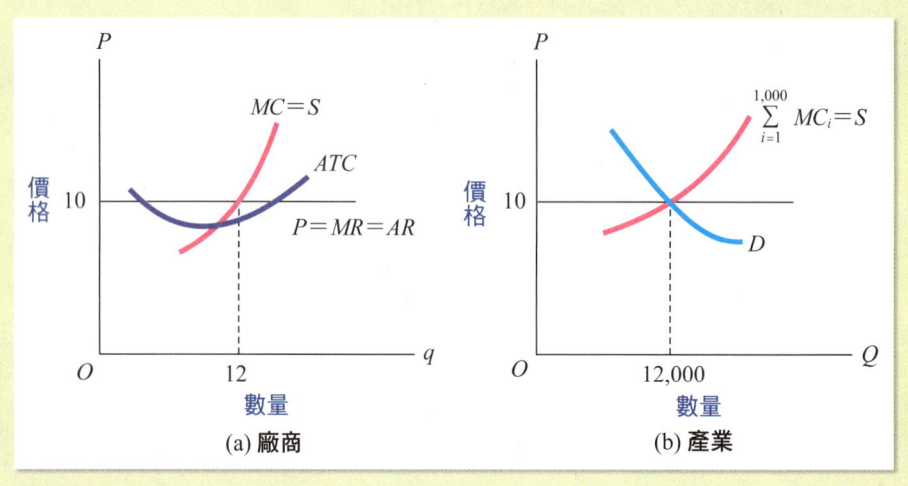

**圖 6-6　產業短期供給曲線**

產業短期供給曲線是廠商短期供給曲線的水平加總。

---

### 練習題 6-4

　　假設黑豆市場為完全競爭，且每家廠商都有相同的 U 型平均總成本及遞增的邊際成本曲線。若醫學報告指出多吃黑豆有益身體健康，使黑豆的需求增加，在其他條件不變下，短期個別廠商的產量及利潤有何變化？　　　　　　　　　　　　　　　(105 年金融保險普考)

類似問題：基本題 5。

---

## 6-4　長期利潤極大化與長期均衡

　　在長期，所有生產因素的數量皆可變動，廠商能夠自由調整生產規模。記得完全競爭的第四個特性是廠商可以自由進出市場。如果廠商在長期蒙受損失會選擇退出市場；如果潛在廠商看見這個市場有超額利潤，就會加入來分享利潤。如果原有廠商在短期有超額利潤，長期會調整生產規模，以追求更大的利潤。

　　以下先討論完全競爭市場存在正的利潤時，原有廠商如何追求利潤極大化，然後再討論新廠商加入後，完全競爭市場如何達到長期均衡。

## 6-4-1　長期利潤極大化

短期內，如果廠商有正的利潤，由於廠商是價格接受者，他會沿著 LAC 擴充生產規模，成本可以降低，利潤因而增加。在長期，廠商會在價格等於長期邊際成本 (LMC) 的地方，也就是圖 6-7 的 e 點生產。此時生產規模擴充至 $ATC_2$，產量也增加到 $q_2$，利潤等於面積 □aefg。原有廠商的長期最適產量 ($q_2$) 超過短期最適產量 ($q_1$)，長期利潤會大於短期利潤。因此，在長期，原有廠商追求利潤最大，會在 P＝LMC 處生產，而享有正的利潤。

## 6-4-2　長期均衡

當別的廠商見到這個產業的廠商獲利時，就會相繼將資源投入這個市場。新廠商的加入，商品供給量隨之提高，市場供給曲線向右移動。如圖 6-8(a) 的 $S_1$ 移至 $S_2$ 所示，均衡價格由 $P_1$ 跌至 $P_2$。對廠商而言，如果 $P_2$ 仍然高於長期平均成本，還會有更多新廠商加入。一直到價格等於長期平均成本最低點時，才會沒有廠商加入，此時經濟利潤等於零。

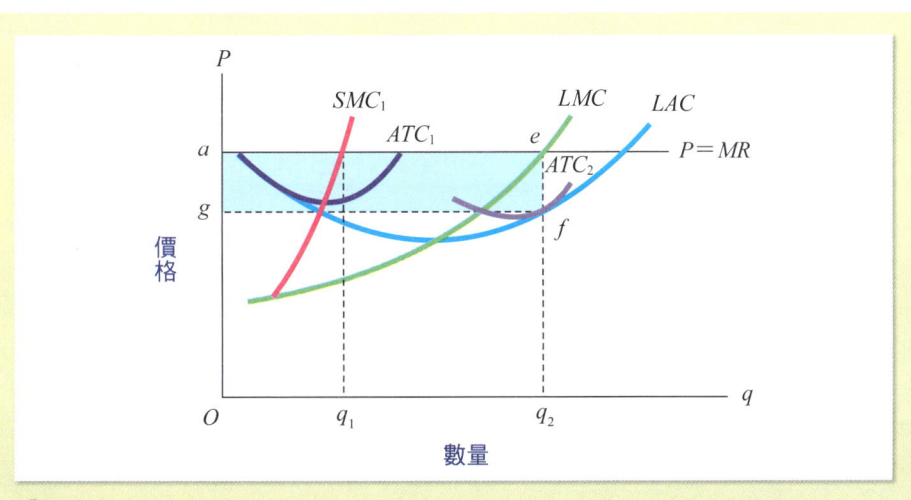

**圖 6-7　長期利潤極大化**
當原有廠商在短期 (P＝$SMC_1$) 有超額利潤時，長期會調整生產規模至 P＝LMC，此時利潤達到最大。

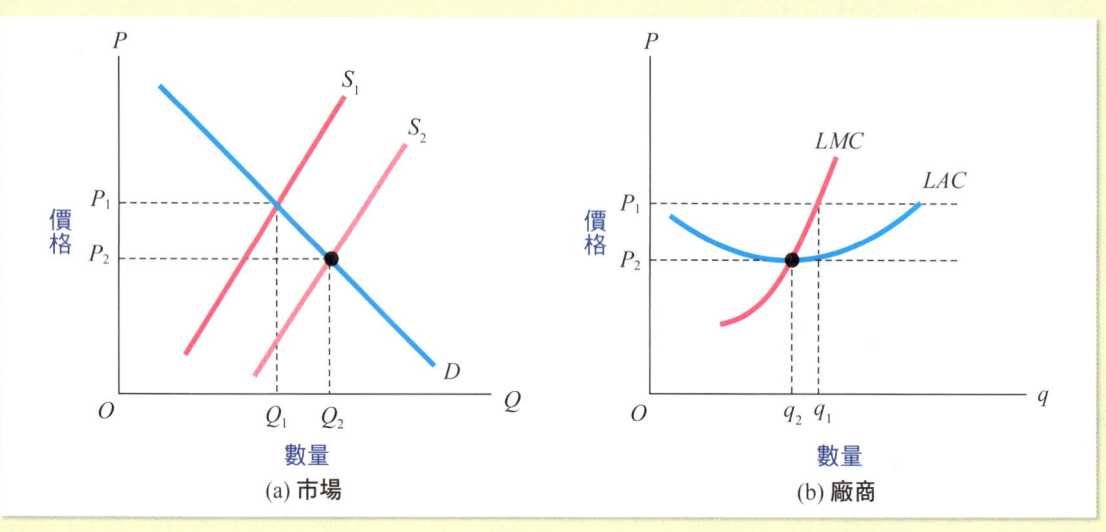

### 圖 6-8　長期均衡

當市場價格為 $P_1$ 時，有超額利潤。新的廠商開始加入，市場供給曲線右移，價格下跌至 $P_2$，此時 $P_2 = LAC$，廠商利潤為零。

因此，完全競爭廠商的**長期均衡** (long-run equilibrium) 是價格等於長期平均成本的最低點，經濟利潤等於零。以數學式子表示，長期均衡的條件是 $P = MR = LAC = LMC = ATC = SMC$。其中，$LAC$ 與 $LMC$ 分別為長期平均成本和長期邊際成本。$ATC$ 與 $SMC$ 分別為短期平均成本和短期邊際成本。在此一均衡下，生產者以經濟利潤為零的價格生產，而消費者能以最低價格來消費。整個社會的資源能做最充分且有效率的使用，這也是為什麼四個市場中，經濟學家偏愛完全競爭市場的原因了。

#### 練習題 6-5

在長期，完全競爭廠商的利潤達到極大時，產量應位於價格等於何種成本的最低點？

(105 年經建行政)

類似問題：基本題 7。

## 6-4-3 長期產業供給曲線

由於在長期，所有生產因素的數量都可以調整，所以長期產業供給曲線的形狀會受廠商雇用生產因素價格的影響。當整個產業產量增加時，完全競爭廠商會增加生產因素的雇用量。至於是否因此造成生產因素價格波動，還必須看因素使用量占整體生產因素使用量比例高低來決定。因此，產業的長期供給可分成三種情況討論：**固定成本產業** (constant-cost industry)、**遞增成本產業** (increasing-cost industry) 及**遞減成本產業** (decreasing-cost industry)。

**固定成本產業**　是指當整個產業的生產數量增加或減少時，生產因素價格和其他生產成本在長期固定不變，廠商長期平均成本曲線維持不變。我們以圖 6-9 來說明，固定成本產業下的產業長期供給曲線。圖 6-9(a) 是完全競爭市場 (或產業) 的供給與需求，假設市場一開始的均衡是 A 點，廠商面對市場價格 $P_1$ 會選在 a 點生產 $q_1$ ($P_1 = MC$)。

> 固定成本產業　當整個產業產量增加或減少時，生產成本固定不變。

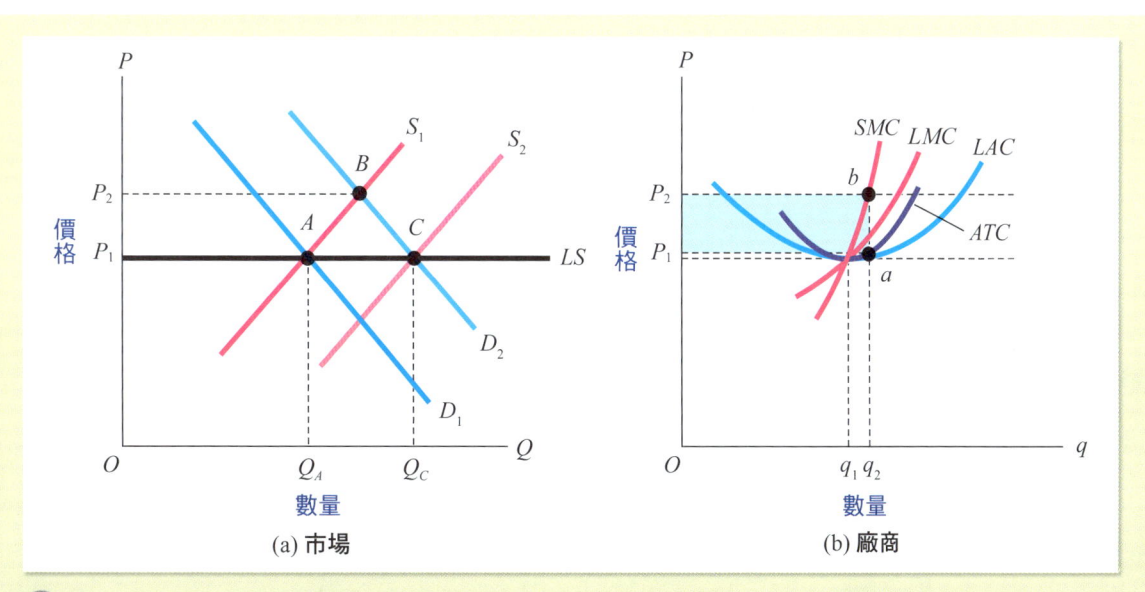

### 圖 6-9 固定成本產業長期供給曲線

(a) 市場　(b) 廠商

固定成本產業的長期供給曲線是水平的 LS 直線。當市場需求提高 (由 A 點至 B 點)，廠商產量由 $q_1$ 增加至 $q_2$，利潤的增加 (藍色部分) 誘使新廠商加入，造成市場供給曲線右移至 $S_2$。因為長期平均成本不變，廠商的長期均衡會從 b 點回到 a 點。

如果市場需求突然增加 (譬如，醫學研究指出稻米可以防癌)，需求曲線由 $D_1$ 移至 $D_2$，市場價格由 $P_1$ 上升至 $P_2$，$B$ 點是市場短期均衡。圖 6-9(b) 描繪個別廠商的成本曲線。當廠商面對 $P_2$ 時，它會依循利潤極大化的黃金法則，選擇在 $b$ 點生產 $q_2$。$b$ 點是廠商的短期均衡。此時，由於價格大於短期平均成本，廠商可賺取超額利潤。正的利潤吸引新廠商進入這個產業，市場供給曲線因而向右移動，如圖 6-9(a) 的 $S_1$ 移至 $S_2$ 所示。$D_2$ 與 $S_2$ 的交點——$C$ 點，是新的長期均衡。理由是廠商面對價格 $P_1$，會選擇在 $a$ 點生產 $q_1$，在長期，經濟利潤等於零。

圖 6-9(a) 中的 $A$ 點與 $C$ 點都是產業的長期均衡，連接這兩點可以得到：固定成本產業的長期供給曲線是水平直線 $LS$。通常這類產業使用的生產因素數量通常占該因素市場比重頗低，生產因素需求的增加並不會造成價格上漲。

**遞增成本產業** 產業成本隨產量擴張而上升的產業。

**遞增成本產業** 是指產業生產數量增加，廠商生產成本隨之上升，成本曲線因而上移。與固定成本產業不同的是，遞增成本產業的長期供給曲線具正斜率。2008 年的金融海嘯導致全球資金行情啟動，全臺房價飆漲，超額利潤不但吸引新房仲業者如雨後春筍般設立，原有仲介業者紛紛設立分行，以擴大市場占有率。新房仲業者數突然暴增 (2010 年比 2009 年多了 329 家)，仲介與代銷變得奇貨可居，造成營業成本、房租和人事費用大幅提高。當時的房仲業是屬於遞增成本產業。

**遞減成本產業** 產業成本隨產業擴張而下降的產業。

**遞減成本產業** 是指產業擴充，使廠商生產成本降低。譬如，網際網路的普及減低了廠商的交易成本。遞減成本產業的長期供給曲線具負斜率。被譽為"2019 年全球最佳廉價航空"的亞洲航空，曾以透過網路購票可省去旅行社的佣金。交易成本降低，讓吉隆坡到馬來西亞新山的機票當時只要新臺幣 29 元且每天有兩個航班。此外，聯發科的 MKT 晶片將手機研發時間從原來的 6 個月縮短到 50 天至 60 天，大幅降低生產成本。這些都是成本遞減的例子。

## 練習題 6-6

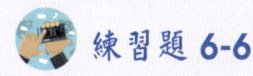

在一遞增成本產業裡，若市場需求增加，則短期與長期之市場價格如何變化？
類似問題：基本題 8。

## 6-5 完全競爭與效率

完全競爭市場的資源分配究竟有無效率？經濟學家談到效率通常是指兩種概念：市場效率與分配效率。**生產效率** (productive efficiency) 是廠商以最低成本來生產固定的產量。由於完全競爭廠商的長期均衡是在長期平均成本的最低點生產，因此完全競爭廠商具生產效率，有些人稱生產效率為**技術效率** (technical efficiency)，理由是廠商運用最低成本的方式來生產，資源毫無浪費之虞。

**分配效率** (allocative efficiency) 是消費者剩餘與生產者剩餘總和達到最大時的產量，又稱為**經濟效率** (economic efficiency)。消費者剩餘是指消費者願意支付的價格與實際支付的價格間的差額。**生產者剩餘** (producer surplus) 是生產者實際收到的價格與願意收到的價格間的差額。以下讓我們來介紹生產者剩餘的概念。

> **生產效率** 廠商以最低成本生產固定產量，又稱技術效率。

> **分配效率** 消費者剩餘和生產者剩餘總和最大時的產量，又稱經濟效率。

> **生產者剩餘** 生產者實際收到的價格與願意收到的價格間的差額。

### 6-5-1 生產者剩餘

需求曲線上的任何一點，衡量消費者購買商品所願意支付的價格；同樣地，供給曲線上的任何一點，衡量生產者供給商品所願意收到的最低價格。譬如，有三位果農亞拉岡、佛羅多、咕嚕比鄰而居，三人都生產蘋果，每公斤的成本分別是 30 元 (亞拉岡)、40 元 (佛羅多) 和 50 元 (咕嚕)。當市場價格介於 30 元和 40 元時，只有亞拉岡願意提供蘋果；當市場價格介於 40 元和 50 元時，有兩人 (亞拉岡和佛羅多) 願意提供蘋果。

生產者實際收到的價格由市場供需決定。若市場價格是 40 元，亞拉岡享有生產者剩餘 10 元，理由是亞拉岡願意以 30 元生產，卻得到 40 元的報酬。若市場價格是 60 元，生產者剩餘等於 60 元，

### 圖 6-10　生產者剩餘

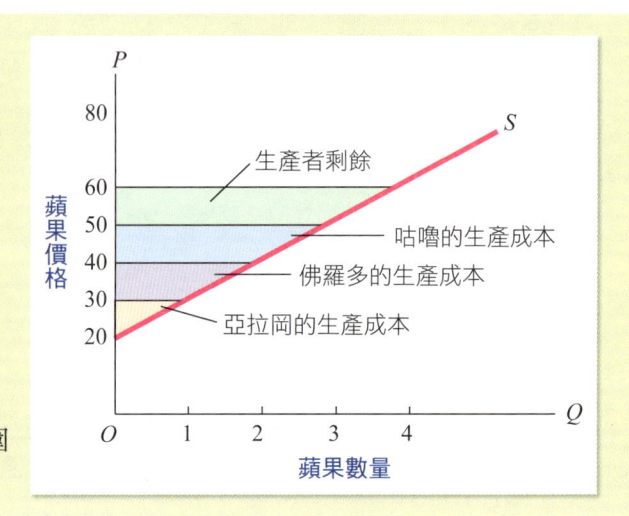

生產者剩餘等於市場價格與供給曲線所圍成的面積。

理由是亞拉岡有生產者剩餘 30 元，佛羅多有生產者剩餘 20 元，而咕嚕有生產者剩餘 10 元，總和是 60 元，如圖 6-10 所示。

因此，生產者剩餘是市場價格與供給曲線所圍成的面積。完全競爭廠商的短期 (長期) 供給曲線是邊際成本高於平均變動成本 (平均成本) 以上的那一段。因此，完全競爭市場的生產者剩餘是價格與邊際成本曲線圍成的面積。由於邊際成本是衡量生產者生產最後一單位產量，總成本額外增加的金額，所以生產者剩餘也可定義成總收入減去總變動成本。

### 6-5-2　完全競爭與分配效率

圖 6-11 說明完全競爭市場與分配效率間的關係。完全競爭市場的短期供給曲線是由 $i$ 點以上，個別廠商供給曲線的水平加總而得。當供給等於需求時，市場價格等於 $P^*$，而產量是 $Q^*$。個別廠商面對市場價格 $P^*$，選擇在 $P = MC$ 處生產。邊際成本衡量廠商利用資源的機會成本，而價格衡量消費者購買最後一單位商品的**邊際利益** (marginal benefit)。當邊際利益等於邊際成本時，表示最後一單位商品的價值會等於使用生產因素所能生產的商品價值。

在短期，完全競爭市場對生產因素的雇用及對商品的分配會使生產者達到利潤極大且消費者也得到最大效用，也就是消費者剩餘與生產者剩餘的總和面積達到最大。因此，有些經濟學家將完全競爭

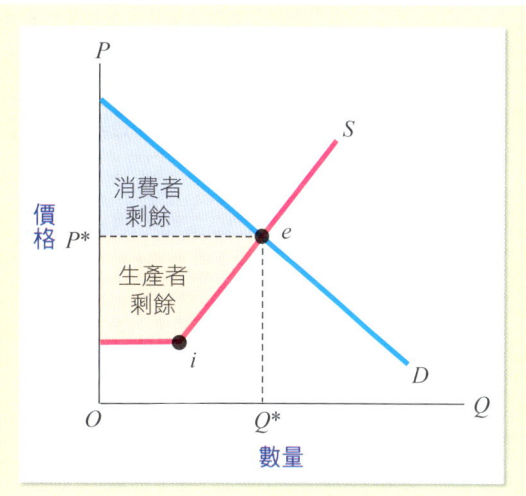

### 圖 6-11 完全競爭市場與經濟效率

完全競爭市場均衡在 $e$ 點，也就是供給等於需求的地方，廠商選擇 $P = MC$ 處生產。

市場的供給等於需求，或廠商的價格等於邊際成本，稱為分配效率。分配效率不僅存在於完全競爭市場的短期均衡，也適用於長期均衡。理由很簡單，長期均衡的最適條件是 $P = MR = LAC = LMC = ATC = SMC$。既然價格等於長期邊際成本，廠商自然有分配效率。

---

#### 實例與應用　　　　競爭的好處

競爭有什麼好處？多年來，臺灣的油品市場一直是"一中一台"(中油與台塑)。因為缺乏競爭，兩家聯合漲價，自然是最合理不過的結果。

在油品市場高度競爭的美國，有埃克森美孚 (Exxon Mobil)、雪佛龍 (Chevron)、德士古 (Texaco)、殼牌 (Shell)、76、Mobile 1、英國石油 (BP)、好市多 (Costco)，甚至就連 7-Eleven 也加入競爭行列。為了吸引客戶，各家無不使出渾身解數。譬如，加入會員 (免費) 可享受道路救援服務。難怪平均 1 公升的油價要新臺幣 20 元，在臺灣則需付 30 元。

設想臺灣的油品市場不是 2 家而是 10 家相互競爭。當中油因應國際原油價格上漲而宣布每公升漲價 5 毛時，其他廠商可能先自行吸收，而大舉接收中油顧客。中油若預先考慮對手策略，可能不會將漲價做為唯一手段。

如果 1 公升油價只要 20 元而非 30 元，加油 50 公升等於省下 500 元。消費者就可以拿省下的錢去買冰淇淋或吃大麥克。以經濟術語來說，競爭使得消費者剩餘變得比以前更高了。

同時，在長期，價格等於邊際成本等於平均成本，表示廠商在長期平均成本最低點生產。因此，完全競爭廠商在長期，不但有生產效率(技術效率)，還有分配效率(經濟效率)。

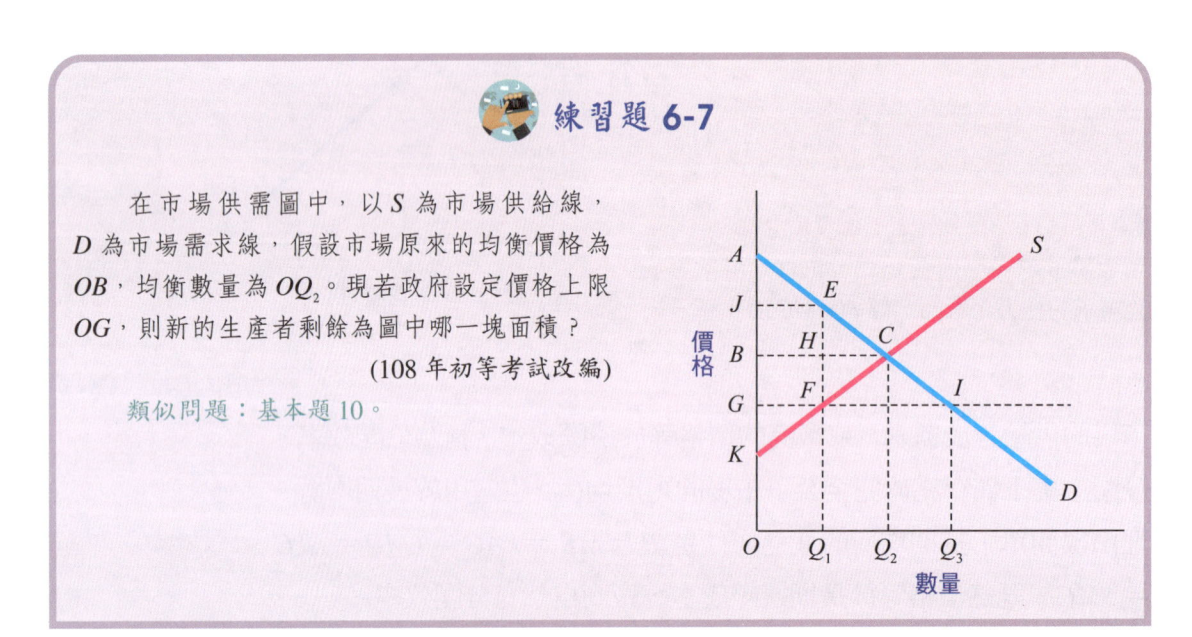

### 練習題 6-7

在市場供需圖中，以 S 為市場供給線，D 為市場需求線，假設市場原來的均衡價格為 $OB$，均衡數量為 $OQ_2$。現若政府設定價格上限 $OG$，則新的生產者剩餘為圖中哪一塊面積？

(108年初等考試改編)

類似問題：基本題10。

## 6-6 結語

完全競爭市場是一種理想的市場型態。在長期，生產者以經濟利潤為零的價格來生產，而消費者卻能以最低的價格來消費。整個社會的資源能做最有效率的使用，而具備生產效率與分配效率。事實上，經濟社會很難找到純粹完全競爭市場的例子。至於農產品市場、股票市場、外匯市場和債券市場，是非常接近完全競爭市場的例子。本章有一個重要的工作是推導出廠商及產業的供給曲線。表6-4將長短期供給曲線做一整理。

### 表 6-4 完全競爭市場與廠商的供給曲線

|  | 短 期 | 長 期 |
|---|---|---|
| 廠商 | 高於平均變動成本以上的邊際成本 | 高於平均成本以上的邊際成本 |
| 產業 | 個別廠商供給曲線的水平加總 | 遞增成本產業：正斜率<br>固定成本產業：水平<br>遞減成本產業：負斜率 |

## 摘要

- 市場結構的特性包括：廠商數目的多寡、產品是同質或異質，以及廠商進出市場難易程度。
- 完全競爭市場的特性為買賣雙方人數眾多、廠商生產同質產品、完全資訊及完全自由進出市場。
- 市場價格由市場供需決定，個別廠商是價格接受者。面對水平的需求曲線，價格為平均收入等於邊際收入。
- 短期內，廠商追求利潤最大有三種情況：(1) $P = MC$，$P > ATC$，利潤為正；(2) $P = MC$，$AVC < P < ATC$，利潤為負，繼續生產；(3) $P = MC$，$P < AVC$，利潤為負，暫時歇業。
- 廠商短期的供給曲線是高於平均變動成本 ($AVC$) 以上的邊際成本 ($MC$)。若價格低於 $AVC$，產量為零。
- 完全競爭廠商長期均衡條件是 $P = MR = LAC = LMC = ATC = SMC$，此時經濟利潤為零。
- 產業長期供給曲線須視因素價格變化而定。固定成本產業下，供給曲線是水平的；遞增成本產業下，供給曲線具正斜率；遞減成本產業下，供給曲線具負斜率。
- 完全競爭市場廠商的長期均衡有生產效率 (在 $LAC$ 最低點生產) 和分配效率 ($P = LMC$)。

## 習題

### 基本題

1. 何謂市場結構？臺灣的水泥業和光世代屬於何種產業？
2. 市場為完全競爭下，關於平均收入線，下列何者正確？
   (a) 平均收入線為總收入線
   (b) 平均收入線為邊際成本線
   (c) 平均收入線為邊際收入線
   (d) 平均收入線為平均成本線
   　　　　　(105 年國際經濟商務人員特考)
3. 假設某一廠商的收入和成本資料如下表：
   (a) 請計算各產量下的利潤是多少？最大利潤下之產量為何？
   (b) 請計算邊際收入和邊際成本，並在圖形上畫出這兩條曲線
   (c) 此廠商是否為完全競爭廠商？如果是，是否處於長期均衡？

| 產量 | 總收入 | 總成本 |
|---|---|---|
| 0 | 0 | 40 |
| 1 | 35 | 50 |
| 2 | 70 | 60 |
| 3 | 105 | 80 |
| 4 | 140 | 110 |
| 5 | 175 | 150 |
| 6 | 210 | 200 |
| 7 | 245 | 260 |

4. 阿土伯是一位稻農。若全球稻米市場屬於完全競爭，市場價格是 1 公斤 25 元。假設阿土伯每個月可賣出 40 公斤的稻米，而生產 1 公斤稻米的邊際成本是 20 元。
   (a) 請算出阿土伯的總收入
   (b) 請問阿土伯的邊際收入是多少？
   (c) 阿土伯是否追求利潤最大？
5. 承上題，若阿土伯的邊際成本和平均變動成本是 1 公斤 18 元，而稻米價格也下跌至

18 元，每週稻米銷售數量為 25 公斤。請問阿土伯的利潤是否達到最大？供給曲線為何？

6. 下列有關完全競爭市場中個別廠商短期供給曲線的敘述，何者正確？
   (a) 個別廠商短期供給曲線斜率可能是負數
   (b) 個別廠商短期供給曲線是透過利潤極大化推導得出
   (c) 個別廠商短期供給曲線的高度等於其平均成本
   (d) 個別廠商短期供給曲線的高度等於其平均變動成本　　（107 年地方特考）

7. 在完全競爭市場中，如果每家廠商的生產成本完全相同，則個別廠商的長期利潤為何？　　（108 年高考三級）

8. 一完全競爭市場處於長期均衡。若需求下降，價格在短期與長期的變化為何？
   （97 年臺大經濟）

9. 假設礦泉水市場是一完全競爭市場，如果礦泉水需求提高，同時提高礦泉水公司員工薪水。長期供給曲線是水平或正斜率？

10. 假設某完全競爭市場需求函數為 $P = 40 - 2Q$，供給函數為 $P = 10 + Q$，其中 $P$ 為價格（單位為元），$Q$ 為數量，請問生產者剩餘是多少？（105 年國際經濟商務人員特考）

11. 某商品的供給曲線是 $Q = 5P^2$，如果商品價格由 6 下降到 5，請問生產者剩餘的變動量是：
    (a) 55.5
    (b) −55.5
    (c) −125.5
    (d) −152.5　　（107 年地方特考）

### 進階題

1. 假設某咖啡店，一杯咖啡售價 10 元。每日咖啡生產數量和員工人數有關，資料如下：

| 產　量 | 0 | 5 | 10 | 15 | 20 | 25 | 30 | 35 |
|---|---|---|---|---|---|---|---|---|
| 員工人數 | 0 | 1 | 2 | 4 | 7 | 11 | 16 | 22 |

如果一名員工每日薪資是 10 元，固定的機器成本是 60 元。
   (a) 利潤最大之咖啡產量是多少？最大利潤是多少？
   (b) 如果固定成本是 30 元，利潤最大之咖啡產量是多少？
   (c) 如果政府對咖啡店課徵一杯 2 元的稅，利潤最大之咖啡產量為何？

2. 假設咖啡為完全競爭市場，市場價格為一磅 40 元。西雅圖咖啡工廠的成本結構如下：

| Q | VC | TC | AVC | ATC | MC |
|---|---|---|---|---|---|
| 0 | 0 | 60 | — | — | — |
| 1 | 40 | 100 | 40 | 100 | 40 |
| 2 | 60 | 120 | 30 | 60 | 20 |
| 3 | 90 | 150 | 30 | 50 | 30 |
| 4 | 130 | 190 | 32.5 | 47.5 | 40 |
| 5 | 180 | 240 | 36 | 48 | 50 |
| 6 | 240 | 300 | 40 | 50 | 60 |

   (a) 西雅圖之 AR 和 MR 各是多少？
   (b) 西雅圖依據何種原則決定最適產量？最適產量為何？
   (c) 在最適產量下，TC 及利潤各是多少？
   (d) 若你是西雅圖的財務顧問，短期內你會建議西雅圖繼續生產或退出市場不生產？　　（100 年文化企管）

3. 假設市場為完全競爭，市場的需求線為 $P = 8 - Q$，廠商的生產成本函數為 $C(Q) = Q$，則在均衡時，價格為何？利潤為何？
   (a) 廠商的邊際成本為 2
   (b) 廠商的平均固定成本為 $Q$
   (c) 廠商的邊際收益為 1
   (d) 廠商的均衡產量為 8　　（107 年初等考試）

4. 假設統一有機蘋果為完全競爭廠商，其總成本函數為 $TC = 240 + 50Q - 8Q^2 + Q^3$，則當市場價格降至多少時，統一有機蘋果會在短期內歇業？　　（92 年淡江商管三）

5. 假設在一個完全競爭的市場中，目前產品的價格為 $12。某一個別廠商的成本函數為 $C = 2q^2 + 1$，其中 $C$ 為總成本，而 $q$ 則為產量，試問此廠商短期利潤極大化的產量為何？

6. 假設"九萬兆製襪廠"為一完全競爭廠商，其短期成本函數為 $TC(q) = 500 + 2q + 0.001q^2$，請問廠商之短期供給曲線為何？

(97 年北科大工業工程與管理)

7. 假設礦泉水市場為完全競爭市場，市場需求函數為 $P = 14 - Q$，市場供給函數為 $P = 2 + Q$。若多喝水公司為其中一家廠商，總成本函數為 $TC = 10 - 0.5q^2$，則在其他條件不變下，追求利潤極大化的多喝水公司，其短期利潤為何？ (108 年關務特考)

8. 假設完全競爭市場裡，有 100 家完全相同的廠商，市場供給與需求曲線如下：

市場供給：$Q = 1,750 + 50P$
市場需求：$Q = 4,750 - 50P$

(a) 均衡價格為何？
(b) 廠商面臨的需求曲線是什麼？請繪圖說明

9. 承基本題 10，若政府針對廠商課每單位 6 元的從量稅，請問課稅所造成的生產者剩餘損失多少？

(105 年國際經濟商務人員特考)

10. 若一競爭廠商的總成本 $C(q) = 450 + 15q + 2q^2$，且邊際成本函數 $MC(q) = 15 + 4q$。若市場價格為每單位 $P =$ NT\$115。請求出此廠商之產出水準、利潤水準及生產者剩餘。

(96 年政大企管)

11. 假設橫軸為數量，縱軸為價格。若毛巾的市場需求線為負斜率，但市場供給線為水平線，則：
(a) 生產者剩餘為正
(b) 生產者剩餘為零
(c) 生產者剩餘為負
(d) 交易數量少時生產者剩餘為正，交易數量多時生產者剩餘為負

(108 年關務特考)

12. 假設檳榔市場為完全競爭，且每一家檳榔攤的長期成本函數均為 $C(q) = q^3 - q^2 + q$。當市場達到長期均衡時，"美人檳榔攤"的最適產量及面對的市場價格為何？

(97 年北科大工業工程與管理)

## 上網題

1. 寬頻網路事業是完全競爭市場嗎？請上網蒐集各家寬頻業者 (中華電信、台灣固網、遠傳) 的價格、方案等資料，並比較光世代和光纖的異同處。

2. 拍賣市場是一完全競爭市場嗎？拍賣有兩種方式：一是荷蘭式拍賣 (Dutch auction)，從高價依次遞減，荷蘭的花卉、加拿大的菸草均屬此類；另一類是英國式拍賣 (English open outcry auction)，從低價依序往上升，股票、期貨、蘇富比藝術品拍賣均屬此類。請至 eBay 網站，找出 10 種拍賣物品，並指出是何種拍賣方式。

3. 金融市場是完全競爭市場嗎？請用市場結構的條件一一檢視。請至芝加哥期貨交易所網站 https://www.cmegroup.com/ 蒐集相關資料，來判斷期貨市場是否具競爭市場的條件。

# Chapter 7
# 不完全競爭

依據第 6 章市場結構的說明,不完全競爭分為三類:獨占、壟斷性競爭 (又稱獨占性競爭) 和寡占市場。獨占是指產業裡只有一家廠商,銷售的產品並無近似替代品。壟斷性競爭是指產業裡有許多廠商,銷售的產品彼此間有差異性。寡占是產業裡只有少數廠商,彼此間的銷售行為相互影響。在現實生活中,不完全競爭市場的例子比比皆是,以下列舉兩個例子,讓我們一窺究竟。

如果到士林夜市買手機殼,你會發覺從文林路到廟口,短短不到 100 公尺中竟然有 7、8 家賣手機配件的小店。每一家的手機殼有許多樣式可供選擇:真皮、塑膠、卡通圖案、韓國風、鏡面等。每一家販售的價格都很具競爭力,然而,樣式、顏色好像一樣,又好像有些不同。產品差異化正是手機配件小店吸引顧客上門的法寶。

當你打算買一部運動休旅車 (SUV),根據現有的預算上網搜尋,會發覺有好幾種選擇:Honda CR-V、裕隆 Luxgen、馬自達 Tribute 和豐田 RAV4。每一車種的價格相近。各家的性能、配備也幾近相同,多數具備智慧煞車輔助系統、恆溫空調、6 具輔助氣囊、智慧行動通訊系統、衛星導航等。

在第一個例子裡,士林夜市手機配件店家數眾多,銷售的商品大同小異,彼此競爭激烈,是一種壟斷性競爭。第二個例子裡,汽車產業的家數不多,車商的決策會相互影響,新廠商也不容易加入市場,具備寡占市場的特性。

## 7-1 獨占的特色：進入障礙

**進入障礙** 任何能夠阻止新廠商與現有廠商加入競爭的機制。

進入障礙 (barriers to entry) 是指任何能夠阻止新廠商與現有廠商加入競爭的機制。譬如，只有中華郵政才可以印製郵票、追查國外掛號信的行蹤，也只有中華郵政與國際間郵局合作才能達成任務。一般來說，進入障礙大致分為三類：(1) 法律的限制；(2) 規模經濟；(3) 獨家擁有生產因素。

**法律的限制** 透過法律的保護，廠商可以合法成為唯一的產品提供者。這些法律包括專利、著作權或由政府發給執照。**專利** (patent) 是法律給予新產品發明者，在固定期間唯一銷售新產品的權利。依據我國現行《專利法》規定，專利分為發明、新型及設計三種。發明專利權期限自申請日起算二十年屆滿；新型專利權期限是自申請日起算十年屆滿；設計專利權期限自申請日起算十五年屆滿。因為專利權的賦予，獨占廠商可確保利潤，而願意將更多經費投入研究發展，發明更多的新產品。

**專利** 政府賦予廠商能夠合法且唯一銷售其產品的權利。

著作權是用來保護著作權人精神上的創作，譬如，文學、藝術、科學或其他領域，由國家制訂法律予以保護。著作權包括著作人格權與著作財產權。著作財產權的保護期間：一般是存續到著作人死亡以後五十年，攝影、視聽、錄音及表演是存續到著作公開發表後五十年。

除了依靠政府法律保護外，獨占為維護自身權益，有時也會砸下重金揪出不法廠商。譬如，微軟為了打擊猖獗的盜版歪風，砸下數億美元，以媲美影集《CSI 犯罪現場》成立作戰室，並發展反盜版技術，好揪出不肖盜版份子。

另外，有些不是由政府 特許 (franchise)，而是以發給執照方式來賦予合法經營的權利。譬如，紐約市政府規定計程車必須擁有標章才得營業。在 1995 年只有 11,800 輛的紐約計程車配有標章，這個數目和 1937 年相同。

**規模經濟**　當一家廠商提供整個市場產量的生產成本要低於同時有兩家或兩家以上廠商的生產成本時，獨占就會形成。這種獨占非人為干預，純粹是因為生產享有規模經濟，我們稱為 自然獨占 (natural monopoly)。任何廠商企圖進入市場，都會面臨高固定成本而無法如願。譬如，自來水公司的固定成本，是包括鋪設至每一家庭的管線及淨水廠建設成本。如果新廠商想要提供自來水，必須先克服管線鋪設及淨水廠建設的困難。這種固定成本自然形成一種進入障礙，顯而易見的是，只有一家廠商提供自來水的成本最低。在日常生活中，自然獨占廠商的例子有電力公司、天然氣公司和有線電視等。

> 自然獨占　市場由一家廠商提供產品的生產成本，低於由兩家或兩家以上提供的生產成本下所形成的獨占。

**獨家擁有生產因素**　當一家廠商掌握商品的關鍵生產因素時，這家廠商擁有形成獨占的市場力量。在臺灣曾紅極一時的有線電視節目《全民最大黨》，每天現場直播，內容結合時事，由主持人及演員模仿知名的公眾人物討論當天的熱門話題。由於《全民最大黨》擁有這些演員既特殊又有趣的模仿表演，此原創性是其他電視綜藝節目無法替代與競爭。該節目擁有這些特殊人物的生產因素，在臺灣綜藝節目中獨樹一格，故可視為擁有生產因素的獨占；同樣地，美國 NBA 擁有全世界最好的明星球員、設備齊全的場館和待遇優渥的長期合約。譬如，2019 年 7 月 6 日，曾在東西區都拿過總冠軍的雷納德 (Kawhi Leonard) 宣布轉投洛杉磯快艇隊，不需要在球場露出內衣，光是這一天在球場引起的"騷動"程度，就比女神卡卡一整年來得高，這使得中國職籃 CBA 和其他國家職籃無法與 NBA 競爭。

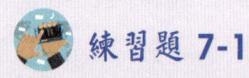

> **練習題 7-1**
>
> 有關自然獨占的形成原因,與下列何者最無關聯?
> (a) 市場大小
> (b) 規模經濟
> (c) 專利權法
> (d) 成本結構
>
> (106 年初等考試)
>
> 類似問題:基本題 1。

## 7-2 獨占的利潤極大化與長期均衡

由於獨占只有一家廠商,廠商面對的商品需求曲線就是市場需求曲線。因此,獨占廠商不是價格接受者,而是價格制訂者。這意味著廠商想要多銷售商品,就必須調降價格。如果提高價格,銷售數量就會減少。因此,獨占廠商面對的是一條負斜率的需求曲線。

### 7-2-1 獨占廠商的收入

假設羅琳住在內華達州某偏遠小鎮,全鎮居民僅 500 人。鎮上唯一的水井就在她家後院,每一戶居民都要向她買水。表 7-1 列出羅琳銷售水的收入。第 1 欄與第 2 欄是全鎮居民對水的需求量和價格的資料。如果羅琳只提供 1 加侖的水,這 1 加侖可以賣 12 元;如果羅琳提供 3 加侖的水,她必須將價錢降到每加侖 10 元才賣得出去。

第 3 欄是銷售水的總收入 ($TR$),等於第 1 欄的銷售數量 ($Q$) 乘以第 2 欄的價格 ($P$);第 4 欄是邊際收入 ($MR$),是指羅琳多銷售 1 加侖水所帶來總收入的增加金額。譬如,生產 3 加侖水的收入是 30 元,生產 4 加侖水的收入是 36 元。所以,生產第 4 加侖水所增加的收入是 6 元。

比較表 7-1 的第 2 欄和第 4 欄發現,除了第 1 個單位以外,邊際收入始終小於商品價格,且價格愈低,兩者間的差額愈大。譬

### 表 7-1 獨占廠商的收入

| 水的數量 (Q) | 價格 (P) | 總收入 (TR) | 邊際收入 (MR) |
|---|---|---|---|
| 0 | 13 | 0 | — |
| 1 | 12 | 12 | 12 |
| 2 | 11 | 22 | 10 |
| 3 | 10 | 30 | 8 |
| 4 | 9 | 36 | 6 |
| 5 | 8 | 40 | 4 |
| 6 | 7 | 42 | 2 |
| 7 | 6 | 42 | 0 |
| 8 | 5 | 40 | −2 |
| 9 | 4 | 36 | −4 |
| 10 | 3 | 30 | −6 |

如，當羅琳生產 3 加侖水時，價格與邊際收入的差額是 2 元；當羅琳生產 6 加侖的水時，差額擴大到 5 元。

以表 7-1 的資料計算，需求曲線是 $P = 13 - Q$，而邊際收入曲線是 $MR = 13 - 2Q$；亦即，若需求為一直線，邊際收入曲線斜率恰好是需求曲線斜率的 2 倍 (絕對值)。以數學式子來表達，可寫成：

$$需求：P = a - bQ$$

$$總收入：TR = PQ = (a - bQ) \times Q = aQ - bQ^2$$

$$邊際收入：MR = \frac{\Delta TR}{\Delta Q} = a - 2bQ$$

當邊際收入等於零時，產量等於 $a/2b$ (在羅琳的例子裡，$a/2b = 13/2 = 6.5$)。如果產量等於 $a/2b$ ($= 6.5$)，價格也會等於 $a/2b$ ($= 6.5$)。當價格與數量都是 6.5 時，正是需求曲線的中點，也就是圖 7-1 的 $m$ 點。記得在第 3 章，直線型需求曲線中點以上的需求彈性大於 1。在圖 7-1，當 $MR > 0$ 時，對應的需求曲線正是彈性大於 1 的部分。

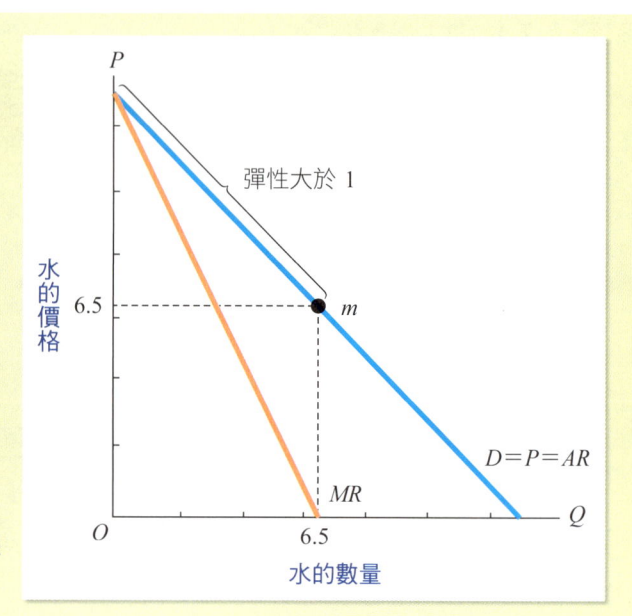

### 圖 7-1 平均收入與邊際收入

廠商多銷售一單位商品，平均價格下跌，所以邊際收入小於價格。在此，需求曲線就是平均收入曲線，也等於價格曲線。

## 7-2-2 短期利潤極大化

在考慮過羅琳的收入後，現在可以來討論獨占廠商短期的生產與訂價行為。表 7-2 是羅琳生產水的收入與成本，前三欄的收入資料與表 7-1 相同，第 4 欄是總成本；第 5 欄是利潤，定義成第 3 欄的總收入減去第 4 欄的總成本。在表 7-2，如果羅琳的目標是追求利潤最大，她一定會生產 3 或 4 加侖的水。

### 表 7-2 獨占的短期收入與成本

| 水的數量 (Q) | 價格 (P) | 總收入 (TR) | 總成本 (TC) | 利潤 (Profit) | 邊際收入 (MR) | 邊際成本 (MC) |
|---|---|---|---|---|---|---|
| 0 | 13 | 0 | 10 | −10 | − | − |
| 1 | 12 | 12 | 15 | −3 | 12 | 5 |
| 2 | 11 | 22 | 19 | 3 | 10 | 4 |
| 3 | 10 | 30 | 24 | 6 | 8 | 5 |
| 4 | 9 | 36 | 30 | 6 | 6 | 6 |
| 5 | 8 | 40 | 37 | 3 | 4 | 7 |
| 6 | 7 | 42 | 45 | −3 | 2 | 8 |
| 7 | 6 | 42 | 54 | −12 | 0 | 9 |
| 8 | 5 | 40 | 64 | −24 | −2 | 10 |
| 9 | 4 | 36 | 75 | −29 | −4 | 11 |
| 10 | 3 | 30 | 87 | −47 | −6 | 12 |

第 7 章　不完全競爭　131

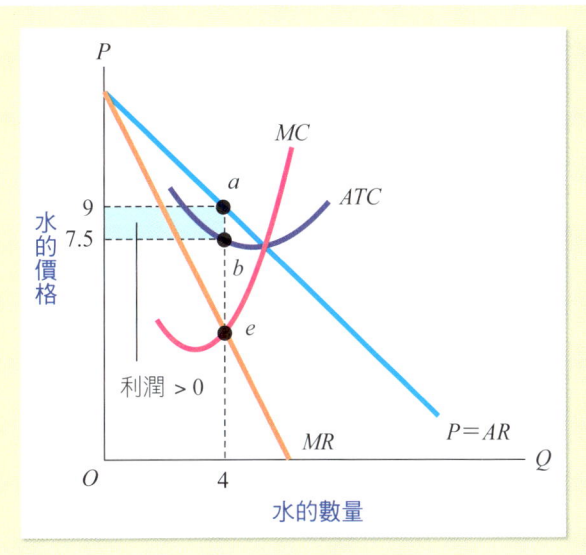

### 圖 7-2　獨占廠商的短期利潤極大化

廠商追求利潤最大是在 e 點，此時 MR = MC。價格在 a 點，平均成本在 b 點，且 P > MC。

圖 7-2 畫出羅琳生產水的平均收入、邊際收入、平均成本及邊際成本曲線。如果水的產量低於 4 加侖，邊際成本曲線位於邊際收入曲線的下方，廠商增加生產可以提高利潤；相反地，如果水的產量大於 4 加侖，邊際成本高於邊際收入，減少水的產量可以提高利潤。所以，羅琳生產 4 加侖水的利潤最大。在圖 7-2，產量等於 4 加侖是邊際收入 (MR) 等於邊際成本 (MC) 的地方。MR = MC 正是第 6 章提到的利潤極大化的黃金法則。

羅琳生產 4 加侖水的價格是 9 元，平均成本是 7.5 元。因此，短期利潤等於 (9 − 7.5)×4 = 6 元，也就是圖 7-2 藍色面積的部分。所以獨占廠商短期追求利潤最大，會選擇在邊際收入等於邊際成本處生產，只要價格高於平均成本，就享有正的利潤。

## 7-2-3　短期損失最小

雖然獨占廠商的產品沒有近似替代品，商品售價比較高，然而這並不代表獨占廠商，在短期一定會獲取超額利潤。有時可能因為市場需求太低或自身成本太高，導致價格低於平均成本，而發生虧損。譬如，臺鐵由於人事成本太高加上長途客運的競爭，若非政府補貼，早就會因不堪虧損而難以維持營運。

圖 7-3(a) 中，價格 $P_0$ 介於平均成本 (b 點) 和平均變動成本 (c

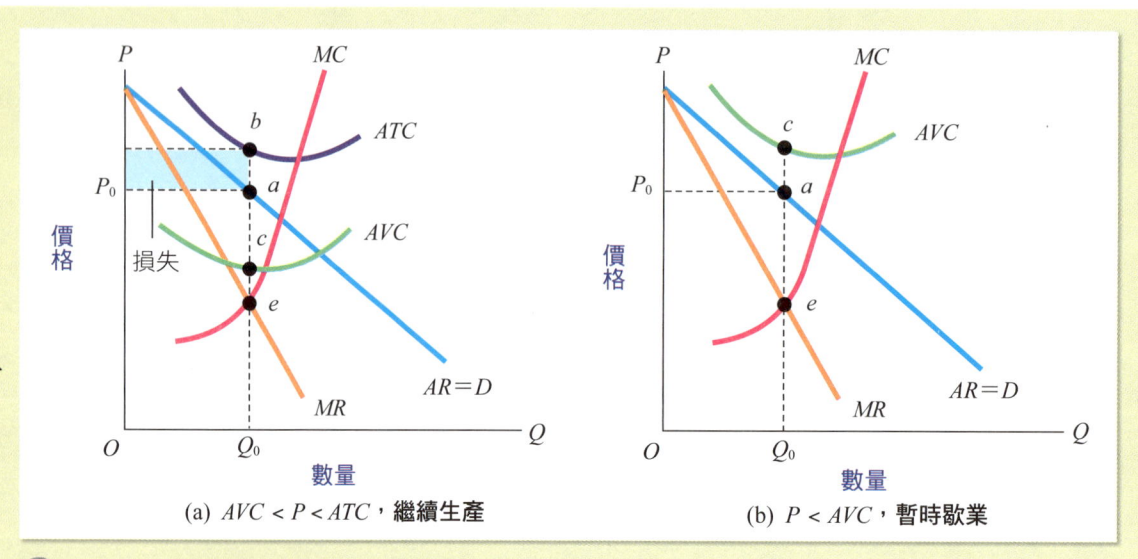

### 圖 7-3　獨占廠商損失極小

(a) 圖：利潤極大化的黃金法則讓廠商選擇在 e 點生產，此時平均成本在 b 點，由於 $AVC < P < ATC$，廠商選擇繼續生產。(b) 圖：獨占廠商在 e 點生產，此時價格 (a 點) 小於平均變動成本 (c 點)，廠商選擇暫時歇業。

點) 之間。價格低於平均成本，獨占廠商遭受損失，但價格高於平均變動成本，廠商選擇繼續生產不僅可支付變動成本，還可彌補一部分的固定成本。損失的部分是圖中藍色面積，等於平均損失 (ab) 乘以數量 $Q_0$。

如果在最適產量 $Q_0$ 下，價格低於平均變動成本，如圖 7-3(b) 所示，獨占廠商會選擇暫時歇業。理由是繼續生產不僅無法支付固定成本，就連變動成本也無法回收，不歇業將使虧損持續擴大。其實獨占與完全競爭追求短期利潤極大化情況十分類似，亦即：

情況 1：$MR = MC$，$P > ATC$，享有正的利潤。
情況 2：$MR = MC$，$AVC < P < ATC$，有虧損，繼續生產。
情況 3：$MR = MC$，$P < AVC$，有虧損，暫時歇業。

### 7-2-4　獨占廠商沒有供給曲線

獨占廠商雖然有邊際成本曲線，但 MC 卻不是供給曲線。簡單地說，獨占廠商無法在 MC 曲線上找到對應的產量。在獨占市場，

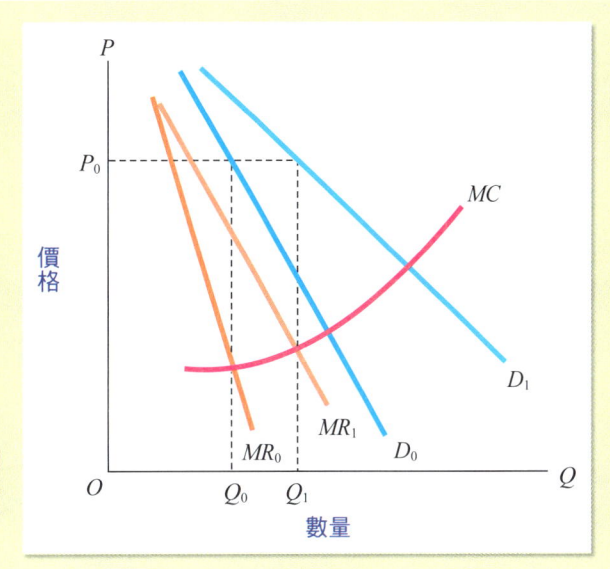

### 圖 7-4 一個價格對應兩個產量

獨占廠商的邊際成本曲線只有一條，但和不同的邊際收入曲線相交，會得到相同價格下卻對應兩種不同產量。

最適價格與產量不是由 $MR = MC$ 同時決定，所以會出現同一價格下有兩個產量與之對應，如圖 7-4 所示。

在圖 7-4 中，獨占廠商面對市場需求 $D_0$ 時，選擇生產 $Q_0$，而最適商品價格在 $P_0$。如果市場需求提高到 $D_1$，廠商選擇生產 $Q_1$，此時價格仍維持在 $P_0$。換句話說，面對同一個價格 $P_0$，廠商願意提供兩種不同生產量 $Q_0$ 與 $Q_1$，可見邊際成本曲線不是獨占廠商的供給曲線。

---

### 練習題 7-2

某獨占者面對的市場需求狀況如下表所示。如果生產只有固定成本，沒有變動成本，它應該生產幾個產品才能得到最大利潤？

| 價格(元) | 50 | 45 | 40 | 35 | 30 | 25 | 20 | 15 | 10 |
|---|---|---|---|---|---|---|---|---|---|
| 需求量(個) | 1 | 2 | 3 | 4 | 5 | 6 | 7 | 8 | 9 |

(a) 2　　　　(b) 4　　　　(c) 6　　　　(d) 8

(108 年關務特考)

類似問題：基本題 1。

### 7-2-5 獨占廠商的長期利潤

獨占廠商在短期享有正的利潤，除非長期不再享有獨占優勢，否則長期可以享有更高的利潤，理由是它可以藉著調整生產規模，降低生產成本，擴大價格與平均成本間的差額，利潤幅度因而加大。

另一方面，獨占廠商在短期遭受虧損，可在長期藉著尋找更有效率生產規模來降低生產成本以轉虧為盈。如果這些手段都無法奏效，任何獨占廠商均無法長期忍受損失，只好選擇關門大吉。以臺汽公司為例，在長途客運部分，面臨統聯、尊龍、阿羅哈等公司的挑戰；在桃園國際機場部分，面臨大有、長榮和飛狗的競爭。[1] 民營客運路線的多元和座椅寬敞舒適，使得臺汽長期處於虧損狀態，而不得不在 2001 年走入民營化。

### 7-2-6 獨占與效率

圖 7-5 描繪獨占與完全競爭市場的生產效率。我們知道完全競爭廠商選擇在價格等於邊際成本的 $c$ 點生產，此時價格是 $P_c$，而產量為 $Q_c$。在固定成本產業下，水平邊際成本曲線就是長期供給曲線 $LS$，此時 $LS = MC = LAC$。

**圖 7-5 獨占的社會福利效果**
完全競爭廠商在 $P = MC$ 處生產，此時有分配 (經濟) 效率。獨占廠商在 $MR = MC$ 處生產，此時 $Q_m < Q_c$ 與 $P_m > P_c$。$\Delta aec$ 是無謂損失。

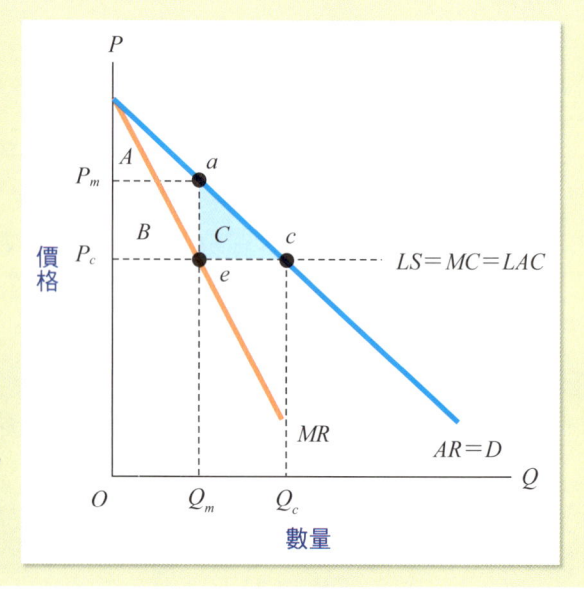

---

[1] 尊龍客運於 2008 年 7 月暫停營運；飛狗巴士於 2018 年 10 月停駛國道路線。

為了簡化起見，假設獨占與完全競爭面對同樣的需求和邊際成本曲線，獨占的長期均衡是在 e 點，此時價格為 $P_m$，產量為 $Q_m$。若比較完全競爭與獨占可發覺，完全競爭的價格 $P_c$ 低於獨占的價格 $P_m$，完全競爭的產量 $Q_c$ 大於獨占的產量 $Q_m$。

完全競爭廠商長期均衡的最適條件是 $P = LAC = LMC = ATC = SMC$。當 $P = LAC = LMC$ 時，完全競爭廠商在長期平均成本的最低點生產，所以完全競爭廠商享有生產效率。因為價格大於邊際成本，獨占廠商並沒有在長期平均成本 (LAC) 的最低點生產，而在長期享有正的經濟利潤，所以獨占廠商的生產不具生產效率。

在圖 7-5，完全競爭廠商的均衡產量是 $Q_c$，消費者剩餘是面積 $A+B+C$。由於供給曲線是水平，所以生產者剩餘等於零。社會總剩餘，等於生產者剩餘加消費者剩餘，是面積 $A+B+C$。由於在 c 點，價格等於邊際成本，所以完全競爭市場(廠商)享有經濟效率。

獨占廠商的最適生產數量是 $Q_m$，價格是 $P_m$。消費者剩餘是面積 $A$，生產者剩餘是面積 $B$，而總剩餘是面積 $A+B$。比較完全競爭與獨占的福利效果發覺：面積 $C$ 是獨占廠商的無謂損失，純粹是因為價格上漲，消費者減少購買所引起。因為獨占廠商的生產引起無謂損失，所以獨占廠商沒有經濟效率。

由於獨占廠商通常導致消費者福利縮水。主管機關會以《公平交易法》來禁止聯合壟斷或要求獨占切割成數家小公司。譬如，2012 年 9 月 22 日，美國加州舊金山聯邦法院裁定友達操控面板價格而涉及違反《反托拉斯法》，遭罰款 5 億美元，部分高階主管赴美坐監服刑；臺灣車燈業 2011 年也捲入反托拉斯風暴，付出超過新臺幣 30 億元的慘痛代價，多位公司負責人、高階主管赴美服刑。

友達一案為美國對全球面板業反托拉斯案最重的判決。此外，在 2019 年 3 月 21 日，鉅亨網報導歐盟以 Google 在線上搜尋廣告中，濫用其主導地位為由，對其處以約 15 億歐元的罰款，三年累計罰款達 82 億歐元。

### 練習題 7-3

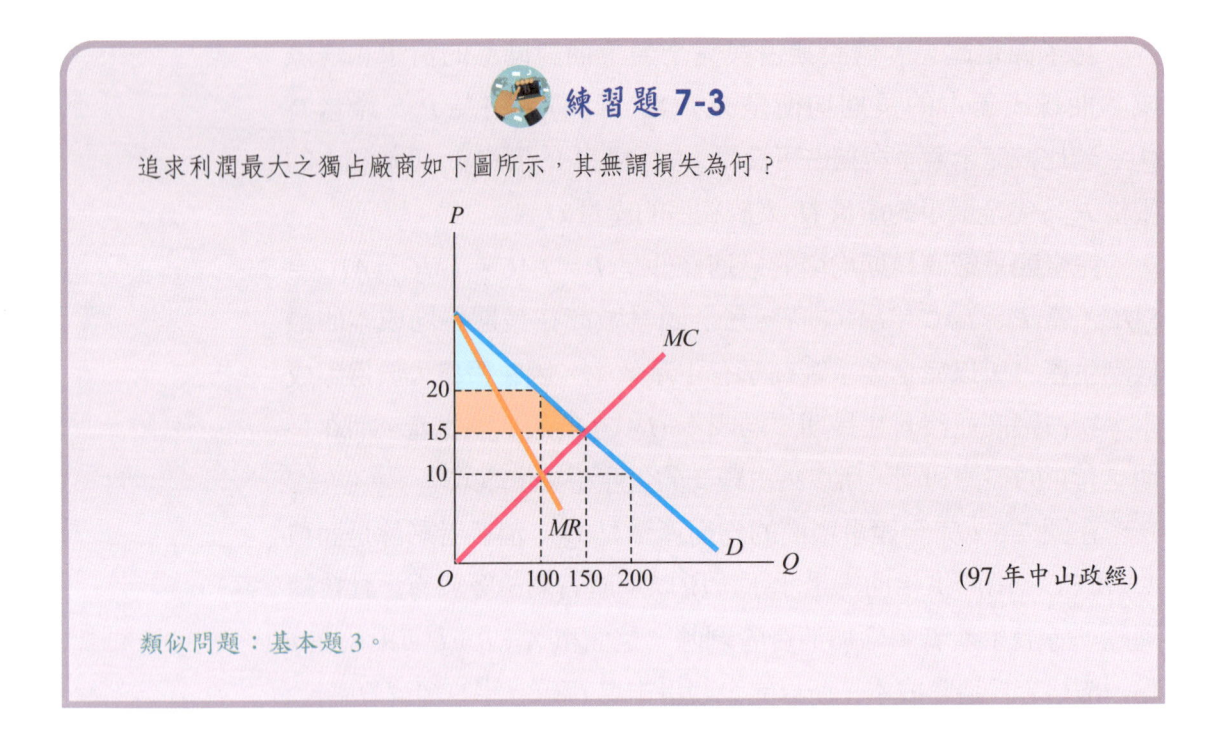

追求利潤最大之獨占廠商如下圖所示,其無謂損失為何?

(97 年中山政經)

類似問題:基本題 3。

## 7-3 差別訂價

獨占廠商為了要銷售更多數量的商品,會降低價格讓所有商品皆可售出。有時候,獨占廠商針對某些族群收取比較高的價格,以賺取更高利潤。當廠商以同樣的商品針對不同消費者,收取不同的價格時,我們稱為差別訂價 (price discrimination)。

> **差別訂價** 廠商以不同的價格將相同的產品,銷售給不同的消費者,以獲得更多的利潤。

### 7-3-1 差別訂價的條件

廠商如何能夠分辨不同的消費者,而實施差別訂價?差別訂價的成立,必須符合下列四個條件:

1. 廠商要有控制價格的能力。
2. 至少要有兩群不同顧客,並且每一群顧客有不同的需求彈性。若所有顧客的消費能力與偏好都一樣,廠商就無法要求不同的價格。
3. 廠商要有能力分辨不同消費者。廠商可依據時間、地域、數量、證件等特性來區隔市場。譬如,早場電影與午夜場電影消費族群不同；臺北市公車可以用證件區分學生票與成人票。另外，航空公司也深諳此道，而推出早鳥優惠票。

4. 廠商有能力防止產品轉售。雖然廠商能夠區隔市場，若無法禁止商品轉售，民眾就可以買低賣高，從事套利行為。

## 7-3-2 差別訂價的例子[2]

在美國有許多牛排館，如龐德羅莎和時時樂，都會提供折扣給老年人，臺灣有些餐廳也是如此。舉例來說，餐廳推出"敬老尊賢"專案，65 歲至 79 歲消費者享 7 折優惠，至於年滿 80 歲酌收象徵長長久久的 99 元。65 歲通常是處於退休階段，而退休金往往不及一般上班族的薪資收入，因此老年人對商品價格的敏感度比較高，也就是需求的價格彈性比較大。

**折價券** (coupon) 是另一個例子。家樂福或好市多等大賣場定期郵寄廣告給會員，上面有些特價商品只要憑所附折價券購買，價格可以比市價便宜 30%，甚至 50%。這些賣場為什麼不乾脆降價，而要如此大費周章？答案是，折價券讓廠商可以區隔市場，進行差別訂價。廠商知道並不是所有的消費者都願意花時間蒐集折價券。有些人覺得時間就是金錢，花時間注意各種折價券的成本太高，這些人對價格敏感度比較低。時間區分的另一個例子是早鳥專案，航空公司針對幾個星期甚至幾個月前買票的旅客給予相當優惠的折扣，有時價差可達一倍以上。

一般的量販店通常會進行**數量折扣** (quantity discount)。譬如，買 1 罐可口可樂要 15 元，但一次買 24 罐可能只要 240 元。有些廠商則利用**事後折扣** (rebate) 來進行差別訂價。譬如，購買 3 組勁量電池，使用後的空盒子可以再換 1 組相同的電池。

還有一種是**尖峰－離峰訂價法** (peak-load pricing)，它是在不同時段向消費者收取不同的價格。有些遊樂場在每逢週末人潮擁擠，需求彈性較小時，收取較高的門票價格。

差別訂價可以用來說明為何法國名牌 LV 拒絕退稅。法國購買

---

[2] 下列所舉的例子不見得是獨占廠商 (因為獨占廠商不多)，主要是強調在差別訂價上。

LV 的價格大概是臺灣的 8 成，再退稅的話，就只要 7 折而已。因此，對 LV 而言，想要增加獲利就要禁止低買 (法國) 高賣 (臺灣)，以防止臺灣的業績嚴重下滑。而防止套利的方法就是只讓 1 個皮包退稅，多買的皮包不能退稅。當然如果整個觀光團都買，這一招就不太管用了。

### 7-3-3 差別訂價模型

差別訂價模型可以分成三類：第一級差別訂價、第二級差別訂價及第三級差別訂價。我們先從第三級差別訂價談起。

**第三級差別訂價** 第三級差別訂價 (third-degree price discrimination) 是廠商依不同的消費者需求，將顧客區分成兩個或兩個以上的市場，並對不同市場的消費者收取不同的價格。以漢來海港餐廳自助餐為例，顧客可以分成兩群：老年人與一般顧客。圖 7-6(a) 的需求彈性比較低，是屬於一般顧客消費群，圖 7-6(b) 的需求彈性比較高，是屬於老年人消費群。為了方便比較，假設漢來海港餐廳的長

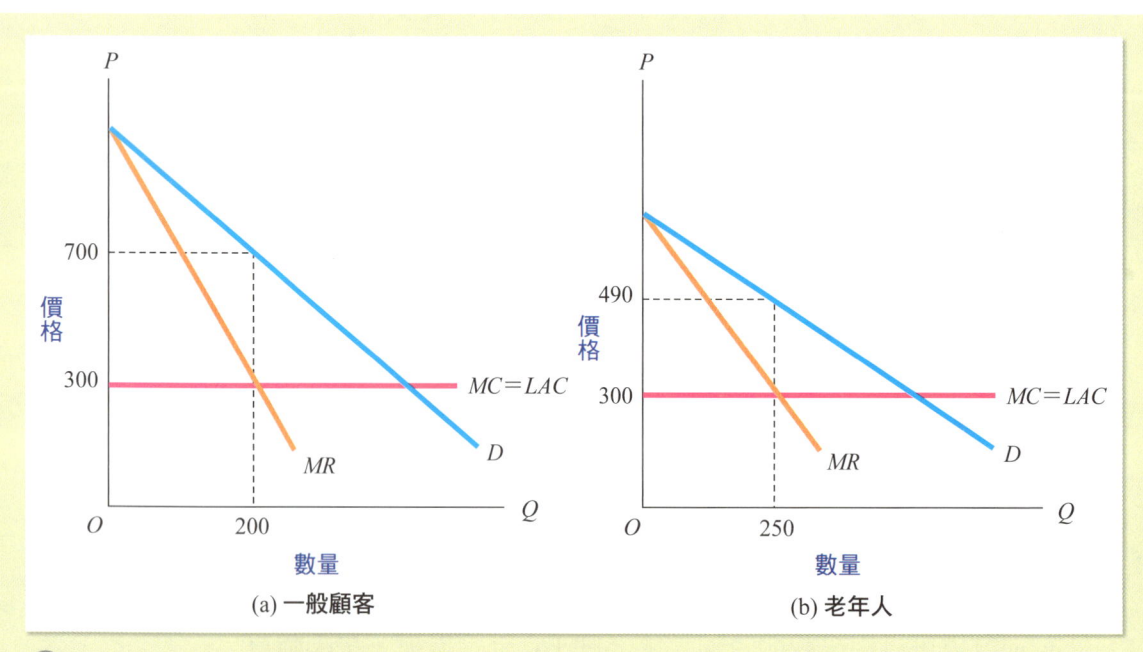

> **第三級差別訂價**
> 廠商依據消費者需求彈性的不同，對不同群體的消費者，分別索取不同的價格。

**圖 7-6 第三級差別訂價：以漢來海港餐廳為例**

(a) 圖是一般顧客，需求彈性較低，廠商可將自助餐價位訂在 700 元。(b) 圖是老年人，需求彈性較高，價格可訂在 490 元。

期平均成本和邊際成本都固定在 300 元。

我們知道,利潤極大是在 $MR = MC$ 之處生產。在圖 7-6(a),漢來海港餐廳會向一般顧客收取 700 元;而在圖 7-6(b),漢來海港餐廳對老年人的訂價是在 490 元。因此,獨占廠商針對價格敏感度高 (需求彈性大) 的消費群,收取較低的價格;而針對價格敏感度低 (需求彈性小) 的消費群,收取比較高的價格。

**第二級差別訂價**　在某些市場,消費數量超過一定門檻後,消費者的購買意願會逐漸降低,如水、電、瓦斯等。若廠商希望刺激消費量,即可依照購買量的不同,索取不同的價格,這就是**第二級差別訂價** (second-degree price discrimination)。

> 第二級差別訂價
> 同樣商品依不同數量,索取不同的價格,有數量折扣與區間訂價兩種。

第二級差別訂價有兩種方式:

第一種是數量折扣,譬如,優酪乳 1 瓶 60 元,3 瓶裝只要 140 元;光華商場的空白 DVD 片,100 片裝的售價是 800 元,單買 1 片可能要 10 元。

第二種是**區間訂價** (block pricing)。廠商針對相同商品、不同區間的消費數量,索取不同的價格。這是電力公司、自來水公司及瓦斯公司常採取的方式。這種差別訂價一方面可以增加消費者福利,另一方面又可提高廠商利潤。

**第一級差別訂價**　**第一級差別訂價** (first-degree price discrimination) 又稱**完全差別訂價** (perfect price discrimination),是針對每一個消費數量索取不同的價格。完全差別訂價是依據每一位消費者願意付出的價格來制訂商品價格。只要價格高於邊際成本,廠商會持續進行差別訂價。只有當價格等於邊際成本時,廠商才會停止生產。

> 第一級差別訂價
> 針對每一單位的產量銷售,索取不同的價格。

在圖 7-7 中,假設廠商的長期平均成本和邊際成本都是固定。完全差別訂價是針對每一單位產量,索取不同價格。所有消費者剩餘均被生產者剝奪,轉為生產者利潤。完全差別訂價的均衡是落在 $Q_0$,此時價格等於邊際成本,所以社會總剩餘達到最大,無謂損失等於零。在現實生活中找不到完全差別訂價的例子,但是有些例子接近完全差別訂價,譬如,律師、會計師、醫生比較瞭解顧客情形,醫生可能對窮人收費較低,對富人收費較高。

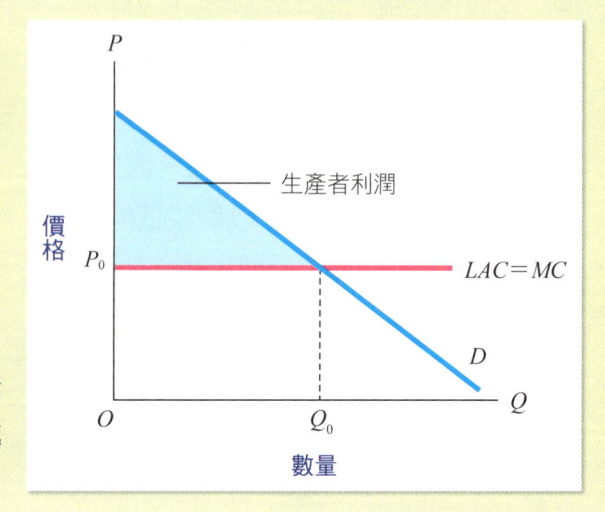

### 圖 7-7　第一級差別訂價

第一級差別訂價又稱完全差別訂價，廠商的銷售數量為 $Q_0$，此時消費者剩餘完全成為生產者利潤。

---

**練習題 7-4**

如果獨占廠商能夠執行完全差別訂價(第一級差別訂價)，則消費者剩餘為何？

(107 年關務特考)

類似問題：基本題 5。

---

## 7-4　壟斷性競爭的特色：產品差異性

**產品差異性** (product differentiation) 是壟斷性競爭 (又稱獨占性競爭) 市場最重要的一種特性。廠商在銷售產品時，會盡量強調自己產品的特色，並凸顯與他人產品不同之處。產品的差異可以是服務、地點、品牌形象的不同或實質的差異。某些商品可能完全相同，但廠商強調服務不同。譬如，全國加油站聯名卡首刷好禮 4 選 1，加油每公升省 3 元，再送免費洗車。有些產品可能差異不大，但提供的服務不同。譬如，在 2019 年 10 月，美食外送平臺 foodpanda 低消滿 100 元，只要輸入優惠碼就可以全臺免外送費；又如你在 ezfly 網站訂購機票，不但刷卡不加價，還會以限時掛號送到你手上，但有些旅行社就必須親自前往，且刷卡還要加 3% 的費用。

地點不同也會造成產品差異性。便利商店離住家近，但商品種類有限且價錢稍貴；家樂福商品可能便宜，但設置點少，且假日結帳還大排長龍。SK-II 在各大百貨公司均售，但 Nu Skin 只靠傳銷來暢貨。此外，產品差異的另一個來源是品牌形象的塑造。許多運動廠商會找一些知名運動員做代言廣告，企圖建立消費者忠誠度。譬如，Nike 公司找詹姆斯代言籃球鞋及 C 羅 (羅納度) (Cristiano Ronaldo) 代言足球鞋。

最後，產品可能有重量、顏色、包裝設計、形狀、香味等的實質差異。譬如，洗衣粉中，盒裝與袋裝兩者的價錢不同。即使洗髮精本質相近，有些廠商強調洗髮、潤髮一次完成，有些強調對付頭皮屑，有些則強調保濕。產品差異使得廠商對商品價格有某些控制能力，漲價不致喪失所有顧客，降價可吸引部分消費者。因此，壟斷性競爭廠商會面對負斜率的需求曲線。

## 7-5 壟斷性競爭的短期利潤極大化與長期均衡

因為產品差異化，壟斷性競爭廠商面對的是負斜率的商品需求曲線。此與獨占廠商相同。因此，邊際收入小於平均收入。另一方面，由於產品差異不大，近似替代產品很多，這個特性比較接近完全競爭廠商的特性。所以壟斷性競爭廠商面對的需求曲線斜率，是介於完全競爭廠商需求曲線斜率 (水平) 與獨占廠商需求曲線斜率 (負斜率) 之間：一條較平坦的商品需求曲線。

### 7-5-1　短期利潤極大化

以圖 7-8 為例。壟斷性競爭廠商追求利潤最大，會選擇 $MR = MC$ 的交點 $e$ 點生產。當產量是 $Q_0$ 時，對應的價格是需求曲線上的 $a$ 點。在圖 7-8(a) 中，當壟斷性競爭廠商追求短期最大利潤生產 $Q_0$ 時，價格 ($a$ 點) 高過平均成本 ($c$ 點)。此時，廠商享有正的利潤，如圖 7-8(a) 的藍色面積。

在圖 7-8(b) 中，當廠商生產最大利潤的產量 $Q_0$ 時，價格 ($a$ 點) 低於平均成本 ($c$ 點)，但高於平均變動成本 ($b$ 點)。雖然短期遭遇損失，但繼續生產仍可回收部分固定成本。因此，廠商選擇繼續生產。

圖 7-8(c) 中，當廠商生產最適產量 $Q_0$ 時，價格 ($a$ 點) 低於平均變動成本 ($b$ 點)。若選擇繼續生產，只會讓損失持續擴大，不但無回收固定成本，也無法支應變動成本的金額。因此，壟斷性競爭廠商與獨占廠商追求短期利潤極大化的情況完全一致。

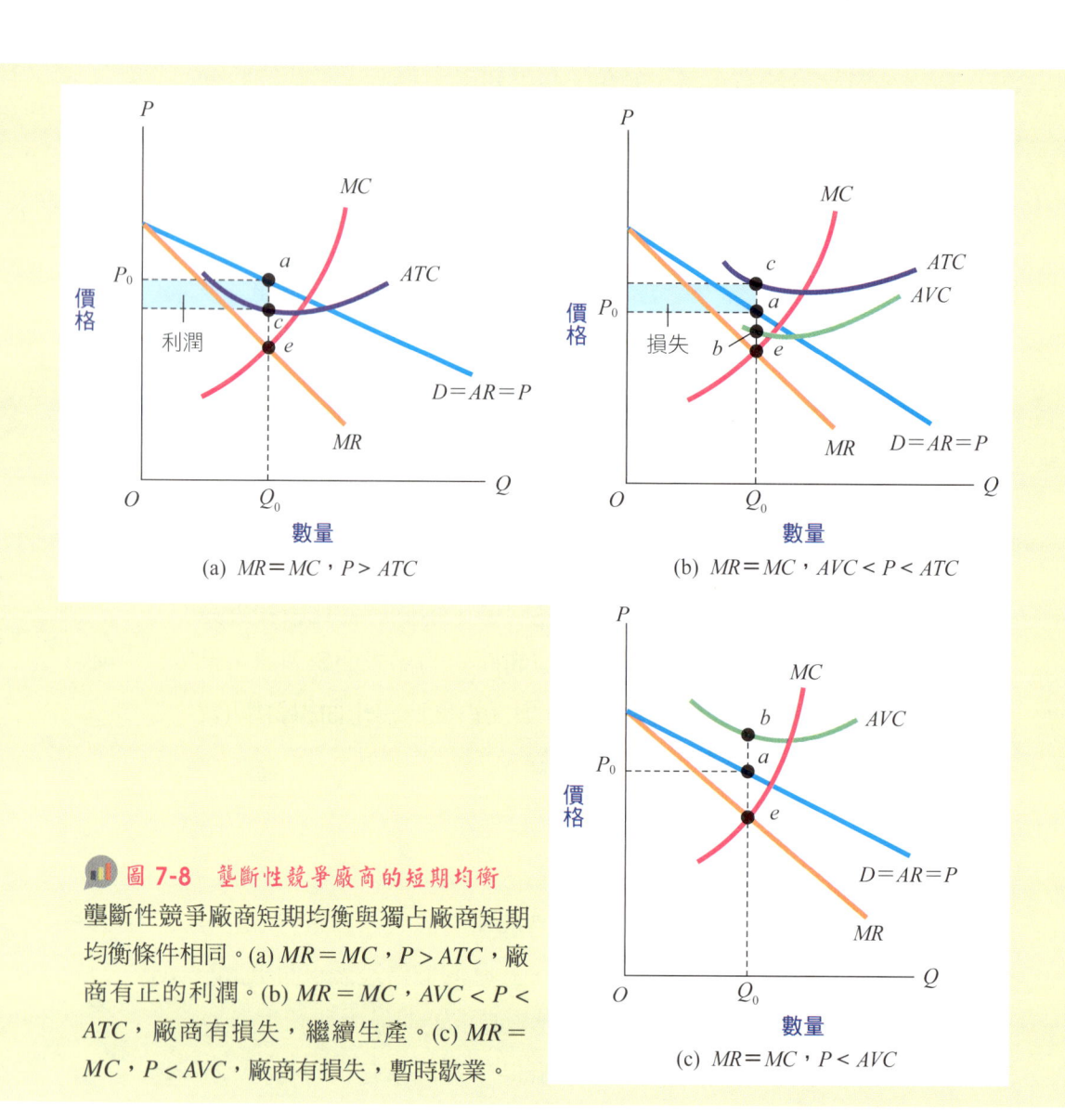

(a) $MR = MC$，$P > ATC$

(b) $MR = MC$，$AVC < P < ATC$

(c) $MR = MC$，$P < AVC$

**圖 7-8 壟斷性競爭廠商的短期均衡**
壟斷性競爭廠商短期均衡與獨占廠商短期均衡條件相同。(a) $MR = MC$，$P > ATC$，廠商有正的利潤。(b) $MR = MC$，$AVC < P < ATC$，廠商有損失，繼續生產。(c) $MR = MC$，$P < AVC$，廠商有損失，暫時歇業。

> **練習題 7-5**
>
> 下列選項中,哪一種產品市場最接近獨占性競爭?
> (a) 汽油市場
> (b) 電信市場
> (c) 珍珠奶茶市場
> (d) 水泥市場
>
> (107 年初等考試)
>
> 類似問題:基本題 6。

## 7-5-2 長期均衡

　　壟斷性競爭市場的特性之一是廠商可自由進出市場。短期內,廠商享有超額利潤,潛在競爭者會在長期加入這個市場。雖然各家產品存在差異性,新廠商的產品仍然與現有產品相似,譬如,星巴克咖啡的榛果拿鐵,與伯朗咖啡的橙香榛果拿鐵,或西雅圖極品咖啡的雙倍乳香拿鐵,產品相似但並不相同。通常在星巴克的附近,一定會有其他的競爭者開店,因此星巴克能夠銷售的拿鐵數量減少。壟斷性競爭廠商面對需求減少,需求曲線會向左移動。只要市場存在正的利潤,新廠商就會不斷加入,直至所有廠商只能賺取正常利潤才會停止。同理,若廠商在短期遭遇損失,有些廠商選擇在長期離開市場。顧客會流向留下的廠商,每一廠商的需求因而增加,需求曲線向右移動。直到經濟利潤等於零時,廠商退出市場的動作才會停止。

　　以圖 7-9 為例,長期時,廠商追求利潤最大,選擇在 $e$ 點生產 $Q_m$。此時,價格與長期平均成本在 $a$ 點相切,經濟利潤等於零。在長期,需求曲線也比較有彈性,因為會有更多家咖啡館在同一個區域,若星巴克提高產品價格,將面臨客戶流失窘境。一般而言,自由進出的特性,讓壟斷性競爭廠商與完全競爭廠商的長期均衡結論相同:經濟利潤等於零,只存在正常利潤。

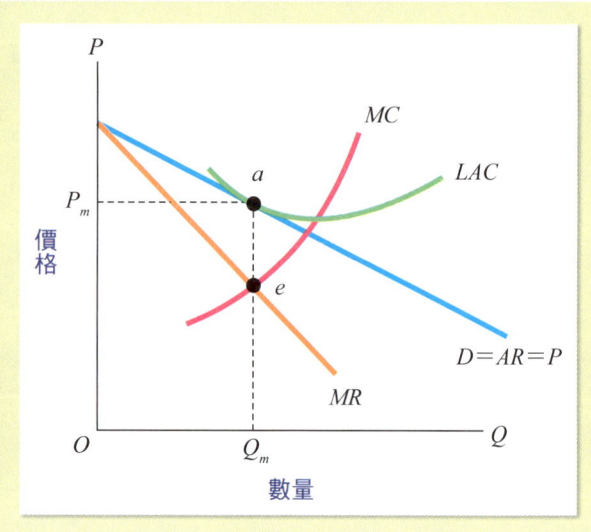

> **圖 7-9　壟斷性競爭廠商的長期均衡**
> 因為廠商可以自由進出，壟斷性競爭廠商長期的經濟利潤等於零，$P = LAC$。

## 7-6　壟斷性競爭與效率

　　圖 7-10 分別列出壟斷性競爭與完全競爭的長期均衡。在長期，兩個市場有一個相同的特性：廠商可以自由進出市場，經濟利潤等於零。壟斷性競爭廠商會在 m 點 ($MR = MC$)，生產 $Q_m$。廠商將價格訂在 $P_m$ (a 點)，如圖 7-10(a) 所示。圖 7-10(b) 的完全競爭廠商的長期均衡在 c 點 ($P = MC = LAC$)，廠商的產量為 $Q_c$。如果從生產效率和分配效率觀點進行比較，兩個市場會有兩點差異：

**生產效率**　從圖 7-10(a) 觀察，$Q_m$ 並非長期平均成本最低點下的產量 $Q_{MES}$。理由是產品差異性讓壟斷性廠商在長期面對的需求曲線是負斜率。如果長期經濟利潤必須等於零，價格與長期平均成本相切於 a 點，那麼 a 點會在 c 點左邊；亦即，$Q_m = Q_{MES}$。

　　壟斷性競爭廠商選擇生產 $Q_m$ 而不生產 $Q_{MES}$，代表資源未達生產效率，此一現象稱為**產能過剩** (excess capacity)。因此，壟斷性競爭市場沒有生產效率。

> **產能過剩**　長期平均成本最低點產量與利潤最大產量之間的差距。主要是反映產能未能充分利用。

**分配效率**　完全競爭與壟斷性競爭長期均衡的第二個差異在於，價格與邊際成本的關係。圖 7-10(b) 中，完全競爭廠商的價格等於邊際成本。圖 7-10(a) 中，壟斷性競爭廠商的價格在 a 點，邊際成本在 m 點，所以價格大於邊際成本。

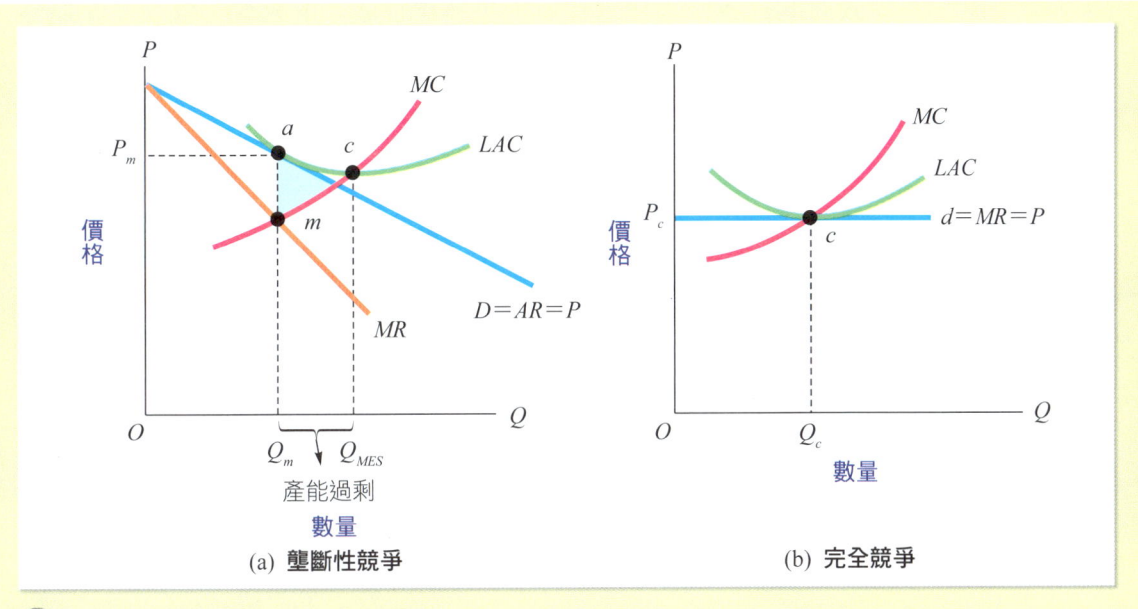

### 圖 7-10　壟斷性競爭與完全競爭

(a) 圖：壟斷性競爭廠商的長期均衡在 $m$ 點，價格在 $a$ 點。(b) 圖：完全競爭廠商的長期均衡在 $c$ 點。若比較兩個市場的效率會發覺有兩點不同：(1) 壟斷性競爭在 $Q_m$ 生產，且產量小於長期平均成本最低的產量 $Q_{MES}$；(2) 壟斷性競爭的市場價格高於邊際成本，完全競爭的市場價格等於邊際成本。

　　當價格等於邊際成本時，社會總剩餘最大，經濟已達分配效率。所以，完全競爭市場有分配效率，而壟斷性競爭市場沒有分配效率，且其無謂損失為面積 $\Delta amc$。

　　如果壟斷性競爭廠商沒有生產效率與分配效率而有無謂損失，政府是否應該加以管制？倘若政府進行管制，要求每一家廠商實施邊際成本訂價法，面對為數眾多的廠商，政府的行政管制成本必定異常龐大。此外，邊際成本訂價法讓每一家廠商在長期蒙受損失，政府如何進行補貼來挽救所有廠商？這肯定是一個不可能的任務。

　　況且，新廠商可帶來**產品多樣性** (product variety) 的好處。多數的消費者對能夠選擇不同種類與牌子的產品會有不同的認知。舉例來說，如果有一半的便利商店關門，好讓其他廠商能夠發揮產能效益，消費者會有什麼看法？如果必須走二十分鐘才能有一家便利商店，很多消費者可能覺得很不便利。如果星巴克只提供一種咖啡，又與麥當勞有什麼不同？因此，只要壟斷性競爭廠商的無謂損失低於政府的行政成本與消費者損失多樣性成本的總和,管制並非最佳解答。

---

**練習題 7-6**

一廠商有產能過剩 (excess capacity),當:
(a) 其產出在價格高於邊際成本之處
(b) 其產出在邊際收入高於邊際成本之處
(c) 其產出低於平均成本最低點之產出
(d) 其產出高於平均成本最低點之產出

(93 年逢甲國貿)

類似問題:基本題 8。

---

## 7-7 寡占市場的特性

> **寡占** 市場只有少數幾家廠商,生產同質或異質商品。彼此之間的決策交互影響。

**寡占** (oligopoly) 的特性是市場只有少數幾家廠商,生產同質或異質產品。因為僅存在少數幾家廠商,廠商本身的生產與訂價決策,會影響到其他競爭廠商的價格與利潤。寡占市場有以下四點特性:

1. 廠商家數不多,主要廠商擁有左右市場的力量。
2. 產品可為同質或異質。如果各廠商生產完全相同的產品,稱為"同質寡占市場",譬如,石油、鋼鐵及水泥;如果各廠商生產不同的產品,稱為"異質寡占市場",譬如,寬頻網路服務、行動電話、汽車、報紙等。
3. 存在進入障礙。寡占廠商通常需要龐大的資本投入或高度科技技術,譬如,原油進出口需要港口設施、煉油需要煉油廠、輸送原油需要油管,新廠商不易進入此種產業。
4. 廠商間**交互影響** (interdependence)。寡占廠商間彼此相互依存與相互競爭,不但有價格競爭也有非價格競爭。

寡占廠商不僅要追求自身利潤,還要顧及對手反應,因此並沒有一個確定的模型可用來分析寡占市場。下一節將介紹其中兩個比較重要的模型:(1) 拗折需求曲線;(2) 賽局理論。

## 7-8 寡占的兩個模型

### 7-8-1 拗折需求曲線模型

市場上某些廠商，即使面臨成本或需求變動，也不願更動價格。他們擔心降價引發廠商間的價格戰爭，漲價又怕對手不跟進而流失大部分的客戶。譬如，即使經歷國際紙漿價格波動和勞動成本上升，《聯合報》與《中國時報》一份 15 元，曾經維持多年。所以，價格僵硬 (price rigidity) 是寡占市場的一個特色。我們可藉由拗折需求曲線模型 (kinked demand curve model) 來說明價格僵硬性。

> 拗折需求曲線模型
> 當一廠商降價時，其他競爭廠商會跟進降價；當一廠商漲價時，其他廠商不會跟進。

拗折需求曲線模型是基於一個簡單的概念：當一廠商降價時，其他競爭廠商會跟進，以避免顧客被首先降價的廠商搶走；當一廠商漲價時，其他廠商不會跟進，冀望能搶到部分顧客。以圖 7-11 來做說明，假設中華電信 HiNet 提供光世代的網路服務，每個月網際網路費用 400 元及光世代月租費 440 元，合計每月 880 元。

在圖 7-11 中，需求曲線 $DD$ 代表中華電信無論如何調整價格，其他廠商不會跟著調整時，所面臨的光世代需求曲線。譬如，中華電信每月費用由 880 元降低到 600 元。如果其他廠商維持原價，許多使用者就會轉租 HiNet 的光世代，中華電信的業務量會大增 ($aD$ 部分，較有彈性)。同樣地，如果中華電信調漲光世代費用到每月 1,200 元，由於其他廠商並未跟著調漲，中華電信會流失很多客戶至其他業者 ($Da$ 部分，較有彈性)，所以 $DD$ 為一條較有彈性的需求曲線；相反地，需求曲線 $D'D'$ 代表中華電信調整價格，其他公司也會跟著調整時，所面臨的需求曲線。因為其他公司會跟進降價或漲價，所以 $D'D'$ 為一條缺乏彈性的需求曲線。

實際的狀況是，如果中華電信降價，其他廠商深怕業務下滑，也隨之降價，中華電信面臨的需求曲線是 $aD'$ 部分 (跟進調整)；相對地，如果中華電信漲價，其他廠商按兵不動以吸引中華電信的客戶時，中華電信所面臨的需求曲線應該是 $Da$ 部分 (不跟進調整)。因此，中華電信真正面對的市場需求曲線，在競爭對手"跟跌不跟漲"的價格策略下，為圖 7-11 的 $DaD'$ 實線部分。$DaD'$ 線在 $a$ 點

### 圖 7-11　拗折需求曲線模型

原先價格在 $P_0$、產量在 $Q_0$，$DD$ 線是對手廠商不會跟進的需求曲線，$D'D'$ 是對手會跟進的需求曲線。如果對手跟跌不跟漲，廠商面臨的需求曲線是 $DaD'$，邊際收入曲線是 $DbcM'$，只要邊際成本在 $b$ 點和 $c$ 點間變動，價格始終維持在 $P_0$。

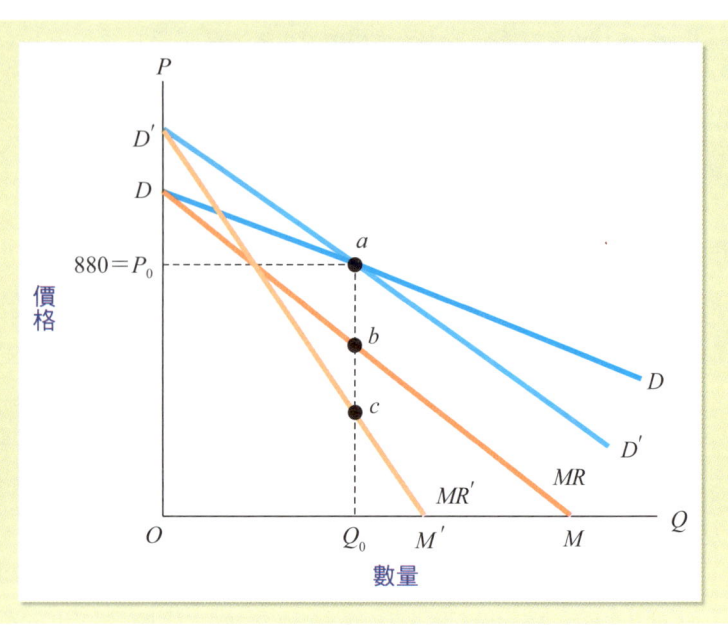

拗折，所以稱為拗折需求曲線。

　　由於需求曲線 $DaD'$ 是拗折的，對應的邊際收入曲線也不會是直線。圖 7-11 中，對應需求曲線 $DD$ 的邊際收入曲線是 $DM$，而對應需求曲線 $D'D'$ 的邊際收入曲線是 $D'M'$。假如中華電信面臨的需求曲線是 $DaD'$，實線 $Da$ 需求曲線的邊際收入曲線是 $Db$，而實線 $aD'$ 需求曲線的邊際收入曲線是 $cM'$。中華電信面對完整的邊際收入是 $DbcM'$。

　　假如中華電信光世代的邊際成本是圖 7-12 中的 $MC$。廠商追求利潤最大是選擇 $MC$ 和 $bc$ 部分的 $MR$ 交點處生產。此時，中華電信有 100,000 位客戶，每戶月租費是 880 元。假如因為纜線價格變動而導致成本結構變動（$MC_1$ 或 $MC_2$），中華電信不會調整任何價格。換句話說，只有在邊際成本曲線高過 $b$ 點或低過 $c$ 點，中華電信才會調整價格，這也是為什麼寡占廠商能夠維持價格不變的原因。

　　有些經濟學家對拗折需求曲線模型提出兩點質疑：一是剛開始的均衡是如何決定的，模型本身似乎只有描述價格僵硬現象，並沒有解釋為何價格發生在 $P_0$；另一是實際生活中，一家廠商漲價，其他廠商也會跟進，因此需求曲線沒有拗折現象。[3]

---

[3]　請見 Stigler, G., "The Kinky Oligopoly Demand Curve and Rigid Prices," *Journal of Political Economy*, 1947。

## 圖 7-12　價格僵硬性

假如邊際成本曲線是 MC，邊際收入曲線是 DbcM'，廠商追求利潤最大之價格在 $P_0$，等於 880 元，產量 $Q_0$ 等於 100,000。無論成本上升 ($MC_1$) 或下跌 ($MC_2$)，價格始終維持在 880 元。

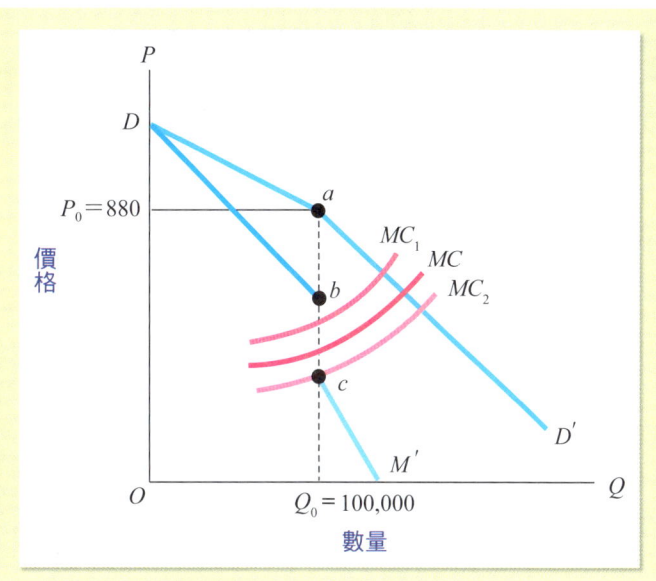

### 練習題 7-7

拗折需求曲線如何解釋價格僵硬現象？請舉出現實生活中，哪些行業是寡占市場且具價格僵硬特性？

類似問題：基本題 9。

## 7-8-2　賽局理論

寡占市場的基本特色是每一家廠商做決策時，會考慮對手的反應。然而，有些廠商行為並未被詳細討論。舉例來說，為何廠商在某些市場相互勾結，在某些市場又彼此競爭？面臨需求或成本的改變，廠商應做何反應？

1944 年，馮紐曼教授 (J. Von Neumann) 與摩根斯坦教授 (O. Morgenstern) 共同發表《賽局理論與經濟行為》(Theory of Games and Economic Behavior)，書中探討廠商間策略性行為。假設你上網參加線上遊戲對打，以橋牌為例，在不知對手是誰的情況下，你必須從叫牌中瞭解各家的點力、張數分配情形。在打牌過程中，必須熟記對手所出的每一張牌的大小花色，以及對手出牌的暗號，如此

> 賽局理論　是研究參賽者面臨各種策略時的行為。

才能夠贏得比賽。

**賽局理論** (game theory) 又稱遊戲理論，是研究參賽者 (廠商) 面臨各種策略時的行為。任何賽局都有三項基本元素：

1. 參賽者 (players) 和遊戲規則 (rules)。
2. 策略 (strategies)。
3. 報酬 (payoffs)。

我們以下面的例子來說明，為何這三個元素可以構成賽局理論的基礎。在啤酒尚未開放進口之前，台灣啤酒一直是市場的最愛。然而，從啤酒開放進口後，海尼根啤酒以其清淡、香醇的口感，成為除了台灣啤酒之外的領導品牌。目前啤酒的競爭已經擴及到廣告方面，海尼根的前進義大利 F1 現場篇，強調催眠後仍愛不釋手，走國際路線；台灣啤酒則是請蔡依林代言，走本土路線。

假設台灣啤酒決定聘請蔡依林來加強廣告陣容，而海尼根決定不增加廣告支出。在這種情況下，台灣啤酒每週有 800 萬元的利潤，而海尼根每週利潤只有 200 萬元。假如兩家公司都增加廣告支出，每一家利潤都會增加 500 萬元；相反地，假如海尼根增加廣告支出，而台灣啤酒仍舊維持原來廣告金額，則海尼根每週利潤是 800 萬元，而台灣啤酒是 200 萬元。假如兩家都不打廣告戰，維持原來支出，每一家的利潤各是 600 萬元。

若將啤酒的例子當成一個賽局，三個基本元素指的是什麼？首先，參賽者是兩家啤酒公司：台灣啤酒與海尼根啤酒。策略是指增加廣告支出或不增加廣告支出。報酬是策略選擇下的利潤。至於參賽規則是每一家公司企圖爭取最大的利潤。我們可將本例以圖示方式呈現參賽者、策略及報酬的相關資訊，如圖 7-13 所示，這個圖形稱為**報酬矩陣** (payoff matrix)。

**囚犯兩難賽局**　賽局理論中有一個古典的例子叫**囚犯兩難** (prisoner's dilemma)，描述現實生活中，寡占廠商維持合作的困難。這個例子告訴我們，即使廠商合則兩利，他們的選擇不必然是最佳結果。現在我們以一個假想的例子來說明囚犯兩難賽局。

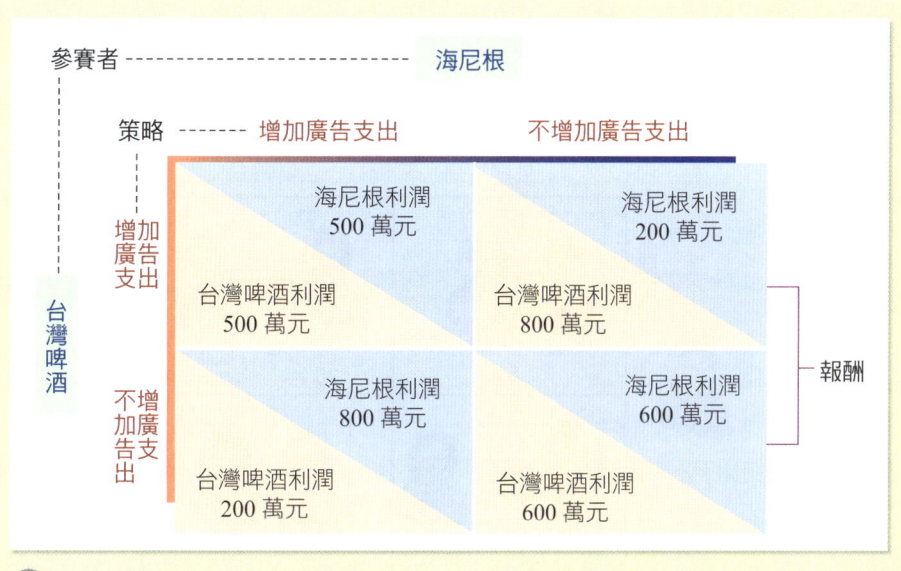

|  | 海尼根 | |
|---|---|---|
| 策略 | 增加廣告支出 | 不增加廣告支出 |
| 台灣啤酒 增加廣告支出 | 海尼根利潤 500 萬元<br>台灣啤酒利潤 500 萬元 | 海尼根利潤 200 萬元<br>台灣啤酒利潤 800 萬元 |
| 台灣啤酒 不增加廣告支出 | 海尼根利潤 800 萬元<br>台灣啤酒利潤 200 萬元 | 海尼根利潤 600 萬元<br>台灣啤酒利潤 600 萬元 |

圖 7-13　廣告支出的報酬矩陣

　　有兩個人，曹操與曹革，在闖空門時恰好被警察撞見，而被繩之以法。由於罪證確鑿，檢察官求刑一年。警方同時也懷疑他們涉及地方農會搶案，只是苦無證據，無法破案。因此警方決定將他們隔離偵訊，並且分別提供兩人以下的條件：現在是判刑一年，即將發監服刑。如果你承認涉及農會搶案，並指證同伴涉案，將轉為污點證人，獲得無罪釋放，你的同伴會被檢察官求刑二十年。如果兩人都主動承認涉案，法官會依自首處分從輕量刑，各判五年刑期。

　　曹操與曹革馬上面臨的困難抉擇是：到底是招還是不招？圖 7-14 整理出他們的選擇。在這個報酬矩陣中，參賽者是曹操與曹革，使用的策略是承認搶劫與否認搶劫，獲得的報酬是圖 7-14 的四個結果：各判刑一年；各判刑五年；一人被判刑二十年、另一人無罪開釋，至於遊戲規則是警方採取隔離偵訊。

　　從曹操的角度來看，他會做以下的推理：因為隔離偵訊，無從得知曹革的情況。如果曹革保持緘默，曹操的最佳策略是承認搶劫。理由是：否認會被判刑一年，承認則無罪獲釋。另外，如果曹革招供，曹操的最佳策略是承認搶劫。理由是：否認會被判刑二十年，承認的話只判刑五年。因此，不管曹革的策略如何，曹操的最佳策略是承認搶劫。

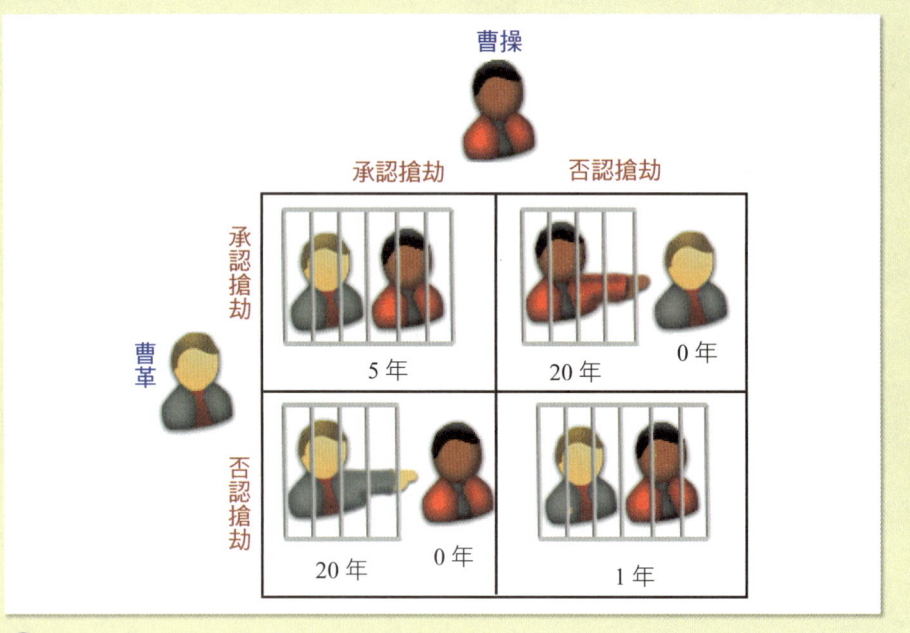

**圖 7-14　囚犯兩難**

**優勢策略**　不管對手策略為何，參賽者選擇對自己最有利的策略。

當參賽者選定最佳策略，而不管對手的選擇時，這個策略稱為**優勢策略** (dominant strategy)。在這個例子裡，曹操的優勢策略就是承認搶劫。無論曹革做何種決策，只要曹操認罪就可少蹲幾年牢房。在啤酒的例子裡，不管海尼根的策略如何，台灣啤酒的優勢策略就是增加廣告支出。

現在來看曹革的選擇。他面對與曹操一樣的條件，且推理和曹操相同。認罪是曹革的優勢策略，也就是不管曹操的策略決定，承認搶劫可讓自己的牢獄日子減少。

最後的結果是曹操與曹革都承認搶劫，各被判刑五年。這個結果並非最好的結局。因為對兩人最好的結果應該都是抵死不認帳，兩人只會被判刑一年。曹操與曹革都選擇自己的優勢策略，結果兩人共同達成的卻是對自己最糟的結果。

這個曹操與曹革都認罪的結果，是賽局的均衡解。這個觀念在 1951 年，首先由數學家納許 (John Nash) 提出，我們稱此為**納許均衡** (Nash equilibrium)。這個例子告訴我們一個事實：現實生活中，廠商合作是相當困難的。即使曹操與曹革有機會串供，但只要一隔離偵訊，兩人的優勢策略都是認罪，合作不可能存在。

納許均衡是在對手的策略既定下,每一位參賽者選擇對自己最佳策略的狀態。如果運用上面的分析,在啤酒的例子中,台灣啤酒的優勢策略是增加廣告支出,海尼根啤酒的優勢策略也是增加廣告支出。賽局的納許均衡是兩家公司都增加廣告支出,各自賺取利潤 500 萬元,這個結果並不是最好的結局。最好的結局應該是兩家公司都不要擴張支出,只要維持原來廣告額度即可,此時兩家廠商各自賺取 600 萬元。

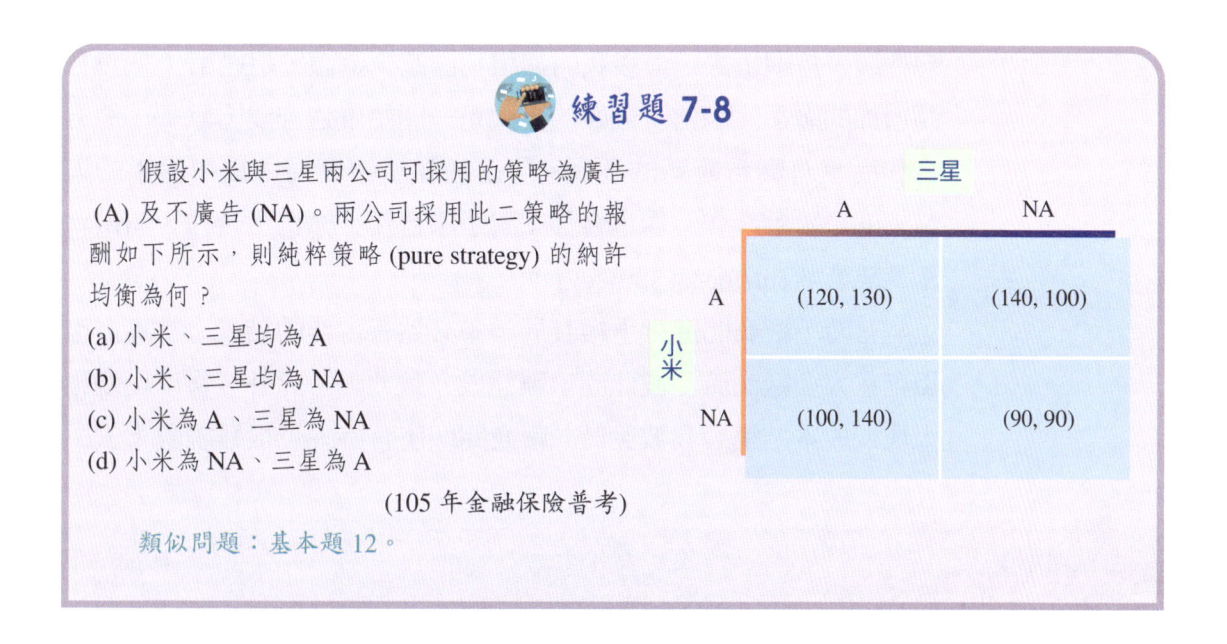

---

**練習題 7-8**

假設小米與三星兩公司可採用的策略為廣告 (A) 及不廣告 (NA)。兩公司採用此二策略的報酬如下所示,則純粹策略 (pure strategy) 的納許均衡為何?

(a) 小米、三星均為 A
(b) 小米、三星均為 NA
(c) 小米為 A、三星為 NA
(d) 小米為 NA、三星為 A

|  | 三星 A | 三星 NA |
|---|---|---|
| 小米 A | (120, 130) | (140, 100) |
| 小米 NA | (100, 140) | (90, 90) |

(105 年金融保險普考)

類似問題:基本題 12。

---

**重複賽局**　前面所提囚犯兩難與啤酒賽局的例子,都直指寡占廠商間要維持合作是相當困難的一件事。難道寡占市場只有這種結論?寡占廠商是否存在溝通與合作的可能?

在囚犯兩難中,曹操與曹革一生可能只有一次機會做決定,然而,多數廠商的生產與訂價決策卻是周而復始,不斷地重複。實際經濟運作上,廠商面臨的是**重複賽局** (repeated game),每一期都會做決策並獲取報酬。在台灣啤酒與海尼根啤酒的賽局中,如果是**單次賽局** (one-shot game),台灣啤酒害怕利潤減少而採取廣告策略。同樣地,海尼根也做如此思考,結果是兩家的利潤因為競爭而減少。但若台灣啤酒與海尼根兩家業者持續留在啤酒市場中,兩家業者的賽局就不會只有一次,而會一直延續下去。重複賽局的結局是否有所不同?答案是理性的廠商,進行重複賽局的均衡是雙方確保合作,並享有獨占利潤。我們可用下面的例子加以說明。

假設這個月,台灣啤酒採取廣告策略,而海尼根未採取廣告策略,台灣啤酒的利潤提高,而海尼根的利潤會下跌。下個月,海尼根害怕市場占有率降低,也跟著從事廣告競爭策略,結果雙方的利潤都會減少。如果彼此都知道對手不會馬上從市場消失,台灣啤酒可能有另外一種想法:"這個月,我從事廣告競爭,導致對手利潤減少。下個月,他會採取廣告競爭,我的利潤也跟著減少。這樣的惡性競爭持續下去,最後我的累積利潤減少金額,超過第 1 個月利潤增加的金額。因此,最好的方式是一開始就遵守雙方默契,雙方合作而享有聯合壟斷的利潤。" 這種在重複賽局中重複對手的策略,就是對手合作,你也合作;對手不合作,你也不合作,叫做**以牙還牙策略** (tit-for-tat strategy)。

有時,廠商間進行重複賽局,不必然有合作的結果。當寡占市場存在太多廠商時,彼此間很難達成一致共識。此外,當市場變化太快或成本結構容易波動時,廠商間即使有協議也很難維繫下去。

---

**實例與應用**　　　　　　**賽局與舊宗路**

為什麼量販店都會開在一起?每到假日內湖舊宗路總是大塞車,短短的距離內聚集了好市多、兩家大潤發、家樂福,還有兩家暢貨中心。答案很簡單:降低顧客搜尋物品的費用。想像好市多在臺北市的北區,特力屋在臺北市的南區,而你同時想買聖誕節的禮物及聖誕裝飾,可能要花上一整天。

空間競爭模型的先驅哈羅德‧霍特林 (Harold Hotelling) 在 1929 年曾經提出解釋。假設有兩家量販店:大潤發與家樂福分別在同一條路的兩頭。兩家為了搶市占率都會往中間聚集,結果是背靠背地開在一起。

霍特林的理論也說明為何最近在臺灣許多的夜市 (如逢甲夜市) 和上班族集中的地方 (如南陽街) 大量湧現的飲料店,如水巷茶弄、50 嵐、珍煮丹,甚至壹咖啡、85 度 C 等都集中在同一個區域的現象。

## 7-9 結　語

　　如果完全競爭市場是一個極端，那麼獨占市場會是另外一個極端。現實生活中，很少有獨占能夠長期存在。譬如，郵政服務正接受網際網路與快遞的挑戰。菸酒公賣局的菸酒專賣也在我國加入世界貿易組織 (World Trade Organization, WTO) 後，畫下句點。

　　壟斷性競爭市場與寡占市場，填補完全競爭市場與獨占市場的部分缺憾。日常生活中，有許許多多壟斷性競爭廠商與寡占廠商的例子，包括餐廳、咖啡館、洗髮精、牙刷、牙膏，還有超級市場架上諸多商品與油品、報紙、便利商品、汽車、電器類產品等。

　　由於市場瞬息萬變，廠商決策行為複雜，並沒有一個經濟模型可以完整描述寡占市場的廠商行為。多數廠商必須同時顧及自身利益和廠商的共同利益。若是聯合壟斷，廠商可共享獨占利潤；若是追求自身利益，可能趨向競爭結果。

　　行政院《公平交易法》第七條與第八條曾對獨占事業範圍予以規定。第一款為一事業於相關市場之占有率達二分之一。第二款為二事業全體於相關市場之占有率達三分之二。第三款為三事業全體於相關市場之占有率達四分之三。有前項各款情形之一，其個別事業於該相關市場占有率未達十分之一或上一會計年度事業總銷售金額未達主管機關所公告之金額者，該事業不列入獨占事業之認定範圍。這個定義已經涵蓋寡占市場。

　　此外，《公平交易法》第十四條有聯合行為之定義。因此，《公平交易法》對廠商聯合壟斷行為不管是明文契約或無形的意思聯絡，只要是違法結合 (第十三條)、事業不得為聯合行為 (第十五條)、妨礙公平競爭 (第二十條)，中央管理機關均得處以罰則。

### 摘要

- 獨占是指市場只有一個廠商，所生產的商品沒有近似替代品。獨占最重要的一個特性是進入障礙。進入障礙有三種：(1) 法律的障礙；(2) 規模經濟；(3) 獨家擁有生產因素。

- 獨占廠商短期利潤極大化有三種不同情況：(1) 價格大於平均成本，利潤為正；(2) 價格介於平均成本與平均變動成本間，利潤為負，廠商繼續生產；(3) 價格低於平均變動成本，廠商暫時歇業。
- 差別訂價分為三種：第一級、第二級及第三級。第一級差別訂價是針對每一單位產量，採取不同訂價；第二級差別訂價是依照不同消費數量，採取差別價格；第三級差別訂價是廠商針對兩群或以上消費者進行差別訂價。
- 壟斷性競爭市場有三個特性：為數眾多的廠商、產品差異化及自由進出市場。
- 壟斷性競爭市場的長期均衡和完全競爭市場的長期均衡有兩點不同：(1) 產能過剩：壟斷性競爭廠商並未在長期平均成本最低點生產；(2) 價格高於邊際成本：壟斷性競爭廠商有無謂損失。
- 寡占市場的特色是廠商家數少，彼此間行為相互影響，進入障礙高，並從事價格與非價格競爭。
- 拗折需求曲線模型是在說明：在寡占市場下，商品的價格非常穩定 (有僵硬性)。
- 賽局理論是參賽者策略與行為之研究。有三項基本元素：參賽者和遊戲規則、策略及報酬。

# 習 題

### 基本題

1. 汽油或電力等產業之所以容易形成自然獨占，主要是因為其成本結構具有下列哪一個特性？
   (a) 固定成本很低
   (b) 總成本隨產量增加而減少
   (c) 平均成本隨產量增加而減少
   (d) 邊際成本隨產量增加而增加
   (108 年初等考試)

2. 某產品的市場需求函數為 $Q = 200 - P$，固定生產成本為 30，邊際生產成本為固定值 20，如果只有一家廠商生產該產品，使其利潤極大之最適訂價為何？

3. 假設大雄玩具店是一個獨占廠商，面對市場需求曲線 $p = 16 - 2q$，其中 $p$ 及 $q$ 分別為價格及產量。此玩具店的總成本為 $TC(q) = 10 + 4q$。假如大雄玩具店追求利潤最大，它會造成社會的無謂損失為何？
   (107 年外交特考)

4. 差別訂價的條件為何？請舉出三個差別訂價的例子。

5. 完全差別訂價下的無謂損失和自然獨占下的無謂損失，有何不同？

6. 請問哪一種市場結構之下需要使用行銷策略？
   (a) 完全競爭
   (b) 壟斷性競爭
   (c) 獨占
   (d) 以上皆是
   (100 年輔大企管)

7. 下列何者敘述不是壟斷性競爭 (monopolistic competition) 市場的特性？
   (a) 產品間存在差異化
   (b) 廠商家數多於寡占市場
   (c) 個別廠商所面對的需求曲線都是水平線
   (d) 個別廠商有部分的訂價能力
   (108 年高考三級)

8. 在長期，一追求利潤極大的壟斷性競爭廠商，其生產是否有效率規模？請解釋之。

9. 大城市的旅館住宿價格要高於小城市的旅館住宿價格。假設旅館住宿是壟斷性競爭市場的一種，請問價格為何有差距？

10. "拗折需求曲線理論的優點是其可以解釋

為何邊際成本變動時，價格不會變動。"
請評論之。　　　　　(100 年靜宜會計)

11. 在考試時，監考官懷疑阿呆、阿瓜兩名學生有彼此抄襲的嫌疑，因此將兩名學生隔離詢問。下圖顯示兩人在隔離詢問過程中，所做的策略及所受到的懲罰。請問阿呆與阿瓜的兩人最適策略為何？

(96 年中興財金)

|  | 阿呆 |  |
| --- | --- | --- |
|  | 承認作弊 | 否認作弊 |
| 阿瓜 承認作弊 | 大過／大過 | 退學／不處分 |
| 阿瓜 否認作弊 | 不處分／退學 | 小過／小過 |

12. 下圖為 "萊爾富便利商店" 與 "OK 便利商店" 大亨堡的訂價策略和利潤，請問在均衡時它們各自選擇在哪裡訂價？

(100 年文化企管)

|  | 萊爾富 |  |
| --- | --- | --- |
|  | $40 | $50 |
| OK $40 | $500／$500 | $400／$700 |
| OK $50 | $700／$400 | $600／$600 |

13. 獨占性競爭市場和完全競爭市場的長期均衡，具備的共同性質為：
   (a) 經濟利潤為零
   (b) 都位於平均成本最低處生產
   (c) 產品都是同質
   (d) 都在邊際成本小於平均成本處生產
　　　　　　　　　　(108 年關務特考)

14. 追求利潤極大的獨占性競爭廠商其供給函數為：
   (a) 正斜率
   (b) 負斜率
   (c) 水平線
   (d) 不存在

### 進階題

1. 下圖顯示某獨占廠商的長期平均成本線 (LAC)、長期邊際成本線 (LMC)、市場需求線 (D) 以及邊際收益線 (MR)。若沒有政府管制，則該廠商的最大利潤為何？

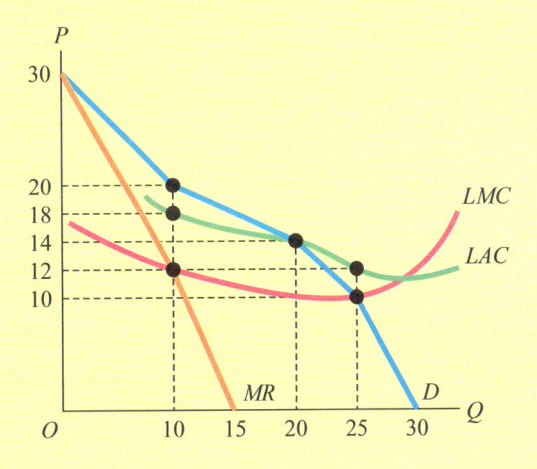

(107 年初等考試)

2. 臺北自來水公司 (獨占廠商) 面臨的需求函數為 $P = 100 - Q$，其成本函數 $TC = 10Q + \frac{1}{2}Q^2$。
   (a) 在利潤最大下，價格與產量各是多少？
   (b) 若自來水公司追求業績最大 (總收益最大)，其價格與產量是多少？
   (c) 若自來水公司為完全競爭，價格與數量又是多少？　　　(100 年輔大會計)

3. 某獨占廠商面對兩區隔市場，其成本函數為 $TC = 50 + 20Q$，市場 1 之需求函數為 $Q_1 = 20 - 0.4P_1$，市場 2 之需求函數為 $Q_2 = 10 - 0.1P_2$。
   (a) 若廠商不採差別訂價，利潤最大之價格為何？此時利潤為何？
   (b) 若廠商採差別訂價，利潤最大之市場 1 與市場 2 之價格各為何？

(97 年中原企管三)

4. 如果原先進行數量競爭的幾家生產同質產

品的廠商形成勾結，則有關勾結的經濟效果，其消費者剩餘及社會總福利有何變動？
(105 年經建行政)

5. 假設自來水公司的成本與需求如下：

   需求：$P = 50 - \dfrac{Q}{10}$

   成本：$C = 500 + Q$

   (a) 如果政府管制自來水公司，使其沒有無謂損失，請求出價格、數量和消費者剩餘
   (b) 如果政府希望自來水公司不要虧損，請求出價格、產量、消費者剩餘和利潤

6. 一壟斷性競爭廠商，短期的價格、數量和成本資料如下表：

   | Q | P | FC | VC | TC | TR | Profit/Loss |
   |---|---|---|---|---|---|---|
   | 0 | 100 | 100 | 0 | | | |
   | 1 | 90 | — | 50 | | | |
   | 2 | 80 | — | 90 | | | |
   | 3 | 70 | — | 150 | | | |
   | 4 | 60 | — | 230 | | | |
   | 5 | 50 | — | 330 | | | |
   | 6 | 40 | — | 450 | | | |
   | 7 | 30 | — | 590 | | | |

   (a) 請將表中空格填滿
   (b) 最適產量為何？利潤為正或負？
   (c) 廠商短期是否應停業？為什麼？

7. 假設鑽石的價格和購買量如下：

   | 價　格 | 購買量 |
   |---|---|
   | 8,000 | 5,000 |
   | 7,000 | 6,000 |
   | 6,000 | 7,000 |
   | 5,000 | 8,000 |
   | 4,000 | 9,000 |
   | 3,000 | 10,000 |
   | 2,000 | 11,000 |
   | 1,000 | 12,000 |

   如果鑽石的邊際成本固定在 1,000 元。

   (a) 假設有許多鑽石供應商，價格與數量如何決定？
   (b) 假設只有一家供應商，價格與數量如何決定？
   (c) 假設有兩家供應商，且平分市場，兩家勾結形成卡特爾，數量與利潤如何決定？如果其中一家提高產量 1,000 顆，另一家遵守卡特爾協議，數量及利潤會如何變化？

8. 假設小鎮只有一家廠商供應礦泉水，其需求和成本資料如下：

   需求：$P = 100 - 0.01Q$

   成本：$C = 30,000 + 50Q$

   (a) 請求出利潤極大的價格、產量和利潤
   (b) 政府如果針對每單位產量課徵 10 元的稅，新的價格、產量和利潤為何？

9. 如果一壟斷性競爭廠商知道需求彈性是 $-4$ 且平均變動成本 $AVC = 10$ 元。請求出：
   (a) 壟斷性競爭廠商的訂價加成因子 (marking factor) 為何？
   (b) 最適價格是多少？

10. 假設有兩家冰淇淋店：小美和義美均可生產高品質或低品質的冰淇淋，其利潤報酬矩陣如下：

    |  | 小美 低品質 | 小美 高品質 |
    |---|---|---|
    | 義美 低品質 | 小美 −30<br>義美 −20 | 小美 600<br>義美 900 |
    | 義美 高品質 | 小美 800<br>義美 100 | 小美 50<br>義美 50 |

    (a) 納許均衡為何？
    (b) 合作的均衡為何？
    (c) 哪一家廠商從合作均衡中獲利最多？合作均衡，至少應該支付多少給另一家廠商，才有勾結出現？

11. 假設臺灣與美國兩國貿易的報酬矩陣如下：
    (a) 美國的優勢策略為何？臺灣的優勢策略為何？
    (b) 納許均衡為何？

    | | 美國低關稅 | 美國高關稅 |
    |---|---|---|
    | 臺灣低關稅 | 美國 20 億 / 臺灣 20 億 | 美國 30 億 / 臺灣 8 億 |
    | 臺灣高關稅 | 美國 8 億 / 臺灣 30 億 | 美國 10 億 / 臺灣 10 億 |

12. 假設某追求利潤最大的獨占廠商，面對市場需求曲線 $P = 15 - q$，其中 $P$ 與 $q$ 分別為價格及產量，且其總成本函數為 $TC(q) = 10 + 3q$，該廠商最適價格與產量下所對應的消費者剩餘是多少？
    (105 年金融保險普考)

13. 承進階題 1，若政府考慮管制此廠商，則下列敘述何者錯誤？
    (a) 若政府採用平均成本訂價法，廠商的經濟利潤為零
    (b) 若政府採用平均成本訂價法，社會沒有福利損失
    (c) 若政府採用邊際成本訂價法，廠商會有虧損
    (d) 若政府採用邊際成本訂價法，需付出補貼
    (107 年初等考試)

14. 假設 A 及 B 兩家便利商店在銷售的過程中可採用的策略為：多樣化 (M) 及精緻化 (F)。兩店採用此兩種策略所能得到的利潤如下表，請問有幾個純粹策略 (pure strategy) 的納許均衡解？

    | | | B M | B F |
    |---|---|---|---|
    | A | M | $300，$400 | $500，$600 |
    | A | F | $200，$500 | $600，$400 |

    (a) 0 個
    (b) 1 個
    (c) 2 個
    (d) 3 個
    (107 年外交特考)

15. 下表是某廠商的平均收益 (AR)、邊際收益 (MR) 及其產量 (Q) 的關係，則該廠商最不可能身處在哪一種市場之中？

    | Q | 1 | 2 | 3 | 4 | 5 | 6 |
    |---|---|---|---|---|---|---|
    | AR | 16 | 14 | 12 | 10 | 8 | 6 |
    | MR | 16 | 12 | 8 | 4 | 0 | -4 |

    (a) 完全競爭市場
    (b) 獨占市場
    (c) 寡占市場
    (d) 獨占性競爭市場
    (108 年初等考試)

16. 承上題，如果該廠商的邊際成本為 $MC = Q$，則它利潤極大的產量為何？
    (a) 1
    (b) 3
    (c) 4
    (d) 5
    (108 年初等考試)

上網題

1. 請至行政院公平交易委員會網站查看新聞稿或《公平交易通訊》，並指出最近一期有關寡占廠商的例子。
2. 石油輸出國家組織 (OPEC) 是歷史上非常著名的國際卡特爾。請上網查詢最近一期的油價及 OPEC 最近的集會會議結論。

# Chapter 8

# 外部性、共同資源與公共財

2009 年 8 月 8 日，莫拉克颱風對臺灣造成嚴重傷害。日本媒體以兩百年日據水文資料報導，這是"兩百年來臺灣最大的災害"。

災難不只是颱風，而是西南氣流引來的豪雨、山崩、山洪暴發、土石流、惡水改道……。受到莫拉克颱風重創的高雄縣甲仙鄉小林村慘遭滅村，全村 815 人只逃出 79 人。中研院地球科學研究所研究員汪中和指出，此次災害與全球暖化有直接關係。

颱風過境多少會造成傷害，但人類從事生產，追求自我利益，卻製造社會成本。這種社會成本顯然高過私人成本的現象，稱為**外部性** (externality)。外部性是指生產者或消費者的行為影響到第三者的福利水準。如果這個影響減損他人福利，稱為**負的外部性** (negative externality)；如果是增加他人福利，則稱為**正的外部性** (positive externality)。前面提到的土石流現象，是生產所引起負的外部性。

教育是正的外部性的例子。一個人受高等教育不但可增加工作技能，讓自己賺更多錢，且能夠提高勞動生產力，使公司獲利。此外，教育提高研究發展能力，譬如，醫學院可將基礎研究，應用發展來濟世救人。當然，教育能夠提高生活水準，影響他人，增加社會福利。美國匹茲堡大學的一項研究指出，投資 1 美元於兒童的教育與醫療上，可獲得 4 至 7 美元的利益。

除了外部性外，本章另一個重點是公共財與共同資源。在經濟社會中有很多"商品"是公共財或共同資源，譬如，燈塔、季節性候鳥、溪湖和海裡的魚蝦、森林與電台廣播等。至於前面幾章提到的商品是私有財,譬如,牛奶、電腦、衣服及汽車等,消費者必須付錢給生產者,才能夠享受這些商品。

免費,以經濟學術語來說,就是市場價格等於零。既然消費者無須付錢,廠商提供這些商品自然也不會有收入。因此,市場那一隻看不見的手就無法發揮資源分配的功能。某些商品,如國防與燈塔,只得仰賴政府來供應群體所需。

## 8-1 經濟效率與外部性

**外部性** 生產者或消費者行為影響到第三者的福利。

一般人買運動休旅車的時候,只會考慮油耗、空間和性能,不會想到龐然大車排放的廢氣,可能使周遭有氣喘的孩子病情加重;二十年後北極無冰、義大利人吃不到義大利麵;四十年後大家無魚可吃。外部成本究竟有多大?經濟合作與發展組織 (Organization for Economic Cooperation and Development, OECD) 於 2016 年的研究報告指出,空氣污染每年造成 71.2 萬人早逝。到 2060 年,將導致全球 GDP 每年損失 1%,損失總額約 2.6 兆美元,而每年約有 600 萬至 900 萬人死於空氣污染。

記得在第 6 章,需求曲線衡量商品消費的邊際利益 (MB),而供給曲線衡量商品生產的邊際成本 (MC)。當供需相等時,社會享有經

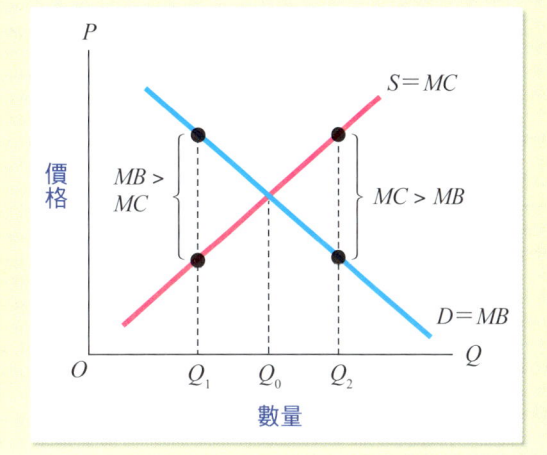

第 8 章　外部性、共同資源與公共財

**圖 8-1　經濟效率**
當產量是 $Q_1$ 時，邊際利益大於邊際成本；
當產量是 $Q_2$ 時，邊際利益小於邊際成本；
當產量是 $Q_0$ 時，邊際利益等於邊際成本，
總剩餘達到最大。

濟效率。如圖 8-1 所示。當 $Q = Q_1$ 時，產量小於 $Q_0$，消費者得到的利益超過廠商生產該單位的成本，增加商品生產，社會總剩餘可以提高；當 $Q = Q_2$ 時，產量大於 $Q_0$，消費者得到的利益小於廠商的成本，降低產量，總剩餘會增加。

## 8-1-1　負的外部性

首先，讓我們考慮負的外部性如何影響經濟效率。假設台糖在屏東設置養豬場，豬隻排泄物每天直接排入河中，造成高屏溪的污染，對使用這條河的居民、遊客等造成負的外部性。

假設每頭豬造成的**邊際外部成本** (marginal external cost, MEC) 是圖 8-2 中的 $\overline{ac}$。豬隻生產的**邊際社會成本** (marginal social cost, MSC) 等於台糖生產豬隻的**邊際私人成本** (marginal private cost, MPC) 加上豬隻污染成本 MEC。若以數學式子表示，考慮外部成本的社會供給曲線可寫成：

$$S_S = MSC = MPC + MEC \tag{8-1}$$

**邊際外部成本**　當廠商增加一單位商品生產，所引起外部成本的增加量。

**邊際社會成本**　額外增加一單位商品消費，額外增加的社會成本。

由於豬隻排泄物造成水污染，因此社會供給曲線在廠商供給曲線的左邊。當產量等於 $Q_S$ 時，消費最後一單位豬隻的社會利益等於生產最後一單位豬隻的社會成本。從整個社會的觀點來看，在這個產量下的經濟效率最高。

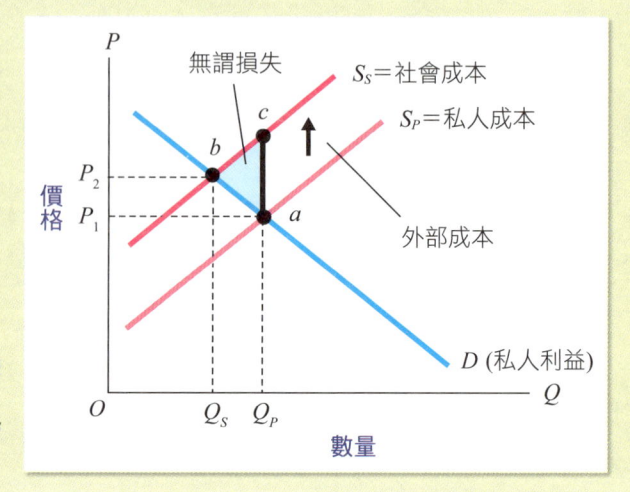

**圖 8-2　負的外部性與經濟效率**
當有負的外部性存在時，經濟效率是在需求與社會成本的交點時達到最大，此時 $Q_S < Q_P$，資源過度使用。

圖 8-2 的 $a$ 點是未負擔外部成本時，台糖生產豬隻的均衡。台糖的最適產量 $Q_P$ 大於社會的最適產量 $Q_S$。當產量等於 $Q_P$ 時，消費的邊際利益小於生產的社會成本。這表示台糖生產過多的豬隻，造成太多排泄物倒入河中，而導致社會福利損失。生產過剩的無謂損失是面積 $\triangle abc$。

### 8-1-2　正的外部性

其次，讓我們考慮正的外部性如何影響經濟效率。通常廠商會將研究成果申請專利，譬如，輝瑞藥廠的威而鋼，以賺取超額利潤。如果廠商將研究成果公諸於世，譬如，日本的美女機器人擅長走秀、什錦燒機器人可製作客製化菜單。這樣不但其他廠商能夠享受技術進步成果，社會與自己本身也會因資源共享而獲利。

圖 8-3 的 $MPC$ 與 $MSC$ 分別代表廠商生產商品的私人供給與社會供給曲線。$MSC$ 位於 $MPC$ 的右邊，兩者間的差距反映研究發展成果共享所創造的外部利益，即為圖 8-3 的 $\overline{ac}$。以數學式子表示，可寫成：

$$MSC = MPC - MEB \tag{8-2}$$

其中 $MEB$ 是**邊際外部利益** (marginal external benefit, $MEB$)。邊際外部利益是指當廠商增加一單位商品生產時，引起他人利益增加的數

**邊際外部利益**　當廠商增加一單位商品生產時，引起他人利益增加的數量。

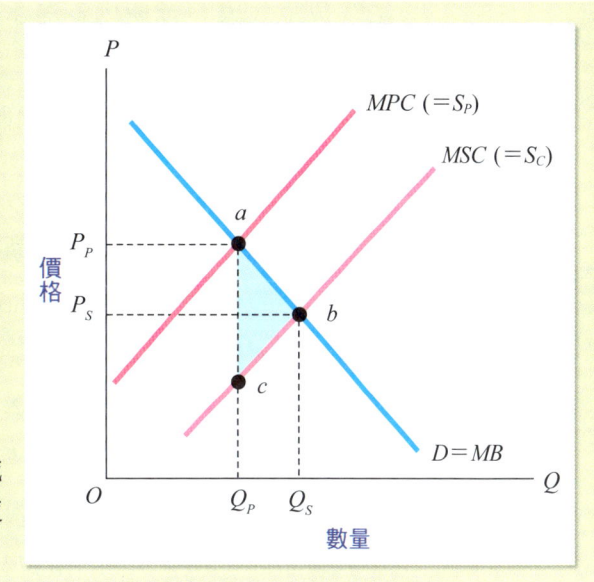

### 圖 8-3　生產的外部利益

當存在正外部性時，社會成本低於私人成本，最適產量 $Q_S$ 大於私人產量 $Q_P$，資源使用不足。

量。需求曲線與私人供給曲線的交點 $a$ 為私人均衡，而需求曲線與社會供給曲線的交點 $b$ 為社會均衡。由於存在外部利益，社會最適產量大於個別廠商產量 ($Q_S > Q_P$)。消費者享受到的價格 ($P_S$) 低於個別廠商售價 ($P_P$)。在社會最適產量 $Q_S$ 下，邊際利益 ($a$ 點) 大於邊際社會成本 ($c$ 點)。產量提升可增進社會福祉，面積 $\Delta abc$ 即為社會福利淨增加的部分。

---

#### 練習題 8-1

下列何者具有外部利益？
(a) 巷道兩旁擺設盆栽，影響救護車出入
(b) 行人遵守交通規則，減少交通意外發生
(c) 商店門口的流動攤販生意太好，使商店的來客數下降
(d) 南臺灣的養殖業者超抽地下水，使得高鐵行駛速度減慢

(107 年外交特考)

類似問題：基本題 1。

## 8-2　政府政策與外部性

若缺乏政府管制，染布工廠一定會任意排放廢水；相反地，若

法院裁定大家有權使用乾淨水源，染布工廠就會想辦法增添污水處理設備。面對這種市場失靈，政府有以下的手段：(1) 直接管制；(2) 課稅與補貼；(3) 排放交易制度。

**直接管制**　政府可採取兩種方式來直接管制製造污染的廠商，這兩種方式分別是：數量管制和價格管制。

**數量管制** (quantity regulation) 是政府規定廠商製造排放污染的最高數量。舉例來說，行政院環保署的《空氣污染防制法》，制訂總量排放標準，以及地區和業別排放標準；《噪音管制法》制訂車輛、航空器等交通噪音之防治規定，並提高罰鍰額度；《水污染防治法》規定擴大污染源管制對象，建立總量管制制度，提高罰鍰額度，增加刑責規定。以上的例子都屬於數量管制。

**價格管制** (price regulation) 是政府對每一單位的污染徵收防治污染費用。譬如，我國環境保護法規，針對空氣污染和水污染徵收污染防治費用。《廢棄物清理法》中，規定執行機關為執行一般廢棄物之消除處理，應向指定清除地區內居民徵收費用。這些都是價格管制的例子。

除了設定排放標準和徵收污染防治費用外，政府可要求廠商採用某種技術來減少污染，譬如，要求汽車加裝觸媒轉換器，或使用無鉛汽油。另外，政府也可機動派員檢視，加強取締工廠和汽車排放大量廢氣或污染水源等。

**課稅與補貼**　第二項措施是針對產生外部成本的廠商予以課稅，或針對產生外部利益的廠商給予補貼。在圖 8-2 中，當政府針對負的外部性課稅時，廠商供給曲線向左移動。新的供給曲線 ($S_s$) 與需求曲線的交點所決定的均衡產量，正是社會最適產量 ($Q_s$)。課稅的好處有三個：第一，如果消費者知道要用更貴的價格買運動休旅車，自然就會減少購買；第二，是政府的稅收會增加；第三，是廠商見到消費者不買，就會自我調整，朝節能小車發展。

同樣地，在圖 8-3 中當政府針對創造正的外部性廠商予以補貼時，廠商的供給曲線向右移動。新的供給曲線 ($S_c$) 與需求曲線的交點所決定的均衡產量，正是社會最適產量。因此，政府不必藉著價

---

**數量管制**　政府立法規定廠商製造排放污染的最高數量。

**價格管制**　政府針對廠商每一單位的污染徵收防治費用。

格與數量管制或強制取締，也可達到經濟效率的最適境界。

**可排放交易許可** 可排放交易許可 (tradable emission permits) 是廠商可以買賣排放固定數量污染物的執照。發放的數目是依廠商過去歷史數據，再以公式換算而得。

> 可排放交易許可
> 廠商可以買賣固定數量污染物的執照。

讓我們用發電廠的例子來說明。假設福島與仙台各有 300 噸的二氧化硫可排放交易許可。若採用先進科技的福島發電廠只排放 200 噸，而沿用舊科技的仙台發電廠每年排放 400 噸。若有一個市場 (芝加哥期貨交易所) 能夠買賣可排放交易許可，福島即可將多餘的 100 噸賣給仙台而獲利。政府不用出面，那隻看不見的手主導交易，我們也能夠活在乾淨空氣和水的環境中。

美國酸雨與歐洲溫室氣體的可排放交易許可均為總量管制與交易制度 (cap and trade system) 的例子：政府制訂一個污染物排放上限 (cap)——污染物的排放總量，然後發行可排放交易許可，並且實施每年污染者擁有的許可證數量等於污染源的排放數量。目的是制訂一個較低的排放總量以創造環境利益，同時讓污染者符合環保標準的彈性，並促使他們採取降低污染成本的新技術。

---

**練習題 8-2**

電鍍工廠排放廢水對環境造成污染，下列何者無法解決此種外部性？
(a) 市場機能
(b) 對廠商課徵皮古稅 (Pigovian tax)
(c) 政府將污染權售予廠商
(d) 政府限制污染排放總量

(108 年關務特考)

類似問題：基本題 5。

---

## 8-3 寇斯定理

當經濟存在外部性現象時，我們已經看到政府可以藉著管制或提供經濟誘因兩種方式來糾正資源分配的沒有效率。但是，政府並非唯一能夠提供解決之道的機構，民間也存在某些解決方式，譬如，綠色和平組織致力於環境保護。此外，透過契約協商方式，也能夠解決外部性問題，這就是本節所要探討的主題——**寇斯定理** (Coase theorem)。

> **寇斯定理** 當交易成本為零時，污染者與被污染者可透過協商談判，來達成協議，解決外部性問題，讓資源達到最有效率的使用。

寇斯 (Ronald Coase) 是 1991 年諾貝爾經濟學獎得主，指出在無交易成本假設下，藉由污染者與被污染者雙方的協商談判，達到最適污染水準，解決外部性的問題。我們以南科振動例子來說明寇斯定理。假設華邦電子在臺南科學園區承租土地，興建 12 吋晶圓廠，採 0.1 微米製程生產。由於 0.1 微米製程先進，高度精密，而興建廠址與高速鐵路距離相當近，對華邦電子動態隨機存取記憶體 (DRAM) 的生產過程相當不利。若 12 吋晶圓廠技術上無法忍受振動，為克服高鐵振動問題，高鐵變更設計必須花費 10 億元，而華邦電子遷廠資金是 5 億元。這裡的外部性——振動——是因為高鐵及華邦電子雙方無法共存所引起。倘若沒有別的解決辦法，華邦電子撤離南科是解決外部性成本最低的措施。

寇斯認為不論財產權歸屬任何一方，私人協議可使資源有效利用。所謂**財產權** (property right) 是指所有人可自由使用其財產和其他人被禁止干擾所有人行使權利。假設華邦電子有權利在南科當地興建 12 吋晶圓廠，它可以要求高鐵公司減少因為行駛產生的共振。高鐵並不一定要花費 10 億元來減少振動，可以選擇支付介於 5 億元與 10 億元間的金額，請華邦電子搬離共振地區。這種結果對雙方都有利，因為高鐵支付金額少於 10 億元，而華邦電子獲得比搬遷所需更多的經費。顯然，華邦電子搬遷是有效率的解決方式。

> **財產權** 擁有使用、租賃或銷售財產的權利，並禁止他人干擾所有人行使權利。

相對地，若臺灣高鐵擁有振動的權利，高鐵無須變更任何計畫，可照既定路線行駛。華邦電子既然無免於振動權利，就必須設法解決問題。一個方式是支付高鐵 10 億元來變更設計減少振動，但是這樣做的話，顯然大幅超出搬遷預算 5 億元。所以，華邦電子會選擇離開南科。最後的結論是：不管高鐵或華邦電子誰擁有振動的權利，華邦電子遷離是最有效率及成本最低的方式。

總結來說，寇斯定理是指在財產權確定情況下，無論所有權歸屬，在交易成本為零的假設下，雙方協議即可解決外部性問題，而使雙方互蒙其利，進而達到資源最有效率使用的境界。

第 8 章　外部性、共同資源與公共財　169

> **練習題 8-3**
>
> 在外部性存在的前提下，寇斯定理 (Coase theorem) 隱含的要義是：
> (a) 只要財產權明確界定，即可達到效率境界
> (b) 只要協商成本為零，即可達到效率境界
> (c) 財產權明確界定且協商成本為零，才可達到效率境界
> (d) 只要有外部性，效率境界就不可能達到
> (108 年高考三級改編)
>
> 類似問題：基本題 6。

## 8-4 商品的分類

通常，價格大於零的商品有兩個特性：一是**排他性** (excludability)，是指可以禁止他人使用；另一是**敵對性** (rivalry)，是指當你正在消費某一商品時，會減少他人對該商品的使用數量。在圖 8-4 裡，我們利用這兩個特性，將商品分成四類：

1. **私有財** (private goods)：具有排他性與敵對性的商品。譬如，杜蘭特 (Kevin Durant) 的紐約籃網 7 號球衣是一種私有財。球衣是排他的，如果你不付錢，廠商不會讓你帶走。球鞋也具有敵對性，如果宇田和多光將 Nike 旗艦店僅有的兩雙 8 號半詹姆斯第 17 代

> **排他性**　商品具有禁止別人使用的特性。
>
> **敵對性**　商品經過使用後，會減少他人的使用數量。
>
> **私有財**　商品具排他性與敵對性。

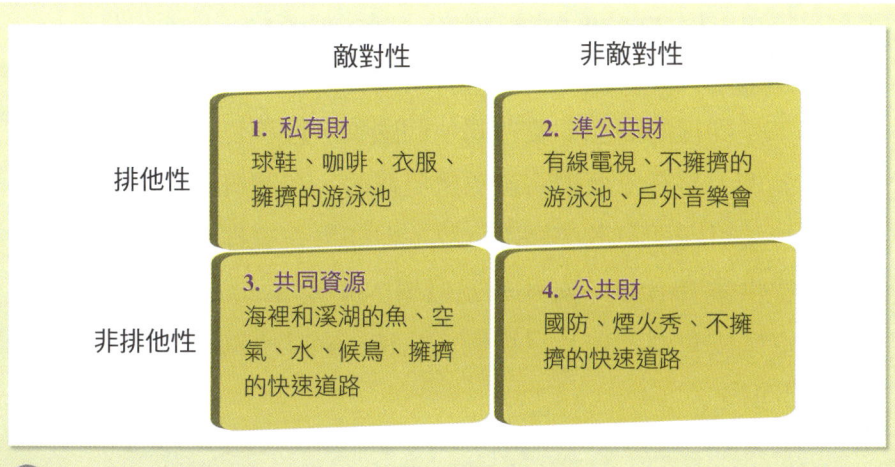

|  | 敵對性 | 非敵對性 |
|---|---|---|
| 排他性 | 1. 私有財<br>球鞋、咖啡、衣服、擁擠的游泳池 | 2. 準公共財<br>有線電視、不擁擠的游泳池、戶外音樂會 |
| 非排他性 | 3. 共同資源<br>海裡和溪湖的魚、空氣、水、候鳥、擁擠的快速道路 | 4. 公共財<br>國防、煙火秀、不擁擠的快速道路 |

圖 8-4　四種商品分類

球鞋買下，阿信就買不到同款大小的球鞋了。

2. **準公共財** (quasi-public goods)：具排他性與非敵對性的商品。**非敵對性** (nonrivalry) 是某人的消費並不會減少他人的消費數量。非敵對性商品的數量對每一個消費者而言都是一樣的，因此多提供一單位商品的邊際成本等於零。譬如，有線電視每個月收費是 500 元，因此具排他性。但你在看職棒冠軍賽時，不會影響其他人的收視。系統業者提供有線電視服務的邊際成本等於零 (非常接近零，因為只要接通訊號即可)。

> 準公共財　商品具非敵對性與排他性。

3. **共同資源** (common resources)：具非排他性與敵對性的商品。**非排他性** (nonexcludability) 是指不管是否付費，無法禁止他人使用。譬如，每一個人都可以去海邊釣魚──海裡的魚具非排他性。但是，魚被釣上岸後，別人釣到魚的數量會減少──海裡的魚具敵對性。

> 共同資源　商品具非排他性與敵對性。

4. **公共財** (public goods)：具非排他性與非敵對性的商品。公共財一般都由政府提供。譬如，鵝鑾鼻燈塔並不能禁止他國漁船使用，也不會因為提供照明給大油輪，就無法同時提供給小漁船。同樣地，臺灣的國家公園在未實施收費時，每個人都可免費上陽明山觀賞櫻花，櫻花數量不會因為你去觀賞而減少。

> 公共財　商品具非排他性與非敵對性。

　　有關上述商品分類的討論，有兩點必須再加以釐清：第一是某些商品，因為使用人數的多寡呈現不同的特性。譬如，高速公路優惠每日每車里程 20 公里免費。如果不是尖峰時段，高速公路是公共財；但如果是尖峰時段，就變成共同資源。

　　第二是同樣的商品即使在同一個國家，性質也不盡相同。以網際網路為例，臺灣學術網路資源是免費的，在圖書館或學校的電腦教室，無須付費即可遨遊網路世界。但如果在家裡透過民間網際網路服務提供業者 (ISP)，如中華電信 HiNet 或 Seednet 等架設寬頻，每個月必須支付電路費及月租費。此時，網際網路即不再是共同資源或公共財。

### 實例與應用　　　維多利亞時期的泰晤士河

一個公共財與共同資源的有趣例子發生在倫敦。

維多利亞時期的倫敦有 300 萬人口，每家每戶都將污水排入泰晤士河。1858 年，夏天漫長的乾旱與填滿污水的河水加總而成"大惡臭"的悲慘組合，河水臭到連岸邊議會大廳的窗簾都必須泡過氯才能阻隔臭味。住在河邊的居民因為霍亂，其死亡率要比遠離河邊的人高出 6 倍。

終於，國會議員討論了十天就簽署《都市地方管理法案》來處理都市主排水系統。這項工程持續將近二十年，總共用掉 3 億 1,800 萬塊磚頭，而下水道系統將倫敦從霍亂中拯救出來，所挽救的性命比任何公共建設還多。

在這個例子裡，下水道是公共財——瑪莉倒污水時，不會影響到貝克漢倒的污水量；而且不管喬治‧庫隆尼付不付錢，都能享受污水處理系統帶來的好處。如此，泰晤士河乾淨水質是共同資源——不管付費與否，大家都能使用(非排他性)。但倫敦有 1,300 萬人口，因此有許多的污水池和許多的餐廳將廢油直接倒入下水道，而造成污水氾濫，甚至回流到家裡的污水池。

---

### 練習題 8-4

下列哪項財貨必具有共享性 (nonrivalry) 的特性？
(a) 正常財
(b) 劣等財
(c) 私有財
(d) 公共財

(107 年初等考試)

類似問題：基本題 8。

---

## 8-5　共同資源

讓我們以 草原的悲劇 (tragedy of the commons) 來說明何謂共同資源。〈草原的悲劇〉是哈汀 (Garrett Hardin) 教授在 1968 年發表的文章篇名，主要探討資源有限且人口增加時，過度使用共同資源的問題。

> 草原的悲劇　毫無限制地取得資源，造成過度使用而使資源枯竭的現象。

## 8-5-1　草原的悲劇

歐洲中古時期，遠在圈地政策之前，英國及許多王國擁有廣闊的領地，稱為 公用草地 (commons)。這些田野和草地並不屬於特定人士，傳統上每一個鄰近居民都可以使用。所以，這些公用草地具非排他性。每位牧羊人均可將羊趕到公用草地吃草，而不需負擔任何費用。

沒有戰爭的日子，人口不斷地成長。再加上疾病的控制，羊群數目也日漸提高。面對固定的草地面積，牧羊人私下在心裡盤算："假如我再多養一頭羊，可以得到多少利益？我所增加的成本又是多少？" 經過反覆思量，牧羊人得到一個結論：多養一頭羊所帶來的銷售利益是屬於自己的財產，羊所吃的草和喝水的成本卻不需負擔。因此，牧羊人會選擇多養一頭羊。

假如所有牧羊人都認為自己的羊群僅占全體羊群的一小部分，將導致整個小鎮的羊群數目暴增。當羊群吃盡每一根草，而土地無法迅速補充牧草所需的養分時，公用草地成為不毛之地，牧羊人和羊群從此消失，小鎮也開始沒落。

草原的悲劇是因為過度放牧的結果。過度放牧是牧養羊群的外部成本所致。以圖 8-5 說明，假設每位牧羊人的羊群相對整個羊群是很小的數目，牧羊人是價格接受者。當牧羊人可自由在公用草地放牧時，最大利潤的羊群數目是在 $Q_P$，也就是羊隻的邊際利益等於羊隻的邊際私人成本的地方。然而，過度放牧會破壞生態體系，對其他人造成負的外部性，邊際社會成本曲線在邊際私人成本曲線的左邊。社會的最適放牧數量是 $Q_S$，羊隻的邊際利益等於羊隻的邊際社會成本。假如牧羊人無須負擔邊際外部成本，產量 $Q_S$ 的邊際利益大於邊際私人成本。牧羊人從自身利益出發，一定會增加羊群數目，以增加利潤。羊群增加的結果，造成公用草地的牧草迅速流失，這就是草原的悲劇。

當個人利益和群體利益發生衝突時，政府可以介入來解決資源過度使用的問題。政府的措施包括：可以直接限制每家羊群的數目或課徵羊頭稅，甚至政府可以將公用草地租給私人經營，或以企業管理方式向每家收取適當費用，以達到資源的最有效率使用。

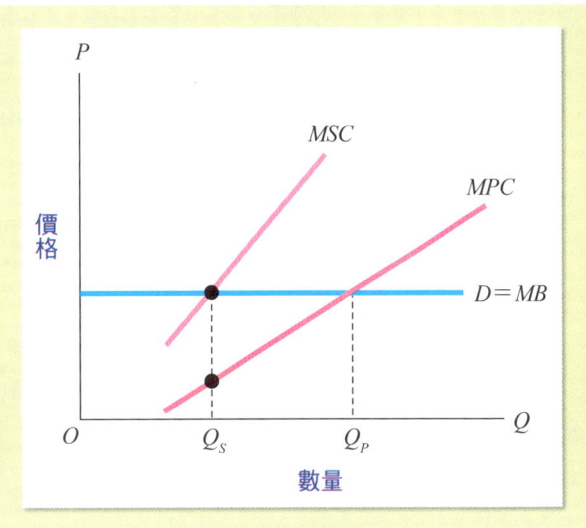

**圖 8-5　草原的悲劇**

當草原是共同資源，每位牧羊人均可使用時，$MB = MPC$，使用數量是 $Q_P$，資源過度使用。從社會角度來看，最適使用量應該是 $Q_S$，$MB = MSC$。

## 8-5-2　其他例子

共同資源大都是我們日常生活不可匱乏的，譬如，空氣、水、土壤、森林、海洋、植物等。

**森林**　根據世界自然基金會在 2015 年發表的森林生命力系列報告指出，如果目前森林砍伐的趨勢持續下去，2010 年至 2030 年間將有 1 億 7,000 萬公頃的森林消失。全球森林消失的主因是農業擴張和非法伐木。世界銀行估計，非法砍伐使木材生產國每年損失 100 億至 150 億美元的收入。熱帶雨林可以吸收二氧化碳，雨林的改變大約釋出 16 億公噸的碳到大氣層中。森林砍伐所造成溫室氣體排放，約占全球溫室氣體排放總量的五分之一。

改進溫帶及熱帶森林生態管理，可以降低溫室氣體進入大氣層的速率，**溫室效應** (greenhouse effect) 會因此減緩。而生態管理途徑有降低森林切割及建築新道路；重視水源涵養，避免土石流及洪水；維持土壤品質和土壤養分等。

**大象**　大象在非洲大陸是共同資源。據統計，1930 年代，非洲曾經有 700 萬至 1,000 萬頭大象；1980 年代，大象數量降低到 120 萬頭；2016 年，大象數量急劇下降到 40 多萬頭，近三十年間減少了近 60%。

根據一項研究指出，非洲大象數目遽減的原因有二：其一，非洲地區局部衝突，造成各民兵組織參與非法獵象，藉由出售象牙以購買軍火；第二，國際市場的象牙需求劇增，導致價格飆漲。2019年7月，新加坡政府查獲9公噸走私象牙，市值高達新臺幣4億元(1,290萬美元)。華人是最大的買家之一，香港變成走私象牙的最大集散地。

---

**練習題 8-5**

共有財的悲劇 (tragedy of the commons) 會造成資源使用時，＿＿＿超過＿＿＿。
(a) 邊際社會成本；邊際私人效益
(b) 邊際私人效益；邊際社會效益
(c) 邊際私人效益；邊際私人成本
(d) 邊際私人成本；邊際社會成本

(107年關務特考改編)

類似問題：基本題10。

---

## 8-6 公共財

公共財與共同資源一樣，都屬於免費商品，民眾無須付費，即可自由享用。然而，兩者之間有一重要區別：公共財的使用，並不會減損他人的使用數量。但由於每個人可免費享受一樣的數量，公共財會產生另外一個問題：**免費搭便車** (free rider)。我們可以用一個例子來說明公共財的特性及免費搭便車的意義。

> **免費搭便車** 即使不付一毛錢，民眾仍然能夠享受公共財的利益。

報載美國空軍將以最先進的F-35隱形戰機取代現在的F-16戰鬥機。假設臺灣預備向洛克希德‧馬丁公司購買10架F-35，每架造價2.3億美元，總價是23億美元。臺灣總人口是2,300萬人，這表示每人必須負擔1,000美元。由於空軍可以保護每個人的安全，政府理應向每個國民收1,000美元，但是否每個國民都願意支付這筆錢？

即使F-35戰機能夠保障臺灣人民身家財產安全，有些人深刻體會到國家安全的重要性，毫不猶豫從口袋掏出1,000美元；但有些人心想，就算我不付錢，政府還是會保護大家。國防是非排他性且非敵對性的，實在很難叫政府只保護出錢的國民。很多人會坐享其成，選擇讓別人付出，這種不付一毛錢的人即屬於免費搭便車者。

## 8-6-1 公共財的最適數量

公共財，如燈塔照明，具非敵對性。任何船隻均可享受相同的燈塔服務。既然燈塔提供的數量（服務）固定，燈塔帶給所有船隻的利益應該是所有船隻邊際利益的垂直加總。以圖 8-6 為例，假設燈塔每日提供 12 小時照明服務，漁船願意支付 30 元享受第 12 個小時的照明，以需求曲線 $D_1$ 表示。商船願意付 70 元，以需求曲線 $D_2$ 表示。因此，當燈塔提供第 12 個小時照明服務時，所帶來的總利益是商船的邊際利益加漁船的邊際利益，也就是社會總利益等於 100 元，如圖 8-6 的 MSB 線。

最適燈塔提供照明時數，取決於照明帶來的邊際社會利益與照明產生的邊際成本。當邊際社會利益等於邊際成本時，如圖 8-6 的 e 點，12 小時的燈塔服務對社會福利而言是最大的。

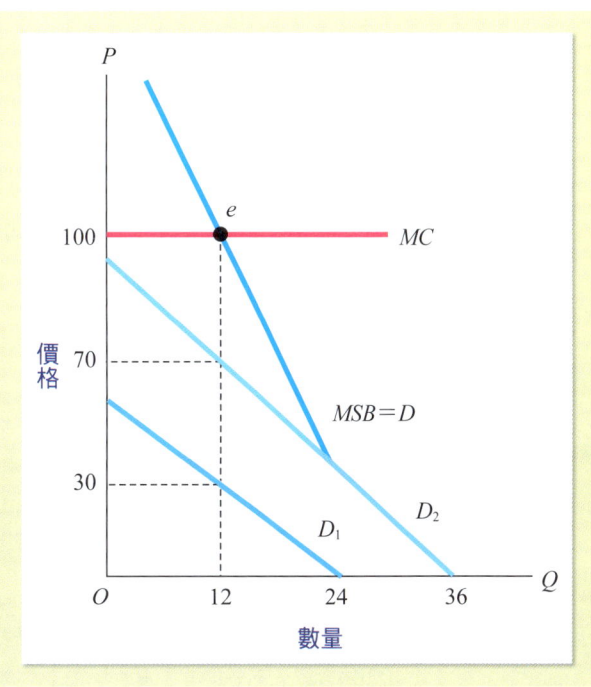

**圖 8-6　公共財**

公共財具非排他性，消費的邊際社會利益 MSB，是個人需求曲線 $D_1$ 及 $D_2$ 的垂直加總。MSB = MC 決定最適數量。

> **練習題 8-6**
>
> 即使不支付費用，人民還是可以享受到公共財之利益；例如逃脫的人也同樣受到國家國防安全網的保護。因此消費者對公共財之願付價格 ___①___ 消費者由此公共財得到的利益，此現象稱為 ___②___ 。前述文字①②應分別填入：
> (a) 高於，搭便車問題
> (b) 低於，搭便車問題
> (c) 高於，排他問題
> (d) 低於，排他問題
>
> (106 年關務特考)
>
> 類似問題：基本題 11。

### 8-6-2 其他例子

以下我們舉幾個例子來說明公共財的一些特性。

**生物多樣性**　生物多樣性 (biodiversity) 是指全世界生物的變異，包括生物的基因組成和它們所形成的群集，譬如，遺傳多樣性、物種多樣性及生態系多樣性。生物多樣性的經濟價值可分為使用價值及非使用價值。使用價值又可細分成直接使用價值，譬如，魚、木材、觀光；間接使用價值，譬如，光合作用、養分循環、廢物吸收等；以及選擇價值，譬如，植物育種的基因、未來的藥物、替代耗竭的資源等。根據台灣生物多樣性資訊入口網的紀錄，臺灣擁有十分高的生物多樣性，目前已知物種約有 6 萬多種。

由以上的描述，我們知道生物多樣性具非排他性及非敵對性兩種特性。基因並不會因為某人的使用而減少，也無法禁止他人取得，因為生物多樣性存在於大自然當中。

**貨幣政策**　中央銀行的經營目標是促進金融穩定、健全銀行業務、維護對內及對外幣值之穩定，並協助經濟發展。貨幣政策是中央銀行為達成上述目標所採行的措施。

持續寬鬆的貨幣政策並不會只影響少數人，每一位臺灣民眾都面對銀行降息的事實，銀行的儲蓄存款利率對客戶而言都是相同，同時銀行不會禁止你去存款。因此，貨幣政策具非排他性及非敵對性，是公共財。至於貨幣政策的有效性與執行落差 (lag) 的問題，並不影響貨幣政策是公共財的本質。

## 8-7 結　語

2009 年諾貝爾經濟學獎得主奧斯特羅姆 (Elinor Ostrom) 觀察俄羅斯、中國、蒙古牧草地；數個世紀以來，遊牧民族在這些牧草地上逐水草而居，但在鄰近的中國政府卻將這些牧草地收歸國有，在其上設置許多集體農場，人們開始永久定居，這些牧草地的地力因而迅速衰退。

後來中國政府又將這些牧草地私有化賣給一般家庭，結果卻是這些原本遊牧的家庭也開始永久定居，牧草地的地力衰退得更嚴重。

遊牧民族逐水草而居是共同資源"自我規範"而運作良好的例子。奧斯特羅姆提出：若有一群本身有利害關係的使用者，他們能彼此協調出規則，則此共同資源最終都比"私有化"或"國有化"經由外人強加一套新規則好得多。

### 摘要

- 當生產者或消費者從事市場行為，而影響到第三者福利時，這種影響稱為外部性。如果這種影響，減損別人福利，我們稱此為負的外部性；如果這種影響，提高別人福利，我們稱此為正的外部性。
- 從社會觀點來看，當邊際社會利益 (*MSB*) 等於邊際社會成本 (*MSC*) 時，效率達到最大。
- 污染是導致市場失靈最常見的例子。政府可藉設定排放標準，徵收污染防治費用、課稅或制訂排放交易制度來解決外部性問題。
- 根據寇斯定理，如果協商的交易成本為零，污染者與被污染者可透過協商談判來達成協議，使外部性問題獲得解決，而使資源的利用最有效率。
- 共同資源，每人皆可免費取得，但會遭遇草原的悲劇之問題。
- 公共財有免費搭便車的現象，某些人即使不支付任何一塊錢，仍然可享受國家的保護、金融體系的穩定，或國家公園的美麗。
- 公共財的市場需求是個別消費者需求的垂直加總。

# 習題

## 基本題

1. 考慮下列事件或活動是否存在外部性。若存在，請指出其為生產或消費之正或負的外部性。
   (a) 淡水日落
   (b) 唸研究所的人數增加
   (c) 李安擦很濃的香水去聽維也納交響樂演奏
   (d) 張菲在他家前院種植美麗花草
   (e) 葉少爺邊開車邊講手機
   　　　　　　　　　　(100 年中興行銷)

2. 世界棒球經典賽來臺灣舉行，吸引四萬球迷湧入，體育館附近居民被吵得徹夜難眠，球迷留下滿地垃圾。這表示世界棒球經典賽是否有外部性？社會成本與私人成本關係為何？　　　(102 年初等考試)

3. 當政府利用課稅或補貼使具外部效果的完全競爭產業達到最大經濟效率時，社會邊際利益會大於或小於社會邊際成本？
   　　　　　　　　　　(105 年經建行政)

4. 政府根據經濟概念，補助大眾施打新流感疫苗背後的意義為何？
   (a) 圖利藥商
   (b) 提升外部經濟
   (c) 解決搭便車的問題
   (d) 解決政府失靈的問題　(108 年初等考試)

5. 政府有哪些解決外部性問題的措施？如果不要政府介入，有哪些方式可解決負的外部性問題？

6. 想像小豬 (不抽菸) 與歐弟 (癮君子) 兩人為室友共處一室。根據寇斯定理，歐弟是否可在寢室抽菸？此處答案是否達效率境界？　　　　　　　　(100 年政大商學)

7. 若台塑六輕造成麥寮地區污染，對居民損害為每年 1,000 元。若六輕防治設備成本為 750 元，居民遷村之邊際成本為每年 400 元。若居民與六輕可經談判解決且無成本，結果需支出多少？　　(96 年中興財金)

8. 下列哪些商品或服務具非敵對性？哪些具非排他性？
   (a) 消防隊員
   (b) 臺北市街道
   (c) 省公路
   (d) 白先勇小說
   (e) 台北之音

9. 共同資源與私有財的哪一種特性是相同的？
   (a) 消費敵對性
   (b) 排他性
   (c) 市場效率
   (d) 非敵對性
   (e) 以上皆非　　　(96 年臺大財金)

10. 請舉一個例子說明"草原的悲劇"，並說明財產權扮演的角色。

11. 何謂公共財？為什麼無法由市場提供？
    　　　　　　　　　(100 年東吳企管)

12. 金先生是一位古董收藏家。為了保障家裡的古董安全，他雇用民間保全公司到社區來定時巡邏。請問這項服務對社區而言是何種財貨？
    (a) 私有財
    (b) 準私有財
    (c) 公共財
    (d) 準公共財　　　　　(93 年普二)

## 進階題

請依據下表，回答第 1 題至第 3 題。下表為某屠宰場生產之相關成本資料：

| 產品數量 (公斤) | 廠商邊際成本 (元) | 邊際社會成本 (元) |
| --- | --- | --- |
| 35 | 100 | 130 |
| 36 | 150 | 200 |
| 37 | 200 | 280 |
| 38 | 250 | 340 |
| 39 | 300 | 400 |
| 40 | 400 | 520 |

## 第 8 章　外部性、共同資源與公共財

1. 依照上表，如果該廠商生產第 40 公斤肉品，則對社會造成的邊際損害是：
   (a) 每公斤肉品 120 元
   (b) 每公斤肉品 130 元
   (c) 每公斤肉品 400 元
   (d) 每公斤肉品 520 元　　(106 年初等考試)

2. 假設肉品市場為完全競爭市場，且市場價格為每公斤 400 元，此廠商利潤極大的產量為：
   (a) 37 公斤
   (b) 38 公斤
   (c) 39 公斤
   (d) 40 公斤　　(106 年初等考試)

3. 假設政府規定廠商必須負擔全額的社會成本，且肉品市場為完全競爭市場，同時市場價格為每公斤 200 元，此廠商利潤極大的產量為：
   (a) 35 公斤
   (b) 36 公斤
   (c) 37 公斤
   (d) 38 公斤　　(106 年初等考試)

4. 在臺東鄉下，有兩戶人家：一戶人家以牧養牛群為主；另一戶人家以種植池上米維生。如果牧場的牛群會到隔鄰稻田散步，假設稻田一年因此損失 10 萬元，而牧場圍籬成本是 20 萬元。請問寇斯定理能夠解決問題嗎？

5. 下圖顯示某競爭廠商其邊際成本 MC 與社會邊際成本 SMC 兩條曲線。當市場價格為 20 時，此廠商之利潤極大產量與社會效率產量分別是：

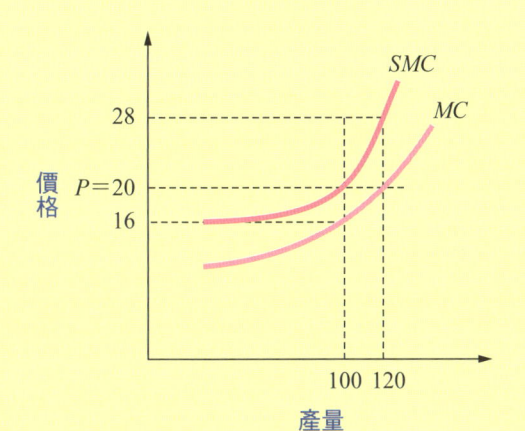

   (a) 利潤極大產量 100，社會效率產量 100
   (b) 利潤極大產量 100，社會效率產量 120
   (c) 利潤極大產量 120，社會效率產量 100
   (d) 利潤極大產量 120，社會效率產量 120
   　　(107 年外交特考)

6. 下圖顯示某競爭廠商之邊際成本 (MC) 與社會邊際成本 (SMC) 兩條曲線，且市場均衡價格為 20 元。政府為矯正外部性所造成之無效率，應該訂定之單位稅額是多少？
   　　(105 年關務特考)

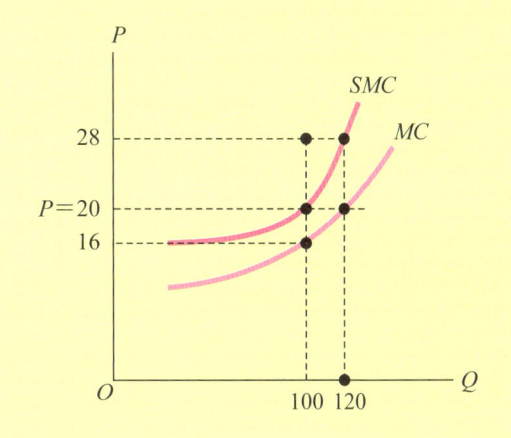

7. 某商品市場需求函數 $P = 400 - Q$，其中邊際成本 $MPC = 40 + 2Q$ 及邊際外部成本 $MEC = 10 + 0.5Q$，請求出：
   (a) 社會最適產出水準？
   (b) 總外部成本 (total external cost, TEC) 為何？
   (c) 在最適產出水準 $Q^*$ 下，總社會福利水準為何？
   (d) 如果該商品為某家廠商所獨占，市場均衡價格與數量為何？
   (e) 在此獨占下，社會的無謂損失為何？
   　　(97 年輔大會計)

8. 為何野生鮭魚面臨絕種的危機，而金魚卻不會瀕臨絕種？

9. 有許多動物是共同資源，而有一些動物必須有法律保護才不致瀕臨滅絕。為什麼牛不是瀕臨絕種動物，即使大家對牛肉的需求如此之高？

10. 阿志及阿明對路燈的邊際效益函數分別為 $MB = 20 - 0.5Q$ 及 $MB = 20 - Q$，其中 $Q$

為路燈數量。若設置一盞路燈的成本為 16 元，則政府應花多少錢設置路燈，才能達到最大經濟效率？
(a) 16 元
(b) 64 元
(c) 128 元
(d) 256 元　　　　　　　(108 年關務特考)

11. 假設經濟社會僅由三個人組成：宮澤、安室、今井。三人對臺北愛樂 FM 99.7 的需求時數如下：

宮澤：$P_1 = 150 - Q$
安室：$P_2 = 200 - 2Q$
今井：$P_3 = 250 - Q$

如果台北愛樂電臺是公共財，其邊際成本是每小時 200 元。
(a) 台北愛樂最適時數是多少？
(b) 如果由私人市場提供，最適時數是多少？

12. 假設一化學工廠排放廢氣，其邊際私人成本 (MPC)、邊際外部成本 (MEC) 和需求曲線資料如下：

需求：$P = 24 - Q$
$MPC = 2 + Q$
$MEC = \begin{cases} 0 & ，當 Q \leq 2 \\ -2 + Q & ，當 Q > 2 \end{cases}$

(a) 請繪圖說明私人均衡價格和數量
(b) 消費者剩餘、生產者剩餘及外部成本是多少？
(c) 社會均衡的價格與數量是多少？
(d) 如果政府決定課徵空污費 (emission fee)，每單位 t 元。請問 t 應該是多少？課徵空污費後的消費者剩餘、生產者剩餘、外部成本、政府收入各是多少？

13. 假設新北市翡翠灣有兩家紙廠，其排放污染和污染防治成本如下表所示。環保署宣布污染數量要減至 100 單位，現將可交易排放許可證分給兩家紙廠，每家各得 50 單位。哪一家廠商會購買排放許可證？購買數量是多少？減少污染所花費的成本是多少？如果不准許自由買賣排放許可證，污染防治成本是多少？

| 廠　商 | 最初污染水準 | 減少一單位污染的成本 |
|---|---|---|
| 飛柔 | 150 | 20 |
| 柔軟 | 70 | 10 |

14. 帝寶前棟屋主增蓋頂樓的利得為 200，後棟屋主陽光被遮住的損失為 100。若政府賦予社會大眾擁有陽光照射的權利，且前棟屋主以 160 向後棟屋主購得日照權，則下列敘述何者正確？
(a) 前棟屋主有剩餘 40，後棟屋主有剩餘 60
(b) 前棟屋主有剩餘 60，後棟屋主有剩餘 60
(c) 前棟屋主有剩餘 160，後棟屋主有剩餘 160
(d) 前棟屋主有剩餘 200，後棟屋主有剩餘 100　　　(102 年初等考試)

**上網題**

1. 生物多樣性是公共財之一。雨林是永續保有生物多樣性的主要來源之一。請上網搜尋地球雨林的面積十年前是多少？現在是多少？減少或增加的原因為何？
2. 請至台灣生物多樣性資訊入口網 https://taibif.org.tw，試著寫出臺灣物種多樣性的現況。

# Chapter 9

# 資訊經濟學

格萊興爵士 (Sir Thomas Gresham, 1519-1579) 是英國女王伊莉莎白一世的財政大臣，協助處理皇室的公債利息、償付軍火交易及處理錢幣等業務。當時主要流通貨幣是銀幣，而社會普遍存在一個現象是，好的銀幣會與壞的銀幣在一起流通使用。那些充滿污漬、磨損、重量不足或摻以其他雜質的銀幣充斥整個市面，而那些好的貨幣則被貯藏起來或是運到國外。最後的結果是劣幣驅逐良幣，這個現象稱為**格萊興法則** (Gresham's Law)。[1]

這個小故事點出本章的主題：資訊。對於一般民眾而言，皇帝並沒有詳細規定交易貨幣的重量與成分，有點缺角的銀幣與完整的銀幣在市場上都被接受。既然無心之過與有心之失所造成的結果一樣，這就提供社會上某些人誘因：故意將完整的銀幣截下一角，集合之後，再摻以其他金屬，鑄成新的銀幣。結果是流通的好銀幣愈來愈少，而壞銀幣愈來愈多。

這種到最後市場只剩劣幣的現象，經濟學家阿卡洛夫 (George Akerlof) 在 1971 年的一篇文章中，稱之為 "檸檬市場"，以酸檸檬比喻劣幣。為何市場充斥著酸檸檬？

---

[1] 格萊興法則並非由格萊興爵士所提出。在 1360 年時，法國主教歐瑞斯 (Bishop Nicholas Oresme) 主張皇帝並無權改變錢幣的重量及成分，造成貨幣貶值。在 1551 年，英國作家霍特 (Humphrey Holt) 曾經為文抱怨，貶值的貨幣將成分足的好貨幣驅逐出境，因而引發通貨膨脹。

181

答案很簡單，買賣雙方擁有的資訊不對稱。有時是買方比賣方擁有更清楚的資訊(如購買保險的民眾)，有時是賣方比買方擁有更多資訊(如賣二手車的車商)。當雙方資訊不完全時，取得資訊必須花費成本，買方與賣方的行為影響到資訊的公開與流通，這時買方不見得如願買到需要的商品，結果可能是交易無法順利完成。

史丹福大學教授史蒂格里茲 (Joseph Stiglitz) 認為，在經濟學領域內，資訊經濟學是最能夠突破過去並開拓未來的學科。

## 9-1　搜尋模型

第 6 章的完全競爭市場，假設買賣雙方具有完全資訊，資訊可免費取得。然而，在現實生活中，蒐集資訊不可能沒有成本，尤其是時間的機會成本。

假設你想買一臺超薄筆記型電腦 (ultrabook)。當決定好品牌及規格時，希望以最低的價格買到理想的電腦，你會去光華商場、燦坤 3C 或透過網際網路搜尋國內外網站，一家一家地仔細比較。整個過程所付出的成本，包括交通成本、上網成本、時間成本，甚至是購買電腦雜誌和書籍的成本。搜尋成本因人而異，雖然有些人把逛街視為消遣，但不可否認的是，對絕大多數人而言，搜尋成本不會等於零。

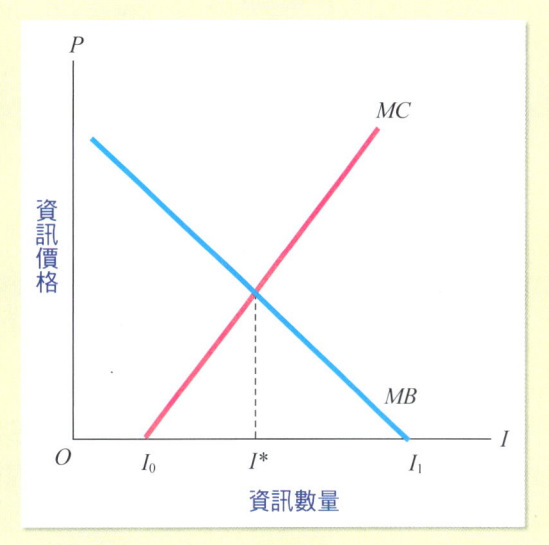

## 圖 9-1 不完全資訊的最適搜尋數量

$MC$ 是資訊的邊際成本，$MB$ 是資訊的邊際利益，當 $MB = MC$ 時，最適資訊數量是 $I^*$。如果 $I$ 超過 $I^*$，資訊取得成本會超過利益。

以圖 9-1 為例，$MC$ 是蒐集資訊的邊際成本曲線。通常民眾會從免費的資訊開始蒐集，再轉而蒐集需要代價的資訊。圖中橫軸的 $I_0$ 代表免費的一般資訊。當資訊愈來愈多時，你必須花費的時間或交通成本就愈多。因此，邊際成本曲線的斜率為正。

資訊的邊際利益是指為獲得額外一單位資訊所帶來瞭解商品的利益。一開始，若你完全不瞭解商品性質，一點點資訊可帶來莫大幫助。當商品資訊愈來愈多時，額外資訊所帶來的利益愈來愈低。譬如，你想購買超薄筆記型電腦。第 1 家專賣店的資訊利益比第 15 家店的資訊利益來得大。因此，邊際利益曲線具負斜率。

當額外一單位資訊的邊際利益大於邊際成本時，你會繼續蒐集資訊。以華碩 Zenbook 為例，逛第 1 家店的報價是 34,900 元，第 2 家店的報價是 34,500 元，搜尋的邊際利益是 400 元。如果搜尋的邊際成本是 10 元，此時邊際利益大於邊際成本，你心裡想著第 3 家店的報價可能更低，因此會繼續蒐集資訊。只有當邊際利益等於邊際成本時，搜尋才會停止，而最適資訊蒐集數量是 $I^*$，如圖 9-1 所示。圖 9-1 橫軸的 $I_0$，代表資訊免費時的資訊數量，也就是完全競爭市場下的資訊流通數量。由於最適數量 $I^* < I_1$，資訊市場屬於不完全競爭市場。

圖 9-1 的搜尋模型來自 1982 年諾貝爾經濟學獎得主，芝加哥大

學教授史蒂格勒 (George Stigler) 在 1961 年所發表的論文。這篇文章的貢獻是：由於消費者搜尋成本的不同，有些消費者並不知道存在更低的售價，因此同樣的商品會有不同的價格。

搜尋模型的第二個貢獻是：一商品的價格愈高，且價格差異愈大，民眾搜尋誘因愈強，搜尋的時間會拉長。商品價格愈高，透過專業代理或仲介更能夠保證品質，節省搜尋成本。以買車為例，假設你計畫買一部 2000 c.c. 房車，價值約 100 萬元。你不會選擇上網訂車，因為不知道車子的品質、配備、內部裝潢，最重要的是無法在網路上試乘。若是透過專業代理商處理，不但節省搜尋時間，更多了一層保障。

搜尋模型的第三個貢獻是：當個人工資上漲時，時間的機會成本提高，搜尋的邊際成本因而增加，結果是搜尋次數減少，而商品價格差異愈大。譬如，比爾・蓋茲 (Bill Gates) 和普通大學生打算買同一款 Apple Watch 手錶，比爾・蓋茲的搜尋次數可能是 0 次，而大學生的搜尋次數可能是 5 次或 10 次。因此，同一款手錶，價格會有很大差異。

正的搜尋成本也說明為何傳統市場會出現均一價：全部 20 元的流動攤販。想想看隔壁的張媽媽想要買一把梳子，她不會費心去 PChome 搜尋，因為光是郵寄費用已超過梳子的售價，而這種店大大省下搜尋成本。

有時，交易雙方可以契約方式來避免昂貴的搜尋成本。以租房子為例，假設你到外地求學，計畫在學校附近租一間雅房，當然希望找到一間理想的房子：房租低廉、採光良好、空氣流通、環境幽雅、水電全包、交通便利。

相對地，房東出租房子總希望找到的是按時繳房租、不開 party、不喝酒鬧事、品性優良，並且長期居住的房客。通常房東不喜歡搬家過於頻繁的房客，房客也不喜歡房東隨時要他搬家。要解決因為資訊不完全而引起搜尋成本過高的問題，可以設計一種契約──租約，讓房東與房客能夠在一段期間內，維持穩定的關係。租約不但能使房東與房客減少搜尋成本，同時也是一種限制，以懲罰性條款防止違約情形出現。

契約關係也存在於工作與婚姻當中。雇主為了避免龐大的招募訓練成本，通常會以正式契約或口頭約定，希望能與員工保持長期關係；員工擔心失去飯碗，也希望能長久留在工作崗位上。同樣地，夫妻以婚約來維持雙方長久關係。如果男女雙方情投意合，卻沒有婚約關係，表示只要碰到更合適的對象隨時可離去。如此一來，沒有人願意經營現在的關係。同時，在大多數的國家，婚約隱含著一種限制：離婚成本，包括贍養費、子女教育費等。

雖然資訊蒐集會遭遇搜尋成本，但資訊本身有公共財的特性。譬如，你想要買香港來回機票，有關價格、往返時間和班機資訊，可以透過旅行社或 ezfly 網站取得。任何人都可獲得相同資訊，不會因為某人的取得而使他人無法取得。既然資訊具非排他性，就會產生外部性問題，也就是免費搭便車現象；同樣地，你想買智慧型手錶送給心愛女友，聰明的人會先到專賣店詢問相關資訊，然後透過團購或網路競標來購買相同產品。這種利用店員提供資訊，而未付錢購買產品，就是搭便車行為。

## 練習題 9-1

假設阿倫想要買一臺數位相機，他知道上網搜尋可以找到更便宜的價格。若阿倫在麥當勞打工的時薪是 100 元。右表是搜尋時間及數位相機價格的資料，請問最適搜尋時數為何？

類似問題：基本題 2。

| 搜尋時數 | 數位相機價格 |
|---|---|
| 0 | 36,000 |
| 1 | 33,000 |
| 2 | 31,500 |
| 3 | 31,000 |
| 4 | 30,800 |
| 5 | 30,750 |

## 9-2 資訊經濟學的幾個模型

買方與賣方不見得具有相同的資訊，通常賣方會比買方更瞭解商品的好壞。資訊不對稱的存在有時會讓高品質商品無法交易成功，檸檬模型可用來解釋這個現象。

史蒂格里茲教授將資訊經濟學分成兩個議題：選擇問題 (selec-

## 實例與應用　　　"海量"資料 (大數據)

想像妳對著自己的智慧型手機發問："附近有沒有麥當勞？"它不但會回答"有"，還會一併將地址、交通等資訊都給妳。聽起來像是天方夜譚，其實這只是新一波的資訊革命——海量資料 (大數據)。

海量資料 (big data)，又稱大數據，是指隨著網路應用，行動裝置普及下，資料量暴增，採用先進的運算技術，發掘前所未見的價值。譬如，7-Eleven 能記錄各區域的消費行為，調整店面擺設、提高銷售率；麵包店能記錄銷售狀況及當地天氣資訊，以控制原料進貨量及預測進貨價格。

就像是《復仇者聯盟》(Avengers) 中提到的一段話："全世界連得上衛星的手機、筆電，都變成我的眼睛。"根據國際勞工組織 (ILO) 估計，海量資料年複合成長率近四成，市場成長也帶動人才需求；在 2018 年，海量資料分析人才為 24 萬人，包括應用數學、資料分析等。

---

tion problem) 及誘因問題 (incentive problem)。當個人從事選擇時，會透露自身行為資訊，稱為自我選擇 (self-selection)。譬如，你自認外語能力很強，就會選擇進外商公司工作。"選擇問題"是確認特性，這一類經濟模型包括檸檬模型和市場訊號模型。第二大類的誘因問題是行為的監督，包括逆向選擇、道德風險和委託人－代理人問題，這些模型將在下一節介紹。

### 9-2-1　"檸檬市場"模型

阿卡洛夫在著名論文〈檸檬市場：品質不確定性及市場機制〉裡，探討市場售價會影響供給者所提供的產品品質。阿卡洛夫在該篇論文中強調：在均衡時，有可能沒有交易發生。我們以二手車市場為例，簡要描述檸檬市場模型 (market for lemons) 的意涵。

在二手車市場中，賣方擁有的二手車資訊 (包括車況、品質、有無碰撞等) 要比買方多上許多，所以買賣雙方間存在資訊不對稱 (asymmetric information)。為了簡化分析，假設市場有高品質和低品質兩種類型的二手車，如圖 9-2 所示。在資訊清楚的情況下，(a) 圖的 $D_H$ 及 $S_H$ 分別代表高品質二手車的需求與供給曲線，二手車市場

> **檸檬市場模型**　阿卡洛夫的"檸檬市場"解釋資訊不對稱會降低商品平均品質，甚至交易不會發生。
>
> **資訊不對稱**　交易雙方擁有的資訊不完全相同。有時買方擁有較優越的資訊，有時賣方擁有較優越的資訊。

## 第 9 章　資訊經濟學

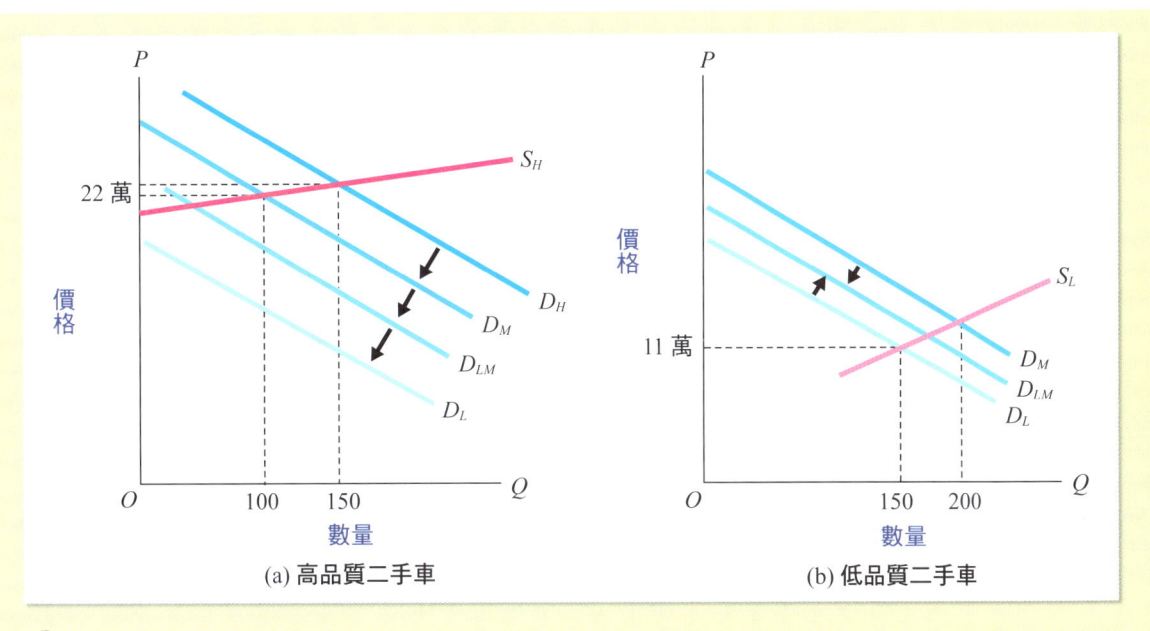

### 圖 9-2　二手車市場

(a) 圖是高品質二手車市場。當買方只願意付平均價格時，需求曲線是 $D_M$。(b) 圖是低品質二手車市場。如果買方願意支付的價格愈低，高品質二手車出現在市場的數量愈少。最後結果是市場只存在低品質二手車，這種現象是資訊不對稱所造成的。

行情價格是 22 萬元。(b) 圖的 $D_L$ 及 $S_L$ 分別代表低品質二手車的需求與供給曲線，由於 $D_L$ 的位置較低，市場價格是 11 萬元。

在資訊不對稱的情況下，由於買方擁有較少的二手車資訊，購買前並不清楚二手車的真正品質，而是大約知道市場的平均車況。因此，賣方面對的需求曲線是 $D_M$，在 $D_H$ 的左下方和 $D_L$ 的右上方。當要求以 "平均品質" 為準時，高品質二手車賣方收到的價格低於原先的 22 萬元，而低品質二手車賣方收到比 11 萬元高的金額。因此，高品質二手車出現在市場的數量愈來愈少 (100 輛)；相對地，低品質二手車出現在市場的數量愈來愈多 (200 輛)。

當買方知道愈來愈多低品質二手車 (300 輛的三分之二) 在市場流通時，買車子的人願意支付的價格愈來愈低。賣方面對的需求曲線再度移動至 $D_{LM}$，在 $D_M$ 的左下方，買方認知的二手車屬中低品質。因此，高品質車子愈來愈少，而低品質車子愈來愈多。平均品質愈低，買方願意支付的價格愈低。價格愈低，高品質二手車愈不會在市場出現。高品質車子愈少，買方認知的平均品質愈差，願意

支付的價格就愈低 (需求曲線繼續往左移動)。當過程持續下去，最後結果是：市場不再出現高品質二手車，買方只能買到低品質二手車，市場需求曲線是圖 9-2 的 $D_L$。

當買賣雙方擁有的資訊不對稱時，即使買方願意付比賣方更高的價格來購買高品質二手車，買方卻無從獲得任何訊息。因此，買方認為二手車市場充滿"檸檬"，車主只有在車況不佳時，才會將愛車出售。結論是：資訊不對稱會影響二手商品的平均品質，而導致交易可能不會出現。

雖然檸檬市場模型的結論有些極端，但在某些市場的確存在檸檬市場現象：高品質商品的比例低於低品質商品的比例。譬如，保險市場、信用卡市場、餐廳等。通常發卡銀行允許持卡人，每月只要支付最低應繳金額，即可使用信用卡，或是預借現金，而發卡銀行無從得知持卡人是否會如期償還。在這種情形下，持卡人顯然擁有較佳資訊。既然發卡銀行無從分辨，而持卡人又容易預借現金，檸檬現象就會產生。結果是發卡銀行提高循環利率和貸款利率，而信用欠佳者會申請更多張信用卡，信用良好者則愈來愈不願意持有更多的信用卡。同樣地，當餐廳做出口碑時，有些餐廳廚房開始以次級品或二廚來魚目混珠，獲取暴利，而使得講究品質的餐廳索價愈來愈高。

為了要讓資訊管道暢通，買方或賣方可用昂貴資訊來傳遞正確訊息，彌補交易障礙。譬如，二手車主可以提供買方六個月的保證期，只要發生任何問題都願意賠償。這種昂貴的保證會讓賣車的人不敢隱瞞車子缺點，買車的人也願意付高價取得高品質二手車。這也就是為什麼 2019 年超級盃廣告每三十秒要花新臺幣 1.6 億元的原因。想像你到家樂福買可樂，架上有可口可樂和 RC 可樂兩種，你會選哪一種？昂貴廣告費用傳遞一種訊息，消費者認為廠商投入鉅資做電視廣告，商品品質必定有著某種程度的保證。

**聲譽** (reputation) 是另外一種訊息傳遞的方式。譬如，福特與豐田等車商旗下有專門經營二手車的部門。為了讓消費者買得安心，並維護自身品牌形象，專業二手車商會先行過濾舊車來源，全面檢修車況，不但提供保證，且包括售後服務。譬如，凌志原廠認證中古車強調不收泡水車、有原廠 128 項嚴密檢查、一律使用 LEXUS 正廠零件等。顯然原廠中古車傳遞出非常明確的訊息，買家即使多付一些價錢，也不用擔心買到爛車，品牌有助於建立某種程度的信賴感。在臺灣，幾乎各家車商都推出認證中古車了。

專業中間商的出現，可解決資訊不對稱、訊息無法正確傳遞的遺憾，買賣雙方均可獲益。人力仲介公司和房屋仲介公司等都是專業中間商，讓交易雙方資訊透明化，解決檸檬市場現象。譬如，信義房屋只要檢測出同一社區有三棟房屋存在海砂屋現象，就不再仲介客戶購買該社區的房子。

某些市場透過 標準化 (standardization) 制訂的方式來處理資訊不對稱的問題。在紐約、巴黎有美食雜誌定期評鑑餐廳，並將資訊公開，餐廳也會將評鑑證書掛在牆上招徠顧客。此外，速食連鎖店的食物，如麥當勞、肯德基，在世界各地提供品質一致的漢堡和炸雞。在陌生國度旅行，中午時分，寧靜鄉鎮有麥當勞和當地小吃店，你會選擇何者？

---

**練習題 9-2**

李先生想買一部二手車，卻又怕買到爛車子，於是他的朋友給予以下的建議。請問哪一個建議最有價值？
(a) 購買之前先試開一下
(b) 購買年份不太老的二手車
(c) 只購買知名品牌 (指車子而非二手商) 的二手車
(d) 購買保固期較長的車子

(94 年中興應經二)

類似問題：基本題 4。

---

## 9-2-2 市場訊號

市場訊號 (market signaling) 是史賓斯 (Michael Spence) 於 1974 年所提出的，內容提到賣方 (勞工) 會釋放產品品質的訊息 (無法觀察到的勞工特質) 給買方 (雇主) 知道。勞動市場中，賣方 (勞工) 通常比買方 (雇主) 擁有更多勞工特質的資訊。譬如，勞工知

> 市場訊號　賣方釋放產品品質相關資訊給買方的過程。

道自己是否能夠勝任工作、自己是否能任勞任怨地加班、自己是否有主動解決問題的能力；雇主卻必須透過試用或經過長時間觀察，才能知道勞工的特質。

什麼樣的訊號適合勞工向雇主表明？教育是一個良好的訊號。哈佛大學與猶他州立大學畢業生的薪水若無差距，很多人就不會多花一倍的學費擠進長春藤名校。這些哈佛畢業生想要傳遞訊息給未來的老闆：他們是一群有才華的人。從雇主的角度而言，**篩選**(screening) 員工，找到生產力高的人是耗時耗力的工作。藉著能夠觀察到的某些勞工特性，譬如，教育程度、工作經驗等，雇主可先行過濾、篩選，將最合適勞工的範圍縮到最小。

市場訊號模型不單適用於勞動市場，在資本市場與商品市場，也有類似的訊號出現，以彌補資訊不對稱的問題。譬如，信用記錄良好的人比較容易獲得銀行貸款。保險公司比較願意接受低風險的保單，對於有肇事記錄的汽車保險人通常收取高額保費，對沒有出險記錄的保險人則給予折扣優待。前面提到的保證和聲譽都是訊號模型的應用。某些商店會推出"不滿意包換"的品質保證服務，它們釋出一種訊號："我們對本身產品有百分之百的信心，有任何瑕疵均可退換。"這種保證對低品質商品銷售者是莫大的成本負擔。

另外一個建立品牌傳遞訊息的例子是麥當勞。有一位臺灣阿嬤到法國旅遊，看到麥當勞的金色拱門時，不由自主地讚嘆道："大家快來看，咱ㄟ麥當勞挖厲害，開店開到法國來。"這當然是一則笑話，不過當品牌深入人心，當地人將它當作生活中的一部分，那就成功了。

> **篩選** 雇主根據某些特性來篩選所需的勞工，這些特性包括教育程度、工作經驗等。

---

### 練習題 9-3

黃大律師事務所懸掛一些物品，下列何者不是傳遞其辯護能力的信號(signaling)？
(a) 被告的感謝狀
(b) 法律系畢業證書
(c) 模範父親表揚狀
(d) 大企業的法律顧問書

(105 年關務特考)

類似問題：基本題 5。

## 9-3　誘因問題

### 9-3-1　逆向選擇

在保險市場中，買方 (購買保險者) 比賣方 (提供保單的保險公司) 瞭解未來發生損失的機率。如果保險公司擁有完全資訊，能夠分辨不同被保險者生病的機率，就可以針對身體健康者收取較低的保費，而對罹患重病機率較高者收取較高的保費。

如果保險公司無法分辨被保險人罹患重病的機率，有一種作法是對健康者與易生重病者收取同樣的保費。這個平均費率低於易生重病者應付的保費，但高於身體健康者應付的保費。這種契約會吸引較多健康情形欠佳者買保險，而身體健康者較不願買保險，結果是被保險者的平均風險提高，保險公司因而提高保費。高保費促使更多身體健康的被保險者望之卻步，進而導致出險機率再度提高。最後，保費提高到只剩下健康情形欠佳者買保險，這種現象稱為*逆向選擇* (adverse selection)。

逆向選擇是在資訊不對稱情況下，*知情的一方* (informed party) 會隱藏資訊，做出對自己有利的自我選擇，卻傷害*不知情一方* (uninformed party) 的福利。在保險市場例子中，知情的一方是買保險者，不知情的一方則是提供保險契約的保險公司，第 9-2 節二手車市場的例子裡，二手車賣方是知情的一方，而二手車買方則是不知情的一方。

保險公司要克服逆向選擇問題，可以要求被保險人先做健康檢查，或是針對不同年齡層、不同職業別，收取不同的保費。不同的保單設計雖然能降低特定族群的風險，但逆向選擇問題卻無法完全消弭。因此，有人建議由政府提供強制保險，每一個人都必須加入，全民健保即是一例。

> **逆向選擇**　在資訊不對稱情形下，知情的一方擁有較優越資訊，做出對自己有利的選擇，而損害不知情一方的利益。

> **練習題 9-4**
>
> 一個患有重症的人傾向購買較多的醫療與人壽保險，這種行為對保險公司而言稱之為：
> (a) 風險趨避
> (b) 道德危險
> (c) 逆向選擇
> (d) 套利
>
> (108 年初等考試)
>
> 類似問題：基本題 7。

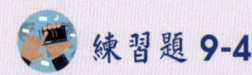

### 9-3-2 道德風險

**道德風險** 在資訊不對稱情形下，交易的一方在簽約之後改變行為，影響事件發生機率，傷害另一方的利益。

道德風險 (moral hazard) 是在資訊不對稱情況下，交易的一方在簽約後改變行為，而傷害另一方的利益。以保險市場為例，在未投保疾病醫療等健康險之前，人們注意自己的健康情形，可能在假日去爬山或在飲食方面多方注意。如果有醫療保險，人們可能就不願意花錢上健身房，而把平常走路視為運動，這些都會增加生病的機率。如果房屋保火災險，人們較沒有誘因裝置防火設備等昂貴支出，而增加火災發生機率，保險公司負擔可能因而提高。這種因為簽約之後，誘因問題引發的行為改變，就是道德風險。

道德風險不僅存在於保險市場。在勞動市場中，當雇主無法**監督** (monitor) 員工上班情形時，可能發生員工**溜班** (job shirking) 或不盡忠職守的狀況。有研究指出，強制汽車駕駛繫安全帶，儘管可以減少車禍死亡人數，但駕駛因此放鬆戒心，反而增加碰撞機率。

道德風險也發生在金融市場。許多學者認為，在明瞭國際貨幣基金 (International Monetary Fund, IMF) 會以金援協助解決金融危機後，類似的危機未來出現機率大幅提高。譬如，2016 年的歐元區成員國財長與國際貨幣基金同意向希臘提供約 103 億歐元的新貸款。理由是如果貸款者知道國際貨幣基金會幫助金融危機國家度過難關，他們會以低利率貸款給這些國家。這些傾向發生在比較沒有誘因去追求耗費成本的金融檢查和管理來防止金融危機發生的政府身上。相同的情形也發生在 2018 年的烏克蘭 (40 億美元的紓困貸款) 與 2018 年的阿根廷 (570 億美元的資金挹注)。

保險公司要避免道德風險問題，可要求買保險者每年必須做健康檢查，才得繼續投保。此外，保險公司可以**共同保險** (coinsurance) 措施，來克服道德風險問題。共同保險是指保險人與被保險人共同負擔財產損失，這種作法會使被保險人成本提高，而更加小心避免車禍或火災發生。

> **共同保險** 保險人與被保險人共同負擔財產損失。

---

### 練習題 9-5

下列哪個方法可以減少道德風險？
(a) 要求銷售員領定額薪水
(b) 要求加盟的便利商店老闆入股經營
(c) 允許建設公司投保超高額保險
(d) 多元化投資

(107 年關務特考)

類似問題：基本題 8。

---

## 9-3-3 委託人－代理人問題

當公司股東無法有效監督公司經理人時，就會引發**委託人－代理人問題** (principal-agent problem)。公司的經理是代理人，而股東是委託人。股東的目標是追求公司的利潤最大，經理人的目標是追求本身利益，如薪水、影響力及聲譽等最大。公司所有者與公司管理者的目標並不一定一致。為了追求更大的市場占有率，凸顯自己的重要性，經理人有誘因去從事高風險的投資方案。失敗的例子如 2008 年 9 月 15 日，美國第四大投資銀行雷曼兄弟倒閉，其原因為經理人一味追求高獲利，而持有大量的次級債金融商品。當次貸危機爆發後，次級債金融商品的市場價值直線下跌，在 9 月 12 日負債已高達 6,000 億美元，而不得不在 9 月 15 日宣布倒閉，百年基業毀於一旦。

國營企業通常由政府保護，而無須面臨市場競爭壓力。國營事業經理人會比較關心自己的利益，他們所追求的不見得是公司利潤的最大，而是自身效用的最大。因此，擴大市場占有率來加強本身影響力，享受更好的福利，如長期合約、優渥退休金等更是國營企業經理人的目標。

> **委託人－代理人問題** 是指在資訊不對稱情形下，委託人的目標與代理人的目標並不一致所產生的問題。
>
> **委託人** 是指公司所有者，以契約要求代理人執行公司的目標。
>
> **代理人** 契約簽訂後，受雇的一方，目標是執行委託人的要求。代理人可以是公司的專業經理人。

在實際生活中，譬如，醫生與醫院的關係：醫生做為代理人，可根據自己偏好，選擇病人或讓病人做不必要的檢查。同樣地，雇主與員工間的關係：在某些行業，如汽車、保險等需要推銷的行業，如果老闆給每個業務人員的薪水相同，員工就會缺乏誘因努力工作。因此，為了解決代理人問題，公司可以設計一套具有誘因的制度，讓公司利潤由老闆與員工共享。譬如，業務人員的薪資與銷售業績有關，業績佳者可分得獎金等。

### 練習題 9-6

下列何者為委託人－代理人關係的例子？
(a) 二手車商與潛在顧客
(b) 企業顧問與其客戶
(c) 零售店經理與潛在客戶
(d) (a) 與 (b) 均對

類似問題：基本題9。

## 9-4 結 語

海耶克 (Friedrich Hayek) 曾經說過，經濟學的中心問題是知識或資訊的問題。過去的經濟學家談到資訊，總是強調稀少性及市場機能如何解決資源稀少性的問題。至於市場如何面對新資訊來調整供需，是 1960 年代以來經濟學的重心之一。

資訊經濟學的出現，提供傳統經濟分析一扇新的視窗。亞當‧斯密的"一隻看不見的手"提供市場機能所需的資訊。史蒂格勒的搜尋模型告訴我們，即使商品品質完全相同，只要搜尋成本不同，商品價格也會跟著有差異。經濟變數中，不僅是價格可以傳遞資訊，廠商與消費者的行為、存貨等均可傳遞資訊。在買方與賣方擁有的資訊不見得完全相同下，產生資訊不對稱的現象。

資訊經濟學的貢獻有二：第一是經濟組織如何吸收新資訊，學習並調整行為及經濟結構；第二是不同的組織設計如何影響資訊的創造、傳播及吸收。

## 摘要

- 只要搜尋的邊際利益大於邊際成本，買方就會購買額外的資訊。均衡時，資訊的邊際利益等於邊際成本。由於資訊並非免費，所以商品會有不同的售價。
- 商品市場中，賣方比買方擁有較優越資訊。譬如，低品質二手車充斥整個市場，高品質二手車退出市場保證、標準化及聲譽是克服市場失靈的方法。
- 逆向選擇，是在簽約之前已經清楚自己的特性，而做出對自己有利的自我選擇。道德風險，是在簽約之後改變自己的行為，影響到事件發生機率，甚至傷害另一方的福祉。
- 保險市場中，買方比賣方擁有較優越資訊。這種資訊不對稱有逆向選擇的問題。健康情形不佳者會購買保險，而身體健康者不會購買保險，結果是平均風險提高，保費也跟著水漲船高。
- 保險市場也存在道德風險問題。已購買保險者通常會沒有小心避免損失的誘因，因而使得事故發生機率提高。
- 勞工藉著教育程度，提供正面訊號給雇主。雇主可以藉由篩選準則來雇用最合適的員工。
- 資訊不對稱的存在，使得股東或公司老闆無法有效監督經理人的表現，這是委託人－代理人問題。

## 習題

### 基本題

1. 下面各個問題中，消費者會花較多的時間在哪一個商品的詢價上？為什麼？
   (a) 咖啡或奶精
   (b) 烏龍茶或紅茶
   (c) 糖或鹽
2. 網路搜尋引擎是影響搜尋的邊際成本 (供給)，還是邊際利益 (需求)？影響的方向為何，是增加還是減少？
3. 網際網路盛行，下列何種行業受網路影響較大？
   (a) 證券商或會計師
   (b) 醫生或藥劑師
   (c) 書店老闆或畫廊擁有者
4. 在"檸檬市場模型"中，假設只有高品質和低品質的中古車。如果現在中古車市場有很多種品質的中古車，請用圖形說明：為何只剩下品質最差的中古車留在市場？
5. 當你打算聘請律師時，為何會傾向於聘請駕駛名貴轎車與衣著光鮮的律師？
6. 請解釋為何國際性會計師事務所的年輕會計師或電腦公司的軟體工程師每週工作 60 至 70 小時？
7. 新聞報導民眾花大錢買二手進口車，經原廠檢驗卻發現買到泡水車，請問此一事件反應何種問題？
   (a) 道德風險
   (b) 逆向選擇
   (c) 超額供給
   (d) 進入障礙　　　　(100 年輔大企管)
8. 全民健保實施後，自負額一再提高是針對逆向選擇或道德風險？
9. 請分辨下列何者是委託人？何者是代理人？
   (a) 醫生和病人
   (b) 出口貿易商和出口商品製造者
   (c) 基金經理人和基金投資人

(d) 股東與上市公司總經理
10. 請解釋為何畫廊經紀人賣畫所創造的利潤高於畫家自己賣畫的利益。
11. 全民健保是屬於社會保險範疇，主要特色為強制參加，是為了避免逆向選擇或道德風險？
12. 下列哪一項是逆向選擇的例子？
    (a) 投保健康保險之後，民眾可能愈來愈濫用健保
    (b) 開車較粗心的駕駛比較會來買意外保險
    (c) 有錢人比較會來買人壽保險
    (d) 窮人比較買不起汽車保險
    (107 年高考三級)
13. 美樹和美惠是軟體工程師，日前剛好找到新竹科學園區的工作而想要搬家。美樹的房子在中山區，美惠的房子在外雙溪，兩間中古屋的行情都是 800 萬元。不同的是，美樹的房子是一般公寓，而美惠的房子則經過建築師精心設計。如果透過仲介商賣屋，哪一間房子可賣得較好的價錢？

### 進階題

1. 在資金市場中，資金供需雙方擁有資訊不對稱，此為資訊不對稱現象。請說明此種資訊不對稱是如何產生的，其對資金市場之影響又如何？
2. 若高品質二手車供給與需求曲線為：

   需求：$Q^d = 100 - 5P$
   供給：$Q^s = -80 + 5P$

   低品質二手車供給與需求曲線為：

   需求：$Q^d = 80 - 5P$
   供給：$Q^s = 25 + 10P$

   請問高品質二手車的價格為何？低品質二手車之價格為何？
3. 雇主雇用員工會產生資訊不對稱現象嗎？可以採行哪些作法加以克服？
4. 某知名大學制訂一措施，宣布學生成績只有 80 分和 90 分兩種。其目的是希望學生平均成績在 80 分以上，能夠讓學生無後顧之憂，認真唸書。請問這是一項好的措施嗎？(提示：可用道德風險解釋。)
5. 臺灣一旦加入世界貿易組織，高等教育將對外開放。私立學校面臨國外知名大學競爭，大學教授是否應該花更多時間改善教學品質？還是應該花更多時間做研究，以提升校譽、增加競爭力？請以委託人－代理人模型解釋。
6. 假設經濟學以學期報告方式，取代小考、期中考和期末考，請以逆向選擇與道德風險問題分析其意義。
7. 請說明為什麼拉保險與拉廣告的工作都有高額的績效獎金，而每天坐在辦公桌前努力工作的人，通常只能領到固定薪水？若是兩種支付薪資方式互換，請問會產生什麼後果？
8. 下列有關解決逆向選擇的作法中，哪一項最沒有效果？
    (a) 公司在面試新進員工時會參考學歷(文憑)
    (b) 保險公司提高保單的保費
    (c) 要求保險人去做體檢
    (d) 銀行要求債信良好公務員為借款人作連帶保證
    (96 年中原商學群組)
9. 若在一舊車市場中，低品質舊車最低願出售價格為 9 萬元，高品質舊車最低願出售價格為 17 萬元。買方願意出價 10 萬元買低品質舊車，20 萬元買高品質舊車。請計算高品質舊車所占比例應為多少時，高品質舊車的車主才會出售其舊車？
    (96 年政大風管)
10. 假設有兩種勞工：能力高者和能力低者。能力高的勞工薪水是 5 萬元，能力低的勞工薪水則是 3 萬元。雇主只能以高中文憑來決定勞工能力。勞工效用決定於取得高中文憑的成本和薪資差距。
    (a) 如果能力高者與能力低者取得高中文憑的成本相同，是否仍有分開均衡──能

力高者得高工資，能力低者得低薪資？
(b) 能力高者取得高中文憑最高願付金額是多少？如果文憑是市場訊號，為何能力低者取得文憑成本會高於能力高者？

11. 下列有關道德風險與逆向選擇的敘述，何者正確？
(a) 前者屬隱藏訊息，後者屬隱藏行為
(b) 前者屬隱藏行為，後者屬隱藏訊息
(c) 兩者皆屬隱藏行為
(d) 兩者皆屬隱藏訊息

**上網題**

1. 英特爾是中央處理器霸主，每次推出時脈更快的處理器，就會同時調降舊有產品價格。消費者總有不知道何時是最適合買電腦的困擾。請從網路上找到電腦各種零組件的即時報價網址，檢視今天和下星期價格有何差異？

2. 無論在全球哪一個國家，只要有麥當勞，就可以吃到品質一致的大麥克。麥當勞是如何做到讓顧客安心的？請至麥當勞網站 https://www.mcdonalds.com/ 查閱，麥當勞如何授權分店經營。

# Chapter 10 國民所得的衡量

**失**業問題能與新冠肺炎疫情或臺美貿易暨投資架構協定 (Trade and Investment Framework Agreement, TIFA) 畫上等號嗎？為什麼日本從 1990 年代初期開始，就陷入經濟不景氣的泥沼中難以脫身？直升機可以撒錢嗎？央行總裁楊金龍會做這種事嗎？

**總體經濟學** (macroeconomics) 是一門研究整體經濟的社會科學，你只要閱讀報紙或上網瀏覽，就能夠瞭解總體經濟學的重要性。翻開報紙，標題寫著"經濟像搭電梯急速衰退，未來將像爬樓梯一樣緩升"，國際貨幣基金 (IMF) 表示，新冠病毒疫情造成亞洲的經濟損失可能持續至 2022 年。另外，大封鎖 (Great Lockdown) 造成經濟活動驟然停止，失業人口激增，全球貿易情勢惡化，服務業景氣萎縮。儘管這些總體經濟事件看起來很抽象，距離我們很遠，但是實際上卻深入我們的生活中。

每一個世代都有各自的經濟問題。1970 年代，第一次與第二次石油危機造成嚴重的通膨和失業問題；1980 年代，股市暴起遽落 (1998 年的 12,000 點至 2001 年的 3,000 點)，民眾的財富暴漲暴跌，造成貧富不均的現象；1990 年代的亞洲金融風暴，導致新臺幣大幅貶值和經濟泡沫化；2007 年開始的金融風暴導致冰島政府破產與希臘債信危機，全球經濟萎縮，各國莫不以寬鬆的財政與貨幣政策因應，期望刺激內需來恢復景氣。歐洲央行在 2014 年 6 月與日本央行在 2016 年 1 月分別宣布負利率政策，顯示歐、日仍深陷不景氣泥沼。[1] 儘管總體經濟事件日新月異，但總體經濟學的基本原理原則卻不會隨著時空改變而改變。

## 10-1　臺灣經濟的歷史表現

　　一個世紀以前，經濟學家僅能靠因果關係來檢視經濟體系。現在，經濟資料提供系統性與客觀資訊的來源。大多數的統計數據來自政府。不同的政府單位對家計單位與廠商進行調查，以瞭解他們的經濟活動——他們是否有工作或正在尋找工作、收入狀況如何，以及物價上漲程度。從這些調查，可以計算出不同的統計資料來總結說明經濟狀態。

　　在總體經濟學的討論中，有三項總體經濟變數特別重要：實質國內生產毛額 (real GDP)、通貨膨脹率 (inflation rate) 及失業率 (unemployment rate)。實質國內生產毛額或實質 GDP 衡量經濟體系的總所得。通貨膨脹率衡量物價上漲的程度。失業率衡量勞動力中沒有工作的人口比例。總體經濟學家研究這些變數如何被決定？為什麼它們會隨著時間經過而變動？以及它們之間又會如何相互影響？

---

[1] 截至 2020 年 7 月，日本及歐洲央行依舊實施負利率政策。

### 實例與應用　　　　　不丹不快樂

座落在喜馬拉雅山，帶有神祕色彩的不丹，曾號稱為世界上最幸福的國家。影星梁朝偉和劉嘉玲也選在這裡結婚，感受幸福的氣息。

不丹在四十多年前首創國民幸福指數，曾經有高達 97% 的國民認為自己很幸福。不過，在 2019 年國民幸福指數中，全球排名第 95 名。為什麼這麼多人變得不幸福，不丹前總理廷禮說：「我們的經濟問題起源於對外開放。富裕帶來的慾望。」當地人口不足，工作被鄰國印度勞工取代，失業率與犯罪率節節升高，每年酗酒與吸毒問題日益嚴重。

廷禮表示，光是進口足夠燃料供這些車輛使用，就幾乎把不丹最主要的產業，也就是向印度出口水力發電電力所賺取的金額全數抵銷。「我們出口乾淨能源的獲益，與自印度進口骯髒燃料的成本相等。」

雖然不丹的經濟蓬勃發展，但仍是全球最低度開發、最貧窮的國家之一。當地 70 萬人口中，有 70% 的民眾靠著自給農業過活。當地青年失業率現在已超過 9%，愈來愈多人離開鄉下，湧入城市，他們在大城市周邊蓋起棚屋，形成貧民窟。這印證一句至理名言：「金錢是買不到幸福的。」

圖 10-1 顯示 1951 年至 2019 年的臺灣地區平均每人實質 GDP。這個時間數列資料有兩個層面值得觀察：第一，實質 GDP 隨時間經

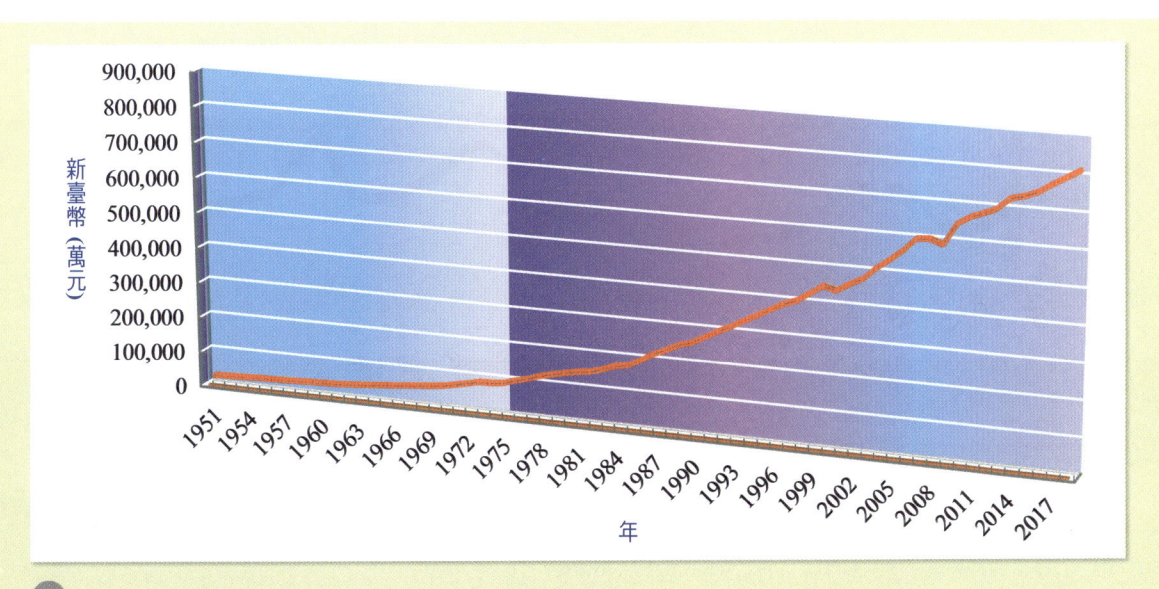

**圖 10-1　臺灣地區平均每人國內生產毛額〔基期：民國 105 年 (2016 年)〕**

實質國內生產毛額衡量經濟體系中每個人的總所得。平均每人實質 GDP 為實質 GDP 除以總人口。

資料來源：行政院主計總處網站 https://www.dgbas.gov.tw。

過向上成長。2019 年的實質 GDP 是 1951 年的 122.04 倍 (19,139,520 百萬元/156,832.1 百萬元＝122.04)。若以平均每人實質 GDP (per capita real GDP) 計算，2019 年是新臺幣 811,133.1 元，而 1951 年為新臺幣 20,215 元，2019 年的平均每人實質 GDP 是 1951 年的 40.13 倍。

第二，雖然實質 GDP 在大多數的年份是上升的，但這種成長並不穩定。自 1951 年以來，臺灣總共經歷十四次的景氣循環，每一次的時間都不相同。最長一次的擴張期發生在第二次循環，從 1956 年 9 月至 1964 年 9 月，共計 96 個月。最長一次的收縮期發生在第五次循環，從 1980 年 1 月至 1983 年 2 月，共計 37 個月。如果收縮期間超過兩季以上，稱為衰退 (recessions)；如果下降幅度相當嚴重，則稱為蕭條 (depressions)。

圖 10-2 顯示臺灣地區 1978 年至 2019 年的失業率，儘管沒有長期趨勢，但失業率的變動頗為劇烈，經濟的衰退與蕭條通常伴隨著高失業。從 1971 年以後，臺灣的失業率維持在相當低的水準 (在 3% 以下)。2001 年以後，因為全球經濟不景氣加上產業大量外移至中國，使失業率首度衝破 4%。在 2007 年與 2008 年受到全球金融海嘯肆虐，2009 年的失業率創史上新高，高達 5.85%。請注意，在經濟

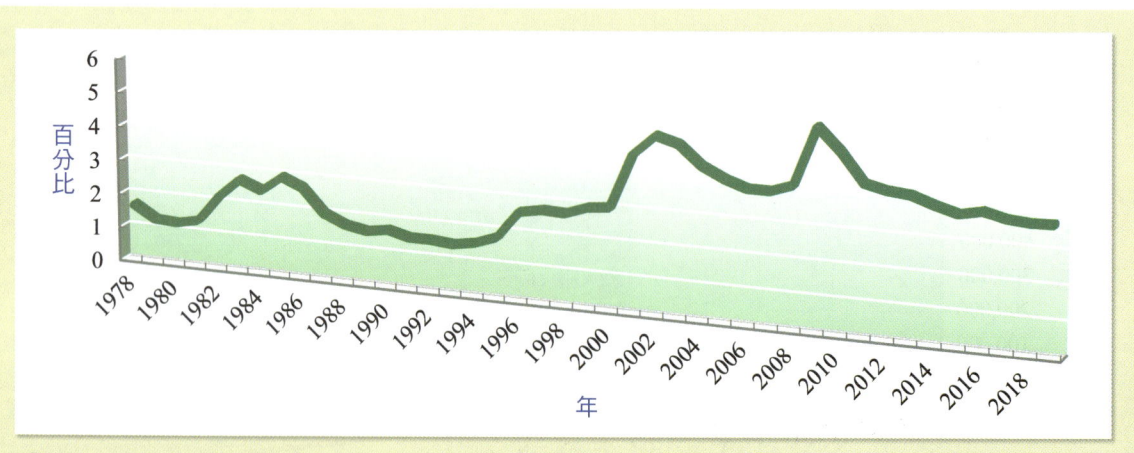

**圖 10-2　臺灣地區失業率**
失業率衡量勞動力中沒有工作的人口比例。這個圖形指出，即使經濟景氣，仍有失業發生。
資料來源：行政院主計總處網站 https://www.dgbas.gov.tw。

體系中，不論景氣或不景氣，始終都有失業存在。

圖 10-3 顯示臺灣地區自 1971 年至 2019 年的通貨膨脹率。通貨膨脹率衡量前一年物價水準與今年物價水準變動的百分比。當通貨膨脹率大於零時，物價水準上升；當通貨膨脹小於零時，物價水準下跌。臺灣地區在 1974 年時，通貨膨脹率高達 47.41%，推究原因是第一次石油危機能源價格大幅攀升，廠商生產成本提高，加上一般民眾大量囤積民生用品所造成。第二次石油危機導致 1980 年和 1981 年物價上漲率分別為 19.02% 及 16.32%。近年來，通貨膨脹率約為 2 至 4 個百分點，物價趨於穩定。在 2001 年至 2003 年，通貨膨脹率甚至低於零，分別為 －0.01%、－0.20% 與 －0.28%；而在 2009 年的次貸危機風暴衝擊下，通貨膨脹率低至 －0.89%；到了 2015 年，全球經濟急凍，通貨膨脹率再度出現負值：－0.3%。

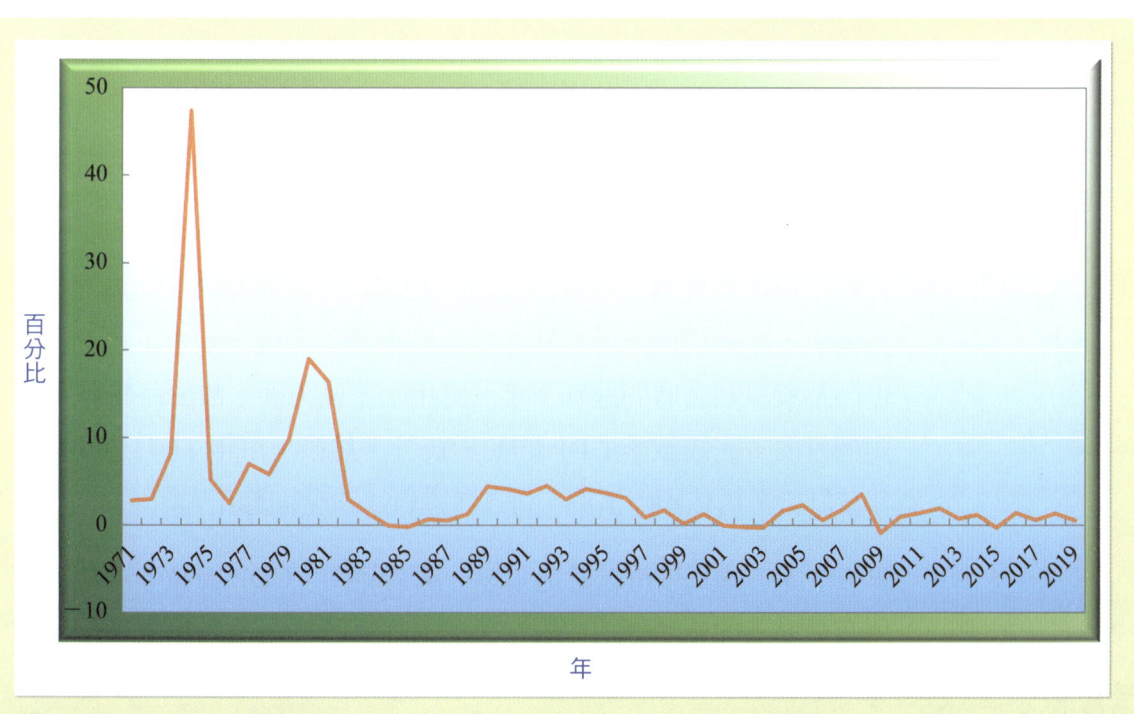

**圖 10-3　臺灣地區通貨膨脹率**

通貨膨脹率計算今年與上一年物價水準變動的百分比。當通貨膨脹大於零時，物價水準上升；當通貨膨脹小於零時，物價水準下跌。

資料來源：行政院主計總處網站 https://www.dgbas.gov.tw。

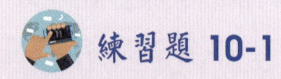

> **練習題 10-1**
>
> 在下列哪一年，臺灣的經濟成長率為負值？
> (a) 2008　　　(b) 2009　　　(c) 2010　　　(d) 2012
>
> (106 年初等考試)
>
> 類似問題：上網題 1。

## 10-2　國內生產毛額的定義

> **國內生產毛額**　一國在一段時間內，國內所生產最終商品與服務的市場價值總和。

**國內生產毛額** (gross domestic product, GDP) 通常被視為衡量經濟表現的最佳指標。這項統計資料是由行政院主計總處參照聯合國所訂新國民經濟會計制度之規定辦理，並於每季終了兩個月內，完成該季國民生產與所得的初步統計，提供各方應用。

國內生產毛額定義成：一國在一段時間內，國內所生產最終商品與服務的市場價值總和。這則定義是指一國的國民所得可由總生產來衡量。由於各國的生活水準可藉由這個數字進行比較，因此定義中的若干辭彙必須仔細釐清。

**一國在一段時間內**　就時間而言，通常以一年為範圍，並於翌年 8 月編成，送經國民所得統計評審委員會審議定稿後，才正式發布。但因為資料刊布時間遲延一年，應用上不甚方便，故於每季終了的兩個月內，完成該季 GDP 的初步統計。然後，每年 11 月修正前 2 年統計數。再依國際慣例，每 5 年進行 1 次全面修正。[2]

**國內生產**　國民所得統計通常以一國為範圍，GDP 衡量本國疆域內所有生產者的生產價值。若一美國人在臺灣的必治妥藥廠工作，他所從事的生產，計入臺灣的 GDP 中；而一臺灣人在瑞士的世界貿易組織工作，他的生產價值就不計入臺灣的 GDP 內。

只有當期生產的商品與服務，才會列入 GDP 的計算中；如果是去年生產的東西，則不予計入今年的 GDP 中。譬如，技嘉

---
[2] 修正內容請見行政院主計總處之國民所得統計簡介。

(GIGABYTE) 在 2019 年 9 月推出創作者筆電 AERO 17 HDR 在臺灣廠生產並銷售給俊傑，這款電競筆電的價值計入臺灣 2019 年的 GDP 中。但若俊傑將 2019 年生產的 AERO 17 HDR 賣給阿亮，則這款舊電競筆電的價值不計入 2019 年的臺灣 GDP 中。另外，股票交易所得並不是生產性所得，也不會影響 GDP，譬如，杰倫賣 1 張台積電股票給敬騰，雖然杰倫的所得增加 7 萬元，但敬騰的所得減少 7 萬元。在這種情況下，總所得是不變的。

**最終商品與服務**　GDP 的計算只考慮最終的商品與服務。統一麵粉廠生產麵粉，而馬哥孛羅麵包店利用它來製造貝果。麵粉在這個過程裡稱為**中間財** (intermediate goods)，而貝果稱為**最終商品** (final goods)。GDP 的計算不包括中間財的價值，這是因為中間財的價值已包含在最終商品的價格內。至於商品是指有形的物品，如衣服、電腦、食物；而服務是指無形的勞務，包括：搭乘捷運、到 KTV 唱歌、理髮或到醫院看病等。

**市場價值**　GDP 衡量總生產。然而，100 臺電競筆電加上 50 個披薩與 100 個披薩加上 50 臺電競筆電，究竟哪一種組合的總生產較大？我們藉著市場價格來回答這個問題。若一臺電競筆電與一個披薩的市價分別為 2 萬元和 500 元，則 100 臺電競筆電與 50 個披薩的市場價值是 2,025,000 元，而 100 個披薩和 50 臺電競筆電的市場價值則為 1,050,000 元。

**總和**　GDP 的目標是將經濟社會生產的所有商品與服務包括在內。事實上，GDP 的計算有一些例外。首先，GDP 只包括經過市場交易的商品與服務，並未包含自給自足的物品。在家裡燒飯、洗衣的價值，並未列入 GDP 的計算。若改將衣服送乾洗店或到外面用餐，其價值必須計入 GDP 中。漁夫的漁獲計入 GDP 內，但以垂釣為娛樂所得之漁獲則不予計入 GDP。

其次，由於地下經濟，包括非法毒品、逃稅、名牌仿冒品、香菸走私、盜版軟體、影片等，無法設算價值，GDP 將其排除在外。以 2009 年來說，在歐盟因違反智慧財產權而被扣押的貨品中，來自中國的名牌仿冒品、假菸就占了六成。

最後，GDP 包括租屋者所支付的租金，以及自用住宅的設算價值。此外，GDP 也包括政府服務價值的評估。譬如，警察和消防隊員的薪資都列入 GDP 計算中。

地下經濟的規模究竟有多大？舉例來說，根據臺大和成大合作的研究指出，臺灣在 2012 年地下經濟規模相當於 GDP 的 28.1%，高達 3.4 兆元；而警政署在 2017 年查獲的經濟案件中，地下通匯為 52.3 億元，走私菸有 218 件，金額達 5.178 億元；而走私農漁產品有 31 件，金額達 5,319.9 萬元。

---

**練習題 10-2**

有關國民生產毛額 (GNP) 的敘述，何者正確？
(a) 體系內所有產業的營業額加總
(b) 體系內所有中間財的市場價值加總
(c) 國民生產毛額 (GNP) 將會大於國內生產毛額 (GDP)
(d) 體系內所有最終商品與勞務的市場價值加總

(107 年身心障礙)

類似問題：基本題 1。

---

## 10-3 循環流程圖、所得與支出

第 10-2 節提到 GDP 是一個國家人民生產價值的總和，也是國民所得的衡量指標。讓我們以循環流程圖來說明這個關係。

在圖 10-4 中，家計單位提供勞動、土地和資本給廠商使用。廠商透過生產因素市場支付員工薪水、土地租金、貸款利息和股東利潤。工資、地租、利息和利潤，構成家計單位的所得。

家計單位收到所得後，拿其中一部分繳稅和儲蓄，另一部分可到商品市場購買需要的物品，這些消費支出透過商品市場流向廠商。政府和國外部門也會消費商品與服務，這些支出也是透過商品市場流向廠商。此外，投資所需的資金則透過金融市場流向廠商。

消費支出、政府購買、出口、進口和投資支出，構成對商品與服務的總支出。廠商將他們賣東西賺的錢用來支付工資、租金、利息、利潤及繳納營利事業所得稅。

由於經濟社會的總支出最終將成為某人口袋裡的所得，我們可以用兩種不同的方式來計算經濟體系的 GDP：一是將家計單位、廠商、政府及國外部門的總支出加總起來；一是從廠商支付的總所得 (工資、地租、利息和利潤) 計算而得。因此，GDP 等於總支出，也等於總所得，亦即：

$$\text{GDP} = Y = C + I + G + NX \tag{10-1}$$

其中，$Y$ 是總所得，$C$ 為消費支出，$I$ 為投資支出，$G$ 為政府購買，而 $NX$ 為淨出口，定義成出口 ($EX$) 減去進口 ($IM$)。

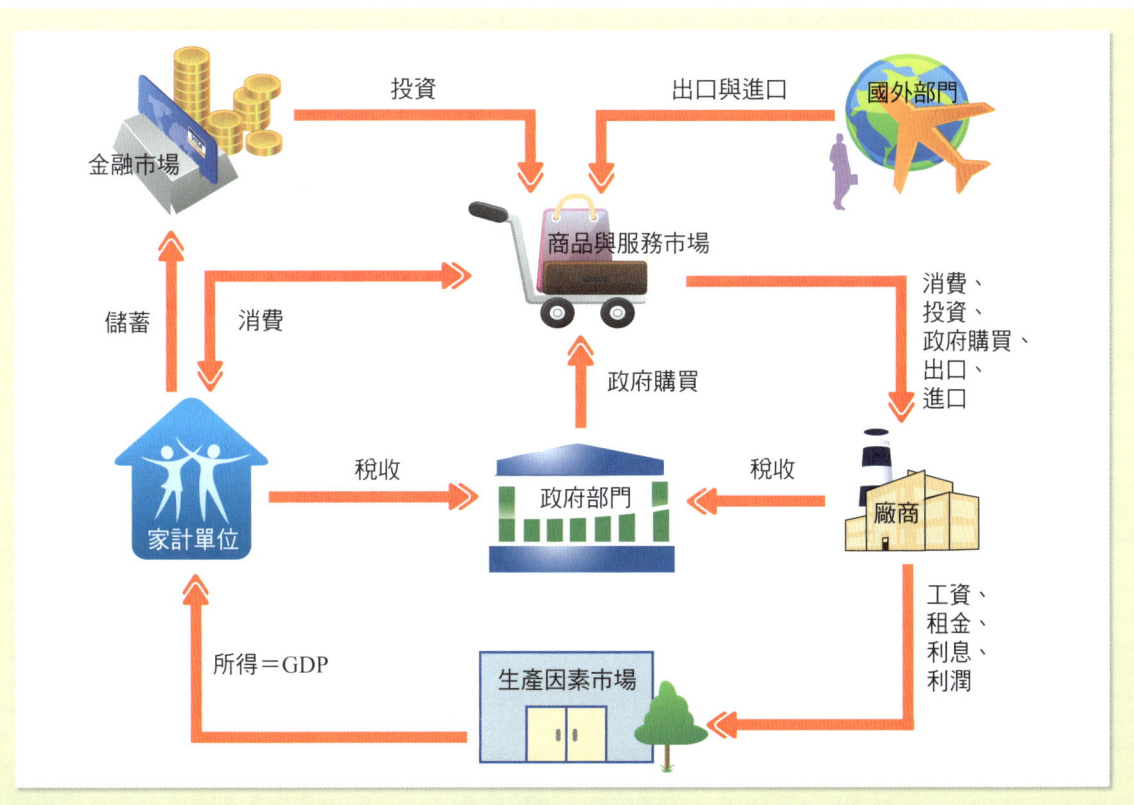

**圖 10-4　循環流程圖**

家計單位收到所得後，用來購買商品及繳稅。廠商利用銷售收入來購買原料，支付工資、租金、利息及自己的利潤。GDP 等於總所得，等於總支出。

### 練習題 10-3

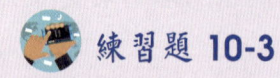

若從所得面計算 GDP，不包括下列何者？
(a) 外勞薪資
(b) 租金
(c) 利潤
(d) 出口淨額

(106 年初等考試)

類似問題：基本題 2。

## 10-4 臺灣 GDP 的衡量

臺灣 GDP 是指在特定期間臺灣地區境內，所生產的最終商品與服務市場價值的總和。衡量 GDP 的方法有兩種：

1. **支出法** (expenditure approach)。
2. **所得法** (income approach)。

### 10-4-1 支出法

支出法是在特定期間內將經濟體系對最終商品與服務的支出加總起來，即為 GDP。在圖 10-4 的循環流程圖中，所有透過商品與服務市場流向廠商的支出，包括消費支出 ($C$)、投資支出 ($I$)、政府購買 ($G$) 及淨出口 ($NX$)。因此，以式 (10-1) 衡量的 GDP，即為支出面的衡量方法。表 10-1 列出 2019 年臺灣地區的國內生產毛額。

臺灣地區以當年價格計算的 GDP 達新臺幣 18.9 兆元，其中民間消費占 GDP 的比例最高，達 52.30%。**民間消費**是家計單位購買的商品與服務，但不包括二手商品與房屋。若按耐用性質區分，消費財可分為耐久財，如汽車、家具、冰箱等；非耐久財，如食物、衣服、香菸等；及服務，如醫療保健、法律諮詢和通訊等。

**投資支出**又稱為國內資本形成毛額，是指新資本財 (機器設備、廠房及運輸工具) 的購買與存貨變動兩項。主計總處公布的國內資本形成毛額可分為兩項：

> **民間消費** 家計單位購買的商品與服務。

> **投資支出** 新資本財的購買及存貨變動。

### 表 10-1　2019 年臺灣的 GDP (支出法)

(單位：新臺幣百萬元)

| 項目 | | |
|---|---:|---:|
| 國內需求 (C + I + G) | | 16,919,541 |
| 　民間消費 | | 9,877,261 |
| 　政府消費 | | 2,641,472 |
| 　資本形成毛額 | | 4,400,808 |
| 　　固定資本形成毛額 | 4,429,850 | |
| 　　存貨增加 | −28,842 | |
| 國外需求 (EX − IM) | | 1,967,337 |
| 　輸出 | | 12,097,562 |
| 　輸入 | | 10,130,225 |
| 國內生產毛額 (GDP) | | 18,886,878 |
| 　國外要素所得淨額 (NFI) | | 452,506 |
| 國民生產毛額 (GNP) | | 19,339,384 |

資料來源：行政院主計總處網站 https://www.dgbas.gov.tw。

1. **固定資本形成毛額**：依資本型態可分成住宅、非住宅用房屋、其他營建工程、運輸工具和機器及設備。
2. **存貨增加**：依資本型態可分成原料、再製品及製成品。

在 2019 年，固定資本形成毛額占 GDP 的比例為 23.45%，存貨增加占 GDP 的比例為 −0.15%。請注意，投資支出並不包括股票與債券的買賣。

**政府消費** (government consumption) 是指政府對最終商品與服務的購買。移轉性支付 (如社會福利支出、捷運轉乘補助、鄰里長補助) 並未計入政府購買中，理由是它並非當期商品的購買。此外，利息支出也未計入政府購買中，因為它並未交換任何當期生產的商品與服務。在 2019 年，政府消費占 GDP 的比例為 13.99%。

**淨出口** 定義成商品與服務的輸出與輸入之間的差額。輸出又稱出口，是指本國製造的商品，銷售到國外。輸入又稱進口，是指國外製造的商品，由本國人民消費。若出口大於進口，淨出口大於零，稱為貿易順差；若出口小於進口，淨出口小於零，則稱為貿易逆差。2019 年臺灣的淨出口值為新臺幣 1,967,337 百萬元，出口與進口占 GDP 比例分別為 64.05% 和 53.64%。

在表 10-1 中，GDP 加上國外要素所得淨額，即為 **國民生產毛額** (gross national product, GNP)。國外要素所得淨額是指本國收到來自

> **政府消費**　政府對最終商品與服務的購買，又稱為政府購買。

國外要素所得收入減去支付給國外要素所得支出的差額。

GNP 與 GDP 的差異在於，GNP 是以"國籍"為界定範圍，而 GDP 是以"國境"為界定範圍。譬如，臺商在中國設廠生產的價值，不計入我國的 GDP；然而，美商必治妥藥廠在臺灣生產的商品，則包括在我國的 GDP 中。同樣地，周杰倫在美國拍攝《出神入化 2》與在中國拍攝《蘇乞兒》，其拍片所得列入我國的 GNP 中。

### 10-4-2 所得法

所得法是指主計總處經由蒐集生產因素的報酬——將工資、地租、利息及利潤加總之後所得到的 GDP。在圖 10-4 的循環流程圖中，所得面衡量 GDP 的方法，是廠商透過生產因素市場支付要素所得給家計單位。

表 10-2 列出臺灣 2018 年以所得法衡量的 GDP。行政院主計總處將國民所得分成兩類：

1. 受雇人員報酬。
2. 營業盈餘。

受雇人員報酬是勞動者的報酬，包括薪資和福利。營業盈餘是利息、利潤及租金的總和。利息收入是家計單位存款的利息支付減去

**表 10-2　2018 年臺灣的 GDP (所得法)**　　　(單位：新臺幣百萬元)

| 項目 | | | |
|---|---|---|---|
| 國民所得 (NI) | | | 15,992,789 |
| 　國內要素所得 | | 14,535,981 | |
| 　　受雇人員報酬 | 8,417,966 | | |
| 　　營業盈餘 | 6,118,015 | | |
| 　生產及進口稅淨額 | | 1,042,007 | |
| 固定資本消耗 | | | 2,896,566 |
| 國內生產毛額 (不含統計差異) | | | 18,474,554 |
| 　加：統計差異 | | | −131,663 |
| 國內生產毛額 (GDP) | | | 18,342,891 |
| 　加：國外要素所得淨額 | | | 414,801 |
| 國民生產毛額 (GNP) | | | 18,757,692 |

資料來源：行政院主計總處網站 https://www.dgbas.gov.tw。

貸款的利息支出。利潤是指公司的保留盈餘和股利的加總。租金包括租屋所得和自用住宅的設算租金。

表 10-2 的生產及進口稅淨額為生產及進口稅減補助金。支出法是以市場價格衡量商品與服務的價值，而所得法是以要素成本來衡量商品與服務的價值。兩種方法之間的差距就是生產及進口稅淨額。生產及進口稅使得市場價格超過要素成本，而補助金使得要素成本超過市場價格。

此外，支出法衡量一國的 *毛產出* (gross product)，而所得法是衡量 *淨產出* (net product)，兩者之間的差異是 *折舊* (depreciation)，又稱為固定資本消耗，是指使用資本所產生價值的減少。在表 10-2 中，國民所得 (NI) 加上生產及進口稅淨額等於國民生產淨額。國民生產淨額加固定資本消耗等於國民生產毛額 (GNP)。GNP 減國外要素所得淨額，即可得 GDP。

2018 年，GDP 分配到受雇人員報酬的比例是 45.89%，低於 1998 年的 48.4%。並非每個國家的受雇員工報酬占 GDP 比例都像臺灣這麼低，以 2018 年美國為例，這一比例高達 43.02%，顯示臺灣民眾比美國民眾享受到更多經濟成長的果實。[3]

### 練習題 10-4

若臺灣於民國 100 年的國內生產毛額為 14,312,200 (新臺幣百萬元，下同)，民間消費 7,798,976，政府消費 2,167,595，固定資本形成 3,346,945，存貨變動 35,921，請問淨輸出 (net export) 為：

(a) －945,693
(b) 962,763
(c) 998,684
(d) 1,034,605

類似問題：基本題 3。

---

[3] 資料來源：美國聯邦準備聖路易分行網站 https://www.stlouisfed.org。

### 10-4-3　其他衡量所得的指標[4]

從第 10-4-2 節國民所得會計帳的討論中,我們知道國民所得不是唯一的衡量指標,這些指標與國內生產毛額定義略有出入。因此,有必要瞭解各項指標之間的關聯性。

我們先從國內生產毛額開始,GDP 等於民間消費 ($C$)、政府消費 ($G$)、資本形成毛額 ($I$) 及淨出口 ($NX=EX-IM$) 的加總:

$$GDP=C+I+G+(EX-IM)$$

GDP 加上國外要素所得淨額,可得到國民生產毛額:

$$GNP=GDP+國外要素所得淨額$$

上式中的國外要素所得淨額等於,從國外收到的要素所得 (工資、租金、利息及利潤) 減去支付給國外的要素所得。臺灣地區在 2017 年的 GNP 為新臺幣 17,965,345 百萬元。國民生產淨額 (net national product, NNP),是國民生產毛額扣除固定資本消耗 (折舊):

$$NNP=GNP-折舊$$

在 2017 年折舊約占 GNP 的 15.21%,扣除折舊後可以顯示經濟活動的淨結果 (淨資本、淨利潤等)。2017 年臺灣地區的 NNP 為新臺幣 15,232,295 百萬元。從要素成本衡量的國民所得 (national income, NI),是 NNP 扣除企業生產及進口稅淨額。

$$NI=NNP-生產及進口稅淨額$$

國民所得是衡量經濟體系中每一個人賺取的所得。2017 年生產及進口稅為新臺幣 977,477 百萬元,國民所得並不等於個人所得,個人所得是國民實際收到的所得。國民所得經過三項調整即可得個人所得 (personal income, PI)。這三項調整為:第一,從國民所得扣除公司賺取但未支付的金額;第二,國民所得加政府淨移轉支付;第三,國民所得加上家計單位獲得的利息收入。因此,個人所得 (PI)

---
[4] 資料來自 Taiwan Statistical Data Book 表 3.16。

可寫成：

PI＝NI－(公司利潤－股利)＋(移轉收入－社會保險金)
　　＋個人利息所得

2017 年臺灣的個人所得是新臺幣 13,268,689 百萬元。個人收到的所得，尚須向政府繳納所得稅、規費、罰款及對政府與國外做各種移轉支出後，才是**個人可支配所得** (personal disposable income, DPI)。DPI 可寫成：

DPI＝PI－個人所得稅－對國內外移轉支出

個人可支配所得在國民所得會計帳中，稱為家庭可支配所得。2017 年的金額為新臺幣 10,446,680 百萬元，約占 GNP 的 56.93%。個人可支配所得是一般家庭用於消費 (C) 和儲蓄 (S) 的所得。DPI 亦可寫成：

$$DPI = C + S$$

2017 年臺灣的儲蓄與消費分別為新臺幣 9,265,072 百萬元和新臺幣 1,181,608 百萬元。

---

### 練習題 10-5

若經濟體系中的國民所得 (NI) 或稱要素所得是 1,000 億元，未分配盈餘是 50 億元，移轉收入是 40 億元，間接稅是 10 億元，個人所得稅是 30 億元，則個人所得 (PI) 等於？

(107 年外交特考)

類似問題：基本題 7。

---

## 10-5　名目 GDP 與實質 GDP[5]

在行政院主計總處公布的 2019 年國民所得資料中，按當年價

---

[5] 臺灣之實質 GDP 已用連鎖實質法計算，有關連鎖實質法之詳細內容，請見上網題第 3 題。

格計算之 GDP 為新臺幣 18,886,878 百萬元，而按 2016 年價格計算之 GDP 為新臺幣 19,233,073 百萬元。為什麼同一年的 GDP 會有兩種不同的數據？前者是按當年價格計算的 GDP，稱為名目國內生產毛額，簡稱名目 GDP (nominal GDP)；後者是按基期價格計算的 GDP，稱為實質國內生產毛額，簡稱實質 GDP (real GDP)。讓我們舉一個例子，來說明兩者之間的差別。

> 名目 GDP 按當期價格計算的 GDP。
> 實質 GDP 按基期價格計算的 GDP。

為了方便分析，假設一經濟社會只生產兩種商品：漢堡蛋及奶茶。表 10-3 分別列出兩種商品 2020 年至 2022 年的價格與數量。

記得在第 10-2 節，GDP 定義成商品與服務市場價值的總和。2020 年商品的總支出是 2020 年漢堡蛋的支出加上奶茶的支出。漢堡蛋支出等於漢堡蛋價格乘以數量，即 $30×10 = $300；而奶茶支出等於奶茶價格乘以數量，即 $25×6 = $150。因此，2020 年商品支出的總值為 $450，它是當期價格與當期商品數量乘積的加總，我們稱為名目 GDP。在表 10-3 中，2021 年與 2022 年的名目 GDP 分別為 $840 和 $1,400。

**表 10-3　名目 GDP 與實質 GDP 的計算**

| 年份 | 漢堡蛋的價格 | 漢堡蛋的數量 | 奶茶的價格 | 奶茶的數量 |
|---|---|---|---|---|
| 2020 | $30 | 10 | $25 | 6 |
| 2021 | 40 | 15 | 30 | 8 |
| 2022 | 50 | 20 | 40 | 10 |

| 名目 GDP 的計算 |
|---|
| 2020　($30×10 個漢堡蛋)＋($25×6 杯奶茶) = $450 |
| 2021　($40×15 個漢堡蛋)＋($30×8 杯奶茶) = $840 |
| 2022　($50×20 個漢堡蛋)＋($40×10 杯奶茶) = $1,400 |

| 實質 GDP 的計算 (基期＝2016 年) |
|---|
| 2020　($30×10 個漢堡蛋)＋($25×6 杯奶茶) = $450 |
| 2021　($30×15 個漢堡蛋)＋($25×8 杯奶茶) = $650 |
| 2022　($30×20 個漢堡蛋)＋($25×10 杯奶茶) = $850 |

| GDP 平減指數的計算 |
|---|
| 2020　($450/$450)×100 = 100 |
| 2021　($840/$650)×100 = 129 |
| 2022　($1,400/$850)×100 = 165 |

2022 年的名目 GDP 是 2020 年名目 GDP 的 3 倍,我們是否可以得到一個結論:2022 年的生活水準是 2020 年生活水準的 3 倍?當然不可以。由於名目 GDP 的上升包括價格與數量的上升,無法真正反映經濟體系的生產能力。想要計算未受價格變動影響的產值,實質 GDP 是較佳的衡量指標。實質 GDP 是基期價格乘以當期商品數量。假設我們選定 2020 年為基期,2021 年的實質 GDP 是 2020 年漢堡蛋與奶茶的價格乘以 2021 年漢堡蛋與奶茶的數量,也就是 $30×15 + $25×8 = $650。2020 年和 2022 年的實質 GDP 分別為 $450 與 $850。

比較 2020 年和 2021 年的實質 GDP 可以發覺從 $450 增加至 $650,純粹是漢堡蛋與奶茶生產數量增加所導致。因此,實質 GDP 比名目 GDP 更能反映一國的福利水準。當我們提到經濟成長時,指的是一段期間內實質 GDP 的成長,而非名目 GDP 的成長。若以數學式子表示,名目 GDP 和實質 GDP 可寫成:

$$\text{名目 GDP} = \sum_{i=1}^{n} P_i Q_i$$

$$\text{實質 GDP} = \sum_{i=1}^{n} P_i^0 Q_i$$

(10-2)

在式 (10-2) 中,$P_i$ 和 $P_i^0$ 分別代表當期與基期的商品價格,$Q_i$ 則為當年的商品數量。若將名目 GDP 除以實質 GDP,我們可以得到:

$$\text{GDP 平減指數} = \frac{\text{名目 GDP}}{\text{實質 GDP}} \times 100$$

$$= \frac{\sum_{i=1}^{n} P_i Q_i}{\sum_{i=1}^{n} P_i^0 Q_i} \times 100$$

(10-3)

式 (10-3) 是固定分子與分母的商品數量,然後比較基期與當期商品價格的變化。換句話說,**GDP 平減指數** (GDP deflator) 衡量一國生產的商品與服務的價格。在表 10-3 的最底部,有 GDP 平減指

> GDP 平減指數 用來衡量生產商品與服務價格。

數的計算。以 2020 年為例，名目 GDP 是 $450，而實質 GDP 也是 $450，所以 GDP 平減指數為 100。當分子與分母的年份相同時，物價指數為 100。因此，基期的 GDP 平減指數一定是 100。

2021 年的名目 GDP 與實質 GDP 分別為 $650 和 $450，GDP 平減指數為 129。由於 GDP 平減指數從 2020 年的 100 上升至 2021 年的 129，我們可以說物價水準上升 29 個百分點。GDP 平減指數是經濟學家用來計算通貨膨脹率的物價指數之一。另一項常用來計算的物價指數是消費者物價指數，我們將在下一章討論。

### 練習題 10-6

若臺灣 2014 年的名目 GDP 為 1 兆 8,000 億元，實質 GDP 為 1 兆 5,000 億元，則臺灣該年的 GDP 平減指數為：
(a) 67　　　　(b) 83　　　　(c) 110　　　　(d) 120

(108 年關務特考)

類似問題：基本題 8。

## 10-6　實質 GDP 與生活水準

上一節提到實質 GDP 比名目 GDP 更適合做為比較各國生活水準的指標。美國 2019 年第 1 季的平均每人實質 GDP 為 57,586 美元，是 1947 年第 1 季的 4.05 倍。這是否意味著美國人民的生活水準，從 1947 年至 2019 年成長 4.05 倍？實質 GDP 是衡量經濟福利的完美指標嗎？

實質 GDP 並不是一項衡量經濟福利的完美指標，理由有二：第一，有些項目並未包括在實質 GDP 內；第二，尚有其他衡量經濟福利的指標。

### 10-6-1　實質 GDP 省略的項目

實質 GDP 衡量商品與服務的市場價值。然而，根據前面對

GDP 定義的討論，實質 GDP 並未包括：

- 家務生產。
- 地下經濟。
- 休閒時間。
- 環境品質。
- 犯罪率。

家務生產是指準備餐點、照顧嬰兒和老人、打掃庭園及洗車等，由家庭成員完成，並未透過市場交易。由於沒有市場價值，GDP 通常都會被低估。王菲婚後退出演藝圈，專職家庭主婦，對 GDP 沒有貢獻。2010 年復出後，雇用保姆照顧小孩，並來臺灣開演唱會，等於貢獻了兩份 GDP。地下經濟牽涉到逃漏稅及非法買賣毒品，由於這個部分的活動都不會據實以答，也會從 GDP 中省略。

休閒與工作同等重要。工作可以增加生產價值，使 GDP 提高；休閒雖然無法直接提高 GDP，但可使我們的生活水準提升。

國際勞動統計公布全球 40 個國家 2018 年工時調查，臺灣的工時長度名列第 4 名，全年工時達 2,033 小時，而德國卻不到 1,400 小時，臺灣人比德國人有錢嗎？工時長意味著與家人相處時間變少，一份 2011 年"臺灣家庭痛苦指數大調查"發現，有 63% 的父親常因工作而犧牲家庭，甚至有高達 68% 的父母認為臺灣企業並不鼓勵員工追求家庭生活與工作的平衡。2018 年 OECD 調查工作生活平衡指數，墨西哥的工時最長，且休閒生活時間最少。

在水源地養豬，水污染對 GDP 沒有影響，但賣豬卻可增加 GDP。砍一片森林改種牧草養牛，可增加人民收入，卻造成全球暖化。因此，GDP 的提高，並不必然是環境品質的改善，有時反而是環境品質的惡化。

GDP 並未反映犯罪率及其他社會問題。犯罪率的提高會降低人民福利，但可提高 GDP，理由是政府投入更多的金錢在警察人力、裝備，甚至監視器上。同樣地，GDP 也未能反映離婚率、毒癮比例及其他影響人民福利的因素。

> **練習題 10-7**
>
> 下列何者是平均每人實質 GDP 無法反映真實生活水準的原因？
> (a) 未考慮存貨的變動
> (b) 未考慮休閒價值
> (c) 未考慮物價的變動
> (d) 未考慮實質利率的變動
>
> (106 年關務特考)
>
> 類似問題：基本題 10。

### 10-6-2 其他衡量經濟福利的指標

實質 GDP 是一項價格乘以數量的統計數據，數字並不一定能夠反映經濟福利的變化。其他衡量經濟福利的指標還包括：

- 健康與平均壽命。
- 社會正義與政治自由。
- 所得分配。

實質 GDP 的增加，讓我們更注重衛生保健及更願意從事醫學研究，人類壽命也因而提高。在人均 GDP 較高的國家，如日本、瑞士、加拿大，人民的平均壽命都超過 80 歲；而在人均 GDP 較低的國家，如奈及利亞、孟加拉、巴基斯坦，人們通常少活二十年，並且有接近一半的人口是文盲。但是，人類也面臨更多的未知疾病威脅，如 AIDS、SARS 及新冠肺炎，截至目前為止，尚未找出明確的治療方法。

實質 GDP 的上升與該國的政治自由度並不會成正比，有些國家，如中國，實質 GDP 快速成長，但政治態度保守；有些國家，如西班牙，實質 GDP 成長緩慢，但享有較大的政治自由度。

GDP 也無法反映一國的貧富差距現象。聯合國開發組織報告指出，在全球先進經濟體系中，香港的貧富差距最大，新加坡位居第二 (吉尼係數分別為 0.539 和 0.417)。而根據財政部調查，2017 年居金字塔頂端的富人家庭所得 (473.6 萬元) 是最低家庭所得 (4.2 萬元) 的 113.4 倍，創歷史新高。"一個臺灣，兩個世界"的趨勢愈來愈明顯，中下階級面臨失業或薪資下降的危機，一旦失業就會成為新貧族，未來找到工作的機會很低。

OECD 從 2011 年開始，針對 34 個會員國編製美好生活指數 (Better Life Index)。美好生活指數又稱幸福指數 (Happiness Index)，包括居住、收入、就業、社群關係、教育環境、政府治理、健康生活滿意度、安全、工作及生活平衡 11 個領域。依據 2019 年的幸福生活指數，美國最有錢但不是最幸福。至於全世界最快樂的國家是挪威，日本在安全教育評價頗高，卻因工作、家庭難以兩全的問題，使得幸福指數偏低，而從 2016 年的第 23 名跌至 2017 年的第 25 名。臺灣在 2013 年 8 月首次公布國民幸福指數。2016 年國民幸福指數綜合指數為 6.96 分，位居第 18 名。聯合國在每年 3 月 20 日"國際幸福日"會發表"全球幸福指數報告"，總計 156 個國家，芬蘭、丹麥、挪威分居第一、二、三名，臺灣則是排名第 25 名，比去年上升一個名次，高過新加坡的第 34 名及香港的第 76 名。

## 10-7 結 語

《商業周刊》曾提到，1980 年代，歐美社會學家發現，全球化和知識經濟固然創造一批新的贏家，但也製造一批新的輸家，新貧議題於焉產生。如今，新貧現象也在臺灣登陸。

全球化之後，所有的人分為兩種極端：一種是從全球化得利者；另一種則是被全球化遺棄者。如果不想被遺棄，學者建議摒除大量生產的觀念，轉而追求工作及產品的極致品味與專業，把東西做到最棒。就像牡蠣一樣，有的必須論斤販賣，有的卻能以顆計價。

### 摘要

- 國內生產毛額 (GDP) 是在一特定時間內，一國國內所生產出來之全部最終商品與服務的市場價值總和。
- GNP = GDP + NFI。
- GDP 有兩種計算方法：支出法和所得法。
- GDP = $C + I + G + (EX - IM)$。
- GDP = 國民所得 + 間接稅淨額 + 固定資本消耗。
- 國民所得會計帳有：GDP、GNP、NNP、NI、PI、DPI。
- GDP 平減指數等於名目 GDP 除以實質 GDP 乘以 100。
- 實質 GDP 並非衡量經濟福利的完美指標。

# 習 題

## 基本題

1. 下列哪些項目不能計入 GDP 中？請解釋其原因。
   (a) 臺灣大地震，政府撥款 8,000 萬元的救濟金
   (b) 行政院推動"新十大建設"共 1 兆 2,000 億元，平均每年實際支出 2,000 億元
   (c) 華碩發行 500 億元的新股票，做為建設新的電子工廠用
   (d) 媽媽花了一個下午的時間清潔房子，她說工資是 500 元
   (e) Jackie 吳向朋友買了一臺舊筆記型電腦，價值 3 萬元
   (f) 某一藥局賣出 5 萬元的搖腳丸
   (g) 台積電花了 5,000 億元，在臺南科學園區蓋 12 吋晶圓廠
   (h) 又廷的阿嬤在房屋仲介公司上班，成交了一棟樓房，賺得 2 萬元的佣金
   (i) 小燕姐買下一座水果農場，送了該農場所生產的水果給同事，市值共 10 萬元
   (j) 阿輝賣了一棟別墅給阿扁，市值 1 億 5,000 萬元

2. 若從所得面計算臺灣 GDP，則不包括下列哪一項？
   (a) 在臺外商公司利潤
   (b) 公務員薪資
   (c) 租金
   (d) 國外要素所得淨額　　(106 年關務特考)

3. 小明與同學在比較他們今年的花費。小明說他今年省吃儉用，共節省了新臺幣 100 萬元。其中 45 萬元當成頭期款向小華購買了一棟 30 年的舊公寓，另外用 15 萬元透過臺灣證券交易所向不知名的人士購得台積電股票，剩下的 40 萬元則購買了小明任職的公司因需要購買全新的機器設備而發行的新股票。在不考慮其他的項目之下，小明的上述行為對臺灣今年國民所得統計的投資支出項貢獻了多少？
   　　(106 年關務特考)

4. 若 2019 年臺灣的民間消費為 500 億元，政府購買為 300 億元，資本形成毛額為 100 億元，存貨減少 5 億元，輸出是 300 億元，輸入為 100 億元，國外要素所得淨額是 100 億元。請問 GNP 是多少？GDP 是多少？(單位：新臺幣元)

5. 逢甲大學 2016 年初有 80 部個人電腦，年中購入 50 部，年底淘汰不堪使用的之後，剩下 100 部，則逢甲大學 2016 年淨投資與折舊各是多少？　　(97 年逢甲組群二)

6. 若從支出面計算 GDP，不包括下列哪一項？
   (a) 原物料的出口值
   (b) 機器的出口值
   (c) 公務員薪資
   (d) 利潤　　(107 年初等考試)

7. 國民所得等於：
   (a) GNP 減折舊
   (b) GNP 加折舊
   (c) GNP 減折舊再減去生產及進口稅
   (d) GNP 減折舊再加上生產及進口稅
   　　(105 年關務特考)

8. 馬爾地夫只生產及消費兩種產品：蘋果與雞肉：

| 年 | 蘋果數量 | 蘋果價格 | 雞肉數量 | 雞肉價格 |
|---|---|---|---|---|
| 2015 (基期) | 70 | 10 | 50 | 20 |
| 2016 | 80 | 15 | 100 | 8 |

請計算 2016 年之
(a) 名目 GDP
(b) 實質 GDP
(c) GDP 平減指數　　(100 年東華財金)

9. 利用下表資訊，以所得法計算之 GDP 為何？

| 淨利息 | $ 239 |
| --- | --- |
| 政府支出 | 136 |
| 勞動所得 | 1,715 |
| 租金所得 | 37 |
| 自營者所得 | 128 |
| 間接稅淨額 | 259 |
| 公司利潤 | 194 |
| 出　口 | 249 |
| 進　口 | 289 |
| 折　舊 | 333 |

(100 年嘉義財金)

10. 下列何者為衡量 GDP 的問題？
    (a) 移轉性支付並未包括
    (b) 地下經濟的生產未列入計算
    (c) 家務生產並未列入 GDP 中
    (d) (b) 與 (c) 均對　　　(94 年中山政經)

11. 若一國的名目 GDP 增加且實質 GDP 減少，則 GDP 平減指數會增加或減少？
    (105 年關務特考)

12. 以 GDP 做為衡量福利的指標，有一些缺失的存在。其中忽略下列哪一個因素會高估經濟福利？
    (a) 休閒經濟
    (b) 地下經濟
    (c) 污染與公害
    (d) 婦女在家的勞務貢獻　(100 年世新財金)

13. 當最終財的產量固定但價格變動時，則：
    (a) 名目 GDP 不變
    (b) 名目 GNP 不變
    (c) 實質 GDP 不變
    (d) GDP 平減指數不變　(108 年關務特考)

14. 紡紗廠向農民購進棉花 1,000 元，向電力公司購進電力 200 元，向其他企業購進其他物料 300 元，而後將棉花紡成棉紡售與織布廠，售價 2,000 元。則中間產品的價值為：
    (a) 500 元

    (b) 1,000 元
    (c) 1,500 元
    (d) 2,000 元　　　(107 年地方特考)

15. 下列何者是中間財？
    (a) 出口的手機
    (b) 出口的手機鏡頭
    (c) 進口的手機鏡頭
    (d) 機器人　　　(107 年初等考試)

16. 下列何者為我國 GDP 最大的組成項目？
    (a) 民間消費
    (b) 民間投資
    (c) 政府消費與投資
    (d) 出口淨額　　　(107 年初等考試)

**進階題**

1. 下列哪一筆金額是臺灣 2016 年國內生產毛額 (GDP) 的增加？
   (a) 2016 年 6 月朱哥亮以 40 萬元售出其 2014 年份的賓士汽車
   (b) 朱哥亮的弟弟 2016 年年初被公司派往大陸工作，且其 2016 年稅前所得為 200 萬元
   (c) 朱哥亮在 2016 年年中結婚，而買了一棟價值 6,000 萬元的新房子
   (d) 朱哥亮的媽媽在 2016 年 9 月將手中的宏達電股票賣出，且獲利 10 萬元
   (102 年初等考試)

2. 甲、乙兩人走在路上，看到一堆牛糞。甲對乙說："你把它吃下，我給你 500 萬元。" 乙心想為了賺這 500 萬元，就痛苦吃下。兩人走了一段路又看到一堆牛糞。乙此時心有不甘，就對甲說："你把它吃下，我也給你 500 萬元。" 甲想剛剛乙吃了牛糞賠掉 500 萬元，也想把它賺回來，就痛苦吃下。請問這樣 GDP 增加了多少？
   (97 年文化國貿)

3. 下列何者計入 GDP 或 GNP 中，請說明原因。
   (a) 買舊書
   (b) 臺商在中國大陸的產值

(c) 幫父母做家事
(d) 雇用女管家　　　　（100 年文化財金）

4. 下表顯示只生產南瓜與龍眼的某國其價格與數量資料，基期年為 2013 年。根據該表，該國 2014 年的 GDP 平減指數的年增率為：

| 年 | 南瓜價格 | 南瓜數量 | 龍眼價格 | 龍眼數量 |
|---|---|---|---|---|
| 2013 | $3 | 100 | $2 | 100 |
| 2014 | $4 | 200 | $4 | 300 |

(a) 33.3%
(b) 66.6%
(c) 100%
(d) 133.3%　　　　（108 年關務特考）

5. 若 2016 年的 GNP 為 600 億元，國民所得為 540 億元，折舊為 16 億元。請問生產及進口稅淨額等於多少？

6. 電視公司去年給趙又廷的演戲酬勞為年薪 100 萬元，今年老闆調薪為 120 萬元。但去年到今年的物價上漲了 50%，請問他今年的實質酬勞有增加嗎？為什麼？

7. 假設一國經濟由如下活動組成：

| 碾米廠損益表 ||
|---|---|
| 白米銷售 | $100 |
| 購買稻穀 | $20 |
| 機器折舊 | $5 |
| 本國薪資 | $40 |
| 外勞薪資 | $3 |
| 營業稅 | $5 |
| 盈　餘 | $27 |

| 農夫損益表 ||
|---|---|
| 產出稻穀 | $20 |
| 進口農藥 | $10 |
| 去年存糧做為種子 | $5 |
| 盈　餘 | $5 |

(a) 計算 GNP
(b) 將 GDP 以支出法分為 $C = ?\ I = EX - IM = ?$

8. 假設烏托邦國的國民所得資料如下：

| 租　金 | $5 |
|---|---|
| 間接稅 | 28 |
| 社會保險費 | 30 |
| 政府支出 | 32 |
| 公司利潤 | 54 |
| 民間消費支出 | 128 |
| 進　口 | 102 |
| 出　口 | 154 |
| 營利事業所得稅 | 11 |
| 國內投資毛額 | 72 |
| 國內投資淨額 | 54 |
| 企業移轉支出 | 4 |
| 公司未分配盈餘 | 9 |
| 公債利息 | 10 |
| 政府移轉支付 | 6 |
| 政府對企業補助 | 2 |
| 受雇人員薪資 | 131 |

請計算：(a) GDP；(b) NI；(c) PI

9. 獅子共和國 2016 年的國民所得帳資料如下：（單位：百億元）

| 出　口 | 800 |
|---|---|
| 進　口 | 900 |
| 民間消費支出 | 700 |
| 政府消費性支出 | 600 |
| 受雇人員薪資（不包括國外部分） | 520 |
| 營業盈餘（不包括國外部分） | 680 |
| 要素在國外所得淨額 | 500 |
| 國內資本形成毛額 | 800 |
| 國內資本形成淨額 | 600 |

請計算折舊、國民要素所得及生產及進口稅淨額。

10. 為建立一間新工廠，2016 年初，樂陞以 5,000 萬元向張三購買一間舊廠房，同時也向友達公司購買二手機器設備一批共 1,000

萬元,並向奇美購買全新生產的機器設備共 3,000 萬元,建立一間新廠。根據上述資料,樂陞在 2016 年建造的這個工廠,對 2016 年臺灣的固定資本投資項目的貢獻值是多少? (105 年關務特考)

## 上網題

1. 請至行政院主計總處網站的重要統計圖表網頁中,下載"主要國家或地區國民所得之統計"。請問最近一年南韓、新加坡、香港和臺灣的經濟成長率各為何?
2. 請至美國中情局網站,找出最近一年平均每人 GDP (per capita GDP) 前五名的國家。
3. 衡量實質 GDP 已改為連鎖實質法,為什麼?請至行政院主計總處下載以連鎖實質法計算之實質 GDP。

# Chapter 11
# 失業與物價指數

失業的問題對個人、家庭、國家乃至於整個國際社會均會帶來嚴重影響。2010 年歲末，《經濟日報》的一篇報導："海盜告白：救救失業吧"點出失業與貧窮間產生的世代效果。據估計，全球每日斥資 4,000 萬美元在印度洋和亞丁灣沿岸進行反海盜軍事行動。索馬利亞獨立組織領袖指出，國際應合力助其打擊宗教極端份子，並替當地青年創造就業機會，才能徹底解決問題。

目前海盜劫船事件仍維持在歷史高峰。索馬利亞中部城鎮霍比亞 (Hobyo) 的青年歐布斯表示，2003 年起索國附近的海域漁獲量開始劇減，當地青年無法捕魚維生。2008 年某天，他把漁網棄置海灘首次幹起海盜勾當，他說從事海盜是"求生之罪"，如果有工作機會，他很樂意當個納稅人。

在一般的國家，物價水準的衡量都是依編製物價指數來計算，如消費者物價指數、GDP 平減指數或躉售物價指數。消費者物價指數是用來檢視生活成本隨時間而產生的變化。當消費者物價指數上揚時，一般的家庭必須花費更多的金錢來維持相同的生活水準。以智慧型手機為例，iPhone 12 Pro (512 GB) 售價是新臺幣 44,400 元。假設到了年底，因為戰爭使原油供應量大減，物價水準上漲 3 倍。iPhone 12 Pro 的年底價格是新臺幣 133,200 元。如果你的收入從現在到年底都沒有調整，這表示你要花比以前多 3 倍的錢才能買到同款的手機。因此，物價上漲幅度愈大，購買力降低，生活將愈痛苦。

## 📈 11-1　失　業

　　失業的問題可從短期與長期的角度來觀察。長期的失業，經濟學家通常會以自然失業率來衡量。所謂自然失業率是經濟體系正常運作下的失業率，也就是在長期也不會消失的失業；相反地，短期失業指的是循環性失業，它是環繞在自然失業率上下波動的失業，是由景氣循環所造成的失業。稍後，我們再對自然失業率和循環性失業詳加探討，以下先說明失業的定義。

### 11-1-1　失業的定義

　　我媽媽沒有工作，我和妹妹都沒有工作，但家中卻只有一位失業人口。為什麼？原因很簡單，失業是指有工作意願，卻找不到工作的人。在臺灣，衡量失業是行政院主計總處的工作。主計總處每個月蒐集臺灣地區 15 歲以上人口、勞動力結構、失業、就業及失業原因等相關基本資料，將這些資料編製在臺灣地區人力資源統計中。人力資源統計的調查對象是以臺灣地區內普通住戶與共同事業住戶內年滿 15 歲，自由從事經濟活動之民間人口為對象，但不包括監管人口及現役軍人。

　　圖 11-1 是行政院主計總處對臺灣地區勞動力的分類，括弧內的數字是 2020 年 7 月的人口資料。

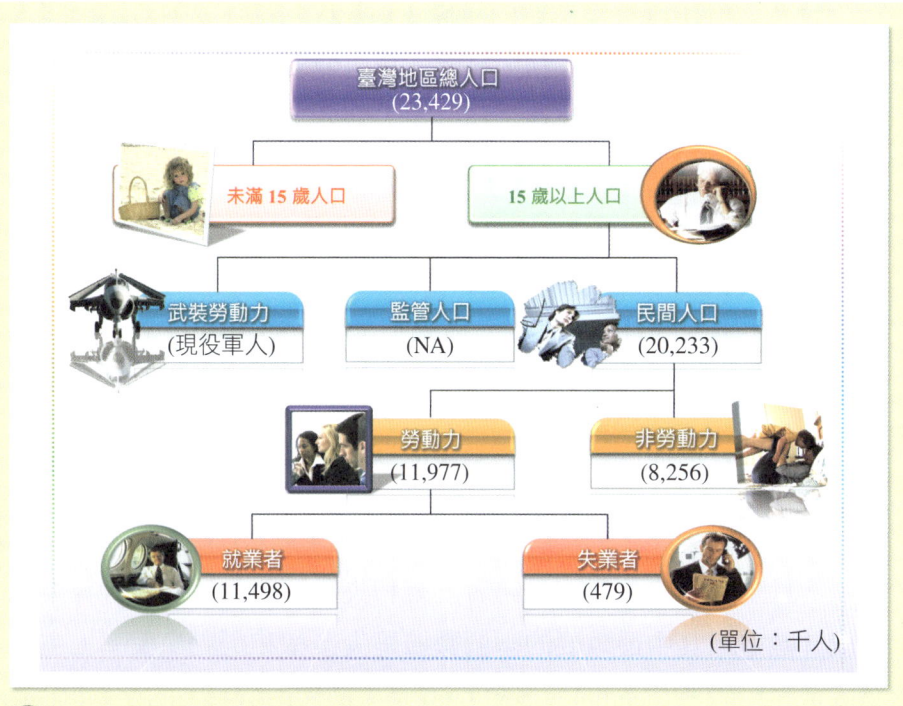

## 圖 11-1　臺灣勞動力的分類

```
                        臺灣地區總人口
                          (23,429)
                    ┌────────┴────────┐
                未滿15歲人口        15歲以上人口
                              ┌─────────┼─────────┐
                          武裝勞動力    監管人口    民間人口
                          (現役軍人)     (NA)      (20,233)
                                            ┌───────┴───────┐
                                         勞動力          非勞動力
                                        (11,977)         (8,256)
                                     ┌─────┴─────┐
                                  就業者        失業者
                                 (11,498)      (479)
                                                    (單位：千人)
```

括弧內為 2020 年 7 月人力資源調查統計資料。

資料來源：中華民國統計資訊網 https://www.stat.gov.tw。

**勞動力**　在資料標準週內，可以工作的民間人口，包括就業者及失業者。

**就業者**　指在資料標準週內從事有酬工作者，或從事十五小時以上之無酬家屬工作者。就業者包括雇主、自營作業者、受雇者 (受政府或私人雇用) 及無酬家屬工作者。

**失業者**　失業者 (unemployed persons) 是指在資料標準週內，年滿 15 歲同時具有下列條件者：

1. 無工作、想工作。
2. 隨時可以工作。
3. 正在尋找工作或已找到工作在等待結果。

此外，還包括等待恢復工作者及找到職業而未開始工作且沒有領到報酬的人。

---

**勞動力**　失業人口與就業人口的加總。

**就業者**　在資料標準週內從事有酬工作者，或從事十五小時以上之無酬家屬工作者。

**失業者**　資料標準週內，年齡 15 歲以上，無工作且正在尋找工作或找到工作在等待結果者。

**非勞動力** 指在資料標準週內年滿 15 歲但不屬於勞動力之民間人口，包括因就學、料理家務、高齡、身心障礙、想工作而未找工作及其他原因而未工作且未找工作的人。在非勞動力中，有些人想要找工作，卻因為經濟不景氣等原因而放棄繼續求職，這些人稱為**氣餒的工人** (discouraged workers)。2020 年 7 月份臺灣地區有 15 萬 6,000 人屬於氣餒的工人。主計總處在 1986 年以前，曾將這部分的人口列入失業率的計算，而稱為廣義失業率。2020 年 7 月份臺灣地區廣義失業率為 5.24%。

> 非勞動力 想工作卻未找工作或沒有找工作的人。
>
> 氣餒的工人 有些人想要找工作，卻因為經濟不景氣等原因而放棄求職。

**監管人口** 是指非自願性或強迫性地被監管。譬如，犯罪入獄服刑的犯人，或因毒癮正在勒戒的人都屬於監管人口。

一旦主計總處蒐集到受訪者就業和失業資料，他們會計算不同的統計數字。其中最重要的兩個數據是失業率和勞動參與率。主計總處定義**失業率** (unemployment rate) 是失業者占勞動力的比率。

> 失業率 失業者占勞動力的比率。

$$失業率 = \frac{失業者}{勞動力} \times 100$$

另一項指標是**勞動參與率** (labor force participation rate)。主計總處對勞動參與率的定義是勞動力占 15 歲以上民間人口的比率。

> 勞動參與率 勞動力占 15 歲以上民間人口的比率。

$$勞動參與率 = \frac{勞動力}{15\ 歲以上的民間人口} \times 100$$

為了瞭解失業率及勞動參與率的計算過程，我們以圖 11-1 的數字為例。臺灣地區在 2020 年 7 月份的就業人口是 1,149 萬 8,000 人，而失業人口是 47 萬人 9,000 人。

勞動力為：

$$勞動力 = 11,498 + 479 = 11,977\ (千人)$$

失業率為：

$$失業率 = \frac{479}{11,977} \times 100 \fallingdotseq 4.0\ (\%)$$

因為 15 歲以上民間人口數是 2,023 萬 3,000 人，勞動參與率為：

## 第 11 章　失業與物價指數　　229

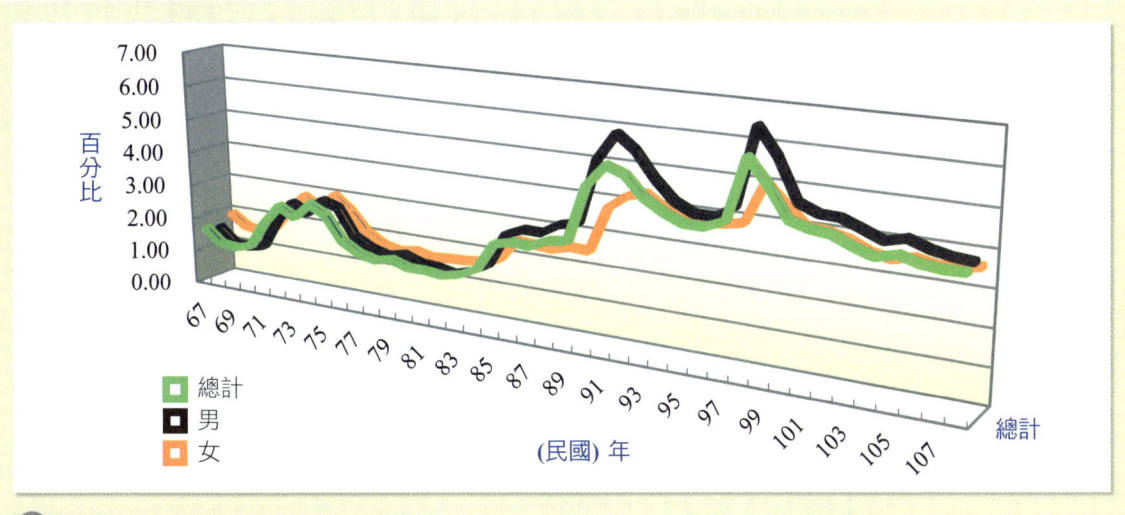

▣ 圖 11-2　臺灣地區歷年失業率統計：民國 67 年至 108 年

資料來源：行政院主計總處網站 https://www.dgbas.gov.tw。

$$勞動參與率 = \frac{11,977}{20,233} \times 100 = 59.2\,(\%)$$

因此，臺灣地區在 2020 年 7 月份，15 歲以上的民間人口中，有 59.2% 的人參與勞動市場，其中約有 4% 的勞動市場參與者並沒有工作。圖 11-2 是臺灣地區失業率與男性及女性失業率的時間數列圖形。

---

### 練習題 11-1

下列何者被歸類於非勞動力？
(a) 張小姐大學畢業後，卻賦閒在家不肯找工作
(b) 王先生白天在超商工作，晚上念大學夜間部
(c) 李先生被公司辭退，正在尋找新的工作
(d) 張先生目前處於無薪休假狀態，在家中等待被公司召回　　(108 年關務特考)

類似問題：基本題 2。

---

## 11-1-2　失業的種類

如果臺灣有 20 萬人想找工作，企業也恰好釋出 20 萬個空缺，

這代表勞動市場充分就業。充分就業意味著勞工完全就業嗎？現實情況並非如此，總是有些勞工沒有工作。譬如，大導演李安在成名前，曾有八年時間專職家庭主夫。換句話說，失業率永遠不會降至零的水準。

具體而言，失業率會環繞正常失業率波動。這種正常失業率，我們稱為 自然失業率 (natural rate of unemployment)，自然失業是屬於勞動市場中長期失業的範疇。經濟學家依失業形成的原因將失業分成四類：

> **自然失業率** 經濟體系自然運作下的失業。

1. 摩擦性失業。
2. 結構性失業。
3. 季節性失業。
4. 循環性失業。

摩擦性失業、結構性失業及季節性失業的總和即為自然失業。[1]

> **摩擦性失業** 變換或找尋工作過程中所發生的失業。

**摩擦性失業** 摩擦性失業 (frictional unemployment) 是變換或找尋工作過程中所發生的失業。這類的失業者包括尋找工作的初次求職者，以及原有工作不適合自己的興趣和技能，而另外尋找其他工作的非初次求職者。譬如，剛畢業的浩子去麥當勞當實習店長，人事主管會告知有三個月的試用期。一切順利，三個月後就會成為正式店長。在這段期間，不僅主管會觀察浩子的工作表現，他也藉著這個機會瞭解工作性質，評估留在公司的未來發展潛力。如果他壓根兒不喜歡當店長，而只醉心於演藝事業，他可能在試用期滿就會離職，這種失業即為摩擦性失業。

由於工作機會訊息與勞工流動性的不完全，因而導致人們在變換工作的過程會發生短暫的失業。因此，降低這類失業的途徑是提供求才求職的資訊管道。譬如，行政院勞動部將各縣市勞工局資源與職訓中心整合，成立人力資源網站，提供線上就業輔導、失業給付及職業訓練。另外，人力銀行網站 (如 104、1111、yes123、518)

---

[1] 有些經濟學教科書認為，季節性失業並非真正的失業原因。因此，自然失業率為摩擦性失業率與結構性失業率的加總。

大幅降低求職者與工作空缺間的"摩擦"。

**結構性失業** 結構性失業 (structural unemployment) 的產生，是因為產業結構的轉變、區域發展的消長或生產技術進步太快，勞動者的技能不能配合市場需要，而導致求才者與求職者之間無法配合的失業。臺灣由 1970 年代以紡織品為出口主力，轉變到 1980 年代由電子與資訊產業取而代之。從夕陽產業釋放出來的勞工，需要一段時間的在職訓練，才能找到適合自己技能的工作。這種因經濟體系結構改變所產生的失業，即為結構性失業。

> 結構性失業　產業結構轉變、區域發展的消長或生產技術進步太快，勞動者技能無法配合市場需求而產生的失業。

如今，臺灣的經濟馬達逐漸轉弱，一個新興的經濟馬達——中國興起，讓臺灣的菁英紛紛跨海離家。這種區域間產業的興衰轉換，也會產生求才者找不到適合的人力，求職者所在地找不到工作機會的情形，這種失業也是結構性失業的一種。

結構性失業與摩擦性失業主要的區別是，結構性失業者的失業期限比摩擦性失業者來得長。由於結構性失業主要是勞工缺乏流動性所引起，政府可以提供職業訓練與第二專長訓練，以減少技術無法配合所引起的失業，或是平衡區域間產業發展。如愛爾蘭積極扶植本土產業——軟體業和生物科技產業，使愛爾蘭從 1999 年至 2000 年間，締造平均經濟成長率高達 10%。愛爾蘭的經濟奇蹟使得該國從"人才輸出"變成"軟體輸出"的歐洲翡翠。然而，好景不常，昔日的"凱爾特之虎"淪為"歐豬 5 國"之一。在美國次貸危機衝擊下，愛爾蘭被吹大的地產泡沫瞬間被刺破，而後從 2008 年以來，平均所得減少 15%。爆發債務危機後，失業率在 2012 年 1 月份達 15.2%，每 7 個人就有 1 人失業。[2]

**季節性失業** 季節性失業 (seasonal unemployment) 是生產活動季節性變動所導致的失業。過去在以農業為主的經濟社會，由於農業生產的季節性變動相當明顯，所以季節性失業情形顯著。在許多地區，寒冷的冬天讓某些行業的就業人數明顯萎縮。譬如，加拿大洛磯山脈，一到冬天，冰雪常常封路或造成路上打滑，旅館及相關觀

> 季節性失業　生產活動季節性變動所引起的失業。

---

[2] 愛爾蘭因為百業復甦，2020 年 7 月份失業率為 5%。

光產業的勞動人口都處於休業狀態。營造建築業在下雪的日子也停止工作，則是另一個季節性失業的例子。

臺灣目前的季節性失業是反映在每年 7、8 月應屆畢業生大量湧入就業市場時，以及人們會在農曆年後，領完年終獎金，再尋找其他工作的期間。

> **循環性失業** 經濟不景氣時所造成的失業。

**循環性失業** 循環性失業 (cyclical unemployment) 是經濟衰退所造成的失業，定義成真實失業率減自然失業率。當總需求不足時，企業的產品銷售無門，存貨累積，自然造成企業對勞工的需求降低。這種偏離自然失業的失業現象，純粹是景氣循環所造成。在景氣繁榮時，循環性失業人數下降；在不景氣時，循環性失業人數增加。譬如，資產泡沫破滅導致西班牙失業率在 2012 年第 4 季升破 26%，而年輕人 (16 歲至 24 歲) 的失業率更高達 55%，創下自 1976 年以來的新高。[3] 想要解決循環性失業就必須設法提振景氣，促使商品的有效需求增加，進而提高勞動需求，降低失業率。

---

### 練習題 11-2

隨經濟景氣變化所產生的失業為：
(a) 摩擦性失業
(b) 自然性失業
(c) 循環性失業
(d) 結構性失業

(107 年地方特考)

類似問題：基本題 2。

---

## 11-1-3 失業期間

在評估失業對勞工的衝擊時，經濟學家必須知道失業是短暫的，還是長期的狀況？一般而言，如果勞工失業期間很長，他所面臨的經濟及心理成本就會愈嚴重。假如有一群勞工在任何一既定時

---

[3] 即使到了 2020 年 6 月，西班牙失業率仍高達 15.4%，而青年失業率為 39%。

點,他們的失業期間在十二個月以上,我們可以稱這個特定族群的勞工為 **長期失業人口** (long-term unemployed)。以臺灣地區失業期間為例,2020 年 7 月平均失業週數為 21.7 週,而失業期間達一年以上者計 5 萬 5,000 人,占全體失業者之 11.48%。觀察臺灣勞工的失業期間以 5 週至 13 週最多,共有 12.6 萬人;觀察年齡分布,以 25 歲至 44 歲年齡者較多,計 24 萬 6,000 人;就教育程度別觀察,以大專及以上較多,有 28.1 萬人。

依據《人力資源調查統計年報》的統計結果顯示,2019 年長期失業者中,以大專及以上程度者所占比率較高 (53.26%),主因大專院校快速增加,國人或新進勞動力接受高等教育機會急遽提升所致。另外,因大專以上之高等教育程度求職者普遍希望工作內容能符合所學專長,其希望待遇較就業市場平均薪資高,且部分仍有參加就業考試情形,致其多屬"自願失業者"。

> **長期失業人口** 失業期間超過十二個月的失業人口。

---

### 練習題 11-3

在景氣復甦的期間,下列敘述何者正確?
(a) 求職者變多,大學生應屆畢業生更不易找到工作
(b) 失業率上升
(c) 實質工資下降
(d) 失業平均週數縮短

(107 年初等考試)

類似問題:基本題 3。

---

## 11-1-4 失業的成本

典型的失業勞工對國家造成三種成本:經濟、心理及社會成本。

1. **經濟成本** (economic cost):當勞工沒有工作時,最主要的成本反映在產出的減少。而產出減少的重擔,大部分會落在失業者的身上。沒有工作代表勞工無法從工作中學習、累積人力資本,而工作技能也因為無處使用而有退化的可能。另一方面,失業勞工因

為沒有收入，而無法繳納所得稅。再者，失業者向勞動部申請失業救濟或失業保險，這些都會造成政府財政負擔的增加。

2. **心理成本** (psychological cost)：失業的心理成本多數會落在失業者本身及其家庭成員身上。失業期間過長導致個人自尊受損，自我價值失落，嚴重一點還會出現憂鬱症狀，甚至有自殺的行為。失業者家庭的成員也可能出現心理壓力日益增加的情況。

3. **社會成本** (social cost)：社會成本是失業的經濟和心理成本造成的結果。失業者不僅面臨財務窘境，而且會有易怒、挫折及絕望的想法。一般而言，失業率的提高，導致社會充斥著犯罪、暴力、酗酒、濫用藥物，以及其他的社會問題。如果政府必須花費更多的資源在對抗犯罪，失業問題便會造成社會成本。

## 11-2 物價指數

史上最賣座電影是《復仇者聯盟 4：終局之戰》(*Avengers: Endgame*) (2,796.3 百萬美元，2019 年)，還是《亂世佳人》(*Gone with the Wind*) (182.3 百萬美元，1939 年)？答案可能令你大吃一驚。若以票房收入來看當然是《復仇者聯盟 4：終局之戰》。不過，1937 年的電影票價只要 25 美分。因此，考慮物價水準的變動，《亂世佳人》才是史上第一，《復仇者聯盟 4：終局之戰》落居第 5 名。**物價指數** (price index) 是衡量物價水準的指標。目前我們常用的物價指數有三種：

> 物價指數　衡量一般物價水準的指標，是當期相對基期物價變動的百分比。

1. GDP 平減指數。
2. 消費者物價指數。
3. 躉售物價指數。

### 11-2-1　GDP 平減指數

**GDP 平減指數** (GDP deflator) 是衡量一個國家所生產的最終商品與服務的平均價格。由於在上一章已經討論過 GDP 平減指數，在此我們稍做說明。GDP 平減指數的計算公式如下：

> GDP 平減指數　衡量一國生產最終商品與服務的平均價格變動情形。

$$\text{GDP 平減指數} = \frac{\text{名目 GDP}}{\text{實質 GDP}} \times 100$$

譬如，以當年價格計算的臺灣地區 2019 年 GDP 為 18,886,878 (百萬元)，而以 2016 年價格計算的 2018 年 GDP 為 18,633,463 (百萬元)；亦即，2018 年的：

$$\text{名目 GDP} = 18{,}886{,}878$$
$$\text{實質 GDP} = 18{,}633{,}463$$
$$\text{GDP 平減指數} = \frac{18{,}886{,}878}{18{,}633{,}463} \times 100 = 101.36\ (\%)$$

## 11-2-2 消費者物價指數

**消費者物價指數** (consumer price index, CPI) 是衡量家庭購買日常消費各項商品或服務價格水準變動的情形，是用來檢視生活成本隨時間改變而產生的變化。臺灣地區的消費者物價指數是行政院主計總處負責按月編製和公布。基期每五年更換一次，目前主計總處網站上公布的基期為 2016 年。在更換基期的同時，主計總處會重新檢討分類項目並更換權數。至於指數的計算公式是採拉氏 (Laspeyres) 公式計算，其基本型態為：

$$\text{消費者物價指數} = \frac{\text{當期一籃商品與服務的成本}}{\text{基期一籃商品與服務的成本}}$$

> 消費者物價指數衡量家庭購買日常消費各項商品或服務之價格水準變動情形。

為了使讀者瞭解這些統計數字是如何建立的，讓我們以表 11-1 為例來加以說明。

在表 11-1 中，假設政府選定 2020 年為基期。為簡化起見，假設臺灣地區一典型家庭每個月只消費兩種商品：大麥克和電影，消費數量在 2020 年分別是 4 個大麥克和 10 張電影票。其次，是找出商品在不同年份的價格，表中顯示大麥克和電影票在 2020 年、2021 年及 2022 年的價格。在這個例子，兩種商品的價格均隨時間經過而上漲。在現實生活中，有些商品的價格可能上漲，部分商品價格則可能下跌。

### 表 11-1　計算消費者物價指數與通貨膨脹率

基期一籃商品的數量：大麥克，電影票。基期為 2020 年
一籃商品 = 4 個大麥克，10 張電影票

**每年的價格**

| 年 | 大麥克價格 | 電影票價格 |
|---|---|---|
| 2020 | NT$60 | NT$250 |
| 2021 | 70 | 270 |
| 2022 | 75 | 280 |

**每一年份購買商品的成本**

| 年 | |
|---|---|
| 2020 | (4×60 + 10×250) = 2,740 |
| 2021 | (4×70 + 10×270) = 2,980 |
| 2022 | (4×75 + 10×280) = 3,100 |

**每一年的消費者物價指數**

| 年 | |
|---|---|
| 2020 | (2,740/2,740)×100 = 100 |
| 2021 | (2,980/2,740)×100 = 108.76 |
| 2022 | (3,100/2,740)×100 = 113.14 |

**利用消費者物價指數計算通貨膨脹年增率**

| 年 | |
|---|---|
| 2021 | (108.76 − 100)/100×100 = 8.76% |
| 2022 | (113.14 − 108.76)/108.76×100 = 4.03% |

第三，是利用價格與基期數量的資料代入消費者物價指數的公式，來計算各個年份典型家庭購買一籃商品所需花費的成本。譬如，一典型家庭每月消費 4 個大麥克和 10 張電影票，2020 年的支出是 2,740 元；2021 年消費同樣數量的商品組合，每個月的支出是 2,980 元；到了 2022 年，每月支出增加至 3,100 元。

第四，是計算消費者物價指數。CPI 的計算公式是：

$$\text{CPI} = \frac{\sum_{i=1}^{n} P_i Q_i^0}{\sum_{i=1}^{n} P_i^0 Q_i^0} \times 100$$

其中 $Q_i^0$ 是基期商品與服務的購買量，$P_i^0$ 是基期商品與服務的價格，而分子與分母分別代表當期和基期一籃商品與服務的成本。在

這個例子中，基期是 2020 年，2020 年的消費者物價指數為 (2,740/2,740)×100 = 100。2021 年的消費者物價指數則為 (2,980/2,740)×100 = 108.76。這表示 2021 年一籃商品價格是 2020 年的 108.76%，也就是說，在 2020 年值 100 元的商品，在 2021 年值 108.76 元。同理，2022 年的消費者物價指數是 113.14。這代表 2022 年的物價比 2020 年漲了 13.14%。

第五，利用消費者物價指數來計算通貨膨脹率。**通貨膨脹率** (inflation rate) 定義成每年物價水準變動的百分比，2021 年的通貨膨脹率為：

$$\frac{2021 \text{ 年的 CPI} - 2020 \text{ 年的 CPI}}{2020 \text{ 年的 CPI}} \times 100$$

$$= \frac{108.76 - 100}{100} \times 100 = 8.76\%$$

2022 年的通貨膨脹率則為：

$$\frac{113.14 - 108.76}{108.76} \times 100 = 4.03\%$$

> 通貨膨脹率 每年物價水準變動的百分比。

消費者物價指數的用途十分廣泛，其最主要的用途有三：(1) 做為衡量通貨膨脹的指標，並可以用來測量實質購買力；(2) 做為公私立機關調整薪資及合約價款的參考；(3) 調整稅負 (所得稅、贈與稅、土地增值稅和遺產稅) 的依據。

CPI 做為衡量通貨膨脹率的偏誤有四：(1) 替代偏誤：如果蘋果價格大漲，而柳丁價格下跌，消費者將少買蘋果和多買柳丁，消費者實際支出將小於主計總處用來計算 CPI 的支出；(2) 品質改善偏誤：隨著時間經過，汽車品質改善，如安全氣囊與衛星導航，有時並未能反映在價格上，因此也未能反映在 CPI 的計算上；(3) 新產品偏誤：由於基期每五年改變一次，五年之間所出現的新產品，如 iPhone 12，並未能出現在 CPI 的查價項目中；(4) 暢貨中心的偏誤：許多消費者習慣網購或在暢貨中心購物，但主計總處只在一般商店查價，而未能反映消費者的實際購買情形。

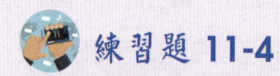

> **練習題 11-4**
>
> **(1)** 假設一籃商品只包括 10 斤西瓜和 5 斤芒果。根據下表，如果基期年為 2009 年，則：
>
> | 年 | 西瓜的單價 | 芒果的單價 |
> |---|---|---|
> | 2009 | 每斤 $1 | 每斤 $2 |
> | 2010 | 每斤 $2 | 每斤 $4 |
> | 2011 | 每斤 $4 | 每斤 $4 |
>
> (a) 2009 年的 CPI 為 100，2010 年的 CPI 為 150，2011 年的 CPI 為 200
> (b) 2009 年的 CPI 為 100，2010 年的 CPI 為 150，2011 年的 CPI 為 300
> (c) 2009 年的 CPI 為 100，2010 年的 CPI 為 200，2011 年的 CPI 為 300
> (d) 2009 年的 CPI 為 20，2010 年的 CPI 為 50，2011 年的 CPI 為 60
>
> **(2)** 承上題，以 CPI 所計算的物價膨脹率，下列何者正確？
> (a) 2010 年為 50%，2011 年為 50%
> (b) 2010 年為 50%，2011 年為 100%
> (c) 2010 年為 100%，2011 年為 50%
> (d) 2010 年為 100%，2011 年為 100%
>
> (106 年初等考試)
>
> 類似問題：基本題 7。

### 11-2-3　躉售物價指數

**躉售物價指數**　它是衡量廠商出售原材料、半成品及製成品等價格的變動情形。又稱為生產者物價指數。

　　**躉售物價指數** (wholesale price index, WPI) 又稱為**生產者物價指數** (producer price index, PPI)，它是衡量生產廠商出售原材料、半成品及製成品等價格的變動情形。臺灣地區的躉售物價指數由行政院主計總處在每月 5 日發布上個月的物價變動新聞稿。統計分類有基本分類指數與特殊分類指數兩種。特殊分類指數包括加工階段別指數、內外銷別指數與產地來源別指數。進口的價格是來自主計總處編製的"進出口物價指數"。國產內銷品除農、林、漁、牧產品採用行政院農業委員會、漁業署、臺北農產公司調查的價格資料外，其他項目是以通訊調查或網路填報方式進行。其查價基準是各月最接近 20 日的實際淨出廠價格。

　　WPI 採用拉氏公式計算，這點和 CPI 相同。因此，表 11-1 的計算步驟也可以用來建構 WPI。此外，CPI 與 WPI 的基期完全相同。至於躉售物價指數的實際用途主要是做為營利事業資產重估評價的依據,以及國民所得統計與產業關聯統計平減參考。

除了消費者物價指數和躉售物價指數以外,行政院主計總處還編製另兩種物價指數:(1) 進出口物價指數 (import/export price index, IPI/EPI),衡量進口及出口商品價格的變動;(2) 營造工程物價指數 (construction cost index, CCI),衡量營造工程投入材料及服務的價格變動情形,主要做為調整工程款的依據。在臺灣,常用為連動條款調整基準之物價指數,包括消費者物價指數、躉售物價指數及營造工程物價指數三種。

## 11-2-4　各種物價指數的差異

實務上,GDP 平減指數和消費者物價指數都可以用來建構通貨膨脹率。但這兩項物價指數因衡量的商品種類不同,而有兩項差異。讓我們回憶一下,GDP 平減指數是名目 GDP 除以實質 GDP,而消費者物價指數是衡量一典型家庭購買商品與服務支出的變化。

GDP 平減指數與消費者物價指數的第一項差異是計算公式的不同:

$$\text{GDP 平減指數} = \frac{\sum_{i=1}^{n} P_i Q_i}{\sum_{i=1}^{n} P_i^0 Q_i} \times 100$$

$$\text{CPI} = \frac{\sum_{i=1}^{n} P_i Q_i^0}{\sum_{i=1}^{n} P_i^0 Q_i^0} \times 10$$

兩種物價指數都是比較當期與基期物價水準的變動情形。但是 GDP 平減指數使用的權數是當期一籃商品與服務的數量 ($Q_i$),而消費者物價指數使用的權數是基期一籃商品與服務的數量 ($Q_i^0$)。每隔五年,主計總處才會檢討項目內容,並更改權數。換言之,GDP 平減指數是比較當期生產商品與服務的價格,與基期年同樣商品與服務組合的價格;而消費者物價指數是比較固定一籃商品與服務的價格與當期相同商品與服務組合的價格。

　　GDP 平減指數與消費者物價指數的第二項差異是，GDP 平減指數衡量所有國內生產的商品與服務。因為 GDP = $C + I + G + (EX - IM)$，包括在 GDP 內的項目是消費、投資、政府購買及出口的商品與服務，但不包括進口商品。消費者物價指數衡量的項目是一般家庭消費的商品與服務，包括國內製造與進口商品。因此，賓士汽車的售價提高，但因為賓士是德國製造生產，不計算在臺灣地區國內生產毛額內，所以不列入 GDP 平減指數的計算。然而，賓士汽車價格上漲會造成消費者物價指數上升。通常，GDP 平減指數和消費者物價指數的走勢相當一致，除非進口物價水準大幅提高，如 1970 年代的石油危機使得油價飆漲，導致這段期間消費者物價指數高過 GDP 平減指數。

　　至於躉售物價指數與消費者物價指數的差異有二：一是查價範圍的不同；二是查價階段的不同。躉售物價的調查範圍，包括各加工階段 (原料、半成品及製成品) 和進、出口商品價格，除了受國際商品行情影響外，新臺幣的升貶值造成進、出口物價指數的上漲會立即反映在躉售物價指數上，1986 年至 1992 年就存在這種現象。其次，躉售物價指數僅查商品類，不含服務類；而消費者物價指數衡量日常消費所購買商品或服務的價格變動，包括直接購買的勞務工資在內。第二項差異則是消費者物價指數是調查零售價格，商品從出廠到零售，還需加上運銷成本和商業利潤，而這部分多屬服務類，因而造成消費者物價指數與躉售物價指數變動率的差距。

## 練習題 11-5

　　近年來鐵礦價格大漲，請問易導致下列何種狀況：(CPI 為消費者物價指數，WPI 為躉售物價指數)
(a) 只有 WPI 上升
(b) WPI 上升；CPI 下降
(c) WPI 上升；CPI 不一定上升
(d) 只有 CPI 上升

(108 年高考三級)

類似問題：基本題 9。

## 11-3 結語

通常經濟學家將失業的原因,歸納為:(1) 最低工資法:若最低工資高於均衡工資,將導致勞動供給大於勞動需求,結果是有些人失業,影響最深的族群是最缺乏工作技能及最沒有工作經驗的成員;(2) 工會:工會與公司磋商時,他們會要求比沒有工會情況下更高的薪資、更好的福利及更佳的工作條件。當工會提高工資高於均衡水準時,勞動供給增加和勞動需求減少,結果造成失業;(3) 效率工資理論:有時公司為了增進勞工健康,減少員工流動率,提升勞工努力程度或吸引更高素質的員工,而支付高於平均水準的薪資,結果導致某些人失業。

上面三個原因均會造成結構性失業,而勞工為了尋找適合自己興趣和技能所產生的失業,是一種工作尋找的摩擦性失業。

當老闆給我們加薪的時候,我們可以利用 GDP 平減指數來評估自己的實質薪水到底是增加、不變,還是減少。而消費者物價指數可以讓我們瞭解,自己平常所購買商品與服務價格的變動狀況,以認知我們所持有貨幣購買力的大小。

### 摘要

- 失業率是指失業人口占勞動力的百分比。失業人口是指有工作意願與能力,卻沒有工作的勞工。
- 勞動力是失業者與就業者的總和。勞動參與率是勞動力占 15 歲以上民間人口的比例。
- 失業的成本共有三方面:經濟、社會及心理。失業者不僅沒有工作收入,也可能造成子女受教育機會降低,而陷入貧窮循環。
- 自然失業率是經濟社會中長期的失業,是摩擦性失業、結構性失業及季節性失業的加總。
- 消費者物價指數代表固定一籃商品與服務,在基期和當期的支出關係。它是衡量生活成本的變化。
- GDP 平減指數與消費者物價指數的不同在於,消費者物價指數是以基期的一籃商品與服務數量為權數;而 GDP 平減指數是以當期的一籃商品與服務數量為權數。

## 習題

**基本題**

1. 當氣餒的工人 (discouraged worker) 人數增加時，在其他條件不變下：
   (a) 失業人數會增加
   (b) 失業人數會減少
   (c) 勞動力人數會增加
   (d) 民間人口數會增加
   （106 年關務特考改編）

2. 下列何者不會影響"摩擦性失業"(frictional unemployment)？
   (a) 增加就業服務站
   (b) 媒合平臺興起
   (c) 失業保險
   (d) 最低工資　　　　（107 年關務特考）

3. 假設其他條件不變，一般而言，當一國的產業結構調整速度變快時：
   (a) 其結構性失業與自然失業率 (natural rate of unemployment) 都會上升
   (b) 其結構性失業與自然失業率都會下降
   (c) 其結構性失業會上升且自然失業率會下降
   (d) 其結構性失業會下降且自然失業率會上升　　　　（108 年初等考試）

4. 基頓國的民間人口為 100 人，其中 60 人有工作，20 人正在找工作，10 人為氣餒的工人 (discouraged worker)，10 人為全職學生，則基頓國的失業率和勞動參與率各是多少？　　　　（105 年經建行政）

5. 下述情形屬於何種失業？
   (a) 由於美國經濟不景氣，導致我國出口減少，廠商對勞動需求減少，出口加工區大量裁員
   (b) 網際網路興起，工商企業進入資訊化，部分勞工因不會操作電腦，而失去工作
   (c) 生產力很低的農夫，其邊際產量接近零

6. 請決定下列狀況是摩擦性、季節性、結構性或循環性失業。
   (a) 旅遊旺季結束後，遭解雇的旅館服務人員
   (b) 總需求下降而遭解雇的勞工
   (c) 因為 USB 隨身碟的興起，造成光碟機工人的失業
   (d) 畢業旺季，大學畢業生剛踏入勞動市場尋找工作

7. 颱風天蔬菜價格通常會大漲，則該月的 CPI 也會大幅上升，下列敘述何者正確？
   (a) CPI 會低估生活成本
   (b) CPI 的計算方式假設人們消費同樣數量蔬菜
   (c) 這時政府會改變基期，以正確反映人們的生活成本
   (d) 人們通常會減少蔬菜消費，但 CPI 仍可正確反映生活成本的變化
   　　　　（105 年經建行政）

8. 下列有關"物價指數"之敘述，何者正確？
   (a) 消費者物價指數提高，將意味著所有商品的價格均提高了
   (b) 消費者物價指數屬於領先指標
   (c) 消費者物價指數提高，將會降低借款人負擔
   (d) 躉售物價指數提高，會讓消費者物價指數產生相同漲幅　　（102 年初等考試）

9. "CPI、WPI 和 GDP 平減指數都是衡量物價水準的指標，三者之間的差異在於計算商品組合的不同。"請評論之。
   　　　　（97 年文化企管）

10. 張菲在 1972 年大學畢業，當時月薪是 7,200 元，而 CPI 是 0.418。杰倫在 2016 年大學畢業，月薪是 30,000 元，而 CPI 是 1.68。以名目薪水而言，哪一個人比較高？以實質薪水而言，哪一位比較高？
    　　　　（100 年成大交管）

11. 若 1971 年的 CPI 為 21.90，2020 年的 CPI 為 99.52，請問王老爹在 1971 年的薪水

8,000 元，值 2020 年的多少錢？

12. 消費者物價指數可以讓我們比較同一金額在不同時期的：
    (a) 報酬率
    (b) 本利和
    (c) 購買力
    (d) 邊際效用　　　　　(108 年關務特考)

### 進階題

1. 下列何者不應列入勞動力中？
    (a) 福伯，曾經是大學教授，現在是計程車司機
    (b) 珠珠，想要尋求成為女星的機會，但未能如願
    (c) 長民，休假三週去旅行
    (d) 辛普森，13 歲，現為報童
    　　　　　　　　　　(92 年淡江商管二)

2. 根據下表嘰里瓜拉國的勞動資料，該國失業率從 2020 年至 2021 年，以及自 2021 年至 2022 年，分別為上升、下降或不變？

| 年 | 民間人口 | 就業人口 | 失業人口 |
|---|---|---|---|
| 2020 | 2,000 | 1,000 | 200 |
| 2021 | 3,000 | 1,200 | 300 |
| 2022 | 3,200 | 1,600 | 400 |

(105 年外交特考改編)

3. 在景氣蕭條階段，下列敘述何者正確？
    (a) 失業率低於自然失業率
    (b) 實質 GDP 高於自然產出水準
    (c) 廠商支票跳票率上升
    (d) 物價水準上升

4. 下表為某國的勞動資料。根據該表，該國的非勞動力 (not in the labor force)：

| 年 | 2009 | 2010 | 2011 |
|---|---|---|---|
| 15 足歲以上民間人口 (人) | 2,000 | 3,000 | 3,200 |
| 就業人口 (人) | 1,400 | 1,300 | 1,800 |
| 失業人口 (人) | 200 | 600 | 400 |

(a) 從 2009 到 2010 年是增加的，從 2010 到 2011 年也是增加的
(b) 從 2009 到 2010 年是增加的，從 2010 到 2011 年是減少的
(c) 從 2009 到 2010 年是減少的，從 2010 到 2011 年是增加的
(d) 從 2009 到 2010 年是減少的，從 2010 到 2011 年也是減少的 (107 年外交特考)

5. 下表為某國的勞動資料。根據該表，該國的勞動力：

| 年 | 2009 | 2010 | 2011 |
|---|---|---|---|
| 民間人口 | 2,000 | 3,000 | 3,200 |
| 就業人口 | 1,400 | 1,600 | 1,500 |
| 失業人口 | 200 | 600 | 500 |

(a) 從 2009 年到 2010 年是增加的，從 2010 年到 2011 年也是增加的
(b) 從 2009 年到 2010 年是增加的，從 2010 年到 2011 年是減少的
(c) 從 2009 年到 2010 年是減少的，從 2010 年到 2011 年是增加的
(d) 從 2009 年到 2010 年是減少的，從 2010 年到 2011 年也是減少的

6. 假設 2016 年臺灣民間人口 2,000 萬人中，15 歲以上的有 1,500 萬人。想工作而未找工作、求學、料理家務、衰老、殘障計 500 萬人。一週內從事十五小時以上無酬家屬工作有 350 萬人，從事有報酬工作的 600 萬人。又依據失業情形統計顯示，其中結構性失業人數為 25 萬人、循環性失業人數為 13 萬人，則自然失業率為何？
　　　　　　　　　　(97 年東吳企管)

7. 2011 年 9 月 28 日全國中小學教師走上街頭，其中一項訴求是組織教師工會。請問有教師工會的勞動市場和沒有教師工會的勞動市場，哪一個市場的教師雇用比較沒有效率？

8. 下列何者是循環性失業？
   (a) 產業升級後，紡織業員工因為技能因素無法順利轉業
   (b) 一位銀行經理打算過年跳槽到其他銀行上班
   (c) 營造業工人因為不景氣而被解雇
   (d) 一位剛畢業的大學生還未找到工作
   (94 年中興應經二)

9. 當消費者物價指數 (Consumer Price Index, CPI) 提高，對一般家庭的生活水準有何影響？
   (a) 需要負擔較高的支出以維持相同的生活水準
   (b) 可以較低的支出維持相同的生活水準
   (c) 可藉由提高儲蓄抵銷物價升高的影響
   (d) 沒有影響　　　　(107 年關務特考)

10. 在計算消費者物價指數時，應計入：
    (a) 一國所生產的所有物品與勞務
    (b) 一國所生產的所有物品
    (c) 一般家庭日常主要消費的物品與勞務
    (d) 政府消費支出　　(107 年外交特考)

11. 假設魯賓遜在瓦肯星球上只消費下列三種商品：

| 商品 | 數量 | 價格 2050 年 | 2051 年 | 2052 年 |
|---|---|---|---|---|
| 可口可樂 | 100 | $1.00 | $1.50 | $1.75 |
| 香腸 | 150 | $1.50 | $2.00 | $2.00 |
| 粽子 | 25 | $3.00 | $3.25 | $3.00 |

   (a) 請分別計算三年的商品支出成本
   (b) 如果以 2050 年為基期，請計算三年的消費者物價指數
   (c) 請計算物價上漲率

12. 王先生把他的所得全部用以購買 $X_1$ 與 $X_2$，兩種產品的價格分別為 $P_1$ 與 $P_2$。三年內，王先生每年對每種產品的需求如下表所示：

| 年 | $P_1$ | $X_1$ | $P_2$ | $X_2$ |
|---|---|---|---|---|
| 1 | $6 | 10 | $3 | 50 |
| 2 | 4 | 20 | 4 | 30 |
| 3 | 4 | 24 | 3 | 28 |

   (a) 請問：第 1 年與第 2 年、第 2 年與第 3 年、第 1 年與第 3 年的拉氏 (Laspeyre Index) 和帕氏 (Paasche Index) 指數為何？
   (b) 王先生在第 1 年與第 2 年間，哪一年較為富裕？第 2 年與第 3 年間如何？第 1 年與第 3 年間又如何？
   (86 年政大企管所)

## 上網題

1. 請至行政院主計總處網站，找出行政院主計總處對就業者之從業身分分為幾種？
2. 請至行政院主計總處網站，下載最近一期的生活物價指數。
3. 請至行政院勞動部網站，下載有關政府如何減少失業的措施。

# Chapter 12 經濟成長

新竹地區有一俗諺："上坡堵到嘴，下坡堵到背。吃甘薯佐豬菜(地瓜葉)，有女兒不要嫁到大山背。"這幾句話正是形容新竹縣橫山鄉陡峭的地形和生活的艱苦。橫山鄉舊稱為大山背，過去只有羊腸小徑，且因山壁險峻，步行上山必須彎腰前進，下山則必須將身子後仰，以致出現獨特的走姿。由於交通出入困難，而且怕女兒吃苦和難得回娘家，所以父母親都捨不得將女兒嫁到大山背。

從 1956 年開始，當時蘊藏豐富煤礦的內灣，湧入 5,000 名採礦工。為配合煤炭的運輸，當地人自行興建一條內灣線鐵路支線。1976 年以後，因採礦深度加深，崩塌、瓦斯氣爆等意外事件頻傳，煤礦業發展受到限制而停頓。內灣線的運輸重擔卸下後，成為橫山人到外地求學、做生意的交通工具。

重返原有村姑面貌的內灣更見清純。由於未受污染，溪水清澈見底，豐富的魚蝦吸引大量的釣客。煤礦沒落後，由觀光和水泥產業取而代之，如今的內灣已找到重新出發的起點。

過去在交通不發達的年代，沒有淡金公路和陽金公路，金山地區的魚貨運到臺北必須經過魚路古道，曠日費時。現在從臺北市到新北市金山，利用北二高，從萬里出口到金山只要四十分鐘。毫無疑問地，你可以想到一打以上的例子來說明生活水準的改善。

本章將探討經濟成長的來源。首先，將檢視世界各地的經濟成長。雖然國內生產毛額 (GDP) 的成長也是一種經濟成長，但我們以平均每人實質 GDP 來衡量經濟成長。接著，探討臺灣自清朝以來經濟開發的過程，其中包括過去五十年來以每年 8% 的速率成長的原因。最後，我們以總生產函數來說明成長的來源。

## 12-1 世界各國經濟成長

埃及的 GDP 是 5,009 億美元，新加坡的 GDP 是 2,924 億美元。哪一個國家比較富有？答案是新加坡。因為埃及人口 8,200 萬，新加坡人口只有 474 萬。考慮人口因素後，新加坡的平均每人實質 GDP (或 人均實質 GDP) 為 57,200 美元，而埃及人均實質 GDP 只有 6,200 美元。

人均實質 GDP 背後的意義是什麼？儘管人均實質 GDP 並非福利的完美指標，但它卻與許多代表福利的變數有正向關係。這些變數包括平均壽命 [82.14 (新) vs. 72.66 (埃)]、嬰兒死亡率 [0.21% (新) vs. 2.52% (埃)]、失業率 [2.1% (新) vs. 9.7% (埃)]、網路主機 [992,786 (新) vs. 187,197 (埃)]、文盲比率、教育程度等。

因此，我們定義**經濟成長** (economic growth) 是指人均實質 GDP 的增加。一般對經濟成長率的計算都是採取平均每年成長率的觀念。

> **人均實質 GDP** 實質國內生產毛額除以人口數量。

> **經濟成長** 人均實質 GDP 的增加。

譬如，從西元元年至 1000 年之間，這一千年間的平均成長率是：

$$\text{經濟成長率}_{1\text{至}1000} = \frac{1}{1000} \times \frac{\text{人均實質 GDP}_{1000} - \text{人均實質 GDP}_{1}}{\text{人均實質 GDP}_{1}}$$

假設全世界在西元元年的人均實質 GDP 是 135 美元，而在 1000 年是 165 美元，那麼全球在這一千年間的平均每年經濟成長率可以計算成 1/1000×(165－135)/135＝0.0222%。也就是說，從西元元年至 1000 年，全世界各個國家每年平均所得是以 0.0222 個百分點的速度成長。

---

**練習題 12-1**

假設某國家從 2000 年到 2003 年的 3 年間，實質 GDP 由 100 億美元成長到 123 億美元。此國在該期間的平均每年經濟成長率約為多少？
(a) 3%　　　　(b) 7%　　　　(c) 12%　　　　(d) 23%

(107 年外交特考)

類似問題：基本題 1。

---

## 12-1-1　世界各國經濟成長：過去的歷史

在人類歷史領域中，平均每人產出的成長是最近的現象。從西元元年至 1800 年，每年人口平均成長率低於 0.1%。從表 12-1 觀察在 1500 年之前，平均每人產出近乎停滯。在過去的一千五百年，平均每人產出 (以人均實質 GDP 衡量) 僅增加 40 美元。在這段期間，勞工大多數都在農業部門，而農業技術進步呈零成長狀態。因為農業產出占總生產比例甚高，農業以外的技術進步對總產出與生產的貢獻極微。即使到了 1800 年，平均每人的生活水準僅是西元元年的 2 倍。

人均實質 GDP，在 1500 年至 1800 年間，每年平均成長率約為 0.15%；從 1800 年至 1900 年平均每年約以 1% 速率成長；而從 1900 年至 2000 年平均每年約以 2% 的速度成長。美國並非一直是世

### 表 12-1　全球平均每人產出：過去歷史

| 年 | 人口* | 人均實質 GDP** |
|---|---|---|
| 1 | 170 | 135 |
| 1000 | 265 | 165 |
| 1500 | 425 | 175 |
| 1800 | 900 | 250 |
| 1900 | 1,625 | 850 |
| 1975 | 4,080 | 4,640 |
| 2000 | 6,120 | 8,175 |

* 單位：萬人。
** 以 2000 年的美元價格計算。
資料來源：
1. Joel Cohen, *How Many People Can the Earth Support?*, New York: Norton, 1995.
2. Olivier Blanchard, *Macroeconomics*, 3rd ed., Pearson Education, 2003.

界經濟的領導者。從西元元年至十五世紀，中國大概擁有世上最高水準的平均每人產出。幾世紀後，領導權轉向北方的義大利城市，然後由荷蘭領導至 1820 年。接著，英國從 1820 年至 1890 年成為領導者。之後，美國就成為領導者。從這個角度看，歷史比較像**交互躍進** (leapfrogging)。如果歷史有任何能借鏡之處，就是美國不可能是永遠的領導者。

### 12-1-2　世界各國經濟成長：1960 年以後

表 12-2 描繪自 1960 年後，六個國家：法國、日本、英國、美國、中國及臺灣的人均實質 GDP。選擇這些國家的原因是，除了臺灣以外，這些都是 G20 的國家，也是世界經濟強國，足以代表其他先進國家的成長經驗。觀察表 12-2 可得到兩個主要結論。

首先，自 1960 年以後，六個國家的經濟成長表現強勁，且生活水準也大幅改善。美國自 1960 年至 2009 年間，人均實質 GDP 成長 2.67 倍，法國是 3.11 倍，臺灣是 16.04 倍。這些數據可以用 72 法則來說明。**72 法則** (Rule of 72s) 是假設一變數每年平均以 $x$ 百分比成長，則這個變數在 $72/x$ 年後會成長 1 倍。若以表 12-2 的日本為例，1960 年至 2015 年的平均經濟成長率為 3.15%。我們利用 72 法則計算，可得到日本每 22.83 年所得會成長 1 倍。

> **72 法則**　若一變數每年平均以 $x$ 百分比成長，則該變數在 $72/x$ 年後會成長 1 倍。

### 表 12-2　1960 年以後的平均每人產出

| 國　家 | 人均實質 GDP 成長率 1960～1973 年 | 人均實質 GDP 成長率 1974～2015 年 | 人均實質 GDP (以 2010 年美國價格計算) 1960 年 | 2015 年 | 2015 年/1960 年 |
|---|---|---|---|---|---|
| 法國 | 3.5 | 1.43 | 12,992 | 41,329.9 | 3.18 |
| 日本 | 5.9 | 1.81 | 8,369.2 | 44,656.8 | 5.34 |
| 英國 | 2.0 | 1.73 | 13,868.6 | 40,933.5 | 3.17 |
| 美國 | 2.3 | 1.67 | 17,036.9 | 51,486 | 3.02 |
| 中國 | 2.93 | 8.07 | 189.3 | 6,416.2 | 33.89 |
| 臺灣 | 7.4 | 2.79 | 28,422 | 665,522 | 23.42 |

資料來源：臺灣的資料來自於行政院主計總處。基期為 2001 年，單位為新臺幣。

第二，在不同國家之間，平均每人產出隨著時間經過呈現收斂 (convergence) 的現象。從表 12-2 的第 3 欄與第 4 欄觀察平均每人產出數據在 2015 年比在 1960 年更為接近。換句話說，那些先前較為落後的國家成長較為迅速，進而縮短與美國之間的差距。

在 1960 年，美國的平均每人產出是日本平均每人產出的 2.03 倍，法國平均每人產出則是日本的 1.55 倍。利用購買力平價 (PPP) 的轉換，在 2015 年，美國的平均每人產出依然最高，但只比日本的平均每人產出高出 15% 而已；差距遠低於 1960 年的水準。

### 練習題 12-2

**(1)** 下列何者為總體經濟中衡量一國經濟成長的指標？
(a) 貿易收支帳餘額的成長率
(b) 實質 GDP 的成長率
(c) 貨幣供給年增率
(d) 加權股價指數的成長率　　　　　　　　　　　　　　　　(100 年文化國企)

類似問題：基本題 3。

**(2)** 下表顯示只生產香蕉與鳳梨的某國其價格與數量資料。根據該表，如果基期年為 2020 年，則該國 2020 年的經濟成長率為：

| 年 | 香蕉價格 | 香蕉數量 | 鳳梨價格 | 鳳梨數量 |
|---|---|---|---|---|
| 2019 | $3 | 100 | $2 | 150 |
| 2020 | $3 | 200 | $4 | 300 |

(a) 25%　　　　　(b) 50%　　　　　(c) 75%　　　　　(d) 100%

(106 年關務特考)

類似問題：基本題 3。

(3) 假設人口數不變，若 2015 年的人均 GDP 是 50 萬元，2016 年與 2017 年的人均 GDP 分別是 55 萬與 60 萬元，相較於 2016 年，2017 年的 GDP 成長率是上升或下降？

(105 年經建行政)

類似問題：基本題 3。

## 12-2　臺灣經濟成長的經驗

在臺灣三百年的歷史中，十七世紀至 1895 年間，資金和技術由中國流向臺灣。而 1895 年至 1945 年間，轉為資金和技術由臺灣流向中國。臺灣自第二次世界大戰後的經濟奇蹟為世人稱羨，所得從 1950 年至 1999 年間成長約 14 倍。這種成長經驗並非憑空而來，而是與過去經濟開發的歷史有密切的關聯。本節將從 1860 年開始，分三個階段：1860 年至 1895 年、1895 年至 1945 年及 1950 年以後，來說明臺灣經濟成長的經驗。

### 12-2-1　臺灣經濟成長的經驗：1860 年至 1895 年[1]

1860 年至 1863 年間，臺灣在天津條約及其附約的規定下，正式對外開放淡水、基隆、打狗、安平等通商口岸。根據海關資料，1868 年至 1895 年間，茶、糖、樟腦的出口總值占同期臺灣出口總值的 94%，分別為 53.4%、36.22% 及 3.93%。

開港之後，臺灣北部因為茶和樟腦業的興起，有明顯的城市化現象。大稻埕做為茶葉集散和加工地區，崛起為全臺第二大城。這段期間的經濟發展情形整理如下：

---

[1] 林滿紅，〈茶、糖、樟腦業與臺灣之社會經濟變遷 (1860～1895)〉，《臺灣研究叢刊》，聯經出版事業公司，1999 年 4 月。

1. 茶葉和樟腦主要分布於彰化以北的地區，糖業則主要分布於彰化以南。
2. 茶葉、糖和樟腦的生產技術，在耕作方面，均採取多用土地，少用勞力和資本的粗放經營方式；在加工方面，均屬勞力密集的工場手工業 (Manufaktur)。
3. 茶葉、糖、樟腦的資金來源之一是產品購買者的預付款。這種預付款制度造成債務人壞帳與債權人的高度剝削。這種弊端以打狗區糖業最為顯著，因而妨礙新技術的引進。

## 12-2-2 臺灣經濟成長的經驗：1895 年至 1945 年[2]

自 1895 年，《馬關條約》把臺灣割讓給日本，而日本當時正朝向資本主義路途演進，臺灣成為日本第一個殖民地。在日本當時的環境下，被塑造成日本帝國的一部分，連帶被動地進行一些制度和結構的改變。這些改變是今日臺灣最原始的重要基礎。

日本占有臺灣有兩個主要目的：一是補日本資源的不足；二是做為日本南進的基地。資源需要調查，開發基地需要建設，因此日本在占有臺灣之初便立即展開一連串的資源調查，其中包括人口、土地及林野調查。這些調查的目的在掌握勞動力資料，確定土地權利關係，以及提供投資誘因。

在確知資源狀況後，便落實交通、水利及電力等基本設施投資。南北縱貫公路是日軍登臺期間，為求軍事交通上的便利，利用工兵修築的軍用道路，其後才沿線整修完成。南北鐵路大半是利用在日本發行的臺灣事業公債，於 1899 年至 1907 年間完成。

根據林鐘雄教授的說法："糖米經濟的塑造改變臺灣的經濟面貌，不只把臺灣從半自足的閉鎖經濟，引導至出口經濟，這一改變也使臺灣在戰後面臨的經濟困境大為減輕。"日本統治當局藉撥給

---

[2] 林滿紅，〈臺灣資本與西岸經貿關係 (1895～1945)──臺商拓展外貿經驗之一重要篇章〉，收錄於宋光宇編，《臺灣經驗 (一)──歷史經濟篇》，東大圖書公司，1993 年 10 月，頁 67～140。
林鐘雄，《臺灣經濟經驗一百年》，三民書局，1998 年 2 月。
張漢裕，〈日據時代臺灣經濟之演變〉，收錄於臺灣銀行經濟研究室編印，《臺灣經濟史二集》，1995 年，頁 78。

或低價售予土地、關稅保護、犧牲蔗農利益等措施，大量引進資本，從國外引進優良品種，建立現代糖業。

臺商在日據時代累積許多外貿經驗，他們藉由直接對外貿易、投資，並以開博覽會、迎神賽會、廣告等方式促銷。這些臺商與中國、日本，以及他們本身之間的人脈關係，都是光復以後，臺灣對外貿易不可忽略的一段歷史背景。日本占領臺灣之後，便利用種種制度，使臺灣對外貿易轉而以日本為主，這段期間重要的外貿經驗如下列三項：

1. 兩岸貿易占臺灣整體對外貿易的比重，在日據時期顯著下跌。
2. 臺灣整體對外貿易主要是由日本財閥控制。
3. 日據時期，臺商在兩岸直接貿易中興起，出口到中國仍以農產品為主，主要是米、茶葉、苧麻及糖等。

### 12-2-3　臺灣經濟成長的經驗：1950 年以後[3]

在第二次世界大戰剛結束時，新加坡、香港、南韓和臺灣平均每位勞工的產出水準不到美國平均每位勞工的十分之一。當時，新加坡平均每人 GDP 占美國平均每人 GDP 的比率為 90%，香港是 70%，臺灣是 50%，南韓是 45%。這四個亞洲國家的經濟奇蹟，讓它們贏得亞洲四小龍 (Asian four tigers) 的美譽。

這些國家的經濟成長與 OECD 國家經濟成長的經驗相同。資源分配的決策大都由市場機能決定，政府鼓勵企業成長，並制訂各種經濟政策鼓勵高儲蓄與投資。此外，與 OECD 國家不同的是，它們積極追求產業政策 (industrial policy)，並且比較不熱衷建立社會保險制度。政府策略性選擇某些明星產業加以補助，而產業的靈活發展，更能夠迅速接受現代科技，大幅提高勞工效率。以下僅就臺灣近代的經濟成長經驗略做描述。

從 1950 年代以來，臺灣歷經五個經濟發展階段：(1) 1950 年至

> **產業政策**　政府策略性選擇某些產業加以補助，以影響一國的生產力。

---

[3] 謝森中，〈從經濟觀點看戰後臺灣經驗——一個實際參與者的見證〉，收錄於宋光寧編，《臺灣經驗 (一)——歷史經濟篇》，東大圖書公司，1993 年 10 月，頁 141～166。
王春源，《臺灣總體經濟發展 (一)》，雙葉書廊，1997 年 10 月。

1959 年的戰後重建時期或稱為進口替代時期；(2) 1960 年至 1969 年為出口擴張時期；(3) 1970 年至 1979 年為第二次進口替代時期；(4) 1980 年至 1989 年的自由化及國際化時期；(5) 1990 年至今的發展內需、泡沫經濟、兩岸經貿交易和產業升級時期。

**1950 年至 1959 年：戰後重建時期**　1950 年代期間，自前殖民地新近獨立的國家，普遍遭遇政府預算赤字、外匯短缺，以及通貨膨脹的困境。中華民國政府於 1953 年制訂，並推行首期四年經濟發展計畫，在"以農業培養工業，以工業發展農業"政策下，完成耕者有其田，提高農業生產力，進而銷售農作物及其加工品，以賺取外匯。在工業生產方面，選擇技術簡單、資本需求較低，以及勞力密集的工業，譬如，紡織、合板、玻璃、化學肥料、水泥、紙張等，列為進口管制或暫停進口，目的在節省外匯及保護幼稚工業，這是進口替代政策。

　　除了外匯管制及保護關稅外，政府還壓低利率，將資金分配給公營及大規模私人企業。本階段的經濟成長率達 8%，物價上漲率平均為 4.4%，生產活動側重於農業部門。

**1960 年至 1969 年：出口擴張時期**　在 1950 年代後期與 1960 年代初期，鑒於國內市場有限，國內生產設備過剩，為了彌補外匯短缺，追求經濟成長，政府採行一系列財經政策來鼓勵出口，擴展海外市場：(1) 通貨貶值及簡化匯率：將複式匯率簡化成單一匯率，並將新臺幣大幅貶值成 40 元兌 1 美元，以利出口；(2) 外銷退稅：將國內廠商於進口原料所支付的進口稅，在製成產品外銷時，全部退稅；(3) 設立加工出口區：區內廠商免除關稅及其他稅負，以吸引外資；(4) 外銷低利貸款：減輕出口商負擔，優待中小企業融資；(5) 加強教育和職業訓練，以提升勞動生產力。這種出口導向政策，加上國際經濟復甦，使得財政轉虧為盈、貿易由逆差轉為順差、產業競爭力提高及民間投資環境改善。這段期間的出口每年均以 25% 的幅度成長。

**1970 年至 1979 年：第二次進口替代時期**　在 1973 年，全球受第一次石油危機、美元貶值及糧食短缺的影響，使臺灣面臨停滯性膨脹的困境。政府自 1974 年起陸續推展十大建設，彌補出口與民間投資之不足。這段期間所採取的措施包括：(1) 修正《獎勵投資條例》；(2) 鼓勵民間參與石化工業；(3) 降低石油進口關稅；(4) 協調石化原料產銷。

自 1973 年起，全體總工業占總製造業的比重大於輕工業，而邁向以重工業為主的經濟結構，使經濟仍維持中度成長，這是此段期間的經濟特徵。

### 1980 年至 1989 年：自由化及國際化時期

在 1981 年以前，臺灣之貿易出超額並不大，僅占 GNP 的 4% 至 5%。但自 1981 年以後，急速增加，到了 1986 年已達 22%。而 1985 年 9 月主要工業國家達成《廣場協議》(Plaza Accord)，新臺幣對美元升值幅度達 50%。

政府在這段期間，為加速產業轉型升級，有以下的措施：(1) 1981 年設立新竹科學工業園區、1979 年設立資訊工業策進會及 1980 年成立工業技術研究院，以致力產業科技之研究；(2) 1979 年設立中國輸出入銀行，另要求交通銀行對策略性工業及重要產業，提供長期低利融資；(3) 1980 年修正《獎勵投資條例》，並延長十年；(4) 推動經濟自由化政策：逐步放寬外匯管制與金融管制，撤除貿易障礙。修正《海關進口稅則》，大幅降低進口關稅。

### 1990 年至今：發展內需、泡沫經濟、兩岸經貿交流和產業升級時期

從 1991 年至 1997 年的六年國建計畫，加速臺灣現代化腳步，並自各先進國家引進嶄新科技，獎勵國際貿易市場分散，技術多面化及高級化，以強化均衡成長。

1993 年 7 月行政院提出振興經濟方案，目的為解決外匯存底巨增，熱錢流入，所導致的泡沫經濟現象。

在加速產業升級方面，政府實施財稅獎勵(《促進產業升級條例《中小企業發展條例》)、金融優惠 (購買自由化及污染設備，以及有助於產業升級之投資為主要對象)、技術輔導 (開發關鍵技術、促進產業升級，均由經濟部工業局執行)，以及金融機構參與投資 (行政院開發基金及交通銀行創導性投資計畫)。

根據行政院主計總處的資料，以平均每人 GNP 計算的 1991 年

## 實例與應用　　　　　全民基本所得制

在 2016 年 6 月 5 日，全球最富裕國家之一的瑞士舉行公投，決定政府是否該實施"全民基本所得"(Unconditional Basic Income, UBI)，也就是無條件發放基本所得給所有公民，取代各種福利措施。提案人建議每月每人可領 2,500 瑞士法郎 (約新臺幣 8 萬元)，兒童為 625 瑞士法郎 (約新臺幣 2 萬元)。

全民基本所得制由十八世紀經濟學家潘恩 (Thomas Paine) 提出。贊成 UBI 者主張，自動化與機器人將逐漸取代工作，基本所得是必須的，且 UBI 可解決所得不均問題；反對者則認為，UBI 勢將提高稅負，抑制工作誘因，並導致工作技能不足。

無獨有偶的是，芬蘭社會保險機構 (Finnish Social Insurance Institute) 在 2015 年 12 月也提出每個月給付 800 歐元給每一位芬蘭公民，以鼓勵更多人回到工作崗位。

---

至 2000 年經濟成長率，平均是 6.92%，而同一段期間以 GDP 平減指數計算的物價上漲率，僅有 1.90%。

2001 年至 2008 年的經濟成長率分別為 －2.17%、4.64%、3.50%、6.15%、4.16%、4.89%、5.76% 及 0.06%。由於受國際景氣快速下滑與美國 911 恐怖攻擊事件影響，我國對外貿易嚴重受創，加上國內失業人數攀升及廠商投資巨幅衰退，國內外需求明顯轉弱，導致 2001 年全年經濟負成長 2.17%。

2005 年受國際油價攀升及主要國家升息等因素影響，全球景氣擴張步調趨緩。2005 年平均每人 GDP 為 15,690 美元。至於按購買力平價計算的平均每人 GDP 則為 26,068 美元，排名全球第 28 名，在亞洲地區則排名第 6 名，領先南韓。

受到次貸風暴及雷曼兄弟倒閉所引發金融海嘯的衝擊，全球經濟一片哀號。冰島政府甚至破產，亞洲各國出口不振，臺灣也不能倖免於外。2009 年第 1 季經濟負成長 10.13%，輸出負成長 18.36%，民間投資負成長 33.35%。海峽兩岸經濟合作架構協議 (ECFA) 從 2011 年 1 月 1 日生效，2014 年開始後降至零關稅，對臺灣產業造成重大影響。2019 年受到中美貿易戰影響，衝突效應逐漸顯現，外銷訂單出口及工業生產均受到壓抑、成長幅度減緩，全年成長率為 2.01%。受新冠肺炎疫情影響，主計總處公佈 2020 年第 2 季的實質 GDP 比第 1 季減少 5.48%。

### 練習題 12-3

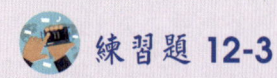

請問臺灣地區在 2009 年金融海嘯期間的經濟成長率是多少？
類似問題：上網題 2。

## 12-3 經濟成長的來源

亞洲四小龍在過去數十年來，國民所得都以每年 7% 的速率成長。在這個比率下，他們的所得平均每十年增加 1 倍。這些國家在短短數十年間，從貧窮國家躋身世界富有國家行列；相反地，在一些非洲國家，如查德與馬達加斯加，自 1960 年以來，平均每人產出每年以 1.3% 的速率下跌。

印度、中國是如何加速其平均所得的成長？那些富裕國家要怎麼做才能維持其生活水準？為何許多非洲國家的經濟無法成長？要解釋世界上生活水準的差異，答案非常簡單，就是**生產力**(productivity)。生產力是指一勞工在一小時內所能生產商品與服務的數量。讓我們以電影《浩劫重生》(Cast Away) 為例，來說明生產力的重要性。

**生產力** 一勞工在一小時內所生產商品與服務的數量。

### 12-3-1 生產力的重要性

擔任聯邦快遞系統工程師的查克・諾倫，在一次出差途中，所搭乘的飛機失事，被困在一座資源貧瘠的無人荒島。當查克失去現代生活的便利時，生活的唯一目的就是求生。他必須自己張羅基本生活需求：食物、清水及住處。

什麼因素會決定查克的生活水準？答案十分明顯。如果查克善於捕魚、升火和做衣服，就可以活得很好。因為查克是孤獨一人在荒島上，只能消費本身所生產出來的物品，他的生活水準與其生產力緊密相關。

從查克的經濟體系，很容易瞭解生產力是生活水準的關鍵決定因素——生產力成長即生活水準改善。查克在一個小時內能夠捕獲的魚愈多，他的晚餐就會愈豐富。如果查克把剩下的魚保存起來，風乾做成鹹魚，就可以把時間省下來做其他的事情。換句話說，查克的生產力愈高，生活就會過得愈好。

不管是對倖免於難的查克或對整個國家而言，生產力都是決定生活水準的關鍵因素。一個國家只要能夠生產很多的商品與服務，人民便能夠享受更高的生活水準。美國人比查德人生活得更好，是因為美國工人在一個鐘頭內所能生產出來的商品與服務的數量，比查德工人高出許多。臺灣人比菲律賓人享受更佳的生活水準，是因為臺灣勞工經歷更迅速的生產力成長。因此，要瞭解不同時期或不同國家之間生活水準的顯著差異，就必須將焦點集中在商品與服務的生產上。以下我們用生產函數與生產力函數，來說明成長的差異和來源。

> **練習題 12-4**
>
> 生產力定義成：
> (a) 生產即是商品與服務數量所牽涉到的困難
> (b) 生產一單位商品與服務所需的勞動數量
> (c) 每一單位勞動所生產的商品與服務
> (d) 在一段時間內所生產的商品與服務數量
> (100 年東華企管)
>
> 類似問題：基本題 5。

## 12-3-2　生產函數與生產力函數

在個體經濟學中，廠商的產品與生產因素之間的關係，是以**生產函數** (production function) 表示。譬如，麥當勞是一家廠商，它的產品包括大麥克、麥克雞塊、吉事堡等，生產這些商品的原料有牛肉、生菜、起司、雞肉及廚房的機器和員工。經濟學家常以 $Q$ 代表商品，而生產因素有資本 ($K$)、勞動 ($L$) 與天然資源 ($N$) 等。廠商的生產函數可以寫成 $Q = F(K, N, L)$。

同樣地，若從整體社會出發，我們以實質 GDP 代表整個經濟體系所有商品與服務的產出。實質 GDP ($Y$) 主要取決於以下的生產因

**生產函數**　廠商的產品與生產因素之間的關係。

素及技術水準：

1. 物質資本 (K)。
2. 人力資本 (H)。
3. 勞工的投入量 (L)。
4. 天然資源 (N)。
5. 技術知識 (A)。

經濟體系的**總生產函數** (aggregate production function) 可以寫成：

$$Y = AF(K, H, N, L)$$

上式表示，經濟體系產出是勞動、物質資本、人力資本、天然資源的數量，以及生產技術知識的函數。當生產因素 ($K$、$H$、$N$、$L$) 增加或技術知識 ($A$) 進步時，實質 GDP 的數量也會增加。此外，當 $K$、$H$、$N$、$L$ 增加愈快，或 $A$ 進步幅度愈大，實質 GDP 也會成長得愈快。

許多生產函數都有**固定規模報酬** (constant returns to scale, CRTS) 的特性。如果一生產函數具固定規模報酬，則所有生產因素投入量增加 1 倍，產出數量也會增加 1 倍，即：

$$2Y = AF(2K, 2H, 2N, 2L)$$

或更一般化，就任何正數 $x$：

$$xY = AF(xK, xH, xN, xL)$$

上式指出，當方程式右邊的生產因素 ($K$、$H$、$N$、$L$) 都增加 $x$ 倍時，方程式左邊的產出 ($Y$) 也增加 $x$ 倍。讓我們以一生產平板電腦的工廠為例，來說明何謂固定規模報酬。假設一家工廠每天可以生產 500 臺平板電腦。如果公司決定將工廠規模擴大 1 倍，這其中包括工廠面積、員工、機器及原料。我們可以合理推測工廠規模擴大後的每日產量也會增加 1 倍，也就是每天可以生產 1,000 臺平板電腦。

為了導出平均每位勞工產出與其他生產因素之間的關係，令上

> **總生產函數** 描繪實質國內生產毛額與物質資本、人力資本、勞工投入、天然資源及技術知識間的關係。

> **固定規模報酬** 當 $K$、$H$、$N$、$L$ 增加 1 倍時，實質 GDP 也會增加 1 倍。

式的 $x = 1/L$，即：

$$\frac{Y}{L} = AF\left(\frac{K}{L}, \frac{H}{L}, \frac{N}{L}, 1\right)$$

上式為**生產力函數** (productivity function)。請注意，$Y/L$ 是平均每位勞工產出，也就是生產力，$K/L$ 是平均每位勞工的物質資本，$H/L$ 是平均每位勞工的人力資本，以及 $N/L$ 是平均每位勞工的天然資源。這個式子說明生產力 $Y/L$ 受 $K/L$、$H/L$ 及 $N/L$ 的影響。生產力也會隨著技術知識 $A$ 的變動而改變。圖 12-1 繪出平均每位勞工產出與平均每位勞工物質資本的關係。

> **生產力函數** 生產力 $Y/L$ 受 $K/L$、$H/L$、$N/L$，以及技術知識 $A$ 的影響。

平均每位勞工產出 ($Y/L$) 在縱軸，而平均每位勞工物質資本 ($K/L$) 在橫軸。兩者間的函數關係是以圖 12-1 正斜率的曲線表示。當平均每位勞工物質資本增加時，如 $K/L$ 從 10 增至 30，平均每位勞工產出從 20 增至 40。但由於資本邊際報酬遞減法則，增加物質資本導致產出的增加愈來愈少。譬如，$K/L$ 增加同樣的幅度 (50 至 70)，$Y/L$ 只增加 5 (60 至 65)。

以前述平板電腦的生產為例，工廠面積固定，增加額外的機器數量導致平板電腦增加的數量愈來愈少。想想看，一個工人操作 2

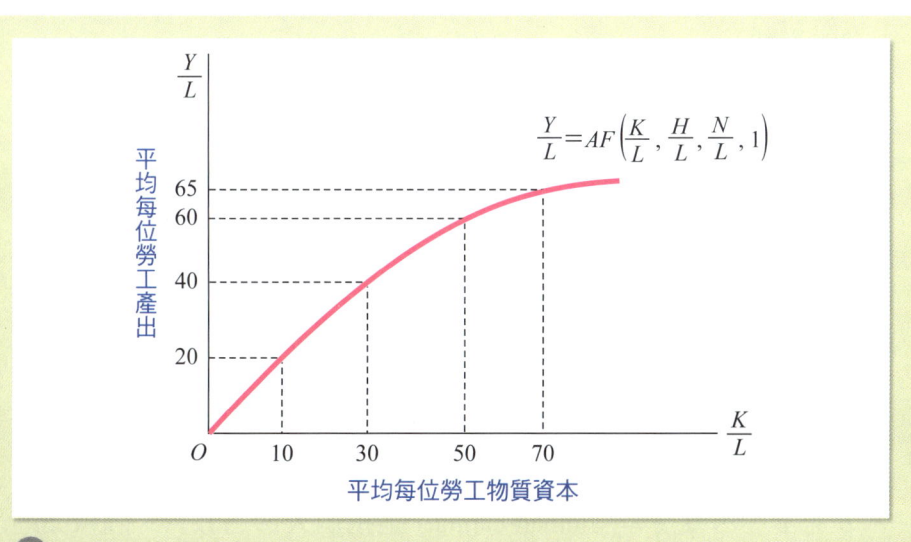

**圖 12-1　平均每位勞工產出與平均每位勞工物質資本**

平均每位勞工物質資本存量提高，導致平均每位勞工產出增加，但增加的幅度愈來愈小。

部機器固然有效率,但要他同時操作 10 部機器就會手忙腳亂了。請注意,圖 12-1 也適用於其他的生產因素;亦即,當 $H/L$ 或 $N/L$ 增加時,生產力隨之提高,但仍受制於邊際報酬遞減法則。

---

**練習題 12-5**

人力資本是:
(a) 勞工透過教育訓練與經驗所獲得的知識和技術
(b) 用來生產商品與服務的設備與建築物
(c) 經濟體系中工作總時數
(d) 與技術知識相同的事物

(100 年東華財金)

類似問題:基本題 7。

---

### 12-3-3　成長的來源

現在可以回答經濟成長的動力來自何處的問題。生產力函數給了一個簡單的答案,決定生產力的因素有:

- 物質資本。
- 人力資本。
- 天然資源。
- 技術知識。

> **物質資本**　用來生產商品與服務的機器、設備和建築物。

**物質資本**　物質資本 (physical capital) 是指用來生產商品與服務的機器、設備和建築物。在生產過程中,物質資本的增加,會提高生產力。譬如,電腦可協助我們處理本來幾乎無法完成的事物,像透過統計、存貨盤點、飛機,再加上一群空服人員,便可以將數百名旅客在短短的四個小時內從臺北送到新加坡。這些物質資本的存在,都可提高勞動生產力。

> **人力資本**　個人透過教育、訓練及經驗累積,獲得知識和工作技能。

**人力資本**　人力資本 (human capital) 是指個人透過教育、訓練與經驗累積,獲得知識和工作技能。人力資本的累積可以提高勞工生產力。勞工可以透過上大學或參加職業訓練來累積人力資本,或是參

### 實例與應用　　　　人力資本與經濟成長

人力資本究竟有多重要？《紐約時報》專欄作家佛里曼 (Thomas Friedman) 觀察埃及動亂後發覺，埃及迄今仍有近三成的民眾不識字，即使讓民眾上學，許多人只是徒具學歷，卻缺乏適應社會的工作技能。因此，在全球化浪潮下，埃及只能坐看工作機會被中國和印度搶走。

不識字、低學歷的民眾去當速食店的櫃檯人員，速食店只要支付員工基本工資就夠了。在 2010 年，埃及全國有 40% 的民眾依靠每日不足 2 美元 (貧窮線) 過活。更糟的是，97% 的失業率中，有高達九成的失業者是 30 歲以下的年輕人，即使領有大學文憑也未能倖免。

另一個關鍵因素是天然資源。身為全球最大的小麥進口國，面臨俄羅斯乾旱、澳洲洪災及中國和印度需求大幅上升，原物料與能源價格波動劇烈，導致埃及在 2010 年花在糧食和能源的補貼，占 GDP 的 6.2%。目前仍有埃及民眾必須依靠補貼的麵包過活。

民怨的長期累積，執政三十年的總統穆巴拉克被迫在 2011 年 2 月 11 日演出"出埃及記"，正式下臺。

---

加在職訓練來加強工作經驗的累積。而政府也可以提供不同種類的職業訓練或改善教育環境，以提高人力資本。諾貝爾經濟學獎得主貝克 (Gary S. Becker) 認為現代經濟有 75% 的財富來自於教育、訓練、技能，甚至健康。

**天然資源**　天然資源 (natural resources) 是指生產過程中由大自然所提供的投入，包括土地、能源和天然原料。肥沃的土地對農業生產是十分重要的，而現代的製造業需要密集使用能源和天然原料。通常天然資源愈豐富，勞工的生產力就愈高。譬如，印尼的資源市場 (特別是木材、棕櫚油與煤) 吸引龐大外國投資，金融體系相對健全，沒有鉅額經常帳赤字，加上相對穩定的國內政局。印尼人的平均所得從 2000 年的 590 美元，提高至 2008 年的 2,271 美元，成長將近 3 倍。

儘管地球上的資源十分有限，但有些國家仍然可以透過國際貿易取得它們所需的天然資源，包括臺灣、日本、新加坡、瑞士等國家，雖然沒有豐富的天然資源，但是經由進口大量的天然資源，然

> 天然資源　大自然所提供的投入，包括土地、能源和天然原料。

後製造成商品出口到其他國家，使這些國家人民的生活水準成為世界上最富有的國家之一。

**技術知識** 技術知識 (technological knowledge) 是指經濟體系生產不同商品與服務的能力，以及最有效率的生產方法。除了物質資本、人力資本和天然資源以外，一個國家能夠採用新穎、更有生產力的技術知識，提高一個國家的生活水準。

> 技術知識　經濟體系生產不同商品與服務的能力及最有效率的生產方法。

網際網路的出現，拉近本國人民與國外的距離。透過網路，本國茶農能夠順利地將優質的烏龍茶行銷到全世界各地，農民也因為市場的擴大，更能夠專注於自己的生產，投入更多的時間研發，改善農產品品質。同樣地，廠商透過網際網路，可以找到成本低廉的原物料，縮短產銷的時間，並以更有效率的方式生產。市場擴大，獲利增加，表示創造更多的工作機會。人民收入增加，生活水準自然就改善了。

我們以圖 12-2 說明技術進步如何提高生產力。在圖 12-2 中，在 $K/L$ 存量固定的情形下，技術知識的改善，導致平均每位勞工產出增加，這可由生產力函數的上移來表示。譬如，假設 $K/L$ 是 50，技術進步導致平均每位勞工產出從 60 增加至 90，生產力函數從 $AF$

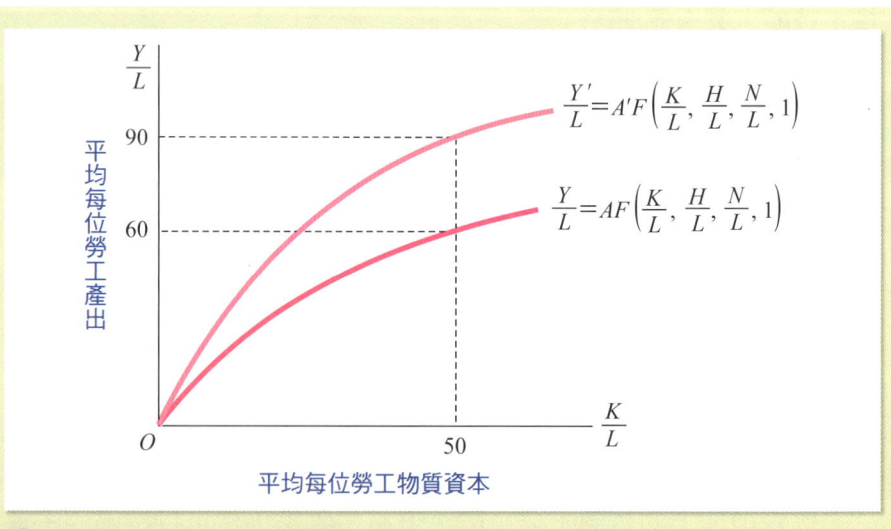

**圖 12-2　技術進步的影響**

技術進步促使生產函數上移，在平均每位勞工物質資本存量固定的情形下，導致平均每位勞工產出水準由 60 增加至 90。

($K/L$, $H/L$, $N/L$, 1) 上移至 $A'F$ ($K/L$, $H/L$, $N/L$, 1)。

因此，我們可以相信成長動力來自資本累積 (物質資本與人力資本)、天然資源的增加及技術進步。然而，技術進步與其他因素在成長過程中扮演不同的角色。

- 資本累積和天然資源的增加無法讓經濟持續成長。從圖 12-1 中可以得到直覺的答案。由於資本具有報酬遞減的特性，平均每位勞工資本存量的增加必須愈來愈快，才能夠維持平均每位勞工產出的持續定量增加。在某一個經濟發展階段下，社會大眾將不願意再增加儲蓄與投資以增加資本存量，此時平均每位勞工產出將停止成長。
- 經濟持續成長需要技術持續進步。如果資本累積無法讓經濟持續成長，則經濟持續成長的動力，必定來自技術進步。決定技術進步的因素，包括研究發展程度、專利法律的保護、教育與訓練的角色，甚至是產業政策的制訂都可能協助經濟持續成長。

針對經濟成長的來源，在 2010 年 9 月來臺訪問的諾貝爾經濟學獎得主普雷斯科特 (Edward C. Prescott) 說明，工時、生產力及稅制是影響國家經濟強盛與衰弱的關鍵。

稅率政策與生產力有直接關係。以香港為例，香港以優惠稅率為企業或個人提供低成本的誘因，同時也建立一些工會規範來提升生產力與勞動力。

### 練習題 12-6

下列因素中，對長期經濟成長影響最小的是：
(a) 勞動力成長
(b) 技術進步
(c) 政府降低工資稅率
(d) 政府提高奢侈品消費稅

(105 年高考)

類似問題：基本題 10。

## 12-4 結語

　　1995 年諾貝爾經濟學獎得主盧卡斯 (Robert E. Lucas) 曾經提到："印度政府是否採取某些措施，導致印度經濟的成長如同印尼或埃及一般？果真如此，究竟是哪些政策？如果不是，究竟'印度的本質'是什麼？這些問題的研究對於人類福利的影響令人感到吃驚，當一個人開始思考這些問題時，就很難再把注意力從這些問題中移開。"

### 摘要

- 經濟成長是以人均實質 GDP 來衡量。從時間的角度看，西元元年至十五世紀，中國是世界上最富有的國家，後來依序由義大利、荷蘭、英國取而代之，現在最富有的國家是卡達。
- 自 1950 年以後，富裕國家的經濟成長速度驚人。然而，自 1973 年以後，成長速度減緩。各國人民生活水準的差異，可以生產力來解釋。生產力決定於勞工使用的物質資本、人力資本、天然資源及技術知識。
- 1950 年代以後，臺灣歷經進口替代、出口導向、國際化、自由化及兩岸經貿時期，塑造舉世聞名的經濟奇蹟。
- 經濟成長的來源包括資本累積 (人力資本和物質資本)、天然資源的增加，以及技術進步。資本累積無法讓經濟持續成長。唯有技術進步才是持續成長的來源。

## 習題

### 基本題

1. 去年年底烏托邦國的實質 GDP 為 5,000 億元且人口為 2,000 萬人；今年年底烏托邦國的實質 GDP 為 5,610 億元且人口為 2,200 萬人。根據以上資訊，烏托邦國今年平均每人實質 GDP 的成長率約為多少？

2. 經濟成長可定義成：
   (a) 儲蓄 (與投資) 率的增加
   (b) 名目 GDP 的增加
   (c) 通貨膨脹的增加
   (d) 平均每人實質 GDP 的增加

   (93 年政大經濟)

3. 一經濟只生產兩種商品：橘子和 VCR。2016 年和 2017 年的價格與數量如下表所示。基期為 2016 年。

|  | 2016 年 | | 2017 年 | |
|---|---|---|---|---|
|  | 價格 | 數量 | 價格 | 數量 |
| 橘子 | $2 | 5,000 | $3 | 4,000 |
| VCR | $400 | 1,000 | $300 | 2,000 |

請問 2017 年名目 GDP 之成長率為何？

(94 年中山政經三)

4. 甲國的每人實質 GDP 是 15,000，預期可維持 10% 的成長。乙國的每人實質 GDP 是 20,000，預期可維持 5% 的成長。請問在幾年之後，甲國的每人實質 GDP 就會超過乙國？ (105 年高考)

5. 依照每人實質 GDP = 平均勞動生產力 × (工作人口數 / 總人口數)，在其他條件不變下，下列何者會提高每人實質 GDP？
   (a) 女性外出工作的人口數減少
   (b) 受雇人員強制退休年齡往下調降
   (c) 資本—勞動比率 (capital-labor ratio) 下降
   (d) 出生率下降 (106 年關務特考)

6. 下列何者可視為物質資本？
   (a) 紐約證交所交易的福特汽車股票
   (b) 三義的裕隆汽車生產線
   (c) 裕隆新店廠的擋風玻璃
   (d) 裕隆員工的薪水支出 (100 年嘉義財金)

7. 請問人力資本與技術知識，兩者有何差異？

8. "勞動人口的增加，可以促進經濟成長，但不一定使人均所得增加。"請評論之。

(96 年政大金融)

9. 下列何者對提升勞動生產力最有幫助？
   (a) 幫助廠商赴外國投資設廠
   (b) 提高生育率
   (c) 提高每人每日工時
   (d) 鼓勵外人直接投資 (106 年關務特考)

10. 下列哪一項對於提升一國的長期經濟成長率沒有直接的貢獻？
    (a) 生產技術進步
    (b) 勞動生產力上升
    (c) 每人資本使用量提高
    (d) 貨幣供給增加 (107 年初等考試)

11. 下列何者並非經濟成長之關鍵因素？
    (a) 資本存量
    (b) 勞動力投入
    (c) 人口性別比例
    (d) 技術水準 (107 年外交特考)

## 進階題

1. 若臺灣的實質 GDP 在 2016 年是新臺幣 11,740,073 百萬元，在 2015 年是 11,279,191 百萬元。臺灣的人口在 2016 年是 22,970,383 人，在 2015 年是 22,689,122 人。
   (a) 請計算 2016 年臺灣之經濟成長率
   (b) 請計算 2016 年平均每人實質 GDP 的成長率
   (c) 若 2014 年之實質 GDP 為 10,633,860，人口為 22,604,550 人。請問 2015 年之經濟成長率為何？大約幾年後，經濟可成長 1 倍？

2. 趙德宏在科技公司上班。假設 2009 年他的薪資為 24,000 元，2010 年的薪資為 25,200 元，而消費者物價指數於 2009 年及 2010 年分別為 102% 及 106%。請問趙德宏在 2009 年至 2010 年的實質所得成長多少？

(97 年輔大貿金)

3. 若馬拉威 2017 年和 2018 年的實質 GDP 為 840 億和 880 億美元，而勞動投入總時數在 2017 年和 2018 年分別為 25 億和 25.2 億小時。
   (a) 請算出 2017 年和 2018 年的勞動生產力
   (b) 請算出 2018 年勞動生產力成長率

4. 假設日本豐田汽車公司在臺中工業區設立新汽車廠，請問這代表什麼樣的投資？這項投資對臺灣的平均每人實質 GDP 有何影響？

5. 在過去二十五年，查德的名目 GDP 成長 3 倍、人口成長 50%，而物價上漲 1 倍。請問平均每人實質 GDP 是上升或下跌？

(96 年臺大經濟)

6. 臺灣經濟奇蹟令人羨慕。是否可將臺灣模式應用在菲律賓或印尼等國家，使其所得大幅提高？

7. 在 2012 年，查德的實質 GDP 是 750 億美元，人口是 3 百萬人，而到了 2013 年，實質 GDP 是 907.5 億美元，人口是 3.3 百萬人。請問人均實質 GDP 成長率為何？

(97 年中山政經)

8. 在 2017 年，蒙古有 1,000 位勞工，平均工作 8 小時，並生產 16,000 輛汽車；到了 2018 年，有 1,200 位勞工，平均工作 8 小時，並生產 16,800 輛汽車。請問生產力有何改變？其變動來源為何？　(100 年臺大經濟)
9. 當儲蓄與投資增加時，一國的國民所得會成長。若一國人民將所得全部儲蓄起來，即消費水準為零。請問在此種情形下，國民所得有何變化？
10. 若阿布達比在 2016 年與 2017 年間的人均實質 GDP 成長率為 3%，就業人口占總人口比例的成長率為 −0.05%，則阿布達比的平均勞動力生產力成長率約為多少？
(105 年經建初等考試)
11. 假設 A 國處於長期均衡。在某一段短期間內，A 國發生以下事件：引進技術勞工、發現新的礦產、科技產業發生革命性的技術進步。觀察 A 國事件發生後的短期均衡，發現與原始長期均衡相比，新的短期均衡：
  (a) 均衡物價提高，均衡實質國內生產毛額 (real gross domestic product, real GDP) 增加
  (b) 均衡物價提高，均衡實質國內生產毛額減少
  (c) 均衡物價降低，均衡實質國內生產毛額增加
  (d) 均衡物價降低，均衡實質國內生產毛額不變
(107 年關務特考)

### 上網題

1. 技術創新是國家經濟成長最重要的原動力之一。請至工業技術研究院網站，查閱創業育成中心的資料。創業育成中心有哪些服務項目？
2. 請問最近一年的經濟成長率為何？最近一季的經濟成長率為何？你是否可找到解釋最近經濟成長的理由？
3. 請至 Penn World Table 的網站 https://www.rug.nl，在 Penn World Table 網頁上，點選喀麥隆 (Cameroon)、查德 (Chad)、剛果 (Congo) 及蘇丹 (Sudan) 在 1970 年至 2017 年的平均每人國內生產毛額 (real gross domestic product per capita)。

# Chapter 13 商品市場與簡單凱因斯模型

許多經濟學家都用"兩隻手"來預測未來，一隻手 (on the one hand) 告訴你如何如何，另一隻手 (on the other hand) 告訴你相反的方向。2008 年，諾貝爾經濟學獎得主克魯曼 (Paul Krugman) 卻是少數只伸一隻手的經濟學家。他確切指出，全球經濟衰退將持續至 2011 年。

其實，克魯曼只對了一半。現實的景況是一個地球，兩個世界：歐美陷經濟僵局，而新興國家如中國、印度、越南，則充滿活力，恢復得宜。[1]

近代經濟波動的歷史中，一個影響最深遠、最令人怵目驚心的是 1930 年代的*經濟大恐慌* (Great Depression)。在 1929 年至 1933 年期間，美國及其他各國經歷大規模的失業和所得巨幅下跌。1933 年是最糟的一年，美國勞動力中有四分之一的人失業，實質 GDP 比 1929 年的水準低 30%。這起近乎毀滅性的事件引起許多經濟學家質疑古典學派經濟理論的有效性。

古典學派的經濟學家相信市場有一隻看不見的手，使得整個經濟體系始終處於充分就業狀態。根據古典理論，國民所得取決於生產因素數量與技術水準。1930 年代經濟大恐慌使得古典理論與實際情形漸行漸遠。

---

[1] 外資撤離比狂跌，印度經濟成長率從 2009 年第 4 季的 9.4%，下跌至 2012 年第 4 季的 5.3%；越南在 2012 年實施緊縮貨幣政策 (遏制高達 18.2% 的通膨)，2012 年的成長率為 5.9%，低於 2011 年的 6.8%。

1936 年，英國經濟學家凱因斯 (John Maynard Keynes) 發表著作《一般理論》(*The General Theory of Employment, Interest, and Money*)，提出對當時總體經濟問題新的思考方向，凱因斯主張總需求不足是造成高失業和低所得的主因。今天的經濟學家以總需求與總供給模型來說明這兩種觀點。在長期，價格完全有彈性，總供給決定產出水準；但是在短期，價格是僵硬的，總需求的變動影響所得水準。

　　本章及往後幾章將利用**總供給與總需求模型** (*AS-AD* model) 來解釋經濟波動現象。特別是我們將更仔細地檢視凱因斯模型下的總需求，確認導致總需求曲線移動的因素，以及引起國民所得波動的原因。

## 📊 13-1　短期經濟波動理論

> **總供給與總需求模型**　一個用來解釋經濟波動現象的模型。
>
> **總需求曲線**　顯示商品市場與貨幣市場同時達到均衡下物價與所得的組合。
>
> **總供給曲線**　顯示廠商所生產商品與服務及一般物價水準間的關係。

　　圖 13-1 顯示往後三章的規劃，以說明短期經濟波動與物價水準的決定。本章描述商品與服務市場的均衡。主要是利用著名的凱因斯十字架來決定經濟體系的均衡所得水準。

　　在第 14 章，我們將介紹貨幣的定義、銀行體系如何創造貨幣，並討論貨幣市場的均衡。從第 13 章的商品與服務市場均衡，第 14 章的貨幣市場均衡，加上物價水準變動的假設可以決定**總需求曲線** (aggregate demand curve, *AD* curve)，這是第 15 章的重點之一。此外，我們透過生產函數與勞動市場推導長短期**總供給曲線** (aggregate

## 第 13 章　商品市場與簡單凱因斯模型

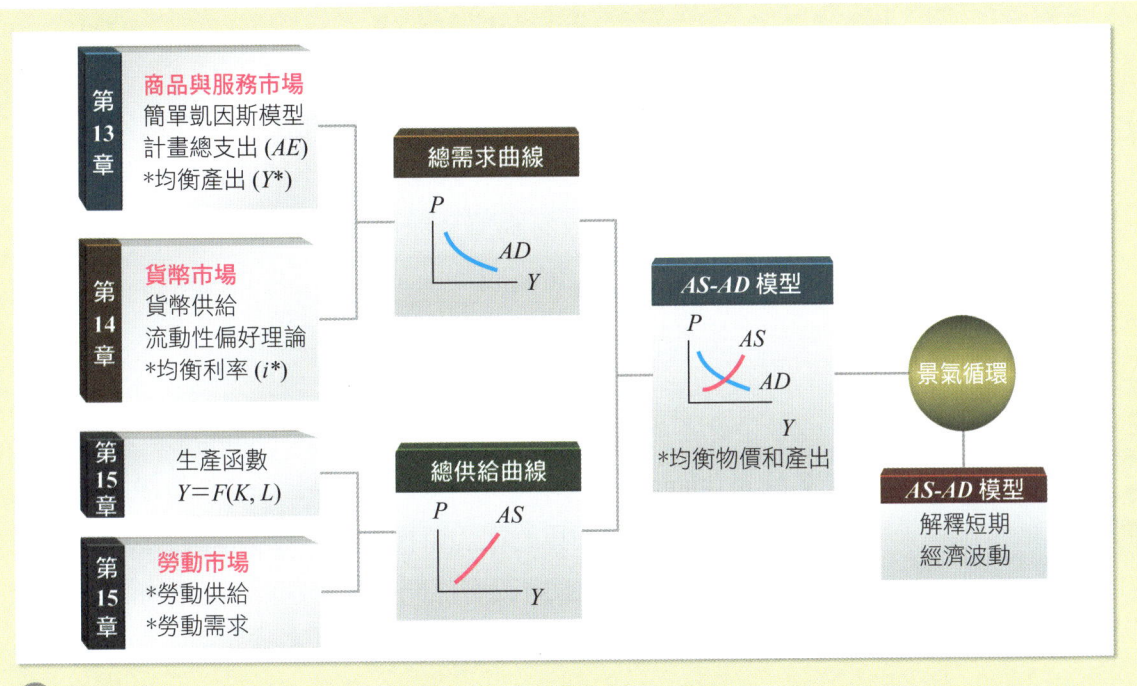

**圖 13-1　短期經濟波動的理論架構**

supply curve, AS curve)。AS-AD 模型共同決定經濟體系的均衡所得與物價水準。最後，我們利用 AS-AD 模型來解釋短期經濟波動。

在說明簡單凱因斯模型之前，我們假設在短期，商品與服務的價格固定不變，廠商可以生產任何數量的商品與服務來滿足社會大眾的需求。這項假設的背後原因是凱因斯觀察經濟大恐慌期間，大量的失業加上閒置的機器，導致勞工願意接受低廉的工資。因此，即便總需求增加，廠商在現行工資率下雇用勞工，也不會造成工資與物價水準的上漲。

### 練習題 13-1

下列哪一項是傳統凱因斯學派認為引發景氣衰退的原因之一？
(a) 技術水準下降
(b) 政府財政赤字大幅縮減
(c) 企業對未來景氣展望悲觀
(d) 貨幣政策變得寬鬆

(105 年外交特考)

類似問題：基本題 1。

## 13-2 簡單凱因斯模型

凱因斯在 1936 年的著作《一般理論》中，系統性地分析總支出波動與 GDP 波動之間的關係。凱因斯指出構成總支出的四個項目：消費、計畫投資、政府購買及淨出口，加總後恰好與 GDP 相等。若以數學式子表示，可寫成：

$$AE = C + I + G + NX$$

> **計畫總支出** 為消費、計畫投資、政府購買及淨出口的加總。

其中，$AE$ 是計畫總支出 (planned aggregate expenditure)，$C$ 是消費，$I$ 是計畫投資 (planned investment)，$G$ 是政府購買，$NX$ 是淨出口。[2]

為了簡化分析，最簡單的凱因斯模型做了幾項基本假設：(1) 物價水準固定不變；(2) 不考慮政府部門與國外部門 (上式的等號右邊只剩下 $C$ 和 $I$)；(3) 消費受可支配所得的影響，其他影響因素皆視為外生；(4) 計畫投資視為固定不變。

基於以上假設，計畫總支出等於消費加計畫投資，即：

$$AE = C + I$$

### 13-2-1 民間消費支出與消費函數

> **消費函數** 說明民間消費支出與可支配所得之間關係的函數。

消費函數 (consumption function) 是說明民間消費支出與可支配所得之間關係的函數。可支配所得 (disposable income) 等於總所得 ($Y$) 減去稅收 ($T$)。由於簡單凱因斯模型假設政府部門並不存在，亦即 $T=0$，所以總所得 ($Y$) 等於可支配所得 ($Y_d$)。對一般家庭或整體經濟來說，當可支配所得增加時，消費支出隨之增加，但消費增加的幅度低於可支配所得增加的幅度。

為了簡化分析，讓我們以直線來表示消費函數：

$$C = a + bY$$

上式中的 $Y$ 是總所得 (產出)，$C$ 是消費支出，$a$ 是截距項，代表自

---

[2] 計畫總支出的 $I$ 是計畫投資支出，而經濟活動循環流程的 $I$ 是實際投資支出，兩者之間並不一定相等。

發性消費支出 (autonomous consumption expenditure)，$bY$ 是誘發性消費支出 (induced consumption expenditure)。所謂自發性消費支出是指消費函數中，不會隨總所得變動而增減的消費支出。譬如，即使你這個月沒有收入，仍然會有食物和交通的消費支出，所以 $a$ 大於零。誘發性消費支出是指消費函數中，隨所得變動而增減的部分。$b$ 是斜率項，等於 $\Delta C/\Delta Y$，每一次所得減少 $\Delta Y$ 元，消費會減少 $\Delta bY$ 元，我們稱 $b$ 為邊際消費傾向 (marginal propensity to consume, MPC)。

> 自發性消費支出 消費支出不受總所得影響的部分。
>
> 誘發性消費支出 消費支出隨著所得變動而增減的部分。
>
> 邊際消費傾向 當所得增加 1 元時，消費增加的金額。

讓我們利用圖 13-2 的數字來說明消費函數的意義。圖中的 $c$ 點是指當總所得是 10 兆元時，消費支出是 17.5 兆元；$d$ 點是指當總所得是 20 兆元時，消費支出是 25 兆元。首先，讓我們來計算斜率 $b$。根據定義，斜率等於縱軸的變動除以橫軸的變動，亦即：

$$b = \frac{\Delta C}{\Delta Y}$$

$\Delta C$ 代表消費支出的變動，在此為是 7.5 兆元 ($= 25 - 17.5$)。$\Delta Y$ 代表總所得的變動，在此為 10 兆元 ($= 20 - 10$)。因此，$\Delta C/\Delta Y = 0.75$，也就是所得增加 100 元時，其中的 75 元用來消費。

| | 總所得<br>$Y$（兆元） | 消費支出<br>$C$（兆元） |
|---|---|---|
| $a$ | 0 | 10 |
| $b$ | 8 | 16 |
| $c$ | 10 | 17.5 |
| $d$ | 20 | 25 |
| $e$ | 40 | 40 |
| $f$ | 60 | 55 |
| $g$ | 80 | 70 |

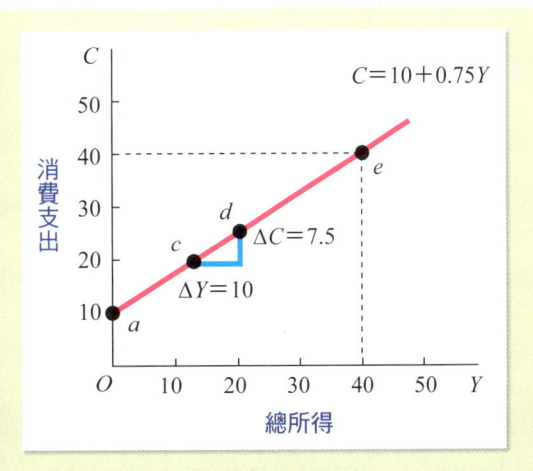

**圖 13-2　消費函數**

在這個簡單消費函數裡，當總所得是零時，消費是 10 兆元；當總所得是 10 兆元時，消費是 17.5 兆元。所得每增加 10 兆元，消費會增加 7.5 兆元，邊際消費傾向為 0.75。

接著，我們來計算自發性消費支出 $a$：

$$a = C - bY = C - 0.75Y$$

以 $d$ 點為例，$Y = 20$ 和 $C = 25$ 代入上式可得 $a = 25 - 0.75 \times 20 = 10$。事實上，圖 13-2 的 $a$ 點即為自發性消費支出。經過上面的計算，直線型消費函數為：

$$C = a + bY = 10 + 0.75Y$$

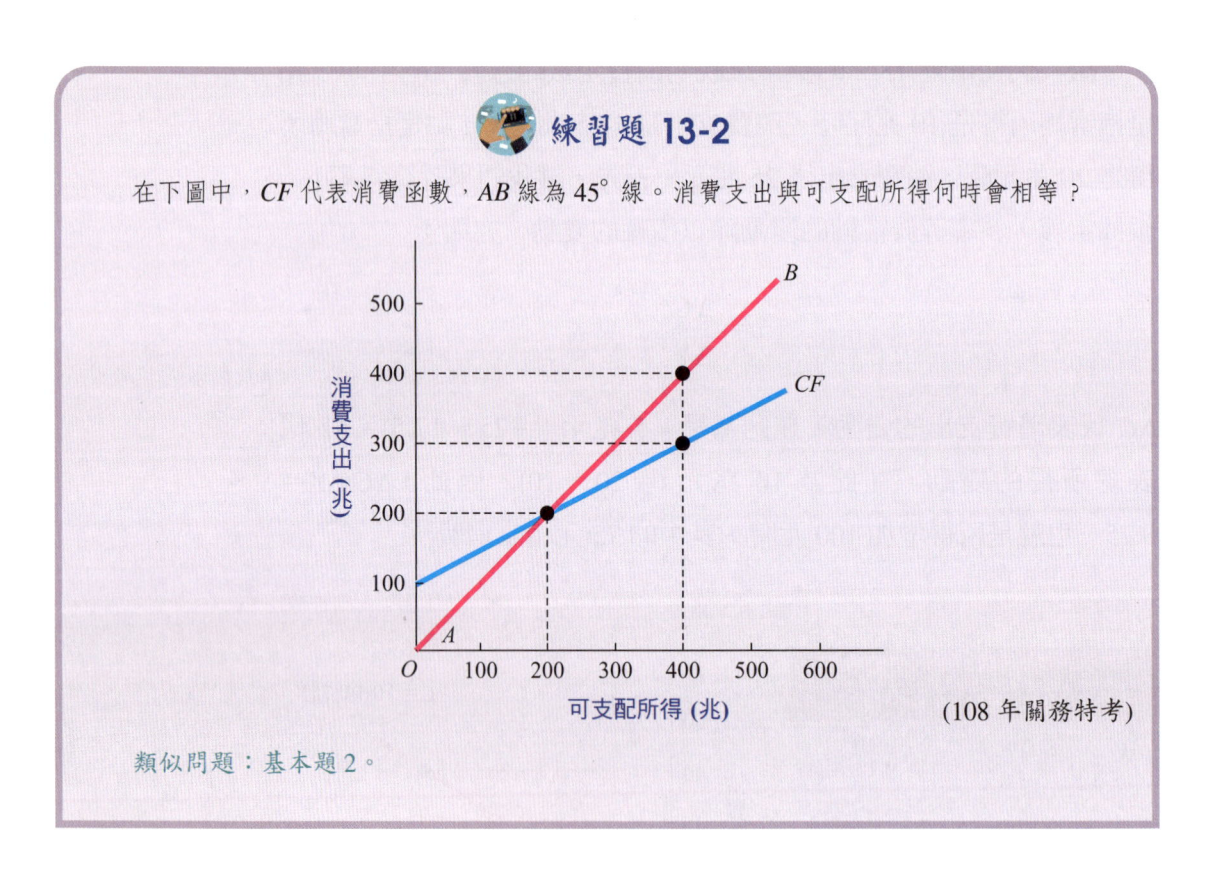

---

### 練習題 13-2

在下圖中，$CF$ 代表消費函數，$AB$ 線為 45° 線。消費支出與可支配所得何時會相等？

(108 年關務特考)

類似問題：基本題 2。

---

### 13-2-2　臺灣消費函數

我們可以利用主計總處編製 1964 年至 2018 年家庭收支調查報告表中的可支配所得、消費支出和儲蓄的資料，以普通最小平方法來推導中華民國臺灣地區的消費函數：

$$C = -568 + 0.78Y_d$$

### 實例與應用　　加薪帶動經濟成長？

2011 年 1 月 10 日，當時的總統馬英九出席一項論壇活動時表示，2010 年經濟成長率創二十一年來最高，政府考慮為公務員加薪。加薪帶動消費，對經濟有幫助嗎？

一般來說，所得愈高者的消費傾向愈低，而所得較低者的消費傾向較高。郭台銘收入增加 1 萬元，大概不會增加消費；相反地，月入 2 萬元的低收入者，可能會將增加的 1 萬元花掉。因此，政府加薪若能帶動民間企業跟進，或直接將現金移轉給低收入戶，將對經濟有正面助益；否則，其實質效果十分有限。

類似的思維在 2019 年 9 月的交通部擴大國民旅遊方案中也能見到，為了振興國內觀光業，政府編列 36 億元預算，將有 768 萬人受益，可帶動 256 億元的觀光消費商機。

上式中的斜率 0.78 即為邊際消費傾向。這表示當臺灣地區的家庭可支配所得增加 100 元時，其中的 78 元會拿去消費，剩下的 22 元則拿去儲蓄。

## 13-2-3　計畫性投資

經濟學所定義的投資是指新的機器設備、新建築物及存貨的增加。譬如，麥當勞新購買一臺炸薯條的機器，或是網路咖啡店新購買電腦和遊戲軟體，這些都增加廠商的資本存量。因此，投資可以創造未來價值。

## 13-2-4　影響投資的因素

廠商對資本財的投資是冀望未來的報酬或收益。潛在投資者必須預估一項投資方案在明年、後年及未來各年所帶來的現金流量。若未來各期現金流量的總收益大於投資的總成本，廠商會進行這項投資；否則，廠商會放棄此投資方案。

我們可以利用**淨現值法則** (net present value rule) 來說明上述的觀念。淨現值是一項投資的市值和成本之間的差額。一項投資的市

> **淨現值法則**　接受正淨現值的投資方案，否決負淨現值的投資方案。

值是未來各期現金流量的現值。讓我們舉例說明淨現值的應用。假設生產多芬香皂的寶僑公司正面臨是否推出一項新家用產品的決策。根據預估的銷售和成本數字，這項五年計畫的前兩年每年收入的現金流量為 2,000 元，次兩年為 4,000 元，最後一年為 5,000 元；期初生產成本為 10,000 元，折現率為 10%。我們應該如何評估這項投資方案？

根據已知的現金流量和折現率，我們可以將現金流量折算成現今的價值，而得到該產品的總現值：

$$現值 = \frac{\$2,000}{(1+10\%)} + \frac{\$2,000}{(1+10\%)^2} + \frac{\$2,000}{(1+10\%)^3} + \frac{\$2,000}{(1+10\%)^4} + \frac{\$2,000}{(1+10\%)^5}$$

$$= \$12,313$$

亦即，預期收入的總現值為 12,313 元。因此，淨現值為 12,313 元－10,000 元＝2,313 元。由於淨現值為正，寶僑公司應該進行此項投資。根據這個簡單的例子，我們可以歸納出淨現值法則如下：

接受正淨現值的投資方案，否決負淨現值的投資方案。

在瞭解廠商的投資抉擇後，我們可將淨現值公式寫成：

$$NPV = \sum_{t=1}^{n} \frac{現金流量_t}{(1+i)^t} - 期初投資$$

上式中的 NPV 就是淨現值，期初投資是廠商計畫投資支出，現金流量 $t$ 是第 $t$ 期的現金流量，$n$ 是投資方案的年限，$i$ 則為折現率。根據淨現值的公式，我們可歸納出影響投資的因素有三：

1. 市場利率。
2. 企業預期。
3. 消費者所得。

**市場利率**　市場利率上升將增加廠商貸款成本，進而提高投資的機會成本。在淨現值公式裡，廠商用來折現未來各期現金流量的折現率 $i$，通常都是以市場利率來代替。若折現率上升，未來各期現金流量的現值總和會下降，投資方案的 NPV 可能由正轉負。在寶僑公司的例子中，若折現率由 10% 上升至 18%，現值總和變成 9,814.509 元，NPV 為 9,814.509 元 － 10,000 元 ＝ －185.491 元。因此，市場利率下降，廠商投資增加。市場利率上升，廠商投資減少。

**企業預期**　假如廠商對未來的獲利前景感到悲觀，未來銷售收入將減少，這會使營運現金流量下跌，NPV 可能由正轉負。譬如，2007 年的次貸風暴與 2012 年的歐洲債信危機引發全球金融風暴，世界各國經濟遭受重創，各國人民消費行為變得謹慎，廠商投資因而減少。因此，企業預期悲觀，投資減少；企業預期樂觀，投資增加。

**消費者所得**　消費者所得提高，會多購買商品、廠商銷售收入上升，獲利也跟著增加。在其他條件不變下，營運現金流量隨之提高，廠商的投資增加。因此，消費者所得上升，使廠商投資增加；消費者所得下跌，導致廠商投資減少。

　　為了簡化分析，簡單凱因斯模型假設計畫投資與當期所得無關。投資是一種**自發性支出**(autonomous expenditure)，如圖 13-3 所示。在圖 13-3 中，不管總所得是新臺幣 6 兆元或 8 兆元，計畫投資始終維持在 5 兆元。因此，投資函數是一條水平線。

> **自發性支出**　計畫總支出中，不會隨所得增減而變動的部分。

**圖 13-3　自發性投資**
自發性投資支出與總所得無關。不管總所得是 6 兆元或 8 兆元，投資始終維持在 5 兆元。因此，投資函數是一條水平線。

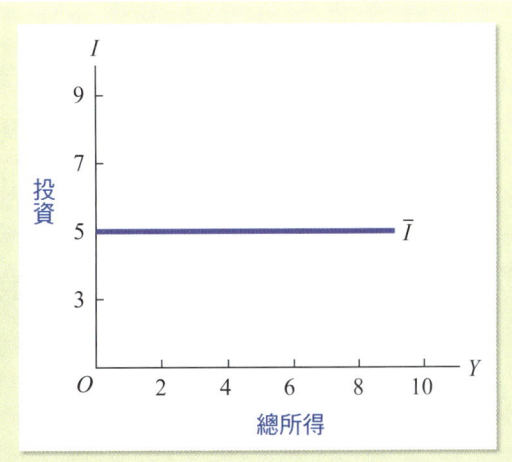

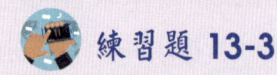

> **練習題 13-3**
>
> (1) 一項投資的內部報酬率 (internal rate of return, IRR) 是使該投資案的 NPV 等於零的折現率。假設該投資方案的投資成本為 100 元，每年現金流量為 60 元，共兩年。請問其報酬率為何？
>
> (2) 一項專案期初投入的總成本為 435.44 元，第 1 年的現金流量為 100 元，第 2 年為 200 元，第 3 年為 300 元。請問 IRR 為多少？如果我們要求的報酬率是 18%，請問是否應該進行這項投資？
>
> 類似問題：基本題 4。

## 13-3 均衡所得

> **均衡** 只要外生變數維持不變，狀態或條件會永遠持續下去。

截至目前為止，我們已經檢視過消費與投資的決定因素。現在我們可以討論商品市場均衡，並解釋經濟體系如何達到均衡。**均衡** (equilibrium) 是指，只要外生變數維持固定不變，狀態或條件會永遠持續下去。

在凱因斯模型中，商品與服務市場均衡是指計畫總支出等於實際總支出的狀態。

$$實際總支出 = 總所得 = 總產出 = Y$$
$$計畫總支出 = AE = C + I$$
$$均衡：Y = AE \text{ 或 } Y = C + I$$

如果實際總支出超過計畫總支出 $(Y > C + I)$，廠商的生產大於實際銷售，非預期存貨會增加，廠商將在下一期減少生產；相反地，如果實際總支出低於計畫總支出 $(Y < C + I)$，商品實際購買數量超過計畫生產數量，非預期存貨會減少，存貨投資不足，廠商在下一期會增加生產。以上兩種生產的變動，會持續至 $Y = C + I$ 才會停止，此時即達到商品與服務市場均衡。

### 13-3-1 總支出函數

基於上面對計畫總支出、消費及計畫投資的說明，現在可將完整的簡單凱因斯模型列出：

$$AE = C + I \tag{13-1}$$

$$C = a + bY \tag{13-2}$$

$$I = \bar{I} \tag{13-3}$$

若將式 (13-2) 和式 (13-3) 代入式 (13-1)，可得：

$$AE = C + I = a + bY + \bar{I} = (a + \bar{I}) + bY$$

上式中，$AE$ 是計畫總支出。等號右邊的第一項 $(a + \bar{I})$ 稱為自發性支出，它與所得水準的高低無關。等號右邊的第二項，稱為**誘發性支出** (induced expenditure)，它會隨著總所得的增加而增加。由於計畫總支出是總所得的函數，上式稱為**總支出函數** (aggregate expenditure function)。

> **誘發性支出** 總支出函數中，隨著總所得增減而變動的部分。
>
> **總支出函數** 計畫總支出為總所得的函數。

## 13-3-2 均衡所得：計畫總支出＝總所得

前面提到商品與服務市場均衡是在總所得 (總產出) 與計畫總支出相等時達到。

$$Y = AE = C + I = (a + \bar{I}) + bY$$

上式中，將總所得 $Y$ 集項，可得：

$$Y^* = \frac{1}{1-b}(a + \bar{I}) \tag{13-4}$$

上式中的 $Y^*$ 是均衡所得，它等於自發性支出 $(a + \bar{I})$ 乘以 $\frac{1}{1-b}$。若 $a = 10$、$I = 5$ 和 $b = 0.6$，則均衡所得為：

$$Y^* = \frac{1}{1-0.6}(10+5) = 37.5$$

圖 13-4 顯示如何決定均衡所得。商品與服務市場均衡發生在總支出函數與 45° 線的交點 ($e$ 點)，$Y = C + I$。總支出函數為家計單位與廠商的計畫總支出，代表商品與服務的總需求。45° 線為 $Y =$

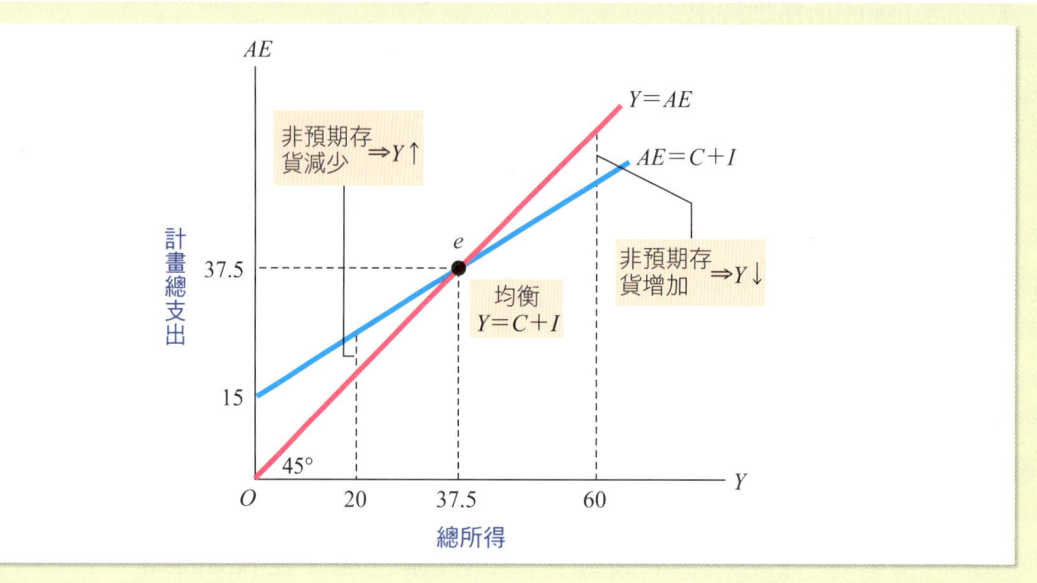

## 圖 13-4　均衡所得的決定

當計畫總支出 $C+I$ 等於總所得 $Y$ (產出) 時，商品與服務市場達到均衡。當 $Y < C+I$ 時，計畫總支出超過總所得，存貨不足，下一期廠商將增加生產；相反地，當 $Y > C+I$ 時，計畫總支出低於總所得，存貨過多，下一期廠商將減少生產。

$AE$，代表總產出與計畫總支出相等。當商品與服務的總產出等於總需求時，商品與服務市場達到均衡。這正是凱因斯在《一般理論》的主張：當有失業存在的情況下，總所得 $Y$ 由需求面決定。由於圖 13-4 代表凱因斯的所得決定理論，有些經濟學家稱此圖形為**凱因斯十字架** (Keynesian cross)。

在圖 13-4 中，均衡所得為新臺幣 37.5 兆元。如果商品與服務市場的總產出不等於均衡所得，經濟體系將如何調整？假設總產出是 20 兆元，計畫總支出 ($AE$) 將超過總產出 ($Y$)，廠商的實際銷售量超過產出數量，導致非預期的存貨減少。廠商面對存貨不足，會在下期增加生產，總產出的提高意味著所得也會提高。原因很簡單：廠商必須雇用更多的生產因素才能增加商品生產，生產因素擁有者的報酬 (總所得) 隨之提高。只要 $Y < C+I$，這種調整過程會持續下去，直至 $Y = C+I$ 為止。

相反地，若總產出是 60 兆元，此時總產出 ($Y$) 超過計畫總支出 ($AE$)。廠商的生產數量超過實際銷售量，東西賣不掉，導致非預期的存貨累積。面對存貨過多，廠商會選擇在下一期減少生產。因此，總產出 $Y$ 下跌。只要 $Y > C + I$，這種調整過程就會持續下去，直到 $Y = C + I$ 為止。

---

**練習題 13-4**

在簡單凱因斯模型中，總支出決定了：
(a) 平均物價
(b) 所得
(c) 工資
(d) 利率

(105 年關務特考)

類似問題：基本題 5。

---

## 13-4 乘　數

### 13-4-1 乘數效果

現在我們已經知道如何決定均衡所得。接下來，我們面臨的問題是：當計畫投資發生變動時，均衡所得有什麼改變？

若廠商樂觀看待未來，而打算增加 10 兆元的投資，均衡所得將產生什麼樣的變化？讓我們利用表 13-1 來說明所得的變動過程。

第 0 年　總支出等於總所得，均衡所得 = 37.5 兆元。

第 1 年　計畫投資 ($I$) 增加 10 兆元，總支出 ($AE = C + I$) 也增加 10 兆元。此時，總支出大於總所得 (47.5 > 37.5)，廠商下一期將會提高產量。生產因素擁有者的所得隨之提高成為 47.5 兆元。

第 2 年　所得提高，消費跟著增加 ($C = 10 + 0.6 \times 47.5 = 38.5$)，總支出增加為 53.5 ( = 38.5 + 15)。第 2 年的總支出比第 1 年多增加 6 兆元。

第 3 年　因為總支出超過總所得 (53.5 > 47.5)，廠商開始增加生產因素雇用。總產出增加的同時，生產因素擁有者的所得也

🔵 表 13-1　乘數效果：投資支出增加 10 兆元對均衡所得的影響

(單位：兆元)

| 年 | 總所得<br>($Y$) | 消費<br>($C = 10 + 0.6Y$) | 投資<br>($\bar{I}$) | 總支出<br>($AE = C + I$) |
|---|---|---|---|---|
| 0 | 37.5 | 32.5 | 10 | 37.5 |
| 1 | 37.5 | 32.5 | 15 | 47.5 |
| 2 | 47.5 | 38.5 | 15 | 53.5 |
| 3 | 53.5 | 61.5625 | 15 | 57.1 |
| ⋮ | ⋮ | ⋮ | ⋮ | ⋮ |
| $n$ | 62.5 | 47.5 | 15 | 62.5 |

提高成 53.5 兆元。所得上升，消費也跟著提高。$C = 10 + 0.6 \times 53.5 = 42.1$。總支出變成 57.1，比第 2 年的總支出增加 3.6 兆元。

第 4 年　總支出大於總所得 (57.1 > 53.5)，廠商為滿足需求的上升而提高產量，……

⋮

最　後　總支出＝總所得。均衡所得＝62.5 兆元。

因此，當計畫投資增加 10 兆元時，最後會導致均衡所得水準增加 25 兆元。這種自發性支出變動引起均衡所得呈 "倍數" 的改變，稱為 乘數效果 (multiplier effect)。這個 "倍數" 即為 乘數 (multiplier)，定義成：

> **乘數效果**　自發性支出變動引起均衡所得呈倍數的改變。
>
> **乘數**　均衡所得的變動除以自發性支出的變動。

$$乘數 = \frac{均衡所得的變動}{自發性支出的變動}$$

在表 13-1，乘數等於 25/10 = 2.5；亦即，自發性支出每增加 1 元，均衡所得會增加 2.5 元。

### 13-4-2　自發性投資乘數

乘數效果除了以表格說明外，也可以透過總支出函數的推導而得。從第 13-4-1 節可知，總支出函數為：

$$AE = (a + \bar{I}) + bY \tag{13-5}$$

其中 $(a+\bar{I})$ 是自發性支出，$bY$ 是誘發性支出。當廠商計畫投資增加 10 兆元時，我們以 $\Delta \bar{I} = 10$ 表示。此時，總支出函數變成：

$$AE_1 = (a+\bar{I}+\Delta \bar{I})+bY \tag{13-6}$$

為了區別起見，我們可將式 (13-5) 改寫成 $AE_0 = (a+\bar{I})+bY$。式 (13-5) 加上均衡條件 $Y=AE$ 後，我們得到：

$$Y_0^* = \frac{1}{1-b}(a+\bar{I}) \tag{13-7}$$

式 (13-6) 加上均衡條件 $Y=AE$ 後，我們得到：

$$Y_1^* = \frac{1}{1-b}(a+\bar{I}+\Delta \bar{I}) \tag{13-8}$$

將式 (13-8) 減去式 (13-7)，並定義均衡所得變動為 $\Delta Y = Y_1^* - Y_0^*$，則：

$$\Delta Y = Y_1^* - Y_0^*$$

$$= \frac{1}{1-b}(a+\bar{I}+\Delta \bar{I}) - \frac{1}{1-b}(a+\bar{I})$$

$$= \frac{1}{1-b}\Delta \bar{I}$$

上式說明均衡所得變動是自發性投資變動的倍數。這項倍數，我們曾經定義為乘數，可寫成：

$$乘數 = \frac{\Delta Y}{\Delta \bar{I}} = \frac{1}{1-b} \tag{13-9}$$

式 (13-9) 中的 $\Delta Y$ 是均衡所得變動，$\Delta \bar{I}$ 是自發性投資變動，$b$ 是邊際消費傾向，故 $(1-b)$ 是邊際儲蓄傾向 (MPS)。若 $b=0.6$，乘數就等於 $1/(1-0.6) = 2.5$。當 $b$ 愈大時，如 $b=0.8$，乘數愈大 $[1/(1-b) = 1/(1-0.8) = 5]$；當 $b$ 愈小時，如 $b=0.5$，乘數愈小 $[1/(1-b) = 1/(1-0.5) = 2]$。

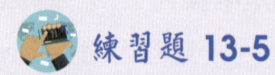

> **練習題 13-5**
>
> 當所得為 10,000 元時，消費為 7,000 元；當所得為 15,000 元時，消費為 11,000 元，則邊際儲蓄傾向是多少？
> (a) 4/5　　　　(b) 3/5　　　　(c) 2/5　　　　(d) 1/5
>
> (106 年初等考試)
>
> 類似問題：基本題 5。

## 13-5　簡單凱因斯模型的延伸：加入政府部門

記得在第 13-4 節的簡單凱因斯模型中，我們曾假設政府與國外部門並不存在，總支出只剩下民間消費支出和投資兩項。現在，我們將簡單凱因斯模型加以延伸：加入政府部門。

由於家計單位的可支配所得不是用來消費就是儲蓄，因此：

$$Y_d \equiv C+S$$

上式為一恆等式──顯示方程式的內容一定成立。另一方面，可支配所得 $Y_d = Y - T$，這兩個式子讓我們得到：

$$Y - T \equiv C+S$$

等號兩邊都加上 $T$：

$$Y \equiv C+S+T$$

總所得由消費、儲蓄和稅收三者組成。另一方面，計畫總支出是消費、投資和政府購買的加總：

$$AE = C+I+G$$

上式中的 $G$ 代表政府對商品與服務的購買。由於政府的購買行為可由政府直接控制，本節視 $G$ 為外生變數，為一固定數值，$G = \bar{G}$。至於在消費函數的部分，可支配所得是消費支出多寡的一個重要決定因素。假如你一個月賺 5 萬元，而其中的 1 萬元要繳稅。真正影響你的消費支出是稅後的 4 萬元，而非稅前的 5 萬元。因此，消費函數可寫成：

$$C = a + bY_d$$

或

$$C = a + b(Y - T)$$

為了簡化分析，假設稅率由政府部門決定，上式中的稅收 $T$ 為外生變數，$T = \bar{T}$。根據上面的敘述，納入政府部門後的簡單凱因斯模型可寫成：

$$總支出：AE = C + I + G$$
$$消費函數：C = a + b(Y - T)$$
$$投\quad資：I = \bar{I}$$
$$政府購買：G = \bar{G}$$
$$稅\quad收：T = \bar{T}$$
$$均衡條件：Y = AE$$

將消費函數、投資、政府購買及稅收代入總支出的方程式中，我們得到總支出函數為：

$$AE = C + I + G = a + b(Y - \bar{T}) + \bar{I} + \bar{G}$$
$$= (a - b\bar{T} + \bar{I} + \bar{G}) + bY$$

上式等號右邊的第一項 $(a - b\bar{T} + \bar{I} + \bar{G})$ 是自發性支出；第二項 $bY$ 是誘發性支出，其為邊際消費傾向與總所得的乘積。根據第 13-4 節的討論，商品與服務市場均衡發生在計畫總支出 (總供給) 與總所得 (總供給) 相等之處 $(AE = Y)$，即：

$$Y = AE = (a - b\bar{T} + \bar{I} + \bar{G}) + bY$$

將上式的 $Y$ 集項，經整理後可得：

$$Y^* = \frac{1}{1-b}(a - b\bar{T} + \bar{I} + \bar{G}) \quad\quad (13\text{-}10)$$

上式的均衡所得 (Y*) 是自發性支出與邊際儲蓄傾向倒數的乘積。式 (13-10) 顯示，政府購買 (G) 與稅收 (T) 對均衡所得的影響程度並不相同：G 是計畫總支出的一部分，直接影響均衡所得；T 則透過可支配所得影響消費，而間接影響均衡所得。

現在，讓我們以數字的例子來說明均衡所得的決定。首先，在第 13-2 節的消費函數為 $C = 10 + 0.6Y$，加入政府部門後可改寫成：

$$C = 10 + 0.6(Y - T)$$

其次，假設政府購買商品與服務的支出金額為 10 兆元，稅收也是 10 兆元；亦即，政府購買與政府稅收相等，預算達到平衡。最後，假設計畫投資是外生決定，為 10 兆元。

表 13-2 列出在加入政府部門後的均衡所得決定過程。當總所得是 20 兆元時，可支配所得等於 10 兆元 (= 20 − 10)。消費支出為：

$$C = 10 + 0.6 \times 10 = 16 \text{ 兆元}$$

計畫總支出則為：

$$AE = C + \bar{I} + \bar{G} = 16 + 10 + 10 = 36$$

由於總產出 (20) 低於計畫總支出 (36)，總需求擴張的結果是非預期的存貨減少，廠商會在下一期增加生產。另一方面，當總所得是 100 兆元時，計畫總支出為 84 兆元。由於總產出超過計畫總支出，生產過剩導致非預期存貨累積，廠商會在下一期降低生產。只有在總產出等於計畫總支出，均衡所得 Y* = 60 兆元，非預期存貨為

表 13-2　均衡所得：加入政府部門　　　　　　　　　　　　　　　　(單位：兆元)

| 總所得 (總產出) ($Y$) | 稅收 ($T$) | 可支配所得 ($Y-T$) | 消費 [$C = 10 + 0.6(Y-T)$] | 投資 ($I$) | 政府購買 ($G$) | 計畫總支出 ($AE = C + I + G$) | 非預期存貨累積 ($Y - AE$) |
|---|---|---|---|---|---|---|---|
| 20 | 10 | 10 | 16 | 10 | 10 | 36 | −16 |
| 40 | 10 | 30 | 28 | 10 | 10 | 48 | −8 |
| 60 | 10 | 50 | 40 | 10 | 10 | 60 | 0 |
| 80 | 10 | 70 | 52 | 10 | 10 | 72 | 8 |
| 100 | 10 | 90 | 64 | 10 | 10 | 84 | 16 |

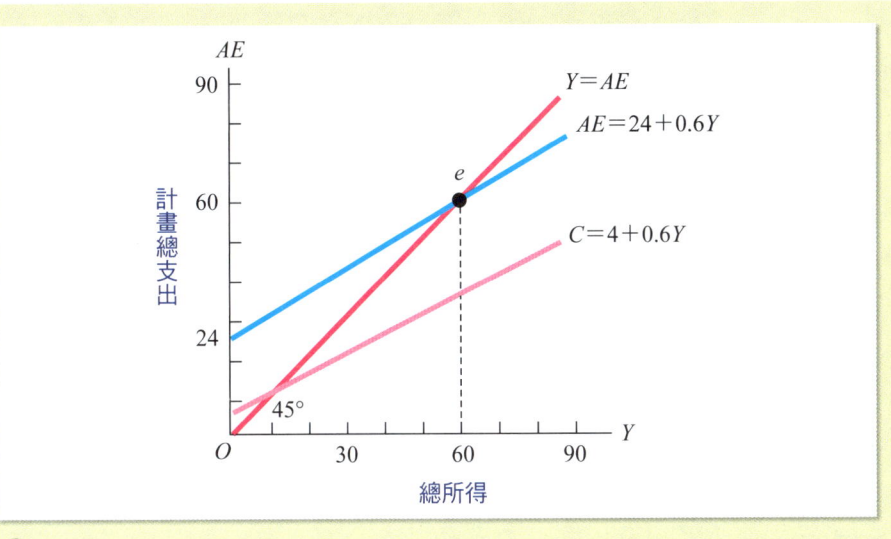

## 圖 13-5　均衡所得

當 $G=T=I=10$ 兆元時，總支出函數 $AE=24+0.6Y$，商品與服務市場均衡在 $e$ 點，均衡所得 $Y^*=60$。

零，廠商不會調整生產。此時，商品與服務市場達到均衡。

圖 13-5 顯示均衡所得的決定。首先，因為 $\bar{T}=10$，消費函數可寫成：

$$C=10+0.6Y-0.6\times 10=4+0.6Y$$

其次，我們知道：$\bar{I}=\bar{G}=10$，總支出函數如下所示：

$$AE=(a-b\bar{T}+\bar{I}+\bar{G})+bY=(10-6+10+10)+0.6Y$$
$$=24+0.6Y$$

商品與服務市場均衡為 $Y=AE$，其為總支出函數與 45° 線的交點，$e$ 點。我們得到均衡所得 $Y^*=60$。

### 練習題 13-6

下列為某一封閉經濟體系的資料：$C=50+0.8(Y-T)$，$G=150$，$T=0$。若該國自發性投資為 100，邊際投資傾向為 0.1，則該國均衡所得為何？　　　　(108 年初等考試)

類似問題：基本題 8。

## 13-6 乘數效果：財政政策

財政政策是政府利用政府支出與稅收的改變，來影響國民所得水準。本節將討論財政政策如何透過下列三個乘數效果：政府購買 (支出) 乘數、稅收乘數及平衡預算乘數，來影響均衡所得。

### 13-6-1 政府購買 (支出) 乘數

假設政府面對新冠肺炎衝擊，想要振興傳統產業，打算投入新臺幣 5 兆元。在不增稅的情況下，這對均衡所得有何影響？

若政府支出增加 5 兆元，由於 $G$ 為 $AE$ 的一部分，計畫總支出將增加 5 兆元。此時，總支出超過總產出。廠商看到大家搶購商品，會選擇在下一期增加生產。產出增加可創造更多就業機會。當新受雇勞工的所得提高時，消費支出隨之增加。記得 $C$ 為 $AE$ 的一部分，更高的消費意味著更高的計畫總支出。再一次地，總支出超過總產出，存貨不足導致下一期產出又增加。所得再度上升，這個過程會一直持續。

這種所得創造過程，似乎有些熟悉。沒錯，這正是乘數效果。只是這一次是政府支出 ($G$) 增加，而非計畫投資 ($I$) 提高所引起。

讓我們以第 13-5 節簡單凱因斯模型的延伸，來說明政府支出乘數。首先，納入政府部門的簡單凱因斯模型為：

$$AE = C + I + G$$
$$C = a + b(Y - T)$$
$$I = \bar{I}$$
$$G = \bar{G} , T = \bar{T}$$

商品市場的均衡條件為 $Y = AE$。因此，如式 (13-10) 的均衡所得為：

$$Y_0^* = \frac{1}{1-b}(a - b\bar{T} + \bar{I} + \bar{G}) \qquad (13\text{-}11)$$

若政府支出增加 5 兆元，$\Delta G = 5$，新的政府支出可寫成 $G_1 = \bar{G} + \Delta G$。上面的簡單凱因斯模型變成：

$$AE = C + I + G$$
$$C = a + b(Y - T)$$
$$I = \bar{I}$$
$$G = G_1, T = \bar{T}$$

經過商品與服務市場均衡條件的求解過程，新的均衡所得 $Y_1^*$ 為：

$$Y_1^* = \frac{1}{1-b}(a - b\bar{T} + \bar{I} + G_1) \qquad (13\text{-}12)$$

比較新舊均衡，並將式 (13-12) 減式 (13-11)，可得：

$$\Delta Y = Y_1^* - Y_0^* = \frac{1}{1-b}(G_1 - \bar{G}) = \frac{1}{1-b}\Delta G$$

上式中的 $\Delta Y$ 是均衡所得的變動，而 $\Delta G$ 是政府支出的變動。如果 $\Delta G = 5$ 且 $b = 0.6$，則 $\Delta Y = \frac{1}{1-0.6} \times 5 = 12.5$。這表示政府支出增加 5 兆元，透過乘數效果，均衡所得呈倍數增加，增加幅度為 12.5 兆元。這項倍數是政府支出變動引起均衡所得的變動，所以稱為**政府支出乘數** (government spending multiplier)：

$$\text{政府支出乘數} = \frac{\Delta Y}{\Delta G} = \frac{1}{1-b}$$

> **政府支出乘數** 政府支出變動引起均衡所得呈倍數的變動。

政府支出乘數告訴我們，政府增加更多支出，可創造出更多所得。這正是凱因斯在《一般理論》中所強調：在經濟不景氣的年代，唯有靠政府支出的增加來刺激有效需求，才能夠挽救經濟脫離不景氣的困境。

## 13-6-2 稅收乘數

假設財政部決定以減稅來替代振興傳統產業方案，以對抗經濟不景氣，均衡所得會如何變動？減稅使可支配所得增加，且可支配所得增加會造成消費支出提高。更高的消費支出意味著更高的計畫總支出，搶購商品的結果是廠商增加產出來因應。想要增加生產就必須雇用更多勞工，並發放更多薪水。受惠於所得提升，消費支出進一步上升。引燃對商品的熱烈追逐，存貨減少，總產出上升，就業增加……。因此，減稅可使均衡所得呈倍數增加。但是，所得上升的幅度有多大？是否和政府支出乘數相同？讓我們利用式 (13-11) 來推導稅收乘數。

在第 13-6-1 節討論封閉經濟體系下的均衡所得水準時，得知：

$$Y_0^* = \frac{1}{1-b}(a - b\bar{T} + \bar{I} + \bar{G})$$

假設國發會建議減稅 2 兆元 ($\Delta T = -2$)，可支配所得現在變成 $Y - (\bar{T} + \Delta T)$，則消費函數為 $C = a + b(Y - \bar{T} - \Delta T)$。新的均衡所得為：

$$Y_1^* = \frac{1}{1-b}(a - b\bar{T} - b\Delta T + \bar{I} + \bar{G})$$

令均衡所得的變動為 $\Delta Y = Y_1^* - Y_0^*$：

$$\Delta Y = Y_1^* - Y_0^* = \frac{1}{1-b}(-b\Delta T) = \frac{-b}{1-b}\Delta T$$

假設 $\Delta T = -2$ 且 $b = 0.6$，則：

$$\Delta Y = \frac{-0.6}{1-0.6} \times (-2) = 3$$

當政府減稅 2 兆元時，均衡所得可增加 3 兆元。因此，**稅收乘數** (tax multiplier) 可寫成：

$$稅收乘數 = \frac{\Delta Y}{\Delta T} = \frac{-b}{1-b}$$

> **稅收乘數** 稅收變動引起均衡所得呈倍數的變動。

> **平衡預算** 政府稅收等於政府支出。

### 13-6-3 平衡預算乘數

截至目前為止，我們已經討論：(1) 在稅收不變下，政府支出變動對均衡所得的衝擊；(2) 在政府支出不變下，稅收改變對均衡所得的衝擊。如果政府支出與稅收等額增加，對均衡所得又會造成何種衝擊？也就是說，假如政府決定全部以增稅方式來融通政府支出，此時，預算赤字不會改變，這種措施的影響為何？

讓我們用一個例子來說明。假設政府支出與稅收同時增加 10 兆元。根據第 13-6-1 節對政府支出乘數的討論，在稅收不變情況下，政府支出增加 10 兆元 ($\Delta G = 10$)，可使均衡所得增加 $\Delta Y = 10 \times$ 政府支出乘數：

$$\Delta Y = 10 \times \frac{1}{1-b}$$

若 $b = 0.6$，均衡所得可增加 25 兆元。另一方面，在第 13-6-2 節討論稅收乘數時，我們知道，在政府支出不變的情況下，稅收增加 10 兆元 ($\Delta T = 10$)，可使均衡所得變動 $\Delta Y = 10 \times$ 稅收乘數：

$$\Delta Y = 10 \times \frac{-b}{1-b}$$

若 $b = 0.6$，均衡所得減少 15 兆元。我們將這兩個結果相加，得到 $25 - 15 = 10$ 兆元。當政府支出與稅收同時增加 10 兆元時，均衡所得也會增加 10 兆元。換句話說，當 $G$ 與 $T$ 等額增加時，會產生兩個效果：第一項是直接效果──政府支出增加，直接使總支出增加 10 兆元；第二項是間接效果──稅收增加 10 兆元，使可支配所得減少 10 兆元，進而使消費減少 $10 \times 0.6 = 6$ 兆元。政府支出增加 10 兆元和消費支出減少 6 兆元，淨結果是總支出增加 4 兆元。透過乘數效果，均衡所得將增加 $4 \times \frac{1}{1-0.6} = 10$ 兆元。

根據上面的討論，政府支出與稅收等額增加，均衡所得也會增加相同幅度。因此，

平衡預算乘數＝1

所謂**平衡預算乘數** (balanced budget multiplier) 是指政府支出與稅收等額變動時，對均衡所得產生的乘數效果。表 13-3 整理出前面所討論的財政政策乘數。

> 平衡預算乘數 政府支出和稅收等額變動時，對均衡所得產生的乘數效果。

### 表 13-3　財政政策乘數：封閉經濟體系

| | 乘　數 | 均衡所得的變動 |
|---|---|---|
| 政府支出乘數 | $\dfrac{1}{1-MPC}$ | $\dfrac{1}{1-MPC}\Delta G$ |
| 稅收乘數 | $\dfrac{-MPC}{1-MPC}$ | $\dfrac{-MPC}{1-MPC}\Delta T$ |
| 平衡預算乘數 | 1 | $\Delta G$ |

### 練習題 13-7

**(1)** 有關乘數原理，下列敘述何者正確？
(a) 增加儲蓄將使投資增加，因而導致產出增加的現象
(b) 開放經濟體系支出乘數比封閉經濟體系支出乘數大
(c) 同樣增加支出 100 與減稅 100 比較，二者乘數效果一樣大
(d) 平衡預算乘數＝1，表示支出增加 100 且增稅 100，則所得會增加 100　　(107 年地方特考)

**(2)** 假設政府支出增加且稅收不變，對均衡所得的影響效果為①。政府支出增加且稅收同幅度增加，對均衡所得的影響效果為②，則①與②之關係為何？　　(105 年經建行政改編)

類似問題：基本題9。

## 13-7　自動穩定因子

在經濟不景氣的時候，政府可以利用增加政府支出或降低稅收的方式，來刺激所得的成長以對抗失業。這種由政府主動利用政府支出、稅收及移轉性支付來達成總體經濟目標——充分就業、物價穩定與經濟成長的作法，稱為**權衡性財政政策**(discretionary fiscal policy)。權衡性財政政策的目的是減緩景氣循環波動的幅度。

另一方面，政府的支出與租稅收入會隨著景氣波動自動調節，進而緩和可支配所得、消費及實質國內生產毛額的震盪。這種自我調節的功能稱為**自動穩定因子**(automatic stabilizers)，它可以達到緩和景氣波動的目的。一般而言，經濟體系中的自動穩定因子主要有兩項：所得稅與失業保險。

> **權衡性財政政策**　政府主動地操作政府支出、稅收及移轉性支付以達成總體經濟目的之作法。
>
> **自動穩定因子**　政府支出與稅收隨著景氣波動自動調節以減緩國內生產毛額的上下起伏。

## 13-7-1 所得稅

截至目前為止，我們對政府稅收的假設，都認為 $T$ 是定額稅，$T=\bar{T}$；亦即，稅負的多寡與所得高低無關。在現實生活中，絕大部分的稅負都是累進稅或比例稅，如所得稅、貨物稅、關稅等。換言之，所得愈多，需繳交給政府的稅額就愈高。

為了簡化分析，假設政府稅收為 $T=tY$。式中，$t$ 是邊際稅率，$Y$ 是所得，$tY$ 是代表稅收與所得成固定比例 $t$。譬如，若 $t=20\%$ 與 $Y=100$，那麼政府稅收 $=20\%\times100=20$ 元。

當政府採行所得稅制時，可支配所得可改寫成：

$$Y_d = Y - T = Y - tY = (1-t)Y$$

而消費函數則為：

$$C = a + b(Y-T) = a + b(Y-tY) = a + b(1-t)Y$$

將新的消費函數代入總支出，可以得到封閉經濟體系下，新的總支出函數為：

$$AE = a + b(1-t)Y + \bar{I} + \bar{G}$$
$$= (a + \bar{I} + \bar{G}) + b(1-t)Y$$

在所得稅制下，總支出函數的斜率是邊際消費傾向乘以 $(1-t)$，這個數值顯然低於定額稅制下總支出函數的斜率 $b$。在均衡時，$Y=AE$，上式可改寫成：

$$Y = AE = a + b(1-t)Y + \bar{I} + \bar{G}$$

經過集項整理，封閉經濟體系下的均衡所得為：

$$Y^* = \frac{1}{1-b(1-t)}(a+\bar{I}+\bar{G}) \qquad \text{(13-13)}$$

如果 $b=0.6$ 和 $t=0.2$，則乘數為 1.92。如果 $b=0.6$ 和 $t=0.4$，則乘數為 1.56。邊際稅率愈高，乘數就愈小；邊際稅率愈低，乘數就愈大。邊際稅率等於零，乘數等於定額稅制下的乘數。式

(13-13) 的自發性支出乘數也是政府支出乘數。

當經濟遭遇不景氣時，所得稅制使可支配所得下跌的幅度縮小，消費支出所受的影響也不會那麼大。記得消費是總支出的一部分，消費支出波動幅度縮小導致所得波動幅度跟著縮小。換言之，乘數效果較小，所得波動就不會那麼劇烈。因此，所得稅制具有自動穩定因子的作用。

臺灣目前採取的所得稅制是一種累進所得稅制，世界上大部分的國家都是採用這種稅制。累進稅制的自動穩定因子比固定比例稅制下的自動穩定因子，對抑制景氣波動的作用更大。在景氣擴張時期，所得上升，政府稅收上升地更快，消費者的可支配所得上升較為平緩，消費與 GDP 也不會增加太快；相反地，在景氣衰退時期，所得下降，政府稅收下降得更快，消費者的可支配所得就不致減少太多，消費和 GDP 也不會下跌太深。因此，所得稅制就像汽車的電子煞車力道分配系統，隨著車輛負載的變化，調整前後輪煞車力道，隨時保持最佳的煞車效果，防止打滑。

### 13-7-2　失業保險

失業保險制度是另一種自動穩定因子。在經濟擴張時期，失業保險制度自動地增加失業保險基金，就業者繳交更多的社會安全稅到基金中。如此，可支配所得不會增加太快，總需求也不致過度擴張。在經濟不景氣時期，失業保險金自動地流入失業者手中，這些人的消費不會下降太快，而可減緩景氣下跌速度。臺灣於 2002 年 5 月 15 日所實施《就業保險法》，即為失業保險制度的一種。在臺灣，失業給付最長發給六個月。[3]

因為這些自動穩定因子，GDP 的波動幅度就不會那麼劇烈，而且可支配所得波動的幅度低於 GDP 波動的幅度。因為可支配所得波動較不劇烈，消費的波動幅度也會低於 GDP 的波動幅度。

---

[3] 但申請人離職辦理該保險退保時已年滿 45 歲或領有社政主管機關核發之身心障礙證明者，最長發給九個月。

## 練習題 13-8

總體經濟的「自動穩定因子」(automatic stabilizers) 是指：
(a) 政府以財政政策做穩定景氣波動的工具時，自動助長政策效果落後的問題
(b) 景氣若步入衰退，將有稅收或政府支出之自動改變而提升總需求，不需政府刻意調整政策
(c) 立法設計政府可自動於不景氣時同意降低稅率
(d) 財政設計使政府收支可於不景氣時自動維持平衡

(108 年關務特考改編)

類似問題：基本題 11。

## 13-8 結　語

2010 年 6 月底，G20 高峰會結束後，《經濟學人》對該次會議下的評語是："再見了，凱因斯。" 回顧一年前的 G20 高峰會，各國領袖共同宣示以凱因斯的財政刺激方案來挽救飽受金融海嘯摧殘的經濟。當時投入的總金額約為 1 兆 4,000 億美元，相當於臺灣 GDP 的 3.5 倍。

今天，歐洲債信危機，美國經濟成長極為緩慢，"主旋律"變成政府縮減支出，減少舉債，以免變成下一個愛爾蘭。

## 摘要

- 古典學派假設物價可完全自由調整，充分就業是常態。凱因斯學派則認為市場資訊不完全，物價具有僵硬性，國民所得由總需求決定。
- 總供給與總需求模型可用來解釋短期經濟波動的現象。總需求由商品市場和貨幣市場的均衡推導而得，總供給可由勞動市場和生產函數推導而得。
- 簡單凱因斯模型可用來推導商品市場均衡，其基本假設有：(1) 物價水準固定；(2) 消費主要由可支配所得決定；(3) 計畫性投資支出固定不變；(4) 未考慮政府部門和國外部門。消費函數說明消費支出和可支配所得之間的關係。邊際消費傾向 (MPC) 係指所得額外增加 1 元，其中用來消費的比例。
- 政府藉改變政府支出和稅收來達成總體經濟目標，稱為權衡性財政政策；如果是提高政府支出或降低稅收，稱為擴張性財政政策；如果是降低政府支出或提高稅收來冷卻景氣，則為緊縮性財政政策。
- 財政政策對經濟體系有乘數效果。政府支出乘數是 $\dfrac{1}{1-MPC}$。稅收乘數為 $\dfrac{-MPC}{1-MPC}$。平衡預算乘數為 1。
- 所得稅與失業保險，都具有自動穩定因子的作用，可以減緩景氣劇烈的波動。

# 習題

**基本題**

1. 根據凱因斯模型，下列何者為景氣衰退的原因？
   (a) 勞動供給減少
   (b) 勞動需求減少
   (c) 總供給減少
   (d) 總需求減少　　　（105 年經建行政）

2. 假設消費函數 $C = 100 + 0.8Y$，請填滿下表。

   | Y | C | APC | MPC | S | MPS |
   |---|---|-----|-----|---|-----|
   | 100 | | | | | |
   | 300 | | | | | |
   | 500 | | | | | |

3. 根據凱因斯的消費函數理論，下列敘述何者正確？
   (a) 邊際消費傾向與平均消費傾向之和等於 1
   (b) 邊際消費傾向大於平均消費傾向
   (c) 邊際消費傾向小於平均消費傾向
   (d) 邊際消費傾向等於平均消費傾向
   　　　　　　　　　　（107 年地方特考改編）

4. 假設彩晶公司採用 IRR 法則來評估它的專案。如果必要報酬率為 18%，公司應否接受下列專案？

   | 年 | 現金流量 |
   |---|---------|
   | 0 | −$30,000 |
   | 1 | 25,000 |
   | 2 | 0 |
   | 3 | 15,000 |

5. 根據凱因斯學派，在不考慮政府部門的情況下，封閉體系的均衡所得水準是由下列哪一項所決定？
   (a) 預擬儲蓄等於實現的投資
   (b) 預擬儲蓄等於預擬投資
   (c) 自發性總支出除以邊際消費傾向
   (d) 自發性總支出除以平均消費傾向
   　　　　　　　　　　（108 年初等考試）

6. 假設 $MPC = 0.8$，而政府支出、計畫投資和淨出口總和為 500 億，且政府預算是平衡狀態。請問在 $Y = AE$ 條件下，儲蓄加稅收是多少？乘數是多少？

7. 下列關於"節儉的矛盾"的敘述何者正確？
   (a) 儲蓄增加伴隨所得增加
   (b) 儲蓄增加伴隨所得減少或不變
   (c) 儲蓄減少伴隨所得減少
   (d) 消費減少伴隨所得增加
   　　　　　　　　　　（107 年外交特考）

8. 某一封閉經濟體系，其目前的自發性總支出與均衡所得分別為 400 與 1,600。若此體系僅有自發性投資且稅收為零。同時，其充分就業所得為 2,000，政府應增加多少支出才能彌補該體系的緊縮缺口？
   　　　　　　　　　　（105 年外交特考）

9. 關於政府消費性支出乘數的敘述，下列何者錯誤？
   (a) 其他條件相同，邊際儲蓄傾向愈高，政府消費性支出乘數愈低
   (b) 其他條件相同，在封閉體系且政府只課定額稅下，政府消費性支出乘數大於邊際儲蓄傾向的倒數
   (c) 其他條件相同，所得稅的邊際稅率愈高，政府消費性支出乘數愈低
   (d) 其他條件相同，開放經濟體系下政府消費性支出的乘數會比封閉體系下的政府消費性支出乘數來得小
   　　　　　　　　　　（107 年初等考試）

10. 假設 $C = 100 + 0.8Y$，$I = 100$，$G = 100$，其中，$C$ 為消費，$Y$ 為所得水準，$I$ 為投資，$G$ 為政府支出。在此簡單凱因斯模型中，若政府支出變為 $G = 120$，則均衡所得會如何？

(a) 增加 20
(b) 增加 100
(c) 增加 160
(d) 增加 220　　　　　(108 年關務特考)

11. 若一個經濟體存在顯著的內在穩定機制 (built-in stabilizer)，則實質 GDP 上升，稅收應當：
    (a) 下降比率大於實質 GDP 的變動率
    (b) 下降比率小於實質 GDP 的變動率
    (c) 上升比率大於實質 GDP 的變動率
    (d) 上升比率小於實質 GDP 的變動率
    (107 年地方特考)

12. 馬達加斯加不與他國往來。其自發性消費是 70，$MPC = 0.8$，$I = 20$，$G = 50$，稅收 $T = 0.1Y$。請問馬達加斯加之均衡所得為何？　　(100 年淡江商管二)

13. 在簡單凱因斯模型中，如果均衡實質所得為 12 兆元，充分就業實質所得為 8 兆元，且邊際消費傾向為 0.75，則：
    (a) 緊縮缺口為 1 兆元
    (b) 膨脹缺口為 1 兆元
    (c) 緊縮缺口為 2 兆元
    (d) 膨脹缺口為 8 兆元　(107 年外交特考)

**進階題**

1. 傑克在所得為零時，仍要支付每月固定食宿，瑜伽課程 4,000 元，他每月有 20,000 元可支配所得，每月總消費為 18,000 元。此時傑克的"邊際消費傾向"與"平均消費傾向"各是多少？　(105 年經建行政)

2. 若某國的可支配所得為 1,600 單位，邊際消費傾向為 0.5，平均消費傾向為 0.6。則該國自發性消費是多少？　(106 年初等考試)

3. 假設北韓不與他國來往，其簡單凱因斯模型為 $Y = C + I + G$，其中 $C = 80 + 0.6YD$，$I = 250$，$G = 150$。假設稅率為零。
    (a) 儲蓄函數為何？
    (b) 均衡所得為何？　　(100 年政大財政)

4. 假設福克蘭島上的資料如下：
    (1) 消費函數 $C = 200 + 0.8Y$
    (2) 投資 $I = 100$
    (3) $AE = C + I$
    (4) $Y = AE$
    (a) 請問福克蘭島的邊際消費傾向和邊際儲蓄傾向為何？
    (b) 請畫出式 (3) 和式 (4) 的圖形，並求解均衡所得
    (c) 如果投資是 110，請問均衡所得為何？
    (d) 請問乘數是多少？

5. 下列為某一封閉體系的資料，$C = 150 + 0.8(Y-T)$，$I = I_0 = 300$，$G = G_0$，$T = 50 + 0.1Y$。若該體系的均衡所得為 2,000 單位，則在均衡時，下列有關政府預算餘額的敘述，何者正確？
    (a) 該體系有政府預算盈餘 100 單位
    (b) 該體系有政府預算赤字 100 單位
    (c) 該體系有政府預算盈餘 150 單位
    (d) 該體系有政府預算赤字 150 單位
    (108 年關務特考)

6. 在簡單凱因斯模型中，令 $x$ 代表所得稅制下的投資乘數，$y$ 代表定額稅制下的投資乘數，$z$ 代表無政府部門的投資乘數，則 $x$、$y$ 與 $z$ 的關係為何？　(97 年政大國管)

7. 若充分就業所得為 640 元，但當期均衡所得為 560 元，且 $MPC = 0.75$。在同時考慮以定額稅收平衡預算的情況下，政府支出應增加多少，才能達到充分就業？
    (100 年輔大會計)

8. 在開放體系下，假設邊際進口傾向為 0.1、邊際稅率為 0.2、邊際消費傾向為 0.75。若自發性消費增加 800 萬，則均衡產出增加多少？　　(97 年輔大企管)

9. 令 $Y_d$ 表所得 ($Y$) 減去賦稅 ($T$) 的可支配所得，且某國為消費 $(C) = 100 + 0.8Y_d$；投資 $(I) = 100$；政府支出 $(G) = 50$；$T = 50$ 之封閉經濟，則下列何者錯誤？
    (a) 均衡所得為 1,050
    (b) 若充分就業所得為 850，則有 200 的膨脹缺口

(c) 若充分就業所得為 850，則僅政府內部單獨減少支出 40，即可達充分就業
(d) 若充分就業所得為 850，則僅政府內部單獨增稅 50，即可達充分就業

(108 年高考三級)

10. 天府之國的總體經濟結構如下：消費函數 $C = 100 + 0.5Y_d$，投資 $I = 400$，政府支出 $G = 300$，稅收 $T = 0.2Y$，出口 $X = 200$，進口 $M = 0.2Y$。
    (a) 該國的均衡產出為何？
    (b) 在均衡產出下的儲蓄總額是多少？
    (c) 若該均衡產出仍有緊縮缺口 500，則政府支出應變動多少，恰可消弭此一缺口？

(97 年淡江商管)

11. 某一經濟體系有以下的資料：$C = 170 + 0.8(Y - T)$，$I = 280$，$G = 190$，$T = 100 + 0.1Y$。均衡時，此經濟體系的邊際儲蓄傾向與平均儲蓄傾向分別是多少？

(105 年經建行政)

12. 某國採"加值型營業稅"，其稅率訂為 5%。現有一生產過程如下：老天爺賜給甲農夫小麥種子以種植小麥。農夫收成後以 100 元出售給乙麵粉廠。乙麵粉廠加工製成麵粉後，以 150 元出售給丙麵包廠。丙麵包廠製成麵包，以 300 元出售。此一生產統程中，政府課徵之營業稅共計多少？

(105 年經建行政)

13. 下列為某一封閉經濟體系的資料：
    $C = 50 + 0.8(Y - T)$
    $I = 100$
    $G = 150$
    $T = 100$
    均衡時，該國的平均儲蓄傾向為多少？

(105 年外交特考)

14. 假設瓦努阿圖共和國的資料如下：
    $C = 100 + 0.8Y_d$  $Y_d = Y - T$
    $T = 20$  $I = 40$
    $G = 40$  $NX = 10 - 0.1Y$
    (a) 請問總支出函數為何？
    (b) 請問均衡所得為何？
    (c) 請問政府支出乘數是多少？定額稅乘數是多少？
    (d) 請問平衡預算乘數是多少？

### 上網題

1. 請至行政院勞動部網站，尋找失業給付的條件、資格與給付期限。

# Chapter 14
# 貨幣市場、中央銀行與貨幣政策

十九世紀初期,英國經濟學家彌爾 (John Stuart Mill) 就知道經濟學的一項核心事實:當金融資產的需求遠遠超過供給時,就會產生大麻煩。

一般來說,筆記型電腦出現供過於求不會是大問題。因為平板電腦的需求會填補就業的空缺,而達成充分就業。相較之下,金融資產供不應求卻會導致經濟災難。畢竟,失業員工不太可能生產投資等級的金融資產,如貨幣或公債。於是,失業人數大於重新就業人數,而隨著就業和收入開始下降,對商品與服務需求減少,然後經濟就會步入衰退的惡性循環中。

因此,政府能在蕭條時提供足夠的貨幣或債券等金融資產,確保整體貨幣供給符合充分就業所需的水準,讓投資人有充分管道儲存他們的財富。

在市場經濟下,金融體系正是扮演將國民儲蓄分配至最佳資本投資的橋樑。所以,許多經濟學家認為,建立成熟穩定的金融市場是經濟持續成長的重要指標。本章首先將介紹金融體系及其功能。

儲蓄者擁有不同種類的金融資產,其中包括股票、債券和共同基金。然而,儲蓄大眾最常握有的資產是貨幣。貨幣是一種可以用來購買商品與服務的金融資產。它與金融體系(特別是銀行部門)的關係密切,且在總體經濟政策——貨幣政策中也扮演相當重要的角色。接著,本章將探討貨幣的起源、功能及其創造。

將金融體系與貨幣政策連結在一起的就是中央銀行。中央銀行是銀行的銀行，主要的任務是控制貨幣數量與維持金融體系的穩定。本章最後將介紹我國中央銀行及中央銀行的政策工具。

## 14-1 金融體系

> 金融體系 將儲蓄者剩餘的資金移轉到資金需求者的手中。

**金融體系** (financial system) 扮演調節資金的角色：將儲蓄者剩餘的資金移轉給資金需求者。資金需求者可以發行金融工具，如股票或債券，出售給資金供給者以換取所需的資金。資金需求者也可透過金融機構，如商業銀行、農會、信用合作社的借貸，而有債權債務關係。

圖 14-1 說明金融體系的資金流向。從圖形的左邊出發，資金供給者是指**儲蓄者** (saver) 或**貸款者** (lender) 等有剩餘資金的經濟單位。家計單位是最主要的資金供給者，他們每個月的薪水扣掉稅和消費後就成為儲蓄。如果政府歲計收入高於支出，政府部門也會有剩餘資金。圖形的右邊是資金需求者，最主要的需求者是企業廠商與政府部門。譬如，台積電需要籌措資金興建 18 吋超大型晶圓廠；政府部門推動重大建設也需要以發行公債方式來支應所需。

圖 14-1　金融體系的資金流向

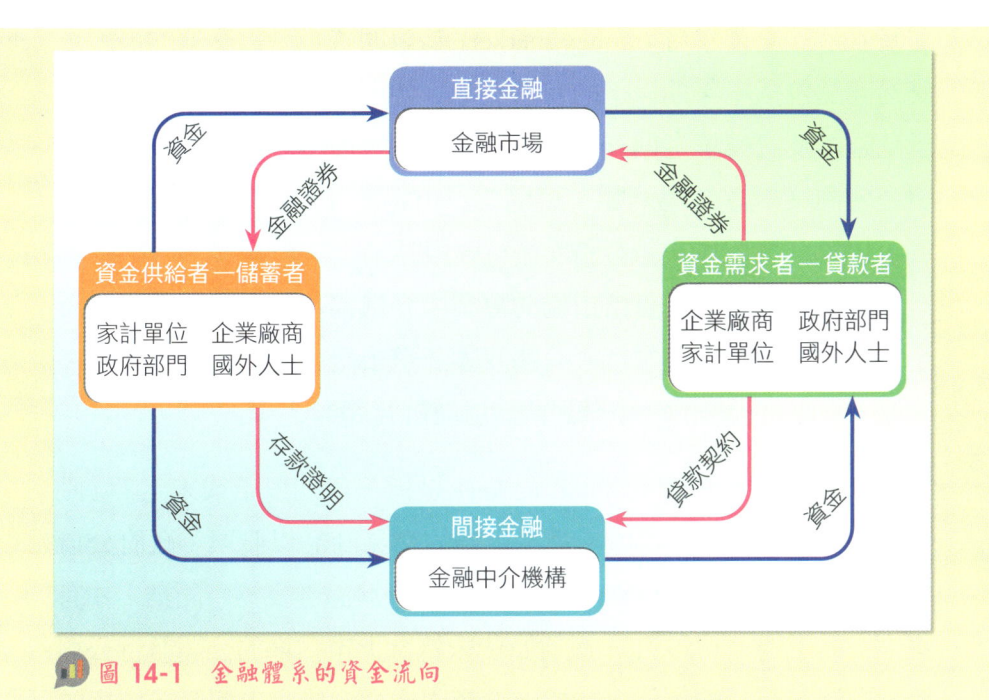

　　資金可以透過兩種管道來進行移轉：(1) **直接金融** (direct finance)：資金需求者發行股票、債券等金融證券，直接出售給資金供給者，以換取所需資金。這些股票、債券都是金融資產。買賣金融資產的場所稱為**金融市場** (financial market)；(2) **間接金融** (indirect finance)：資金需求者並非直接從資金供給者手中取得資金，而是間接透過商業銀行或農 (漁) 會信用部等金融中介機構取得資金。這些金融機構給予儲蓄者存款證明以集合大眾的游資，然後再以貸款的形式貸放給有資金需求的個人或企業。銀行或農 (漁) 會信用部等資金中介的機構稱為**金融機構** (financial institution)。

**直接金融**　資金需求者發行股票或債券，直接出售給資金供給者，以換取所需資金。

**金融市場**　資金供給者與需求者直接交易，共同決定資金使用價格的市場。

**間接金融**　資金需求者間接透過金融中介機構，獲得所需要的資金。

**金融機構**　銀行或農(漁)會信用部等資金中介的機構。

## 14-1-1　金融市場

　　金融市場是指資金供給者與需求者直接交易，共同決定資金使用價格 (利率或匯率) 的市場。根據買賣證券到期日分類，金融市場可分為貨幣市場與資本市場。以下依序介紹我國的貨幣市場與資本市場。

**貨幣市場** 貨幣市場 (money market) 為短期資金供需交易的場所，交易商品包括一年期以下的有價證券，如國庫券、商業本票、銀行承兌匯票及可轉讓定期存單等。我國的貨幣市場包括短期票券市場與金融同業拆款市場兩類。短期票券市場於 1970 年代初期開始發展，1972 年 4 月中央銀行首次發行國庫券。

票券金融公司是貨幣市場的專業中介機構，交易對象不僅是資金供需者，還有中央銀行。有關我國貨幣市場金融工具的流通額，可見中央銀行編製的《中華民國金融統計月報》。

**資本市場** 資本市場 (capital market) 是指一年期以上或未定期 (股票) 有價證券交易的場所。資本市場的交易商品以股票、政府公債及公司債為主。我國股票市場在 1962 年臺灣證券交易所開業，才有集中交易市場。1989 年，政府為使未符合上市標準的公開發行公司股票有流通交易的可能，輔導證券商同業公會成立上櫃股票的店頭市場。1993 年櫃檯買賣中心正式成立，截至 2020 年 7 月為止，上市上櫃股票共有 1,720 家。

### 14-1-2 金融機構

圖 14-1 顯示，資金可以透過間接金融的管道，從供給者移轉到需求者。譬如，阿亮準備在士林夜市附近開設一家網路咖啡店，由於規模並未大到可以在股票市場發行股票籌資，他必須向銀行貸款以取得足夠資金，而銀行的資金來源正是以儲蓄存款方式吸引大眾的資金匯集。

**金融機構的分類** 金融機構部門是以能否創造貨幣，而分為全體貨幣機構與信託投資公司及人壽保險公司，如圖 14-2 所示。

截至 2020 年 9 月底的金融統計資料，本國銀行共計 37 家、外國及大陸銀行在臺分行共計 29 家、信用合作社有 23 單位、農會信用部有 283 單位、漁會信用部有 28 單位、信託投資公司有 0 家、人壽保險機構 (含中華郵政公司壽險處) 有 22 家。

中央銀行編製金融統計時，並未將產物保險公司、票券金融公司及證券金融公司納入金融機構，最主要的原因是這些公司提供的

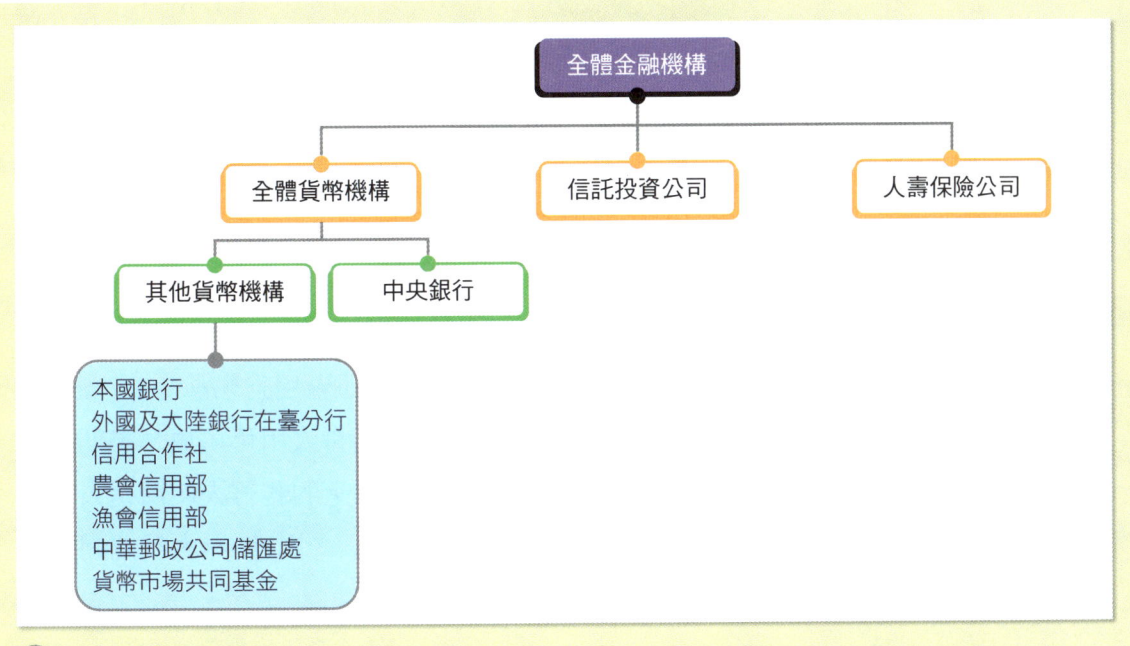

第 14 章　貨幣市場、中央銀行與貨幣政策　　301

```
                    全體金融機構
           ┌───────────┼───────────┐
      全體貨幣機構      信託投資公司    人壽保險公司
      ┌─────┴─────┐
   其他貨幣機構    中央銀行
      │
   本國銀行
   外國及大陸銀行在臺分行
   信用合作社
   農會信用部
   漁會信用部
   中華郵政公司儲匯處
   貨幣市場共同基金
```

**圖 14-2　臺灣金融機構**
資料來源：中央銀行網站 https://www.cbc.gov.tw。

金融性負債與金融機構差異太大。

**共同基金**　共同基金 (mutual fund) 是集合投資人的資金，再由專業機構負責投資管理的一種理財方式，投資的風險與收益由投資人共同負擔。共同基金的投資非常簡單，投資人可經由多數的銀行透過"臺幣指定用途帳戶"申購基金。

共同基金有以下幾項優點：小額投資；專業的投資管理；分散投資風險；標的多樣化，選擇性多；變現容易，流動性佳；合法節稅，在證券交易所得稅停徵期間，投資國內外基金的資本利得一律免稅。

> 共同基金　集合投資人資金再由專業機構負責投資管理的一種理財方式。

### 練習題 14-1

下列有關金融市場的敘述，何者錯誤？
(a) 流通市場較發行市場不重要
(b) 流通市場具有提供資產變現的功能
(c) 不動產證券化之後，房子的價格可能會上升
(d) 公債的流動性較一般公司債的流動性高

(107 年初等考試)

類似問題：基本題 1。

## 14-2 貨幣

在電影《男人百分百》(What Women Want) 中，梅爾‧吉勃遜 (Mel Gibson) 習慣在上班途中到星巴克買杯咖啡。假設在櫃檯前，他伸手到錢包裡取出 7 枚狗牙 (dog teeth) 交給美麗的店員蘿拉。她拿起狗牙仔細端詳是不是真的，並檢查是否有缺角或齲牙，然後對梅爾‧吉勃遜微笑道謝收下。

聽起來很熟悉？當然不是，因為我們不會用狗牙當貨幣 (money) 來使用。但是以前的人卻用過：古代墨西哥人用可可豆、早期美國人用彈藥、南太平洋密克羅尼西亞雅普島上的雅普人使用巨大的石輪、中國的商朝使用子母貝 (cowrie shell)、二次世界大戰期間戰俘營使用香菸及各式各樣的金屬。

### 14-2-1 貨幣的功能

> **貨幣的三種功能** 交易的媒介、計價的單位及價值的儲存。

不論是狗牙、可可豆、子母貝或紙幣，貨幣在任何一個經濟體系都具備三種功能：交易的媒介、計價的單位及價值的儲存。這三種功能，特別是前兩項，能夠讓我們輕易地區分股票、債券、名畫、古董等資產與貨幣的不同。

> **交易的媒介** 某項物品或資產可供買方向賣方交換商品或服務。

**交易的媒介** 交易的媒介 (medium of exchange) 是指某項物品或資產，可供買方向賣方交換商品或服務。前面提到的梅爾‧吉勃遜用狗牙購買咖啡的例子中，狗牙是貨幣，而咖啡是被交易的商品，當狗牙從梅爾‧吉勃遜手中移轉到女店員蘿拉的手中時，交易才算完成。

> **計價的單位** 衡量商品與服務價值的共同單位。

**計價的單位** 計價的單位 (unit of account) 是指衡量商品與服務價值的共同單位。在臺灣，計價的單位就是新臺幣，所有的商品與服務都以新臺幣表示。譬如，7-Eleven 的一罐御茶園價值新臺幣 20 元、麥當勞的一份大麥克餐價值新臺幣 127 元，或一杯星巴克的咖啡價值新臺幣 100 元。想像若是沒有貨幣存在，一份大麥克餐值 6 罐御茶園或 1.2 杯星巴克咖啡；一杯星巴克咖啡值 5 罐御茶園或 5/6 份大麥克餐；一罐御茶園值 1/6 份大麥克餐或 1/5 杯星巴克咖啡。三種商品，相對價格就有六種，何者可以節省交易成本，自是不言可喻。

**價值的儲存**　價值的儲存 (store of value) 是指資產的購買力能夠從一段期間移轉到將來的另外一段期間。譬如，身為補習班名師，阿亮月入數十萬元，但他不會在拿到薪水後，馬上購買需要的商品與服務，反而會等到空閒時帶著女兒郊遊或逛百貨公司才消費。此時，貨幣成為購買力暫時儲存的工具。

> **價值的儲存**　資產的購買力能夠從一段期間移轉到將來的另一段期間。

## 14-2-2　貨幣的種類

依據支付系統的演進過程，貨幣大致可以分成三類：商品貨幣、強制貨幣及電子貨幣。

**商品貨幣**　早期經濟體系的支付工具，都是使用商品貨幣。商品貨幣 (commodity money) 是指商品不僅是貨幣，其本身也存在真實價值。譬如，黃金便是一種商品貨幣，黃金一方面可以做成金項鍊、戒指或其他裝飾品，另一方面也可鑄成錢幣。

> **商品貨幣**　商品不但是貨幣，本身也具有真實價值。

為什麼在現代經濟社會中，很少見到人們使用商品貨幣交易？理由如下：第一，商品貨幣的品質難以確認，這種現象在交易金額龐大時，特別容易發生。譬如，在狗牙的例子裡，店員蘿拉必須仔細端詳狗牙，以確定它是真正的貨幣，這是浪費時間且缺乏效率的。第二，供給若不穩定，商品貨幣的價格容易波動。譬如，黃金大量的開採造成黃金價格大幅下滑，其他商品價格容易上漲。第三，商品貨幣本身的重量造成攜帶的不方便。譬如，假設臺北市東區 50 坪房子值 2 萬個金幣，我們很難將 2 萬個金幣放在身上。因為有這些缺點，支付系統的下一步發展便是強制貨幣。

**強制貨幣**　新臺幣是一種強制貨幣。所謂強制貨幣 (fiat money) 是指政府法律規定的貨幣，本身並沒有真實價值。早期的紙幣可以兌換某種數量的商品貨幣。譬如，世界上最早出現的紙幣是北宋仁宗天聖元年分界發行的"交子"，就是商品貨幣存在銀號的收據。

> **強制貨幣**　政府法律規定的貨幣，又稱法定貨幣。

依據《中央銀行法》第 13 條規定："中華民國貨幣，由本行發行之。本行發行之貨幣為國幣，對於中華民國境內之一切支付，具有法償效力。貨幣之印製及鑄造，由本行設廠專營並管理之。"也就是說，新臺幣可以用來償還各種債務。民眾相信新臺幣是因為它具有法償效力，所以強制貨幣又稱為法定貨幣。

**電子貨幣**　用手機買 Mister Dounts 的咖啡加甜甜圈只要 39 元，真的嗎？實際的情況是用悠遊卡付帳即可享有此優惠。臺灣目前已開辦 Apple Pay、Android Pay 與 Line Pay 等，消費者一機在手，數位錢包帶著走。譬如，蘋果的 iPhone，只要持有手機，即可到 7-Eleven 買午餐或上網買機票。悠遊卡不但能坐捷運、騎 UBike，也可用來吃肯德基、達美樂、麥當勞，甚至到全國加油站加油喔！

由於網際網路具有跨越國界，不受時空限制的特性，因而提供現實世界一個嶄新的交易途徑。隨著行動商務、電子購物及網路銀行等機制逐漸成形。亞馬遜公司在 2013 年 5 月推出亞馬遜貨幣 (Amazon Coins)。讓消費者透過行動裝置購買應用程式 (App) 及平板電腦。此外，像 Google Wallet 這類數位皮夾，將成為消費者暢遊網路時攜帶多種電子貨幣的工具。[1]

電子貨幣是指持有者向電子貨幣發行組織支付傳統貨幣，而發行者將等值現金轉為數位訊號，儲存在虛擬貨幣上。電子付款方式有許多優點：交易成本低，可節省處理支票運送與清算的成本，確保交易迅速達成 (消費者無須擔心太早或太晚付款) 等。

> **電子貨幣**　持有者向電子貨幣發行組織支付傳統貨幣，而發行者將等值現金轉為數位訊號，儲存在虛擬貨幣上。

### 練習題 14-2

**(1)** 貨幣是資產的一種，其各項功能中最強的應當是：
(a) 價值儲存的功能
(b) 保值的功能
(c) 投機的功能
(d) 交易媒介的功能

---

[1] 電子貨幣與虛擬貨幣均為數位通貨。前者包括悠遊卡或 Line Pay；後者為私人發行，包括亞馬遜貨幣或比特幣。

**(2)** 在法定貨幣 (fiat money) 制度下：
(a) 國民不得持有超過政府規定之貨幣數量
(b) 積欠本國銀行之貸款不得以外幣償還
(c) 限制國民向銀行兌換黃金的數量
(d) 賦予紙幣"無限法償"之地位

(108 年關務特考)

類似問題：基本題 2。

## 14-3 貨幣供給的衡量

臺灣中央銀行對三種貨幣總計數 M1A、M1B 與 M2 的定義中，M1A 是最具流動性的定義。圖 14-3 整理出我國中央銀行對貨幣供給的定義，其中一些名詞的定義如下：

- 通貨是中央銀行發行的鈔券及硬幣。
- 通貨淨額是指全體貨幣機構以外各部門持有的通貨。

通貨淨額＝央行通貨發行額－全體貨幣機構庫存現金

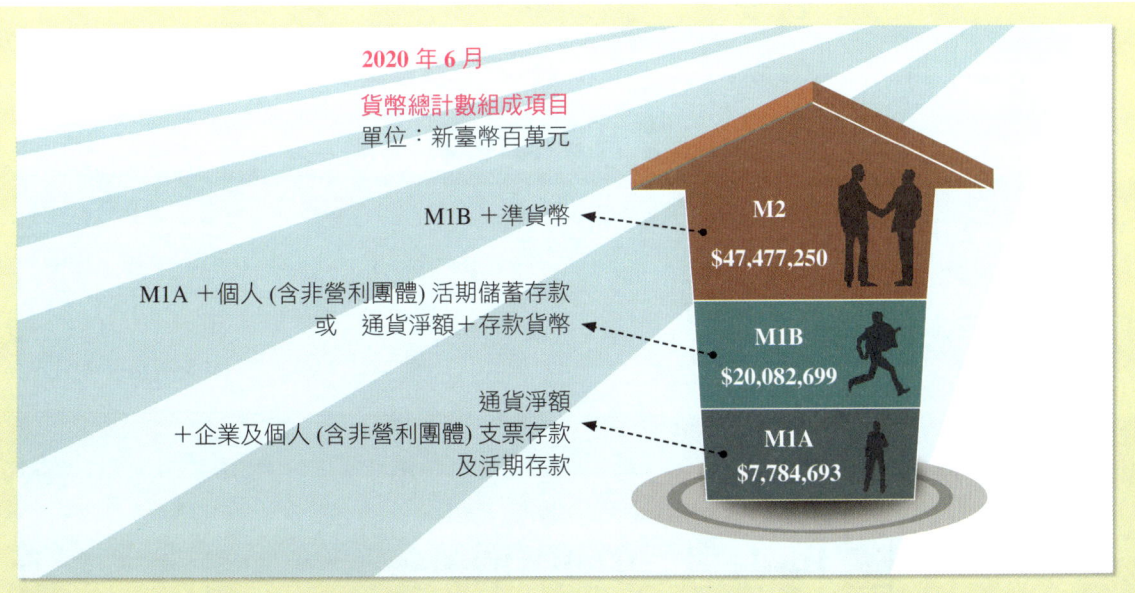

2020 年 6 月
貨幣總計數組成項目
單位：新臺幣百萬元

M1B＋準貨幣 → M2 $47,477,250

M1A＋個人(含非營利團體)活期儲蓄存款
或 通貨淨額＋存款貨幣 → M1B $20,082,699

通貨淨額
＋企業及個人(含非營利團體)支票存款
及活期存款 → M1A $7,784,693

**圖 14-3** 臺灣中央銀行對貨幣供給的定義
資料來源：https://www.cbc.gov.tw/economic/statistics/key/ms-y.pdf。

- **存款貨幣** (deposit money) 或活期性存款，是企業及個人在其他貨幣機構的支票存款、活期存款及活期儲蓄存款。
- **準貨幣** (quasi-money) 或準貨幣性存款，包括企業及個人在其他貨幣機構的定期存款 (包括一般定期存款及可轉讓定期存單)、定期儲蓄存款、外匯存款 (包括外匯活期存款、外匯定期存款及外幣可轉讓定期存單)，以及中華郵政公司儲匯處的郵政儲金總數 (含劃撥儲金、存簿儲金及定期儲金)。自 1994 年 1 月起，尚包括企業及個人持有上列機構之附買回交易餘額與外國人持有之新臺幣存款 (含活期性及定期性)；自 2004 年 10 月起，包括貨幣市場共同基金。但不含銀行承作結構型商品所收本金。

M1B 與 M1A 兩者之間的區分在於活期儲蓄存款。相較於支票存款與活期存款，活期儲蓄存款的價值儲存功能較強，銀行支付的利息較高。至於 M2 則是 M1B 與準貨幣的總和。

如果以 M2 與 M1B 比較，M2 包括定期存款等資產，流動性較低，而做為價值儲存的功能更強。M1A 與 M1B 對經濟活動的影響較 M2 對經濟活動的影響直接。主要的理由，除了前兩者比較具有交易媒介功能外，當臺灣股市活絡時，部分定期性存款會解約轉入活期性存款，所以 M2 的走勢會比 M1A 及 M1B 平穩。

---

### 練習題 14-3

下列何者不屬於 M1B？
(a) 活期儲蓄存款
(b) 活期存款
(c) 支票存款
(d) 定期存款

(108 年初等考試)

類似問題：基本題 3。

---

## 14-4 貨幣的創造

如果有人問你口袋裡的錢是從哪兒來的？你可能會回答是父母

給的或打工賺的。但是,你是否想過父母的錢或老闆給的薪水從何而來?答案很明顯:中央銀行與商業銀行。中央銀行負責發行通貨,而商業銀行可以創造存款貨幣。以下將介紹存款貨幣(貨幣供給的一部分)的創造過程。

## 14-4-1 存款貨幣的創造

**商業銀行的 T 字帳** 要瞭解現代銀行如何影響貨幣,最簡單的方式是從銀行的資產負債表開始。商業銀行的資產負債表,必須滿足一個特性:

總資產＝總負債＋權益

圖 14-4 是簡化的商業銀行 T 字帳。T 字帳左邊是銀行總資產 $1,100,其中準備是 $200,放款是 $900。**準備** (reserves) 是指銀行存款中未貸放出去的部分,它可以轉存央行或留作庫存現金,以備存款人隨時提款。一般而言,準備可以分成兩部分:法定準備與超額準備。**法定準備** (required reserves) 是指中央銀行為了防止銀行流動性不足,規定銀行吸收的存款中必須保留一固定比例的金額。[2] **超額準備** (excess reserves) 是指除法定準備金外,商業銀行額外握有的準備金。除準備外,另一項資產是**放款** (loan)。

T 字帳的右邊是負債,總共有兩項。第一項是存款,銀行吸收社會大眾存款並發給存款證明,因此存款是商業銀行的負債。在本例中,存款金額是 $1,000,而業主權益是總資產－總負債＝ $1,100 － $1,000 ＝ $100。

> **準備** 銀行存款中未貸放出去的部分。
>
> **法定準備** 中央銀行規定銀行吸收的存款中必須保留一固定比例的金額。
>
> **放款** 銀行以吸收的存款貸放給需要資金者。

**圖 14-4 商業銀行的 T 字帳**
資產項下的會計科目總和 ($1,100) 必須等於負債項下的會計科目總和 ($1,100)。

| 資產 | | 負債 | |
|---|---|---|---|
| 準備 | $200 | 存款 | $1,000 |
| 放款 | 900 | 權益 | 100 |

---

[2] 在臺灣,中央銀行稱法定準備為應提準備。

### 存款貨幣的創造

假設阿基獅在股票市場賣出大立光股票一張，獲利新臺幣 100 萬元，並將 100 萬元存入玉山銀行，玉山銀行再將整筆存款存入中央銀行。玉山銀行的資產負債表可寫成：

#### 玉山銀行資產負債表

| 準備金 | 100 萬元 | 存款 | 100 萬元 |
|---|---|---|---|

若中央銀行規定存款的法定準備率是 20%，玉山銀行會將 20 萬元（= 100 萬元 × 20%）列為法定準備，剩下的 80 萬元則是超額準備。如果玉山銀行將超額準備新臺幣 80 萬元借給詹姆世，玉山銀行現在的資產負債表為：

#### 玉山銀行資產負債表

| 準備金 | 100 萬元 | 存款 | 100 萬元 (阿基獅) |
|---|---|---|---|
| 放款 | 80 萬元 | 存款 | 80 萬元 (詹姆世) |

因為存款是貨幣供給的一部分，存款的增加代表貨幣供給的增加。因此，當玉山銀行有新臺幣 180 萬元存款時，貨幣供給等於增加新臺幣 180 萬元。假設詹姆世以新臺幣 80 萬元向英國的 B&W 公司買一對鸚鵡螺喇叭，詹姆世簽出一張新臺幣 80 萬元的支票給 B&W 代理商，而 B&W 代理商將這張支票存入往來的台新銀行。當支票經過票據交換所清算後，玉山銀行將新臺幣 80 萬元準備金轉給台新銀行。玉山銀行與台新銀行的資產負債表分別為：

#### 玉山銀行資產負債表

| 準備金 | 20 萬元 | 存款 | 100 萬元 |
|---|---|---|---|
| 放款 | 80 萬元 | | |

#### 台新銀行資產負債表

| 準備金 | 80 萬元 | 支票存款 | 80 萬元 (B&W 代理商) |
|---|---|---|---|

台新銀行將支票存款新臺幣 80 萬元，其中的 20% 列為法定準備，因此超額準備是 64 萬元，可以做為放款。如果台新銀行將超額

準備 64 萬元借給浩餃，則台新銀行的資產負債表如下：

### 台新銀行資產負債表

| 準備金 | 80 萬元 | 支票存款 | 80 萬元 (B&W 代理商) |
|---|---|---|---|
| 放款 | 64 萬元 | 存款 | 64 萬元 (浩餃) |

同樣地，存款的增加代表貨幣供給等量的增加。因此，台新銀行創造 64 萬元的貨幣。假設浩餃以新臺幣 64 萬元購買一輛豐田 RAV4 汽車，並以支票存款方式支付。若豐田汽車將浩餃的支票存入彰化銀行，彰化銀行就會有超額準備新臺幣 64 萬元，而台新銀行的準備金便減少 64 萬元，台新銀行與彰化銀行的資產負債表分別為：

### 台新銀行資產負債表

| 準備金 | 16 萬元 | 支票存款 | 80 萬元 |
|---|---|---|---|
| 放款 | 64 萬元 | | |

### 彰化銀行資產負債表

| 準備金 | 64 萬元 | 支票存款 | 64 萬元 (豐田汽車) |
|---|---|---|---|

彰化銀行將支票存款新臺幣 64 萬元的 20% 列為法定準備；因此，彰化銀行有超額準備 51.2 萬元可供放款。同樣地，彰化銀行若將超額準備借給翔起，貨幣供給增加新臺幣 51.2 萬元。彰化銀行的資產負債表如下所示：

### 彰化銀行資產負債表

| 準備金 | 64 萬元 | 支票存款 | 64 萬元 (豐田汽車) |
|---|---|---|---|
| 放款 | 51.2 萬元 | 存款 | 51.2 萬元 (翔起) |

當銀行握有超額準備時，這個過程會持續下去，銀行可以持續放款。究竟有多少存款被創造出來？我們可用表 14-1 加以說明：

### 表 14-1　存款的創造過程
(單位：新臺幣萬元)

|  | 存　款 | 準備金 | 放　款 |
|---|---|---|---|
| 原始存款 (阿基獅) | 100 |  |  |
| 玉山銀行 | 100 | 20 | 80 (詹姆世) |
| 台新銀行 | 80 | 16 | 64 (浩餃) |
| 彰化銀行 | 64 | 12.8 | 51.2 (翔起) |
| ⋮ | ⋮ | ⋮ | ⋮ |
| 總　和 | 500 | 100 | 400 |

**貨幣乘數**　表 14-1 說明經濟體系存款貨幣的創造過程：

$$100+80+64+51.2+\cdots$$
$$=100+100\times 0.8+100\times 0.8^2+100\times 0.8^3+\cdots$$
$$=100\times (1+0.8+0.8^2+0.8^3+\cdots)$$
$$=100\times 1/(1-0.8)$$
$$=500$$

當阿基獅將 100 萬元存入至商業銀行時，商業銀行藉應提部分準備，而將超額準備貸放出去，這一連串的過程，最終可創造存款總值 500 萬元。由於存款是貨幣供給的一部分，因此貨幣供給最終也會增加 500 萬元。在這個例子中，**法定準備率** (required reserve ratio) 是 20%。所以，貨幣數量與準備金之間的關係可以下式表示：

> **法定準備率**　中央銀行規定存款與其他各種負債，應該轉存中央銀行的比率。

$$貨幣數量 = \frac{1}{存款準備率} \times 銀行準備金$$

或

$$貨幣乘數 = \frac{1}{存款準備率} = \frac{貨幣數量}{銀行準備金} \qquad (14\text{-}1)$$

式 (14-1) 中的貨幣數量可以是 M1A、M1B 或 M2。存款準備率就是法定準備率，在本例是 20%。銀行準備金是商業銀行增加的準備，在本例中是阿基獅的存款新臺幣 100 萬元。**貨幣乘數** (money multiplier) 是每 1 元存款所能創造的貨幣數量，等於存款準備率的倒數。在本例中，存款準備率是 20%，因此貨幣乘數等於 1/0.2 = 5。

> **貨幣乘數**　每 1 元存款所能創造的貨幣數量。等於貨幣數量除以銀行準備金。

> **練習題 14-4**
>
> 臺灣銀行吸收存款餘額 80,000 萬元，中央銀行訂定的平均法定準備率為 20%。另外，臺灣銀行再保額準備 5,000 萬元，試問其持有的實際準備為何？　　　(107 年經建行政)
>
> 類似問題：基本題 5。

## 14-5　中央銀行的功能

　　當經濟體系支付系統演進到強制貨幣時，紙幣本身不再具有實質商品價值，而是由政府以法律賦予無限法償 (unlimited legal tender) 的地位，民眾可以用來償還各種債務。明確地說，這裡的政府就是中央銀行。如果你手上有一張新臺幣紙鈔，你會發現正面印有"中央銀行"的字樣。《中央銀行法》第 13 條規定，中央銀行發行國幣，並賦予法償效力。

　　中央銀行的設立始於 1923 年 2 月 21 日，當時為了國家建設及國家財政，乃籌建中央銀行。1924 年 8 月 15 日，中央銀行於廣州開幕。1927 年 10 月 25 日國民政府制訂公布《中央銀行條例》，明定中央銀行為國家銀行，隸屬於總統府。1949 年 8 月 5 日，由於中國局勢逆轉，中央銀行隨政府先後播遷廣州、重慶、成都，同年 12 月遷至臺北。

　　2002 年 6 月 5 日修訂的《中央銀行法》第 2 條規定，中央銀行的經營目標包括：(1) 促進金融穩定；(2) 健全銀行業務；(3) 維護對內及對外幣值之穩定；(4) 於上列目標範圍內，協助經濟之發展。如圖 14-5 所示。

　　根據中央銀行的經營目標與業務，大致可歸納出幾項中央銀行的功能。圖 14-6 整理出臺灣央行的事務。

1. 執行及制訂貨幣政策：貨幣政策的執行與調節金融和發行通貨有關。為了穩定物價，促進經濟成長，與使企業取得營運資金，中央銀行遂有下列業務：
   (1) 調整存款準備率：中央銀行可藉由存款準備率的調整來影響

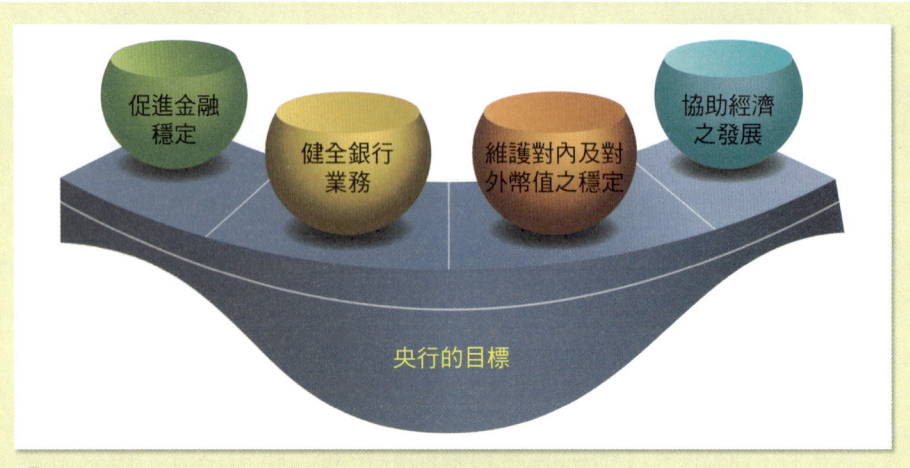

圖 14-5　中央銀行的經營目標

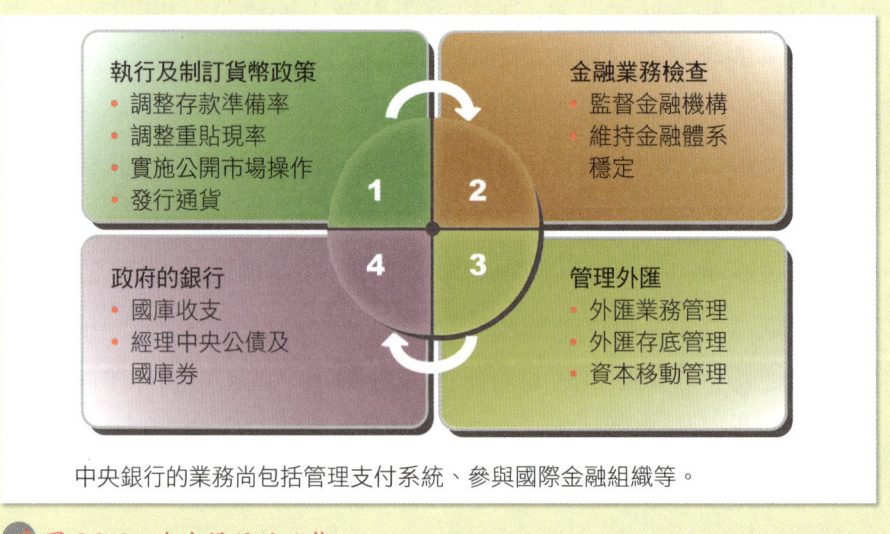

圖 14-6　中央銀行的功能

銀行超額準備金數量，並影響貨幣乘數的大小。

(2) 調整**重貼現率** (rediscount rate)：重貼現率是中央銀行對一般銀行要求**重貼現** (rediscount) 時所收取的利率。譬如，為突破全球經濟困境，持續寬鬆性貨幣政策，搭配總體審慎政策，維持金融穩定，自 2016 年 7 月 1 日起重貼現率、擔保放款融通及短期融通利率各調降 0.125 個百分點，年息分別為 1.375%、1.75% 及 3.625%。

> **重貼現率**　中央銀行對一般銀行要求重貼現時所收取的利率。
>
> **重貼現**　銀行以客戶票據向中央銀行請求"再貼現"，以取得融通資金。

> **實例與應用　　宇宙黑洞——負利率**
>
> 2016 年全球流行的經濟術語非"負利率"莫屬。負利率就像燙手山芋，存在銀行只會不斷貶值，迫使銀行及投資人將手上儲蓄拿出來，另尋投資管道。瑞士 ABS 銀行從 2016 月 1 月 1 日起，開始對活期存款帳戶收取利息，客戶每存 1,000 元，就要繳給銀行 1.25 元的保管費；丹麥則在 2015 年核發一筆負利率貸款，準備開設網站的克莉絲田森從國內最大銀行 Danske Bank 拿到利率為 −0.0172% 的貸款，銀行每個月得付利息給她。
>
> 2016 年 7 月，德國第一次發行票面利率為零，其殖利率為 −0.05% 的十年期公債。除了德國以外、日本與法國也是負殖利率債券的國家，且日本規模為法國及德國的 4 倍。截至 2020 年 6 月為止，全球負利率公債已達 12.52 兆美元，其規模是臺灣 GDP 的 12 倍。

(3) 實施**公開市場操作** (open market operation)：中央銀行可透過公開市場買賣票債券、發行定期存單及到期兌償等措施，調節市場資金，以維持貨幣供給適度成長與利率穩定。

> 公開市場操作　中央銀行可透過公開市場買賣票債券，以維持貨幣供給適度成長與利率穩定。

(4) 發行**通貨** (currency)：為應付平時及季節性通貨需求，中央銀行必須適時適量提供市場需要，以利交易進行。

2. 金融業務檢查：監督金融機構，維持金融體系穩定，金融機構發生擠兌或金融市場出現危機時，將會阻礙金融體系協助資金從供給者手中移轉到需求者的手中。因此，創造一穩定金融體系，避免金融危機的發生，是中央銀行另一個重要目標。

3. 管理外匯：**外匯** (foreign exchange) 指外國貨幣、票據及有價證券，又稱為國際貨幣準備，可做為清償國際債務的外國貨幣。中央銀行得視對外收支情況，調節外匯供需，以維持有秩序的外匯市場。

> 外匯　外國貨幣、票據、有價證券，又稱國際貨幣準備。

4. 政府的銀行：中央銀行收存中央政府存款，處理相關收支 (經理國庫)。此外，央行為政府財務代理人，經理中央政府公債及國庫券。

### 練習題 14-5

"公開市場操作"是指中央銀行：
(a) 在公開市場買賣債券，以調節貨幣供給額

(b) 召開記者會，在公開場合宣布貨幣政策
(c) 在公開場合與商業銀行協商業務
(d) 在證券市場買賣公開上市公司股票　　　　　　　　　　　(106 年關務特考)
　　類似問題：基本題 6。

## 14-6　貨幣需求

　　貨幣需求是一般民眾對"貨幣"的需求。貨幣就像是一般商品，在個體經濟學中，特定商品的需求受所得、商品本身價格、預期、替代品或互補品價格的影響；同樣地，貨幣需求也受所得、持有貨幣成本及預期的影響。

　　凱因斯在《一般理論》中，強調貨幣是一種流動性資產，個人持有貨幣有三種動機：交易性動機、預防性動機，以及投機性動機。

1. **交易性動機** (transaction motive)：民眾選擇持有貨幣，而不選擇有報酬率的債券，最主要的原因是貨幣能夠用來購買商品。凱因斯認為貨幣需求與交易量多寡成正比，也就是交易量愈大，貨幣需求愈多。同時，交易量又與所得成正比，高所得家庭的交易支出比低所得家庭支出要高。因此，交易性貨幣需求隨著所得的提高而增加。

2. **預防性動機** (precautionary motive)：有別於他的老師馬歇爾，凱因斯認為人們持有貨幣，有時是應付突如其來的需要。此一預防動機的貨幣需求是受預期未來交易水準而定，它也是著重在交易媒介的功能，且交易水準與所得成正比。因此，預防性動機的貨幣需求隨所得的增加而增加。

3. **投機性動機** (speculative motive)：這種動機是強調貨幣有價值儲藏的功能。當利率下跌時，民眾會增加對貨幣的持有，而減少對債券或股票等有價證券的持有；當利率上升時，民眾會減少貨幣需求，而增加對債券或股票的需求。

凱因斯的貨幣需求理論，是由三種貨幣需求動機結合而成。另外，凱因斯強調民眾想持有的是**實質貨幣餘額** (real money balance)，他相信民眾關心的是貨幣的購買力。因此，實質貨幣需求是實質所得與利率的函數，可寫成下式：

$$\frac{M^d}{P} = L(i, Y) \tag{14-2}$$

> **實質貨幣餘額** 名目貨幣除以物價水準。

式 (14-2) 即為著名的**流動性偏好理論** (liquidity preference theory)。式中，$M^d/P$ 是實質貨幣需求量，$L$ 代表**流動性** (liquidity)，$i$ 是利率，而 $Y$ 是實質 GDP。式 (14-2) 中，實質貨幣需求與利率呈負向關係，即利率上升，實質貨幣需求減少；利率下降，實質貨幣需求增加，如圖 14-7(a) 所示。實質所得與實質貨幣需求呈正向關係。當民眾所得增加時，民眾持有的貨幣餘額提高，反映在圖 14-7(b)，是貨幣需求曲線向右移動；相反地，實質所得減少，貨幣需求曲線向左移動。

> **流動性偏好理論** 強調實質所得與實質貨幣需求呈正向關係；利率與實質貨幣需求呈負向關係。

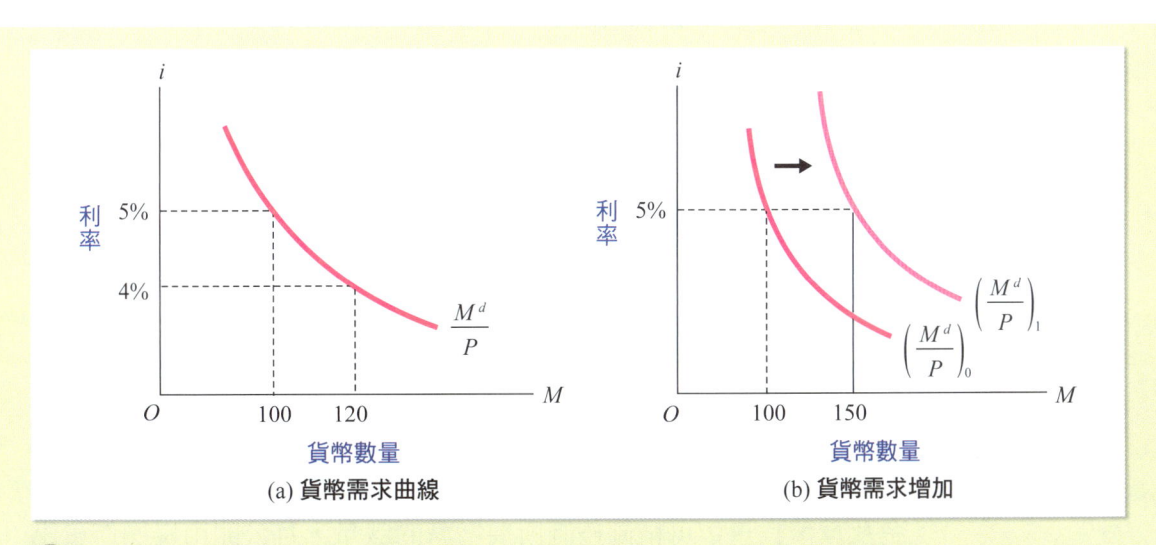

**圖 14-7 貨幣需求**

(a) 圖：貨幣需求曲線。當利率是 5% 時，貨幣需求是 100；當利率下跌至 4% 時，人們賣出手中債券改持有貨幣，貨幣需求上升至 120。利率與實質貨幣需求呈負向關係。(b) 圖：在一定利率水準下，實質所得提高，導致貨幣需求增加，貨幣需求曲線向右移。

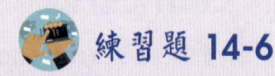

> **練習題 14-6**
>
> 根據流動性偏好理論 (liquidity preference theory)，持有貨幣的機會成本是：
> (a) 通貨膨脹率
> (b) 債券的利息
> (c) 將債券轉換成貨幣的交易成本
> (d) 債券的利率減去通貨膨脹率
>
> (108 年關務特考)
>
> 類似問題：基本題 7。

## 14-7 貨幣供給

在第 14-3 節曾定義貨幣供給是通貨淨額、支票存款與活期存款的總和。依照《中央銀行法》，通貨就是鈔券與硬幣，由中央銀行印製、鑄造並發行。另外，一般商業銀行可藉由存款貨幣的創造來增加或減少貨幣供給。這個過程可以下式說明：

**貨幣供給量＝貨幣乘數×準備貨幣**

其中貨幣乘數是法定準備率的倒數，而準備貨幣是準備金與通貨的加總。中央銀行可藉著各種政策工具來影響貨幣乘數或準備貨幣達成預定的目標。

### 14-7-1　貨幣政策工具

中央銀行有三個基本工具來執行貨幣政策，分別是公開市場操作、重貼現率及法定準備率。這三個政策工具中，公開市場操作是最重要的政策工具，係因中央銀行透過公開市場操作改變銀行準備金及貨幣數量，可精確控制所要增減的數量，且公開市場操作可迅速執行，無時效上的遲延。以下逐一介紹三個政策工具。

**公開市場操作**　公開市場操作是指中央銀行在金融市場買賣票債券，以改變銀行準備金，進而影響貨幣供給量。央行能夠買賣的債券包括政府發行或保證之債券，銀行發行的金融債券與承兌或保證之票據，以及中央銀行發行的定期存單、儲蓄券與短期債券等。

如果央行想要增加貨幣數量，可以在公開市場買進債券，而釋出等值貨幣。當銀行存款增加時，除了應提法定準備以外，可供放款金額增加。透過貨幣乘數，貨幣供給量呈倍數增加。因此，

- 中央銀行在公開市場買進債券，銀行準備增加，放款增加，貨幣供給量因而提高。
- 中央銀行在公開市場賣出債券，銀行準備降低，放款減少，貨幣供給量因而下降。

**重貼現率**[3] 當中央銀行提高重貼現率時，商業銀行借款成本提高，借款金額降低，導致超額準備減少，放款因而減少，透過乘數效果，貨幣供給量呈倍數減少。

- 提高重貼現率，超額準備下跌，貨幣供給量減少。
- 降低重貼現率，超額準備增加，貨幣供給量增加。

中央銀行的重貼現率政策並無法直接干涉商業銀行的經營決策；亦即，無法強制商業銀行借款金額。因此，對貨幣供給量變動的影響是間接效果，而非直接效果。

**法定準備率** 如果法定準備率是 20%，貨幣乘數是 1/0.2 = 5。如果央行降低法定準備率，譬如，由 20% 降至 10%，貨幣乘數則為 1/0.1 = 10。央行降低法定準備率使貨幣乘數提高 1 倍，貨幣供給也會提高 1 倍。

- 法定準備率調降，貨幣乘數提高，貨幣供給量增加。
- 法定準備率調漲，貨幣乘數減少，貨幣供給量減少。

## 14-7-2 貨幣供給曲線

根據前文的說明，三個政策工具都會影響貨幣供給量。因此，在某種意義上，我們可以說貨幣供給由中央銀行控制。換言之，凱

---

[3] 重貼現率僅是重貼現政策的一部分。我國中央銀行的重貼現政策還包括短期融通及擔保放款融通兩種。

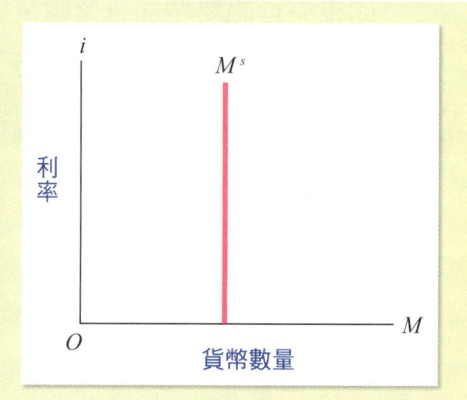

### 📊 圖 14-8　貨幣供給

假如中央銀行的貨幣供給不受利率影響，貨幣供給曲線為一垂直線。

因斯認為，貨幣供給量的增加或減少係由中央銀行透過貨幣政策來控制，與利率水準高或低並不相關。因此，貨幣供給曲線會是一條垂直線，如圖 14-8 所示。

---

#### 練習題 14-7

想要增加貨幣供給，央行可
(a) 買政府公債，或提高重貼現率
(b) 買政府公債，或降低重貼現率
(c) 賣政府公債，或提高重貼現率
(d) 賣政府公債，或降低重貼現率

(100 年政大商學)

類似問題：基本題 8。

---

## 14-8　貨幣市場均衡

現在我們可以回答一個總體經濟的問題：利率水準如何決定？答案很簡單，當貨幣供給與貨幣需求相等，也就是貨幣市場達到均衡時，即可決定均衡利率水準。

在圖 14-9，當市場利率是 $i_1$ 時，貨幣需求是 70 億元，而貨幣供給是 100 億元。貨幣供給大於貨幣需求，代表流通在外的貨幣超過家計單位與廠商想要持有的貨幣數量。在 $i = i_1$ 時，家計單位與廠商會將多餘的貨幣拿去購買債券，債券需求增加，導致債券價格

### 圖 14-9　貨幣市場均衡

當貨幣供給等於貨幣需求時，決定均衡利率 $i^*$。如果市場利率是 $i_1$，貨幣供給大於貨幣需求，利率下跌；如果利率是 $i_2$，貨幣需求大於貨幣供給，利率上升；只有在利率等於 $i^*$ 時，利率不會再變動。

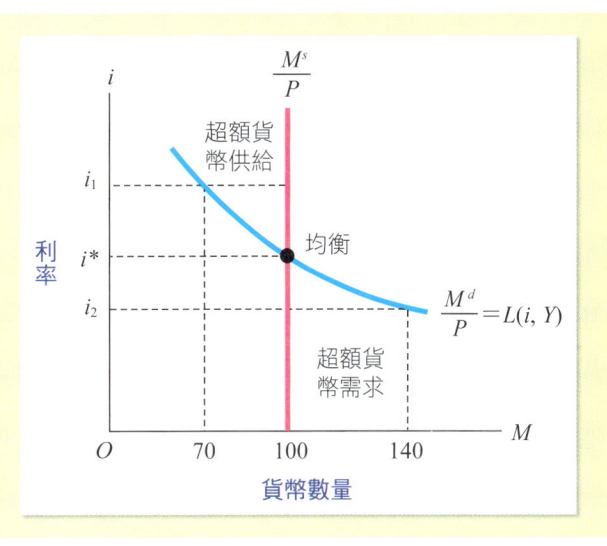

上升，利率下跌。[4]

相反地，當市場利率是 $i_2$ 時，貨幣需求 (140 億元) 大於貨幣供給 (100 億元)。當家計單位與廠商賣掉手中債券以換取更多貨幣時，債券供給增加導致債券價格下跌。政府與一般企業發現在這種情況下，只有提供更高的利率才能吸引民眾持有債券，利率水準因而上升。

只有在貨幣供給等於貨幣需求時，家計單位與廠商不再做資產調整。此時，所決定的利率 $i^*$ 是均衡利率，而對應的債券價格也是債券供需相等的均衡價格。

## 14-8-1　均衡的改變：供給的變動

假設中央銀行衡量當前金融狀況，覺得當前利率水準 10% 太高，它可以透過公開市場買進債券，降低重貼現率或調降存款準備率，來增加貨幣供給量。貨幣供給曲線會平行向右移動，如圖 14-10，$\left(\dfrac{M^s}{P}\right)_0$ 移至 $\left(\dfrac{M^s}{P}\right)_1$ 所示。

---

[4] 債券價格 = $\dfrac{債券收益}{利率}$。在債券收益固定下，債券價格與利益呈負向變動；亦即，債券價格上升，利率下跌。

### 圖 14-10　增加貨幣供給

中央銀行可使用擴張性政策工具，增加貨幣供給。貨幣供給曲線向右移動。由 $\left(\dfrac{M^s}{P}\right)_0$ 移至 $\left(\dfrac{M^s}{P}\right)_1$，均衡利率由 10% 下降至 8%。

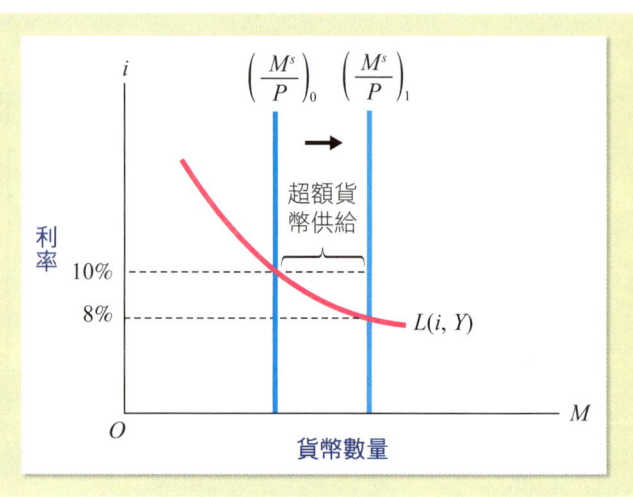

在 10% 的利率水準下，貨幣供給大於貨幣需求。家計單位與廠商會將多餘貨幣拿去購買債券，因而造成利率下跌，一直到 $i = 8\%$ 為止。此時，$\left(\dfrac{M^s}{P}\right)_1 = L(i, Y)$ 是新的貨幣市場均衡。

### 14-8-2　均衡的改變：需求的變動

圖 14-11 說明，當實質所得提高時，貨幣需求增加，由 $L_0(i, Y_0)$ 右移至 $L_1(i, Y_1)$。在原來利率 $i = 5\%$ 下，貨幣需求大於貨幣供給，民眾出售手中債券來換取貨幣，造成債券價格下跌和利率上升。最後，均衡利率由 5% 上升至 7%；相反地，實質所得的下跌，促使貨幣需求曲線左移，均衡利率下跌。

### 圖 14-11　貨幣需求增加

實質所得由 $Y_0$ 上升至 $Y_1$，造成貨幣需求提高，由 $L_0(i, Y_0)$ 上移至 $L_1(i, Y_1)$，均衡利率由 5% 上升至 7%。

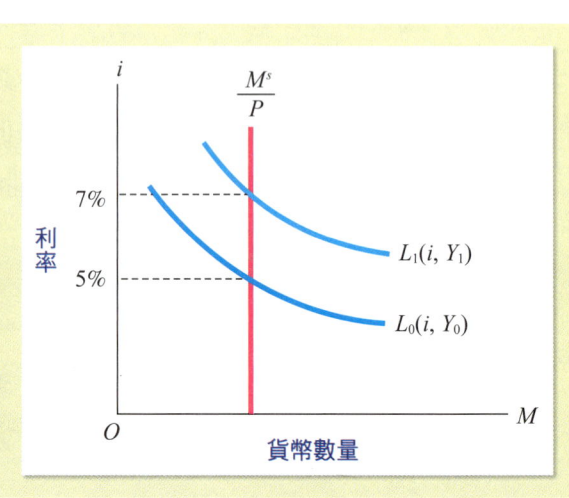

## 練習題 14-8

如右圖所示,當目前利率水準為2%時,將會發生下列何種情況?
(a) 貨幣市場會有超額供給,進而使得利率上升
(b) 社會大眾會賣出所持有的債券,進而使得利率上升
(c) 大眾會增加消費支出,進而使得利率下降
(d) 貨幣市場供需平衡,利率不會變動

(107 年外交特考)

類似問題:基本題 10。

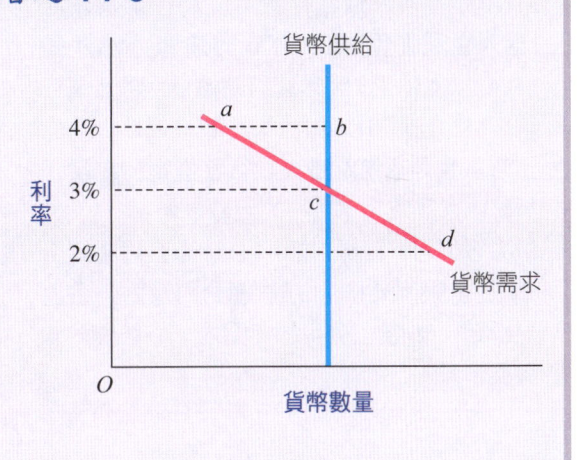

## 14-9 結 語

中央銀行未來應該扮演何種角色?葛林斯班 (Alan Greenspan) 在某次對各國央行總裁發表演說時提出:

> 各國央行必須共同肩負起責任,讓全球互賴的金融體系能維持穩定。不論是法律上有否明文規定,這都是我們的職責。其範圍不僅限於貨幣政策的管理或是在通貨膨脹環境下追求成長,也不只是清算制度的監督而已,而是要擴及國際金融體系的健全發展。
>
> 央行若要維持穩定的貨幣,需要獨立的地位。在亞洲及其他很多地區,央行無從抗拒短視近利的政治壓力。當銀行放款太鬆,監督與管制不嚴謹,便可能為國內外的體制帶來風險。央行負責承擔銀行體系的安全責任。

### 摘要

- 金融體系是協助將資金從剩餘者移轉至需要者。依據有無中介機制,金融體系可分為直接金融與間接金融兩種。
- 貨幣是指可以用來購買商品與服務的資產。貨幣的功能有三:交易的媒介、計價的單位,以及價值的儲存。
- 貨幣做為支付系統的演進過程,可以分成:最早期的商品貨幣、現代的強制貨幣,以及網路盛行後的電子貨幣。
- 貨幣數量是通貨與存款貨幣的總和。臺灣常

用的貨幣供給定義包括 M1A、M1B 與 M2。M1A 是通貨、活期存款，以及企業及個人(含非營利團體)支票存款的加總；M1B 是 M1A 加上個人(含非營利團體)活期儲蓄存款；M2 則是 M1B 加上準貨幣。
- 貨幣數量是貨幣乘數與銀行準備金的乘積。貨幣乘數是法定準備率的倒數。
- 中央銀行經營目標包括：(1) 促進金融穩定；(2) 健全銀行業務；(3) 維護對內及對外幣值之穩定；(4) 於上列目標範圍內，協助經濟的發展。
- 貨幣需求是一般民眾對貨幣的需求。
- 凱因斯的貨幣需求理論稱為流動性偏好理論。他主張貨幣需求與利率呈負向關係，與所得呈正向關係。
- 中央銀行貨幣政策工具有三，包括公開市場操作、重貼現率及法定準備率。
- 當貨幣供給與貨幣需求相等時，決定均衡利率。貨幣供給增加(減少)，均衡利率下跌(上升)；貨幣需求增加(減少)，均衡利率上升(下跌)。

# 習題

### 基本題

1. 債券市場：
   (a) 是金融市場，而股票市場是金融中介
   (b) 是金融中介，而股票市場是金融市場
   (c) 是金融市場，股票市場也是金融市場
   (d) 是金融中介，股票市場也是金融中介
   　　　　　　　　　　(100 年東華財金)

2. 下列有關貨幣之敘述，何者正確？
   (a) 法定貨幣 (fiat money) 之內在價值低於法定貨幣之面值
   (b) 法定貨幣之內在價值等於法定貨幣之面值
   (c) 法定貨幣之內在價值高於法定貨幣之面值
   (d) 貨幣當局發行法定貨幣不考慮物價上漲因素　　　　　(108 年初等考試)

3. 模里西斯在 2017 年的通貨為 200，郵政儲金為 100，定期存款為 60，外匯存款為 20，支票存款為 60，信用卡支出金額為 80，活期存款為 40，活期儲蓄存款為 50。請求出模里西斯的 M1B 是多少？
   　　　　　　　　　　(100 年淡江商學二)

4. 有關貨幣數量的定義敘述，下列何者正確？
   (a) M1B ＝ M1A ＋ 活期存款
   (b) M1B ＝ M1A ＋ 活期儲蓄存款
   (c) M2 ＝ M1A ＋ M1B
   (d) M2 ＝ M1B － M1A　　(105 年經建行政)

5. 假定第一銀行存款金額為 1,000 億元，所提準備金為 150 億元，剛好足夠為法定準備。今央行宣布調降存款準備率至 10%，則原始存款準備率與該銀行至少可動用準備金各是多少？　　　　(97 年輔大企管)

6. 下列何者並非我國中央銀行用來影響貨幣供給之方式？
   (a) 發行定期存單
   (b) 對商業銀行道德勸說
   (c) 調整商業本票利率
   (d) 改變應提準備率　　(107 年關務特考)

7. 下列有關凱因斯 (Keynes) 流動性偏好之貨幣需求理論的敘述，何者錯誤？
   (a) 所得愈高，貨幣需求愈多
   (b) 物價愈高，貨幣需求愈少
   (c) 利率愈低，貨幣需求愈多

(d) 當發生流動性陷阱時，貨幣需求的利率彈性會趨近於無窮大　（107 年地方特考）

8. 在其他條件不變下，當中央銀行調降應提準備率 (required reserve ratio)，市場利率如何變動？　（105 年高考）

9. 下列有關貨幣需求之敘述，何者正確？
   (a) 當大家預期貨幣價值下跌時，貨幣的轉手次數會下降
   (b) 當大家預期貨幣價值大幅下跌時，貨幣的交易功能可能會下降
   (c) 當信用卡出現時，人民對貨幣需求將上升
   (d) 當銀行體系出現自動轉帳交易方式時，人民對貨幣需求會增加
   　　　　　　　　　　　（102 年初等考試）

10. 下列何者導致市場均衡利率下降？
    (a) 物價水準上升
    (b) 央行出售公債
    (c) GDP 下降
    (d) 存款準備金水準上升　（105 年高考）

11. 如果銀行大量倒閉，則：
    (a) 通貨相對於存款比率增大
    (b) 通貨相對於存款比率減小
    (c) 通貨相對於存款比率不變
    (d) 如果中央銀行不採取行動，通貨會減少
    　　　　　　　　　　　（108 年高考三級）

12. 下列何者並不是間接金融產生的最主要原因？
    (a) 就資金供給者而言，一般個人資金有限，無法購買面額較大的股票或公司債
    (b) 資本市場規模過於龐大，使間接金融業者有立足之地
    (c) 就資金需求者而言，規模不夠大的中小型企業無法直接發行股票或公司債以籌募資金
    (d) 資金供給者應隨時瞭解資金取得之公司其營運情況，以免被倒帳；但對一般個人而言，專業知識不足、監視成本過高，難以執行　（106 年關務特考）

## 進階題

1. 下列有關金融交易之敘述，何者正確？
   (a) 購買股票一定比購買公司債風險小且報酬大
   (b) 購買基金一定較定存的風險小且報酬大
   (c) 房子的流動性較股票的流動性差
   (d) 長期債券的流動性通常較短期債券的流動性高　　　　（106 年初等考試）

2. 請利用下列資料計算 M1 和 M2：

   | 小額定存 | 650 億元 |
   | 支票存款 | 300 億元 |
   | 儲蓄存款 | 750 億元 |
   | 貨幣市場共同基金 | 600 億元 |
   | 旅行支票 | 25 億元 |
   | 大額定存 | 600 億元 |
   | 在外流通的通貨 | 100 億元 |

   　　　　　　　　　　（97 年東華企管）

3. 假設巴基斯坦的貨幣供給額為 3,000 億元，貨幣乘數等於 6。現在因為景氣衰退，廠商的借入意願低落，致使銀行利率大跌，民間持有通貨的意願上升。為對抗不景氣，央行降低存款準備率，致使貨幣乘數上升為 6.5。請問 M1B 變動為何？
   　　　　　　　　　　（97 年東華企管）

4. 假如阿基獅將 1,000 萬元存款從臺灣銀行轉存第一銀行。若法定準備率為 10%。此舉將使貨幣供給量增加多少？
   　　　　　　　　　　（100 年輔大會計）

5. 鴻海賺入新臺幣 5,000 萬元的外匯。在外匯市場出售這筆外匯時，由央行購得。鴻海將此 5,000 萬元存入臺灣銀行支票存款帳戶。假設法定準備率為 20%。請回答下列問題：
   (a) 貨幣供給量 M1B 增加或減少____萬元
   (b) 臺灣銀行的超額準備增加或減少____萬元
   (c) 若臺灣銀行將上述超額準備全部貸放給夏普，則社會的 M1B 數量增加或減少____萬元　（100 年臺北大學經濟）

6. 假設各種存款的法定準備率都相同。現在因為股價指數接連下挫，民眾對股市信心嚴重低落的情況下，致使民眾紛紛抽離股市，而將銀行的活期存款轉為定存。請問對 M1A 與 M1B 有何影響？對 M2 的影響為何？ (97 年中興企管)

7. 聯邦銀行有超額準備 10 億元，存款 500 億元和貸款 410 億元。請問聯邦銀行的法定準備率為何？ (100 年臺大經濟)

8. 若政府發行公債來支應政府支出，民間持有公債數量增加，請問對貨幣需求有何影響？

9. "實質所得減少 10%，通常導致貨幣需求減少 10%。"請評論之。 (97 年成大交管)

10. 貨幣供給是 6 兆，大眾持有的通貨為 2 兆，而存款準備率是 0.1。請問貨幣基數 (monetary base) 等於多少？(97 年成大經濟)

11. 假設貨幣需求 $L = Y(0.25 - i)$，其中 $Y = 100$。如果貨幣供給是 $20，且貨幣市場處於均衡。
    (a) 請問均衡利率是多少？
    (b) 假設中央銀行要將利率提高 10% (如由 5% 至 15%)，貨幣供給應該是多少？

12. 在 2008 年至 2009 年間，美國發生次貸風暴的原因之一是其聯邦準備體系讓利率如何變動？ (105 年關務特考)

13. "流動性陷阱" (liquidity trap) 所描述的經濟狀況是：
    (a) 所得極低，流動性需求的所得彈性為無窮大
    (b) 物價極低，流動性需求的物價彈性為無窮大
    (c) 利率極低，流動性需求的利率彈性為無窮大
    (d) 資產變現之交易成本極低，流動性需求的成本彈性為無窮大 (108 年初等考試)

**上網題**

1. 請問臺灣申請股票上市為發行公司，需合乎何種條件才能上市？
2. 請至中央銀行網站的統計資料網頁，查看最近這個月的商業本票及國庫券的流通金額。
3. 中央銀行網站上，金融統計月報裡的表 13 是準備金與流動準備。請問各種存款的應提準備率是多少？

# Chapter 15 總需求與總供給

**許**多令人難受字眼的第一個字母都以 d 開始:疾病 (disease)、死亡 (death)、荒廢 (devastation) 和危險 (danger)。相較之下,通貨緊縮 (deflation) 似乎較不令人頭痛。不幸地,自 1930 年代以來,日本是第一個遭受通貨緊縮之苦的經濟體系。

通貨緊縮就是價格下跌。價格下跌使債權人與債務人之間的財富重新分配,投資者與消費者的貸款實質負擔增加,進而迫使投資者放棄有利可圖的投資計畫,消費者緊縮開支、壓抑消費。

通貨緊縮不一定是壞事。如十九世紀末,價格下跌是基於生產力快速地提高,所以能與經濟同步成長。但在 1930 年代,通貨緊縮是由於需求銳減、產能過剩所造成。但在日本,這兩種通貨緊縮的肇因都出現了;有些商品價格下跌是因為資訊科技提高生產力,但企業獲利不佳,顯示大部分通貨緊縮都是產能過剩所造成。

自 1991 年以來,日本的 GDP 平減指數持續下跌,實質薪資固然上漲,卻也使得日本民眾在歷經衰退後變得更精打細算,由於他們希望能買到兼顧低價和高品質的產品,促使優衣庫 (Uniqlo) 等零售商銷售價格低廉的高品質商品,但為了在國內贏得價格戰,他們必須持續減薪,又導致物價再下跌,這不僅使日本民眾和企業習慣緊縮,也不利經濟與就業。

本章以第 13 章的凱因斯十字架與第 14 章的流動性偏好理論為基礎,推導總需求曲線。接著,利用勞動市場及生產函數,求出短期與長期總供給曲線。總供給與總需求曲線可用來探討財政政策和貨幣政策的影響。此外，總需求與總供給曲線也可用來分析通貨膨脹和通貨緊縮。

## 15-1 總需求曲線

> **總需求曲線** 在不同物價水準下，經濟體系中所有的家計單位、廠商及政府部門所願意購買的商品與服務的數量。

想瞭解如何從凱因斯十字架與流動性偏好理論推導**總需求曲線**(aggregate demand curve)，就必須放寬價格固定不變的假設。總需求曲線是在不同的物價水準下，經濟體系中所有家計單位、廠商及政府部門所願意購買的商品與服務的數量。在價格水準變動的情況下，凱因斯十字架與流動性偏好理論提供一個解釋總需求曲線位置及斜率的理論基礎。

### 15-1-1 負斜率的總需求曲線

造成總需求曲線斜率為負的因素有三：財富效果、利率效果及匯率效果。

**財富效果** 假設你的銀行帳戶有 1 萬元存款，同時物價下跌 20%。由於你現在可以購買的商品數量增加 20%，這就相當於你的購買力增加 20%；同樣地，物價水準的下滑，使手中持有的債券和股票實質價格提高，人們因而較為富有，他們會比較有意願消費，消費支出隨之增加。這種物價水準變動引起消費支出的改變，稱為**財富效果** (wealth effect)，是由經濟學家皮古 (Arthur Pigou) 在 1930 年代提出，所以財富效果也稱為**皮古效果** (Pigou effect)。

> **財富效果** 物價變動，引起實質財富改變，進而導致消費支出變動。

物價水準的財富效果可整理如下：

- 物價下跌，導致實質財富提高。
- 在其他條件不變下，財富愈多，消費支出愈多。
- 消費增加，引起總支出函數上移，均衡所得水準上升。
- 因此，物價下跌，透過財富效果，會使均衡所得增加。

若以符號表示，可寫成：

$$P\downarrow \Rightarrow \frac{財富}{P}\uparrow \Rightarrow C\uparrow \Rightarrow Y\uparrow$$

$$P\uparrow \Rightarrow \frac{財富}{P}\downarrow \Rightarrow C\downarrow \Rightarrow Y\downarrow$$

**利率效果** 若物價下跌，導致實質貨幣供給增加，利率隨之下降。利率的下跌使得廠商投資增加，總支出因而上升。透過凱因斯十字架，總支出增加造成均衡所得增加。因此，物價下跌，使國民所得上升，總需求曲線斜率為負，如圖 15-1 所示。這種物價下跌，導致利率下跌，總所得增加的結果稱為**利率效果** (interest rate effect)。

> **利率效果** 物價下跌，導致利率下跌和所得增加的效果。

**圖 15-1 負斜率的總需求曲線**
物價下跌，透過財富效果、利率效果及匯率效果，使得產出增加。總需求曲線說明 $P$ 與 $Y$ 之間呈負向關係。

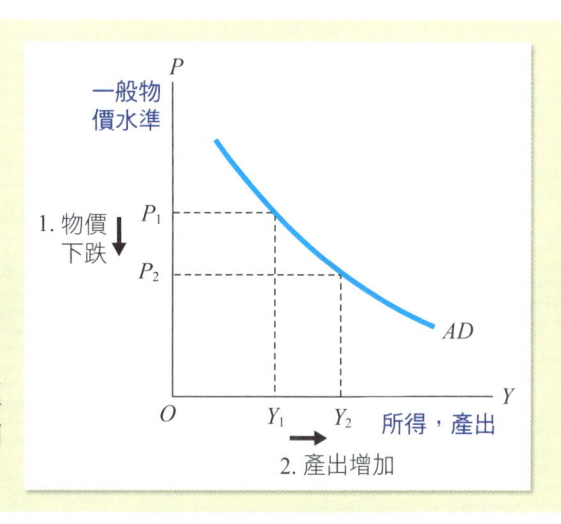

物價水準的利率效果整理如下：

- 物價水準下跌，在名目貨幣供給 ($M^s$) 不變下，實質貨幣供給 $\left(\dfrac{M^s}{P}\right)$ 增加。
- 在既定的貨幣需求 $L$ 下，實質貨幣供給增加導致利率下跌 (可參考圖 14-7)。
- 利率下跌，使投資增加和均衡所得上升。
- 因此，物價下跌，透過利率效果，導致國民所得上升。

若以符號表示，可寫成：

$$P\downarrow \Rightarrow \dfrac{M^s}{P}\uparrow \Rightarrow i\downarrow \Rightarrow I\uparrow \Rightarrow Y\uparrow$$

$$P\uparrow \Rightarrow \dfrac{M^s}{P}\downarrow \Rightarrow i\uparrow \Rightarrow I\downarrow \Rightarrow Y\downarrow$$

**匯率效果** 物價下跌，導致利率下跌。當臺灣投資人眼見本國利率下跌時，會積極尋求海外投資報酬率較高的機會。譬如，臺灣債券市場利率下跌，債券基金經理人可能會賣掉手中的臺灣債券，轉而購買美國債券。當債券基金經理人購買美國債券時，會以手中的新臺幣兌換美元，外匯市場的新臺幣供給增加，美元需求也相對提高，促使新臺幣相對美元貶值。新臺幣貶值，使得本國商品相對外國商品較為便宜，臺灣出口增加，而進口減少。由於淨出口是總支出的一部分，淨出口增加造成總支出函數上移，均衡所得增加。

> **匯率效果** 物價下跌，造成利率下跌，本國貨幣貶值，出口增加，進口減少，國民所得上升。

物價水準的匯率效果可整理如下：

- 物價下跌，造成利率下跌。
- 利率下跌，引起外匯市場中本國貨幣供給增加。
- 本國貨幣因而貶值，使出口增加，進口減少。
- 淨出口的增加導致均衡所得提高。
- 因此，物價下跌，透過匯率效果，引起國民所得上升。

若以符號表示，可寫成：

$$P\downarrow \Rightarrow i\downarrow \Rightarrow 貶值 \Rightarrow EX\uparrow, IM\downarrow \Rightarrow Y\uparrow$$

$$P\uparrow \Rightarrow i\uparrow \Rightarrow 升值 \Rightarrow EX\downarrow，IM\uparrow \Rightarrow Y\downarrow$$

## 15-1-2 總需求曲線的移動

任何引起商品市場或貨幣市場均衡變動的因素，都會造成總需求曲線的移動。

譬如，假設央行為對抗失業率的攀升，採取擴張性貨幣政策。在物價水準固定不變下，貨幣供給的增加，導致貨幣供給曲線向右移動，均衡利率下跌。利率下跌使計畫性投資增加，所得因而上升。圖 15-2 顯示，在物價固定為 $P_1$ 時，貨幣供給增加使得國民所得從 $Y_1$ 增加至 $Y_2$，總需求曲線從 $AD_1$ 右移至 $AD_2$。

貨幣供給變動對總需求曲線的影響可彙整如下：

- 擴張性貨幣政策，使得利率下跌。
- 利率下跌，造成投資增加，所得上升。
- 在物價水準不變下，貨幣供給增加，導致總需求曲線向右移動。

若以符號表示，可寫成：

$$擴張性貨幣政策：M^s\uparrow \Rightarrow i\downarrow \Rightarrow I\uparrow \Rightarrow Y\uparrow \Rightarrow AD\ 右移$$
$$緊縮性貨幣政策：M^s\downarrow \Rightarrow i\uparrow \Rightarrow I\downarrow \Rightarrow Y\downarrow \Rightarrow AD\ 左移$$

**圖 15-2　總需求曲線的移動**
在既定物價水準下，擴張性貨幣政策或擴張性財政政策使得產出增加，總需求曲線向右移動。

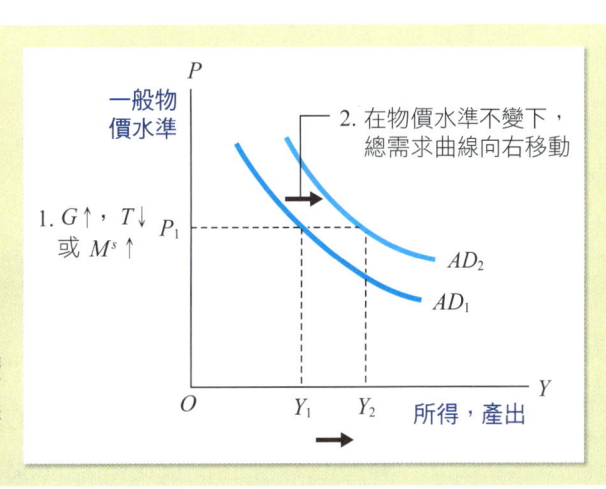

同樣地，假設政府決定以擴張性財政政策來對抗通貨緊縮。在物價水準固定不變下，政府支出的增加或稅收的降低，均會造成總支出增加。由於政府支出是計畫總支出的一部分，政府支出增加直接使均衡所得上升。另一方面，稅收降低，促使可支配所得增加，消費支出上升，間接地使總所得上升。圖 15-2 顯示，在物價水準固定為 $P_1$ 時，政府支出增加或稅收降低，使國民所得從 $Y_1$ 增至 $Y_2$，總需求曲線從 $AD_1$ 右移至 $AD_2$。

財政政策對總需求曲線的影響可彙整如下：

- 在物價水準固定不變下，政府支出增加或稅收減少，使均衡所得上升。
- 因此，擴張性財政政策使得總需求曲線向右移動。

若以符號表示，可寫成：

$$擴張性財政政策：G\uparrow 或\ T\downarrow \Rightarrow Y\uparrow \Rightarrow AD\ 右移$$
$$緊縮性財政政策：G\downarrow 或\ T\uparrow \Rightarrow Y\downarrow \Rightarrow AD\ 左移$$

### 練習題 15-1

總需求量隨著物價水準下跌而改變，是因為：
(a) 實質財富減少；利率提高；貨幣升值
(b) 實質財富減少；利率下降；貨幣貶值
(c) 實質財富增加；利率下降；貨幣貶值
(d) 實質財富增加；利率提高；貨幣升值

(107 年關務特考改編)

類似問題：基本題 2。

## 15-2　總供給曲線

**總供給曲線** (aggregate supply curve) 是在不同的物價水準下，經濟體系中所有廠商願意生產的商品與服務的數量。根據個體經濟學對廠商理論的描述，商品與服務的生產數量主要由生產技術、勞動及資本的使用數量所決定。

> **總供給曲線**　在不同的物價水準下，經濟體系中所有廠商願意生產的商品與服務的數量。

由於廠商的生產決策有長、短期之分，總供給曲線也可分為長期總供給曲線與短期總供給曲線兩種。簡單地說，在長期，總供給曲線為一垂直線，商品與服務的總產出和物價水準高低無關。但是在短期，總供給曲線斜率為正，物價水準上升，商品與服務的產出數量也會上升。為了簡化分析，我們以勞動市場代表生產因素市場，並以總生產函數代表技術知識、勞動與資本間關係，來推導總供給曲線。總供給曲線可以描繪成使勞動市場達到均衡的各種物價水準與總產出組合的軌跡連線。

## 15-2-1　長期總供給曲線

在長期，廠商可以尋求成本最低的生產方式，而消費者有足夠的時間尋找價格最低廉的商品。因此，工資與物價在長期假設是可以自由調整。這個假設與垂直的<u>長期總供給曲線</u> (long-run aggregate supply curve) 有何關聯？

> 長期總供給曲線　顯示物價與實質產出間長期關係的曲線。

圖 15-3 描繪整個導出過程。圖 15-3(a) 是勞動市場的均衡。當勞動供給等於勞動需求時，決定均衡實質工資 $W_1/P_1$ 及均衡就業量 $L_1$。圖 15-3(b) 顯示總生產函數 $Y = F(K, L)$。總產出 $Y_1$ 可由 $L_1$ 及 $Y = F(K, L)$ 共同決定。

假設一般物價從原來的 $P_1$ 上漲至 $P_2$。物價上升造成實質工資從 $W_1/P_1$ 下跌至 $W_1/P_2$，如圖 15-3(a) 所示。當實質工資低於均衡工資時，勞動市場發生供不應求的現象。在貨幣工資可以自由調整下，勞動的超額需求促使貨幣工資 $W$ 上升，直到超額需求完全消失為止。此時，實質工資回到 $W_1/P_1 = W_2/P_2$。因此，物價上升，貨幣工資也會上升；物價下跌，貨幣工資隨之下跌。勞動市場始終處於充分就業狀態。

由於勞動市場始終處於均衡就業量 $L_1$，透過總生產函數，經濟體系總產出也會維持在 $Y_1$，如圖 15-3(b) 所示。圖 15-3(c) 總結物價與總產出之間的關係。物價水準從 $P_1$ 上升至 $P_2$，不會改變均衡產出水準 $Y_1$。因此，長期總供給曲線是一條垂直線。

垂直的總供給曲線是貨幣中立性及古典二分法的應用。<u>古典二</u>

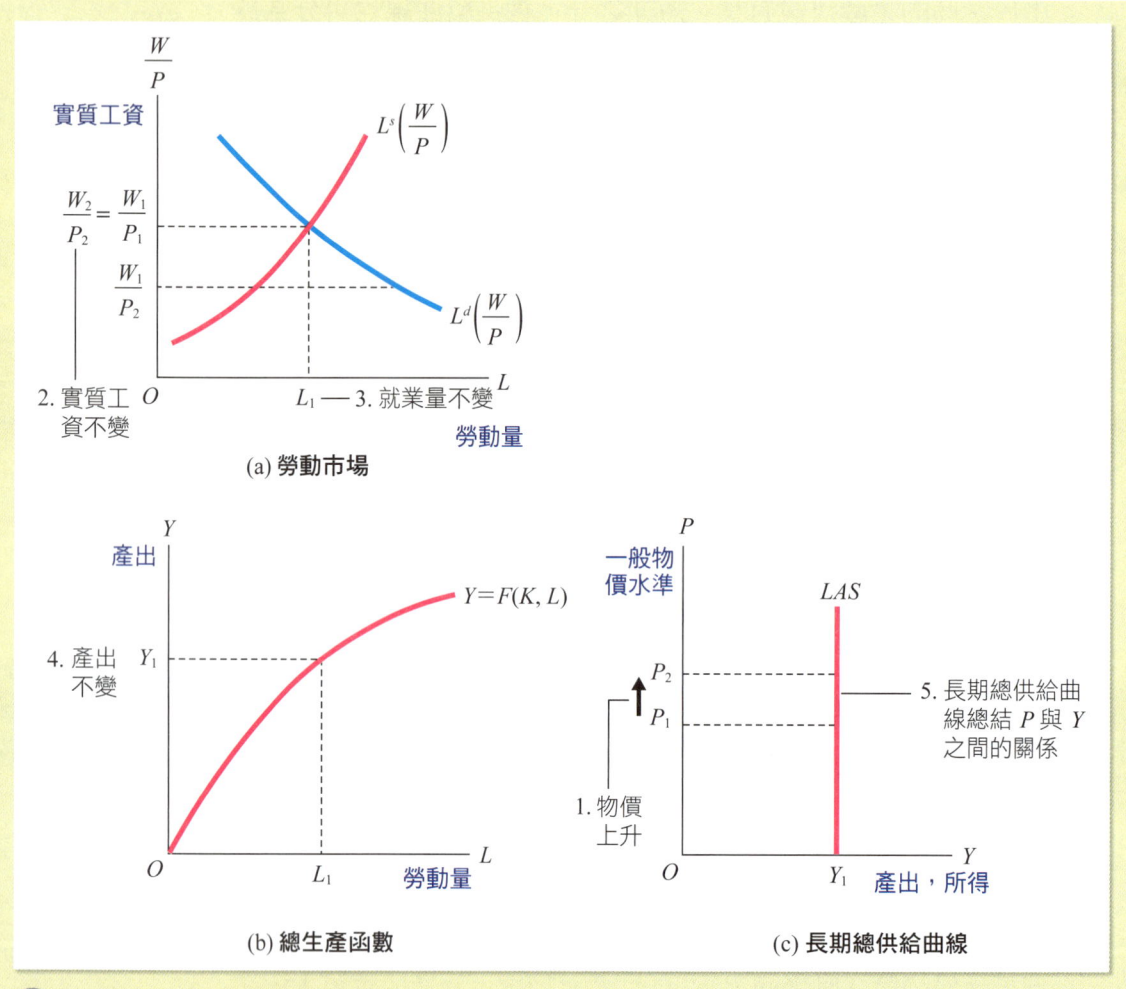

### 圖 15-3　長期總供給曲線

(a) 圖顯示勞動市場均衡：因為工資與物價可以自由調整，勞動市場始終處於均衡狀態。(b) 圖顯示總生產函數：當勞動市場處於充分就業 $L_1$ 時，產出為 $Y_1$。(c) 圖顯示長期總供給曲線：長期總供給曲線為一垂直線。不管物價水準如何改變，產出始終維持在自然產出水準 $Y_1$。

> **古典二分法**　理論上將經濟變數分成名目與實質兩種。
>
> **貨幣中立性**　貨幣供給量的變動不會影響實質變數。

分法 (classical neutrality) 是理論上將所有的經濟變數分為名目變數與實質變數兩種。貨幣中立性 (monetary neutrality) 主張，貨幣供給量的變動只會影響名目變數，不會影響實質變數。根據古典學派的觀點，商品與服務的數量 (實質變數) 由資本、勞動數量 (實質變數) 及生產技術 (實質變數) 共同決定，與物價水準 (名目變數) 無關。貨幣供給量的變動 (名目變數)，並不會影響總產出 (實質變數)，只會反映在物價水準 (名目變數) 上。

圖 15-3(c) 的 $Y_1$ 代表在充分就業時，經濟體系在長期所能生產的最大產量，我們稱為**潛在產出** (potential output) 或**潛在國內生產毛額** (potential GDP)，有時稱為**充分就業產出** (full-employment output) 或**自然產出** (natural rate of output)。

簡單地說，若一國的資本存量增加，勞動人口增加，發現新的天然資源及技術進步，都會造成總產出的增加，長期總供給曲線向右移動。譬如，教育水準的提高或廠房設備的增加，都可以提高勞動生產力，使一國的總產出增加；相反地，若一國的資本存量減少，勞動人口減少，天然資源耗減及技術不適用，都會造成勞動生產力下跌，長期總供給曲線向左移動。

> **潛在產出** 當勞動市場處於充分就業狀態時，經濟體系在長期所能生產的最大產量。有時稱為充分就業產出或自然產出。

---

### 練習題 15-2

其他條件不變下，何種狀況將讓經濟體系長期總供給曲線右移？
(a) 結構性失業率下降
(b) 實際通膨率上漲
(c) 摩擦性失業率上升
(d) 循環性失業率下降

(107 年關務特考改編)

類似問題：基本題 4。

---

## 15-2-2 短期總供給曲線

凱因斯認為勞動市場存在**工資僵硬性** (wage rigidity)，所以物價與總產出之間呈現正向關係。工資僵硬性是指勞動市場存在超額供給時，名目工資難以向下調整，而出現僵硬的現象。譬如，在有些產業，名目工資會以明文契約方式約定；即使沒有正式契約，也會以口頭方式議定未來一年的工資或調薪幅度。

讓我們用一個簡單例子來說明名目工資僵硬性的事實。假設剛過聖誕節，到 12 月 31 日前，你必須和雇主議定明年的薪資及調薪幅度。當你在進行談判時，心中會有一個目標實質工資，如 30,000 元。如果雇主同意，明年你就會以這個議定的 30,000 元工資來工作。如果將這個例子一般化，對整個社會而言，勞工在議定的薪資

> **工資僵硬性** 勞動市場存在超額供給時，名目工資難以向下調整，而出現僵硬的現象。

水準下提供勞動力。[1] 在議定工資的同時，雇主保留聘用勞工人數的權力。換句話說，雖然老闆同意以這個薪水聘請勞工，但當經濟遭遇不景氣時，他會選擇減少雇用人數。因此，工資僵硬性模型假設就業數量是由勞動需求曲線所決定。

圖 15-4 顯示工資僵硬性模型下短期總供給曲線的推導。圖 15-4(a) 描繪勞動市場。由於在工資僵硬性模型中，就業人數是由廠商需要的勞動數量所決定，所以圖中只畫出勞動需求曲線。假設物價由 $P_1$ 上升至 $P_2$，因為名目工資事先議定，物價上升導致實質工資下跌。當勞工的實質雇用成本下降時，廠商勞動的雇用數量從 $L_1$ 增至 $L_2$。

圖 15-4(b) 顯示總生產函數。當均衡就業量從 $L_1$ 增至 $L_2$ 時，產出從 $Y_1$ 上升至 $Y_2$。圖 15-4(c) 顯示正斜率的短期總供給曲線。**短期總供給曲線** (short-run aggregate supply curve, *SAS*) 彙整物價與總產出之間的短期關係。當物價上升時，產出 (所得) 會增加；當物價下跌時，產出隨之減少。因此，短期總供給曲線的斜率為正。

更正式地說，因為名目工資是僵硬的，當實際物價水準高於勞工與廠商起初預期的物價水準時，目標實質工資低於實質工資，廠商實際支付的薪資成本下降，勞動雇用量因而增加，商品與服務的總產出也會增加。

- 當名目工資僵硬時，物價上升導致實質工資下跌，勞動雇用成本減少。

> **短期總供給曲線**
> 為物價水準與總產出之間的短期關係。當物價上升時，產出會增加。

---

[1] 勞工與雇主事先議定名目工資 (或稱貨幣工資)：

$$\text{名目工資} = \text{目標實質工資} \times \text{預期物價}$$
$$W = w \times P^e$$

上式兩邊除以實際物價水準，可得：

$$\text{實質工資} = \text{目標實質工資} \times \frac{\text{預期物價}}{\text{實際物價}}$$
$$\frac{W}{P} = w \times \left(\frac{P^e}{P}\right)$$

上式說明，當預期物價與實際物價不一致時，實質工資不會等於目標實質工資。若實際物價高於預期物價，實質工資低於目標實質工資；若實際物價低於預期物價，則實質工資高於目標實質工資。

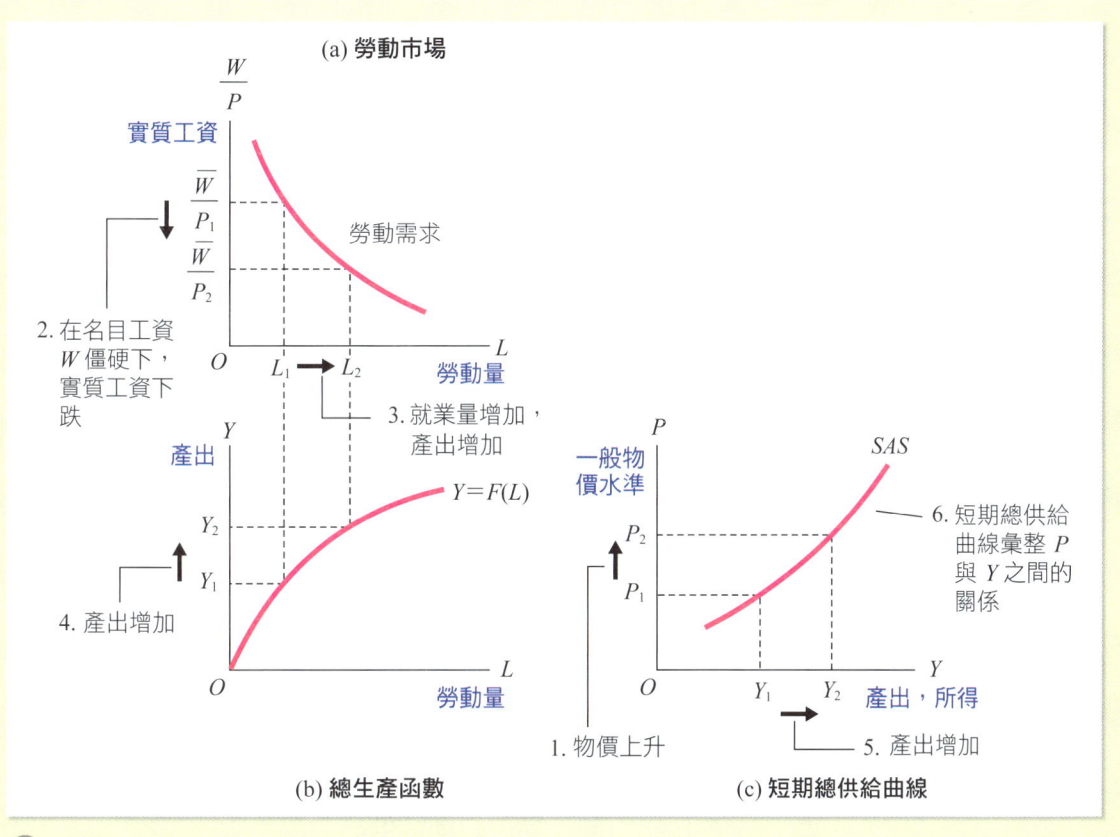

### 圖 15-4　短期總供給曲線：工資僵硬性模型

(a) 圖顯示勞動市場：由於名目工資僵硬，物價從 $P_1$ 上漲至 $P_2$，促使實質工資從 $\overline{W}/P_1$ 下跌至 $\overline{W}/P_2$，而勞動雇用量從 $L_1$ 增加至 $L_2$。(b) 圖顯示總生產函數：當勞動數量從 $L_1$ 增加至 $L_2$ 時，產出從 $Y_1$ 增加至 $Y_2$。(c) 圖顯示短期總供給曲線：短期總供給曲線 (SAS) 總結物價與產出之間的關係。當物價從 $P_1$ 上升至 $P_2$ 時，產出從 $Y_1$ 增加至 $Y_2$。

- 實質工資下跌導致廠商雇用更多的勞工。
- 更多的勞工促使廠商生產更多的產出。

若以符號表示，可寫成：

$$P\uparrow \Rightarrow \frac{\overline{W}}{P}\downarrow \Rightarrow L\uparrow \Rightarrow Y\uparrow$$

$$P\downarrow \Rightarrow \frac{\overline{W}}{P}\uparrow \Rightarrow L\downarrow \Rightarrow Y\downarrow$$

### 15-2-3　短期總供給曲線的移動

從第 15-2-1 節的討論可知，生產因素數量減少，生產技術危害勞工安全或生產過程不適用導致產量減少，不但造成長期總供給曲線向左移動，也會使短期總供給曲線向左移動。譬如，2011 年的利比亞動亂，導致利比亞的油田及煉油設施嚴重受創，該國商品與服務的生產數量大幅減少，導致短期總供給曲線向左移動。

除了生產因素與生產技術外，預期物價的變動也會引起短期總供給曲線的移動。預期物價下跌，短期總供給曲線向下移動；預期物價上升，短期總供給曲線向上移動。

如果勞工與廠商預期未來物價將上升，就會要求較高的工資，廠商的人事雇用成本隨之提高。若商品售價不跟著調漲，商品的供給數量就會減少；亦即，在既定物價水準下，短期總供給曲線向上移動；相反地，若廠商及勞工預期物價會下跌，廠商將工資調低，雇用成本因而減少。若商品售價不變，廠商的利潤提高，商品與服務的供給數量增加，也就是短期總供給曲線向下移動。

表 15-1 整理出引起長期與短期總供給曲線移動的因素。

#### 練習題 15-3

**(1)** 下列何項會造成正斜率的總供給曲線？
(a) 垂直的菲力浦曲線
(b) 投資對利率無彈性
(c) 流動性陷阱
(d) 名目工資的向下僵硬性　　　　　　　　　　　　　　　　　　　(105 年鐵路特考)

類似問題：基本題 4。

**(2)** 下列哪一項政策會使總供給曲線向右移動？
(a) 提高所得稅率
(b) 停止引進外籍勞工
(c) 透過公開市場操作，提高均衡利率
(d) 強化就業資訊的流通，以降低摩擦性失業　　　　　　　　　　　(107 年關務特考)

類似問題：基本題 5、6。

● 表 15-1　引起長期與短期總供給曲線移動的因素

| 長期總供給曲線 ||
|---|---|
| **向右移動 (供給增加)**<br>1. 生產因素數量增加<br>　• 移民造成人口增加<br>　• 發現新礦藏<br>2. 生產技術進步<br>　• 生產流程改善<br>　• 研究發展<br>3. 公共政策<br>　• 最低工資率的下降<br>　• 獎勵投資條例 | **向左移動 (供給減少)**<br>1. 生產因素數量減少<br>　• 人口外移<br>　• 能源蘊藏量減少<br>2. 生產技術退步<br>　• 生產流程沒有效率<br>　• 技術危害工作安全<br>3. 公共政策<br>　• 提高最低工資率<br>　• 過度管制 |

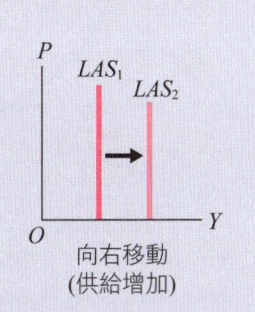

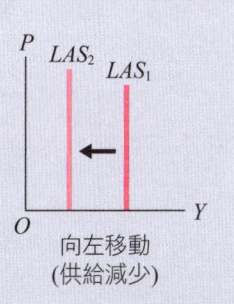

| 短期總供給曲線 ||
|---|---|
| **向下移動 (供給增加)**<br>1. 生產因素數量增加<br>　• 資本、勞動及天然資源數量增加<br>2. 技術進步<br>　• 生產流程改善<br>　• 研究發展<br>3. 公共政策<br>　• 最低工資率調降<br>　• 獎勵投資條例<br>4. 預期物價水準<br>　• 預期物價下跌 | **向上移動 (供給減少)**<br>1. 生產因素數量減少<br>　• 戰爭、天災造成資本、勞動力及天然資源數量的減少<br>2. 技術退步<br>　• 生產流程沒有效率<br>　• 技術危害工作安全<br>3. 公共政策<br>　• 提高最低工資率<br>　• 過度管制<br>4. 預期物價水準<br>　• 預期物價上漲 |

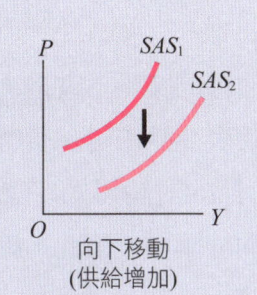

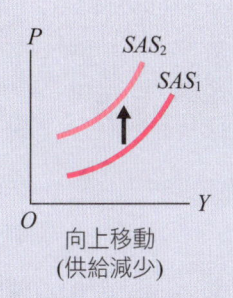

## 15-3　總體經濟均衡

第 15-1 節的總需求曲線是指在各種不同的物價水準下，經濟體系中的家計單位、廠商、政府與國外部門所願意購買的商品與服務的數量。第 15-2 節的總供給曲線顯示在各種不同的物價水準下，廠商所願意生產或銷售商品與服務的數量。將總供給與總需求繪在同一個圖形上，即是總供給與總需求模型 (AS-AD 模型)。我們可以利用 AS-AD 模型來探討景氣循環、菲力浦曲線及通貨緊縮等一些重要的經濟議題。

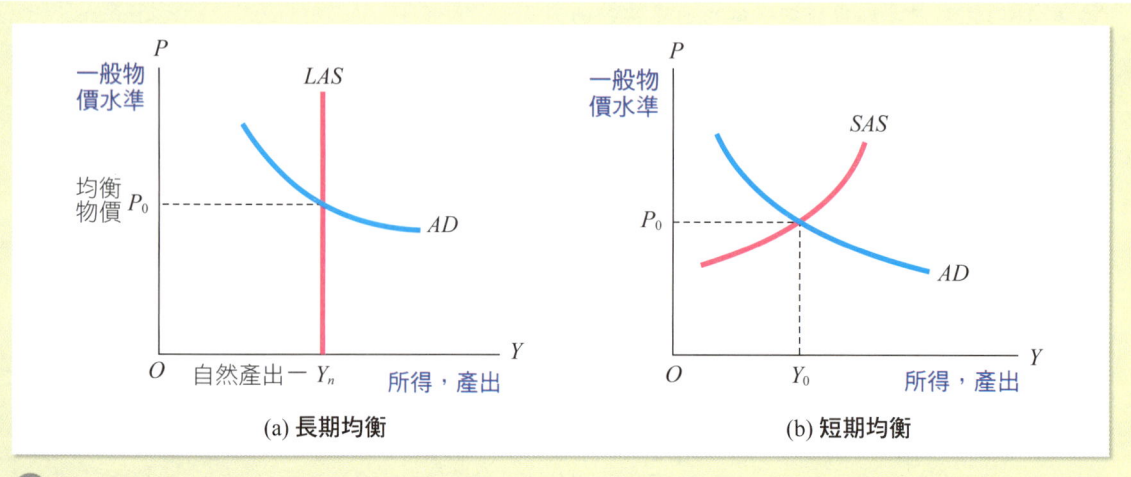

**圖 15-5　長期與短期總體經濟均衡**

(a) 圖顯示長期總體經濟均衡：由總需求曲線與長期總供給曲線 (LAS) 的交點決定。(b) 圖顯示短期總體經濟均衡：由總需求曲線與短期總供給曲線 (SAS) 的交點決定。

> **總體經濟均衡**　總供給與總需求曲線的交點。

總供給曲線與總需求曲線的交點，就是**總體經濟均衡**；也就是說，總供需曲線的交點，代表商品市場、貨幣市場及勞動市場同時達到均衡。我們由第 15-2 節的討論可知，總供給曲線可分成長期總供給曲線與短期總供給曲線兩種。因此，總體經濟均衡也分成兩種：長期均衡與短期均衡。

圖 15-5 顯示總體經濟均衡。圖 15-5(a) 顯示長期總體經濟均衡，是由總需求曲線 (AD) 與長期總供給曲線 (LAS) 的交點決定。因為長期總供給為一垂直線，總需求曲線的位置決定均衡物價水準。自然產出 $Y_n$ 則是由長期總供給曲線的位置決定。記得，自然產出是由實質面變數，如資本、勞動、天然資源及技術知識共同決定。

圖 15-5(b) 顯示短期總體經濟均衡，是由總需求曲線 (AD) 與短期總供給曲線 (SAS) 的交點決定。與長期均衡不同的是，短期總供給曲線與總需求曲線的交點同時決定均衡物價與產出水準。

## 15-4　AS-AD 模型與景氣循環

現在，我們可以利用 AS-AD 模型來解釋短期經濟波動的形成原因。在基本的景氣循環模型中，物價與國民所得是衡量景氣波動的兩個主要變數。因此，AS-AD 模型正是用來分析景氣循環的最佳模型。

在進行分析之前，我們必須注意，短期與長期總體經濟均衡並不必然一致。當短期均衡偏離長期均衡時，國民所得會偏離自然產出水準，而物價也會發生通貨膨脹或通貨緊縮現象。

---

**練習題 15-4**

**(1)** 產出與就業的短期波動稱為：
(a) 產業變遷
(b) 景氣循環
(c) 古典的二元性 (the classical dichotomy)
(d) 熊彼得的創造性毀滅 (Schumpeter's creative destruction)　　　　(107 年關務特考)

**(2)** 下列有關景氣循環的特徵，何者正確？
(a) 歷史上每一次景氣波動的幅度都大致相同
(b) 歷史上景氣波動的週期都相當規律，大致上相同
(c) 當經濟成長率高於長期趨勢時，表示經濟正處於衰退期
(d) 失業率與景氣呈反向變動　　　　(108 年初等考試)

---

## 15-4-1　總需求曲線的移動

在本章的緒論提到，日本在 1990 年代初期經歷非常嚴重的泡沫經濟衝擊，資產價格大幅縮水，股市重挫，銀行逾期放款嚴重，消費者信心重創。類似情況也出現在 2002 年的德國、美國、香港和臺灣、2008 年至 2011 年的日本，以及 2019 年香港的反送中 (逃犯條例) 與中美貿易戰而使香港經濟停滯不前。

這會對經濟造成什麼樣的衝擊？首先，消費者信心喪失與廠商對前景的悲觀，導致家計單位和廠商的計畫支出減少，對商品與服務的需求數量也會減少；也就是說，在同一物價水準下，總需求曲線從 $AD_0$ 左移至 $AD_2$，如圖 15-6 所示。

在圖 15-6，當總需求曲線向左移動時，短期經濟均衡會從 $E$ 點移到 $A$ 點，產出由 $Y_n$ 減少至 $Y_2$，物價從 $P_0$ 下降至 $P_2$。記得 $Y_n$ 是充

> **緊縮缺口** 短期產出低於充分就業產出的部分。

分就業下的產出水準，如果短期產出低於充分就業產出，表示實際上有些生產能量未能充分發揮，這個**產出缺口** (output gap) 等於 ($Y_n - Y_2$)，我們稱為**緊縮缺口** (contractionary gap)。另一方面，物價從 $P_0$ 跌至 $P_2$，物價水準的下跌稱為**通貨緊縮** (deflation)。當經濟處於短期均衡的 $A$ 點時，產出下跌，失業增加，經濟也陷入不景氣之中。

面對經濟不景氣，政府可以採取何種對策因應？其中一個對策是刺激總需求，讓總需求曲線從 $AD_2$ 回到 $AD_0$。在第 15-1 節提到，擴張性財政或貨幣政策可增加總需求，使總需求曲線向右移動。如果政府估計經濟的走勢正確，且能夠迅速地採取政策來因應不景氣，總需求曲線將從 $AD_2$ 右移至 $AD_0$，經濟回到原來的長期均衡 $E$ 點，如圖 15-6(a) 所示。當產出恢復到充分就業產出時，失業率下降，通貨緊縮現象也會消失不見。

另一個方法是政府不採取任何對策，讓那隻看不見的手主導經濟運作。面對高失業與通貨緊縮，人們預期一般物價下跌時，工資和商品售價也會調整，成本的下降導致短期總供給曲線向下移動，從 $SAS_0$ 移至 $SAS_2$，如圖 15-6(b) 所示。長期下來，經濟會從 $A$ 點

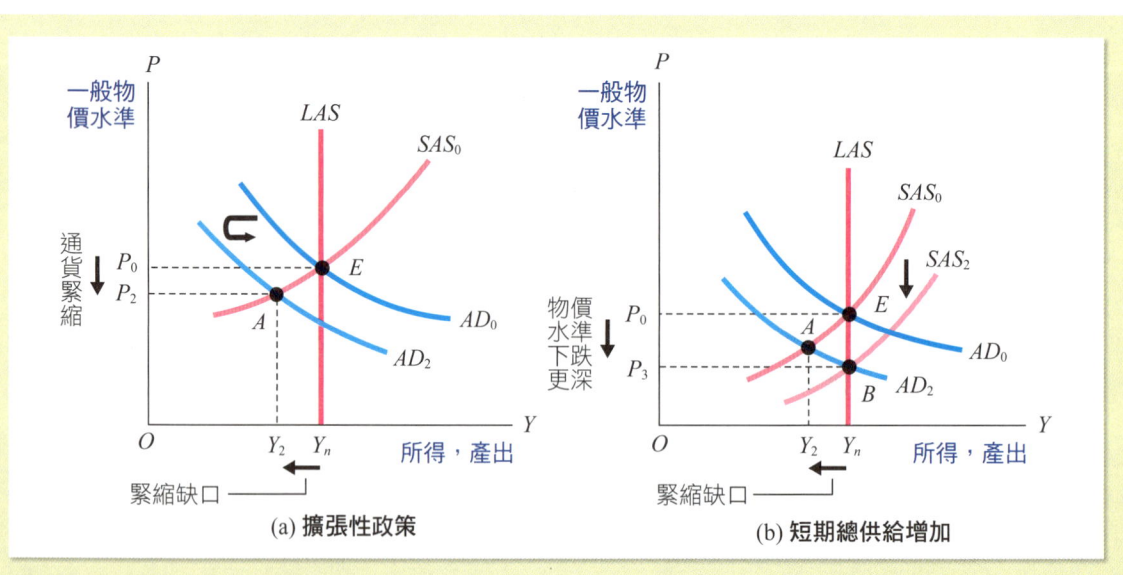

**圖 15-6　總需求的降低：緊縮缺口**

泡沫經濟促使總需求從 $AD_0$ 減少至 $AD_2$。(a) 圖：利用擴張性貨幣或財政政策，使總需求曲線向右移動，產量回到原來的自然產出水準。(b) 圖：廠商與勞工預期物價下跌，導致短期總供給曲線從 $SAS_0$ 下移至 $SAS_2$，產出回到原來的自然產出水準 $Y_n$。

移到 B 點，B 點是新的長期均衡。此時，產出回到充分就業產出水準，均衡物價為 $P_3$，比原先的物價 $P_0$ 還要低。

總需求不足造成緊縮缺口與通貨緊縮現象，而總需求過多又會造成何種經濟現象？臺灣經濟躍升的部分原因是，成功的產業政策和出口巨幅擴張所致。當出口成長帶動商品與服務的需求數量增加時，總需求曲線向右移動，從 $AD_0$ 變成 $AD_1$，如圖 15-7 所示。

在圖 15-7，總需求曲線向右擴張。在短期，造成經濟體系從長期均衡的 E 點移向短期均衡的 A 點。此時，產出從 $Y_n$ 上漲至 $Y_1$，而物價從 $P_0$ 上升至 $P_1$。當短期的實際產出超過充分就業的產出水準時，代表經濟體系內所有的生產資源已經過度利用，工作超時、機器不停運轉。這種產出差距等於 $(Y_1 - Y_n)$，我們稱為**膨脹缺口** (inflationary gap)。另一方面，物價從 $P_0$ 上升至 $P_1$，物價的上漲稱為**通貨膨脹** (inflation)。當實際產出超過充分就業產出時，景氣發生過熱現象，失業率下跌，通貨膨脹現象會出現。

面對景氣過熱，政府可以採取什麼樣的對策？其中一個對策是採取緊縮性財政或貨幣政策。根據第 15-1 節的討論，降低貨幣供

> 膨脹缺口　短期產出超過充分就業產出的部分。

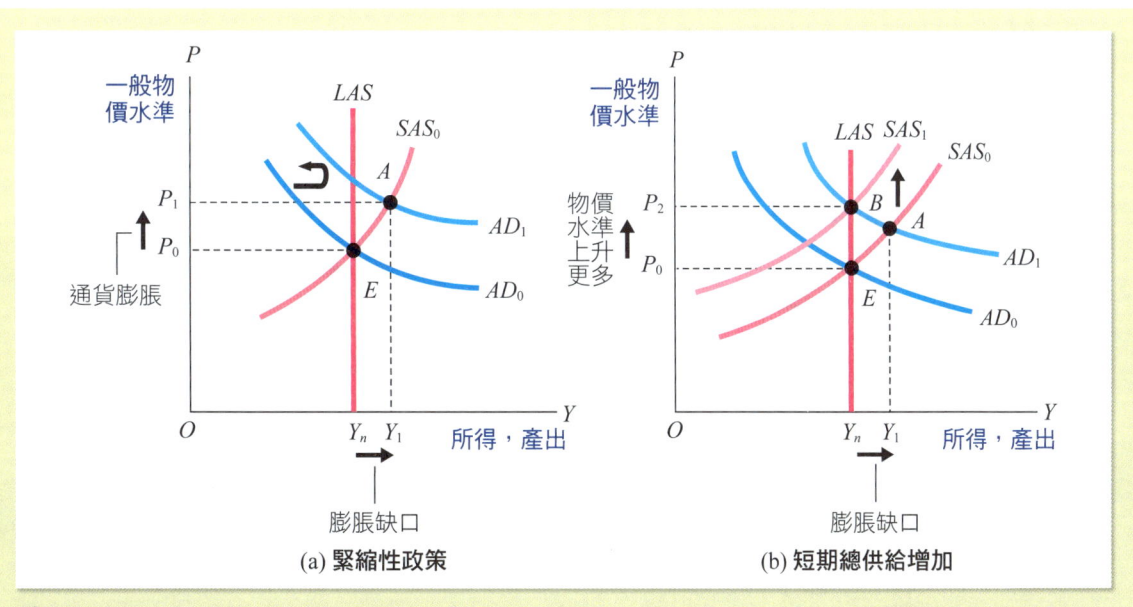

(a) 緊縮性政策

(b) 短期總供給增加

**圖 15-7　總需求的增加：膨脹缺口**

出口擴張，帶動總需求從 $AD_0$ 增加至 $AD_1$。(a) 圖：緊縮性貨幣或財政政策，使總需求曲線向左移動，產量回到原來的自然產出水準。(b) 圖：不採取任何對策，社會大眾預期物價上漲，導致短期總供給曲線上移，從 $SAS_0$ 移至 $SAS_1$，產出回到原來的自然產出水準 $Y_n$。

給，增加稅收或減少政府購買都會造成人們對商品與服務的購買數量減少，總需求曲線因而向左移動。如果政府沒有錯估經濟情勢且反應得宜，總需求曲線會從 $AD_1$ 回到原來的位置 $AD_0$，經濟體系再度回到原來長期均衡的 $E$ 點，如圖 15-7(a) 所示。此時，產出下跌至充分就業產出水準，通貨膨脹現象消失不見。

另一個方法是政府不採取任何對策，讓市場機能自由運作。面對通貨膨脹，社會大眾開始對物價未來的走勢形成預期。當人們預期一般物價水準上漲時，工資與產品售價跟著調整，短期總供給曲線從 $SAS_0$ 上移至 $SAS_1$，如圖 15-7(b) 所示。長期下來，經濟會從 $A$ 點移到 $B$ 點，$B$ 點是新的長期均衡。此時，產出回到原來的充分就業產出 $Y_n$，而物價卻達到更高的物價 $P_2$。

總而言之，總需求曲線的移動在長期只會對物價造成衝擊，而不會改變產出水準。因此，總需求的變動影響名目變數，而非實質變數。

有關總需求曲線與景氣循環之間的關係，可彙整如下：

◆ 總需求減少，導致總需求曲線左移，產出減少與物價下跌。

---

### 實例與應用　　　　　　量化寬鬆

面對疲弱不振的經濟、居高不下的失業率，政府當局有何妙方良策？時任美國聯準會副主席的葉倫 (Janet Yellen) 在 2011 年美國經濟學會的演說中強調，收購美國公債有助於促進就業和預防消費者物價指數大幅下滑。葉倫指的是第二次量化寬鬆政策——聯準會追加 6,000 億美元收購長期公債。2012 年 9 月 13 日，聯準會宣布執行第三輪量化寬鬆政策 (QE3)，內容包括每個月購買機構抵押貸款擔保證券 400 億美元，同時繼續執行扭轉操作。而在 2014 年 10 月 30 日基於失業率已降低且通膨趨緩，聯準會宣布 QE3 的購債計畫完全結束。

為什麼美國實施量化寬鬆會比歐洲央行成功？哈佛大學經濟學教授費德斯坦 (Martin Feldstein) 表示，主要原因是歐洲的量化寬鬆無法透過增加家庭財富來增加消費支出。歐洲央行的低利率政策讓歐元貶值 25%，但由於歐元區有很大一部分的貿易對象是使用同一貨幣的歐元區國家，其對歐元區成員國的出口及 GDP 影響有限。

- 政府有兩種政策：一為採取擴張性財政或貨幣政策；一為採取自由放任政策。
- 擴張性的財政或貨幣政策，使產出和物價回到原來水準。
- 自由放任政策，人們預期物價下跌，使短期總供給曲線下移，產出回到自然產出水準，但物價下跌更多。

若以符號表示，可寫成：

$$AD\downarrow \Rightarrow P\downarrow, Y\downarrow \Rightarrow \begin{cases} (1)\ M^s\uparrow, G\uparrow, T\downarrow \Rightarrow AD\uparrow \\ \qquad \Rightarrow P=P_0, Y=Y_n \\ (2)\ P^e\downarrow \Rightarrow SAS\text{下移} \Rightarrow P\downarrow, Y=Y_n \end{cases}$$

$$AD\uparrow \Rightarrow P\uparrow, Y\uparrow \Rightarrow \begin{cases} (1)\ M^s\downarrow, G\downarrow, T\uparrow \Rightarrow AD\downarrow \\ \qquad \Rightarrow P=P_0, Y=Y_n \\ (2)\ P^e\uparrow \Rightarrow SAS\text{上移} \Rightarrow P\uparrow, Y=Y_n \end{cases}$$

### 練習題 15-5

**(1)** 根據凱因斯學派，當總需求不足而使經濟陷入衰退時，為讓社會達成充分就業，執政者可以：
(a) 撙節政府支出
(b) 減稅
(c) 提高利率
(d) 令其貨幣升值

類似問題：基本題 9。

**(2)** 當景氣過熱時，可實施下列何項政策降溫？
(a) 擴大退稅
(b) 降低存款準備率
(c) 增加政府支出
(d) 提高利率

(108 年初等考試改編)

類似問題：基本題 9。

## 15-4-2 總供給曲線的移動

除了總需求曲線的移動造成景氣波動外，總供給曲線的移動也是引起景氣波動的原因之一。在 2007 年，土耳其揚言攻打伊拉克北方的庫德族，墨西哥灣的惡劣天氣與美國次貸危機，加上 2008 年 9 月的雷曼兄弟倒閉，引發全球金融危機，各國央行聯手降息。同期間又發生中東局勢的不穩。這些因素造成國際原油節節高升，在 2008 年 7 月上漲至 147.27 美元，導致石油產品的生產成本大幅攀升。

生產成本的上揚，對總體經濟造成什麼樣的衝擊？根據第 15-2 節的說明，在同一物價水準下，商品與服務的生產數量減少，短期總供給曲線向上移動，$SAS_0$ 移至 $SAS_1$，如圖 15-8 所示 (在此，為簡化分析，假設 LAS 沒有變動)。

在圖 15-8，當短期總供給曲線上移時，短期內，經濟會沿著總需求曲線從 $E$ 點移到 $A$ 點。產出由 $Y_n$ 下降至 $Y_1$，物價從 $P_0$ 上升至 $P_1$。上一節提到，實際產出低於潛在產出的部分 $(Y_n - Y_1)$，是緊縮缺口，失業率高於自然失業率。這種產出下降與物價上升同時發生的現象，我們稱為停滯性膨脹 (stagflation)。

在 1973 年至 1974 年的第一次石油危機與 1978 年至 1979 年的第二次石油危機發生時，全球大多數國家，包括臺灣都曾出現停滯性膨脹的現象。面對停滯性膨脹，政府可以採取何種對策？其中一

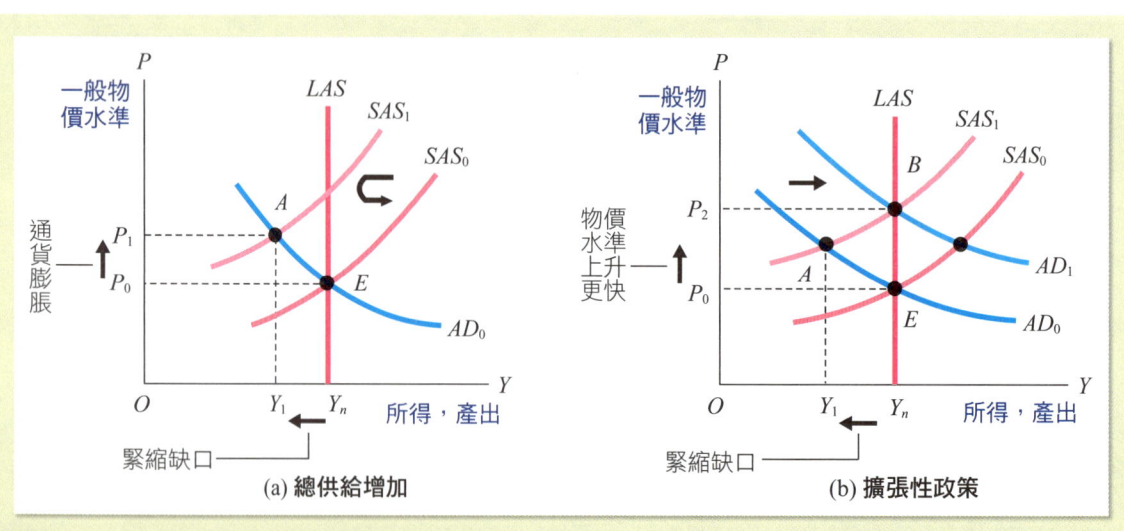

**圖 15-8 總供給的減少：緊縮缺口**

生產成本提高導致短期總供給線從 $SAS_0$ 上移至 $SAS_1$。(a) 圖：長期間，廠商與勞工都預期物價水準下跌，短期總供給曲線下移，回到原來的 $SAS_0$，經濟回到長期均衡的 $E$ 點。(b) 圖：擴張性政策，使總需求曲線從 $AD_0$ 右移至 $AD_1$，產出回到自然產出水準，但物價水準達到更高的 $P_2$。

項對策是採取無為而治的態度。由於失業率高於自然失業率，許多勞工將競相爭取稀少的工作機會，這會造成名目工資有向下調整的壓力。在長期，如果工資與物價能夠自由地向下調整，人們會預期未來物價下跌，加上廠商生產成本減少，導致短期總供給曲線向下移動。只要預期物價不等於實際物價，短期總供給曲線持續下移，直至回到原來的 $SAS_0$，產出又恢復原來的自然產出水準，如圖 15-8(a) 的 A 點至 E 點 (長期均衡) 所示。此時，通貨膨脹現象消失不見。

面對緊縮缺口的另一種因應方式是，政府採取擴張性貨幣或財政政策，刺激總需求，促使總需求曲線向右移動。當政府增加政府購買，降低稅收或增加貨幣供給時，總需求曲線會從 $AD_0$ 右移至 $AD_1$，如圖 15-8(b) 所示。如果政府對經濟情勢的研判完全正確且因應得宜，總需求曲線右移的幅度恰好等於短期總供給曲線左移的幅度，產出再度回到自然產出水準，經濟體系從 A 點移至 B 點。B 點為長期均衡。此時，產出維持在充分就業的產出水準，失業率等於自然失業率，但物價水準則由 $P_0$ 上升至 $P_2$。

短期總供給曲線上移，造成停滯性膨脹現象，而總供給增加又會造成何種經濟現象？在 1986 年，石油輸出國家組織會員國間意見不合，有些國家違反石油產量的約定，偷偷增產，導致全球原油價格下跌，跌幅將近一半。能源價格下跌，造成總供給曲線向下移動；同樣地，臺灣地區如果沒有颱風、土石流及乾旱，一切風調雨順，商品與服務的生產數量增加，短期總供給曲線會向下移動 (假設長期總供給曲線沒有變動)，如圖 15-9 所示。短期間，總供給的增加會使短期總供給曲線由 $SAS_0$ 下移至 $SAS_1$。

在圖 15-9，當短期總供給曲線下移時，短期內，經濟會沿著總需求曲線從 E 點移至 A 點。產出由 $Y_n$ 增加至 $Y_1$，物價從 $P_0$ 下跌至 $P_1$。面對膨脹缺口，政府可以採取什麼樣的對策？

其中一種方式是採取無為而治、自由放任的政策。膨脹缺口讓景氣發生過熱現象，經濟體系有通貨膨脹的壓力。在長期，勞工會要求比較高的名目工資，資源擁有者也會要求比較高的名目價格 (報酬)，這都會使得生產成本上揚。因此，短期總供給曲線向上移動，由 $SAS_1$ 變成 $SAS_0$，經濟體系從 A 點回到原來的長期均衡 E 點，如

圖 15-9(a) 所示。此時，產出恢復為自然產出水準，物價也回到原來的長期的均衡物價水準 ($P_0$)，通貨膨脹現象消失不見。

政府面對膨脹缺口的另一種方式是，採取緊縮性的財政或貨幣政策。當政府減少貨幣供給，增加稅收或降低政府購買時，總需求曲線從 $AD_0$ 向左移動至 $AD_1$，如圖 15-9(b) 所示。如果政府因應得宜且判斷經濟走勢正確，總需求緊縮的幅度恰好可以抵銷短期總供給下移的膨脹缺口，產出回到原來的自然產出水準。經濟體系沿著短期總供給曲線 $SAS_1$，從 A 點移到 B 點。B 點與 E 點都是長期均衡，所以產出是充分就業的產出水準。但是，緊縮政策使得 B 點的物價水準 ($P_2$)，低於 E 點的物價水準 ($P_0$)。

有關短期總供給曲線與景氣循環之間的關係，可彙整如下：

- 總供給減少使短期總供給曲線上移，導致停滯性膨脹現象出現。
- 政府有兩種對策：一為採自由放任政策；一為採取擴張性的財政或貨幣政策。
- 自由放任政策使人們預期物價下跌，短期總供給曲線下移，產

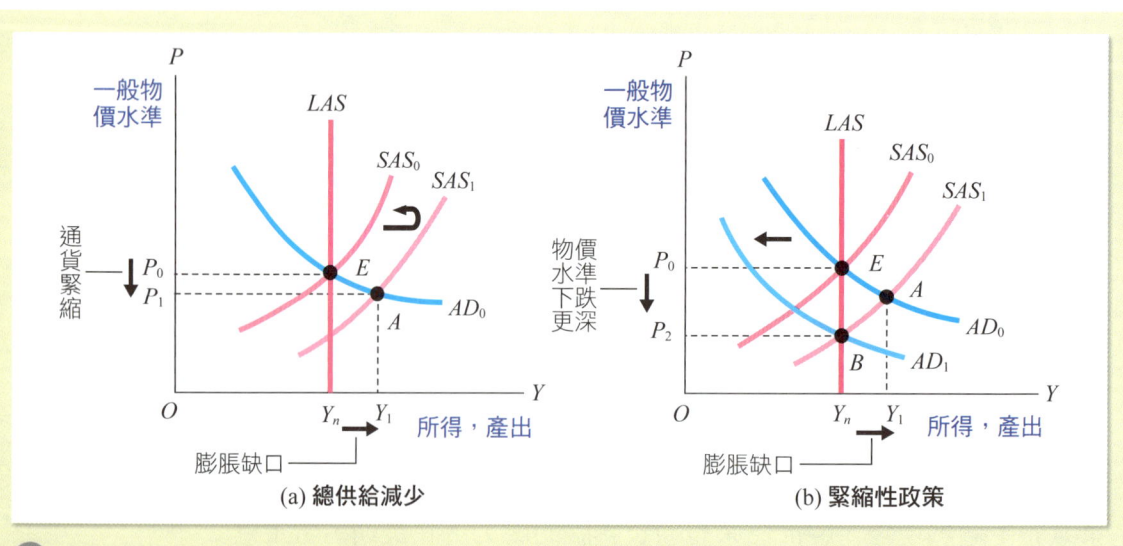

(a) 總供給減少

(b) 緊縮性政策

**圖 15-9　總供給的增加：膨脹缺口**

天氣轉好，沒有天災人禍，導致總供給曲線從 $SAS_0$ 右移至 $SAS_1$。(a) 圖：長期間，預期物價上升，短期總供給曲線上移，回到原來的 $SAS_0$，經濟回到原來的長期均衡 E 點。(b) 圖：緊縮性政策，使總需求曲線從 $AD_0$ 左移至 $AD_1$，產出回到自然產出水準，但物價水準跌得更深。

出與物價回到原來的水準。
- 擴張性的財政或貨幣政策使產出回到自然產出水準，但物價水準卻上升得更多。

若以符號表示，可寫成：

$$SAS \text{ 上移} \Rightarrow P\uparrow, Y\downarrow \Rightarrow \begin{cases} (1)\ M^s\uparrow, G\uparrow, T\downarrow \Rightarrow AD\uparrow \\ \quad\Rightarrow P\uparrow, Y=Y_n \\ (2)\ P^e\downarrow \Rightarrow SAS \text{ 下移} \\ \quad\Rightarrow P=P_0, Y=Y_n \end{cases}$$

$$SAS \text{ 下移} \Rightarrow P\downarrow, Y\uparrow \Rightarrow \begin{cases} (1)\ M^s\downarrow, G\downarrow, T\uparrow \Rightarrow AD\downarrow \\ \quad\Rightarrow P\downarrow, Y=Y_n \\ (2)\ P^e\uparrow \Rightarrow SAS \text{ 上移} \\ \quad\Rightarrow P=P_0, Y=Y_n \end{cases}$$

---

**練習題 15-6**

請問下列事件如何影響總供給曲線、物價水準及所得？
(a) 我國決定開放中國勞工進口
(b) 勞動雇用量不受物價水準影響
(c) 莫拉克颱風造成水災，工廠及人民財產受創嚴重

類似問題：基本題 10。

---

## 15-5 結　語

自邁入二十一世紀以後，全球經濟通貨緊縮與全球金融危機似乎取代了"新經濟"，成為最新的經濟議題。究竟是總需求不足，還是中國的低廉成本，抑或衍生性金融商品的過度擴張造成通貨緊縮與金融海嘯，至今尚無定論。2019 年國際貨幣基金的全球經濟展望點出經濟困境，"全球經濟成長乏力，主要是因為關稅壁壘、貿易戰、地緣政治不斷升高的緣故。"香港受到反送中示威遊行影響，經濟成長率下修 2.4 個百分點。

## 練習題 15-7

**(1)** 根據凱因斯的 AS-AD 模型,當經濟體系的名目工資具向下僵固性,但不具向上僵固性,且目前均衡所得水準等於充分就業水準時,若政府對軍公教人員加薪,則均衡的:
(a) 利率、物價、產出及就業水準皆增加
(b) 物價上升,但利率、產出及就業水準皆下降
(c) 物價及利率上升,但產出及就業水準皆不變
(d) 物價上升,但利率、產出及就業水準皆不變

(107 年外交特考改編)

**(2)** 根據古典的 (classical) 總體經濟模型,當其他條件不變而貨幣的數量成長 10%,將會造成何種影響?
(a) 名目所得提高 10%,但物價水準不變
(b) 物價水準提高 10%,但名目所得不變
(c) 物價水準和名目所得都提高 10%
(d) 物價水準和名目所得都不變

(107 年外交特考)

## 摘要

- 總需求曲線是指在不同的物價水準下,經濟體系中家計單位、廠商、政府及國外部門所願意購買的商品與服務的數量。
- 擴張性的財政與貨幣政策,使總需求曲線向右移動。緊縮性的財政與貨幣政策,使總需求曲線向左移動。
- 生產函數與勞動市場可以推導總供給曲線。古典學派假設物價與工資可以自由調整,長期總供給曲線為一垂直線。凱因斯學派則假設短期工資具僵硬性,短期總供給曲線斜率為正。
- 引起長期總供給曲線移動的因素有生產因素數量的變動與生產技術的改良。當資本或勞動增加及技術進步,都會造成長期總供給曲線向右移動;反之,則向左移動。
- 造成經濟波動的原因有二:總需求的移動,或總供給的移動。
- 總需求減少,使實際產出低於潛在產出,經濟體系發生緊縮缺口與通貨緊縮現象。
- 總供給減少,使產出低於潛在產出,物價上漲,而出現停滯性膨脹現象。

## 習題

### 基本題

1. 總需求曲線與物價水準呈負向關係的原因為何?
(a) 皮古效果

(b) 凱因斯效果
(c) 希克斯效果
(d) 亞當‧斯密效果　　(100 年輔大會計)

2. 臺灣在 2002 年 1 月 1 日正式成為 WTO 的會員國，並與許多國家簽訂自由貿易協定。請問下列事件對總需求的影響？
   (a) 臺灣物價水準相對其他各國物價水準為低
   (b) 在 2012 年，美國經濟步入不景氣
   (c) 若臺灣政府要求工廠必須升級其生產設備，以符合環保標準

3. 總需求曲線為正斜率或負斜率？它呈正斜率或負斜率的原因為何？　(97 年政大財管)

4. 下列哪一種變化會使垂直總供給曲線移動？
   (a) 貨幣供給增加
   (b) 大眾消費增加
   (c) 物價的上升
   (d) 技術進步　　(100 年輔大會計)

5. 當物價完全僵固時，短期總供給線為：
   (a) 垂直線
   (b) 水平線
   (c) 負斜率線
   (d) 向後彎的曲線　(106 年初等考試改編)

6. 其他條件不變之下，下列哪一個選項，會使得短期總供給曲線向右方移動？
   (a) 油價下跌
   (b) 物價下跌
   (c) 股價下跌
   (d) 房價下跌　(106 年關務特考改編)

7. 有關景氣蕭條階段的特徵，下列何者正確？
   (a) 名目利率上升
   (b) 廠商破產率上升
   (c) 實質產出比上升
   (d) 失業率比自然失業率低
   　　　　　　　(105 年外交特考)

8. 當中央銀行透過公開市場操作買入國庫券時，在其他情況不變下，則下列敘述何者正確？
   (a) 利潤、均衡物價、民間投資皆上升
   (b) 利率與均衡物價上升，民間投資下降
   (c) 均衡物價與民間投資上升，利率下降
   (d) 利率上升，均衡物價與民間投資下降
   　　　　　　　(107 年關務特考)

9. 當國內經濟不景氣時，政府可能採行的政策很多，但並不包括：
   (a) 提高重貼現率
   (b) 通過獎勵投資條例，對投資提供租稅獎勵
   (c) 對私部門減稅或補貼
   (d) 在公開市場買進公債　(106 年初等考試)

10. 假設 921 大地震摧毀了臺灣一半的資本存量，所幸沒有任何人員傷亡。請回答下列問題：
    (a) 請利用 $AS$-$AD$ 模型，說明地震對臺灣所得、就業、工資與物價的影響
    (b) 假設為重建受損的資本存量，政府決定增加 3,000 億元的特別預算支出，同時增加貨幣供給，並降低利率。請利用 $AS$-$AD$ 模型說明上述政策對臺灣所得、就業、工資與物價的影響

11. 根據"貨幣中立性"(monetary neutrality) 的結論，貨幣供給增加會影響：
    (a) 就業
    (b) 投資
    (c) 實質利率
    (d) 物價　　(106 年初等考試)

12. 假設其他條件不變，若"貨幣中立性"成立，則貨幣數量改變，會造成：
    (a) 實質所得改變，但物價水準不變
    (b) 物價水準改變，但實質所得不變
    (c) 物價水準和實質所得都改變
    (d) 物價水準和實質所得都不變
    　　　　　　　(107 年初等考試)

13. "排擠效果"(crowding-out effect) 是指：
    (a) 政府支出增加引起民間投資減少
    (b) 政府支出增加引起出口減少
    (c) 稅收增加引起民間消費減少
    (d) 民間消費增加引起出口減少
    　　　　　　　(106 年關務特考)

## 進階題

1. (1) 在下圖中，何者代表一國資本的減少？
   (a) 圖 (a)
   (b) 圖 (b)
   (c) 圖 (c)
   (d) 圖 (d)　　　（100 年逢甲二年級）
   (2) 在下圖中，何者代表貨幣工資的上升？
   (a) 圖 (a)
   (b) 圖 (b)
   (c) 圖 (c)
   (d) 圖 (d)　　　（100 年逢甲二年級）

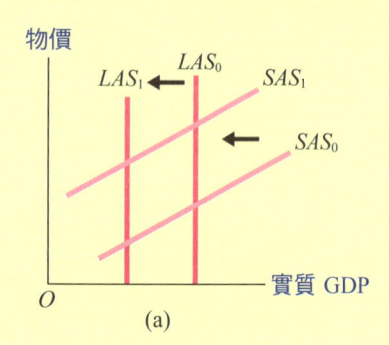

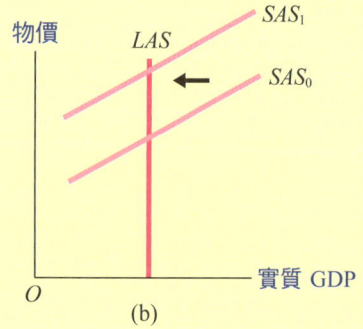

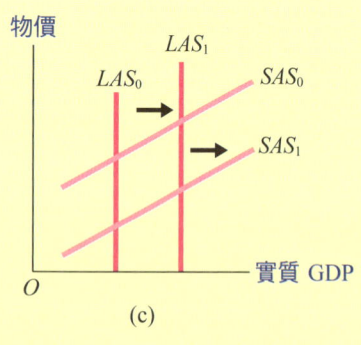

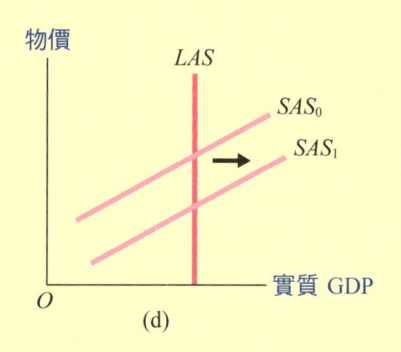

2. (1) 當景氣下滑時，中央銀行可以採用哪一項反景氣循環政策？
   (a) 減少公開市場賣出
   (b) 減少公開市場買入
   (c) 提高存款準備率
   (d) 提高重貼現率　　（107 年初等考試）
   (2) 經濟學家認為造成景氣循環的原因，可分為來自經濟體系內部 (internal) 與經濟體系外部 (external) 的不穩定因素。下列何者是經濟體系外部不穩定因素？
   (a) 不動產市場泡沫化
   (b) 石油危機
   (c) 超級通貨膨脹
   (d) 股票市場泡沫化　　（107 年原民特考）

3. (1) 下列哪個政策可以緩解通膨壓力？
   (a) 減稅
   (b) 增加公共投資
   (c) 減少政府支出
   (d) 透過公開市場操作調降利率
   　　　　　　　　　　（107 年關務特考）
   (2) 假設其他條件不變，且縱軸為物價，橫軸為產出。在下列何種情況下，貨幣供給增加會使通貨膨脹率上升最多？
   (a) 總供給曲線接近水平
   (b) 總供給曲線接近垂直
   (c) 總供給曲線為正斜率
   (d) 總供給曲線為負斜率
   　　　　　　　　　（107 年外交特考改編）

4. 經濟體系一開始處於長期均衡。由於自動櫃員機 (ATM) 變得愈來愈便宜且更方便使用，因而造成貨幣需求下跌。請問物價與實質產出在長短期的變動為何？

(97 年中山政經)

5. 杜拜的短期均衡產出為 3,000，充分就業下的產出為 3,500。請問此時存在膨脹缺口或緊縮缺口，缺口有多大？　(97 年暨南經濟)

6. (1) 短期而言，下列何種總體政策搭配可以降低一封閉經濟體系的利率，卻不大影響實質國民所得？
   (a) 政府購買性支出增加，貨幣供給減少
   (b) 政府購買性支出減少，貨幣供給減少
   (c) 政府購買性支出減少，貨幣供給增加
   (d) 政府購買性支出增加，貨幣供給增加

(2) 財政政策影響所得之幅度，在下列哪種狀況下最大？
   (a) 貨幣需求對利率之反應較小；投資與消費需求對利率的反應也較小
   (b) 貨幣需求對利率之反應較小；投資與消費需求對利率的反應卻較大
   (c) 貨幣需求對利率之反應較大；投資與消費需求對利率的反應也較大
   (d) 貨幣需求對利率之反應較大；投資與消費需求對利率的反應卻較小

(107 年外交特考)

7. (1) 根據 AS-AD 模型，在勞動市場未達充分就業下，本國貨幣貶值最可能造成：
   (a) 物價不變，利率不變，實質工資率不變
   (b) 物價上升，利率上升，實質工資率下降
   (c) 物價下跌，利率上升，實質工資率不變
   (d) 物價上升，利率不變，實質工資率上升

(2) 根據凱因斯模型，政府消費支出增加會導致總產出增加，但總產出的增量可能會小於政府支出的增量，這是因為：
   (a) 利率上升
   (b) 物價下降
   (c) 勞動需求減少
   (d) 總供給線左移 (107 年外交特考改編)

8. 大多數經濟學家認為，貨幣供給在長期的影響為何？　(105 年經建行政)

9. 假設迦納一開始處於長期均衡，而總需求左移 600 億元，政府想要長期追求擴張性財政政策以避免不景氣。若排擠效果始終為乘數效果的一半，且邊際消費傾向為 0.8。請問政府購買應增加多少來避免 600 億元的減少？　(100 年臺大經濟)

10. 對於古典學派來說，蔡英文總統的擴大政府支出的政策將造成實質利率、消費與所得的變動為何？　(97 年輔大企管)

11. 某一經濟體系正處於衰退，其產出較自然產出少了 4,000 億元，且政府要讓產出回到自然產出水準。其中，央行同意調整貨幣供給使利率維持不變。又邊際消費傾向是 0.8，且物價水準在短期完全固定。
   (a) 政府支出要變動多少，使產出回到自然產出？
   (b) 稅收要變動多少，使產出回到自然產出？
   (c) 若政府要在不增加預算赤字規模下，使產出回到自然產出，政府支出與稅收如何變動才能達此目標？

(100 年聯合大學)

12. 大多數經濟學家認為，當中央銀行買進債券時，長期均衡所得變動為何？(105 年高考)

13. 若充分就業產出為 6,000，實際產出為 7,000，此時有什麼缺口？該缺口有多大？欲消除此缺口，政府定額稅變動為何？

(100 年臺北大學經濟)

14. 根據古典二分法，若貨幣供給提高 1%，則產出可能改變為何？　　(105 年關務特考)
15. 在 2012 年的印度，央行降低準備率從 8% 降至 7.5%。其實在兩週前，才將準備率從 9% 降至 8%。請問貨幣政策影響實質 GDP 的傳遞過程為何？
    i. 實質利率下跌　　ii. 貨幣供給增加
    iii. 銀行準備上升　　iv. 可貸資金供給增加
    v. 總需求增加
    (a) iii，ii，iv，i，v
    (b) ii，i，iii，v，iv
    (c) v，i，ii，iv，iii
    (d) iii，iv，i，iii，v　　(100 年嘉義財金)

## 上網題

1. 根據國發會的資料，臺灣景氣循環第 14 次的谷底為 2012 年 1 月，高峰為 2014 年 10 月。請至行政院主計總處網站下載這段期間的失業率、通貨膨脹率及平均每人 GDP 的資料，並略為解釋三項變數的走勢。
2. 請至 www.google.com 網站，鍵入"通貨緊縮"關鍵字，找出 10 篇相關的文章，並整理出引起通貨緊縮的可能原因。

# Chapter 16
# 通貨膨脹與菲力浦曲線

辛巴威是世上通貨膨脹最嚴重的國家，2008 年 7 月寫下天文數字，2.31 億個百分點。[1] 經濟瓦解導致至少 80% 的辛巴威人陷入貧困，基本物資極為匱乏。為應付高通膨，辛巴威央行多次推出新紙鈔，在 2008 年 7 月發行 1,000 億辛幣紙鈔。到了 2009 年 1 月，發行 100 兆辛幣紙鈔。

《紐約時報》報導，設在契達莫約村的美國基督教醫院允許病人用花生、雞、羊代替診療費。醫院附屬教堂堆滿帶殼花生，看來有如沙堆。2009 年初，辛巴威成立聯合政府後，經濟恢復穩定，並放棄本國貨幣，改用美元，通膨也降到 3.6%。但是，辛巴威仍為全球最貧窮國家，6 口之家平均每月生活費只有 8 美元。基督教醫院繼續讓患者以物易物，看診一次收費 1 美元或用 1/4 袋花生替代。

如今這些上面印有 14 個零的百兆辛幣鈔票是觀光客最愛的伴手禮。根據路邊小販的說法，辛幣停用這兩年來，市面上的舊鈔幾乎已被西方遊客搶購一空。

經濟學家通常以不同的統計指標來評估一個國家的經濟活動表現。除了實質國內生產毛額外，失業與通貨膨脹是兩項廣受社會大眾和政策制訂者密切注意的統計數據。經濟學家將通貨膨脹率與失業率的加總，稱為**痛苦指數** (misery index)。

---

[1] 辛巴威央行只公布 2007 年 3 月到 2008 年 7 月的資料。根據 Hanke & Kwok (2009) 的研究，2008 年 11 月的通膨率高達 $8.99 \times 10^{22}$ 個百分點。

本章分成兩個部分。首先，我們探討通貨膨脹的起因和成本。其次，利用菲力浦曲線來檢視失業與通貨膨脹間的關係。

## 📈 16-1　通貨膨脹

**痛苦指數**　通貨膨脹率加失業率。

**通貨膨脹**　一般物價水準持續上升的現象。

**通貨膨脹** (inflation) 是指一般物價水準持續上升的現象。假設今天水果攤只有香蕉的價格上漲，而其他商品的價格都沒有變動，則香蕉的相對價格上升，一般物價水準不見得會變動，社會不會因此發生通貨膨脹；相對地，假設中東地區局勢持續不穩定，產油國家封鎖港口，導致全球每桶原油價格大幅攀升，帶動臺灣廠商生產成本提高，商品供給減少，進而使整體物價上升。在這種情況下，經濟體系會發生通貨膨脹。

這些例子告訴我們，一般物價的改變與某些商品相對價格的改變是兩種截然不同的議題。一般物價是指利用消費者物價指數等來衡量特定時點上，整體物價的變動情形；相對價格則是特定商品價格相對其他商品價格的比率。要改善相對價格產生的衝擊，政府可以採取某些措施來影響商品的供給與需求。譬如，政府可藉進口菲律賓或印尼的香蕉來增加供給，使香蕉的相對價格恢復原來水準。另一方面，要對抗通貨膨脹，政府必須採取總體經濟政策，如貨幣或財政政策,來降低通貨膨脹率。

## 16-1-1 通貨膨脹的來源

如果我們以總供給與總需求曲線來分析通貨膨脹的形成原因,通貨膨脹有兩種來源:總需求的增加或總供給的減少。由總需求增加所引發的通貨膨脹稱為 **需求拉動的通貨膨脹** (demand-pull inflation),造成總需求增加的因素有很多,包括貨幣供給的增加、減稅、政府支出的上升或廠商對未來預期樂觀等。假設經濟體系是處於總供給曲線相對陡峭的部分,如圖 16-1 所示,大部分的效果顯現在物價水準的上漲,產出僅小幅增加。

> 需求拉動的通貨膨脹　總需求增加所引發的通貨膨脹。

1945 年 8 月日本戰敗投降,臺灣光復後,由於戰後經濟殘破停滯,政府財政收入嚴重短絀,要推動重大改革,在在需要臺灣銀行發行貨幣來融通。此外,要修復受到戰火摧毀的產業,臺灣銀行對公營企業的放款也急劇擴張。貨幣供給的持續增加,造成總需求曲線持續右移,物價水準也持續地上漲。舉臺北市躉售物價指數為例,以 1937 年上半年平均為基期,1946 年是 297.32,1947 年是 381.47,1948 年是 732.18,到了 1949 年上漲至 3,405.94。換句話說,從 1946 年至 1949 年,短短四年間,以躉售物價指數計算的通貨膨脹上漲了 10.45 倍。

除了需求拉動的通貨膨脹外,生產成本提高,使總供給減少所引發的通貨膨脹,稱為 **成本推動的通貨膨脹** (cost-push inflation)。

> 成本推動的通貨膨脹　總供給減少所引發的通貨膨脹。

**圖 16-1　需求拉動的通貨膨脹**
假如經濟體系處於接近充分就業狀態下,總需求曲線向右移動,導致物價水準大幅攀升,產出僅微幅增加。

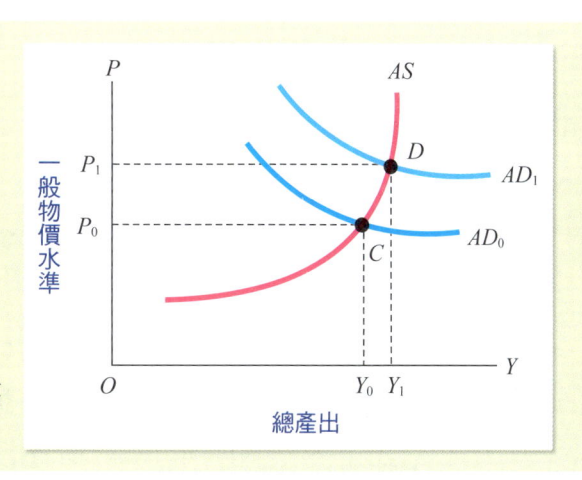

### 圖 16-2 成本推動的通貨膨脹

生產成本提高，使總供給曲線向左移動。如果政府並未以擴張性的政策因應，總需求曲線固定不動，結果造成產出下跌與物價上升。

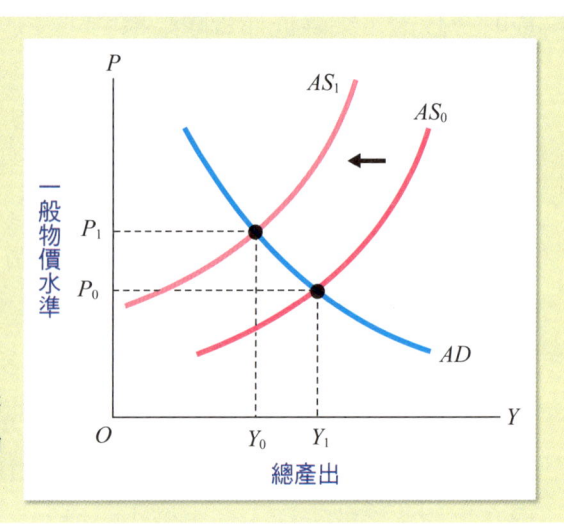

圖 16-2 顯示生產成本的上升是停滯性膨脹產生的原因之一。成本推動通貨膨脹的例子，可以第一次石油危機所引發的通貨膨脹為例。臺灣的石油幾乎全部仰賴進口，當石油輸出國家組織 (OPEC) 在 1973 年集會決定聯合減產時，原油價格大漲。臺灣進口原油價格上升，導致能源價格提高，廠商生產成本提高，進而促使總供給曲線向左移動。從表 16-1 可知，1973 年和 1974 年的物價年增率分別是 8.20% 與 47.41%。

### 練習題 16-1

對於 1973 年至 1974 年的石油危機，下列敘述何者錯誤？
(a) 導致高通貨膨脹與景氣衰退
(b) 耗油產業受到的衝擊比傳統產業 (手工業、農業) 來得大
(c) 經濟學家稱之為 "需求面衝擊"
(d) 石油輸出國家組織禁運，導致原油價格大漲

(106 年關務特考)

類似問題：基本題 1。

## 16-1-2　臺灣地區的通貨膨脹

表 16-1 列出臺灣地區各種物價指數的變動。定基指數是指以 2016 年為基期所計算的物價指數。年增率是物價水準每年變動的百

### 表 16-1　臺灣地區各種物價總指數之變動

(基期：2016 年＝100)

| 年份 | 躉售物價 定基指數 | 年增率(%) | 消費者物價 定基指數 | 年增率(%) | 國內生產毛額 定基指數 | 年增率(%) |
|---|---|---|---|---|---|---|
| 1971 | 35.54 | 0.00 | 18.72 | 2.80 | 27.31 | 2.52 |
| 1972 | 37.13 | 4.47 | 19.28 | 2.99 | 28.75 | 5.27 |
| 1973 | 45.61 | 22.84 | 20.86 | 8.20 | 33.06 | 14.99 |
| 1974 | 64.12 | 40.58 | 30.75 | 47.41 | 43.10 | 30.37 |
| 1975 | 60.87 | −5.07 | 32.36 | 5.24 | 43.61 | 1.18 |
| 1976 | 62.56 | 2.78 | 33.17 | 2.50 | 45.75 | 4.91 |
| 1977 | 64.29 | 2.77 | 35.50 | 7.02 | 48.13 | 5.20 |
| 1978 | 66.56 | 3.53 | 37.56 | 5.80 | 50.69 | 5.32 |
| 1979 | 75.76 | 13.82 | 41.22 | 9.74 | 56.16 | 10.79 |
| 1980 | 92.08 | 21.54 | 49.05 | 19.00 | 64.90 | 15.56 |
| 1981 | 99.11 | 7.63 | 57.07 | 16.35 | 71.82 | 10.66 |
| 1982 | 98.92 | −0.19 | 58.75 | 2.94 | 73.59 | 2.46 |
| 1983 | 97.76 | −1.17 | 59.55 | 1.36 | 75.56 | 2.68 |
| 1984 | 98.22 | 0.47 | 59.54 | −0.02 | 76.54 | 1.30 |
| 1985 | 95.67 | −2.60 | 59.44 | −0.17 | 76.55 | 0.01 |
| 1986 | 92.48 | −3.33 | 59.85 | 0.69 | 80.31 | 4.91 |
| 1987 | 89.47 | −3.25 | 60.16 | 0.52 | 80.34 | 0.04 |
| 1988 | 88.07 | −1.56 | 60.94 | 1.30 | 80.39 | 0.06 |
| 1989 | 87.74 | −0.37 | 63.63 | 4.41 | 82.47 | 2.59 |
| 1990 | 87.21 | −0.60 | 66.25 | 4.12 | 86.70 | 5.13 |
| 1991 | 87.35 | 0.16 | 68.65 | 3.62 | 89.72 | 3.48 |
| 1992 | 84.14 | −3.67 | 71.72 | 4.47 | 92.60 | 3.21 |
| 1993 | 86.26 | 2.52 | 73.83 | 2.94 | 95.82 | 3.48 |
| 1994 | 88.13 | 2.17 | 76.86 | 4.10 | 97.46 | 1.71 |
| 1995 | 94.63 | 7.38 | 79.67 | 3.66 | 99.77 | 2.37 |
| 1996 | 93.68 | −1.00 | 82.12 | 3.08 | 102.11 | 2.35 |
| 1997 | 93.26 | −0.45 | 82.87 | 0.91 | 104.36 | 2.20 |
| 1998 | 93.81 | 0.59 | 84.26 | 1.68 | 107.75 | 3.25 |
| 1999 | 89.55 | −4.54 | 84.41 | 0.18 | 105.68 | −1.92 |
| 2000 | 91.17 | 1.81 | 85.47 | 1.26 | 104.72 | −0.91 |
| 2001 | 89.95 | −1.34 | 85.46 | −0.01 | 104.06 | −0.63 |
| 2002 | 89.99 | 0.04 | 85.29 | −0.20 | 103.63 | −0.41 |
| 2003 | 92.22 | 2.48 | 85.05 | −0.28 | 102.18 | −1.40 |
| 2004 | 98.71 | 7.04 | 86.42 | 1.61 | 101.41 | −0.75 |
| 2005 | 99.31 | 0.61 | 88.42 | 2.31 | 99.89 | −1.50 |
| 2006 | 104.91 | 5.64 | 88.95 | 0.60 | 98.64 | −1.25 |
| 2007 | 111.69 | 6.46 | 90.55 | 1.80 | 98.13 | −0.52 |
| 2008 | 117.44 | 5.15 | 93.74 | 3.52 | 95.54 | −2.64 |
| 2009 | 107.19 | −8.73 | 92.92 | −0.87 | 95.66 | 0.13 |
| 2010 | 113.04 | 5.46 | 93.82 | 0.97 | 94.43 | −1.29 |
| 2011 | 117.92 | 4.32 | 95.15 | 1.42 | 92.39 | −2.16 |
| 2012 | 116.55 | −1.16 | 96.99 | 1.93 | 93.02 | 0.68 |
| 2013 | 113.72 | −2.43 | 97.76 | 0.79 | 94.43 | 1.52 |
| 2014 | 113.08 | −0.56 | 98.93 | 1.20 | 96.00 | 1.66 |
| 2015 | 103.07 | −8.85 | 98.63 | −0.30 | 99.25 | 3.39 |
| 2016 | 100.00 | −2.98 | 100.00 | 1.39 | 100.00 | 0.76 |
| 2017 | 100.90 | 0.90 | 100.62 | 0.62 | 99.16 | −0.84 |
| 2018 | 104.56 | 3.63 | 101.98 | 1.35 | 98.44 | −0.73 |
| 2019 | 102.20 | −2.26 | 102.55 | 0.56 | 98.68 | 0.24 |

註：1971 年至 1980 年臺灣地區消費者物價指數係原編臺灣地區都市消費者物價指數銜接。

分比，也就是通貨膨脹率。

假設我們以 $P_t$ 代表第 $t$ 年的物價指數，$\pi_t$ 代表第 $t$ 年的通貨膨脹率，則：

$$\pi_t = \frac{P_t - P_{t-1}}{P_{t-1}} \times 100$$

以表 16-1 為例，2018 年的消費者物價指數 $P_{2018} = 104.56$，2017 年的消費者物價指數 $P_{2017} = 100.90$，則 2018 年的通貨膨脹率為：

$$\pi_{2018} = \frac{P_{2018} - P_{2017}}{P_{2018}} \times 100 = \frac{104.56 - 100.90}{100.90} \times 100 = 3.63\%$$

臺灣地區在 1960 年代通貨膨脹率十分平穩，每年約在 4.5% 左右。1970 年代，因為石油輸出國家組織分別在 1973 年和 1978 年兩次聯合減產，造成全球石油價格上漲數倍。第一次石油危機出現時，以躉售物價指數計算的通貨膨脹率在 1973 年和 1974 年分別是 22.84% 與 40.58%，而以消費者物價指數計算的通貨膨脹率分別是 8.20% 與 47.41%。第二次石油危機發生時，躉售物價指數在 1979 年和 1980 年分別上漲 13.82% 與 21.54%。消費者物價指數在 1980 年和 1981 年則分別上漲 19% 與 16.35%。事實上，在第一次石油危機的物價上漲，不僅是成本推動的通貨膨脹，當時銀行對艱困產業的紓困，造成貨幣供給大量增加，也發生需求拉動的通貨膨脹。

在圖 16-3，石油價格上漲，造成生產減少，總供給曲線從 $AS_0$ 向左移至 $AS_1$。物價從 $P_0$ 上升至 $P_1$，而產出從 $Y_0$ 下降至 $Y_1$。假設央行為對抗失業，以增加貨幣供給方式來紓困，總需求曲線會從 $AD_0$ 右移至 $AD_1$。此時，產出從 $Y_1$ 回復至 $Y_2$，但代價卻是物價水準持續地上漲，從 $P_1$ 上升至 $P_2$。

在 1980 年代，除了 1981 年外，物價相當平穩，消費者物價指數有兩年是不增反減，分別是 1984 年的 −0.02% 和 1985 年的 −0.17%。1980 年代消費者物價指數平均上漲率是 3.15%，低於 1960 年代的物價上漲率。若扣除 1981 年的消費者物價指數，其餘九年的物價上漲率，平均每年只有 1.68%。在躉售物價指數方面，

### 圖 16-3　央行擴張貨幣的持續性通貨膨脹

石油價格攀升，總供給曲線由 $AS_0$ 左移至 $AS_1$。物價從 $P_0$ 上升至 $P_1$，而產出由 $Y_0$ 下跌至 $Y_1$。如果央行以增加貨幣供給方式來對抗經濟衰退，總需求曲線會從 $AD_0$ 右移至 $AD_1$。結果是物價水準再次上漲，從 $P_1$ 上升至 $P_2$。

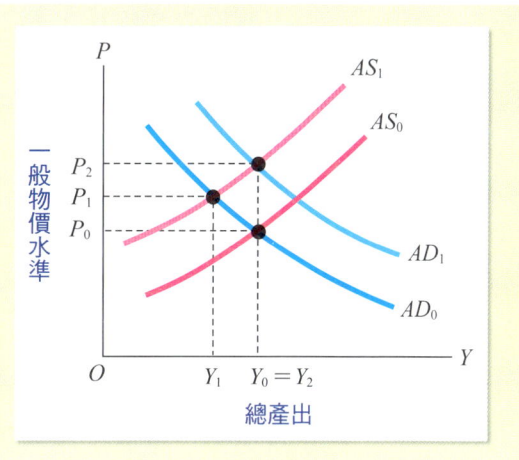

十年中有八年的物價指數是負的，特別是自 1985 年以後，連續六年下跌。這段期間物價的下跌和新臺幣對美元的緩步升值有關，從 1 美元兌 40 元新臺幣一路上升，最後到 1 美元兌 25 元新臺幣，造成進口商品和原物料價格下跌，而衝擊躉售物價指數。

在 1990 年代，躉售物價指數的平均上漲率，每年約 0.50%。但物價走勢並非十分平穩，從 1994 年至 1995 年，物價水準上漲 7.38%。在 1995 年至 1996 年，物價下跌 1.00%。若以產地來源探究躉售物價指數，從 1994 年至 1995 年國產內銷品指數是從 80.58 上升至 85.7，而進口商品指數則從 76.94 上升至 84.75。這兩年新臺幣兌換美元匯率並無明顯改變 (1994 年是 26.4552 和 1995 年是 26.4763)，貨幣供給額也沒有異常變動 (1994 年的 M2 是 12,805,365 百萬元，1995 年的 M2 是 13,973,876 百萬元)。由此推論，躉售物價指數的上升，應該是國際原物料價格上漲所引起。在 2006 年至 2008 年間，國際原物料及原油價格的大漲導致躉售物價指數節節高升，每年約上升六個百分點。而自 2008 年 11 月開始，WPI 連續十一個月下滑，究其原因應是金融海嘯造成需求下跌所致，2008 年躉售物價指數創下有記錄以來的最大跌幅 8.73%。

2015 年後全球景氣深處困境，原物料價格下滑，2014 年、2015 年和 2016 年躉售物價指數年增率分別為 −0.56%、−8.85% 與 2.98%。而在 2019 年，因新臺幣升值，電子零組件價格下跌，躉售物價指數年增率為 −2.26%。

至於消費者物價指數，1990 年代的平均上漲率是 2.59%，但是從 1991 年至 1995 年的平均上漲率是 3.76%，而 1996 年至 2000 年的平均上漲率只有 1.42%。1997 年底，亞洲發生金融風暴，國際炒家索羅斯 (George Soros) 炒作泰國外匯，引發亞洲各國貨幣一連串貶值，進而引發金融風暴。新臺幣從 1997 年的 1 美元兌換 28.6618 元新臺幣，重貶至 1998 年的 1 美元兌換 33.4479 元新臺幣。雖然新臺幣貶值帶來進口物價上漲的壓力，但總需求的不振，使得 1998 年的消費者物價指數僅上漲 1.68%。2001 年至 2003 年連續三年物價上漲率呈現負值，臺灣出現通貨緊縮現象。而 2007 年與 2008 年國際原物料價格的大漲也帶動 CPI 上升，使得 2008 年通膨達 3.52%。2009 年開始，受到全球金融風暴影響，各國經濟重創，通膨壓力消失，2009 年臺灣的 CPI 為 −0.87%。到了 2018 年和 2019 年，CPI 年增率分別為 −1.35% 與 0.56%。

### 16-1-3　通貨膨脹的成本

一般人對通貨膨脹的印象是錢變薄了。譬如，以消費者物價指數計算的通貨膨脹率在 1974 年是 47.41%。這表示你在年初以 100 元買一份麥當勞超值全餐，到了 1974 年底，你必須花費 147.41 元才能買到一份相同的餐點。物價上升造成貨幣的實質購買力下跌。但是，如果老闆在年底決定調高你的薪水，調幅達 47.41%，則實質購買力應該不會受到通貨膨脹的影響。

通貨膨脹對社會所造成的不利成本共有六種，分別透過兩種途徑影響：預期通貨膨脹與非預期通貨膨脹。**預期通貨膨脹** (expected inflation) 是指社會大眾事先預估的通貨膨脹。倘若社會大眾依據現有資訊事先預估通貨膨脹幅度，且交易雙方能夠充分調整行為，在這種情況下，預期通貨膨脹的社會成本，主要是經濟體系面對物價上漲所付出的調整成本。這些成本包括菜單成本、皮鞋成本及財富重分配效果。

然而，每一個人對通貨膨脹的預期並不是十分準確。有時候會因為資訊不足或突發狀況，造成預期通貨膨脹與實際通貨膨脹之間的差異，我們稱為**非預期通貨膨脹** (unexpected inflation)。

> **預期通貨膨脹**　社會大眾事先預估的通貨膨脹。

> **非預期通貨膨脹**　預期通貨膨脹與實際通貨膨脹之間的差別。

非預期通貨膨脹所造成的社會成本有三種：干擾長期規劃、無規律性的財富重分配及損害資源配置效率。以下僅就預期通貨膨脹與非預期通貨膨脹所引發的成本，略述如下：

**菜單成本**　《聯合報》和《中國時報》一份 15 元，曾經維持好幾年的時間。士林夜市的上海生煎包一顆 14 元也是好久不曾變動。難道麵粉價格或豬肉成本都沒有上漲嗎？當然不是。廠商不願意經常調動商品價格的原因，是價格變動會帶來不利的成本。這種因為商品價格調整所導致的額外成本，稱為**菜單成本** (menu cost)。

> **菜單成本**　因為商品價格調整產生額外的成本。

因為物價變動所產生的菜單成本，包括商品必須重新標價、印製新的目錄和價目表、寄送型錄給客戶的費用、修改網頁的成本，以及決定新價格的成本等。

**皮鞋成本**　現金放在口袋裡並不會幫你賺取任何利息，只有存放銀行才有利息可領。因為通貨膨脹減損你口袋裡現金的購買力，在通貨膨脹較高時，你可採取減少現金持有的方式來避免價值的降低。在這種情況下，你會選擇多跑幾次銀行，盡可能將錢留在銀行賺取利息。由於常跑銀行，使皮鞋磨損得更快，而產生皮鞋成本。**皮鞋成本** (shoe-leather cost) 泛指大眾為減少現金持有數量，所犧牲的時間及提領貨幣的成本。

> **皮鞋成本**　大眾減少現金持有數量，所犧牲的時間及提領貨幣的成本。

**財富重分配效果**　儘管社會大眾能夠正確預期通貨膨脹的幅度，但是各經濟單位調整的時間不一定同時發生，這會使一方獲利，另一方遭受損失，產生**財富重分配** (redistribution of wealth) 的現象。

假設莊孝維過年領到紅包 10,000 元，過年後存入台新銀行的一年期定存，利率是 3%，一年後他可領回本金和利息共 10,000×(1 + 3%) = 10,300 元。如果同一期間的物價上漲率是 5%，一年後領到錢的實質價值是 10,300/(1 + 5%) = 9,809.52 元。在這個例子裡，銀行一年期定存利率未能充分反映通貨膨脹，即使民眾正確預期通貨膨脹率是 5%，存款人仍蒙受損失，銀行得到利益。

**長期規劃的干擾**　非預期通貨膨脹經常讓家計單位與廠商的長期規劃變得難以實行，且未來的不確定性也造成通貨膨脹難以預期。許多家庭和公司管理階層很難正確評估所應投資設廠或理財的數量，也無法分辨投資的優劣，引起金融市場的雜訊 (noise)，阻礙資源配置的角色。譬如，台積電計畫在未來五年內興建一座 18 吋晶圓廠，若因為非預期通貨膨脹上升導致建廠成本大漲，本來有利的投資方案，可能遭遇損失而變成無利可圖。

> 雜訊 未來的不確定性造成通貨膨脹難以預期，使得家計單位與廠商無法分辨投資的優劣。

**無規律性的財富重分配** 非預期通貨膨脹造成財富重分配呈無規律性的變化。如果我們將一年期的定存利率改成 5%，且其他條件不變，前述莊孝維一年後領回的本金加利息是 10,500 元，實質價值是 10,500/(1 + 5%) = 10,000 元，和未存入台新銀行前的價值相同。這個例子告訴我們，當名目利率等於通貨膨脹率時，實質利率為零。[2] 如果非預期通貨膨脹為正，使得實際通貨膨脹高於預期通貨膨脹，則莊孝維存款的實質價值會下降。在這種情況下，存款人遭受損失，銀行獲得利益；相反地，如果非預期通貨膨脹為負，使得實際通貨膨脹低於預期通貨膨脹，甚至發生通貨緊縮 (整體物價水準下跌)，則莊孝維存款的實質價值上升。在這種情況下，存款人得到利益，銀行遭受損失。

**損害資源配置效率** 在一個通貨膨脹的環境中，尤其是非預期通貨膨脹存在時，廠商很難去分辨商品價格的上漲，是由供給與需求失衡所引起，還是因為一般物價水準上升所造成。在某種程度上，通貨膨脹阻礙正確價格訊息的傳遞，扭曲了商品的相對價格，進而損害資源配置效率。

　　通貨膨脹有多可怕？當你買一隻雞要花 1,400 萬元時，會是什麼情況？委內瑞拉最高的年通貨膨脹率達 1,300,000%，全國缺糧，運糧車像運鈔車需要武裝警衛保護，麵包店前也有軍人站崗，甚至有 4 歲女童太餓搶食物而遭幫派槍殺的駭人事件。

---

[2] 名目利率＝實質利率＋通貨膨脹率。此為著名的費雪方程式，由美國經濟學家費雪 (Irving Fisher) 提出。

## 練習題 16-2

(1) 下列有關 "未預期的物價膨脹" 之敘述，何者正確？
(a) 受到銀行存款人歡迎，也受到銀行借款人歡迎
(b) 受到銀行存款人歡迎，但不受到銀行借款人歡迎
(c) 不受到銀行存款人歡迎，也不受到銀行借款人歡迎
(d) 不受到銀行存款人歡迎，但受到銀行借款人歡迎 (107 年外交特考)

(2) "通貨膨脹稅" 是指：
(a) 物價上漲時，人們所持有貨幣的實質購買力下降
(b) 物價上漲時，政府會額外對一般大眾所課的人頭稅
(c) 物價上漲時，政府會額外對企業所課的人頭稅
(d) 物價上漲時，政府會額外對企業的資本利得稅 (106 年關務特考)

類似問題：基本題 4。

## 16-2 菲力浦曲線

在 1958 年，經濟學家菲力浦 (A. W. Phillips) 將英國自 1861 年至 1957 年，每一年的貨幣工資變動率與失業率之間的關係繪製成圖。他發現兩者之間有很明顯的負向關係：當失業率很低時，工資上漲率就很高；當失業率很高時，工資上漲率就很低，甚至曾為負值。

兩年後，諾貝爾經濟學獎得主保羅・薩繆爾森 (Paul Samuelson) 與羅伯特・梭羅 (Robert Solow) 重複菲力浦教授的作法，使用的是 1900 年至 1960 年的美國資料。他們發現除了在 1930 年代中期失業率非常高的期間以外，在美國，工資上漲率與失業率之間也呈現負向的關係。兩位諾貝爾經濟學獎得主提出，負相關的原因是，在失業率較低的年份，通常總需求比較高，且總需求的增加會對經濟體系中的工資和物價造成上漲壓力。薩繆爾森與梭羅將這個關係定名為**菲力浦曲線** (Phillips curve)。

圖 16-4 繪出一條現代的菲力浦曲線。負斜率的菲力浦曲線帶給各國政府一個重要的啟示：它們要做的就是選擇不同組合的失業率和通貨膨脹率。如果它們願意承受更高的通貨膨脹，就可以達到低

> 菲力浦曲線 失業率與物價上漲率之間的負向關係。

### 圖 16-4 現代的菲力浦曲線

菲力浦曲線代表通貨膨脹率與失業率之間的負向關係。A 點是低通貨膨脹和高失業的組合，而 B 點是高通貨膨脹和低失業的組合。

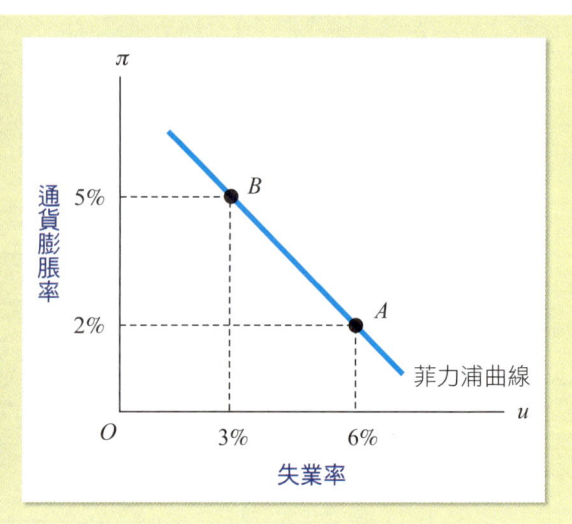

失業的目標。譬如，在圖 16-4，A 點代表低通膨與高失業的組合。如果財經當局以追求經濟成長為優先目標，經濟體系會從 A 點移向 B 點：高通膨與低失業；也就是財經當局面臨通貨膨脹與失業之間的抵換，低通膨和低失業只能兩者擇一，魚與熊掌不可兼得。

### 16-2-1　短期菲力浦曲線

我們可以利用短期總供給與總需求曲線來說明菲力浦曲線。首先，我們假設 2020 年的物價指數為 100。當 2021 年的總需求為圖 16-5(a) 的 $AD_0$ 時，短期總供給曲線 SAS 與總需求曲線 $AD_0$ 的交點在 a 點。經濟體系的總產出為新臺幣 9 兆元，而物價指數為 102；也就是說，從 2020 年至 2021 年的通貨膨脹率為 $\frac{102-100}{100}\times 100 = 2\%$。如果 2021 年的總需求比較高，是圖 16-5(a) 的 $AD_1$，經濟體系的均衡在 b 點。總產出為新臺幣 10 兆元，而物價指數為 105，換算成通貨膨脹率是 $\frac{105-100}{100}\times 100 = 5\%$。b 點的總需求比 a 點的總需求高，短期內總產量增加，所以廠商必須雇用更多的工人來生產較多的商品與服務。因此，b 點對應的失業率較 a 點對應的失業率低。

圖 16-5(b) 描繪**短期菲力浦曲線** (short-run Phillips curve)。短期菲力浦曲線顯示失業與通貨膨脹之間的短期抵換關係。圖 16-5(b) 的

**短期菲力浦曲線**
通貨膨脹與失業之間的短期抵換關係。

## 第 16 章　通貨膨脹與菲力浦曲線

(a) 短期總供給與總需求

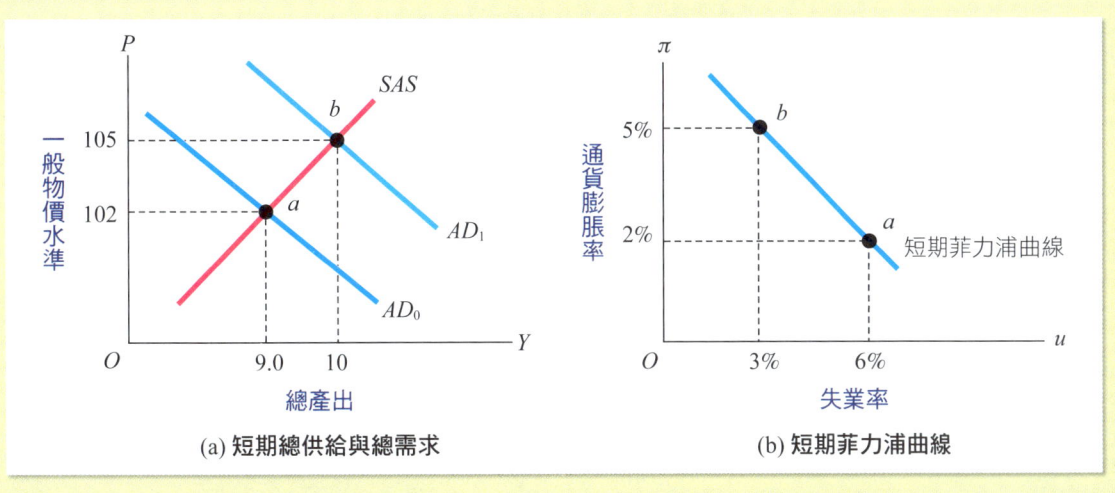

(b) 短期菲力浦曲線

**圖 16-5　短期總供給與總需求，以及短期菲力浦曲線的關係**

假設 2020 年物價指數為 100。(a) 圖：如果 2021 年的總需求曲線為 $AD_0$，則物價水準為 102，而產出為 9 兆元。此時對應的失業率是 6%。如果總需求曲線為 $AD_1$，則物價水準為 105，產出為 10 兆元，對應的失業率為 3%。(b) 圖：$a$ 點的通貨膨脹率等於 2%，是對應 (a) 圖的 $a$ 點。當總需求為 $AD_1$ 時，失業率降為 3%，通貨膨脹上升至 5%。

$a$ 點與 $b$ 點分別和圖 16-5(a) 中的 $a$ 點與 $b$ 點對應。在這個例子裡，當總產出從 9 兆元增加至 10 兆元時，失業率從 6% 下降至 3%。另一方面，$b$ 點對應的通貨膨脹率 5%，比 $a$ 點的通貨膨脹率 2% 高。因此，$a$ 點代表低通膨與高失業，而 $b$ 點則代表高通膨與低失業。

從上面的分析中，我們得到一項結論：在短期內，當短期總供給曲線固定不變時，位置較高的總需求曲線，造成高通膨與低失業。位置較低的總需求曲線，造成低通膨與高失業。總需求曲線沿著經濟體系短期總供給曲線的移動，可以推導出短期菲力浦曲線。

### 練習題 16-3

下列何者的變動不會造成短期菲力浦曲線的移動？
(a) 失業率
(b) 自然失業率
(c) 預期物價變動率
(d) 供給面的衝擊

(107 年關務特考)

類似問題：基本題 9。

### 16-2-2 長期菲力浦曲線

諾貝爾經濟學獎得主彌爾頓·傅利德曼 (Milton Friedman) 在 1968 年就任美國經濟學會會長的演說中指出，貨幣政策無法在長期選擇菲力浦曲線上的任何一個通貨膨脹與失業的組合。換言之，在長期，通貨膨脹率與失業率之間不存在任何抵換關係，菲力浦曲線在長期是垂直的。

我們可以用圖 16-6 的長期總供給曲線與總需求曲線來說明如何導出**長期菲力浦曲線** (long-run Phillips curve)。在圖 16-6(a)，當央行增加貨幣供給，使總需求從 $AD_0$ 向右移至 $AD_1$ 時，長期均衡從 $a$ 點移至 $b$ 點。物價水準從 102 上升至 105。由於總供給曲線在長期為一垂直線，此時的產量為**自然產出** (natural rate of output)。當產出等於自然產出水準時，勞動市場處於充分就業狀態，此時的失業率即為**自然失業率** (natural rate of unemployment)。

在圖 16-6(b)，擴張性的貨幣政策造成通貨膨脹率增加 (從 2% 上升至 5%)，經濟體系從 $a$ 點移到 $b$ 點。由於長期的失業率等於自然失業率，連結 $a$ 與 $b$ 兩點就可畫出垂直的長期菲力浦曲線。長期菲力浦曲線的政策涵義是：貨幣政策只會影響名目變數，而不會影

> **長期菲力浦曲線** 在長期，通貨膨脹與失業之間，不存在任何抵換關係。
>
> **自然產出** 充分就業下的產出水準。
>
> **自然失業率** 產出等於自然產出時的失業率。

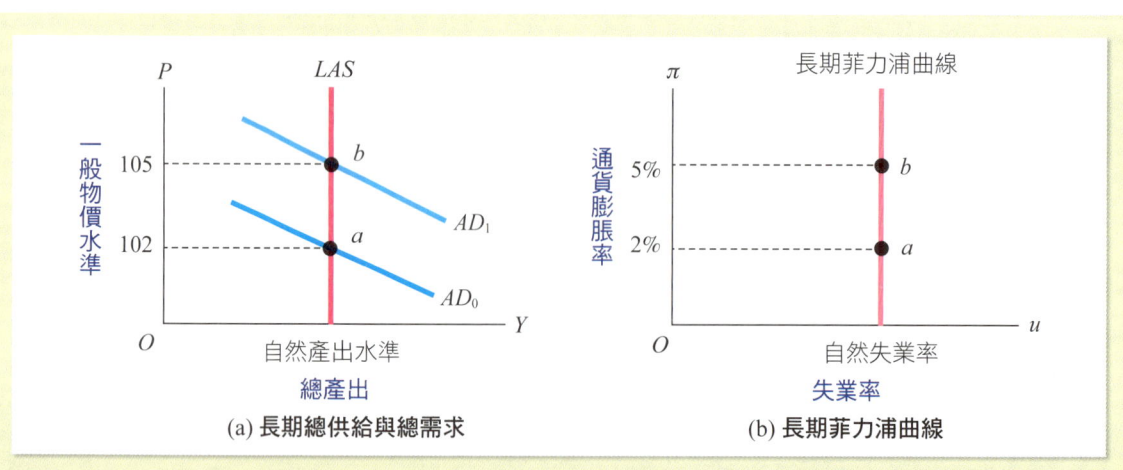

**圖 16-6　長期總供給與總需求，以及長期菲力浦曲線**

(a) 圖：長期總供給曲線 *LAS* 是一垂直線。當央行增加貨幣供給使總需求從 $AD_0$ 右移至 $AD_1$ 時，物價水準從 102 上漲至 105。(b) 圖：長期菲力浦曲線。長期產出維持在自然產出水準，對應的失業率是自然失業率。擴張性貨幣政策導致物價上漲 (從 2% 上升至 5%)，但失業率仍維持在自然失業率的水準。

響實質變數。長期失業率不受貨幣數量或通貨膨脹的影響。

### 16-2-3　菲力浦曲線的移動

現代菲力浦曲線除了以物價上漲率替代工資上漲率外，還將預期通貨膨脹與供給面的衝擊納入現代菲力浦曲線的討論中。這兩個因素是造成短期菲力浦曲線移動的因素。

**預期通貨膨脹**　傅利德曼與菲爾普斯 (Edmund Phelps) 是最先將預期通貨膨脹納入菲力浦曲線來討論的經濟學家。他們認為，廠商與勞工是根據預期物價來訂定工資契約和商品價格。當一般大眾預期物價上升時，就會要求較高的工資。在實際物價還是固定的情況下，工資上漲會提高廠商成本，廠商生產的商品與服務的數量將減少，這將導致短期總供給曲線向左移動，結果為物價上升和失業率提高。因此，預期通貨膨脹上升，將使短期菲力浦曲線向右上方移動；相反地，預期通貨膨脹下降，短期菲力浦曲線向左下方移動。

**供給面衝擊**　失業率與通貨膨脹率的短期抵換關係，到了 1970 年代，遭受到前所未有的挑戰。在 1973 年，石油輸出國家組織集會決定聯合減產，造成全球原油價格大幅攀升。油價上升，帶動能源價格上漲，廠商的生產成本提高，商品價格上升，整個經濟體系的商品與服務的供給減少，總供給曲線向左移動。短期總供給曲線的左移導致菲力浦曲線向右移動。

除了油價因素以外，勞動力、技術創新及資本存量的變動，均會引起菲力浦曲線的移動。譬如，政府提高最低工資，導致自然失業率的提高，經濟體系的總產出下降，長期總供給曲線左移，進而造成菲力浦曲線向右移動。

---

**練習題 16-4**

長期菲力浦曲線為：
(a) 正斜率
(b) 負斜率

(c) 垂直線
(d) 水平線

(108 年高考三級)

類似問題：基本題 11。

### 16-2-4　臺灣與世界各國的菲力浦曲線

表 16-2 是臺灣地區從 1978 年至 2018 年，通貨膨脹率、失業率及痛苦指數的統計數字。通貨膨脹率是以消費者物價指數計算的年增率，基期為 2016 年。痛苦指數則為失業率與通貨膨脹率的加總。除了 1979 年至 1981 年以外，臺灣地區痛苦指數均維持在個位數。1980 年與 1981 年的高通貨膨脹率是第二次石油危機所造成。

觀察臺灣地區的痛苦指數，我們發現在早期，通貨膨脹率是痛苦指數的主要因素。當物價上漲比較快時，痛苦指數上升；而當物價水準微幅上漲或甚至下跌時，痛苦指數在 3% 以下。

自 1995 年以後，失業率逐年攀升，到 2009 年甚至高達 5.85%，失業率成為民生痛苦的主要來源。根據前面的討論，通貨膨脹與失業所造成的社會成本並不相同。失業對個人及後代子孫會有較大的影響，容易造成貧富差距的現象，而通貨膨脹則會造成無規律性財富重分配，兩者都會損害資源分配效率。

表 16-2 與圖 16-7 是臺灣地區在 1978 年至 2019 年失業率和通貨膨脹率的資料及圖形。除了 1980 年和 1981 年以外，通貨膨脹率與失業率之間似乎存在一負向關係。當然這種負斜率的關係並不明顯。如果將資料期間分成兩個階段：1978 年至 1998 年與 1999 年至 2018 年。在圖 16-7(b)，剔除 1980 年和 1981 年的樣本點，似乎負斜率菲力浦曲線的關係清晰可見。1980 年與 1981 年可視為停滯性膨脹所造成菲力浦曲線的移動。圖 16-7(c)，短期菲力浦曲線的關係也存在，不過斜率似乎比 1978 年至 1998 年菲力浦曲線的斜率要陡，且在 1978 年至 1998 年菲力浦曲線的左下方。2008 年的失業率與通膨率相對較高，其原因為國際原物料價格和原油價格大漲所造成。而 2007 年的次貸危機與 2008 年的雷曼兄弟倒閉引發全球金融

### 表 16-2　臺灣地區失業率、通貨膨脹率與痛苦指數

| 年　份 | 失業率 | 通貨膨脹率 | 痛苦指數 |
| --- | --- | --- | --- |
| 1978 | 1.67 | 5.80 | 7.47 |
| 1979 | 1.27 | 9.74 | 11.01 |
| 1980 | 1.23 | 19.00 | 20.23 |
| 1981 | 1.36 | 16.35 | 17.71 |
| 1982 | 2.14 | 2.94 | 5.08 |
| 1983 | 2.71 | 1.36 | 4.07 |
| 1984 | 2.45 | −0.02 | 2.43 |
| 1985 | 2.91 | −0.17 | 2.74 |
| 1986 | 2.66 | 0.69 | 3.35 |
| 1987 | 1.97 | 0.52 | 2.49 |
| 1988 | 1.69 | 1.30 | 2.99 |
| 1989 | 1.57 | 4.41 | 5.98 |
| 1990 | 1.67 | 4.12 | 5.79 |
| 1991 | 1.51 | 3.62 | 5.13 |
| 1992 | 1.51 | 4.47 | 5.98 |
| 1993 | 1.45 | 2.94 | 4.39 |
| 1994 | 1.56 | 4.10 | 5.66 |
| 1995 | 1.79 | 3.66 | 5.45 |
| 1996 | 2.60 | 3.08 | 5.68 |
| 1997 | 2.72 | 0.91 | 3.63 |
| 1998 | 2.69 | 1.68 | 4.37 |
| 1999 | 2.92 | 0.18 | 3.10 |
| 2000 | 2.99 | 1.26 | 4.25 |
| 2001 | 4.57 | −0.01 | 4.56 |
| 2002 | 5.17 | −0.20 | 4.97 |
| 2003 | 4.99 | −0.28 | 4.71 |
| 2004 | 4.44 | 1.61 | 6.05 |
| 2005 | 4.13 | 2.31 | 6.44 |
| 2006 | 3.91 | 0.60 | 4.51 |
| 2007 | 3.91 | 1.80 | 5.71 |
| 2008 | 4.14 | 3.52 | 7.66 |
| 2009 | 5.85 | −0.87 | 4.98 |
| 2010 | 5.21 | 0.97 | 6.18 |
| 2011 | 4.39 | 1.42 | 5.81 |
| 2012 | 4.24 | 1.93 | 6.17 |
| 2013 | 4.18 | 0.79 | 4.97 |
| 2014 | 3.96 | 1.20 | 5.16 |
| 2015 | 3.78 | −0.30 | 3.48 |
| 2016 | 3.92 | 1.39 | 5.31 |
| 2017 | 3.76 | 0.62 | 4.38 |
| 2018 | 3.71 | 1.35 | 5.06 |
| 2019 | 3.73 | 0.56 | 4.29 |

資料來源：行政院主計總處網站 https://www.dgbas.gov.tw。

危機，間接造成臺灣失業率的上升。由此可見，每次石油危機所形成的預期因素，的確會造成菲力浦曲線的移動。

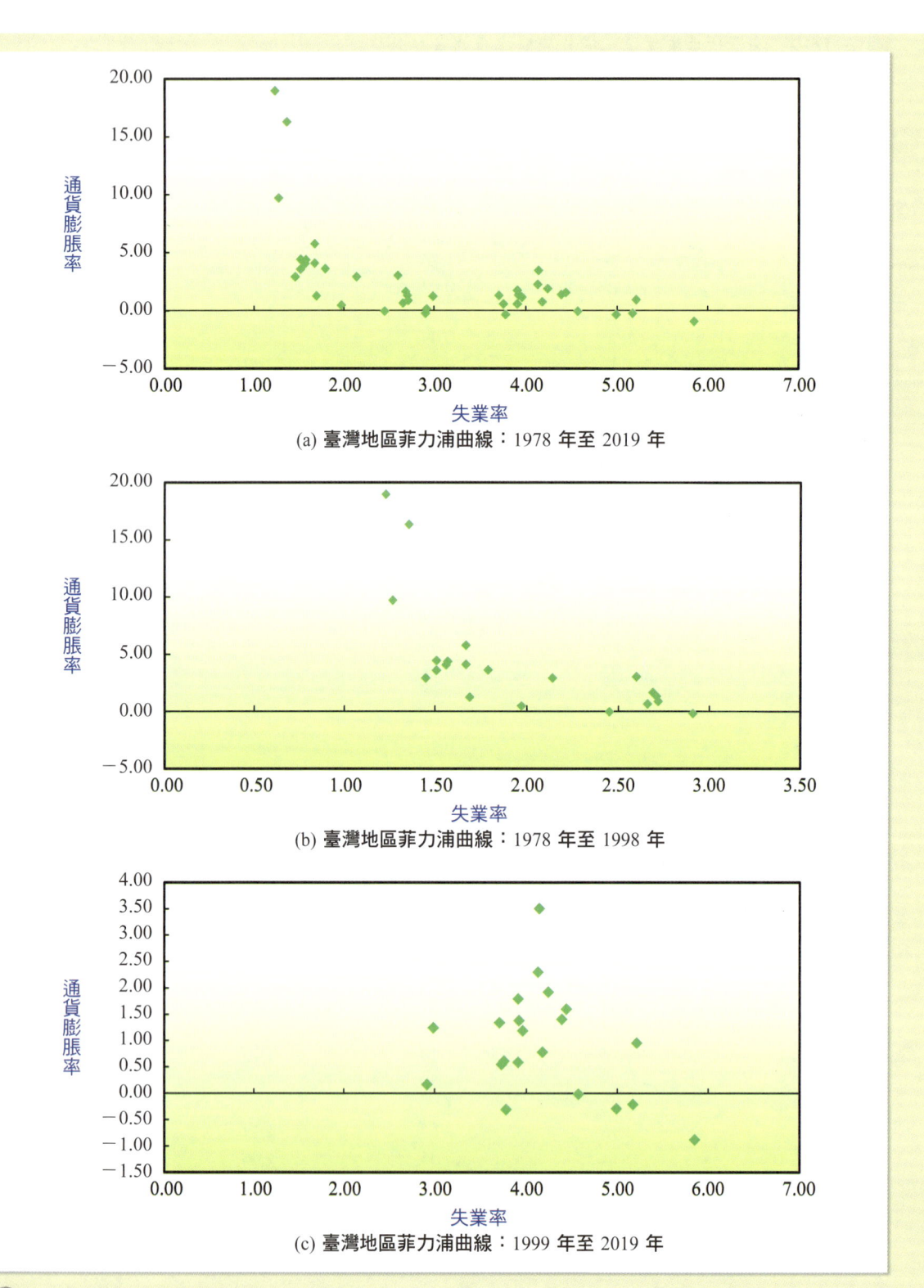

(a) 臺灣地區菲力浦曲線：1978 年至 2019 年

(b) 臺灣地區菲力浦曲線：1978 年至 1998 年

(c) 臺灣地區菲力浦曲線：1999 年至 2019 年

圖 16-7　臺灣地區的菲力浦曲線

表 16-3、表 16-4 及表 16-5 分別是主要國家失業率、消費者物價上漲率與痛苦指數。假設我們比較 2005 年和 2018 年香港的失業率與物價上漲率。香港在 2005 年的失業率是 5.6%，到了 2018 年失業率下降至 3.8%；物價上漲率在 2005 年是 1.1%，到了 2018 年是 2.4%。我們的結論是：以香港為例，失業率上升與通貨膨脹率下跌的現象同時存在，這表示失業和通貨膨脹間有短期抵換關係，短期菲力浦曲線在香港是成立的。

利用這種方式觀察其他國家的數據發現，日本、香港、英國、加拿大、德國、法國和中國似乎都存在短期菲力浦曲線，而臺灣、新加坡、美國並無菲力浦曲線的短期抵換關係。表 16-5 的痛苦指數顯示，法國、英國 (2010 年至 2012 年) 和德國 (2005 年至 2008 年) 的痛苦指數超過兩位數。究其原因為法國的退休制度與失業保障的社會福利制度設計失當，失業率居高不下。譬如，希臘與西班牙 2020 年的失業率分別高達 16.8% 和 16.3%。

### 表 16-3 歷年主要國家 (地區) 失業率 (單位：百分比)

| 年份\國家 | 臺灣 | 香港 | 日本 | 南韓 | 新加坡 | 美國 | 加拿大 | 德國 | 英國 | 法國 | 中國 |
|---|---|---|---|---|---|---|---|---|---|---|---|
| 2005 | 4.13 | 5.6 | 4.4 | 3.8 | 3.1 | 5.1 | 6.8 | 11.3 | 4.8 | 8.9 | 4.5 |
| 2006 | 3.91 | 4.8 | 4.1 | 3.5 | 2.7 | 4.6 | 6.3 | 10.3 | 5.4 | 8.8 | 4.4 |
| 2007 | 3.91 | 4.0 | 3.8 | 3.3 | 2.1 | 4.6 | 6.1 | 8.5 | 5.3 | 8.0 | 4.3 |
| 2008 | 4.14 | 3.5 | 4.0 | 3.2 | 2.2 | 5.8 | 6.1 | 7.4 | 5.7 | 7.4 | 4.6 |
| 2009 | 5.85 | 5.3 | 5.1 | 3.6 | 3.0 | 9.3 | 8.4 | 7.6 | 7.6 | 9.1 | 4.7 |
| 2010 | 5.21 | 4.3 | 5.1 | 3.7 | 2.2 | 9.6 | 8.1 | 7.0 | 7.9 | 9.3 | 4.5 |
| 2011 | 4.39 | 3.4 | 4.6 | 3.4 | 2.0 | 9.0 | 7.5 | 5.8 | 8.1 | 9.2 | 4.5 |
| 2012 | 4.24 | 3.3 | 4.4 | 3.2 | 2.0 | 8.1 | 7.3 | 5.4 | 8.0 | 9.8 | 4.6 |
| 2013 | 4.18 | 3.4 | 4.0 | 3.1 | 1.9 | 7.4 | 7.1 | 5.2 | 7.6 | 10.3 | 4.6 |
| 2014 | 3.96 | 3.3 | 3.6 | 3.5 | 2.0 | 6.2 | 6.9 | 5.0 | 6.2 | 10.3 | 4.6 |
| 2015 | 3.78 | 3.3 | 3.4 | 3.6 | 1.9 | 5.3 | 6.9 | 4.6 | 5.4 | 10.4 | 4.6 |
| 2016 | 3.92 | 3.4 | 3.1 | 3.7 | 2.1 | 4.9 | 7.0 | 4.1 | 4.9 | 10.1 | 4.5 |
| 2017 | 3.76 | 3.1 | 2.8 | 3.7 | 2.2 | 4.4 | 6.3 | 3.8 | 4.4 | 9.4 | 4.4 |
| 2018 | 3.71 | 3.8 | 2.4 | 3.8 | 2.1 | 3.9 | 5.8 | 3.4 | 4.1 | 9.1 | 4.4 |

資料來源：1. 除我國、香港、新加坡採官方網站失業率外，餘為 OECD Harmonised unemployment rates。
2. 新加坡整體失業率係含外籍就業者在內之全體失業率。

### 表 16-4　歷年主要國家(地區)物價指數年增率　　　　　　　　　　　　　　　　(單位：百分比)

| 年份\國家 | 臺灣 | 香港 | 日本 | 南韓 | 新加坡 | 美國 | 加拿大 | 德國 | 英國 | 法國 | 中國 |
|---|---|---|---|---|---|---|---|---|---|---|---|
| 2005 | 2.31 | 1.10 | −0.27 | 2.75 | 0.50 | 3.40 | 2.21 | 1.60 | 2.00 | 1.74 | 1.78 |
| 2006 | 0.60 | 1.70 | 0.24 | 2.24 | 1.00 | 3.20 | 2.00 | 1.60 | 2.30 | 1.68 | 1.65 |
| 2007 | 1.80 | 1.30 | 0.06 | 2.54 | 2.10 | 2.90 | 2.14 | 2.30 | 2.30 | 1.49 | 4.82 |
| 2008 | 3.52 | 3.60 | 1.37 | 4.67 | 6.60 | 3.80 | 2.37 | 2.60 | 3.60 | 2.81 | 5.93 |
| 2009 | −0.87 | 0.40 | −1.35 | 2.76 | 0.60 | −0.40 | 0.30 | 0.30 | 2.20 | 0.09 | −0.73 |
| 2010 | 0.97 | 2.70 | −0.7 | 2.9 | 2.8 | 1.6 | 1.8 | 1.10 | 2.5 | 1.53 | 3.18 |
| 2011 | 1.42 | 5.60 | −0.3 | 4.0 | 5.2 | 3.2 | 2.9 | 2.10 | 3.9 | 2.12 | 5.55 |
| 2012 | 1.93 | 3.60 | −0.1 | 2.2 | 4.6 | 2.1 | 1.5 | 2.0 | 2.6 | 1.96 | 2.62 |
| 2013 | 0.79 | 5.10 | 0.3 | 1.3 | 2.4 | 1.5 | 0.9 | 1.5 | 2.3 | 0.86 | 2.62 |
| 2014 | 1.20 | 5.60 | 2.8 | 1.3 | 1.0 | 1.6 | 1.9 | 0.9 | 1.5 | 0.51 | 1.92 |
| 2015 | −0.30 | 3.00 | 0.8 | 0.7 | −0.5 | 0.1 | 1.1 | 0.5 | 0.4 | 0.00 | 1.44 |
| 2016 | 1.39 | 2.40 | −0.1 | 1.0 | −0.5 | 1.3 | 1.4 | 0.5 | 1.0 | 0.61 | 2.00 |
| 2017 | 0.62 | 1.50 | 0.5 | 1.9 | 0.6 | 2.1 | 1.6 | 1.50 | 2.6 | 1.19 | 1.59 |
| 2018 | 1.35 | 2.40 | 1.0 | 1.5 | 0.4 | 2.4 | 2.3 | 1.70 | 2.3 | 1.59 | 2.07 |

資料來源：行政院主計總處、各國官方統計網站、國際貨幣基金會《國際金融統計月報》。

註：1. 中華民國物價指數以 2016 年為 100，新加坡製造產品物價指數以 2018 年為 100，其餘以 2010 年為 100。
　　2. 英國消費者物價為 CPIH (a measure of consumer price inflation that includes owner occupiers' housing costs (OOH))。

### 表 16-5　歷年主要國家(地區)痛苦指數　　　　　　　　　　　　　　　　　　(單位：百分比)

| 年份\國家 | 臺灣 | 香港 | 日本 | 南韓 | 新加坡 | 美國 | 加拿大 | 德國 | 英國 | 法國 | 中國 |
|---|---|---|---|---|---|---|---|---|---|---|---|
| 2005 | 6.44 | 6.70 | 4.15 | 6.50 | 3.60 | 8.47 | 8.97 | 12.88 | 6.79 | 10.60 | 6.28 |
| 2006 | 4.51 | 6.50 | 4.38 | 5.72 | 3.70 | 7.82 | 8.34 | 11.88 | 7.65 | 10.53 | 6.05 |
| 2007 | 5.71 | 5.30 | 3.90 | 5.79 | 4.20 | 7.52 | 8.19 | 10.84 | 7.58 | 9.48 | 9.12 |
| 2008 | 7.66 | 7.10 | 5.37 | 7.85 | 8.80 | 9.58 | 8.51 | 10.03 | 9.30 | 10.24 | 10.53 |
| 2009 | 4.98 | 5.70 | 3.72 | 6.39 | 3.60 | 8.87 | 8.65 | 7.94 | 9.80 | 9.20 | 3.97 |
| 2010 | 6.18 | 7.00 | 4.35 | 6.61 | 5.00 | 11.22 | 9.86 | 8.07 | 10.40 | 10.80 | 7.68 |
| 2011 | 5.81 | 9.00 | 4.28 | 7.41 | 7.20 | 12.15 | 10.43 | 7.93 | 11.96 | 11.30 | 10.05 |
| 2012 | 6.17 | 6.90 | 4.25 | 5.43 | 6.60 | 10.17 | 8.79 | 7.38 | 10.60 | 11.72 | 7.22 |
| 2013 | 4.97 | 8.50 | 4.33 | 4.40 | 4.30 | 8.88 | 7.98 | 6.74 | 9.85 | 11.18 | 7.22 |
| 2014 | 5.16 | 8.90 | 6.39 | 4.79 | 3.00 | 7.77 | 8.81 | 5.89 | 7.70 | 10.82 | 6.52 |
| 2015 | 3.48 | 6.30 | 4.18 | 4.29 | 1.40 | 5.39 | 8.01 | 5.13 | 5.80 | 10.38 | 6.04 |
| 2016 | 5.31 | 5.80 | 3.02 | 4.68 | 1.60 | 6.17 | 8.39 | 4.63 | 5.90 | 10.68 | 6.50 |
| 2017 | 4.38 | 4.60 | 3.31 | 5.58 | 2.80 | 6.45 | 7.94 | 5.26 | 6.96 | 10.62 | 5.99 |
| 2018 | 5.06 | 6.20 | 3.44 | 5.33 | 2.50 | 6.30 | 8.13 | 5.10 | 6.40 | 10.70 | 6.47 |

## 16-3　結　語

　　歐洲統計局公布，2018 年西班牙有 8.2% 的 16 歲至 24 歲年輕人超過一年沒有工作，有高達 46.7% 的青年因為找不到全職工作，只能找部分工時的工作，西班牙青年平均失業率達 34.6%。各種跡象顯示，歐陸逐步陷入另一波衰退。在此同時，通膨已經減緩，市場對未來通膨預期的心理也已經大減，令人訝異的是，歐洲央行即便已實施負利率一陣子，景氣依舊不見起色，苦了失業族。政府馳援，只有銀行得救，失業者仍被排除在外。

### 摘要

- 通貨膨脹是經濟社會整體的物價水準持續性上漲。通貨膨脹造成社會有六種不利的成本：菜單成本、皮鞋成本、財富重分配效果、長期規劃的干擾、無規律性的財富重分配，以及損害資源配置效率。
- 菲力浦曲線描繪通貨膨脹率和失業率之間關係。這種負向的抵換關係，只有在短期才會成立。在長期，菲力浦曲線為一垂直線。
- 造成菲力浦曲線移動的原因有兩個：預期因素與供給面衝擊。預期通貨膨脹率上升與生產成本增加，均會造成菲力浦曲線向右移動。

### 習題

**基本題**

1. 在成本推動通貨膨脹一開始時，
   (a) 生產力上升
   (b) 實質 GDP 上升得比貨幣數量快
   (c) 短期總供給曲線上移
   (d) 物價與失業均上升
2. 惡性通貨膨脹對人民生活有何影響？
3. 在通貨膨脹與通貨緊縮的環境下，請問你會如何處理你的銀行存款？
4. 若人們預期物價上升，但實際卻是下降，下列何者將會受益？
   (a) 借款者及手中有大量現金者
   (b) 借款者但手中無大量現金者
   (c) 手中有大量現金但非借款者
   (d) 既非借款者，手中也無大量現金
   　　　　　　　　　　　(100 年政大商學)
5. 經濟體系陷入通貨緊縮狀態，將對債權人與債務人造成何種影響？
   (a) 預期通縮將會減輕債務人的實質負債
   (b) 預期通縮將會增加債權人的實質債權
   (c) 非預期通縮將會增加債務人的實質負債
   (d) 非預期通縮將會減少債權人的實質債權
   　　　　　　　　　　　(107 年關務特考)
6. 若通貨膨脹都能正確被預期，則下列哪一群人能夠規避通貨膨脹所導致的損失？
   (a) 訂有伸縮性條款契約的工人

(b) 現金持有者
(c) 領固定生活津貼者
(d) 債權人
(e) 債務人

7. 未預期到的通貨膨脹不會產生何種影響？
   (a) 皮鞋成本增加
   (b) 菜單成本增加
   (c) 財富重分配
   (d) 自然失業率下降　　　(108 年初等考試)

8. 請問非預期通貨膨脹對購買政府公債的投資人有何影響？

9. 假設縱軸為物價膨脹率，橫軸為失業率。下列何者最有可能造成短期菲力浦曲線 (Phillips curve) 往右方移動？
   (a) 大眾預期物價持續上漲
   (b) 大眾預期物價膨脹率上升
   (c) 預期貨幣供給減少
   (d) 預期利率上升　　　(106 年關務特考)

10. 當通期通貨膨脹率上升時，短期菲力浦曲線變動為何？　　　(105 年關務特考)

11. "假設勞工能夠精準預測通膨率，體系內實際失業率將等於自然失業率。" 此敘述在何種情況將是正確？
    (a) 長期垂直菲力浦曲線 (Phillips curve)
    (b) 短期負斜率菲力浦曲線
    (c) 長期負斜率菲力浦曲線
    (d) 短期正斜率菲力浦曲線
    　　　(107 年關務特考)

### 進階題

1. 下列何者會因為突發性的物價膨脹而遭受損失？
   (a) 擁有多筆土地的地主
   (b) 債臺高築的債務人
   (c) 在股市炒作股票的投機大戶
   (d) 手上握有大量現金的個人
   　　　(93 年東吳企管二)

2. 阿根廷與委內瑞拉曾經歷惡性通貨膨脹的衝擊，其中一個對抗物價飛漲的措施是釘住美元 – 披索比。請問這種政策是否可遏止惡性通貨膨脹？

3. 若央行想要降低通貨膨脹率，但人們不相信通膨會像央行所說的減少幅度，則在短期失業率及短期菲力浦曲線變動為何？
   　　　(100 年成大交管)

4. 2002 年臺灣發生乾旱，尤其是北部地區，使食物價格上漲。請問對失業和通貨膨脹之間的抵換關係有何影響？

5. 在 1986 年至 1998 年，全球原油價格疲軟。請問油價下跌時，失業與通貨膨脹的短期抵換關係是否不存在？

6. 若貨幣供給成長率為 10%，潛在 GDP 的成長率是 6%。請問長期的通貨膨脹率是多少？若名目利率是 7%，請問實質利率為何？

7. 行政院主計總處估計臺灣短期的通膨率與失業率之間的關係式為：

   $$\pi_t = \pi_t^e - 0.5(u_t - u_n)$$

   $\pi_t$ 與 $\pi_t^e$ 分別為 $t$ 期的通膨率與預期通膨率。令 $\pi_t^e = \pi_{t-1}$，$u_t$ 與 $u_n$ 為 $t$ 期失業率與自然失業率。假設 $\pi_{t-1} = 3\%$。摩擦性失業率為 1.5%，結構性失業率為 1.5%。若政府追求目標 $\pi_{t-1} = 0.045$，則 $t$ 的通膨率是多少？
   　　　(97 年東吳企管)

8. 假設歐肯法則 (Okun's Law) 為：若失業率 = 自然失業率 − 2×(實際通貨膨脹率 − 預期通貨膨脹率)。若自然失業率為 5%，物價水準在 2021 年和 2020 年分別為 106 與 100。請問：
   (a) 2021 年的通貨膨脹率是多少？
   (b) 2021 年的預期通貨膨脹率是多少？
   (c) 若預期通貨膨脹率上升至 7.5%，則長期與短期菲力浦曲線有何變化？
   (d) 若自然失業率上升至 7%，則短期與長期菲力浦曲線有何變化？

9. 假設迦納在 2020 年的失業率是 5%，自然失業率是 3%，且該年產出為 2,000。根據歐肯法則 (Okun's Law)，請問 2020 年的產出缺口為何？　　　(97 年暨南經濟改編)

10. 假設臺灣地區的菲力浦曲線為：

    $$\pi = \pi^e - 0.5(u - 0.06)$$

    (a) 請問自然失業率是多少？(提示：$\pi^e = \pi^{-1}$)
    (b) 請畫出短期與長期菲力浦曲線
11. 請問下列事件對長期和短期菲力浦曲線的影響：
    (a) 貨幣供給增加
    (b) 進口原油價格上漲
    (c) 預期通貨膨脹率下跌
    (d) 政府調高最低工資率
12. 何謂停滯性膨脹？其推論的背後對於物價與失業率的對應變動有何假設性看法？與傳統經濟循環中的景氣衰退階段有何異同？　　　　　　　　(97 年臺大國企)
13. 若實際失業率低於自然失業率，則下列何者正確？
    (a) 通貨膨脹率上升
    (b) 菲力浦曲線 (Phillips curve) 會向左移動
    (c) 工資會下降
    (d) 自然失業率會下降

## 上網題

1. 請至行政院主計總處網站，下載主要國家消費者物價上漲率及主要國家失業率。請計算日本、德國、新加坡、南韓及美國最近兩年的痛苦指數。
2. 請至行政院主計總處網站，下載最近兩年各個月份的失業率、消費者物價指數和躉售物價指數的資料。
   (a) 請計算各個月份消費者物價上漲率和躉售物價上漲率
   (b) 請繪出各個月份消費者物價上漲率和失業率的圖形
   (c) 請繪出各個月份躉售物價上漲率和失業率的圖形
3. 請上臺灣雅虎網站或 Google 網站，鍵入"惡性通貨膨脹"，列出定義，並舉出三個曾經歷惡性通貨膨脹的國家。

# Chapter 17 國際貿易

**清**晨，你用德製咖啡機，為自己煮一杯來自哥倫比亞的咖啡，搭配永和豆漿的燒餅油條，做為一天生活的序曲。吃早餐時，打開馬來西亞製的電視機，觀看 CNN 頻道。接著，你穿上香港做的衣服，並搭乘零件來自世界各國的捷運去上學。儘管你沒有出國，但是每天都依賴來自世界各地製造的商品。國際貿易讓每個人過更好的生活。

一百年前，紡織業和服飾業是美國的主要產業。四十年前，紡織業和成衣業是臺灣的主要產業。但好景不常，新臺幣匯率從 1987 年的 1 美元兌換 40 元新臺幣到 1993 年的 1 美元兌換 25 元新臺幣，再加上臺灣產業進入轉型期，勞力和土地成本飛漲。目前臺灣的紡織業已外移至東南亞及中國。

根據世界貿易組織 (WTO) 的統計資料，2018 年中國是全世界最大的紡織品與成衣出口國，出口總值分別為 1,190 億美元和 1,580 億美元 (出口值占全世界前十大出口總值的比例分別為 43.6% 與 37.5%)。同一時期，美國是紡織品和成衣的最大進口國，總值分別是 300 億美元及 920 億美元 (進口值占全世界前十大進口總值的比例分別為 16.4% 與 24.3%)。

美國的紡織業從一百年前的主流產業，到現在成為最大進口國，這種產業的興衰說明經濟學中一個重要的課題：國際貿易是如何發生的。透過國際貿易理論的探討，我們可以瞭解一個國家如何獲利與受害，以及貿易政策又是如何影響一國的經濟福利。

## 17-1　臺灣的國際貿易

　　在 1975 年以前，臺灣地區的出口大多是低於進口值。當一國的出口值小於進口值時稱為**貿易逆差** (trade deficit)。當一國的出口值超過進口值時，則稱為**貿易順差** (trade surplus)。表 17-1 是按當年價格計算的出口、進口及淨出口值。從 1951 年開始，臺灣的貿易泰半處於赤字狀態。在 1974 年，貿易逆差達到最高峰，為新臺幣 42,583 百萬元。

　　1976 年是一個轉捩點，從此以後，臺灣地區的貿易幾乎處於盈餘狀態。順差在 2017 年時達到高峰，為新臺幣 2,399,830 百萬元。[1] 其中，只有在 1980 年貿易帳呈現赤字，為新臺幣 17,754 百萬元。

---

1　若以連鎖實質值計算，順差在 2017 年達到高峰，最大逆差發生在 1998 年。

### 表 17-1　臺灣地區輸出與輸入　　　　　　　　　（單位：新臺幣百萬元）

| 年　份 | 輸　出 | 輸　入 | 淨出口 |
|---|---|---|---|
| 1975 年 | 233,701 | 253,007 | －19,306 |
| 1976 年 | 336,228 | 320,966 | 15,262 |
| 1977 年 | 405,534 | 365,118 | 40,416 |
| 1978 年 | 519,372 | 455,416 | 63,956 |
| 1979 年 | 637,586 | 624,067 | 13,519 |
| 1980 年 | 783,272 | 801,026 | －17,754 |
| 1981 年 | 917,245 | 881,965 | 35,280 |
| 1982 年 | 947,554 | 851,310 | 96,244 |
| 1983 年 | 1,117,529 | 938,623 | 178,906 |
| 1984 年 | 1,322,333 | 1,071,640 | 250,693 |
| 1985 年 | 1,345,612 | 1,018,166 | 327,446 |
| 1986 年 | 1,661,598 | 1,114,330 | 547,268 |
| 1987 年 | 1,859,110 | 1,336,867 | 522,243 |
| 1988 年 | 1,919,625 | 1,674,910 | 244,715 |
| 1989 年 | 1,959,957 | 1,711,467 | 248,490 |
| 1990 年 | 2,020,737 | 1,834,190 | 186,547 |
| 1991 年 | 2,309,420 | 2,123,441 | 185,979 |
| 1992 年 | 2,363,843 | 2,281,933 | 81,910 |
| 1993 年 | 2,674,195 | 2,588,868 | 85,327 |
| 1994 年 | 2,897,685 | 2,802,859 | 94,826 |
| 1995 年 | 3,448,460 | 3,346,200 | 102,260 |
| 1996 年 | 3,738,767 | 3,492,880 | 245,887 |
| 1997 年 | 4,127,263 | 3,974,253 | 153,010 |
| 1998 年 | 4,418,599 | 4,340,093 | 78,506 |
| 1999 年 | 4,627,041 | 4,409,881 | 217,160 |
| 2000 年 | 5,444,410 | 5,258,052 | 186,358 |
| 2001 年 | 5,098,642 | 4,616,692 | 481,950 |
| 2002 年 | 5,666,553 | 4,982,001 | 684,552 |
| 2003 年 | 6,248,779 | 5,570,234 | 678,545 |
| 2004 年 | 7,404,437 | 7,060,308 | 344,129 |
| 2005 年 | 7,841,435 | 7,398,645 | 442,790 |
| 2006 年 | 8,993,922 | 8,346,508 | 647,414 |
| 2007 年 | 10,169,267 | 9,179,670 | 989,597 |
| 2008 年 | 10,171,377 | 9,545,097 | 626,280 |
| 2009 年 | 8,732,598 | 7,631,728 | 1,100,870 |
| 2010 年 | 11,197,740 | 10,267,516 | 930,224 |
| 2011 年 | 11,528,993 | 10,600,449 | 928,544 |
| 2012 年 | 11,634,675 | 10,587,700 | 1,046,975 |
| 2013 年 | 11,854,435 | 10,526,770 | 1,327,665 |
| 2014 年 | 12,559,478 | 10,933,622 | 1,625,856 |
| 2015 年 | 12,157,096 | 9,959,487 | 2,197,609 |
| 2016 年 | 11,808,128 | 9,614,743 | 2,193,385 |
| 2017 年 | 12,095,508 | 9,695,678 | 2,399,830 |
| 2018 年 | 12,219,490 | 10,184,141 | 2,035,349 |
| 2019 年 | 12,097,562 | 10,130,225 | 1,967,337 |

資料來源：行政院主計總處網站 https://www.dgbas.gov.tw。

因為第二次石油危機，出口金額 (新臺幣 783,272 百萬元) 低於進口金額 (新臺幣 801,026 百萬元)。近年來，因全球景氣趨緩，貿易戰衝擊，市場需求保守，各國貿易也同受衝擊，截至 2019 年 10 月為止，外銷訂單連 11 黑。

---

### 練習題 17-1

(1) 所謂自由貿易協定是指簽約國間去除彼此貿易障礙，而對非簽約國：
(a) 完全去除彼此貿易障礙
(b) 局部去除彼此貿易障礙
(c) 仍維持彼此貿易障礙
(d) 先去除障礙，日後再恢復

(107 年初等考試)

(2) 臺灣目前尚未加入下列哪一個世界組織？
(a) 世界貿易組織 (WTO)
(b) 亞太經濟合作會議 (APEC)
(c) 亞洲開發銀行 (ADB)
(d) 東南亞國家協會 (ASEAN)

(105 年外交特考)

類似問題：基本題 1。

---

## 17-2 國際貿易的利益

臺灣的寶成工業是全世界最大的 Nike 球鞋生產廠商。全世界平均每十雙運動鞋，就有一雙是由寶成集團製造。每一年生產的球鞋數量超過臺灣人購買的數量，大部分的球鞋都是銷售到國外。為什麼臺灣會成為運動鞋的出口國？

答案很簡單，臺灣在生產球鞋上有比較利益。臺灣生產一雙球鞋的機會成本比其他國家低。因此，消費者向臺灣購買球鞋的價格要低於向其他國家購買的價格。而且，寶成集團能夠以比國內售價更高的價格銷售給國外的消費者。

進行國際貿易的結果是雙方均可獲得利益。國外的消費者從較低的球鞋價格中獲益，寶成的員工與股東可從較高的價格獲利，臺灣的出口和 GDP 都會增加，這是一個三贏的局面。

## 17-2-1 如何決定交易價格？

瞭解臺灣生產球鞋成本較低及貿易的好處之後，究竟別的國家會以什麼樣的價格向臺灣購買球鞋？譬如，臺灣與美國間的球鞋交易價格為何？這個交易價格稱為**貿易條件** (terms of trade)，是指本國商品與外國商品的交換比率。若將貿易條件的範圍擴大，運用到全球市場，貿易條件又可稱為**世界價格** (world price)。

> 貿易條件 本國商品與外國商品的交換比率，又稱實質匯率。
>
> 世界價格 若將貿易條件範圍擴大運用到全球市場，可稱為世界價格。

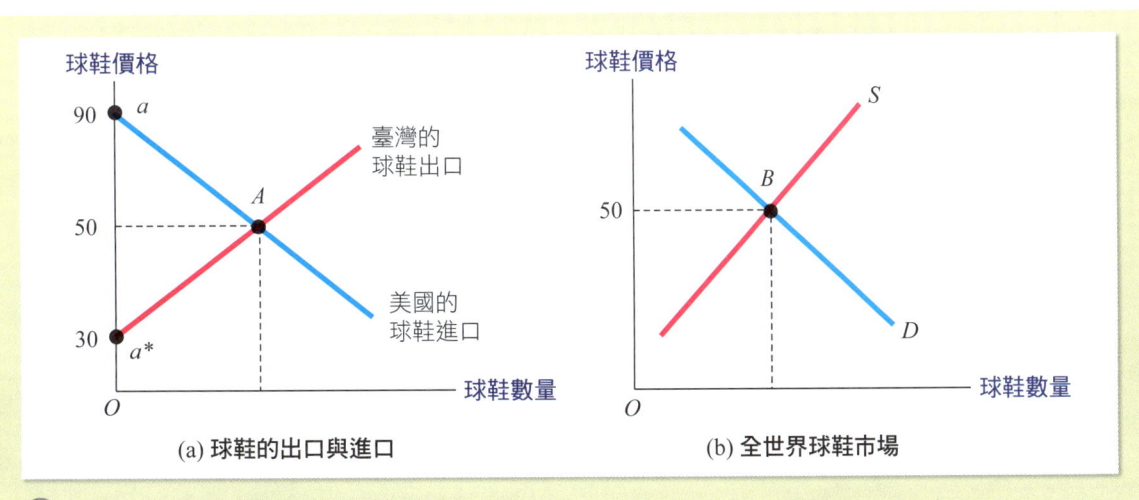

我們以圖 17-1 為例說明貿易條件和世界價格如何決定。為方便分析，我們以臺灣與美國間的貿易做為分析基礎。

圖 17-1(a) 說明臺灣—美國球鞋的國際貿易。橫軸是球鞋的國際交易數量，縱軸是球鞋價格。價格就是貿易條件，即兩國球鞋交換的比率。假設沒有國際貿易，美國一雙球鞋的價格是 $90，如圖中的 $a$ 點所示；同樣地，若沒有國際貿易，臺灣一雙球鞋的價格是 $30，如圖中的 $a^*$ 點所示。球鞋價格 (貿易條件) 愈低，美國願意從臺灣進口球鞋的數量愈多，這可由圖 17-1(a) 的負斜率曲線表示，此為美國球鞋的進口曲線。

對臺灣而言，球鞋價格 (貿易條件) 愈高，願意出口的球鞋數量愈多，這可由圖 17-1 的正斜率曲線表示，此為臺灣的球鞋出口供給曲線。球鞋的國際市場決定均衡的價格 (貿易條件) 及數量。這個

### 圖 17-1 貿易條件

(a) 圖是球鞋的出口與進口：球鞋的出口與進口曲線的交點，決定均衡的球鞋交易價格，每雙 50 美元。(b) 圖是全世界球鞋市場：貿易條件決定於球鞋供給與需求的交點，每雙球鞋為 50 美元。

均衡是發生在進口需求曲線與出口供給曲線的交點 A 點。圖 17-1(a) 中，球鞋的均衡價格為一雙 $50。請注意，貿易條件低於美國球鞋價格，但高於臺灣球鞋價格。

圖 17-1(b) 的供給曲線 S 為全世界球鞋的供給曲線，在此為美國與臺灣球鞋供給的水平加總 (假設全世界僅有臺灣與美國兩個國家)。需求曲線 D 則為全世界球鞋的需求曲線，即臺灣與美國球鞋需求的水平加總。當供給曲線與需求曲線相交時，決定均衡世界價格為 $50。(b) 圖也適用於分析兩個以上的國家。實際上，商品的世界價格正是由全世界的供需所決定。

### 練習題 17-2

若貿易條件 (TOT) 定義成出口產品的國際價格 ($P_X$) 除以進口產品的國際價格 ($P_M$)，也就是 $\text{TOT} = \dfrac{P_X}{P_M}$。TOT 值愈大，是否對經濟愈有利？

類似問題：基本題 2。

### 17-2-2 國際貿易的利得與損失

自由貿易雖然使雙方人民福利水準提高。然而，就生產同樣商品的國內生產者而言，低價商品意味著商品價格必須調降，否則將喪失其競爭力而退出市場。WTO 會員國儘管可享受低價農產品，但對某些以農業為主的國家而言，卻是沉重的負擔。譬如，臺灣在 2002 年加入 WTO 後，米酒價格從 20 元調漲至 180 元，國產稻米面臨美國稻米的強力競爭，使得農民生計飽受威脅。[2] 因為這個緣故，有必要進一步分析國際貿易對出口國和進口國的利得和損失。

**出口國的利得和損失**　圖 17-2(a) 為國際貿易發生之前的臺灣球鞋市

---

[2]　2009 年 6 月立法院通過菸酒稅，蒸餾酒由 "按量課稅" 改為 "按酒精濃度課稅"。紅標米酒價格降為 50 元以下。

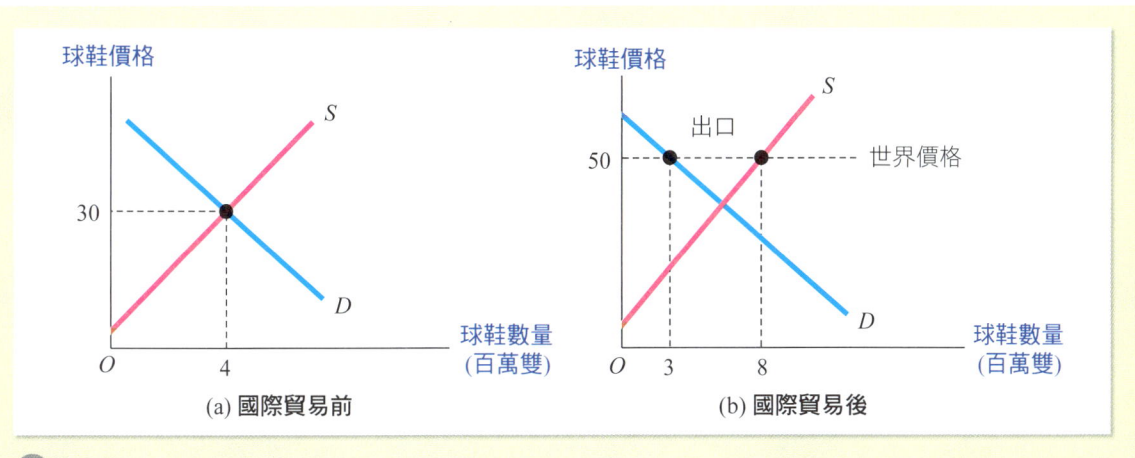

### 圖 17-2　出口國的國際貿易

(a) 圖為國際貿易發生前的國內市場：國內供給與需求決定均衡價格為 30 元，而數量為 400 萬雙球鞋。(b) 圖為國際貿易發生後的國內市場：世界價格為 50 元，國內需求減至 300 萬雙，國內生產者增加生產至 800 萬雙，500 萬雙球鞋可供出口。

場，球鞋供給與需求的交點，決定臺灣球鞋的均衡價格為 30 元，均衡數量為 400 萬雙球鞋。圖 17-2(b) 為發生國際貿易後的臺灣球鞋市場，全球市場的供給和需求決定球鞋的世界價格為 50 元，如水平的世界價格曲線 (虛線) 所示。

當球鞋的國內價格等於世界價格時，國內的供給量不等於需求量。在一雙球鞋為 50 元時，球鞋的供給曲線顯示，臺灣廠商將生產 800 萬雙球鞋；同樣地，在一雙球鞋為 50 元時，球鞋的需求曲線顯示，國內 (臺灣) 消費者願意購買 300 萬雙球鞋。因此，國內的生產量超過國內的需求量，出現 500 萬雙球鞋的超額供給。臺灣可將這 500 萬雙球鞋銷售到國外；換言之，出口等於 500 萬雙球鞋。

接下來，讓我們來探討自由貿易對出口國的利得與損失。圖 17-3 是利用生產者剩餘與消費者剩餘的概念來分析經濟福利。在國際貿易發生前，國內球鞋價格為每雙 30 元，消費者剩餘是需求曲線與均衡價格所圍成的面積 $A + C$。生產者剩餘是供給曲線與均衡價格圍成的面積 $B$。社會總剩餘等於生產者剩餘加消費者剩餘，即 $A + B + C$。

國際貿易使國內球鞋價格上漲至世界價格 50 元。開放貿易後的消費者剩餘是需求曲線與世界價格線所圍成的面積 $A$。生產者剩餘

### 圖 17-3　國際貿易對出口國的福利分析

開放貿易後，使國內球鞋價格上漲，生產者剩餘從 B 增加到 B＋C＋D，消費者剩餘從 A＋C 減少至 A。生產者受惠，而消費者受害，但整體經濟福利增加。

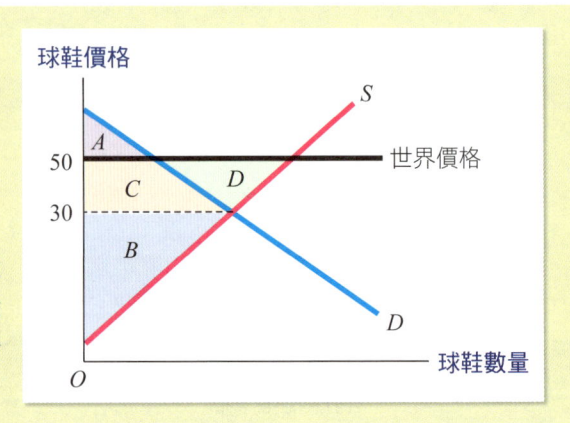

### 表 17-2　國際貿易的出口國福利變動分析

|  | 貿易前 | 貿易後 | 變　動 |
|---|---|---|---|
| 消費者剩餘 | A＋C | A | －C |
| 生產者剩餘 | B | B＋C＋D | C＋D |
| 總剩餘 | A＋B＋C | A＋B＋C＋D | D |

是供給曲線與世界價格線圍成的面積，即 B＋C＋D。社會總剩餘等於生產者剩餘加消費者剩餘，即 A＋B＋C＋D。

表 17-2 將自由貿易前和貿易後的生產者剩餘與消費者剩餘做一整理比較。開放自由貿易對消費者與生產者的影響分別為：消費者剩餘減少 C，生產者剩餘增加 C＋D；也就是說，開放貿易後，使國內球鞋價格從 30 元上升至 50 元，消費者蒙受損失，生產者因提高產量而獲利。由於生產者的利益大於消費者的損失，國家總福利增加 D。因此，國際貿易對出口國福利變動的結論如下：

- 國際貿易使出口國的生產者獲利，而消費者受損。
- 比較貿易前後的經濟福利，自由貿易可增進一國的總福利。

**進口國的利得和損失**　臺灣可以出口球鞋到美國，卻必須從美國進口飛機。為什麼臺灣的航空公司會向美國購買飛機？答案是美國有比較利益生產飛機。

圖 17-4(a) 顯示國際貿易發生之前的臺灣飛機製造市場。飛機市場的均衡是在供給曲線 (S) 與需求曲線 (D) 的交點。國內價格為

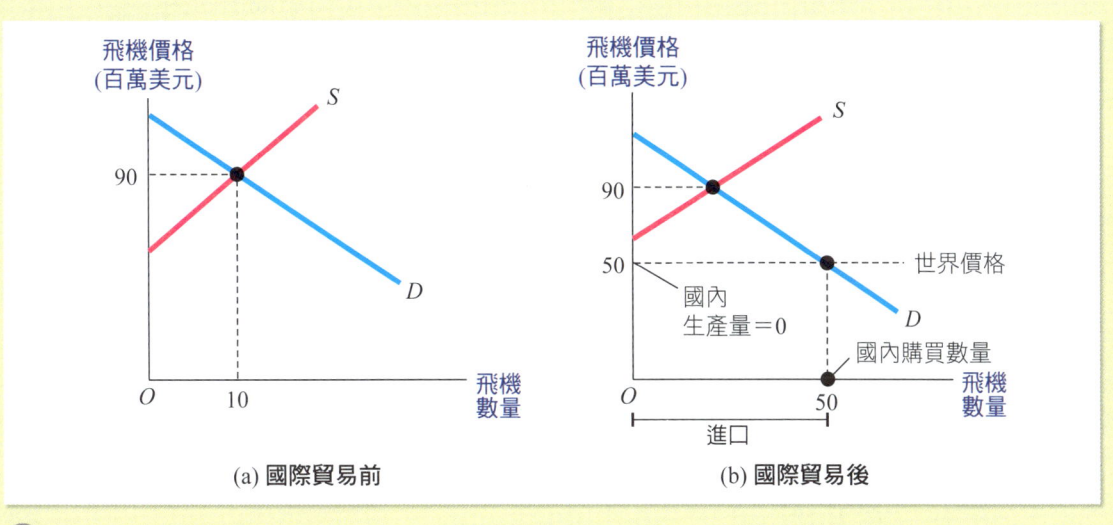

### 圖 17-4 進口國的國際貿易

(a) 圖為國際貿易前的國內市場：國內供給與需求決定飛機價格為 9,000 萬美元，數量為 10 架。
(b) 圖為國際貿易後的國內市場：全球供給與需求決定飛機價格為 5,000 萬美元，國內購買量是 50 架，而生產量為零。因此，進口數量為 50 架飛機。

9,000 萬美元，均衡數量為 10 架。

圖 17-4(b) 顯示國際貿易發生之後的臺灣飛機市場。假設飛機價格由全球的飛機供給與需求決定，世界價格為 5,000 萬美元。由於臺灣相對全球而言是一個小國家，它的購買量不會影響世界價格，故世界價格為一水平線。

當飛機的國內價格等於世界價格時，臺灣的供給量不會等於需求量。飛機的供給曲線告訴我們，在一架飛機為 5,000 萬美元時，臺灣飛機生產數量為零。飛機的需求曲線告訴我們，在一架飛機為 5,000 萬美元時，國內航空公司願意購買 50 架飛機。因此，臺灣整個飛機購買數量就是進口數量。

現在讓我們考慮自由貿易對進口國的利得與損失。圖 17-5 顯示國際貿易前後生產者剩餘與消費者剩餘的變動。國際貿易發生前，消費者剩餘是面積 A，生產者剩餘是面積 B，社會總剩餘等於生產者剩餘加消費者剩餘，即 A＋B。

國際貿易發生後，飛機價格下跌至世界價格 5,000 萬美元，消費者剩餘是面積 A＋B＋C。由於國內不再生產飛機，生產者剩餘變

### 圖 17-5　國際貿易對進口國的福利分析

開放貿易後，使國內飛機價格下跌，消費者剩餘從 A 增加到 A+B+C，生產者剩餘從 B 減少至 0。消費者受惠而生產者受害，但整體經濟福利增加。

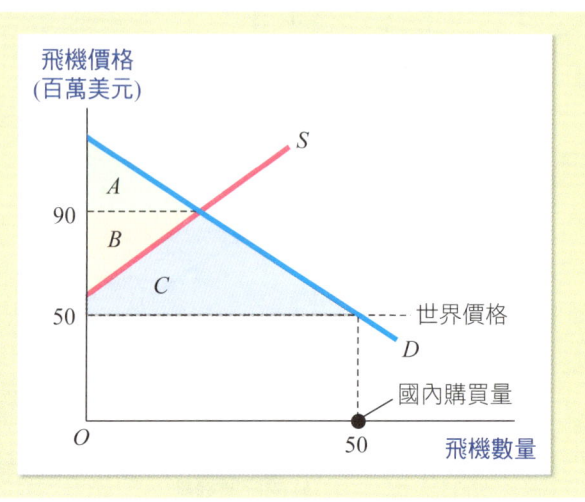

---

### 實例與應用　貿易戰的幸與不幸

2018 年 3 月 22 日，美國總統川普宣布"以中國偷竊美國智慧財產權和商業機密"為由，針對從中國進口的商品課稅，中國隨後也祭出反制措施，向 128 種美國商品徵稅。

大多數國家的經濟數字顯示，自從關稅戰開打以來，無不受到影響。中國國家統計局公布 2019 年第 3 季年增長 6%，創二十七年新低。人民大學的宏觀經濟報告指出，加徵關稅若達 21% 至 24%，廣東、浙江、江蘇和山東等對美出口行業較集中的省份，會面臨較大失業壓力。

以美元計價而有高額債務的新興市場國家，亦難逃貿易戰毒手，土耳其里拉與阿根廷披索從 2018 年 1 月至 8 月崩跌四成；俄羅斯盧布、南非蘭特、印度盧比，甚至中國人民幣也已崩跌。此外，國際貨幣基金 (IMF) 新總裁在 2019 年 10 月 8 日的演講提及，中美貿易戰到 2020 年將損失約 7,000 億美元，相當全球 GDP 的 0.8%。

另一方面，東協卻成為企業躲避關稅的首選之地，東南亞十國中，有一半的經濟成長率會突破 6% (寮國、柬埔寨、緬甸、菲律賓及越南)，凸顯東南亞扮演亞洲成長發動機的角色。主因是自由貿易協定 CTPTT、RCEP 及 FTP 加速東協地區貨物、資金流通與法律接軌，其次是貿易戰加速東協位置重要性。譬如，戴爾 (Dell) 在馬來西亞、英特爾 (Intel) 在越南找備援廠，規避輸美關稅。

帶頭打架的美國卻讓人很困惑，失業率 3.5%，創五十年新低 (2019 年 9 月)，通膨率溫和 (2019 年 9 月，1.7%)，道瓊工業指數十年漲逾 2 萬點，在 2019 年 7 月 12 日首次突破 27,000 點，工資持續上升，經濟成長率持續超過 2%。

成零。社會總剩餘等於生產者剩餘加消費者剩餘，即面積 $A+B+C$。

表 17-3 說明自由貿易前後的生產者剩餘與消費者剩餘的變化。開放自由貿易對消費者與生產者的影響分別為：消費者剩餘增加 $B+C$，生產者剩餘減少 $B$；也就是說，開放貿易後使國內飛機價格由 9,000 萬美元下跌至 5,000 萬美元，消費者受惠。生產者退出市場成為受害者，而國家總福利增加 $C$。因此，國際貿易對進口國的福利變動可彙整如下：

- 國際貿易使進口國的消費者獲利，而生產者受損。
- 比較貿易前後的經濟福利，自由貿易可增進一國的總福利。

### 表 17-3 國際貿易的進口國福利變動分析

|        | 貿易前 | 貿易後 | 變動 |
|--------|-------|-------|------|
| 消費者剩餘 | $A$ | $A+B+C$ | $+(B+C)$ |
| 生產者剩餘 | $B$ | 0 | $-B$ |
| 總剩餘 | $A+B$ | $A+B+C$ | $+C$ |

### 練習題 17-3

原為封閉經濟之甲、乙兩國，在商品 $X$ 開放貿易後，甲國成為商品 $X$ 之出口國，乙國成為商品 $X$ 之進口國。請問以商品 $X$ 市場而言，有關甲、乙兩國消費者剩餘、生產者剩餘與整體社會福利變化之敘述，下列何者正確？
(a) 甲國與乙國之消費者剩餘均上升
(b) 甲國與乙國之生產者剩餘均上升
(c) 甲國與乙國之整體社會福利均上升
(d) 甲國之消費者剩餘上升、乙國之生產者剩餘下降

(108 年外交特考)

類似問題：基本題 3。

## 17-3 國際貿易理論

上一節曾經提到比較利益是國際貿易的理論基礎。本節將進一步說明國與國之間如何透過比較利益法則來進行國際貿易，以及從

貿易中獲得利益。有關國際貿易的理論非常多，我們僅介紹兩種基本理論：比較利益與要素稟賦理論。

### 17-3-1 比較利益

比較利益理論是由十八世紀著名經濟學家李嘉圖 (David Ricardo) 所提出。比較利益理論是指，一國生產某產品的機會成本比其他國家生產該產品的機會成本低時，則該國在該產品上具有**比較利益** (comparative advantage)，且可以出口該產品到其他國家。

為了詳細說明比較利益的概念，我們舉美國與臺灣為例。假設臺灣只生產兩種商品：球鞋與飛機，美國也只生產這兩種商品。若臺灣將所有資源拿來生產球鞋，每年可生產 1,000 萬雙球鞋；所有資源用來生產飛機，每年可生產 20 架飛機。圖 17-6(a) 為臺灣的生產可能曲線，其斜率為 −5，表示臺灣每生產 1 架飛機必須放棄 50 萬雙球鞋的生產 (即生產 1 架飛機的機會成本為 50 萬雙球鞋)。

相反地，若美國將所有資源都用來生產球鞋，每年可生產 400 萬雙球鞋；用來生產飛機，每年可生產 50 架飛機。圖 17-6(b) 為美

(a) 臺灣的生產可能曲線

(b) 美國的生產可能曲線

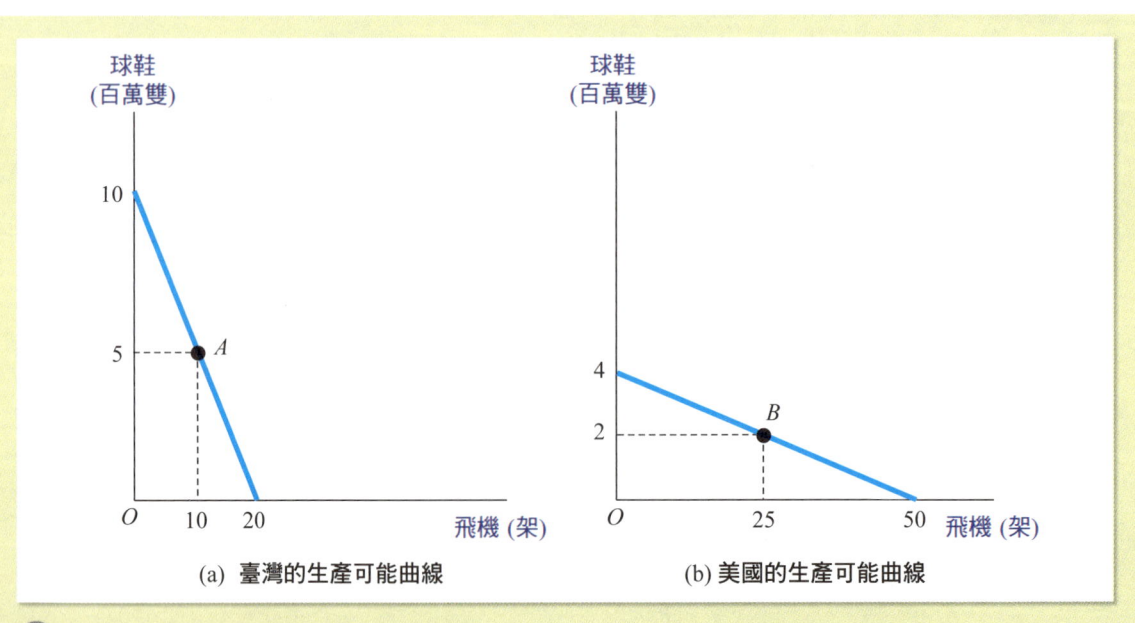

**圖 17-6　生產可能曲線**

(a) 圖是臺灣的生產可能曲線：臺灣在 A 點生產，有 500 萬雙球鞋和 10 架飛機。(b) 圖是美國的生產可能曲線：美國在 B 點生產，有 200 萬雙球鞋和 25 架飛機。

### 表 17-4　球鞋與飛機的產量及機會成本

|  | 每年生產商品數量 |  | 1 雙球鞋的機會成本 | 1 架飛機的機會成本 |
|---|---|---|---|---|
|  | 球　鞋 | 飛　機 |  |  |
| 臺　灣 | 1,000 萬雙 | 20 架 | (1/50 萬) 架飛機 | 50 萬雙球鞋 |
| 美　國 | 400 萬雙 | 50 架 | (1/8 萬) 架飛機 | 8 萬雙球鞋 |

國的生產可能曲線，其斜率為 $-0.8$，意味著美國生產 1 架飛機的機會成本為 8 萬雙球鞋。

表 17-4 整理出臺灣和美國每年生產球鞋與飛機的產量及機會成本的資料。

**國際貿易發生前**　在兩個國家都自給自足 (即生產量＝消費量) 的情況下，臺灣會生產 500 萬雙球鞋和 10 架飛機，即圖 17-6(a) 的 A 點所示；美國會選擇生產 200 萬雙球鞋和 25 架飛機，即圖 17-6(b) 的 B 點所示。

**比較利益**　從表 17-4 可知，臺灣生產 1 架飛機的機會成本是 50 萬雙球鞋，而美國生產 1 架飛機的機會成本是 8 萬雙球鞋。同樣是生產一架飛機，美國的機會成本 (所放棄球鞋的數量) 較小，故美國在生產飛機上具有比較利益。另一方面，臺灣生產 1 雙球鞋的機會成本是 1/500,000 架飛機，美國生產 1 架飛機的機會成本則是 1/80,000 架飛機。顯然臺灣生產球鞋的機會成本較低，因此在生產球鞋上具有比較利益。

因為臺灣有比較利益生產球鞋，而美國有比較利益生產飛機，所以臺灣可專業化生產球鞋，而美國可專業化生產飛機。兩個國家可透過專業化生產和國際貿易而獲利。

**國際貿易發生後**　若美國專業化生產飛機，每年可生產 50 架飛機；臺灣專業化生產球鞋，每年可生產 1,000 萬雙球鞋。換句話說，兩國的專業化生產，總共生產了 50 架飛機和 1,000 萬雙球鞋；相反地，若沒有發生國際貿易，在自給自足的情況下，兩個國家的飛機生產總量是 35 架，球鞋的生產總量是 700 萬雙。因此，專業化生產可使全球的飛機數量和球鞋數量提高。

如果兩國決定進行國際貿易，且臺灣同意以 400 萬雙球鞋交換美國的 20 架飛機。在這個貿易條件下，臺灣生產 1,000 萬雙球鞋，以其中的 400 萬雙球鞋交換 20 架飛機。因此，臺灣人民每年可消費 20 架飛機和 600 萬雙球鞋，如圖 17-7(a) 的 A′ 點所示。美國生產 50 架飛機，以其中的 20 架交換臺灣生產的 400 萬雙球鞋，因此美國人民每年可消費 30 架飛機和 400 萬雙球鞋，如圖 17-7(b) 的 B′ 點所示。

　　藉由圖 17-7，我們可比較國際貿易前後的生產與消費情形。在圖 17-7(a)，國際貿易發生前，臺灣是在 A 點生產和消費。國際貿易發生後，臺灣會在 P 點生產和 A′ 點消費。貿易使臺灣人民能夠在臺灣生產可能曲線以外的區域消費；同樣地，在圖 17-7(b)，國際貿易前，美國是在 B 點生產和消費。國際貿易後，美國在 Q 點生產和 B′ 點消費。貿易使美國人民能夠在美國生產可能曲線以外的區域消費。

　　因此，透過專業化生產與國際貿易，兩國人民都能夠超越生產

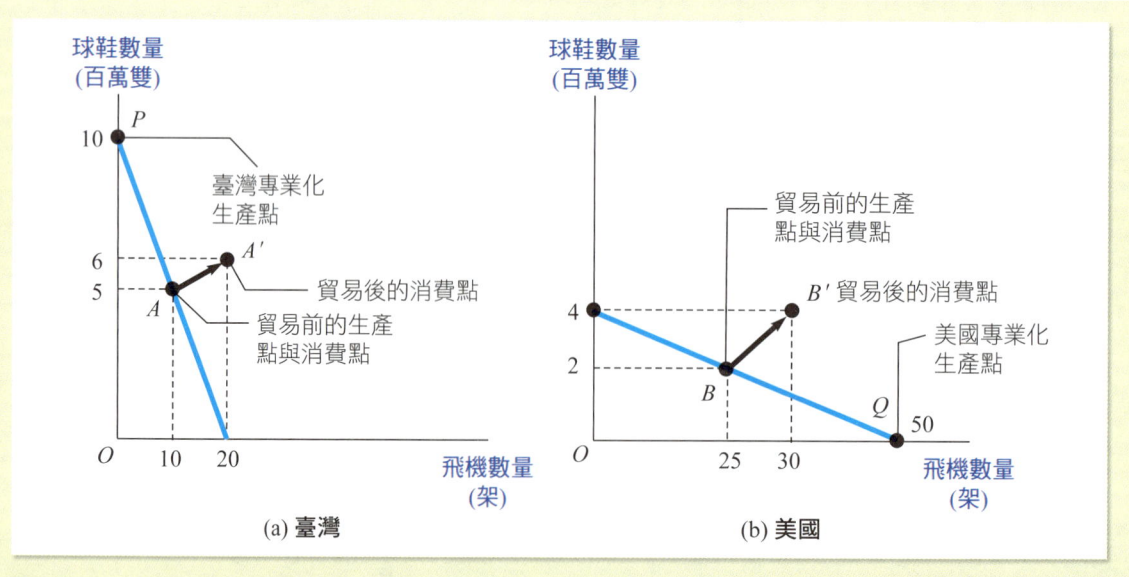

#### 圖 17-7　國際貿易後的生產與消費

假如臺灣專業化生產球鞋可生產 1,000 萬雙球鞋，美國專業化生產飛機可生產 50 架飛機。若美國以 20 架飛機和臺灣交換 400 萬雙球鞋，兩國都可增加消費。國際貿易的結果，臺灣可在 A′ 點消費，而美國可在 B′ 點消費。

可能限制，而在生產可能曲線外面的區域進行消費，這使得兩國人民的福利水準都可提高。我們將圖 17-7 的結論彙整成表 17-5，說明一國可從國際貿易中獲得利益。

### 表 17-5 臺灣與美國貿易前後的比較

| | | | 臺灣 | 美國 | 兩國總量 | 貿易前後的變化 |
|---|---|---|---|---|---|---|
| 貿易前 | 生產 | 球鞋 | 500 萬雙 | 200 萬雙 | 700 萬雙 | |
| | | 飛機 | 10 架 | 25 架 | 35 架 | |
| | 消費 | 球鞋 | 500 萬雙 | 200 萬雙 | 700 萬雙 | |
| | | 飛機 | 10 架 | 25 架 | 35 架 | |
| 貿易後 | 生產 | 球鞋 | 1,000 萬雙 | 0 雙 | 1,000 萬雙 | ＋300 萬雙 |
| | | 飛機 | 0 架 | 50 架 | 50 架 | ＋15 架 |
| | 消費 | 球鞋 | 600 萬雙 | 400 萬雙 | 1,000 萬雙 | ＋300 萬雙 |
| | | 飛機 | 20 架 | 30 架 | 50 架 | ＋15 架 |

### 練習題 17-4

(1) 生產可能線可直接用來說明何種概念？
(a) 比較利益
(b) 絕對利益
(c) 機會成本
(d) 交易成本 (106 年關務特考)

類似問題：基本題 4。

(2) 亮亮與晶晶共同經營一家小吃攤，販賣春捲與漢堡。亮亮做一個春捲需要 5 分鐘，一個漢堡需要 3 分鐘，晶晶做一個春捲需要 6 分鐘，一個漢堡需要 4 分鐘。根據比較利益原則及完全專業分工，他們應該如何分配小吃攤的工作？ (108 年初等考試)

類似問題：基本題 4。

## 17-3-2 要素稟賦理論

儘管交易的一方在所有商品生產所花費的資源都比另一方高，但是只要商品生產的機會成本不同，專業化生產及國際貿易即可使交易雙方均能獲利。截至目前為止，我們已經瞭解比較利益的來源。

> **要素稟賦理論** 商品是由不同的要素投入比例所生產。若一國擁有豐富的資源生產某個商品,則該國有比較利益生產該商品。

然而,究竟是什麼因素決定法國有比較利益生產葡萄酒,中國有比較利益生產成衣及玩具?有很多經濟學家認為要素稟賦——天然資源、物質資本、勞力及人力資源的數量和品質——是比較利益的主要來源。

**要素稟賦理論** (factor endowment theory) 是由兩位傑出的瑞典經濟學家赫克秀 (Eli Heckscher) 與歐林 (Bertil Ohlin) 所提出。他們將李嘉圖比較利益理論和要素稟賦結合,又稱為**赫克秀－歐林定理** (Heckscher-Ohlin theorem)。要素稟賦理論主張商品是由不同的要素投入比例所生產,且這些要素在不同部門之間可以自由移動,但在不同經濟體系間無法移動。

假設一個國家擁有豐富的資源生產某個商品,則該國有比較利益生產該商品。以美國與中國為例,由於中國的勞力充沛、工資低廉,中國的比較利益(或相對優勢)是生產勞力密集的商品,也就是生產過程中使用較多勞力的商品,如成衣、玩具及球鞋等;相對地,美國的勞力沒有中國豐富,但擁有比較多的資本。因此,美國的比較利益是生產資本密集的商品;亦即,生產過程中使用較多資本的商品,如通訊衛星、飛機及高速電腦等。

儘管比較利益理論和要素稟賦理論都可以用來觀察商品與服務在國際間的流動,但兩個理論還是有不同的地方。在比較利益的貿易理論中,我們得到一個極端的結論:國際貿易使各國專業化生產,只生產具相對優勢的商品。譬如,在第 17-3-1 節中,臺灣只生產球鞋,而美國只生產飛機。但是,現實世界鮮少有如此極端的例子。臺灣雖然從德國、美國進口汽車,但裕隆和中華汽車也生產屬於自己的汽車。美國雖然從臺灣進口成衣,但在其國內仍有紡織廠生產 Banana Republic 服飾。要素稟賦理論允許貿易後一國仍可同時生產進口與出口商品,且不會完全投入於出口商品的生產。

如果因為某個因素導致工資下降,勞力密集商品的相對成本下降,中國生產的成衣相對美國較便宜,中國有比較利益生產成衣。相反地,當美國聯準會調降利率使資本價格下降時,資本密集商品的相對成本下跌,勞力密集的相對成本上升,美國則有比較利益生產通訊衛星。

### 17-3-3　其他國際貿易的解釋

除了比較利益可解釋國際貿易之外，還有其他另外兩種解釋——產品差異化與動態比較利益，可說明國際貿易的形成。

**產品差異化**　許多企業通常會以產品差異化做為商品訴求的手段，跨國企業更嘗試以產品差異化來滿足全球不同消費者的偏好。譬如，日本汽車產業長期以來積極開發節省能源的安全小車，在石油危機發生的時候，搶攻不少的美國市場，並建立了知名度和品牌忠誠度；同樣地，德國的賓士、瑞典的富豪及英國的勞斯萊斯在各國均有其愛好者，可能是安全因素考量或是地位象徵的考量，而造成一個國家會有許多品牌汽車同時存在的現象。

**動態比較利益**　臺灣、香港及新加坡都是地窄人稠、資源相當貧瘠的國家和地區。為什麼這些國家和地區的國際貿易如此發達，能在短短的數十年間，從貧窮落後躋身富國之林？

這些國家的人民藉由邊做邊學 (learning by doing)，重複不斷地生產某項特定的商品，如早期的成衣和現在的電子產品，因而人們變得在該項生產活動上愈來愈專業，我們稱此為動態比較利益 (dynamic comparative advantage)。所謂動態比較利益是指，個人或國家從事某項生產活動時，從邊做邊學當中產生比較利益。譬如，中國原先對晶圓代工和面板的產製並無比較利益，但是透過邊做邊學，讓它在這些產業上有較低的機會成本。

> **動態比較利益**　個人或國家從事某項生產活動時，從邊做邊學中產生比較利益。

## 17-4　貿易障礙：關稅與進口配額

貿易障礙，又稱為貿易限制，是指政府以一些措施手段來保護國內產業免受國外競爭。最常見的手段有：

1. 關稅。
2. 非關稅障礙。

**關稅** (tariff) 是針對進口商品的課稅。非關稅障礙是指除關稅以外，限制國際貿易的進行，如數量限制和健康安全規定等。讓我們先討

> **關稅**　政府針對進口商品課稅。

論課徵關稅的利得與損失。

### 17-4-1　關　稅

政府有強烈誘因針對進口商品課徵關稅，原因很簡單：第一，關稅可為政府帶來收入；第二，它可以使政府滿足某些面臨國外產業強力競爭利益團體的訴求。然而，國際貿易的利得與損失會因為關稅的課徵而有所變動。

為了分析關稅的運作，讓我們回到臺灣進口飛機的範例。圖 17-5 說明，當飛機的世界價格為 5,000 萬美元時，臺灣每年進口 50 架飛機。圖 17-8(a) 複製自圖 17-5，以方便說明及進行比較。圖 17-8(a) 是臺灣政府對進口商品未課徵關稅時，飛機市場的供需狀況。由於世界價格為每架 5,000 萬美元，臺灣廠商不會生產任何飛機，而每年向美國購買 50 架飛機。

現在假設政府遭受國內飛機生產者的壓力，決定對進口飛機課徵 50% 的關稅。關稅對國內的飛機價格、數量、政府稅收及福利水

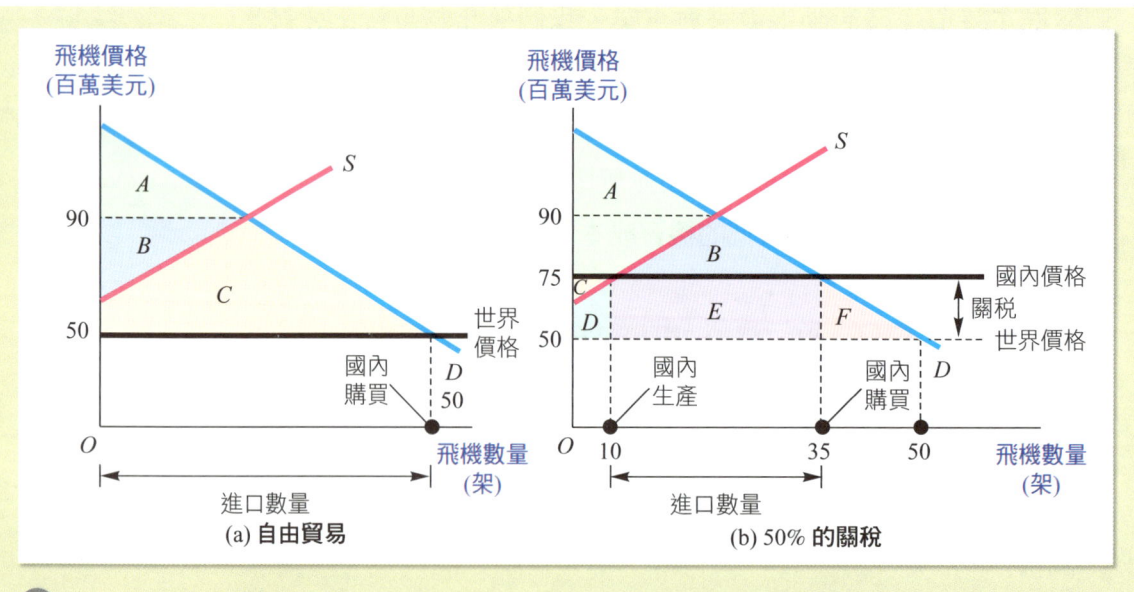

### 圖 17-8　關稅的影響

(a) 圖為自由貿易，未課關稅前臺灣飛機市場的供需：臺灣生產的飛機數量為零，向美國買進 50 架飛機。(b) 圖為課徵關稅後的飛機市場供需：國內價格等於世界價格加上關稅，進口數量減少，且總剩餘減少。

準會有何影響？

*臺灣的飛機價格上漲*　未課徵關稅前，臺灣購買 1 架飛機的價格是 5,000 萬美元。若針對進口飛機每架課徵 50% 的關稅，將使飛機的國內價格上漲，則臺灣在課徵關稅後購買 1 架飛機的價格是 7,500 萬美元。

*國內購買減少與國內生產增加*　飛機價格上漲使得國內需求減少，飛機的購買量沿著需求曲線向上移動，國內購買量從每年 50 架減少至每年 35 架飛機。另一方面，飛機價格上漲刺激國內廠商，飛機生產量沿著供給曲線上移，從每年 0 架增加至每年 10 架飛機。

*進口數量減少*　課徵關稅前，臺灣每年進口 50 架飛機。課徵關稅後，臺灣每年進口 25 架飛機。

*關稅的利得和損失*　圖 17-8(b) 顯示課徵 50% 關稅前後的福利水準變動。課徵關稅之前，國內的飛機價格等於世界價格 5,000 萬美元。消費者剩餘是面積 $A+B+C+D+E+F$，生產者剩餘為零。由於未課徵任何關稅，政府收入為零。總剩餘等於消費者剩餘、生產者剩餘和政府收入的加總，也就是面積 $A+B+C+D+E+F$。

課徵關稅之後，每架飛機價格是 7,500 萬美元。消費者剩餘為面積 $A+B$，生產者剩餘為面積 $C$，政府的收入為每架飛機的關稅 2,500 萬乘以進口數量 25 架，也就是面積 $E$。因此，課徵關稅後的總剩餘為 $A+B+C+E$。

表 17-6 為關稅課徵前後福利水準的比較。課徵關稅後對消費者、生產者與政府的影響分別為：消費者剩餘減少面積 $C+D+E$

**表 17-6**　*課徵關稅的福利分析*

|  | 課徵關稅前 | 課徵關稅後 | 變　動 |
|---|---|---|---|
| 消費者剩餘 | $A+B+C+D+E+F$ | $A+B$ | $-(C+D+E+F)$ |
| 生產者剩餘 | 0 | $C$ | $+C$ |
| 政府收入 | 0 | $E$ | $+E$ |
| 總剩餘 | $A+B+C+D+E+F$ | $A+B+C+E$ | $-(D+F)$ |

$+F$；生產者剩餘增加面積 $C$；政府收入增加面積 $E$。總剩餘減少面積 $D+F$，即無謂損失為面積 $D+F$。課徵關稅使飛機的國內價格上升，國內生產者受益，而消費者受害。

---

**練習題 17-5**

當政府針對某項進口商品課關稅時，對該商品市場的影響為：
(a) 消費者剩餘 (consumer surplus) 和總剩餘 (total surplus) 同時增加
(b) 消費者剩餘與總剩餘同時減少
(c) 消費者剩餘減少，總剩餘不變
(d) 消費者剩餘增加，總剩餘不變

(107 年關務特考)

類似問題：基本題 7。

---

### 17-4-2　非關稅障礙

> **配額**　政府在某一段期間內，規定商品最高能夠進口的數量。

　　配額是最常被使用的非關稅障礙。**配額** (quota) 是指政府在某一段期間內，規定商品能夠進口的最高數量。圖 17-9 顯示進口配額對飛機市場的影響。由於對飛機進口數量加以設限，進口數量等於政府規定允許的進口數量。臺灣的飛機供給量等於國內的生產量加上進口配額數量，即市場供給曲線為 $S+$ 配額。飛機價格調整至市場供給曲線 ($S+$ 配額) 與需求曲線 ($D$) 的相交處，均衡數量為每年 35 架飛機。

**臺灣的飛機價格上漲**　未實施進口配額之前，飛機的國內價格等於世界價格。在世界價格 5,000 萬美元下，國內廠商的生產量為零，需求量為 50 架。進口配額實施後，使飛機價格上漲；亦即，臺灣購買 1 架飛機的價格是 7,500 萬美元。

**國內購買減少與國內生產增加**　飛機價格上漲使國內對飛機的需求減少，飛機的購買量從 50 架減少至 35 架。另一方面，飛機價格上漲刺激國內生產，飛機的國內生產量從每年 0 架增至每年 10 架。

**進口數量減少**　實施進口配額之前，國內的飛機進口數量是每年 50

### 圖 17-9　配額的影響

每年 25 架飛機的配額，會使市場供給成為 $S+$配額。在均衡價格為 7,500 萬美元時，臺灣廠商每年生產 10 架飛機，且進口 25 架飛機。配額與關稅一樣都會造成福利損失，面積 $D+F$。

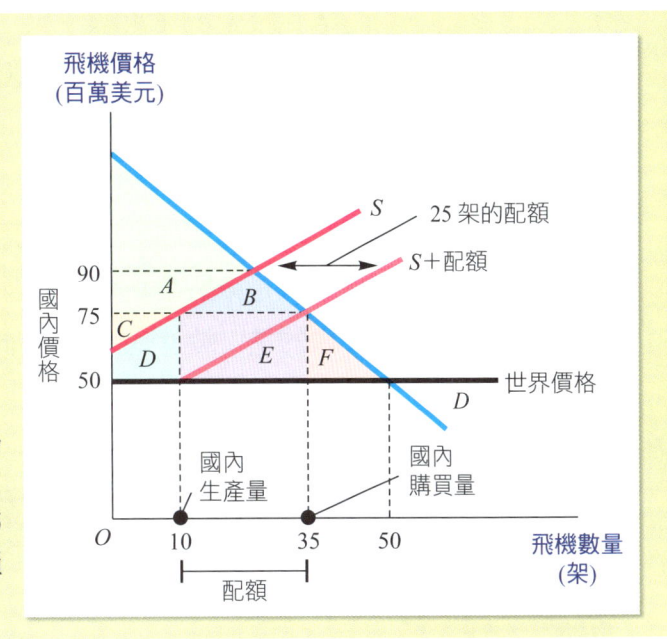

架。實施進口配額之後，進口數量等於配額數量，每年 25 架飛機。

**配額的利得與損失**　圖 17-9 顯示進口配額的福利變動。實施進口配額之前，飛機的國內價格等於世界價格。消費者剩餘為面積 $A+B+C+D+E+F$，生產者剩餘為零。進口配額執照持有者的利潤等於零。總剩餘等於消費者剩餘、生產者剩餘及執照持有者利潤的加總，也就是 $A+B+C+D+E+F$ 的面積。

實施進口配額之後，飛機的國內價格超過世界價格，上漲至 7,500 萬美元。消費者剩餘為面積 $A+B$，生產者剩餘為面積 $C$。進口配額執照持有者的利潤，等於國內飛機價格高於世界價格的金額再乘以進口數量，也就是面積 $E$。總剩餘等於消費者剩餘、生產者剩餘及進口配額執照持有者利潤的加總，即 $A+B+C+E$ 的面積。

表 17-7 整理配額實施前後，福利水準的變動。實施進口配額後，對消費者、生產者及進口配額執照持有者的影響分別為：消費者剩餘減少面積 $C+D+E+F$；生產者剩餘增加面積 $C$；進口執照持有者利潤增加面積 $E$。總剩餘減少面積 $D+F$；也就是無謂損失為面積 $D+F$。由於實施進口配額使得飛機價格上漲，超過世界價格，國內生產者受惠，而國內購買者受到損失。

若比較表 17-6 和表 17-7，我們可以發現，進口配額與關稅都會使國內商品價格上漲，進口數量減少，消費者福利下降，生產者福利上升與無謂損失的產生。

至於其他非關稅障礙，包括本國政府以健康安全的理由禁止國外商品進口。譬如，英國發現狂牛症，讓臺灣政府禁止從歐洲進口牛肉；或是歐盟禁止美國基因改良的農產品，如大豆的進口，都會使本國的進口數量減少與產品的價格上漲。

### 表 17-7 進口配額的福利分析

|  | 實施配額前 | 實施配額前 | 變動 |
|---|---|---|---|
| 消費者剩餘 | $A+B+C+D+E+F$ | $A+B$ | $-(C+D+E+F)$ |
| 生產者剩餘 | 0 | $C$ | $+C$ |
| 執照持有者剩餘 | 0 | $E$ | $+E$ |
| 總剩餘 | $A+B+C+D+E+F$ | $A+B+C+E$ | $-(D+F)$ |

#### 練習題 17-6

當參與協議的咖啡生產國占世界咖啡生產國的比例愈____①____，且咖啡的儲存愈____②____時，以穩定咖啡價格為目標的出口配額協議 (export quota agreement) 愈容易成功。請問①與②應該為：
(a) ①低，②容易
(b) ①低，②困難
(c) ①高，②容易
(d) ①高，②困難

(108 年外交特考)

類似問題：基本題 9。

## 17-5 貿易管制的論點

從 2016 年 1 月 1 日起，東協經濟共同體正式上路，東協十加三 (中國、日本、南韓) 也緊鑼密鼓地加強經濟、文化合作。根據中華經濟研究院的評估，國內將有 14,000 多名勞工失去工作，因為出口到中國的產品，競爭不過東協零關稅的同樣商品，產能萎縮，業者勢必減少費用。其中以紡織業、石化產業及汽車業受創最為嚴重。為了避免臺灣遭遇邊緣化的厄運，馬英九政府與中國簽訂兩岸經濟合作架構協議 (ECFA)，取得出口中國零關稅的保障。依據經濟部官方的報告，塑膠、機械、紡織、石化、煤製品及鋼鐵產業會因為 ECFA 的簽署而受惠。不過，受益產業中也有人因此受害，甚至有些公司被連根拔起，如汽車的組裝代工可能移往中國、石化基地外移，導致本土員工失業等。

蔡英文政府的新南向政策有三個面向：第一是旅遊；第二是工作；第三是投資。根據 104 人力銀行調查，臺灣以 30 歲至 39 歲的白領階級為前進東協工作的主力。但《商業周刊》強調，新南向可降低對中國的依賴，但想要完全繞過卻不可能。

自十六世紀重商主義與重農主義學派的論戰以來，有些經濟學家主張自由貿易的結果可能傷害本國產業。為了避免本國廠商受到傷害，便提倡以關稅或非關稅障礙避免來自國外的競爭。

主張貿易管制的論點有：(1) 就業的論點；(2) 國家安全的論點；(3) 保護幼稚產業的論點；(4) 傾銷的論點；(5) 低廉勞力不公平競爭的論點，如圖 17-10 所示。

*就業的論點* 反對自由貿易的人，認為開放市場會使國內工作機會

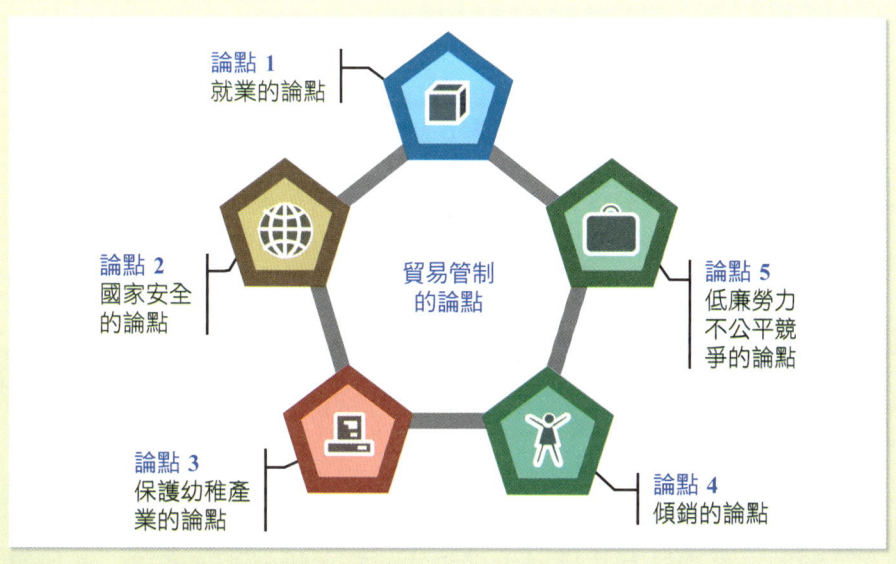

圖 17-10　貿易管制的論點

減少。在前述的例子中,開放飛機市場使飛機價格下跌,國內廠商不再生產飛機,因而解雇所有的勞工,造成工人的失業。

確實,自由貿易使國內價格下跌,消費者受惠,而生產者受害。但是某些產業失業人數的增加,最終可能會在其他產業受益。當本國向國外購買飛機時,其他國家所得增加,而增加對臺灣商品的購買。本國工人的就業機會由飛機工業轉向本國具有比較利益的產業,如電子業、機械業及石化產業等。

這種就業的調整,並非毫無成本。譬如,臺灣紡織業外移造成紡織業工人的技術不適用於其他產業,而退休金可能因為工廠停業而突然中斷。在短期,因產業轉型,特定產業工人的就業機會受到影響;但在長期,全國人民的平均生活水準是會提高的。

*國家安全的論點* 當某一種產業面對國外強力競爭時,它會以國防安全的訴求來反對開放市場。在前述的例子中,飛機工業在兩岸關係是非常重要的。一旦發生戰爭,臺灣不應該依賴從國外進口飛機、汽車,甚至鋼鐵。

如果上述的論點是正確的,其他的產業也可以訴諸國家安全來要求貿易保護。譬如,剪刀業可以主張,在國家受到威脅而進口剪刀受阻時,各個產業會沒有這些基本工具可以使用;同樣地,成衣業也可提出說帖,認為完全依賴國外進口,萬一發生戰爭,大家都沒有衣服可穿。如果各種產業都接受保護,臺灣就會變成封閉經濟,且消費者的利益也會受損。

*保護幼稚產業的論點* 新的產業在剛起步時,可能無法和其他國家已經相當成熟的產業競爭,因而主張國際貿易應受到短期的限制。這種論點是基於邊做邊學的動態比較利益觀點,如果新興產業在產品生命週期一開始的階段便面臨強力競爭而退出市場,則比較利益永遠不會出現。譬如,臺灣的電子業和南韓的電玩遊戲業都是受政府產業政策扶植的產業。

邊做邊學是生產力成長的動力,知識是比較利益的來源。但是,幼稚產業的論點有執行上的困難。政府必須決定哪些產業存在,譬如,臺灣是否該發展生化科技產業?此外,該產業的獲利如果可以累積足夠的知識且外溢到其他產業，才可以彌補保護政策所帶來不利消費者的成本。此外，貿易管制會使哪些受保護的產業不思改進，沒有追求利潤極大的生產方式，而造成資源上的浪費。

**傾銷的論點**　傾銷 (dumping) 是指廠商或產業以低於生產成本的價格銷售到國際市場。反對自由貿易者所持理由通常是外國廠商以低價向國內銷售商品，使國內相同產業無法生存，而達到其獨占的優勢，再利用此一獨占優勢抬高價格。

> 傾銷　廠商或產業以低於生產成本的價格銷售到國際市場。

一般而言，政府面對外國廠商的傾銷，通常是課徵反傾銷稅。譬如，美國政府曾針對臺灣的 DRAM 課徵 100% 的反傾銷稅，藉以提高 DRAM 進口價格，打壓臺灣廠商的生產優勢。經濟學家對傾銷的論點抱持懷疑的態度。他們認為傾銷的判定非常不易，因為廠商的生產成本不易得知，不能因為國外價格低於國內價格就被視為傾銷。其次，即使商品由自然獨占所提供，本國消費者可以買到比較低價的產品，消費者的利得可能超過生產者的損失。

財政部關務署在 2019 年 8 月 29 日公布對南韓 300 系列冷軋鋼品課以 37.65% 的反傾銷稅，期限為 2019 年 8 月 29 日至 2024 年 8 月 28 日。

**低廉勞力不公平競爭的論點**　實施貿易限制的另外一種觀點與不公平的競爭有關，有些國家是因為給付勞工低廉的工資而獲得比較利益。譬如，在印度或孟加拉生產 Nike 球鞋，一天的薪資不超過 5 美元，這讓美國的球鞋廠商如何與其競爭？也有人說，在廈門做一個麵包運來臺灣加上運費，都比臺灣做的便宜。

但是別忘了，在競爭的經濟體系中，工資反映生產力。美國勞工工資較高是因為他們有較高的生產力。美國的勞工不但能夠使用較多的機器設備，且他們擁有較多的人力資本。因此，勞動生產力高於傳統產業的電影製作、金融服務及通訊衛星等，正是美國具有比較利益的產業。

除此之外，國際貿易的發生是根據比較利益法則，而非絕對利益法則。當美國輸出具比較利益的商品時，可利用出口增加的收入，進口外國具比較利益的商品，如此雙方人民互蒙其利。

> **練習題 17-7**
>
> 由於中國鋼鐵產能過剩,因此中國出口商以低於成本的價格在美國銷售鋼鐵,造成美國相關產業實質損害,2016 年美國廠商提出控告,並經美國國際貿易委員會裁定事實成立,請問懲罰措施為何? (105 年外交特考)
>
> 類似問題:基本題 10。

## 17-6 結　語

　　各國形成區域經濟整合的動機可能是基於地理條件、文化或歷史因素、經濟或財政及社會制度的相似而結合。區域貿易協定有助於累積區域內外人投資,並可提高生產效率。對小國而言,可增加規模經濟。此外,簽署貿易協定對多邊貿易體系會有貢獻,不但可促進經濟整合,亦可維持區域內政治的穩定。

　　本章所討論的國際貿易是否可促進人民福祉,一直有正反兩方面的意見:一為贊成自由貿易,"專業化"讓我們更有生產力,生產力則讓我們致富;一是不贊成自由貿易,貿易毀滅低技能工作,窮國勞工在血汗工廠的日薪只有 1、2 美元,且工作環境惡劣。

### 摘要

- 國內價格若低於世界價格,本國對該項產品具比較利益,會輸出該產品。本國生產者將受惠,而消費者受到損失。
- 若國內價格高於世界價格,其他國家對該產品有比較利益,本國會輸入該項產品。本國消費者將受惠,而生產者蒙受損失。
- 比較利益法則是由十九世紀的著名經濟學家李嘉圖所提出,強調專業化生產和自由貿易可使交易雙方獲利。
- 要素稟賦理論主張一國會出口資源較為充裕的商品,而進口資源較為欠缺的商品。
- 國家可藉由關稅與配額來實施貿易限制。貿易限制導致進口價格上升、進口數量減少及無謂損失。
- 限制自由貿易的觀點很多,包括就業、國家安全、保護幼稚產業、傾銷及低廉勞力不公平競爭等論點。然而,這些觀點對貿易保護的支持都不是強而有力。

## 習 題

**基本題**

1. 區域經濟整合是現今世界各國貿易政策的趨勢，截至 2016 年 6 月底為止，下列何者為我國已簽署尚未生效的國際協議？
   (a) 海峽兩岸經濟合作架構協議
   (b) 海峽兩岸貨品貿易協議
   (c) 海峽兩岸爭端解決協議
   (d) 海峽兩岸服務貿易協議

   (105 年外交特考)

2. 給定 $P_x$ 表示出口物價指數 (export price index)；$P_m$ 表示進口物價指數 (import price index)；$Q_x$ 表示出口數量指數 (export quantity index)；$Q_m$ 表示進口數量指數 (import quantity index)。若某國聲稱長期來說其貿易條件 (terms of trade) 惡化，則表示下列何者下降？
   (a) $P_x/P_m$
   (b) $P_m/P_x$
   (c) $(P_m/P_x)Q_m$
   (d) $(P_x/P_m)Q_x$　　　(108 年外交特考)

3. 在未開放貿易前，世界鋼鐵價格低於臺灣的價格和高於法國的價格。用供給與需求曲線說明兩國自由貿易所獲得的利益。

4. 夏普一天可生產 30 臺冰箱或 20 臺電視，富可視一天可生產 40 臺冰箱或 30 臺電視，請問：
   (a) 夏普生產 1 臺電視的機會成本是多少？
   (b) 富可視生產 1 臺冰箱的機會成本是多少？
   (c) 哪家公司有絕對利益生產冰箱？
   (d) 哪家公司有比較利益生產電視？

   (105 年鐵路特考)

5. 有一農夫耕種一甲地，生產玉米和番茄。下表為此農夫生產可能曲線上兩產品的組合，則該農夫的生產可能曲線形狀為何？

   (105 年關務特考)

| 生產組合 | A | B | C | D | E |
|---|---|---|---|---|---|
| 玉米 | 0 | 1 | 2 | 3 | 4 |
| 番茄 | 14 | 12 | 9 | 5 | 0 |

6. 在固定機會成本下，法國和英國都生產紅酒和成衣。若法國不生產成衣，可生產 150 單位紅酒；若法國不生產紅酒，可生產 100 單位成衣。若英國不生產成衣，可生產 50 單位紅酒；若英國不生產紅酒，可生產 100 單位成衣。請問：
   (a) 哪一個國家有比較利益生產紅酒？
   (b) 哪一個國家有比較利益生產成衣？

   (100 年政大財政)

7. (1) 本國是小國，未開放貿易前國內商品的均衡價格為 15 元。開放貿易後，政府對同質進口品課徵從量關稅每單位 2 元，若國際價格是 10 元，則開放貿易後，下列敘述何者錯誤？
   (a) 消費者買本國產品要付出 12 元
   (b) 消費者買進口產品要付出 12 元
   (c) 消費者買本國產品要付出 15 元
   (d) 本國廠商產量會減少

   (106 年初等考試)

   (2) 丹麥是電腦晶片進口國，視世界價格 12 美元為固定。若丹麥針對每個晶片課 5 美元的關稅，則晶片價格為何？進口數量與國內供給量增加或減少？

   (97 年臺大經濟)

8. 假設本國是小國，是國際市場價格接受者，當本國課徵進口關稅將對本國的生產者剩餘及消費者剩餘造成何種影響？

   (105 年外交特考)

9. 下列哪些貿易政策將促使國內生產者剩餘上升？
   (a) 進口關稅、出口稅
   (b) 進口關稅、出口補貼
   (c) 進口補貼、出口稅

(d) 進口補貼、出口補貼 (108 年關務特考)
10. 關於"經濟制裁 (economic sanctions)"的敘述，下列何者正確？
   (a) 世界貿易組織 (World Trade Organization，簡稱 WTO) 明文禁止經濟制裁的行為
   (b) 經濟制裁影響國際貿易，但不影響國際間的金融流動 (financial flow)
   (c) 經濟制裁包含出口禁運，但不包含進口限制
   (d) 經濟制裁包含對進口、出口以及金融流動的限制 (108 年外交特考)
11. 政府干預貿易的目的，不包括下列哪一項？
   (a) 影響國際價格，以改善本國商品的貿易條件
   (b) 改變本國產業的相對優勢
   (c) 維持貿易的公平性
   (d) 照顧弱勢的就業人口
   (e) 提供產業發展的機會 (94 年中興應經二)
12. 新加坡提倡自由貿易，請問新加坡的利得與損失為何？是否有任何貿易管制論點支持新加坡不從事自由貿易？

## 進階題

1. 下圖為德國奧斯汀汽車的國內市場，請問：

   (a) 進口汽車數量是多少？
   (b) 國際貿易前後的消費者剩餘是多少？
   (c) 國際貿易發生後的汽車價格是多少？
   (d) 國際貿易發生後的生產者剩餘是多少？
   (e) 國際貿易發生後，總剩餘增加多少？

2. 在一座監獄裡，口香糖與香菸是囚犯的最愛，但每個人的偏好不同。葉少爺願意用 3 條口香糖換 2 條香菸，或是用 5 條口香糖換 3 條香菸，或是用 6 條口香糖換 4 條香菸。林小培願意用 2 條香菸換 1 條口香糖，或是用 3 條香菸換 2 條口香糖，或是用 4 條香菸換 5 條口香糖。如果你是典獄長，如何從葉少爺與林小培進行交換而獲得最大利益？請用經濟理論解釋之。

(100 年輔大金融)

3. 根據比較利益原則，南韓出口成衣進口人參，北韓出口人參和進口成衣。某日南韓獲得天書祕笈而技術大增，不論生產成衣或人參的生產力都提高 5 倍。請問下列敘述何者正確？
   (a) 南韓應該出口成衣和人參
   (b) 南韓應維持出口成衣和進口人參
   (c) 南韓的相對利益改變了
   (d) 南韓生產成衣的機會成本變高了

(102 年初等考試)

4. 假設臺灣的電漿電視技術創新，使電漿電視的世界價格下降。
   (a) 如果美國對電漿電視毫無設限，請問技術創新對美國生產者與消費者福利有何影響？
   (b) 假設美國對電漿電視進口有配額限制，請問技術創新如何影響消費者、生產者及進口執照擁有者的福利？

5. 張三與李四各有一塊農地，可用以種植水梨及蘋果，兩人之生產可能曲線均為直線，如下圖所示。下列敘述何者正確？

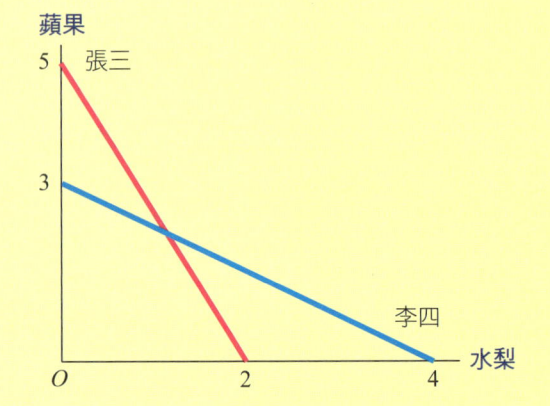

(a) 張三生產 1 單位蘋果的機會成本為 2.5 單位水梨
(b) 張三與李四的生產均符合邊際機會成本遞增
(c) 李四有生產水梨之比較利益
(d) 李四生產 1 單位水梨的機會成本為 1.33 單位蘋果
(106 年關務特考)

6. 下表為英國與美國生產小麥和玉米一單位所需的工時：

|  | 英 國 | 美 國 |
|---|---|---|
| 小 麥 | 2 | 1 |
| 玉 米 | 6 | 5 |

(a) 英國與美國生產小麥的機會成本為何？
(b) 哪個國家有絕對利益生產小麥？哪個國家有絕對利益生產玉米？
(c) 哪個國家有比較利益生產小麥與玉米？
(d) 哪個國家應專業化生產小麥與玉米？
(96 年世新財金)

7. 下圖為臺灣玫瑰花市場的供需圖形。請問：

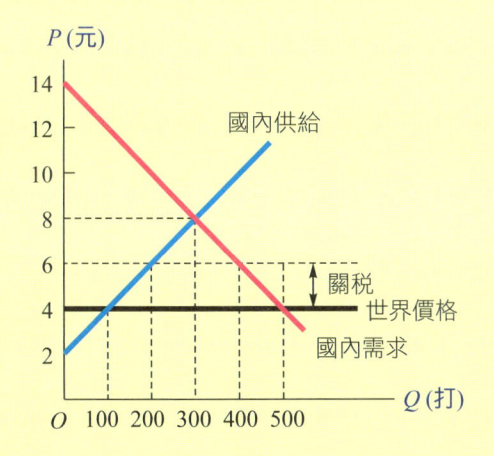

(a) 國際貿易前的均衡價格和數量為何？
(b) 課徵關稅前的玫瑰花進口數量是多少？
(c) 關稅為何？課徵關稅後的進口數量是多少？政府的關稅收入是多少？
(d) 課徵關稅使國內生產者獲益或受損？
(e) 無謂損失為何？

8. 假設石油的每桶世界價格為 16 美元，臺灣可以在此價格下買到所需的數量。下表為臺灣的供給與需求數字。

| 石油價格 | 需求量 | 供給量 |
|---|---|---|
| 14 | 16 | 4 |
| 16 | 15 | 6 |
| 18 | 14 | 8 |
| 20 | 13 | 10 |
| 22 | 12 | 12 |

(a) 請畫出臺灣的石油需求與供給曲線
(b) 如果臺灣實施自由貿易，請問石油的價格為何？臺灣人民的購買數量為何？進口數量為何？
(c) 若臺灣對每桶石油進口課徵 4 美元的關稅，請問石油的購買數量為何？美國生產者會供給多少石油？進口數量為何？
(d) 若臺灣不准石油進口，請問均衡價格與數量是多少？

9. 如果澳洲有比較利益生產羊肉，但臺灣政府對羊肉進口設置配額。請問配額對下列有什麼影響？
(a) 臺灣消費者購買羊肉的價格
(b) 臺灣生產羊肉的數量
(c) 臺灣與澳洲從貿易得到的利益

10. 假設世界上只有臺灣與法國兩個國家。它們預計進行國際貿易。以本國貨幣計算的生產如下所示：

|  | 臺 灣 | 法 國 |
|---|---|---|
| 電腦（臺） | 10,000 元新臺幣 | 2,200 歐元 |
| 紅酒（瓶） | 2,000 元新臺幣 | 200 歐元 |

假設 1 歐元兌 5 元新臺幣，則適合出口電腦的國家是哪一個？

11. A 國和 B 國生產小麥與蘋果的技術相同，兩國生產可能曲線均為直線，如下圖所示，下列敘述何者錯誤？

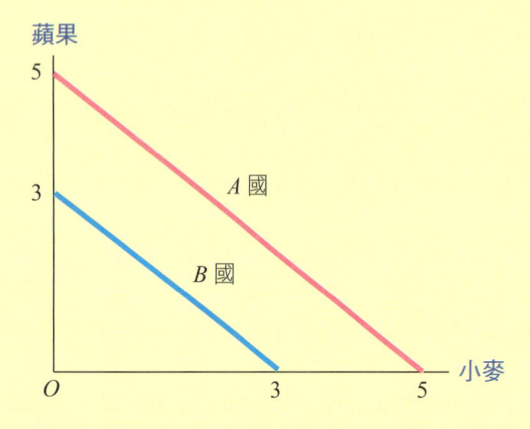

(a) 兩國生產蘋果的機會成本相同
(b) A 國擁有的生產資源比 B 國多
(c) 沒有國家具有生產小麥之比較利益
(d) 兩國開放貿易後，B 國的小麥及蘋果將不具競爭力　　　(105 年關務特考)

12. 在 A 國，生產 1 噸小麥的機會成本為 2 部汽車；在 B 國，生產 1 部汽車的機會成本為 $k$ 噸小麥。若 A 國在生產小麥上具有比較利益，則 $k$ 值可能為下列何者？
(a) 0.3
(b) 0.5
(c) 1
(d) 2　　　(105 年關務特考)

13. 下列何種技術進步，最可能造成本國貿易條件惡化？
(a) 進口導向技術進步
(b) 出口導向技術進步
(c) 資本擴張技術進步
(d) 中立性質技術進步　　　(105 年外交特考)

14. 甲農夫每年可收成 100 公斤橘子或 300 公斤柳丁，乙農夫每年可收成 200 公斤橘子或 300 公斤柳丁。下列敘述何者錯誤？
(a) 乙農夫在橘子的生產上具絕對利益及比較利益
(b) 兩農夫的柳丁生產力相同
(c) 甲農夫生產橘子的機會成本是乙農夫的兩倍
(d) 甲農夫應生產橘子，乙農夫應生產柳丁
　　　(106 年初等考試)

15. 假設甲國的稟賦，可以生產 500 輛汽車或 1,000 支手機；乙國的稟賦，可以生產 200 輛汽車或 500 支手機。請問下列敘述何者正確？
(a) 乙國生產手機具有比較利益
(b) 乙國生產汽車具有絕對利益
(c) 甲國無法透過與乙國貿易而獲利
(d) 兩國生產技術不同，故無法比較
　　　(108 年高考二級)

16. 假設有 A、B 兩個國家，且 A、B 兩國各有 10 名勞工。A 國的每名勞工每年可以生產 60 公斤的稻米或 20 公斤的小麥；B 國的每名勞工每年可以生產 20 公斤的稻米或 60 公斤的小麥。自給自足的情形下，A 國每年生產 300 公斤的稻米和 100 公斤的小麥；B 國每年生產 100 公斤的稻米和 300 公斤的小麥。開放貿易以後，A 國每年輸出 300 公斤的稻米給 B 國以換取 300 公斤的小麥，則 A 國最大的消費可能組合為：
(a) 300 公斤的稻米和 300 公斤的小麥
(b) 400 公斤的稻米和 300 公斤的小麥
(c) 400 公斤的稻米和 200 公斤的小麥
(d) 100 公斤的稻米和 400 公斤的小麥
　　　(107 年關務特考)

## 上網題

1. 請至財政部網站，查詢最近一期的進口貿易額 (按美元計算)。請問出口金額是多少？進口金額是多少？出超還是入超？與上年同期比較是增加或減少 (百分比)？

2. 請至經濟部國際貿易局網站的大陸經貿網頁，進入兩岸貿易統計，下載最新一期的兩岸貿易情勢分析。我國對中國主要出口商品為何？

# Chapter 18 國際金融

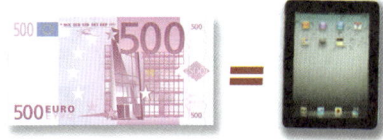

如果你有在美國自助旅行的經驗，譬如，從加州的洛杉磯到佛羅里達州的奧蘭多，你會經過亞歷桑那州、新墨西哥州、德州、路易斯安那州到佛羅里達州。你會發現，到每一州都不需要兌換當地的貨幣，加州的麥當勞和德州的麥當勞都接受相同的貨幣——美元。換句話說，聯邦準備達拉斯分行與聯邦準備舊金山分行，兩家銀行發行的美元幾乎完全一樣，它們之間的兌換比率也是固定不變的，這可視為一種固定匯率體制。

但是，如果你到歐洲自助旅行，可能經驗就大不相同了。從瑞士的日內瓦到挪威的奧斯陸，隨著過境國家不同，手中的貨幣可能要換成丹麥克朗、德國歐元、瑞士法郎及挪威克朗 (目前挪威與瑞士非歐盟成員，而其他國家如西班牙、法國、荷蘭等可使用相同的貨幣，即歐元)。每到一個國家就必須到當地銀行排隊，並支付一筆手續費兌換該國貨幣，才能在當地消費。在這種情形下，歐洲各國之間貨幣交換的匯率制度是浮動匯率體制。

本章主要探討在開放經濟體系下，家計單位、廠商及政府部門的經濟行為。國際收支帳是我們要檢視的第一項課題。國際收支帳涵蓋商品與服務的交換及債券的買賣，這些都牽涉到兩國之間商品的交換比率，或是兩國貨幣交換的價格。實質匯率、名目匯率及外匯市場是第二項需要探討的議題。第 18-3 節則探討匯率制度，解釋何謂固定匯率及浮動匯率。

# 18-1 國際收支

國際收支 (balance of payments) 是一種統計報表，它有系統地記載在特定期間內，一個國家與世界其他地區的各項經濟交易。

國際收支帳 (balance of payments account) 既然是一種"帳"，記錄方式與會計科目相同，係根據複式簿記型態 (double-entry book-keeping) 原則，也就是每筆交易都有借貸雙方，且借貸平衡。譬如，在一段時間內，商品與服務的輸出、資本從國外流入，都列為貸方 (credit)；而商品與服務的進口或資本流向國外，都列為借方 (debit)。[1]

國際收支帳分為經常帳、資本帳及金融帳三種。表 18-1 列示臺灣地區 2015 年至 2019 年的國際收支表。[2] 自 1984 年開始，臺灣地區的國際收支是根據國際貨幣基金 (IMF) 第六版《國際收支手冊》的規定編製。

## 18-1-1 經常帳

經常帳 (current accounts) 由四個部分組成：(1) 商品的出口與

---

> 國際收支 是一種統計報表，有系統地記載特定期間內一個國家與其他地區的各項經濟交易。
>
> 國際收支帳 記錄本國人民與外國人民所有經濟交易，包括債權與債務、商品與服務的買賣。

> 經常帳 由四個部分組成：(1) 商品的出口與進口；(2) 服務的出口與進口；(3) 薪資所得和投資所得的收入與支出；(4) 經常移轉的收入與支出。

---

[1] 貸方記載：(1) 商品及服務輸出；(2) 所得、經常移轉及資本帳的收入；(3) 對外債權的減少；(4) 對外債務的增加；(5) 準備資產的減少。借方記載：(1) 商品及服務的進口；(2) 所得、經常移轉及資本帳的支出；(3) 對外債權之增加；(4) 對外債務的減少；(5) 準備資產之增加。

[2] 有關臺灣地區國際收支表的歷史資料，請至東華書局網站下載。

### 表 18-1　國際收支表

(單位：百萬美元)

| | 2015 | 2016[r] | 2017[r] | 2018[r] | 2019[r] |
|---|---:|---:|---:|---:|---:|
| **A. 經常帳**[1] | **72,769** | **71,259** | **83,093** | **70,843** | **65,141** |
| 　商品：收入 (出口) | 339,837 | 309,283 | 342,706 | 345,495 | 330,779 |
| 　商品：支出 (進口) | 266,698 | 238,323 | 261,448 | 278,461 | 273,113 |
| 　　商品貿易淨額 | 73,139 | 70,960 | 81,258 | 67,034 | 57,666 |
| 　服務：收入 (輸出) | 40,968 | 41,291 | 45,213 | 50,209 | 51,842 |
| 　服務：支出 (輸入) | 51,748 | 51,778 | 53,936 | 56,831 | 56,908 |
| 　　商品與服務收支淨額 | 62,359 | 60,473 | 72,535 | 60,412 | 52,600 |
| 　初次所得：收入 | 28,893 | 29,480 | 34,239 | 39,051 | 39,156 |
| 　初次所得：支出 | 15,114 | 15,524 | 19,544 | 25,299 | 23,751 |
| 　　商品、服務與主要所得收支淨額 | 76,138 | 74,429 | 87,230 | 74,164 | 68,005 |
| 　二次所得：收入 | 6,617 | 6,909 | 7,189 | 7,643 | 8,238 |
| 　二次所得：支出 | 9,986 | 10,079 | 11,326 | 10,964 | 11,102 |
| **B. 資本帳**[1] | **−5** | **−9** | **−12** | **63** | **−3** |
| 　資本帳：收入 | 15 | 17 | 14 | 86 | 63 |
| 　資本帳：支出 | 20 | 26 | 26 | 23 | 66 |
| 　　經常帳與資本帳合計 | 72,764 | 71,250 | 83,081 | 70,906 | 65,138 |
| **C. 金融帳**[1] | **65,012** | **58,530** | **71,328** | **54,220** | **52,006** |
| 　直接投資：資產 | 14,709 | 17,946 | 11,552 | 18,058 | 11,798 |
| 　　股權和投資基金 | 13,649 | 16,913 | 10,736 | 17,431 | 10,771 |
| 　　債務工具 | 1,060 | 1,033 | 816 | 627 | 1,027 |
| 　直接投資：負債 | 2,391 | 9,692 | 3,401 | 7,114 | 8,241 |
| 　　股權和投資基金 | 2,478 | 7,342 | 4,781 | 7,195 | 8,087 |
| 　　債務工具 | −87 | 2,350 | −1,380 | −81 | 154 |
| 　證券投資：資產 | 56,340 | 81,463 | 81,797 | 68,853 | 54,877 |
| 　　股權和投資基金 | 6,922 | 6,445 | 13,755 | 2,376 | −2,301 |
| 　　債務證券 | 49,418 | 75,018 | 68,042 | 66,477 | 57,178 |
| 　證券投資：負債 | 1,228 | 4,343 | 3,958 | −15,175 | 8,476 |
| 　　股權和投資基金 | 3,744 | 7,025 | 4,284 | −14,385 | 8,110 |
| 　　債務證券 | −2,516 | −2,682 | −326 | −790 | 366 |
| 　衍生金融商品 | 2,195 | 1,700 | −503 | 1,638 | 2,501 |
| 　　衍生金融商品：資產 | −11,227 | −11,166 | −11,505 | −16,748 | −15,490 |
| 　　衍生金融商品：負債 | −13,422 | −12,866 | −11,002 | −18,386 | −17,991 |
| 　其他投資：資產 | −16,526 | −6,936 | 11,891 | −20,082 | 6,648 |
| 　　其他股本 | 8 | 9 | 6 | 5 | 5 |
| 　　債務工具 | −16,534 | −6,945 | 11,885 | −20,087 | 6,643 |
| 　其他投資：負債 | −11,913 | 21,608 | 26,050 | 22,308 | 7,101 |
| 　　其他股本 | — | — | — | — | — |
| 　　債務工具 | −11,913 | 21,608 | 26,050 | 22,308 | 7,101 |
| 　　　經常帳＋資本帳－金融帳 | 7,752 | 12,720 | 11,753 | 16,686 | 13,132 |
| **D. 誤差與遺漏淨額** | **7,259** | **−2,057** | **714** | **−4,187** | **3,526** |
| **E. 準備與相關項目** | **15,011** | **10,663** | **12,467** | **12,499** | **16,658** |
| 　準備資產[2] | 15,011 | 10,663 | 12,467 | 12,499 | 16,658 |
| 　基金信用的使用及自基金的借款 | — | — | — | — | — |
| 　特殊融資 | — | — | — | — | — |

註：1. 剔除已列入項目 E 之範圍。
　　2. 2004 年第 3 季至 2009 年第 1 季為準備資產，其餘期間為淨準備資產。
資料來源：中央銀行。

進口；(2) 服務的出口與進口；(3) 薪資所得和投資所得的收入與支出；(4) 經常移轉的收入與支出。

商品的出口和進口，包括電腦產品、衣服、家具、農產品等的輸出；日本汽車、韓國電玩遊戲、法國紅酒、德國啤酒等的輸入。臺灣的進口會用掉外匯，故記成借方以負號表示；臺灣的出口是為臺灣賺取外匯，故記成貸方以正號表示。譬如，在 2019 年，臺灣商品出口總值與進口總值分別為 330,779 百萬美元和 273,113 百萬美元。2019 年臺灣地區商品貿易帳餘額 (balance on goods) 為 57,666 百萬美元，也就是臺灣在 2019 年有貿易順差。

> 貿易帳餘額　出口總額減去進口總額。又稱淨出口。

第二項是服務的進口與出口。服務是無形的，包括：(1) 運輸；(2) 旅行；(3) 其他服務，如保險、電腦與資訊、通訊及金融服務等。譬如，臺灣微星出口電競型筆電，可能向英國保誠人壽購買產物保險，這是屬於服務的進口且用掉外匯，記在借方。臺灣在 2019 年的服務收入 (輸出) 為 51,842 百萬美元，而服務支出 (輸入) 為 56,908 百萬美元。因此，服務方面有逆差 5,066 百萬美元。貿易帳和服務帳合併稱為商品與服務收支淨額 (balance on goods and services)，臺灣地區在 2019 年的商品與服務收支有盈餘 52,600 萬美元。

> 商品與服務收支淨額　商品貿易淨額與服務收支淨額的加總。

經常帳的第三項是初次所得 (primary income)。[3] 初次所得包括：(1) 薪資所得：指居留期間在一年以下的非居民工作的報酬；(2) 投資所得：指持有國外金融資產一定期間的收益，或使用國外金融交換一定期間的支出。投資所得區分為直接投資所得、證券投資所得與其他投資所得。舉例來說，臺灣人民購買美國國庫券得到的利息收入，或到美國設廠的利潤都是所得的收入，為所得項目的貸方。(3) 其他初次所得：包含生產稅與進口稅補貼，以及原列於其他所得之使用自然資源的租金。在表 18-1 中，2019 年臺灣地區的初次所得有盈餘 15,405 百萬美元。

> 二次所得　本國人民向外國人提供一項實際援助或金融資產。臺灣移轉到國外的金額減去國外移轉給臺灣的金額。

經常帳的最後一項是二次所得 (secondary income)。[4] 例如，為

---

[3] 2016 年第 1 季起，主要所得與經常移轉改名為初次所得與二次所得。初次所得包括投資所得及受雇報酬。投資所得包括直接投資所得、證券投資所得、其他投資所得及準備資產所得。

[4] 二次所得記載居民與非居民之間透過經常移轉重新分配取得的所得，例子包括職工匯款、捐款、官方援助及退休金、保險理賠收支。

了援助日本地震災民，你捐了一筆錢給世界展望會，這是一種外匯的支付；相反地，某些外國人提供臺灣學生的獎學金，或捐款給莫拉克颱風災民，這是一種外匯的收入。2019 年臺灣地區次要所得為 2,864 百萬美元的赤字。

如果我們將商品的淨出口、服務的淨出口、主要所得淨額及次要所得淨額加總，可得 經常帳餘額 (balance on current account)。2019 年臺灣地區經常帳有盈餘 65,141 百萬美元。

> 經常帳餘額　商品與服務的淨出口、初次所得淨額及二次所得淨額的加總。

## 18-1-2　資本帳

資本帳 (capital account) 包括資本移轉與非生產性、非金融性資產 (如經銷權、商譽及網域等無形資產) 的取得與處分。[5] 資本移轉是指機器設備等資本財產的贈與、債務的免除和移民的移轉。譬如，臺灣廠商到越南設成衣工廠，這會使得臺灣持有的外國資產增加 (臺灣人民擁有成衣工廠)；另一方面，越南持有的外國資產也會增加 (越南人擁有為興建成衣工廠所支付的新臺幣)。2019 年臺灣地區資本帳收入為 63 百萬美元，而資本帳支出為 66 百萬美元，因此資本帳有赤字 3 百萬美元。

> 資本帳　包括資本移轉與非生產性、非金融性資產的取得與處分。

## 18-1-3　金融帳

經常帳衡量一國商品、服務、所得及移轉的對外交易，而 金融帳 (financial account) 是記載一國對外金融資產與負債的交易。

簡單地說，本國居民購買外國公司的股票、外國政府公債、外國的房地產或到外國銀行存款都會用掉外匯，我們稱為 資本外流 (capital outflow)；相反地，外國人購買臺灣上市公司股票、政府債券，在臺灣置產或在本地銀行存款，稱為 資本內流 (capital inflow)。根據投資的功能或種類，金融帳分為四類：(1) 直接投資；(2) 證券投資；(3) 衍生性金融商品；(4) 其他投資。

以 2019 年的金融帳而言，臺灣對外直接投資為 11,798 百萬美

> 金融帳　記載一國對外金融資產與負債的交易。

> 資本外流　本國居民使用外匯購買外國的股票、債券、房地產。

> 資本內流　外國人購買本國的股票、債券、房地產。

---

[5] 移民移轉非屬居民與非居民交易，自 2016 年第 1 季後自資本帳移除。

元，超過外人對臺直接投資的 8,241 百萬美元。而 2019 年對外證券投資為 54,877 百萬美元，則高於外人對臺的證券投資的 8,476 百萬美元。顯然，在臺灣投資股票與債券的報酬率低於國外股票和債券的報酬率。至於衍生性金融商品則淨資產增加 25.01 億美元，主因是負債的減少。此外，我們對外國的其他投資 6,648 百萬美元，低於外國對我國的其他投資 7,101 百萬美元。在 2019 年，金融帳呈現淨資產增加 52,006 百萬美元。

在表 18-1 的國際收支表中，除了經常帳、資本帳及金融帳外，還有兩個項目：準備與相關項目，以及誤差與遺漏淨額。**準備資產** (reserve assets) 是指貨幣當局所控管隨時可動用的國外資產，包括貨幣用黃金、外匯存底 (含外幣現鈔、存款、放款及有價證券) 及其他債權。[6] 由於國際收支係依據複式簿記借貸原理記帳，國際收支帳符合會計平衡原則，也就是借貸相抵。[7] 因此，在理論上，

> 準備資產　貨幣當局所控管，隨時可動用的國外資產。

經常帳餘額＋資本帳餘額＝金融帳餘額＋準備資產

如果準備與相關項目為正數，一般稱為國際收支順差；反之，則稱為國際收支逆差。在實際的國際經濟登錄上，由於遺漏或其他原因，可能會出現誤差。譬如，政府很難記錄邊界上兩國居民所有的交易或是非法走私的毒品交易，這些根本無法記錄在國際收支帳裡。因此，國際收支帳中會出現**誤差與遺漏淨額** (net errors and omissions) 一項，確保借貸相等，並提供資料登錄錯誤衡量指標。以 2019 年臺灣地區的國際收支帳而言，經常帳餘額為 65,141 百萬美元，資本帳為 －3 百萬美元，金融帳為 52,006 百萬美元，準備資產為 16,658 百萬美元，依據上式：

$$65,141 + (-3) - (52,006 + 16,658) = -3,526$$

從表 18-1 得知，誤差與遺漏淨額為 3,526 百萬美元，與上述項目加

---

[6] 外匯存底係央行維持匯市穩定或挹注國際收支逆差時可動用之國外資產 (不含黃金)，通常以美元表示。

[7] 根據 IMF 第六版國際收支與國際投資部位手冊，若不考慮誤差與遺漏，國際收支恆等式為經常帳 (CA) 與資本帳 (KA) 之和等於金融帳 (FA) 與準備資產變動 (RV) 之和，即 CA＋KA＝FA＋RV。

總後恰好等於零。這項事實符合國際收支帳的平衡原則。根據這項標準，2019 年臺灣地區國際收支有赤字 3,526 百萬美元。

> **練習題 18-1**
>
> **(1)** 目前各國的國際收支帳是根據哪一個國際機構所訂的手冊編製？　　(105 年經建行政)
> 類似問題：基本題 11。
>
> **(2)** 國際收支平衡 (balance of payments，簡稱 BOP) 中的借方 (debit) 項目包含下列何項？
> (a) 使本國貨幣供給增加者
> (b) 使本國外匯需求降低者
> (c) 使國外對本國付款，或負有付款義務者
> (d) 使本國對國外付款，或負有付款義務者　　(108 年外交特考)
> 類似問題：基本題 1。

## 18-2　匯率與外匯市場

在檢視過金融資產、資本及商品與服務的國際收支帳後，現在我們來探討這些國際間經濟交易的價格——匯率。經濟學家將匯率分成兩種型態：名目匯率與實質匯率。我們將先討論兩種匯率的定義與其區別，然後再討論外匯市場的供給與需求。

### 18-2-1　名目匯率與實質匯率

**名目匯率**　**名目匯率** (nominal exchange rate) 是兩個國家貨幣的交換比率。名目匯率有兩種表現形式：(1) 一單位外國貨幣可以兌換多少單位的本國貨幣。譬如，美元與新臺幣之間的匯率是 1：30，這表示在外匯指定銀行，你可以用 1 美元兌換 30 元新臺幣；(2) 一單位本國貨幣可以兌換多少單位的外國貨幣。譬如，新臺幣與日圓之間的匯率是 1：3，這表示你可在外匯指定銀行以 1 元新臺幣換到 3 日圓。

> **名目匯率**　兩個國家貨幣的交換比率。

一般而言，大多數的國家是以第一種方式來表示匯率，因此本章也以第一種方式定義匯率，我們以 $E$ 表示名目匯率。

如果以美元表示的新臺幣價格上升，表示新臺幣貶值；也就是說，1 美元能夠兌換的新臺幣數量增加。譬如，在 1989 年 8 月，1 美元等於 25.68 元新臺幣，到 2020 年 8 月 27 日，1 美元等於 29.4 元新臺幣。同樣的 1 美元在 2020 年比在 1989 年可兌換更多數量的新臺幣。因此，$E$ 上升代表新臺幣貶值和美元升值；相反地，當 $E$ 下跌時，新臺幣升值，而美元相對貶值。

> **實質匯率** 兩個國家商品的交換比率。又稱為貿易條件。

**實質匯率** 實質匯率 (real exchange rate) 是兩國商品的相對價格。實質匯率告訴我們一個國家生產的商品與另外一個國家生產的商品，兩者之間的交換比率，有時我們稱為貿易條件 (terms of trade)。

我們如何建立臺灣與日本間的實質匯率——以日本商品表示的臺灣商品價格？假設一輛豐田凌志汽車在臺灣價值 200 萬元新臺幣，而相同的車款日本價值 400 萬日圓。建立實質匯率的步驟如下：

**步驟 1**：將日本凌志汽車的價格轉換成新臺幣價格。假設 1 日圓值 0.25 元新臺幣。則凌志的新臺幣價格為 400×0.25＝100 萬元新臺幣。

**步驟 2**：計算日本凌志新臺幣價格與臺灣凌志新臺幣價格的比例。臺灣凌志在臺灣的售價為 200 萬元新臺幣。因此，以日本凌志表示的臺灣凌志價格——即日本與臺灣之間的實質匯率為：

$$實質匯率＝(0.25 元新臺幣/日圓)×(4{,}000{,}000 日圓/日本凌志)/(2{,}000{,}000 元新臺幣/臺灣凌志)$$
$$＝0.5 臺灣凌志/日本凌志$$

在汽車價格及匯率為已知的情況下，我們知道一部日本凌志可交換 0.5 部臺灣凌志。

上面有關實質匯率的定義，可寫成：

$$實質匯率＝名目匯率×外國商品價格/本國商品價格$$

如果將單一商品的實質匯率推廣到所有商品的實質匯率，我們必須以日本商品的日圓物價指數及臺灣商品的臺幣物價指數來衡量，它們可以是日本的 GDP 平減指數和臺灣的 GDP 平減指數。令 $E$ 代表名目匯率 (新臺幣－日圓的名目匯率)，$P$ 為臺灣的 GDP 平減指數，$P^*$ 為日本的 GDP 平減指數。實質匯率 $e$ 可以表示成：

$$e = E \times (P^*/P)$$

如果以外國商品表示的本國商品價格上升，稱為實質升值 (real appreciation)；反之，則稱為實質貶值 (real depreciation)。在實質匯率的定義下，實質升值表示實質匯率 $e$ 的下降，以本國商品表示的外國商品價格下降，這表示本國商品相對較貴，而國外商品相對較便宜。同樣地，實質貶值表示 $e$ 的上升，以本國商品表示的外國商品價格上升；亦即，本國商品相對便宜，而國外商品相對較貴。

> **實質升值** 以外國商品表示的本國商品價格上升。
> 
> **實質貶值** 以外國商品表示的本國商品價格下跌。

---

### 練習題 18-2

**(1)** 關於實質匯率，下列敘述何者正確？
(a) 實質匯率是外國貨幣與本國貨幣的兌換比率
(b) 實質匯率是外國商品與本國商品的兌換比率
(c) 實質匯率是外國貨幣與本國商品的兌換比率
(d) 實質匯率是外國商品與本國貨幣的兌換比率

類似問題：基本題 3。

**(2)** 假設 1 美元可兌換 10 摩納哥的迪拉姆 (dirhams)。若你可以用 300 迪拉姆在摩納哥首都拉巴特 (Robat) 買一箱橘子，相同的一箱橘子在邁阿密賣 35 美元。請問實質匯率為何？

(97 年中山政經)

類似問題：基本題 3。

---

## 18-2-2 外匯市場

誰來決定 1 美元兌換 30 元新臺幣？是臺灣的楊金龍與美國的鮑爾電話熱線敲定嗎？當然不是。在浮動匯率制度下，匯率是由外匯市場的供給與需求共同決定。外匯市場與一般的商品市場並沒有不一樣。在商品市場，如智慧型手機，商品的價格就是手機的售價。在外匯市場，討論的對象是外匯，也就是外國貨幣。外匯的價格就是匯率。為了簡化分析，我們假設只有兩個國家：臺灣和美國。

**外匯需求**　政府、商業銀行、民眾及一般企業每天都可能將新臺幣兌換美元或以美元兌換新臺幣。為了到國外觀光或求學，你或你的父母成為外匯需求者。有關**外匯需求** (demand for foreign exchange)，主要有下列幾項原因：

- 進口商從美國進口商品與服務。譬如，臺灣車商進口克萊斯勒吉普車，就需要以美元支付價款。
- 臺灣居民到美國觀光旅遊、留學、遊學或洽公經商等。譬如，你在暑假參加美西九日遊，身上一定會帶些美元購買紀念品或到迪士尼樂園遊玩。
- 臺灣居民購買美國股票、債券或其他金融商品。譬如，美國股市大好，為了分散風險，臺灣投資人會將一部分資金拿來購買美國的基金或股票。
- 臺灣企業到美國設廠投資。譬如，台塑公司在美國的路易斯安那州及德州均設有大型塑化原料工廠。
- 外匯投機客預期新臺幣相對美元貶值而買進美元。

圖 18-1 顯示外匯市場中對美元的需求曲線。橫軸的變數是外匯 (美元) 的數量，縱軸的變數是外匯的價格，以 1 單位外國貨幣 (美元) 能夠兌換本國貨幣 (新臺幣) 的數量來衡量。請注意，縱軸是名目匯率而非實質匯率。**外匯需求曲線**顯示，在其他條件不變下，美元的新臺幣價格與美元需求量間的負向關係。

當美元價格 (匯率) 較低時，我們可以用較少的新臺幣購買美國

> **外匯需求曲線**　在其他條件不變下，美元的新臺幣價格與美元需求量之間的負向關係。

**圖 18-1　外匯需求**
當美元價格下跌時，美國製的商品相對便宜。若美國商品價格不變，美元貶值導致臺灣居民會多購買美國商品，導致美元需求增加。

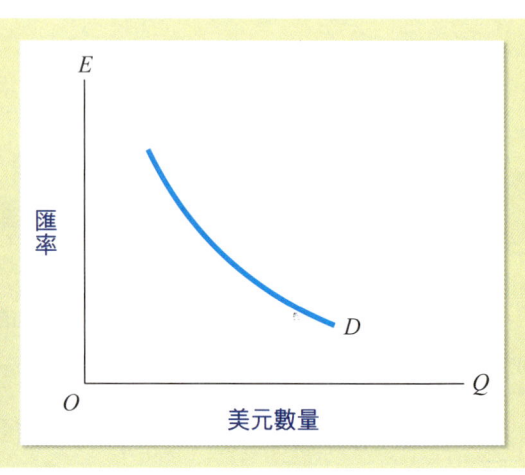

商品，到大峽谷旅遊及買更多的美國債券等。美元價值下跌導致臺灣人民對美國商品的需求增加，並提高對美國的投資及增加觀光次數。若美國商品售價不變，對美國商品需求的增加使得美元的需求量增加；也就是說，當匯率 ($E$) 下跌時，外匯需求量增加。因此，外匯需求曲線斜率為負。

至於引起外匯需求曲線移動的因素，包括臺灣消費者的偏好與所得、臺灣與美國的預期通貨膨脹率、美國商品的美元售價，以及臺灣與美國的利率水準。外匯需求曲線移動對匯率變動的影響方向，我們留待下一節討論。

**外匯供給** 外匯供給 (supply for foreign exchange) 是由哪些外國居民需要新臺幣所產生。外匯供給的產生，主要有下列幾項原因：

> 外匯供給 在其他條件不變下，美元的新臺幣價格與美元供給量之間的正向關係。

- 美國政府、廠商或家計單位從臺灣進口商品與服務。譬如，美國蘋果公司向臺灣鴻海採購智慧型手錶。
- 美國人民到臺灣旅遊、經商、洽公或留學。譬如，美國職籃紐約籃網隊到臺灣參加熱身賽，吃麻辣鍋、泡溫泉或逛街買東西都需要以美元換成新臺幣才能消費。
- 美國人購買臺灣的股票、債券或其他金融商品。譬如，美國共同基金看好臺灣電子業，將部分資金用來購買台積電股票，就會在外匯市場供給美元以兌換新臺幣。
- 美國公司到臺灣設廠投資。譬如，美國微軟到臺北南港軟體工業園區設立軟體研發中心。
- 外匯投機客預期對新臺幣升值，買進新臺幣進行套利。

圖 18-2 繪出外匯市場中對美元的供給曲線。當美元價格上升時，每一美元能夠購買的新臺幣數量增加，使得以新臺幣報價的臺灣商品相對美國商品更為便宜。譬如，美元升值 50%，等於是臺灣商品全部打 5 折優待。美國會增加對臺灣商品的需求，進而導致臺灣對美國的出口增加。臺灣出口上升表示出口商賺進外匯，而使得外匯供給增加。因此，匯率上升，外匯供給量增加，外匯供給曲線斜率為正。外匯供給曲線顯示，在其他條件不變下，美元的新臺幣價格與美元供給量間的正向關係。

### 圖 18-2　外匯供給

當美元價格上升時，美國人可以購買更多的臺灣商品，這表示臺灣商品相對美國商品便宜。因此，匯率上升，導致美元供給量增加。

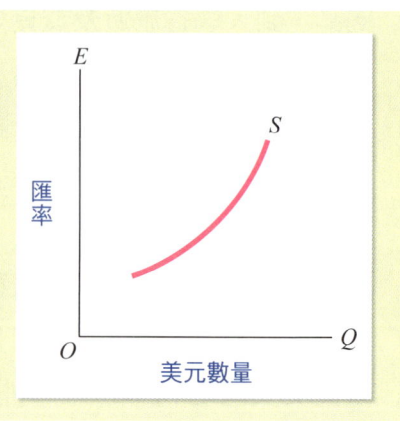

引起外匯供給曲線移動的因素，包括美國消費者的偏好與所得、臺灣與美國的預期通貨膨脹率，以及臺灣與美國的利率水準。至於外匯供給曲線移動對匯率變動的影響，則留待下一節討論。

**均衡匯率**　當匯率可以自由變動時，外匯市場的供給與需求的交點決定均衡匯率水準，1 美元兌 30 元新臺幣，如圖 18-3 所示。如果人們對美元的需求大於供給，超額需求使得美元價格上升——美元相對新臺幣**升值** (appreciation)，譬如，$E$ 從 30 變成 32，表示 1 美元本來可兌換 30 元新臺幣，現在可兌換 32 元新臺幣。$E$ 的上升，造成美元升值和新臺幣貶值；相反地，如果美元的供給超過需求，超額供給使得美元價格下跌——美元相對新臺幣**貶值** (depreciation)。譬如，$E$ 從 40 變成 30，即表示 1 美元本來可兌換 40 元新臺幣，現在

### 圖 18-3　均衡匯率

當匯率可以自由變動時，外匯市場的外匯供給與需求共同決定均衡匯率，1 美元兌 30 元新臺幣。美元的超額需求使美元相對新臺幣升值；美元的超額供給使美元相對新臺幣貶值。

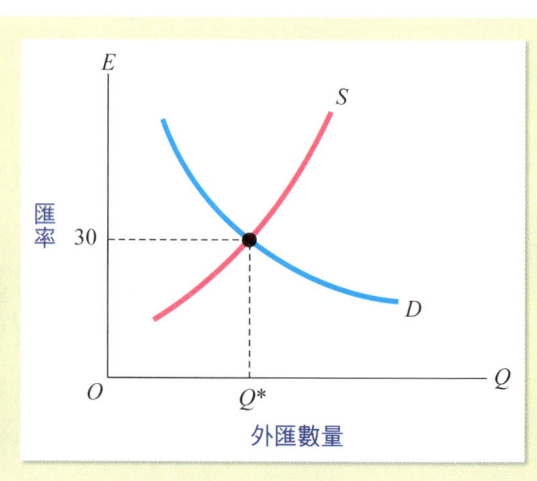

只能兌換 30 元新臺幣。換言之，$E$ 的下跌造成美元貶值和新臺幣升值。

### 練習題 18-3

**(1)** 下列何事件將形成臺灣外匯市場的供給？
(a) 熱錢流入臺灣欲投資股市
(b) 臺商欲至越南投資設廠
(c) 中央銀行欲阻止新臺幣升值
(d) 本國人欲赴美國觀光 (108 年初等考試)

類似問題：基本題 4。

**(2)** 國人赴美國觀光旅遊的外匯支出，應記錄在國際收支帳的哪一個帳戶？外匯需求或外匯供給會發生變動？

類似問題：基本題 5。

## 18-2-3　均衡匯率的變動

任何引起外匯供需行為改變的因素，都會引起外匯供給或需求曲線的移動，進而造成均衡匯率的改變。我們將這些因素彙整如下：

- 臺灣與美國的消費者所得和偏好。
- 臺灣與美國的相對物價水準。
- 臺灣與美國的利率水準。
- 臺灣與美國的預期通貨膨脹。

***臺灣與美國的消費者所得和偏好***　若美國的貿易戰奏效，人民的荷包滿滿，壓抑許久的買氣爆發，增加對臺灣生產的 Apple Watch 及平板電腦的購買。換句話說，美國消費者所得上升，造成臺灣出口增加。臺灣的出口商賺進外匯 (美元)，使得外匯供給增加，從 $S_1$ 右移至 $S_2$，均衡從 $A$ 點變成 $B$ 點，如圖 18-4 所示。美元價格從 32 元下跌至 29 元，引起美元貶值和新臺幣升值。

### 圖 18-4　美國消費者所得增加對匯率的影響

美國消費者所得增加，造成對臺灣出口商品的需求增加。當臺灣出口商賺進外匯時，外匯供給增加，供給曲線從 $S_1$ 右移至 $S_2$。美元價格下跌，匯率從 32 元下跌至 29 元，新臺幣升值，而美元貶值。

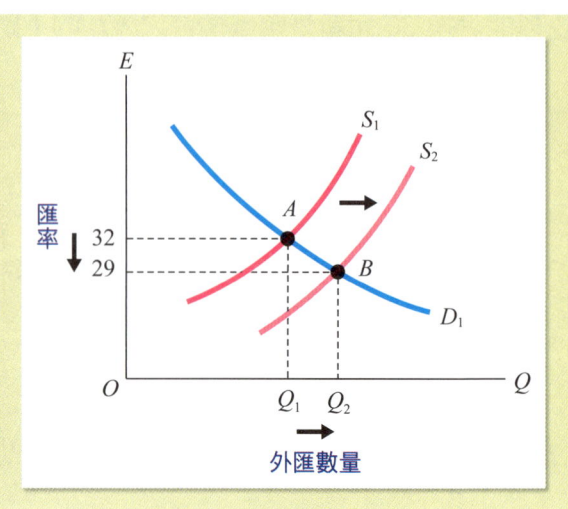

**臺灣與美國的相對物價水準**　假設臺灣物價相對美國物價上漲。臺灣的高物價使得進口商品相對便宜，臺灣人民會多買美國商品，美元需求增加導致外匯需求曲線從 $D_1$ 右移至 $D_2$，如圖 18-5 所示。

同時，美國人民發現臺灣商品變得比較昂貴，因而減少對臺灣出口商品的需求。美元供給減少導致外匯供給曲線從 $S_1$ 左移至 $S_2$，如圖 18-5 所示。需求增加與供給減少使得均衡從 A 點變成 B 點。美元價格上升，匯率從 29 元漲至 33 元，美元升值與新臺幣貶值。

**臺灣與美國的利率水準**　當臺灣利率高於美國利率，會吸引美國投資人爭相購買臺灣債券。為了購買臺灣債券，美國人需要新臺幣，外資流入，造成外匯市場的美元供給增加，外匯供給曲線從 $S_1$ 右移

### 圖 18-5　相對物價改變對匯率的影響

臺灣的高物價使進口增加，外匯需求曲線從 $D_1$ 右移至 $D_2$；美國對臺灣的進口 (臺灣的出口) 減少，使外匯供給曲線從 $S_1$ 左移至 $S_2$。需求增加和供給減少，導致美元價格上漲，匯率從 29 元漲至 33 元，美元升值與新臺幣貶值。

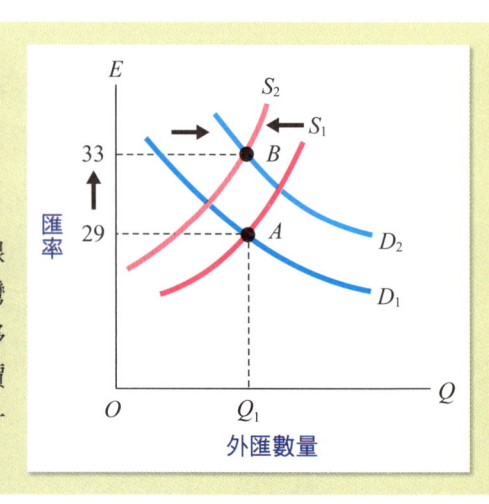

### 圖 18-6　相對利率變動對匯率的影響

臺灣利率相對高於美國利率，導致美國人民對臺灣債券需求增加，而以美元兌換新臺幣來購買臺灣債券，使得外匯供給曲線從 $S_1$ 右移至 $S_2$。同時，臺灣人民減少對美國債券需求，外匯需求曲線從 $D_1$ 左移至 $D_2$，結果是美元貶值和新臺幣升值。

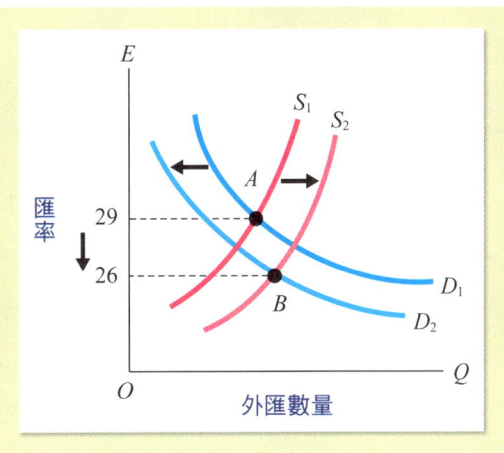

至 $S_2$，如圖 18-6 所示。臺灣的高利率同時也會影響臺灣地區的投資人、專業投資機構和銀行。臺灣投資人發現美國債券較不具吸引力，因而減少對美國債券的需求，美元需求隨之減少，導致外匯需求曲線向左移動，從 $D_1$ 變成 $D_2$。供給增加與需求減少使得均衡從 A 點移至 B 點，美元價格從 29 元下跌至 26 元，新臺幣升值和美元貶值。

**臺灣與美國的預期通貨膨脹**　預期通貨膨脹可透過名目利率的變動來影響匯率水準。根據費雪方程式，名目利率等於實質利率加上預期通貨膨脹率。若臺灣的預期通膨相對高於美國，則臺灣的名目利率也相對高於美國的名目利率。臺灣的高報酬吸引美國投資人購買臺灣債券，而臺灣投資人減少美國債券的需求，進而導致外匯供給曲線右移和需求曲線左移，如圖 18-6 所示。結果是美元價格從 29 元下跌至 26 元，新臺幣升值與美元貶值。

除了以上這四個因素，政府政策也會影響均衡匯率的變動。譬如，進口配額與課徵進口關稅，均將造成進口減少，外匯需求因而下降，需求曲線左移，導致美元價格下跌，美元貶值和新臺幣升值。

央行可藉外匯市場的買賣來影響均衡匯率。譬如，美國聯準會 QE3 的 6,000 億美元造成熱錢湧入臺灣，新臺幣有大幅升值的壓力。當新臺幣的需求超過供給時，央行可在外匯市場買進美元，拋售新臺幣，藉此可避免新臺幣過度升值。我們將影響均衡匯率變動的因素彙整如下：

- 當臺灣消費者所得增加，民眾偏好美國製商品，臺灣的相對物價上升，美國利率相對較高，臺灣的預期通膨下跌，臺灣央行在外匯市場買進美元或財政部降低關稅，都將造成匯率上升，美元升值和新臺幣貶值。

- 當美國消費者所得增加，消費者偏好臺灣製商品，美國相對物價上漲，臺灣利率相對上升，美國的預期通膨下降，臺灣央行在外匯市場賣出美元或臺灣財政府提高關稅，都將造成匯率下跌，美元貶值和新臺幣升值。

### 練習題 18-4

(1) 當一國進口增加，其他條件不變時，該國貨幣幣值一般而言會：
(a) 升值
(b) 貶值
(c) 不變
(d) 先升值再貶值

(108 年關務特考)

類似問題：基本題 7。

(2) 假設在其他條件不變下，下列何種情形會誘使國際資金進入臺灣？
(a) 臺灣利率上升
(b) 臺灣利率下跌
(c) 預期新臺幣貶值
(d) 預期美元升值

(105 年金融保險普考)

類似問題：基本題 6。

## 18-3 匯率制度

**匯率制度**：匯率決定的方式。

**匯率制度** (exchange rate regime) 是指匯率的決定方式。依據中央銀行對外匯市場的管理方式，匯率制度分成兩大類：固定匯率與浮動匯率。其中，根據央行對外匯市場的干預程度，固定匯率又可分為：金本位制度、聯繫匯率制度，以及可調整釘住匯率制度。浮動匯率制度可分為：自由浮動及管理浮動兩種。各種匯率制度之間

### 表 18-2　各種不同匯率制度

| 干預程度 | 固定匯率 | 浮動匯率 |
|---|---|---|
| 無 | — | 自由浮動匯率制度 |
| 自動 | 金本位制度、聯繫匯率制度 | — |
| 部分 | 可調整釘住匯率制度 | 管理浮動匯率制度 |

的特性及相異處整理於表 18-2。

## 18-3-1　固定匯率制度

固定匯率 (fixed exchange rate) 是由政府或央行決定匯率水準，並承諾人們在此固定水準下買賣外匯。讓我們以圖 18-7 來說明固定匯率制度的運作，假設央行將新臺幣與美元間的兌換率固定在 1 美元兌換 30 元新臺幣。

拜 ECFA 與全球經濟復甦之賜，臺灣景氣轉佳，消費者增加對美國商品的需求。當臺灣的消費者需要更多的美元來購買美國車和吃美國牛時，外匯需求曲線會從 $D_0$ 向右移至 $D_1$，如圖 18-7 所示。若任由那隻看不見的手決定匯率水準，則均衡會從 A 點移至 B 點，美元價格上升，造成美元升值和新臺幣貶值。然而，在固定匯率制度下，外匯市場發生超額需求 AC。為了要維持 30 元的價格，中央銀行必須滿足外匯市場對美元超額需求，而供給 AC 數量的美元，以維持匯率水準的固定。

> **固定匯率**　由央行決定匯率水準，並承諾人們在此固定水準下買賣外匯。

### 圖 18-7　固定匯率制度

假設央行將匯率固定在 1 美元兌 30 元新臺幣。當需求曲線為 $D_1$ 時，外匯市場有超額需求 AC。央行會提供 AC 部分的美元。當需求曲線為 $D_2$ 時，外匯市場有超額供給，央行會買進美元以維持匯率固定在 30 元。

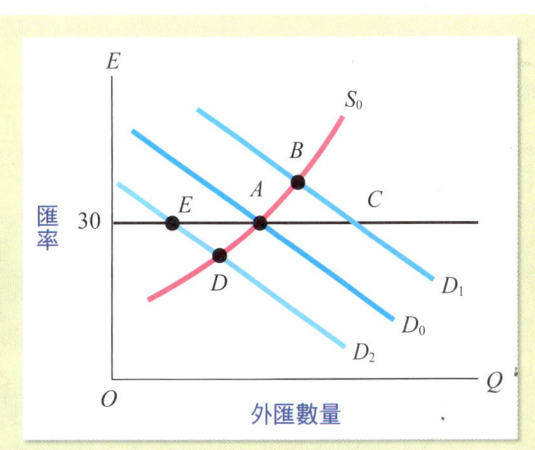

另一方面，若美國發生狂牛症疫情，導致臺灣消費者不敢食用美國牛肉。牛肉進口減少，大家對美元的需求減少，外匯需求曲線向左移動，從 $D_0$ 移至 $D_2$，如圖 18-7 所示。市場均衡從 $A$ 點變成 $D$ 點。然而，在固定匯率制度下，外匯市場發生美元超額供給 $AE$。為了維持匯率固定，央行必須進場將超額供給的部分，以新臺幣買回多餘的美元，這會造成外匯存底的增加。

固定匯率制度的優點是，減少國際貿易所面臨匯率多變的風險，節省投入預測匯率變動的資源。至於固定匯率制度的缺點則有兩點：(1) 若匯率長期被高估，外匯需求經常超過外匯供給，外匯存底遲早有用盡的可能。當然，央行可以選擇將本國貨幣 (新臺幣) 貶值、政府限制進口、禁止資本外移等方式來因應；(2) 由於央行必須進場買賣外匯，本國貨幣供給隨著外匯數量的增減而變動。譬如，匯率高估造成國際收支盈餘，央行為維持固定匯率會以等值新臺幣買入美元，因而創造出等值的準備貨幣。貨幣供給增加將對物價上漲造成壓力。因此，固定匯率制度會有貨幣供給變動上的困擾。

接著，讓我們以金本位制度與聯繫匯率制度為例，來說明固定匯率制度的運作。

> **金本位制度** 一國的貨幣與黃金的兌換比例固定。

**金本位制度**　在 1914 年以前，**金本位制度** (gold standard) 是國際間經濟交易最主要的制度。所有國家的貨幣都以黃金報價——一盎司黃金值多少的本國貨幣。譬如，一盎司黃金約值 20 美元，同樣的一盎司黃金約值 4 英鎊，故英鎊與美元之間的匯率便可有效地固定在 1 英鎊兌 5 美元。

金本位制度想要順利地運作，必須是每一個國家都同意以事先固定的價格買進或賣出黃金。譬如，美國人喜歡喝英國的威士忌，而大量進口英國酒。當美國的進口大於出口，國際收支帳發生赤字時，美國的黃金存量減少，而英國的黃金存量將會累積。黃金自美國流入英國造成英國的貨幣供給增加，利率下跌，總需求提高，物價水準隨之上升。英國物價相對美國物價上漲，促使英國的出口減少和美國的出口增加。因此，相對物價和所得的變動，自動地使貿

### 實例與應用　　　　黃金是人們的最愛？

2007 年與 2008 年席捲全球的金融海嘯，起源於美國次貸風暴，而次貸風暴又來自於過度寬鬆貨幣政策和過度從事高風險投資。為了避免重蹈覆轍，美國聯邦準備銀行達拉斯分行前副總裁歐德瑞斯科建議，聯準會發行貨幣應採金本位。如此可讓聯準會發行貨幣時尋求更多實體商品(如黃金)做準備，而更有紀律。但金本位制度是否可讓危機解除？

哈佛大學歷史學家佛格森 (Niall Ferguson) 與柏林自由大學教授蘇拉里克 (Moritz Schularick) 共同發表的研究發現，從 1880 年至 1913 年採用金本位之已開發國家借款的國家風險溢酬 (country risk premium) 較採用金本位之開發中國家少 0.5 個百分點。換句話說，採用金本位制度並無法解決金融危機。追究其背後原因在於，這些較貧窮國家的經濟與政治不穩定導致民眾認定金本位制度，仍容易將美國的金融風暴散布到世界各國，央行在危機處理時，為了解決居高不下的失業與萎靡不振的經濟，將會揚棄金本位。

美中貿易戰與英國脫歐導致保護主義氣氛蔓延，而有美國券商 Evercore 報告指出，只要美國繼續抱持"阻止中國崛起"的心態，貿易戰將不容易停止，黃金是"保護主義之下的保障"。

易恢復平衡。

金本位制度的主要缺陷是，國家將喪失對貨幣政策的主導權。如前所述，一國的國際收支帳發生盈餘，該國的貨幣供給會增加。一國的國際收支帳發生赤字，該國的貨幣供給將減少。貨幣供給減少導致產出下跌與失業增加，國內將付出慘痛的代價。此外，黃金的挖掘與發現 (如 1849 年的加州和 1886 年的南非) 將對全世界的物價與所得有深遠的影響。具體來說，黃金的大量生產，將使得全球物價和所得水準同步上升。

**聯繫匯率制度**　聯繫匯率制度 (linked exchange rate system) 是指國內貨幣百分之百由外匯準備來支持；也就是說，央行針對任何一個國家建立固定匯率的機制。聯繫匯率制度又稱匯率牌告制度，允許本國國民以公告匯率將手中持有的國內貨幣兌換為外幣。歷史上，曾實施聯繫匯率的國家包括阿根廷、保加利亞及愛沙尼亞。香港的聯匯制度屬於貨幣發行局制度 (currency board)，這種制度的特色是有

> 聯繫匯率制度　國內貨幣百分之百由外匯準備支持，又稱匯率牌告制度。

十足的外匯準備，香港金管局承諾在 7.75 與 7.85 港幣之間兌換 1 美元來維持港幣匯率的穩定。

就像是金本位制度，聯繫匯率制度下的央行也喪失本國貨幣的獨立性。譬如，阿根廷的進口商可以持國內貨幣到央行去換取外國貨幣，這樣做會造成國內貨幣供給的減少。若一經濟體發生金融危機或是陷入不景氣的風暴 (1990 年代末期的阿根廷)，投資人對經濟喪失信心，而要持有美元。本來央行應該發行更多貨幣來刺激景氣，結果卻適得其反。雪上加霜的是，美國經濟轉好，美元走強，阿根廷出口重創。終於在 2001 年 12 月，政府宣布廢除貨幣發行局。不再保證 1 披索可以兌換 1 美元。

**可調整釘住匯率制度** 可調整釘住匯率制度 (system of adjustable peg) 是固定匯率制度的一種，但匯率有時可視情況調整，並非完全固定。可調整匯率制度最著名的例子是 1945 年至 1973 年間的布列頓森林制度。1944 年，一群來自歐洲和美國的經濟學家在美國東北部新罕布夏州的布列頓森林鎮 (Bretton Wood) 集會，商討戰後的國際金融秩序。

> 可調整釘住匯率制度 是固定匯率的一種，但匯率可視情況調整，並非完全固定。

會議有兩個主要的結論。第一為各國之間維持固定匯率，各國以美元為最主要的外匯準備。每一個國家的貨幣與美元保持一個固定比例，而一盎司黃金固定兌換 35 美元。如果 1 英鎊可兌換 2.4 美元，這意味著一盎司黃金約值 14.6 英鎊。第二是一個國家只有經歷"基本失衡"時，才可變動匯率。所謂"基本失衡"是指國際收支帳持續鉅額的赤字或盈餘。

布列頓森林制度的缺點是，會員國只有在逐年出現經常帳赤字，且用盡所有國際準備時，才可以將本國貨幣貶值。這意味著貶值的走勢，在很早以前就可被市場所預期。在這種情況下，遭遇經常帳赤字國家的貨幣很容易被"投機客"所攻擊。因為這個缺陷，導致美國在 1971 年放棄布列頓森林制度，美國政府拒絕再以美元釘住黃金，這表示所有國家的貨幣價值不再固定。

## 練習題 18-5

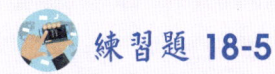

**(1)** 根據目前國際貨幣基金對匯率制度的分類,下列何者採取貨幣發行局 (currency board) 機制?
(a) 印尼 (Indonesia)
(b) 新加坡 (Singapore)
(c) 斯里蘭卡 (Sri Lanka)
(d) 香港 (Hong Kong SAR) (108 年外交特考)

類似問題:基本題 8。

**(2)** 有關固定匯率制度的說明,何者錯誤?
(a) 政府需要管制資金進出,貨幣政策才能保有自主性
(b) 固定匯率可能造成外匯不斷流失
(c) 固定匯率可能造成外匯不斷累積
(d) 自動隔絕國外的干擾 (105 年財經廉政高考)

類似問題:基本題 8。

### 18-3-2 浮動匯率制度

布列頓森林會議主張的可調整釘住固定匯率,一直是第二次世界大戰後至 1970 年代初期的國際貨幣體制。直到 1971 年,美國和大多數的國家決定放棄固定匯率而改採 *自由浮動* (free floating) 或 *市場決定的匯率* (market-determined exchange rate) 制度。

**自由浮動匯率制度** 所謂自由浮動匯率制度是指央行沒有利用外匯準備干預匯率水準,匯率完全由市場的供需決定。讓我們以圖 18-7 為例。若外匯需求從 $D_0$ 增至 $D_1$,外匯價格上升:美元升值和新臺幣貶值。匯率不會固定在 1:30,而可能是 1:32;同樣地,若外匯需求從 $D_0$ 減至 $D_2$,匯率下跌:美元走貶與新臺幣走升。匯率不再是 1:30,而可能是 1:28。

自由浮動匯率制度的好處是央行對本國貨幣供給有控制力,外匯市場可協助隔絕國外經濟對本國經濟的衝擊。在自由浮動匯率制度下,央行不需以外匯準備來干預匯率水準,那隻看不見的手保證國際收支達到平衡,故本國貨幣數量不受國際收支變動的影響,央行可以利用貨幣政策追求物價穩定或促進就業等目標。譬如,假設

> **自由浮動** 央行沒有利用外匯準備干預匯率水準,匯率完全由外匯市場的外匯供給和需求自行決定。

美國物價相對臺灣物價上漲,臺灣的進口物價隨之上升,這會導致臺灣出口增加和進口減少,新臺幣對美元的匯率下降。新臺幣的升值可降低進口商品價格,減少出口和增加進口。因此,在自由浮動匯率制度下,國外物價的變動對國內物價及貿易帳的衝擊,遠低於固定匯率制度下的衝擊。

自由浮動匯率制度的缺點,正是固定匯率制度的優點。雖然匯率浮動提高貨幣當局的自主性,但是匯率的波動卻增加貿易商的風險,特別是匯率巨幅的波動,導致匯率走勢的預測難以掌握,外匯市場參與者必須投入更多的資源來進行預測和避險,使得國際貿易的交易成本增加,國際貿易的數量因而減少。

**管理浮動匯率制度**　上述的自由浮動匯率制度是假設央行完全不以外匯準備干預外匯市場,而放任市場機能自由運作。實際上,自 1973 年浮動匯率制度取代可調整釘住匯率制度後,完全放任外匯市場自由決定匯率的央行並不多見。央行為了防止每日匯率波動過度劇烈,會擇機進場買賣外匯。央行以外匯準備進行干預,以維持匯率在理想區間的制度,稱為**管理浮動匯率制度** (managed float exchange rate system) 或**污濁浮動匯率制度** (dirty float exchange rate system)。

> 管理浮動(污濁浮動)匯率制度　是浮動匯率制度的一種。央行以外匯準備進行干預,以維持匯率在理想的區間。

在管理浮動匯率制度下,央行可藉買賣外匯準備從事防衛性的操作,以減緩匯率對經濟體系的衝擊。譬如,在 1997 年初,美國量子基金操盤人索羅斯大量賣出泰銖,使得泰銖在一星期內貶值 40%,因而引發東南亞金融風暴。亞洲許多國家包括印尼、泰國、馬來西亞、新加坡、菲律賓、南韓、日本及臺灣等國的貨幣貶值無一倖免。

當預期貨幣貶值的心理充斥外匯市場時,譬如,今天的 1 美元換 28 元新臺幣。若預計三個月後,1 美元可換到 33 元新臺幣,為賺 5 元的差價,現在投資人就會買進美元。外匯需求曲線大幅向右移動,從 $D_1$ 移至 $D_2$,如圖 18-8 所示。讓我們以外匯供需來說明亞洲金融風暴下的新臺幣走勢。首先,在金融風暴未衝擊新臺幣前,$D_1$ 與 $S_1$ 的交點為 1 美元兌幣 28.43 元新臺幣,這是 1997 年第 3 季臺灣的匯率水準。

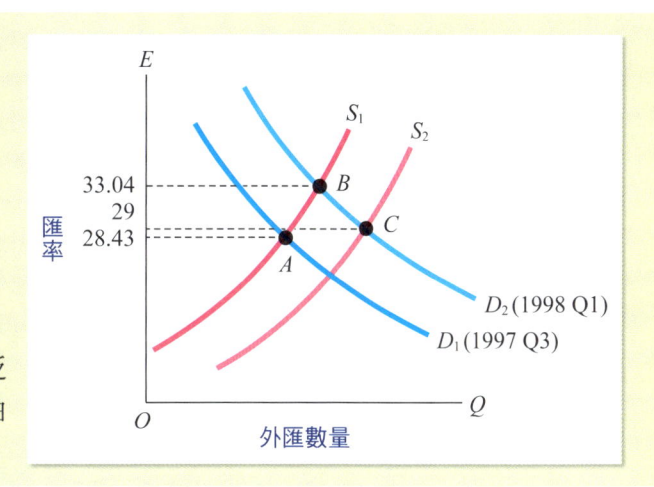

### 圖 18-8　央行的干預

1997 年亞洲金融風暴使得新臺幣大幅貶值，央行可藉著賣出外匯，使外匯供給曲線右移至 $S_2$，讓匯率不致上升過多。

　　在亞洲金融風暴蔓延之後，各國貨幣開始大幅貶值，其中新臺幣兌美元匯率，在 1998 年第 1 季為 33.04 元，貶值幅度達 16.22%。以圖 18-8 觀察，當外匯市場對美元需求強勁時，需求曲線右移，均衡從 A 點變成 B 點，匯率從 28.43 元大幅貶值到 33.04 元。若央行進場賣出 (釋出) 美元，將使供給曲線由 $S_1$ 右移至 $S_2$，均衡從 A 點變成 C 點，均衡匯率只需從 28.43 元上升至 29 元即可。

　　管理浮動匯率制度介於固定匯率制度與自由浮動匯率制度之間，故具有兩種制度的優點和缺點。其優點為可平穩匯率的波動，使匯率不致上下震盪過於激烈。此外，它仍是浮動匯率制度的一種，具有隔絕國外經濟衝擊的特質。缺點是央行必須保存大量外匯存底，以便適時進場干預，投機客若洞悉央行意圖，外匯投機將較為嚴重。尤其是當投機客擁有的外匯數量超過央行擁有的外匯數量時，該國貨幣將大幅貶值。亞洲金融風暴時期的印尼、馬來西亞及泰國，正是遭遇這種攻擊。此外，管理浮動匯率制度讓央行容易追求擴張性貨幣政策，而導致通貨膨脹的發生。

### 練習題 18-6

(1) 當臺灣中央銀行進入外匯市場干預買入美元時，下列何者為其產生之影響？
(a) 讓外匯存底流失
(b) 使新臺幣貨幣供給下降

(c) 減緩新臺幣對美元之升值壓力
(d) 讓政府財政負債擴大
   類似問題：基本題 9。

(2) 若我國產業外移至中國，大量的轉口貿易產生貿易順差。請問：
(a) 固定匯率制度下，央行應該買進或賣出外匯？
(b) 浮動匯率制度下，匯率上升或下降？
   類似問題：基本題 9。

## 18-4 結 語

　　1931 年奧地利的銀行危機，導致政府償付能力出問題，實際引發全球恐慌。然而，1931 年的真正關鍵教訓是，各國央行 (尤其是法國央行與美國聯準會) 應該做更多事限縮傷害。如今這種情況重演，歐洲和美國都一樣。

　　國際間的政策協調合作，可以讓各國政府好處均霑。如同寡占市場，各國政府其實是相互依存，每一個國家的總體經濟政策會受其他國家總體經濟政策的影響。像寡占廠商，各國政府面臨互相勾結與互相競爭的賽局。勾結可以使政策的外部性"內部化"，而使各國享受較大的利益；但是，各國政府也面臨違背承諾的誘因。如何在各國之間進行政策合作，以解決通貨緊縮的難題，似乎是另外一種"美麗境界"。

### 摘要

- 國際收支帳反映一個國家與世界其他各國的經濟交易。
- 名目匯率是一個國家貨幣與另外一個國家貨幣交換的比率。實質匯率是兩國商品交換的比率。實質匯率等於名目匯率乘以兩國物價水準的比率。
- 當本國消費者所得增加，本國的相對物價水準上升，國外的相對利率水準上升。本國預期通貨膨脹下跌，央行買進外匯或降低關稅，會使本國貨幣貶值。
- 當國外消費者所得增加時，消費者偏好本國商品，國外物價水準相對上漲，國內相對利率上升。國外預期通貨膨脹下降，本國央行賣出外匯或本國政府提高關稅，會使本國貨幣升值。
- 匯率制度是指匯率決定的方式。匯率完全由外匯供需決定，稱為自由浮動匯率制度；若匯率由外匯供需決定，且央行也以外匯準備

- 影響匯率水準,稱為管理浮動匯率制度。
- 央行將本國貨幣與外國貨幣固定在某一水準,稱為固定匯率制度。如果匯率固定在某一水準,且在某種條件下允許匯率變動,稱為可調整釘住匯率制度。布列頓森林制度就是可調整釘住匯率制度的例子。

## 習題

### 基本題

1. 若美國基金經理人買進臺灣上市公司股票,對臺灣地區的國際收支帳有何影響?若臺灣人到巴黎旅行,對國際收支帳又有何影響?若臺灣響應飢餓三十的活動,捐款給非洲饑民,又有何影響?

2. 請以下方資料計算:

   | 商品出口 | 350 |
   | 商品進口 | −425 |
   | 服務出口 | 170 |
   | 服務進口 | −145 |
   | 淨移轉支付 | −21.5 |
   | 本國資本外流 | −45.0 |
   | 國內資本流入 | 70.0 |

   (a) 貿易帳餘額
   (b) 商品與服務淨額
   (c) 經常帳餘額
   (d) 資本帳餘額

3. 下列有關實質匯率 (real exchange rate) 的敘述何者正確?
   (a) 等於名目匯率減去外國通貨膨脹率再加上本國通貨膨脹率
   (b) 等於名目匯率加上本國利率再減去本國通貨膨脹率
   (c) 等於名目匯率乘以外國物價再除以本國物價
   (d) 等於名目匯率乘以外國通貨膨漲率再除以本國通貨膨脹率

4. 若以一美元兌換新臺幣的匯率為縱軸,美元數量為橫軸,當暑假國人出國觀光,美元結匯旺盛,在其他情況不變下,此舉對即期外匯市場供需線的影響為:
   (a) 供給線向右移動
   (b) 需求線向右移動
   (c) 供給線向左移動
   (d) 需求線向左移動

5. (以新臺幣計價)
   (a) 請畫出美元的供給與需求曲線,並決定均衡匯率水準
   (b) 假設供給增加 1 倍,請畫出新的供給曲線
   (c) 請求出新的均衡匯率

   | 美元價格 | 需求 (美元) | 供給 (美元) |
   |---|---|---|
   | 40 | 50 | 100 |
   | 30 | 75 | 75 |
   | 20 | 100 | 50 |

6. 下列哪一種情況會造成國外資金流入或流出?
   (a) 本國利率低於外國利率
   (b) 本國貨幣預期升值
   (c) 本國貨幣預期貶值
   (d) 本國物價高於外國物價

   (100 年臺北大學經濟)

7. 當一國以外幣計價的出口值增加,其他條件不變時,該國貨幣幣值一般而言會:
   (a) 升值

(b) 貶值
(c) 不變
(d) 先貶值再升值　　　(106 年關務特考)

8. 在固定匯率制度下，一國的央行
   (a) 必須固定外匯存底的數量
   (b) 對市場利率水準有控制能力
   (c) 必須固定貨幣基數
   (d) 沒有貨幣政策的自主權
   　　　　　　　　　　(105 年關務特考)

9. 若臺灣消費者偏好日本豐田的運動休旅車 RAV4，請問對匯率及貿易餘額有何影響？自動櫃員機的引進，使貨幣需求減少，又對匯率及貿易餘額有何影響？

10. 亞洲金融風暴起因於泰國外資流出和資本逃避，則泰國的實質利率與實質匯率有何變動？　　　(100 年文化國貿)

11. 國際收支帳的記載原則，主要依據哪一個國家組織的規定？
    (a) 經濟合作暨發展組織
    (b) 國際復興與開發銀行
    (c) 世界貿易組織
    (d) 國際貨幣基金　　　(108 年初等考試)

12. 一國在下列哪種情形下，比較容易受到國際投機客的攻擊？
    (a) 浮動匯率，且資金能在國際自由移動
    (b) 浮動匯率，且資金不能在國際自由移動
    (c) 固定匯率，且資金能在國際自由移動
    (d) 固定匯率，且資金不能在國際自由移動
    　　　　　　　　　　(107 年外交特考)

13. 下列何種項目變化將會增加臺灣的資本帳餘額？
    (a) 上市公司派駐大陸高階管理階層獲取的資本所得增加
    (b) 國外基金投資臺灣股市獲取的資本利得增加
    (c) 臺灣外文部對拉丁美洲國家提供的貸款增加
    (d) 美國公司支付台積電公司技術權利金
    　　　　　　　　　　(107 年關務特考)

14. 下列何者不是"外人直接投資"(foreign direct investment) 的例子？
    (a) 鼎泰豐在日本開分店
    (b) 中國化工收購德國機械設備製造商 Krauss Maffei
    (c) 臺商鴻海集團 (富士康) 選擇在美國威斯康辛州設廠
    (d) 股神巴菲特 (Warren Buffett) 購入中國企業比亞迪的股票　　(108 年外交特考)

15. 當購買力平價 (purchasing power parity, PPP) 成立時，實質匯率會：
    (a) 大於一
    (b) 小於一
    (c) 等於一
    (d) 等於零　　　　　(107 年外交特考)

## 進階題

1. 下列何項應列入國際收支帳的貸方？何項應列入國際收支帳的借方？
   ① 資本流入　　② 勞務輸出
   ③ 黃金輸入　　④ 商品輸入
   ⑤ 黃金輸出　　⑥ 商品輸出
   ⑦ 資本流出　　⑧ 準備資產增加

2. 在美國，3 磅裝咖啡的售價 5 美元。若 1 美元可換到 0.8 歐元，而 3 磅裝咖啡在比利時售價為 3 歐元。請問實質匯率為何？
   　　　　　　　　　　(100 年政大商學院)

3. 若臺灣的央行以增加貨幣供給刺激景氣，國際收支帳會發生何種變化？

4. 如果美國聯邦準備提高利率，請問對新臺幣匯率有何影響？資本帳有何變動？

5. 假設 2017 年，臺灣地區的商品與服務進口是 2,000 億美元，支付給國外利息是 500 億美元，從國外收到的利息是 400 億美元，官方準備減少 10 億美元，政府預算為 200 億美元，私人儲蓄為 1,800 億美元，投資是 2,000 億美元，淨移轉收入為零。
   (a) 請計算經常帳餘額、資本帳餘額及官方清償帳 (official settlement account)？

(b) 臺灣是債權國或債務國？
(c) 若政府購買增加 100 億美元，請問經常帳餘額有何變化？

6. 在浮動匯率制度下，央行不能採取下列何項措施？
   (a) 釘住美元
   (b) 調整應提準備率
   (c) 中央銀行在公開市場買進債券
   (d) 中央銀行在公開市場賣出債券
   　　　　　　　　　　　　(105 年經建行政)

7. 若臺灣與美國之間的匯率是自由浮動。當臺灣決定以配額限制美國商品進口時，臺灣進口數量會減少。
   (a) 請問對美元的需求有何影響？為什麼？
   (b) 請問對兩國之間的匯率有何影響？

8. 若本國政府決定減稅，使所得增加，請問在固定匯率制度下，對經常帳餘額有何影響？在浮動匯率制度下，又有何影響？若央行採取擴張性貨幣政策，在固定匯率制度及浮動匯率制度下的經常帳餘額有何影響？

9. 影響匯率預期的因素有二：購買力平價說與利率平價條件，請解釋這兩項因素。

10. 根據購買力平價說，若本國及外國的通貨膨脹率分別為 3% 及 5%，則本國貨幣及外國貨幣預期變動為何？　(105 年外交特考)

11. 依據利率平價說，如果臺灣的新臺幣存款利率為 5%，日本的日圓存款利率為 3%，且新臺幣預期升值 3%，則對酒井法子這一日本人而言，新臺幣存款的預期報酬率為何？　　　　　　　　　　　(97 年輔大國貿)

12. 應用購買力平價和大麥克價格來預測匯率變動。當美國一個大麥克售價 3.5 美元，南韓 3,000 韓元，日本是 300 日圓、歐洲是 3 歐元、加拿大是 3.9 加幣，實際匯率是 1 美元兌 950 韓元，1 美元兌 95 日圓，1 美元兌 0.75 歐元，1 美元兌 1.05 加幣。請問韓元、日圓、歐元及加幣變動為何？
　　　　　　　　　　　(100 年臺大經濟)

13. 假設美元兌新臺幣的比率為 1：30，美元兌日圓的比率為 1：100，新臺幣兌日圓的比率為 1：4，在此情況下，套利的瞬間報酬率是多少？　(96 年臺灣聯大)

14. 若倫敦外匯市場的英鎊報價為 1 英鎊 = 1.40 美元；紐約外匯市場的報價為 1 英鎊 = 1.38 美元，假設換匯無須負擔手續費，則追求利潤最大者的市場參與者將：
    (a) 在倫敦買美元、在紐約賣英鎊
    (b) 在倫敦賣英鎊、在紐約買美元
    (c) 在倫敦賣美元、在紐約買英鎊
    (d) 在倫敦買英鎊、在紐約賣英鎊
    　　　　　　　　　　　(107 年關務特考)

15. 若一國之國際收支有逆差，則可採取何種政策以減少逆差？
    (a) 降低本國利率
    (b) 本國貨幣貶值
    (c) 調高基本工資
    (d) 本國貨幣升值　　(108 年高考三級)

**上網題**

1. 國際貨幣基金 (IMF) 已在官方網站上宣布，自 2016 年 10 月 1 日起，特別提款權的價值決定於新的一籃貨幣，請問一籃貨幣包含的貨幣為何？

2. 請至英國《經濟學人》網站 https://www.economist.com/ 尋找大麥克指數 (Big Mac index)。下載最近一期的大麥克指數文章，並找出最貴的大麥克價格及國家，再找出最便宜的大麥克價格及國家。請問新臺幣對美元是高估或低估？幅度為何？

# 索　引

72 法則　Rule of 72s　248
GDP 平減指數　GDP deflator　215, 234

## 二　畫

二次所得　secondary income　410
人力資本　human capital　3, 260

## 三　畫

土地　land　3
工資僵硬性　wage rigidity　333

## 四　畫

不知情一方　uninformed party　191
中間財　intermediate goods　205
中點公式　midpoint formula　42
互補品　complements　21, 50
內生變數　endogenous variable　10
公用草地　commons　172
公共財　public goods　170
公開市場操作　open market operation　313
分配效率　allocative efficiency　117
升值　appreciation　418
天然資源　natural resources　261
心理成本　psychological cost　234
支出法　expenditure approach　208
比較利益　comparative advantage　388
毛產出　gross product　211

## 五　畫

世界價格　world price　381
以牙還牙策略　tit-for-tat strategy　154
充分就業產出　full-employment output　333
包絡線　envelope curve　95
古典二分法　classical neutrality　331
可支配所得　disposable income　270
可排放交易許可　tradable emission permits　167
可調整釘住匯率制度　system of adjustable peg　426

囚犯兩難　prisoner's dilemma　150
外生變數　exogenous variable　10
外部性　externality　161
外匯　foreign exchange　313
外匯供給　supply for foreign exchange　417
外匯需求　demand for foreign exchange　416
外顯成本　explicit cost　81
失業者　unemployed persons　227
失業率　unemployment rate　200, 228
市場　market　3
市場決定的匯率　market-determined exchange rate　427
市場供給　market supply　26
市場訊號　market signaling　189
市場結構　market structure　101
市場需求　market demand　22
平均收入　average revenue, $AR$　105
平均每人實質 GDP　per capita real GDP　202
平均固定成本　average fixed cost, $AFC$　90
平均產量(出)　average product of labor, $AP_L$　85
平均總成本　average total cost, $ATC$　90
平均變動成本　average variable cost, $AVC$　90
平衡預算乘數　balanced budget multiplier　289
正的外部性　positive externality　161
正常利潤　normal profit　83
正常財　normal goods　20
生物多樣性　biodiversity　176
生產力　productivity　256
生產力函數　productivity function　259
生產上互補　complements in production　26
生產上替代　substitutes in production　26
生產因素或投入　factors of production or inputs　2
生產函數　production function　83, 257
生產者物價指數　producer price index, PPI　238
生產者剩餘　producer surplus　117
生產效率　productive efficiency　117
皮古效果　Pigou effect　327
皮鞋成本　shoe-leather cost　361

435

## 六 畫

交互影響　interdependence　146
交互躍進　leapfrogging　248
交易利益　gains from trade　73
交易性動機　transaction motive　314
交易的媒介　medium of exchange　302
共同保險　coinsurance　193
共同基金　mutual fund　301
共同資源　common resources　170
劣等財　inferior goods　20
同質的　homogeneous　101
名目 GDP　nominal GDP　214
名目匯率　nominal exchange rate　413
存款貨幣　deposit money　306
尖峰－離峰訂價法　peak-load pricing　137
成本推動的通貨膨脹　cost-push inflation　355
收入　revenue　6
有彈性　elastic　44
污濁浮動匯率制度　dirty float exchange rate system　428
自由浮動　free floating　427
自我選擇　self-selection　186
自動穩定因子　automatic stabilizers　290
自然失業率　natural rate of unemployment　230, 366
自然產出　natural rate of output　333, 366
自然獨占　natural monopoly　127
自發性支出　autonomous expenditure　275
自發性消費支出　autonomous consumption expenditure　271

## 七 畫

免費搭便車　free rider　174
利率效果　interest rate effect　327
利潤　profit　80
利潤極大化的黃金法則　golden rule of profit maximization　106
均衡　equilibrium　30, 276
均衡商品組合　equilibrium combination　67
均衡價格　equilibrium price　30
均衡數量　equilibrium quantity　30
完全有彈性　perfectly elastic　43
完全差別訂價　perfect price discrimination　139
完全替代　perfect substitutes　103
完全無彈性　perfectly inelastic　42
完全資訊　perfect information　104
完全競爭　perfect competition　102
技術知識　technological knowledge　262
技術效率　technical efficiency　117
投機性動機　speculative motive　314
折價券　coupon　137
折舊　depreciation　211
私有財　private goods　169

## 八 畫

事後折扣　rebate　137
供給　supply　24
供給曲線　supply curve　25
供給法則　law of supply　25
供給的變動　change in supply　28
供給量的變動　change in quantity supplied　28
供給價格彈性　price elasticity of supply　51
其他條件不變　all else constant　23
固定生產因素　fixed factor of production　84
固定成本　fixed cost, $FC$　88
固定成本產業　constant-cost industry　115
固定投入　fixed input　84
固定規模報酬　constant returns to scale, $CRTS$　96, 258
固定匯率　fixed exchange rate　423
委託人－代理人問題　principal-agent problem　193
季節性失業　seasonal unemployment　231
弧彈性　arc elasticity　42
所得　income　6
所得法　income approach　208
所得效果　income effect　20
拗折需求曲線模型　kinked demand curve model　147
放款　loan　307
服務　services　3
法定準備　required reserves　307
法定準備率　required reserve ratio　310

# 索　引

物價指數　price index　234
物質資本　physical capital　2, 260
直接金融　direct finance　299
知情的一方　informed party　191
社會成本　social cost　234
近似替代品　close substitutes　102
金本位制度　gold standard　424
金融市場　financial market　299
金融帳　financial account　411
金融機構　financial institution　299
金融體系　financial system　298
長期　long run　84
長期失業人口　long-term unemployed　233
長期平均成本　long-run average cost, $LAC$　94
長期均衡　long-run equilibrium　114
長期菲力浦曲線　long-run Phillips curve　366
長期總供給曲線　long-run aggregate supply curve　331
非排他性　nonexcludability　170
非預期通貨膨脹　unexpected inflation　360
非敵對性　nonrivalry　170

## 九　畫

政府支出乘數　government spending multiplier　287
政府消費　government consumption　209
流動性　liquidity　315
流動性偏好理論　liquidity preference theory　315
要素稟賦理論　factor endowment theory　392
計畫投資　planned investment　270
計畫總支出　planned aggregate expenditure　270
計價的單位　unit of account　302
負的外部性　negative externality　161
重貼現　rediscount　312
重貼現率　rediscount rate　312
重複賽局　repeated game　153

## 十　畫

乘數　multiplier　280
乘數效果　multiplier effect　280

個人可支配所得　personal disposable income, DPI　213
個人所得　personal income, PI　212
個體經濟學　microeconomics　8
借方　debit　408
家計單位　households　5
差別訂價　price discrimination　136
效用　utility　62
效用測量計　utilometer　62
效用極大化　utility maximization　65
格萊興法則　Gresham's Law　181
氣餒的工人　discouraged workers　228
消費函數　consumption function　270
消費者均衡　consumer equilibrium　68
消費者物價指數　consumer price index, CPI　235
消費者剩餘　consumer surplus　71
特許　franchise　127
納許均衡　Nash equilibrium　152
能夠　ability　70
草原的悲劇　tragedy of the commons　171
衰退　recessions　202
財產權　property right　168
財富重分配　redistribution of wealth　361
財富效果　wealth effect　327
逆向選擇　adverse selection　191
配額　quota　396

## 十一　畫

偏好　preference　62
停滯性膨脹　stagflation　344
動態比較利益　dynamic comparative advantage　393
區間訂價　block pricing　139
商品　goods　3
商品貨幣　commodity money　303
商品與服務收支淨額　balance on goods and services　410
國內生產毛額　gross domestic product, GDP　204
國民生產毛額　gross national product, GNP　209

國民生產淨額　net national product, NNP　212
國民所得　national income, NI　212
國際收支　balance of payments　408
國際收支帳　balance of payments account　408
寇斯定理　Coase theorem　168
專利　patent　126
強制貨幣　fiat money　303
排他性　excludability　169
淨現值法則　net present value rule　273
淨產出　net product　211
產出缺口　output gap　340
產品多樣性　product variety　145
產品差異性　product differentiation　140
產能過剩　excess capacity　144
產業政策　industrial policy　252
異質的　heterogeneous　101
第一級差別訂價　first-degree price discrimination　139
第二級差別訂價　second-degree price discrimination　139
第三級差別訂價　third-degree price discrimination　138
規模不經濟　diseconomies of scale　96
規模經濟　economies of scale　96
規範經濟敘述　normative economic statement　9
貨幣　money　302
貨幣中立性　monetary neutrality　332
貨幣市場　money market　300
貨幣乘數　money multiplier　310
通貨　currency　313
通貨緊縮　deflation　340
通貨膨脹　inflation　341, 354
通貨膨脹率　inflation rate　200, 237

## 十二　畫

凱因斯十字架　Keynesian cross　278
勞動　labor　2
勞動參與率　labor force participation rate　228
單一彈性　unit elastic　44
單次賽局　one-shot game　153
單位　utils　62
報酬矩陣　payoff matrix　150

循環性失業　cyclical unemployment　232
循環流程圖　circular flow diagram　4
描述經濟學　descriptive economics　9
替代品　substitutes　21, 50
替代效果　substitution effect　19
最小效率規模　minimum efficient scale, MES　96
最終商品　final goods　205
無限法償　unlimited legal tender　311
無彈性　inelastic　44
痛苦指數　misery index　353
短缺　shortage　29
短期　short run　84
短期生產函數　short-run pro-duction function　84
短期菲力浦曲線　short-run Phillips curve　364
短期總供給曲線　short-run aggregate supply curve, SAS　334
稅收乘數　tax multiplier　288
結構性失業　structural unemployment　231
菜單成本　menu cost　361
菲力浦曲線　Phillips curve　363
貶值　depreciation　419
貸方　credit　408
貸款者　lender　298
貿易逆差　trade deficit　378
貿易帳餘額　balance on goods　410
貿易條件　terms of trade　381, 414
貿易順差　trade surplus　378
超額供給　excess supply　30
超額準備　excess reserves　307
超額需求　excess demand　29
進入障礙　barriers to entry　126
進出口物價指數　import/export price index, IPI/EPI　239
間接金融　indirect finance　299

## 十三　畫

傾銷　dumping　401
匯率制度　exchange rate regime　422
會計成本　accounting cost　81
會計利潤　accounting profit　82

# 索 引

歇業　shutdown　110
歇業點　shutdown point　111
準公共財　quasi-public goods　170
準貨幣　quasi-money　306
準備　reserves　307
準備資產　reserve assets　412
溜班　job shirking　192
溫室效應　greenhouse effect　173
經常帳　current accounts　408
經常帳餘額　balance on current account　411
經濟大恐慌　Great Depression　267
經濟成本　economic cost　81, 233
經濟成長　economic growth　246
經濟利潤　economic profit　82
經濟效率　economic efficiency　117
經濟理論　economic theory　9
經濟模型　economic model　10
經濟學　economics　2
落差　lag　177
資本　capital　2
資本內流　capital inflow　411
資本外流　capital outflow　411
資本市場　capital market　300
資本帳　capital account　411
資訊不對稱　asymmetric information　186
資源　resources　2
過剩　surplus　30
道德風險　moral hazard　192
預防性動機　precautionary motive　314
預期通貨膨脹　expected inflation　360

## 十四　畫

寡占　oligopoly　102, 146
實際支付的價格　actually pays　72
實質 GDP　real GDP　214
實質升值　real appreciation　415
實質所得　real income　19
實質國內生產毛額　real GDP　200
實質貨幣餘額　real money balance　315
實質貶值　real depreciation　415
實質匯率　real exchange rate　414
實證經濟敘述　positive economic statement　8

監督　monitor　192
管理才能　entrepreneurial ability　3
管理浮動匯率制度　managed float exchange rate system　428
緊縮缺口　contractionary gap　340
誘因問題　incentive problem　186
誘發性支出　induced expenditure　277
誘發性消費支出　induced consumption expenditure　271
誤差與遺漏淨額　net errors and omissions　412
赫克秀－歐林定理　Heckscher-Ohlin theorem　392
遞減成本產業　decreasing-cost industry　115
遞增成本產業　increasing-cost industry　115
需求　demand　18
需求曲線　demand curve　19
需求所得彈性　income elasticity of demand　49
需求拉動的通貨膨脹　demand-pull inflation　355
需求法則　law of demand　19
需求的變動　changes in demand　24
需求表　demand schedule　18
需求量的變動　changes in quantity demanded　24
需求價格彈性　price elasticity of demand　40

## 十五　畫

價值的儲存　store of value　303
價格接受者　price takers　104
價格管制　price regulation　166
價格僵硬　price rigidity　147
價格機能　price mechanism　30
廠商　firms　5
彈性　elasticity　39
摩擦性失業　frictional unemployment　230
敵對性　rivalry　169
數量折扣　quantity discount　137
數量管制　quantity regulation　166
標準化　standardization　189
潛在國內生產毛額　potential GDP　333
潛在產出　potential output　333
複式簿記型態　double-entry book-keeping　408

## 十六 畫

獨占　monopoly　102
篩選　screening　190
膨脹缺口　inflationary gap　341
蕭條　depressions　202
選擇問題　selection problem　185

## 十七 畫

優勢策略　dominant strategy　152
儲蓄者　saver　298
營造工程物價指數　construction cost index, CCI　239
總支出函數　aggregate expenditure function　277
總生產函數　aggregate production function　258
總成本　total cost, $TC$　81
總收入　total revenue, $TR$　44, 80
總供給曲線　aggregate supply curve, $AS$ curve　268, 330
總供給與總需求模型　$AS$-$AD$ model　268
總效用　total utility, $TU$　63
總產量(出)　total product, $TP$　84
總需求曲線　aggregate demand curve, $AD$ curve　268, 326
總體經濟學　macroeconomics　8, 199
聯繫匯率制度　linked exchange rate system　425
聲譽　reputation　188
賽局理論　game theory　150
隱含成本　implicit cost　81
點彈性　point elasticity　42

## 十八 畫以上

檸檬市場模型　market for lemons　186
雜訊　noise　362
壟斷性競爭　monopolistic competition　102
邊做邊學　learning by doing　393
邊際外部成本　marginal external cost, $MEC$　163
邊際外部利益　marginal external benefit, $MEB$　164
邊際成本　marginal cost, $MC$　89
邊際收入　marginal revenue, $MR$　106
邊際利益　marginal benefit　118
邊際私人成本　marginal private cost, $MPC$　163
邊際社會成本　marginal social cost, $MSC$　163
邊際效用　marginal utility, $MU$　63
邊際效用遞減法則　law of diminishing utility　65
邊際消費傾向　marginal propensity to consume, $MPC$　271
邊際產量(出)　marginal product of labor, $MP_L$　85
邊際報酬遞減　diminishing marginal return　87
邊際報酬遞增　increasing marginal return　86
關稅　tariff　393
願意　willingness　70
願意支付的價格　willingness to pay　72
躉售物價指數　wholesale price index, $WPI$　238
權衡性財政政策　discretionary fiscal policy　290
變動生產因素　variable factor of production　84
變動成本　variable cost, $VC$　89
變動投入　variable input　84